謹んで古稀を祝し香西茂先生に捧げます

執筆者一同

まえがき

香西先生は先頃めでたく古稀を迎えられた。本書はそれをお祝いして公刊される記念論文集である。

香西先生は一九五三年、京都大学を卒業されると同時に同大学法学部助手に任用されて以後、五五年に同助教授、六六年に同教授に昇任され、この間、一貫して京都大学法学部・法学研究科における国際法・国際機構論の研究・教育に専念された。一九九三年には京都大学を定年退官され、同大学名誉教授の称号を受けられている。そのあと大阪学院大学へ移られ、同大学国際関係学部の中軸として後進の指導に当たられてきた。また、七六年に国際法学会理事、九一年に同理事長の要職を歴任されたほか、七七年に世界法学会理事、九〇年に同理事長にも就任された。

香西先生は、助手論文のテーマに外国人財産の収用問題を取り上げられたが、その後は国際機構の研究、とりわけ国際連合の平和維持活動（ＰＫＯ）の研究に集中して取り組まれ、その成果は一九九一年に出版された『国連の平和維持活動』に結実している。そうした先生のご関心を反映させるべく編者が協議して、本書の表題は『21世紀の国際機構：課題と展望』とし、寄せられた一五編の論文を「国際機構の新展開」「国際平和の維持と回復」「国際社会の協調と安定」

の三部にまとめ分けた。

ご存じの方もおられるだろうが、関西地区では一九四〇年代末期から今日に至るまで、京都大学関係者を中心に毎週土曜日の午後「国際法研究会」を開催してきている。数年前に会の主唱者であった田畑茂二郎先生がお亡くなりになって以後は、香西先生が会の指導的な役割を果たし続けられている。本書の執筆者はいずれも同研究会で香西先生のご薫陶を受けた者であり、この論文集が先生のご献身に少しでも報いることができるならば、編者として望外の喜びである。

本書は本来、より早い時期に公刊の予定であったところ、編者の雑用に紛れて今日の遅きに失した。香西先生に心からお詫び申し上げるとともに、先生の益々のご健勝をお祈りする次第である。

二〇〇四年五月

編者　安藤　仁介
　　　中村　道
　　　位田　隆一

21世紀の国際機構：課題と展望／目次

第Ⅰ部　国際機構の新展開　3

第Ⅱ部　国際平和の維持と回復　235

21世紀の国際機構：課題と展望

第Ⅰ部　国際機構の新展開

国際連合と民主主義
――二一世紀の世界機構の条件――

藤田　久一

はしがき

二一世紀の国際秩序のあり方を考えるとき、何よりもまず国際機構とくに普遍的国際機構ないし世界機構としての国連の存在とその活動が大きな比重を占めることは避けえないであろう。そのため、二一世紀における国連の位置づけ、その果たすべき役割と発展のための条件を検討する必要があろう。もっともこの問題はきわめて大きく幅広いものであり、国連を含む国際機構の一般理論にかかわるものでもあるから、本稿でそのすべてを検討することはできない。ここではその核心ともなるべき問題、つまり、国連と民主主義の関連性の問題をとりあげる。民主主義の問題こそ統治機構としての国家のあり方の問題として基本的なものであり、国際的平面においても、今日国際機構における民主主義の問題として追求されつつあるからである。

国際機構の現象は、周知のように一九世紀後半に万国電信連合などのいわゆる「行政連合」として始まり、二〇世紀に入り二度の世界大戦を契機にして普遍的政治的国際機構を目指す国際連盟および国際連合が設立された。今日国連は、技術的性格の諸機構、専門機関などとの法的・機関的結合により一つのシステムを構成しており、世界機構とも国連(法)システムとも呼ばれている。[1]

主権国家併存からなる国際社会全体を組織化しようとするこのような世界機構はユニークなものである。視点をかえていえば、国連のライバルとなるような新しい国際機構の構築は国連法システムの解体を意味しようが、かかる新機構は、主権国家消滅により樹立される世界国家ないし世界政府に変質しない限り、国連と「瓜二つ」のものにならざるを得ないだろう。

国際機構化の現象は、世界国家ないし世界政府の思想のように、主権国家を排除するものではなく、むしろ諸国家の共通目的ないし共同利益のために国家により作り出されたものである。国際機構の存在理由ないし意義は、国家のそれとは異なり、目的的ないし機能的なものである。とくに連盟や国連はなによりも国際社会の平和維持を共通目的とする国際機構であり、国家が独自ではそれを実現できないために共同してこうした機構をつくったのである。とくに二〇世紀後半の冷戦体制以来(冷戦終結後の国際テロリズムの頻発を含め)、科学技術の軍事利用(軍備拡大と武力紛争)

により国際平和が脅かされている状態を前にして、国際秩序のためには平和維持が最も重要であり、そのために国際機構としての国連の諸活動がますます要請されつつあると見るならば、二一世紀はかかる機能と活動を予定される国連の世紀となることも予測されよう。

国際機構であり、世界機構であるユニークな国連システムの現象は、一七世紀ウェストファリア体制下のヨーロッパに誕生した近代国民国家と比べて、比較的新しいものであり、また、きわめて複雑かつ変幻自在でもある。独自の理論としての国際政治学は第一次世界大戦後の国際機構の成立とともに誕生したとされるが、国連システムの諸制度(institutions)を含む国際機構の一般(基礎)理論の構築の方は、国際機構研究、とくに世界機構研究の第一歩であるにかかわらず、きわめて困難であり、いまだ萌芽状態にあるといっても過言ではないであろう。

一　国際機構の理論化に向けて——国家理論の応用とその限界

ところで、なお国際機構の十分な定義[2]が科学的に確立していない中で、国際機構の性質についても諸説—国家連合説、機能的統合説、法人説など、あるいは客観主義説と主観主義概念の対立—あるがいずれも定説とはなりえていない。[3]このような理論状況において、国際機構の中でも普遍的政治機構である世界機構の理論を政治組織の最も完成したモデルである国家の理論に託けて構築しようという企ては否定できない。[4]つまり、国連法システムないし世界機構の政治的要素を国家のそれと比較するものである。いいかえれば、必要な変更を加えつつも、国家理論から借用した諸権限を国際機構に注入し、国家から借用した諸機関を国際機構の諸機関に接ぎ木することにより、国際機構を強化し理論化しようとする試みで、客観主義説に近いともいえる。そのためには、世界機構と国家に共通するもの、外見的類似性を見出さねばならない。

古典的国家理論によれば[5]、国家は国民の人格化とみなされ、一般利益を体現し、それをその行為によって特殊利益の上におくものである。国家は国民共同体を構成する人々や社会集団の全体を共通の法(憲法はじめ国家法)に従わせ、対外的にその独立を保障することができる唯一のものである。

もっとも、国家の構成要素とされる恒常的人民および領域のいずれも国際機構の構成要素には入らない。しかし、世界機構の機関は諸国の統治機構と重なり合い、比較しうる側面があり、かつ、それらとの関係をもつ機構的構造を有している。つまり、世界機構は国家と類似の統治機構をもちうる。

また、現実主義的国家理論によれば[6]、国家の成立は君主(権力者)ないし政府のために中央集権化された軍事組織および警察装置の構成の中に見られる。つまり、国家は強制により制度化されかつ支えられた権力の現象以外の何ものでもないのである。たとえその強制(実力)が権力保持者によって定められた一定の法に従うとしてもである。

この理論からは世界機構は国家と関連づけえない。国連はその決定を(国際社会を構成する)諸国に尊重させかつその決定を無視して国連に抵抗する諸国を攻撃し粉砕する固有の軍事力をもっていない。国連憲章七章からも明らかなように、国連が必要とする軍事力は加盟国により提供されるものであり、平和維持活動を行う国連軍もそうである。つまり、すべての軍事手段は加盟国の手にある。現に国家の保有する軍事手段をすべて世界機構に譲り渡すことになれば、それは人類史における最大の世界革命を意味することになろう。しかし、軍事力を手にしたかかる世界機構はもはや国際機構ではなく、世界国家に変質してしまうだろう。

なお、世界機構の理論化のために借用しうる最適の国家理論は、不完全なものではあるが特別の連邦国家モデルである。[7] 連邦国家は、国際組織と同じく、多数民族(国民)からなり、かつ、連邦構成国(州やカントン)の装置を存続させながら、その固有の装置の内部において優位(上位)的統一により諸構成国を統合するものである。連邦主義理論の出発点となる典型モデルは連邦国家であるが、連邦国家の特殊性がどうであれ、それは他の諸国と同じく国家であり、国家のすべての機能をもつ。とくに対外的には、それらの国家装置の多様性にもかかわらず、連邦国家はそこに統合される諸人民の統一を確認し、外部からのすべての脅威に対する安全の確保を任務とする。すべての場合に、防衛と対外関係の問題は連邦に属するのである。ただ、連邦主義は、統治装置としての単一政府の中に複数国家の民主主義的統合の鍵がある。つまり、連邦構造は、統一と多様性を融和させ、かつ、強制に訴えずにそれらを共存させることにある。権限の調和的配分により、連邦構成国はその固有の事項を管理し、かつ、それぞれの住民の特殊性を維持しつつ、共通事項は連邦国家によって取り扱われる。共通事項として、連邦国家は構成国によって放棄された軍事力をその掌中に収め、他方、民主主義的連邦主義は、さまざまの人民が多数決の法則にしたがって単一の国家構造の中で生存することを受入れ、かつ、連邦の権限に留保されたすべての社会目的のために、全体として単一の国民(population)を構成する場合にのみ存在する。

他方、世界機構の構成国(国連加盟国)はそれぞれ軍事力をもつ主権国家であり、世界機構そのものは軍事力をもたない以上、連邦主義からのアナロジーによる連邦主義理論の借用も容易ではない。ただ、連邦構成国が(軍事以外の)固有の事項を管理しかつ住民の特殊性を維持し、他方で、連邦構造が統一と多様性を調和させ、連邦構成国を併存させる民主主義的連邦主義の理論は、国連とその加盟国の関係に、必要な変更を加えて(mutatis mutandis)当てはめることができるのではないだろうか。

結局、国家理論の単純な借用や類推から、国際機構、とくに二一世紀に展開すべき世界機構の一般理論を引き出すことは一般的には適切とはいいがたい。とすれば、国家との比較において歴史的にも機構的にも、またその存在理由(目的)の観点からも国際機構の現象は特殊であるからこそ、国際機構の現実―その存在理由、設立文書、機構の任務と実施など―を素材として理論構築するしかないといえよう。[8]ただし、近代国家理論の基礎にあるべき民主主義の問題は、国際機構、とくに権力構造を備えつつある世界機構にも共通して当てはまるものである。

本稿ではまず、国家の民主主義の問題とそれへの国際機構とくに国連のかかわりの問題を検討し、ついで、国際機構自身、とくに国連システムの民主化の問題をとりあげることにする。

二　国際社会における民主主義の問題―国内民主主義と国際民主主義

国家の政治権力の正当性の問題は、国家に関する基本的問題として国家理論において従来から論じられてきた。[9]その中で、近代国家における民主主義の問題は不可欠のものである。民主主義の長い歴史からわかるように、民主主義への挑戦は人民による権力のコントロールにある。近代国家において、財政特権と立法権限が国王絶対主義から取り上げられ、執行部に対する国民議会のコントロールと裁判官の独立が、自由な議会選挙の行動を律する諸原則と平行して認められた。この過程は社会・政治枠としての国家において追求されてきたことに注目しなければならない。国家において、国民はまさにそのコントロールが問題となる公権力に出会うのである。連邦諸国にとってもそれは当てはまる。連邦または中央レベルにおいても唯一の公権力があるからである。

ここで民主主義は、国家における組織された権力の必要性とその権力をコントロールする必要性の間の均衡点を見出そうとするものである。歴史的に代表的例をあげれば、アメリカの独立とその憲法で民主主義が位置づけられ、また、フランス革命により、モンテスキューの権力分立の思想に基づいた一七八九年フランス人権宣言にもそれはうたわれた[10]。そこでは、統治者の権力およびその行使が正当であるためには人民の自由に表明された意思に基づかなければならないという民主主義的正当性の原則が求められる。

国際面では、この原則は、一九世紀から二〇世紀にかけてとくにラテン・アメリカ諸国において革命やクーデターで成立した新政府(大統領)が立憲的に再構成され、人民を代表するものとならない限り、その政府を承認しないという政策に反映した。ウィルソン米大統領も立憲的正当性理論を唱え、暴力や権力の違法な奪取により成立した当時のメキシコ政府に承認を与えることを拒否したことはよく知られている。

しかし、西欧民主主義といわれるかかる民主主義的正当性の原則は、長い間―一八世紀後半から二〇世紀半ばまで―いわば国内的民主主義(国家権力機構に対するもの)にとどまり、対外的ないしは国際的な原則とは考えられていなかった。逆に、植民地主義の歴史をみればわかるように、西欧民主主義国家が対外ないしはヨーロッパの域外(とくにアフリカ、アジア)において覇権主義(ヘゲモニー)および植民地主義と結び合わされてきたのも事実である。

国際社会においては、第二次世界大戦を経てようやく一九四五年の国連憲章により、後述するように、国家の主権平等の原則や人民の同権と自決の原則があげられた。これらの原則はいわば対外的ないし国際民主主義を宣明するものである[11]。そして、国連法システムの下において、国際人権法が展開してきたのである。そこには民主主義的正当性に基づき、国家はその管轄下のすべての人に対して人権尊重の義務を課せられるまでに至っている(自由権規約二条参照)。

また、国際社会における民主化の概念も今日展開を見せている。一九九六年に提出されたブートロス・ガーリ国連事務総長の『民主主義化のための課題』報告書[12]によれば、民主主義（ないし民主化）は次のように定義されている。「民主化（democratization）とは、より開かれた、より広い参加方式の、より権威主義的でない社会に導く過程である。民主主義は、さまざまの制度およびメカニズムにおいて、人民の意思に基づく政治権力の理想を具現する統治システムである。」「今日、急激に変化するグローバルな光景が民主主義の古い概念に新しい光りを当てている。世界の諸社会の経済的、社会的、文化的および歴史的状況における相違が、一つの社会によって考えられた民主主義ともう一つの社会によって考えられた民主主義の間に存在する一方で、民主主義は広い範囲の人間関心に対する答えとしておよび人権保護に不可欠なものとしてますます認められてきている」。さらに、今日の論者[13]の分析によれば、人権の尊重される民主主義国家は一般に平和維持を求め、相互に戦争に訴えることが少ない。つまり、民主主義国家は国際社会における平和維持を指向するといわれる。それは国連の第一の目的―国際の平和と安全の維持―に資するものである。逆に、人権を無視し侵害する非民主的専制国家は対外的にも戦争に訴えたり、国内でも人権侵害に基づく紛争をかかえていることが多い。つまり、それら非民主的国家は国際平和の維持に貢献しないどころか、平和に対する脅威や平和の破壊をもたらしがちであると見られているのである（今日の、人道的介入の議論はこの視点を含んでいる）。

今日、民主主義の観念ないしその原則ともいいうるものが国際法の諸分野に取り込まれてきている。とくに前述のように国際人権法の発達は著しく、たとえば国際人権規約（自由権規約二五条［選挙］、また一条［人民の自決権］）は集団的レベルでの民主主義原則を確認するものである。[14]

しかるに、現代国際法においても民主主義原則といった表現はこれまで一般に見当たらない。[15]しかし、戦争禁止原則の企ては、連盟規約や一九二八年不戦条約を経て、一九四五年国連憲章で国家の自衛権または安保理決議による許可の場合を除き、国際関係における武力行使禁止の原則として、国際紛争の平和的解決の原則と並んで、具現された。これは国際関係における民主主義原則がもたらした重要な帰結であるとも考えることができる。

このような国際法原則(人権尊重、自決権、戦争禁止、平和維持)の発達の下で、今日、民主主義国際法とも呼ぶべきものが形成されてきたとみる見解も現れている。[16]

三　国連における民主主義の問題

上述のように国内民主主義および国際民主主義の実現を中心に据える民主主義国際法の展開を受けて、国際機構とくに国連と民主主義の関係をどのように見るべきか。この問題は、国連による民主主義の促進という側面と国際機構自身とくに国連自身の民主化の実現の側面という二つの面から考えねばならない。

1　国連による民主主義の促進――援助と強制

ところで、既述のように国連を含め国際機構は、諸国の合意(条約)で設立されたいわば諸国の結社ともいうべきものであり、一つの公権力を制度化したものではない。統合化された機構の場合を除いて、国際機構は公権力の特権を有しない。従って、そこでは、公権力は人民の自由意思に基づかねばならないという民主主義的正当性の問題は提起されえないようにも見える。しかし、国連の主要機関、とくに安保理は限定された範囲で、つまりその決定の加盟国に対する拘束性という性格を通じて、一種の公権力を行使する機能を有する。そこでは、民主的コントロールの問題、より一般的には民主化の問題が特別の条件の下で提起される。

もっとも、権力を保持しているのは国家であるから、まず、民主的コントロールの原則は、国際機構の中で、国家の態度や行動に適用されるのを確保することが問題となろう。（もっとも、これは、本質的には各国の内部問題である。そこにとくに国連が何らかの作用を及ぼしうるか。）

第二次世界大戦末の一九四五年国連創設時、その第一の目的は世界紛争の再発防止にあったことは明らかである。国連創設者たちは、第一次世界大戦の悪夢の後に設立された国際連盟と連盟規約の論理の上に、民主主義的国際機構をつくろうとしたのである。すでに連盟規約は、自決の尊重を通じて国家主義（偏狭なナショナリズム）の危険に反対し、集団安全保障によって勢力均衡の危険を乗り越え、軍縮によって軍備競争をやめさせ、公開外交を秘密条約に取って変えることを意図していた。[17] この同じ民主主義の理解が国連憲章を補強したのである。

国連憲章には、「民主主義」という言葉は現れていない。しかし、憲章前文冒頭に「われら連合国の人民は」と表現されたように、憲章起草者たちは、加盟国の主権的権威を定着させつつ、民主主義の最も基本的な原則を援用し、かくして、加盟諸国が構成すべき機構の正当性を諸国の人民の中に見出したのである。憲章は、民主主義国家の未来像とこれら国家間の民主主義を提供し、そのどちらも、「基本的人権と人間の尊厳及び価値と男女及び大小各国の同権とに関する信念」（憲章前文）を実現することから引き出され、かつそれを目的としている。[18] 憲章起草者たちの民主主義へのこだわりは、人民の同権および自決の原則（憲章一条二項、五五条）および差別なくすべての者のために人権及び基本的自由（一条三項、五五条）を促進するという国連の明言された目的の中に示されている。さらに、それは、「この機構は、そのすべての加盟国の主権平等の原則に基礎をおいている」とする国連の原則（二条一項）にも現れている。[19]

憲章のほか、世界人権宣言および植民地独立付与宣言といった国連総会決議においても、民主主義へのかかわりが見られる。一九四八年の世界人権宣言は民主主義への本来的かかわりにより起草されたものである。同宣言は、「人民の意思は統治の権力の基礎である」と述べ、すべての個人が自国の政治に参与する権利、自国の公務に平等に携わる権利、そして、選挙権および被選挙権を表明している（世界人権宣言二一条）。同時に、法の前の平等（七条）、意見および表現の自由（一九条）、そして、平和的集会および結社の自由（二〇条）といった権利も挙げている。一九六〇年の植民地独立付与宣言は、すべての人民の自決の権利を強力に再確認し、かつ、「この権利によって、その政治的地位を自由に決定し、かつ、その経済的、社会的、および文化的発展を自由に追求する。」（本文二条）と述べている。同宣言はまた、「信託統治地域、非自治地域その他のまだ独立を達成していないすべての地域において、これらの地域人民が完全な独立と自由を享有できるようにするため、いかなる条件または留保もなしに、これらの地域住民の自由に表明する意思および希望に従い、人種、信仰または皮膚の色による差別なく、すべての権力をこれらの地域人民に委譲する迅速な措置を講じなければならない」（同五条）とする。

国連憲章、世界人権宣言、および植民地独立付与宣言のこれら三文書は民主化における国連の役割と責任のための明らかなかつ強固な基礎を提供している[20]。

しかし、国連の創設直後から、冷戦の開始により、民主化における加盟国への国連の支持は切り詰められてしまった。かくして、二〇世紀後半の長期にわたる冷戦は国連創設者たちが開始した民主主義的国際機構の企画を大きく妨げたのである。冷戦終結に伴い、諸国の民主化への推進は弾みをつけ、憲章の本来の目的を追求し、かつ、民主化における援助やそのための「強制」を行う見通しが現れたと見てよいであろう。

そのために国連の役割は、とくに冷戦終結後に、国連の諸機関なかでも国連総会で検討され、その諸措置がとられてきた。国連のかかる措置は、大きく分けて援助と強制の両面に係わるものである。ここでは、国連によるとくに選挙援助の問題のみを見ておきたい。国家の民主化のための国連活動の最も建設的な形態は、援助の側面にあり、とくに選挙過程への援助という形をとってきた。近年総会は、定期的かつ真正の選挙の原則の実効性を強化するために一層の注意を払ってきた。一九八八年以来毎年議題になっているこの事項に関する決議において、総会は、国連憲章、世界人権宣言および国際人権規約に規定された関連原則、目的および権利を明示的に確認することにより、民主化における国連の役割のための基礎を重ねて言明した。国家(国民)主権原則および諸国の選挙過程における国内事項への不干渉の尊重の一連の関連決議において、総会は、植民地独立付与宣言を含む決議を明示に想起させた。総会はまた、民主主義を理想としておよび進歩のための本質的要因として二重の意味で強調してきた。たとえば、一九八八年一二月八日の決議四三/一五七において、総会は、定期的かつ真正の選挙において表明されたその人民の意思が統治権限の基礎でなければならないことを再確認し、「実際の経験の問題として、自分の国の統治に参加する各人の権利は、政治的、経済的、社会的および文化的権利を含む広範な範囲の他の人権および基本的自由の効果的享有における本質的要素である」ことを強調した[21]。この一連の総会決議は、民主化の潮流(および国連支持の要求)に応えるために現れた選挙援助の分野における対話、評価、討議および改革の進行中の過程を現している[22]。

ところで、冷戦後の国際社会で、そして特に二一世紀に入って展開しつつあるグローバリゼーションや新しい世界環境における現実は、国際レベルでの民主化を要求している。これは、右の選挙の実現のような国内民主化が定着するためにも必要であるのみならず、民主主義に支えられた安定した衡平な国際システム、いいかえれば世界機構システムが米ソの二極構造やさらに最近の米国の単独主義を許す構造に代わって構築されうるようにするためでもある。

2　国連自身の民主化

上述のように国連による諸国の民主化への支援は、国際秩序の基本要素に民主主義を仕立てあげることにもなるが、そのことは、各国内での民主化のみならず、国際面での民主主義の問題、なかでも国際機構そのものの民主化の問題を提起することにもなる。しかし、これまで国際機構それ自体の構造と機能について民主主義のグローバルな観点からする検討はあまりなされてこなかったように思われる。

もっとも、民主主義の核心は既述のように、組織化された社会とくに国家の統治者の公権力に対する組成員(人民)の自由な意思に基づく同意によりその権力の正当性が承認されることを意味するものと解するならば、諸国の結社たる国際機構の場合、機構自身またはその機関がかかる権力をもっていないとも考えられ、そこには民主主義の機能する余地もないとみなされてきたからかも知れない。いいかえれば、民主主義は組織化された(公)権力の必要性と組成員がその権力をコントロールする必要性との均衡点を見出そうとすることにあるとすれば、一般に国際機構は、きわめて制限された範囲の権限を除いて、一つの公権力を制度化するものではない。[23]

しかし、国際機構の中でも、その最も発達した普遍的政治機構つまり世界機構ともみられる国連の場合、その諸機関なかでも安保理は諸国の意思ではなく自己自身の意思を表明し、かつそれを諸国に勧告するのみならず、ときには強制さえしうる機関であるから、そこに民主主義の観点つまり民主的コントロールからする検討がなされるべき余地はある。さらには、総会や国際司法裁判所といった主要機関についても、それぞれの役割と機能が同様の観点から見直されなければならない。まして、最近、国連改革が企てられ[24]、その方法をめぐって国連内部でも検討が続けられているが、そこに民主主義の視点が折り込まれているかどうか。この視点は二一世紀の世界機構としての国連(法)システムのあり方、その果たすべき機能および効果性にとってきわめて重要と思われる。

以下、右のような観点から、(1)国家の主権平等原則の問題、(2)安保理に対する民主的コントロールの問題、(3)総会の構成員のあり方の問題、(4)司法権力—国際司法裁判所と国際刑事裁判所、に分けて順次見ておきたい。

(1) 国家の主権平等原則とその限界

国連システム自体の民主化の問題を検討する際に、まず、国連が加盟国により構成されており、[25]そこにはすべての加盟国の主権平等の原則が存在することを確認しておく必要がある。

この原則自体、一面で、各加盟国の主権尊重(その結果、国内管轄事項への干渉禁止)を保障するものであり、他面で、国連構成員の平等という(国連における)民主主義の基礎を保障するものである。しかし、すでに一九四五年サンフランシスコ会議における憲章起草過程でも指摘されていたように、[26]この原則は当時の中小国を国連という世界機構に引きつけるために米国など大国により提示されたものであり、この原則が国連の原則の冒頭(憲章二条一項)にあげられたものの、国連(法)システムは、当時の経済的、軍事的、政治的等の事項における力関係の総合を示しており、その結果は安保理の特殊な構成という制度面で最強者のコントロールを保障しているものでもある。これは、現実にはきわめて不平等な諸主権国家に分けられている国際社会の基本的特徴を示している。

つまり、国連(法)システムの下で、主権はけっして絶対的なものではない。とくに、一国だけで取り扱えない問題に直面する際、その事項を処理する国際的ないしは超国家的権力の制度化が要請される。世界機構としての国連は、グローバルな性格のゆえに、なかでもその機関(安保理)が集団的安全保障の主要な責任および強制措置を命ずる権力を有するから(憲章七章、二四、二五条)、特別の場合を構成するともいえる。この点で、国連は国際社会(「国際共同体」とみるべきであろう)における権力構造に接近しているといえる。このような権力の制度化は、同時に、前述のように民主化の問題を提起する。

他方、グローバル化の下での主権の制限さらには喪失の程度や性質は、新しい非国家アクターの登場によっても促進されてきている。国内の民主化が市民の政治的過程への参加努力を含むのと同じように、国際的民主化は、主権平等原則の下で、すべての国が—大国か中小国か、先進国か途上国かにかかわりなく—国際政治システムに参加する努力を含まなければならない。さらに、国家以外のアクター、とくに非政府組織（NGO）—その数は一九六〇年には約一三〇〇であったが、一九九五年には三六〇〇〇を超えたといわれている。—は、国家の公的装置の外で公的目的を追求する自治的、非公的制度であり、かかる組織は世界事項にますます重要な役割を果たしてきている。国連はこれら新アクターとの協力関係を拡大することが必要である（憲章七一条）。国際社会においては、とくに公的目的（紛争の解決など）のために活動するすべてのアクターの参加を促進することが要求される。国際機構とくに国連にとり、NGOは正当性を強化するのみならず、その現場経験や専門性をもたらしうるのである。[27]

(2)　安保理に対する民主的コントロールの問題

いわゆる執行（行政）権に相当するものは、国連内で実質的に安保理により行使されてきた。安保理は、国連憲章七章の下で、平和に対する脅威、平和の破壊および侵略行為の存在を決定し、国連の第一の目的である国際の平和と安全の維持または回復のために非軍事的および軍事的強制措置をとりうるのである（三九条）。かかる措置は安保理の決議（決定）により国連加盟国に法的に拘束力ある命令となる（二五条）。安保理は国際機構として初めてこのような権力を行使する機関であるからこそ、権力行使の正当性のために、その構成および決議の方法・手続について民主主義の観点から検討する必要があろう。

安保理は、国連加盟国一九〇カ国（二〇〇四年一月一日現在）の内一五カ国（かつては一一ヵ国）のみから構成されており、うち一〇カ国は二年の任期で総会の選挙で選出されるが、五大国（米、露、英、仏、中）は常任理事国として国連発足以来つねに安保理の議席を占めているのみならず、いわゆる拒否権を有している。つまり、安保理の決定は、常任理事国の同意投票を含む九理事国の賛成投票（特定多数決）により行われる（二七条三項）から、常任理事国の一国でも反対投票すれば決議は採択されない。このような安保理の構成の仕方、とくに決議採択方法としての拒否権の存在が民主主義の観点から疑問視される余地のあることは疑えない。

現実に、とくに冷戦期には安保理の機能はソ連と米国の拒否権の応酬で麻痺する事態が見られたが（そのため「平和のための結集決議」で総会に持ち込まれたことがある。）、冷戦終結後、超大国の一国支配体制の下でも、安保理はなお三九条の事態（平和に対する脅威など）をたびたびランダムな仕方で選択的に決定し、あるいはその場合に強制措置を任意的に、言い換えれば政治的に決定してきた。[28]

たとえば、米国から「ならず者国家」や「悪の枢軸」とみなされた国家に対する、安保理の決定による禁輸措置などの強制措置は、[29]これら諸国の行為（存在）が米国の固有の安全を脅かすことを主な理由とするものであった。他方、中東問題とくにパレスチナ問題について、安保理では米国はイスラエル非難の決議を九カ国以上の多数の理事国の賛成投票にもかかわらず、拒否権を行使してよりたびたび葬ってきた。このような安保理の不作為は、東チモール、西サハラなどの問題についても見られた。

このような事例は、常任理事国とくに超大国支配の安保理の状況を示すものであり、安保理という国連機関を利用した超大国による政治的権力の恣意的行使の側面を表している。安保理の構成や投票手続における民主的方法の欠如のために、その採択した決議およびその不採択の正当性も疑われることになる。

そのため、憲章二四条一項のいう、安保理が国際の平和と安全の維持の主要な責任に基づく義務を果たすために加盟国に代わって行動することに加盟国が同意するという文言は、いわば外見にすぎず、国内関係における力関係を覆い隠そうとする国の擬制に、力関係を補強する安保理の虚構が加わったものであるという批判もなされているのである。[30]

そのため民主化の観点からも、国連憲章の改正をも視野に入れた安保理の改革は不可避的である。かなり以前から企てられてきた国連改革の動きの中でも、安保理改革の問題が最も困難ではあるが最も重要な焦点の一つとなっている。国連総会の作業グループでの討議でも、安保理改革問題は注目を集めてきた。[31] たとえば、国連加盟国は、安保理と加盟国の間の情報の流れを改善するために、および、非理事国とくに部隊提供国の安保理討議への参加を増大するために、取られた積極的な方法を歓迎してきた。

他方、安保理の構成国および投票手続というより複雑かつ困難な事項についての議論の進展は遅々としている。しかし、一九九五年一〇月二二―二四日の総会特別記念会合でなされた作業グループの報告やその見解は、多くの重要な点でコンセンサスが生まれつつあることを示した。大抵の加盟国は、安保理の現在の規模と構成が国連加盟国全体または地政学的現実を代表するものではないことを認めている。効果的運用の必要を念頭に置きながらも、大抵の国は、安保理におけるより効果的、衡平なかつ代表的参加はその議席の総数の増加によって達成されうることに同意しているようである。ブートロス・ガーリの前述報告書『民主化のための課題』によれば、一度十分なコンセンサスが得られるならば、一九六五年に理事国の一一カ国から一五カ国への増加と最低投票数の七から九への増加が憲章改正によりなされたように、この問題は憲章の定める改正を通じて加盟国により解決されうると考えられている。しかし、安保理の構成、手続および作業方法について現在企てられている変更を行うヴィジョンと意思は容易に達成されないだろう。地政学的代表とともに貢献すべき能力のバランスをとることは最も克服困難な障害の一つであるが、安保理および国連自体の将来の成功のためにはなんらかの形式での変容は不可欠である。この変化の達成は、その各要素が十分かつ固有の役割を果たす国連の実現への主要な貢献となろう。[32]

もっとも、これらの安保理改革案では、前述の二四条にいう、「国連加盟国」に「代って行動」すべき安保理の意思決定への、すべての「加盟国」のなんらかの形での—代表(間接)民主主義による理事国を通じての—参加が目指されているものの、国際社会における前述した非国家アクターの参加については考慮外におかれている。しかし、たとえば、安保理の理事国の構成メンバーの中に政府代表の他、かかるアクターの代表を一定の割合で入れるとか、かかるアクターの一定のもののオブザーバーとしての安保理討議への参加を認めるといった方法は、安保理の意思決定過程の民主化のために、将来必要になるのではないかと思われる。

(3) 総会の構成員のあり方等の問題

ところで、民主主義の発達史を紐解けば、その手段は国家の議会制度にあったことを示している。国際機構の民主化の過程においても、議会制度に相当する機関(国連ならば総会)の役割を検討することが必要であろう。そして、国家議会の議員に相当するのが国連総会の各国代表であろう。

国連総会はすべての加盟国が平等な仕方で代表される唯一の機関である。とくに非植民地化の結果、多くの新独立国が国連に加盟することになり、当然総会のメンバーとなった。世界のほとんどの諸国が等しく代表を送る機関として、国連の中でも最も民主的な機関であるといえる。つまり、総会は、国連の普遍性および国連システム内での代表と参加の要である。[33]

しかし、総会は国連憲章の範囲内のすべての問題—当然国際の平和と安全の維持および回復の問題も含まれる—について主に審議する場であり、その決議は多数決でなされるが、勧告にすぎず諸国を法的に拘束する力をもたない(憲章一〇〜一三条)。但し、総会は、たとえば国連の予算を審議し、承認するのであり、国連の経費は総会の割当に従って加盟国が負担しなければならない(一七条)。総会のこの決定は各加盟国に義務を負わせる。[34]その意味で、国連総会は国内の議会のような立法機関ではない。もっとも、一定の決議、とくに宣言形式の決議、あるいは全会一致ないしコンセンサスで採択された決議(たとえば世界人権宣言、友好関係宣言など)には法的拘束力を認めるべきであるとする議論もある。[35]国際社会の共同利益にかかわる規範の生成ないし確認を総会決議で行うことは、総会の一種の立法機能に相当するものとなろう。つまり、総会は現実には準立法的役割を果たしてきたことは否定できない。もし総会がある種の(準)立法権をもつなら、つまり権力構造をもつなら、総会決議という形式による国際立法の正当性を確保するためにも、総会の構成とともに決議採択手続についても民主的コントロールが要請されることになろう。

民主主義の観点からする一つの問題は、総会への各国代表(九条二項から五名以下)が政府代表に限られていることである。代表構成員の民主化のためには、総会への国家代表の中に各国の議会の議員(各政党に属する議員)を入れることが望まれよう。もっとも、その場合でも、かかる議員の発言や投票態度はその政府が与える訓令に従わなければならないから、いわば外交行政(外務省)に従うことになろう。したがって、かかる議員はオブザーバーとして総会に出席する方がよいとも考えられる。この点は、各国の自主的措置に委ねられているのであり、そのために国連憲章の改正が必要になるわけではない。

他方、国連の中に、議員総会(assemblée parlementaire)を設立すべしとする提案もある。これは、国家モデル(国民ないし人民代表議会)から引き出された考案である。そこでは、自由に選ばれた議員が(国際)立法し、(国連)予算を定め、執行部(安保理)をコントロールするのである。これこそ民主主義の原型である。しかし、国家の議会と国際機構である国連の議員総会とは状況が異なる。また、国連システムの中にかかる議員総会を設けるためには、国連憲章の改正が必要なことはいうまでもない。しかし、議員は、(各国の)有権者から直接選ばれた代表であるから、国際機構とくに国連にとって国際世論への不可欠のリンクを構成する。かかるリンクなしには、とくに近年より複雑化する国際努力のための承認、理解および支持を取りつけることはきわめて困難となってきている。同時に、各国の有権者の見解や関心を国際的な場に持ち込むことにより、議員は国際機構の正当性、反応、および効果性を増大するための直接のチャネルを提供する。諸国の市民と諸国の共同体の間に位置づけられ、かつ定義上対話、討議および合意にコミットする議員たちは国際レベルでの民主化のための直接のかつ原動力となる力とみなされうる。[36]

ところで、国連のような国際機構というよりも超国家的性格の濃いヨーロッパ共同体(現在のヨーロッパ連合)は、その制度および内部法秩序について大幅に国家モデルの下で設立された。諸共同体の権限と役割が増大するにつれ、直接普通選挙により選ばれた諸国の国民の代表から構成されるヨーロッパ議会の権限は立法、行政、および委員会の作業のコントロールについて拡大されてきたのであり、ますます国民議会との類似性をもつようになってきている。[37]

しかし、ヨーロッパ意識の形成や連合市民の政治意思の表明が背後に存在するこのヨーロッパ議会の例のような議員総会は、実際には地域機構においてのみ見られる。地域的枠をこえた国連のような世界機構においては、国際共同体意識の形成や世界市民の政治意思の表明がその背景になければならないから、困難に遭遇することになろう。とはいえ、かかる議員総会のような機関の存在は民主主義の実現のためにはきわめて有益であり、手続的にもたとえば議員の選出方法や各国の議員数の決定などさまざまの困難を伴うものの、それらは全く乗り越えられないものではないであろう。実際に、諸国の議員はさまざまの仕方で国連の作業に参加している。議員は国連事務局との非公式協議を行い、加盟国の代表団に参加し、国際会議の準備に貢献し、また、経済社会理事会の諮問的地位を長らく有してきた列国議会同盟を通じて国連での会議を招集することにより国際対話を促進してきた。[38]

さらに、他の方式の民主化を考えることもできる。国連(総会)において国家を代表するものがその国の社会的現実

（社会階層）を反映するように選ばれることである。これは必ずしも新しい考え方ではなく、最古参の国際機構である一九一九年設立の国際労働機関（ＩＬＯ）の総会が当初から政府代表、使用者代表、労働者代表の三者主義を採用していたのである。[39]

もっとも、ＩＬＯは二つの主要な社会職業集団、つまり使用者と労働者が対峙する労働関係の規制をその使命とするから、その経験はやや特殊であり、この三者主義のような構成が普遍的政治機構である国連の総会にとりどこまで妥当するかは検討を要するであろう。しかし、このような集団の対峙する関係は市民社会の代表性を考える際にも役立ちうる。ＩＬＯのこの方式の長所は、政府代表とは区別される市民社会の代表者を国連の主要機関である総会に入れ、かつその独自性を確保することにある。こうした代表はその政府からいかなる訓令も受けず、個別的に投票することが保障されなければならない。国の代表に市民社会の代表をも加えた多当事者構成は、総会の審議と決議における民主化に資することはいうまでもないであろう。

さらに、このような（国際機構への国の）代表団の多当事者構成に代わる代案とも考えられるものの一つは、諮問理事会とでも呼ぶべきものの設立であろう。この諮問理事会は当該国際機構の取り扱うべき諸問題に通暁した者で、職業団体等の中から指名される個人資格のメンバー（理事）から構成される。かかる理事会は、当該機構の作成した諸企画を検討し、その加盟国から構成される総会（全体機関）に報告書等を提出する役割を担うものである。かかる理事会は、その事務局に対する刺激剤ともなり、市民社会の機構、その結果、諸人民からなる国際機構に接近するものになりうる。

もっとも、かかる多当事者構成の総会や諮問理事会の効果的な実現は、前述のように地域機構ならともかく、とくに国連のような普遍的機構においては、困難に遭遇することは容易に想像できる。しかし、国連は普遍的国際機構であるからこそ、そして、とくにその総会の一定の決議が国際社会の構成員たる諸国(および種々のアクター)の行動を規律するある種の準立法的機能を果たしうるからこそ、政府代表のみならず各国の議員や多様なアクターの代表の討議と投票への参加(ないしはオブザーバー参加)を得る方法を模索しなければならないのである。

他方、上述のように執行(行政)機関とみられてきた安保理もある種の準立法権力をもつことに注目すべきであろう。安保理の決定は外に向けて法的拘束力をもつ(憲章二五条)。また、前述のように、紛争や事態(あるいは行為)の性質付けの決定行動における安保理の裁量権限は、安保理の権限の法的限界の問題を提起してきた。[40] たとえば(安保理による)「平和に対する脅威」の決定によりつくり出された事態は、(国連)法の外(または上)にあるのかまたは法化された事態かが問われよう。現実に、安保理は国際安全保障のための取締り(警察)機能を行使するに際して、新しい法秩序をつくり出してきた。[41] 安保理は実際に法執行の機能のみならず法創造の機能をも行使している。安保理が「平和に対する脅威」の事態を性質づけるとき、安保理のその決定は法であり、ケルゼンによれば、具体的な場合における新法をつくり出すのである。[42] しかし、この見解に対しては批判も多い。[43] 憲章の中に、国連の諸機関に新しい規範(法)創造の権限を与えたことを推測させる規定はない。また、総会のような諸国の代表的機関でさえ「国際法の漸進的発達と法典化を奨励する」(憲章一三条)ために単なる「勧告」を行いうるに過ぎないのに、安保理のような限定された狭い構成(一五カ国)からなる機関に立法権が委ねられるとは考えられない。安保理は法の上にあるのではなく、法(憲章)に従わなければならない。安保理の行動は、憲章の尊重に基づかなければならない。

しかし、安保理は、憲章や強行規範を尊重しつつも、国際の平和と安全の維持のための責任を果たすために裁量権限を有しており、前述のようにその権限の行使も任意的であるとも見られる。つまり、具体的事態に直面したとき、裁量権限の行使により、現行規則(条約と慣習法)の適用を避けたり、あるいは一定の限界内でそれを補完したり修正することもできる。[44]

たとえば、安保理は「国際の平和と安全に対する脅威」を構成しているボスニア・ヘルツェゴビナにおけるその回復のために、旧ユーゴ国際刑事裁判所（ＩＣＴＹ）を設立する規程を決議八二七（付属）として採択したのである。しかし、ＩＣＴＹが安保理の補助機関とみなされるとはいえ、そもそも安保理が、憲章一〇三条からもすべての国に対してその締結している他の条約よりも優先的に拘束するＩＣＴＹ規程という国際立法を行う権限まで有するのかという疑問は完全には払拭されていない。[45] それは、安保理が民主主義に基づくメンバー構成や議決方法をもつ議会に相当するような機関ではなく、また、上述のように現在の安保理の構成や議決方法も十分民主的に保障されているとはいえないからである。したがって、ＩＣＴＹ規程は安保理よりも準立法機関とも考えうる総会に持ち込まれ、勧告の形式であれ（準立法行為とも考えられる）決議（付属）として採択されていた方がむしろその正当性、すべての国に対する拘束性を確保することができたともいえるだろう。将来世界機構として安保理のような執行機関が一定の立法を行うのは望ましいことではないが、万一かかる機能を行使せざるをえない時、それを正当化するためには、その前に上述のような安保理の機構改革が是非必要であろう。

（4）司法権―国際司法裁判所と国際刑事裁判所

国際機構としての国連は、国家と同じような統一した効果的な司法権力をもつわけではない。国際司法裁判所（ＩＣＪ）は国連の主要機関の一つであるが、唯一の裁判機関ではなく、また、諸国に対する義務的管轄権を認められていない。ＩＣＪ規程では、規程当事国が裁判所の義務的管轄を認めるという選択条項受諾宣言を行う方式が取られた（三六条二項）。かかる宣言を行っている諸国は、ＩＣＪ規程発効（一九四五年一〇月二四日）から半世紀以上を経てなお国連加盟国の三分の一にすぎず(二〇〇四年三月現在一九一カ国中六四カ国)、それらの諸国の宣言にも大抵一定の留保が付され、留保の中には、かつての米国の受諾宣言における自国の決定する国内管轄事項の自動的留保のように、実際上裁判所の義務的管轄を否定するに等しいものもある。

このような状況は、ＩＣＪ規程当事国(全国連加盟国を含む)はその関係する紛争の場合に必ずしも国際裁判所の判決による解決を望むわけではないことの現れでもある。国連システム下でも国家の主権平等原則から、各国に国際紛争の平和的処理方法の選択自由の原則が認められていることの結果である。さらに、常設の国際裁判所による司法的解決は、国家間の法律的紛争の場合に国際法を適用して解決するものであるから、非法律的(政治的)紛争の場合は司法的解決には適合しないともいえる。

そうであるとすれば、紛争の性質が法的か非法的かを問わず、国際司法裁判所がすべての国家間紛争に対して義務管轄権をもつべきであるとする、国内裁判所に類した考え方は、国連のような世界機構においても必ずしも適合しないことになろう。国際裁判以外にも、国際紛争の平和的処理方法は、紛争当事国の直接交渉をはじめ第三者の係わる仲介、審査、調停などのいわば外交的処理方法、国連の他の機関(安保理、総会、国連事務総長など)による紛争処理などさまざまの方法が考えられ、国連憲章自身がそれらを認めかつ勧めているのである(憲章三三条)。

にもかかわらず、国連の世界機構化の下で国際紛争の司法的解決が勧められることは疑いなく、ＩＣＪの役割の強化が求められるだろう。そのために、すべてのＩＣＪ規程当事国がＩＣＪの義務的管轄権を受け入れるべきことが望ましい。さらに、ＩＣＪの管轄権が特定分野の紛争を取り扱う他の多様な国際裁判所のそれと競合する現象を念頭において、国連の主要機関としてのＩＣＪをいわば上訴裁判所化することを望む意見もある。[46]

このことは世界機構の司法機関による国際秩序の維持をはかり、国際法の統一した解釈を確保することの必要性に基づいているように思われる。この問題は、最近国際法のフラグメンテーション（化）という現象についての議論[47]につながるもので、結局は国際法の発達およびその性質をどのようにみるかという二一世紀国際秩序のあり方に係わるものとして注目される。そのほか、ＩＣＪの機能として、同じく国連の主要機関である安保理の（とくに憲章七章に基づく）行動や総会の決議の合憲章性を審査することにも及ぶことが予測される。これは、民主主義の基本的方式である三権分立（によるとくに行政権力の制肘）の立場からみても望まれるものである。そのためには、安保理や総会が自己のとった措置について裁判所に勧告的意見を求めかつその意見を尊重することも必要となろう。

国際連盟時代に常設国際司法裁判所（ＰＣＩＪ）の勧告的意見は次第に判決と同視されるようになり、その法的拘束性が認められていた。しかし、一九四五年以後ＩＣＪの下では勧告的意見の手続は元に戻され、国連総会、安保理または他の専門機関などが法律問題について権威ある意見を裁判所に求める手段にすぎず、その意見はそれを要請した機関に対してもまたその意見により影響を受ける国に対しても拘束力はない。そのため、ブートロス・ガーリ事務総長が何度も求めたように、国連の主要機関の一つである事務総長が紛争解決のための外交的努力に法的側面を提供するために、憲章九六条により事務総長がＩＣＪに勧告的意見を求めることを総会が許可すべきであるとの考えもある。さらには、同九六条から、総会が国連の諸機関の採択した決議の合憲章性の問題をＩＣＪに提起しうるとみる意見もある。[48]このような所作は憲章の改正を待たずとも現行憲章のもとで取りうるものであろう。

なお、ＩＣＪの裁判官の構成や選出方法などについては、現在のＩＣＪ規程（第一章）に定められている方法が、国家間紛争のみを取り扱う裁判所であることを念頭におけば、大体において民主的であるといえよう。[49]

ところで、世界機構化の下で、国際社会における個人を含む非国家アクターが争うことのできるまたはその行為を裁きうる国際裁判機関も必要となると思われる。とくに個人―国家機関（国家指導者から軍隊構成員まで）であれ私人であれ―の戦争犯罪行為については、従来から紛争当事国(交戦国)の国内裁判所(軍事法廷を含む)で戦時中に処罰されるのが普通であった。国際軍事裁判所としては第二次世界大戦後ドイツと日本の主要戦争犯罪人を裁いたニュルンベルク国際軍事裁判所と極東国際軍事裁判所が臨時に設立されたが、これは必ずしも国連システムに位置づけられたもの(国連の裁判所)ではなかったし、憲章下の個人による国際法違反を取り扱ったものでもなかった。冷戦終結後、ユーゴスラビアでの民族紛争を契機に、一九九三年五月二五日の安保理決議八二七は、旧ユーゴの状況が「国際の平和と安全に対する脅威」を構成するものと決定し、憲章七章の下に行動するとして、旧ユーゴ国際刑事裁判所(ＩＣＴＹ)の設立を決定した。この裁判所は旧ユーゴの領域内で行われた国際人道法に対する重大な違反について責任を負う者を訴追することを目的とする。ついで、翌一九九四年には安保理決議九五五により、ＩＣＴＹと同様に、ルワンダ国際刑事裁判所(ＩＣＴＲ)の設立が決定された。ＩＣＴＹもＩＣＴＲも安保理決議で決定されたものであり、その設立根拠に前述のように問題は残されているが、いずれにしても安保理の補助機関として位置づけられ、一定の限定された時間的、事項的、場所的管轄をもつ臨時の(アドホック)裁判所であり、安保理の決議で解散されうるものである。しかし、個人を裁く刑事裁判である以上、具体的訴訟においては安保理の政治的意思から自由であり、公正、中立的たるべきことはいうまでもない[50]。

ＩＣＴＹやＩＣＴＲのような個人を裁く裁判所が国連の機関として設立されること自体は、国連の世界機構化の促進のためにも望ましくかつ必要でさえある。ただ、このようなアドホック裁判所を主要な武力紛争毎に設立するのは泥縄的であり、法的にも半ば事後法(裁判所規程)による「勝者(国連)の裁き」という印象を与え兼ねず、必ずしも勧められるものではない。現実に裁判所設立に係る経費の点からも国連にとっては大きな負担となる。むしろ、常設の国際刑事裁判所を設立することの方が望ましいことは多言を要しない。国際社会におけるかかる裁判所設立の構想はかなり以前に遡るが、ようやくポスト冷戦期の一九九八年諸国間の条約(国際刑事裁判所に関するローマ規程)により国際刑事裁判所(ＩＣＣ)の設立(ハーグ)が決定された。同規程の発効(二〇〇二年七月一日)を受けて、一八名の裁判官と検察官の選出を経て、ＩＣＣは二〇〇三年にハーグでその活動を開始し始めている。

ローマ規程の締約国は、当然ＩＣＣの管轄権を受け入れたことになるという自動的管轄権を認めており(ローマ規程一二条一項)――ＩＣＪ規程では締約国が前述のように選択条項受諾宣言をする必要があったのと対比して注目される点である――、かつ、非締約国も当該犯罪について裁判所の管轄権の受諾を宣言する場合(同一二条三項)、ＩＣＣの管轄権が認められる。そして、実際には、ＩＣＣ管轄権の行使は、安保理による憲章七章の下での事態の付託の場合を除き、締約国による事態の付託または検察官による捜査開始の場合に、犯罪行為地国(船舶・航空機登録国を含む)または被疑者国籍国のいずれかがＩＣＣ規程締約国であるか(同一二条二項)、(非締約国でも)右の裁判所管轄権受諾国であるなら、可能である。

したがって、裁判所管轄権の受諾宣言をしていない非締約国の国民(個人)も締約国たる犯罪行為地国か右の宣言受諾国に滞在している場合、その者に対してＩＣＣの管轄権が行使されうることになる。この意味において、ＩＣＣは世界中の(国籍のいかんを問わず)個人(自然人)に対して普遍的に管轄権を有することになる。[51]

この裁判所の事項的管轄権は最も重要な国際関心犯罪に限られるが、時間的管轄権は条約発効後は将来にわたり制限されず、また、場所的管轄権も特定国または特定地域に限定されないから地球上(空中の航空機内を含む)どこで行われるかかる犯罪行為についてもその責任者個人を処罰する制度が確立したことになる。しかし、ＩＣＴＹ(やＩＣＴＲ)のような安保理決議で設立された裁判所の場合には、国内裁判所と管轄権が競合するとき国際裁判所(ＩＣＴＹ)の優越が認められている(ＩＣＴＹ規程九条)のと異なり、ＩＣＣの場合、補完性原則により(ローマ規程前文、一条)、むしろ国内裁判所が裁判権を行使し、ＩＣＣは当該国が真摯に捜査または訴追を行う意図または能力を欠いている等の場合(一七条)はじめて事件を受理することが認められるのである。これ(補完性原則)は、締約国の司法主権を尊重することから由来するもので、国際裁判所の機能の限界を示している。

また、かかる裁判所の設立文書であるローマ規程は条約であるから、多数の国が締約国になることが望まれ[52]、将来万一多数の締約国が同規程から脱退(廃棄)する(規程一二七条)なら、ＩＣＣの国際裁判所としての意義が問い直されることもありえよう。しかし、ＩＣＣは国連と協定を締結して連携関係に入るのである。また、憲章七章に基づき行動する安保理が重要な国際関心犯罪が行われた疑いのある事態を検察官に付託しうるのであり、さらに、七章に基づき採択した決議でＩＣＣに対して一二カ月間(更新も可能)捜査または訴追を開始ないし進行させないようにすることもできる(規程一六条)のである。

このように実際には国連安保理の意思がＩＣＣの活動に大きな影響を与えうるのであり、かつ、諸国の選択条項受諾宣言による管轄権の限定を受けるＩＣＪとは異なり、ＩＣＣの管轄権が非締約国の個人にさえ及びうる一種の普遍的性格をもちうることから、ＩＣＣは世界機構裁判所に近いとさえ言いえよう。世界機構としての国連システムは国際社会における非国家アクターとして最も数が多い個人(自然人)—国家機関としての個人を含むことはいうまでもなく、また、重大な国際関心犯罪は純粋な私人よりもおそらく国家機関である個人(自然人)の決定や命令により行われる可能性が高い—を重大な国際関心犯罪のかどで裁きうる国際裁判所をその枠組みの中に取り込みつつあるともいえるだろう。二度の悲惨な(人権侵害を引き起こした)世界大戦を経験した国際社会において長年の懸案であった、かかる重大な犯罪が「罰せられることなく放置されてはならない」という悲願ともいえる原則(ＩＣＣ規程前文)—重大な国際犯罪に必ず国際刑事法を適用して処罰することにより、それによる重大な人権被害に報いようとする思想の表現である―がＩＣＣの設立により確立するところにこぎ着けたのである。重大な国際犯罪は国際法秩序と民主主義の最大の敵であり、裁判所によるその処罰はそれらが守られるための前提でもある。

おわりに

二一世紀の国際社会がグローバリゼーションへの進展を見せる中で、主権国家間の関係を中心的に規律する従来の国際秩序はどのように展開するか、その担い手としての国際機構とくに世界機構たる国連システムの役割と機能はどうあるべきか。世界法学会（二〇〇三年）における香西茂教授の特別講演「二一世紀の国連を考える」は極めて示唆に富むものである。[53] この大問題を認識の底にもちつつ、本稿は、二〇世紀における国家の権力の正当性を担保する民主化の議論から借用しつつ、国連の民主化という角度から、二一世紀における国連の権力、活動の問題性とその展開の可能性を占おうとしたのである。

二一世紀に国連の目指すものは、国際の平和と安全の維持・回復のために、国際秩序を破壊し侵略戦争を行う主権国家制度を廃止して、公権力を集中的に独占する世界国家を樹立することにあるのではなく、国連憲章の規定からも分かるように、国家の主権平等を認めつつ、集団安全保障のもとで特定国家を援助しあるいは強制したり、すべての国家（国連加盟国）、さらには非国家アクター（ＮＧＯや個人を含む）にある程度立法や司法の権力を行使しあるいはそれに参加しうるような国際機構となること（いわば公権力化を促すこと）であるとみられる。このような公権力化された機構への発展は、一面では国家主権平等の原則の一定の制約を伴うが、同時にかかる公権力の付与とその行使の（国際世論による）正当化のためには民主的コントロールつまり民主的な方法と手続が取られなければならない。これは民主主義（連邦）国家モデルから学びとられたものである。もっとも、かかる民主的コントロールの方法や手続は上述のように国連の諸機関の権力の性格によってさまざまである。かかる国連の活動により、結局は民主主義国家間の実質的に平等な関係が保障され、また、たとえば国連の機関による侵略国の認定とそれへの対処方法の決定あるいはかかる状況における国際犯罪人の起訴と裁判所による処罰制度の確立によって、国際秩序が維持あるいは回復され、非国家アクターとくに個人の人権尊重が確保されることになるのである。このような民主的世界機構の展開と強化によってこそ、超大国の力を背景とするその秩序の世界化（国内法の域外適用はその一つの側面である）―これは「帝国」と呼ばれる「世界国家」化にあたる―に立ち向かうことができ、かつ、世界機構の世紀を迎えることができるだろう。[54]

1　Michel Virally, *L'organisation mondiale*, Armand Colin, Paris, 1972, p.15;　藤田久一『国連法』東京大学出版会、一九九八年、二五三頁参照。

2　条約法条約では「国際機関」（公定訳、本稿では「国際機構」）は「政府間機関」をいうとしている（二条一(i)）が、それは当該条約の適用範囲を定めるための用語の説明にすぎず、科学的定義ではない。一九七五年普遍的国際機構との関係における国家代表条約も同様。なお、現在、国連国際法委員会（ＩＬＣ）で検討中の「国際機構の責任」に関する提案条文第二条では、（現条文案の目的上）「国際機構」の用語は、「それ自身の資格において若干の政府機能を行使する限りにおいてその構成員の中に国家を含む機構」に該当するとしている（**First Report on responsibility of international organizations, by Giorgio Gaja, Special Rapporteur**）。国際法委員会で暫定的に採択された第二条では、「国際機構」という用語は「条約によってまたは国際法によって規律される他の文書によって設立された機構」に該当するとし、続けて「国際機構は国家のほか他の実体を構成員として含むことができる。」となっている。ILC, *Report on the work of its fifty-fifth session* (5 May to 6 June and 7 July to 8 August 2003), General Assembly Official Records Fifty-eighth Session Supplement No.10 (A/58/10), p.33.

3　植木俊哉「国際組織の概念と『国際法人格』」『国際社会の組織化と法』信山社、一九九六年所収。横田洋三編著『新版国際機構論』国際書院二〇〇一年、五〇頁以下。国際機構の客観主義説と主観主義概念の対比および第三の道？について、Jean-François Marchi, *Accord de l'Etat et droit des Nations Unies, Etude du système juridique d'une organisation internationale*, La Documentation française, Paris,2002, pp.19 et s.

4　Cf. Virally, *op.cit.*, pp.19 et s.

5　なお、政治理論からみる国家の観念について、ダントレーヴ（石上良平訳）『国家とは何か　政治理論序説』未来社、一九七二年参照。

6　ダントレーヴ、前掲書、二五頁以下参照。

7　Virally, *op.cit.*, pp.25 et s.　なお、国際連盟を連邦機構とみる古典的見解は、Georges Scelle, *Précis de droit des gens-Principes et systématique*. Première partie-Introduction: le milieu intersocial, Sirey, Paris, 1932, pp.246-278.

8　これまでの理論構築の企ての一例として、Marie-Claude Smouts, *Les organisations internationales*, Armand Collin, 1995.

9　加藤新平『国家権力の正統性』弘文堂、一九五〇年、ダントレーヴ、前掲書、一七一頁以下。

10　トクヴィル（井伊玄太郎訳）『アメリカの民主政治（上）（中）（下）』講談社、一九八七年、イェリネック（美濃部達吉訳）『人権宣言論外三篇』法学叢書、日本評論社、昭和二一年、ミルキヌ＝ゲツェヴィチ（小田滋・樋口陽一訳）『憲法の国際化―国際憲法の比較法的考察―』有信堂高文社、一九六四年、ジャン・モランジュ（藤田訳）『人権の誕生―フランス人権宣言を読む―』有信堂高文社、一九九〇年。

11　国際民主主義という言葉は、すでに吉野作造が第一世界大戦後ヴェルサイユ講和を見通して使っている。吉野作造「帝国主義より国際民主主義へ」（『中央公論』一九一九年三月）『吉野作造選集六　大戦後の国際政治』岩波書店所収。なお、国際的民主主義の思想について、恒藤恭「永久平和実現の二途　国際連盟と国際連合との対立の理論的意義」『国際法及び国際問題』弘文堂書房、一九二二（大正一一）年、二二三頁以下。

12　Supplement to reports on democratization, A/51/761, annex, paras.1, 15.　なお、ブートロス・ガーリの民主主義の議論について、Rafâa Ben Achour, "La contribution de Boutros Boutros-Ghali l'émergence d'un droit international positif de la démocratie," *Boutros Boutros-Ghali Amicorum Discipulorumque Liber*, Vol.II, Bruyant, Bruxelles, 1998, pp.909-923; Rosario Green, "The Democratization of International Relations:

The Aspiration of Boutros-Ghali," *ibid.*, pp.1103-1119.; Raymond Ranjeva, "Démocratisation des institutions politiques et Organisation des Nations Unies," *ibid.*, 1295-1305.

13　James Crawford, "Democracy and International Law," *British Yearbook of International Law*, Vol.64, 1993, p.113; Charlotte Ku and Harold K. Jacobson, "Toward a mixed system of democratic accountability," Charlotte Ku and Harold K.Jacobson (eds.), *Democratic Accountability and the Use of Force in International Law*, Cambridge Universtiy Press, 2003, pp.349ff.; Supplement to reports on democratization, op.cit., A/51/761, paras. 18-19.

14　Thomas M. Franck, "The Emerging Right to Democratic Governance," *AJIL* 1 (1992), Vol.86, pp.46ff.; Crawford, *op.cit.*, p.116.; Milan Sahovic, "Est-il possible de démocratiser le droit international," *Boutros Boutros-Ghali Amicorum Discipulorumque Liber, op.cit.*, pp.1331-1343.

15　その理由について、クロフォードは、政府が国際事項に包括的権力をもつことを国際法が認めていること、国内法がいかに民主的に制定されたものでも、国際義務不履行の言い訳とはなりえないこと（逆に、行政取決めは議会の承認を経ないこと）、国際的救済の利用について政府が排他的コントロールを行い、個人は国際法上手続的権利をもたないこと、不干渉原則が非民主的体制の保護に及ぶこと、自決権は確立した国境の変更を許されないこと、国家を将来にわたり拘束する政府の権限が実際上無制限であることを挙げている（Crawford, *op.cit.*, pp.117-119）。

16　ブートロス・ガーリは「民主主義の国際法」はなお萌芽状態ではあるが、形成されつつある」と述べている。なお、桐山孝信（『民主主義の国際法』有斐閣、二〇〇一年）によれば、国際民主主義の二つの系譜として、一つは主権平等の言い換えにすぎないともみられる問題と二つは民主主義の国際的擁護の問題であるとする。ドミニセによれば、民主的制度の下で生活する人民のこの権利は国際法上平和の探究との関係で発展してきたとする。民主主義国際法として認めるべき内容としては、第一に、自由選挙を規則的に組織する国家の（基本的な）義務である。しかし、それだけでは不十分であり、少数者を尊重しない多数派（majorité）は、それが民主的に選ばれても専制的でありうる。人権と結びついた少数者の権利、紛争解決手続は民主的制度の基本的特徴を構成する要素である。E. U. Petermann, "Constitutionalism and International Organizations", *Northwestern Journal of International Law & Business*, Vol.17, 1997, pp.398ff.（ドミニセによれば）自由選挙への権利は民主主義国際法の要である。それは世界人権宣言二一条、自由権規約二五条、人権保護の地域的諸条約などの規定に支えられている。この権利は統治者と被統治者の間の関係をそこに包摂するから、この権利の自決（権）への拡大としても現れる。

17　藤田、前掲書、一七頁以下。国内および国際民主主義がこれらの努力を繋ぎ留める要素として理解されたのである。民主主義は、個人の政治参加の基本的権利の行使を許すことにより、諸国(民)の主権と政治的独立を維持し、かつ、人民の自決の基本的権利の行使を許すことにより、人民の主権と政治的独立を維持するのである。それは、国際面では、民主的国際機構とその過程へのおよび集団安全保障への国家参加を促進する。それはまた、国内および国家間の「法の支配」の尊重を奨励する。Supplement to reports on democratization, op.cit., para.27.

18　*La Charte des Nations Unies Commentaire article par article*(sous la direction de Jean-Pierre Cot et Alain Pellet), 2e édition revue et augmentée, Economica, Paris, 1991, Préambule, pp.1-22.; *The Charter of the United Nations A Commentary*(Edited by Bruno Simma), Oxford University Press, 1995, Preamble, pp.45-48.

19　Supplement to reports on democratization, op.cit., para.28.

20　*Ibid*., par.31. 国連と国家の民主化について総合的に論じたものとして、Linos-Alexandre Sicilianos, *L'ONU et la démocratisation de l'Etat, systèmes règionaux et ordre juridique universel*, Pédone, Paris, 2000.

21　*Ibid*., paras.36,.37.

22　この過程は、とくに一九九三年世界人権会議のような国際会議で行われる対話から影響を受けかつ弾みを得てきた。選挙分野におけるこの改革過程の進展は、加盟国の制度構築における技術援助のための要求の主要な新方針と重なっている。加盟国によりなされる援助要求の範囲は拡大し、かつ、「援助を要求する加盟国の民主化過程の継続と強化を確保するために」(総会決議四八/一三一、para.4)選挙実施前、中、および後に提供された援助を包含している(para.39)。民主主義の文化を創造することにおける援助は多くの形式をとりうるが、選挙援助の過程でもたびたび提供される。一九九三年カンボジアおよび一九九四年エルサルバドルで、国連は当事者が公正な選挙キャンペーンを行うよう援助した。一九九四年モザンビクで、モザンビク国民抵抗団体を政党に変容させかつ単独政党から多数政党への移行を容易にさせた(para.42.)。

民主主義文化の支援から民主的制度構築の援助に至るまで国連援助の全範囲は平和構築(peace-building)の鍵となる要素として理解されうる。平和構築は、永久平和を達成するために、紛争を防止、制御かつ解決する努力が紛争の経済、社会、文化、人道および政治的根源に向かいかつ発展のための基礎を強化する行為を含まねばならないことを強調する新しいアプローチである(para.46)。

23　Les activités normatives et quasi normatives des organisations internationales (Joe Verhoven, "Elaboration, adoption, coordination,"; C.Dominicé. "Valeur et autorité des actes des organisations internationales,"; N.Valticos, "Contrôle,") *Manuel des organisations internationales*, publiés sous la direction de René-Jean Dupuy, Académie de Droit International de La Haye, Martinus Nijhoff Publishers, 1998, 2e éd., pp.413 et s.

24　Reforming the United Nations New Initiatives and Past Efforts (Edited by Joachim Múller), Vol.1-3, 1997. *Reforming the United Nations The Quiet Revolution* (Edited by Joachim Múller), 2001, Published in co-operation with the United Nations, Kluwer Law International.

25　国連加盟は、加盟国側からは国内の民主的手続の問題—国連憲章という条約の各国議会による批准手続という民主的コントロール—、国連側からは、憲章は開放条約であるが、加盟条件—憲章四条の平和愛好国など—の機関(総会、安保理)による決定手続の民主化の問題がある。

26　藤田久一「主権的自由の圧縮—国家は絶対か」岩波講座現代法2『国際社会と法』岩波書店、一九九七年所収。

27　Supplement to reports on democratization, op.cit., paras.64, 77, 83.

28　藤田久一「国連法の宿題—「平和に対する脅威」論を中心に—」法学協会雑誌一一五巻九号一二〇七—一二三二頁参照、酒井啓亘「「平和に対する脅威」概念の機能的展開とその意義—〈九・一一〉事件の国連安保理の対応を手がかりとして」日本国際連合学会編『国際社会の新たな脅威と国連』(国連研究第四号)三九—六一頁。

29　湾岸戦争に際してのイラク非難の安保理決議の問題について、松井芳郎『湾岸戦争と国際連合』日本評論社、一九九三年。

30　Monique Chemillier-Gendreau, *Droit international et démocratie mondiale: les raisons d'un échec*, Les éditions Textuel, Paris, 2002, p.60.; Jean Salmon, "A propos de l'ouvrage Droit international et démocratie mondiale, Les raisons d'un échec, de Monique Chemillier-Gendreau," *Revue belge de droit international*, 2001/2, pp.549 et s.

31　Official Records of the General Assembly, Forty-ninth Session, Supplement No.10, (A/49/10), chap.II. B. I. Cf. United Nations Focus on Reform, General Assembly takes decisive first step on UN reform, http:/www.un.org/reform/focus.htm

32　Supplement to reports on democratization, op.cit., paras.109-110. なお、安保理改革の諸提案の展開については、藤田、前掲書、四〇六—四〇九頁参照。Olivier Fleurence, *La réforme du Conseil de sécurité L'état du débat depuis la fin de la guerre froide*, Bruyant, Bruxelles, 2000.

最近の国連特別パネルで、とくに安保理改革をいかにしてより効果的にするかが検討された。それを伝えた記事(UN reform by Parag Khanna in *International Herald Tribune*, Jan.1, 2004.)によれば、すべての国は安保理改革の必要性に同意しているが、これまでどの提案も過半数の支持を得ることができなかった。安保理の構成をより民主的に(かつ米国にとりより友好的に)するために、現実的な提案によれば、米、ロシア、中国は常任理事国のままに留まり、日本とインドが加わり、仏と英の議席はEUのための一常任議席にするというものである。さらに、米州機構、アラブ諸国連盟および生成途上のアフリカ連合といった地域機構が常任議席をもつ(これらは各機構の加盟国がローテーションで代表される)。さらに、より重要なことは、もし米国がより効果的な安保理を望むなら、米国は拒否権を放棄し多数決投票に従うべきである。

33　総会の役割は、加盟国および国連システムに対する総合および全般的な政策評価と調整の一つでなければならない。Supplement to reports on democratization, *op.cit.*, para.106.

34　*ICJ Reports 1962*, p.164. 藤田・前掲書、一六一—一六二頁参照。

35　藤田、前提書、一五八頁以下参照。

36　Supplement to reports on democratization, op.cit., para.87.

37　ヨーロッパ共同体を設立する条約(ローマ条約・アムステルダム条約)一八九条以下参照。ヨーロッパ議会は、共同体に参加する諸国の国民の代表により構成され、かかる代表は普通直接選挙によって選ばれる(一八九、一九〇条)。同議会は、多数決によって、共同体法の制定が必要であると判断する事項について適切な提案を提出するよう委員会に要求することができる(一九二条)。連合市民は、同議会に対し、請願を行う権利を有する(一九四条)。ヨーロッパ理事会の議員総会は諮問的役割のみを果たすが，閣僚理事会について主導権をもち、閣僚委員会の作業を審査することができる。それは理事会と国民議会の間の有益な関係を確保する。J. L. Burban, *Le Conseil de l'Europe*, 3e éd.,corrigé, PUF,coll. "Que sais-je" No.885, 1996, p.36.; N. M. Blokker and H. G. Schemeers(eds.), *Proliferation of International Organizations*, Kluwer Law International, The Hague, 2001, sec.564.

38　総会決議五〇／一五の要請により、一九九六年七月ブートロス・ガーリ国連事務総長は国連と列国議会同盟の間の協力協定(A/51/402,annex)を締結し、協力を強化しかつそれに新しいかつ適切な枠組みを与えることになった。このような議員の列国議会同盟を通じての活動は、議員が直接選挙された代表であることから、各国内の民主化と国際レベルの民主化を繋ぐものとして役立つものであるといえよう。Supplement to reports on democratization, op.cit., para.88.

39　総会は各加盟国の四人の代表者で構成され、うち二人は政府代表、他の二人は各加盟国の使用者と労働者の代表であり(一九四六年一〇月九日改正の国際労働機関憲章三条一項)、総会の審議に付されるすべての事項について、各代表は、個別的に投票する権利をもつ(四条一項)。

40　サンフランシスコ会議でも、エクアドル、ベネズエラなど若干の国は、安保理が国際法の上に位置づけられるのではないかという懸念を表明していた。*UNCIO*, 2, doc.2, G(7)(p), p.15; doc. 360, III/1/16, p.784, doc.2, G(7)(p), 37, p.790; doc.2, G(7)(d)(1), p.12. 藤田、前掲書、三八四頁。

41　たとえば、安保理決議七四八(一九九二)は、リビアが一九八八年ロッカビー事件の容疑者の米英への引渡しを拒否したことを理由に「平和に対する脅威」と決定し、リビアに対して自国民の引渡しを義務づけた。リビアにかかる引渡しを義務づけるこの決議は、憲章一〇三条からモントリオール条約に優先するとみなされた。David Schweigman, *The Authority of the Security Council under Chapter VII of the UN Charter Legal Limits and the Role of the International Court of Justice*, Kluwer Law International, 2001参照。

42　Hans Kelsen, *The Law of the United Nations*, London, 1950, p.295.; Paul C. Szasz, "The Security Council Starts Legislating," *AJIL*, Vol.96: 901.

43　安保理の権限踰越(ultra vires)の決定をいかに取り扱うかについて、Mohammed Bedjaoui, *The New World Order and the Security Council. Testing the Legality of Its Acts*, Dordrecht, 1994.; Karl Zemanek, "Is the Security Council the Sole Judge of its Own Legality ?" *Liber Amicorum -Mohammed Bedjaoui* (Edited by Emile Yakpo & Tahar Boumedra), Kluwer Law International, 1999, pp.629-645.

44　しかし、湾岸戦争時、安保理は(憲章の精神に対応せず)米英に憲章の枠外で軍事行動を行わせることになり(安保理決議六七八が「必要なすべての手段」をとる権限をクウェート政府に協力している加盟国(いわゆる多国籍軍提供国)に授権したことは憲章違反ではないかとの疑問は残されており(松井、前掲書、六九―八九頁)、さらに、安保理が(イラクとクウェート間の)境界確定や賠償について決定したことは安保理の権限踰越とも見られる。

45　なお、タジチ事件の上訴裁判所は、憲章七章およびとくに四一条は国際の平和と安全の脅威に対して向けられた適切な措置についての無制限ではないが広い裁量を安保理に与えており、裁判所の設立は七章の下での安保理の権限の範囲を明らかに超えていたとはいえないとした。(Prosecutive v.Tadic (Decision on the Defense Motion for Interlocutory Appeal on Jurisdiction), 35 *ILM* 32, paras.28-30

(1996).)参照。

46　Discours de S. Exc. M. G. Guillaume, Président de la Cour Internationale de Justice à l'Assemblée générale des Nations Unies, le 26 octobre 2000, Cour Internationale de Justice, Communiqué de presse 2000/36.; Gilbert Guillaume, *La Cour Internationale de Justice à l'aube du XXI ème siècle Le regard d'un juge*, Pédone, Paris, 2003, pp.25 et s.; Cf. Shigeru Oda, "The Compulsory Jurisdiction of the International Court of Justice: A Myth? A Statistical Analysis of Contentious Cases," *ICLQ*, 49(2000), pp.257ff. なお、国際裁判所の管轄権競合の問題について、Hisakazu Fujita, "Chevauchements juridictionnels et tribunaux internationaux," N.Ando et al.(eds.), *Liber Amicorum Judge Shigeru Oda*, pp.575-586.; Yuval Shany, *The Competing Jurisdiction of International Courts and Tribunals*, Oxford University Press, 2003. 参照。

47　国際法委員会における国際法のフラグメンテーション問題の取扱について、ILC, Report on the Work of its fifty-fifth session, op.cit., pp. 267ff.

48　Supplement to reports on democratization, op.cit., A/51/761, par.112.

49　もっとも、「裁判官全体のうちに世界の主要文明形態及び主要法系が代表されるべきもの」(九条)とあるが、かつては一五名の裁判官の地理的配分(紳士協定)がアジア・アフリカ諸国には不利であると言われたこともある。なお、現在でもＩＣＪ裁判官の選出に際してジェンダーの観点が十分配慮されていないとの批判はありうる。

50　ボスニア紛争において国際人道法の重大な違反のかどで起訴された者はセルビア人のみならず、クロアチア、ムスリム人も含まれている。但し、コソボ紛争を契機とするＮＡＴＯ軍の旧ユーゴ領域の非軍事目標(中国大使館など)空爆などの責任について、それを調査したＩＣＴＹ検察官委員会は不起訴を決定した。See: Amnesty International, Final Report to the Prosecutor by the Committee Establishing to Review the NATO Bombing Campaign Against the Federal Republic of Yugoslavia, 39 *ILM* 1257(2000), para.85.

51　もっとも、ＩＣＣ規程非締約国の中でもとくに米国は、ＩＣＣのかかる管轄権に対する反発を強めており、とくにＩＣＣ規程締約国に対して米国との二国間協定により米国人(とくに米軍構成員や公務員)をＩＣＣに引き渡さず米国に引き渡すことを取り決める動きを見せている。藤田久一「国際刑事裁判所(ＩＣＣ)と米国の対応」『国際協力の時代の国際法』(関西大学法学研究所研究叢書第三〇冊)二〇〇四年所収。

52　二〇〇四年三月現在ローマ規程批准国は九二カ国に及んでいる。

53　香西茂「二一世紀の国連を考える—国連は「世界の警察官」になれるか—」『世界法年報』二三号（二〇〇四年二月）一—一二頁。

54　九・一一多発テロ事件後の米国の単独主義的行動と国連の対応や関係について、Michael J. Glennon, "Why the Security Council Failed," *Foreign Affairs*, Vol.82, No.3, May/June 2003, pp.16-35; Shashi Thadoor, "Why America Still Needs the United Nations," *Ibid.*, Vol.82, No.5, September/October 2003, pp.67-80.

国際連合と地域的機構
――冷戦後の新たな関係――

中村　道

一　憲章第八章の再発見

冷戦の終焉は、東西両陣営の対立構造による桎梏から解き放たれた地域・国内紛争を顕在化させる一方、安全保障理事会での常任理事国の協調を可能にし、国連の平和維持機能を活性化させた。それは、「平和維持活動(peace-keeping)」[1]の分野においてとくに顕著である。冷戦後の国連の平和維持活動は、その数と規模の双方で著しく増大したのみならず、その任務が拡大され、伝統的な概念では捉えきれない新たな活動が大きな部分を占めるに至っている。とくに問題となるのは、平和維持活動と平和強制との結合である。[2]と同時に、国連は、このような平和維持活動の実施にあたって多くの困難に直面してきた。その一つはオーバー・コミットメントの問題であり、財政危機や要員・装備の不足から地域的機構に役割分担が求められた。また、地域紛争に関して地域的機構を活用することは、関係諸国が地域の平和維持に直接の利害を有する点からも考慮に値する。このような背景から、冷戦後の新たな状況において憲章第八章が再発見され、国連と地域的機構の新たな関係が模索されることになった。[3]

ブトロス・ガリ事務総長が、一九九二年六月、同年一月の安全保障理事会首脳会議の要請により提出した報告書、『平和への課題』[4]は、国連要員の予防展開(preventive deployment)、平和強制部隊(peace-enforcement units)の創設、紛争後の平和構築など、新しい構想を提示し注目された。同報告書は、冷戦後の平和維持構想の一環として「地域的取極および機構との協力」の問題をも取り上げ、次のような基本的認識を示している。

「冷戦は第八章の適切な利用を阻害し、また実際に、その時期には、地域的取極はときには憲章で想定された方法での紛争の解決を妨げるように作用した。……しかし、この新たな好機の時期において、地域的取極または機関は、その活動が憲章の目的および原則と一致したかたちで行われ、またそれと国連とくに安全保障理事会との関係が第八章によって規律されるならば、偉大な貢献をなすことができる。」[5]

ここでは、地域的機構と国連との関係についてのいかなる公式のパターンや特定の役割分担も提唱されていないが、「地域的取極または機関が、多くの場合に、この報告書に盛られた機能、すなわち予防外交(preventive diplomacy)、平和維持活動(peace-keeping)、平和創造(peacemaking)、および紛争後の平和構築(post-conflict peace-building)、に役立つよう利用される潜在能力を有することは明らかである」とする。また、憲章上、安全保障理事会は、今後とも、国際の平和と安全の維持に対する主要な責任を保持するが、「地域的行動は、集中排除、権限委譲、および国連の努力との協力の面で、理事会の負担を軽減するだけでなく、国際問題への参加、コンセンサス、および民主化などの意識の向上にも貢献する」と、地域的機構の役割が積極的に位置づけられている。そのための方策として、第一に、国連と地域的取極または機関との間の協議は、問題の性質とそれに必要な措置についての国際的コンセンサスの創出に大いに貢献する。第二に、国連と合同の補完的努力への地域的機構の参加は、その地域外の諸国にも支持する行動を促す効果がある。第三に、安全保障理事会が地域的取極または地域的機構に対しその地域内の危機への対応に主導権をとることをとくに許可するならば、それは、地域的努力の妥当性に国連の重みを与えるのに役立つ。このようなアプローチは、平和維持の任務のすべてのレベルで民主化を奨励するものである。しかしながら、同時に、「主要な責任はあくまで安全保障理事会にあることを引き続いて承認することが不可欠である」、と強調されている。[6]

この事務総長の報告書をうけて、安全保障理事会は、報告書の審議を継続するなかで、一九九三年一月の議長声明により、憲章第八章の枠組内において、地域的取極および機構に対し、それぞれの権限内で平和維持機能を強化する方策および地域的努力と国連のそれとの調整を改善する方策を早急に検討するよう求めた。[7] また総会は、翌年一二月、国連憲章および国連の役割強化に関する特別委員会の報告として提出された、「国際の平和および安全の維持における国連と地域的取極および機関の間の協力の向上に関する宣言」[8](以下、国連と地域的機構の間の協力向上に関する宣言)を採択した。そこでも、憲章第八章の規定を再確認しつつ、「地域的取極または機関は、それぞれの権限分野において かつ憲章に従って、適当な場合には、紛争の平和的解決、防止外交、平和創造、平和維持活動および紛争後の平和構築によるものを含めて、国際の平和および安全の維持に対して重要な貢献を果たす」、との同じ基本的立場が表明されている。

一九九四年八月、事務総長は、国連が平和維持の分野で最近協力してきた地域的機構の長との会合を開いた。そこでの意見交換を踏まえて、事務総長は、一九九五年一月、国連五〇周年を機会に提出した『平和への課題・追補』[9]の中で、国連と地域的機構の協力の具体的な態様として、協議、外交上の支援とともに、作戦上の支援(Operational support)、並行展開(Co-deployment)、共同作戦(Joint operation)の五つを挙げている。ここでも、地域的機構の平和創造および平和維持活動の能力やその構造、任務、意思決定過程における差異から、国連との関係について普遍的モデルを設定することは適当でないとするが、基礎となるべき原則として、次の四つを挙げる。①公式でなくとも協議メカニズムの設定、②国連の優越性の尊重、③同一の紛争に関与する場合に重複と競合を避けるための明確な分業の設定、④平和維持活動の規準のように、双方の機構にとって共通の関心事項を扱う場合の一貫性[10]。

『平和への課題』の後ほどなく、国連は平和維持機構としての信頼性を損なう幾つかの事態に直面した。事務総長自身、一九九四年三月、国連の平和維持活動能力の改善に関する報告書において、「一年前の楽観論は、現場―とりわけソマリアや旧ユーゴスラビア―において遭遇した困難の結果として先細りした」ことを認め[11]、それが『同・追補』にも反映されている。まず、「平和強制」活動の実施の困難さを認め、平和維持活動と強制行動を明確に区別するなど、先の野心的な構想は軌道修正された。また、旧ユーゴ問題への対応の教訓として、国連と地域的機構間の調整の重要性が指摘されている。さらに、一部を除く地域的機構の側での意思と能力の欠如から、地域的行動に対する期待感が減退していることは否めない。しかしながら、地域的機構に対する先の基本的立場は維持されている。

『平和への課題』およびこれに続く国連文書は、いずれも、国連と地域的機構との新たな協力関係について、安全保障理事会の平和維持に関する主要な責任を繰り返すとともに、憲章第八章によって規律されるべきことを再確認している。しかし、まさに「冷戦は第八章の適切な利用を阻害した」と指摘されるように、過去の実行は、冷戦後の国連と地域的機構の関係を規律するうえで限られた示唆しか提供しない。[12] 従って、以下では、これまでの適用事例には深く立ち入ることなく、「地域的平和維持活動」の問題を中心に、第八章の新たな展開を示す主要な論点に考察を限定したい。

なお、国連の平和維持機能は憲章では紛争の平和的解決(第六章)と強制措置(第七章)の二つの側面から規定され、また平和維持活動も国連の機能として定着しているが、冷戦後さらに、国連の諸機能が憲章規定を離れて表現されるようになった。そして、これらの概念が不明確で混乱もみられることから、国連と地域的機構の関係を考察するうえで困難が伴う。先にふれたように、地域的機構が国連と協力し平和と安全の維持に貢献できる側面として、『平和への課題』は、国連の機能についてと同様に、予防外交、平和維持活動、平和創造および紛争後の平和構築の四つをこの順序で掲げる。これらの概念は、多分に、紛争処理の過程を時系列的に分類したもので、各局面における平和維持機能は伝統的に定義された概念をもって捉えることができない。[13] 事務総長自身の説明によると、そこでの用語は全体として相互に関係する(integrally related)とともに、具体的に、例えば平和創造は、第六章に定める手段による紛争の解決が中心であるが、第七章の強制措置にまで及んでおり、また平和維持活動は、予防外交、平和創造、紛争後の平和構築のいずれにも用いられる手段とされる。これらの概念は、国連の活動を全体的かつ動態的に理解するために有用であるにしても、十分に精確な法的意味をもたない。従って、国連と地域的機構の関係は、紛争処理の過程を分類した諸概念によってではなく、各局面における具体的機能ついて、かつ憲章第八章の規定に則して考察することが必要である。[14]

二　第八章と地域的機構

1　第八章の枠組

国連憲章は、第八章「地域的取極」において、「国際の平和及び安全の維持に関する事項で地域的行動に適当なものを処理するための地域的取極又は地域的機関」の存在を承認するとともに、かかる取極や機関と国連との関係を詳細に規定している。まず、地域的取極やこれに基づいて設立される地域的機関およびその活動は、国連の目的および原則と一致することが要求され（第五二条一項但し書）、またそこでとられるすべての活動が安全保障理事会に報告されなければならない（第五四条）。

この条件のもとに、紛争の平和的解決に関して、地域的取極や機関は、紛争の当事国がまず第一に利用すべき自らの選ぶ解決手段の一つとしてその有用性を一般的に承認され（第三三条一項）、また、とくに地方的紛争（local disputes）、すなわち前記の取極や機関の加盟国相互間の紛争については、この地域的手段による平和的解決の努力が優先し、かつ奨励されるべき旨が明記されている（第五二条二項、三項）。もっとも、このことは、第三四条および第三五条の適用を害するものではない（第五二条四項）から、いかなる紛争についても、安全保障理事会は平和の維持を危うくする虞れがあるかどうか調査することができ、また国連加盟国も理事会や総会の注意を促すことができる。従って、地域的機関の加盟国が相互間の紛争を直接に国連の場に提起することは妨げられず、また安全保障理事会の側も、地域的解決の努力が尽くされるまで地方的紛争への介入が制限ないし排除されるわけではない。この意味で、国連憲章は、地方的紛争の処理について、手続的に厳格な「地域的機関の先議」を規定すると解することはできない[15]。

他方、地域的強制行動は、安全保障理事会によってその権威の下に利用される場合があるほか、国連の事前の統制に服することを原則とし、「いかなる強制行動も、安全保障理事会の許可がなければ、地域的取極に基いて又は地域的機関によってとられてはならない」(第五三条一項前段)。この原則は、地域的強制行動を国連の集団安全保障体制に組み込む「要」として、すでにダンバートン・オークス提案で規定されていたが、サンフランシスコ会議では、相互援助条約の締結を予定する各方面からの不満の対象であった。その結果、対旧敵国措置に関する例外規定(第五三条一項後段)に加えて、個別的または集団的自衛の措置に安全保障理事会の許可、従ってまた常任理事国の拒否権の適用を免除する第五一条が新設されたことにより、地域的強制行動は実質上その最も重要な部分について事前の統制を免れるとともに、国連の集団安全保障体制が当初から大きな制約を受けることになった。さらに、その後の実行では、自衛権の発動要件を緩和する第五一条の拡大解釈が展開される一方、集団的自衛として正当化されえない地域的措置についても、地域的「強制」行動の制限解釈ないし安全保障理事会の「許可」の柔軟解釈が主張されるなど、冷戦期において第五三条の原則は形骸化してきた。[16]

戦後初期にソ連が東欧諸国と結んだ一連の同盟・相互援助条約や一九五〇年の中ソ友好同盟相互援助条約(一九八〇年失効)は暫定的な性格をもつ旧敵国条項に依拠していたが、冷戦が激化するなかで、対立するいずれの陣営も、国連の統制を排した自律的な共同防衛体制のより一般的な根拠として、憲章第五一条を広く援用してきた。一九四九年の北大西洋条約や一九五五年のワルシャワ条約(一九九一年終了)は、この集団的自衛権に基づいて外部からの侵略に対する相互援助を約束する代表的な取極であり、そこでは、統一司令部を含む軍事機構が組織されるとともに、対外的な防衛力の整備・強化が図られてきた。この種の地域的機構は、元来、憲章第八章にいう「地域的機関」とは異質なものである。後者には、地方的紛争の平和的解決および国連の集団安全保障体制に組み込まれた地域的強制行動、すなわち旧来の同盟と区別される地域的集団安全保障の機能が予定されるからである。

もっとも、集団的自衛を主たる目的とする地域的機構が、副次的に紛争の平和的解決や地域的集団安全保障の機能を担う可能性は否定されえず、またとくに、「地域的機関」に不可欠な条件として紛争解決の手続や組織の整備を要求する根拠も見い出せない。[17]他方、第八章の地域的機関も集団的自衛の機能を併せもつことが妨げられるわけではない。憲章は第八章の地域的機関を定義しておらず、またこれを同定するための規準を国連のこれまでの実行から導くことも困難である。従って、問題は、ある地域的機構が「地域的機関」であるかどうかではなく、特定の事態において地域的機関として機能し第八章の関係規定の適用を受けるかどうかにある。[18]ただ、憲章第八章が規定する「地域的行動に適当な事項」の性質から、これを有効に処理することが期待できるのは、ある程度の対内的志向性を備えた地域的機構の場合に限られる。このような意味において、従来から「地域的機関」と一般にみなされており、また実際にも第八章の適用が論じられてきたのは、アラブ連盟（LAS）、米州機構（OAS）、アフリカ統一機構（OAU）である。[19]

2　地域的機構の新展開

周知のように、サンフランシスコ会議において、エジプトは「地域的取極」のかなり詳細な定義を提案したが、この定義は明らかに正当で適格な要素を含むがすべての場合をカバーしない、との理由で受け入れられなかった経緯がある。[20]ブトロス・ガリ事務総長は、『平和への課題』において、このように「意識的に精確な定義が設けられなかった」ことによる「有用な柔軟性」を指摘しつつ、地域的取極および地域的機関を、次のように広く捉えている。

「国連創設の前後を問わず条約に基づいて設立された機構、相互安全保障と防衛のための地域的機構、全般的な地域開発または特定の経済的事項や機能に関する協力のための機構、および当面の関心事である特定の政治的、経済的または社会的事項を処理するため設立された集団。」[21]

以後の国連文書において、「地域的取極または機関（arrangements and/or agencies）」（以下、地域的機関）と地域的機構（organizations）の用語が広く併用されるようになったのは、そうした柔軟な理解によるものである。具体的に、その後安全保障理事会の議長声明が国連との建設的な関係を評価し[22]、また事務総長との意見交換の会合に招請される[23]など、平和維持機能の強化と国連との関係の調整が求められた地域的機構は、ＬＡＳ、ＯＡＳ、ＯＡＵや、新たな発展を遂げた欧州安全保障協力会議（ＣＳＣＥ）のほか、元来は軍事同盟機構である北大西洋条約機構（ＮＡＴＯ）と西欧同盟（ＷＥＵ）、経済分野を主要な関心事項とする欧州共同体（ＥＣ、現欧州連合・ＥＵ）と西アフリカ諸国経済共同体（ＥＣＯＷＡＳ）、さらにはイギリスを中心に連繫するコモンウェルス、ソ連邦解体後に結成された独立国家共同体（ＣＩＳ）、イスラム会議機構（ＯＩＣ）などを含め、極めて多岐にわたっている。

憲章第八章の「地域的機関」についてこのように柔軟な解釈は、地域的機構の側にみられる平和維持機能の強化と国連に対する態度の変化に対応している。いくつかの地域的機構の立場をみると、ＯＡＳは、当初から機構憲章で、「国際連合内においては地域的機関である」と自らを規定し（第一条後段）、かつ、国連憲章に基づく「地域的責任」を果たすことをその目的の重要な一部としている（第二条）。他方、ＬＡＳは、国連憲章に先立つその連盟規約で言及しないが、「地域的機関」を自認していたことは、サンフランシスコ会議での先のエジプト提案に示される[24]。同様に、ＯＡＵも機構憲章で国連との関係を明記しないが、その起草過程から「地域的機関」が意図されていたことは明らかであり[25]、また一九九三年に紛争の防止、処理および解決のための新しいメカニズムを設置して平和維持機能の強化を図るとともに、二〇〇二年には新たにアフリカ連合（ＡＵ）を発足させた。[26]

ＣＳＣＥは、一九九〇年のパリ首脳会議で、それまでの東西欧州間の対話プロセスから、一体としての欧州の安全を強化するメカニズムの構築へと方向を転換し、一九九二年のヘルシンキ首脳会議において「国連憲章第八章の意味での地域的取極」であると宣言するとともに、「憲章第八章の枠内で行われる」平和維持活動に関して詳細な規則を設け、[27]また一九九四年のブダペスト首脳会議で欧州安全保障協力機構（ＯＳＣＥ）として組織化された。[28]そして、ＣＩＳは、一九九三年のＣＩＳ憲章[29]で「集団安全保障および軍事的・政治的協力」の枠組を規定する（第三章）とともに、一九九六年、加盟国の領域における抗争の防止と解決のための構想について合意し、そのなかで、地域的機構の資格で「国連憲章第八章に従って」行動することを正式に宣言した。[30]ほかにＥＣＯＷＡＳは、一九七五年の設立条約では関心事項が経済分野に限られていたが、同条約と不可分の一体をなす一九七八年の不侵略に関する議定書および一九八一年の防衛相互援助に関する議定書によってその機能を拡大し、域内の平和と安全の維持にも関心を示してきた。[31]

これに対して、ＮＡＴＯが憲章第五一条に基づく集団的自衛機構として設立され、第八章とくに第五三条の適用を受ける意図のないことは、武力攻撃に対する共同防衛を定めた北大西洋条約第五条の規定からも明らかであり、国連の統制を排したこの自律的な立場は繰り返し確認されてきた。[32]しかし、冷戦後、ＮＡＴＯは自らの役割の再検討を迫られ、その結果は、注目されることに、「憲章第八章の枠組内において」安全保障理事会が地域的機構に対し検討を要請した、平和維持機能の強化と国連との関係の調整に関する回答のなかで述べられている。すなわち、ＮＡＴＯは、従来からの「集団的自衛機構」としての基本的立場を改めて表明しつつも、欧州において新たに予想される、武力攻撃以外の多様な危険に対処するため、一九九一年一一月のローマ首脳会議で新戦略概念（new Strategic Concept）を採択し、また翌年には、ＣＳＣＥの平和維持活動をケース・バイ・ケースで（on a case-by-case basis）支援することや国連の平和維持活動にも積極的に対応することが合意された[33]。その結果、NATOは、条約の改正なしに任務・機能を拡大し、第五条が想定する以外の事態にまた第六条が定める以外の場所で(out-of-area)行動を予定する(非五条任務、域外任務)など、事実上、集団的自衛機構から大きく変容を遂げた[34]。このように、出自の異なる「地域的機関」と集団的自衛機構の区別が曖昧になったことが冷戦後の一つの特徴である[35]。

国連と一部の地域的機構の間では、従来から、国連総会におけるオブザーバーの地位を付与しまた協力の枠組協定を結ぶなど、一定の協力関係が存在したが、それらは多分に形式的なものにとどまり、平和維持のため積極的に利用されることはなかった。しかし、冷戦後、地域的機構側の平和維持機能の強化や国連に対する態度の変化は、憲章第八章の枠内で国連との新たな協力関係を可能にした。協力の具体的な態様の例として、『平和への課題・追補』が、旧ユーゴでの国連保護軍(UNPROFOR)に対するNATO空軍力の作戦上の支援、リベリアでのECOWASとグルジアでのCISとの並行展開、ハイチに関するOASとの共同作戦に言及する[36]ほか、その後、ECOWASはシエラレオネで、CISはタジキスタンで、またNATOはデイトン合意後のボスニア・ヘルツェゴビナとの関連で、国連との関係に新たな展開がみられる。これらの事例については、すでにわが国でも優れた研究[37]があるので、以下では個々の具体的内容には深く立ち入らない。

三　地域的平和維持活動

1　法的根拠

冷戦下において、国連は、「平和維持活動」と呼ばれる一連の活動を展開してきた。国連の平和維持活動とは、国際平和を脅かす地域紛争や事態の平和的収拾を図るため、関係国の要請や同意の下に国連の権威を象徴する一定の軍事組織を現地に派遣し、その非強制的性格と中立的役割を通じて事態の悪化を防止するとともに、紛争の平和的解決の素地を作る活動をいう。[38] このような活動は一九四八年のパレスチナにおける国連停戦監視機構(ＵＮＴＳＯ)に遡るが、それがとくに注目される契機となったのは、一九五六年のスエズ動乱に際して派遣された大規模な国連緊急軍(ＵＮＥＦ)であり、その後、一九六〇年のコンゴ国連軍(ＯＮＵＣ)や一九六四年のキプロス国連平和維持軍(ＵＮＦＩＣＹＰ)と続く活動も、基本的に同じ性格をもつ。

国連の平和維持活動は、憲章が構想する集団安全保障の制度が挫折するなかで、武力紛争に現実的かつ柔軟に対処するため、実践過程で編み出された新しい平和維持方式である。平和維持活動は憲章に明示の法的基礎をもたず、また軍事組織の派遣を伴うだけに、当初、その性格および合憲性について議論があった。[39] この点について、国際司法裁判所(ＩＣＪ)は、「ある種の国連経費」に関する勧告的意見(一九六二年)において、ＵＮＥＦおよびＯＮＵＣを第七章の下での強制行動と区別するとともに、明文の規定がなくとも、国連が憲章上の目的を遂行するためにとる行動は権限踰越(ultra vires)ではないと推定される、との見解を示している。[40] 平和維持活動は、国連の実行において、有用性が評価されるにつれて独自の紛争処理方式として定着し、憲章上の根拠はなお不明確ながら、一般的に是認されるようになった。

この間、地域的機構によっても、とくに一九六五年のドミニカ共和国におけるＯＡＳの米州軍(Inter-American Force)、一九七六―八三年のレバノンにおけるＬＡＳのアラブ抑止軍(Arab Deterrent Force)、一九八一―八二年のチャドにおけるＯＡＵのアフリカ軍(Inter-African Force)など、平和維持活動と主張される大規模な軍事行動がとられたことがある。[40a] しかし、これらの地域的平和維持活動についても、国連の場合と同様に、当該地域的機構の基本文書に明示の法的基礎を求めることができない。

ＯＡＳでは、ドミニカ共和国の内乱に際してアメリカがいち早く一万有余の軍隊を派遣した後、第一〇回外務大臣協議会議が、「(自己の)権威のもとに行動する米州軍を創設するため、米州機構の利用に供される軍隊を拠出するようその意思と能力のある加盟国政府に要請」した。この外務大臣協議会議は、アメリカの軍事介入に対処すべく米州相互援助条約の下での「協議機関」としてではなく、機構憲章でいう「米州諸国にとって緊急でありかつ共通の利害関係がある問題」(第三九条＝現憲章第六一条)を審議するため開催されたものであり、まずもって、このような米州軍を設置する法的根拠が不明確であった。そこで、米州軍の設置決議では、改めて、「米州機構は、平和の維持および民主的常態の再建に関して加盟国を援助する権限を有する」ことを確認する必要があった。[41] また、同決議は、「米州軍の創設が当然に、ドミニカ領域に現に駐留する軍隊の、一国または国家集団の軍隊ではなく米州機構のものである別の軍隊への変容を意味する」と述べるが、後にＯＡＳ統一司令部の指揮下に置かれたのは、主として在ドミニカ米軍である。

ＬＡＳでは、レバノンの内戦に介入したシリア軍に取り替わって「レバノンにおける安全と安定を維持するため」、当初、理事会が象徴的アラブ保安軍(Symboric Arab Security Force)を設置したが、この保安軍は、後に首脳会議によって、三万人規模のアラブ抑止軍へと拡大強化された。アラブ抑止軍の任務は、とりわけ、「停戦の順守と敵対行為の終結、交戦部隊の引き離しおよび合意違反の抑止」とされた。このようなLASの活動の法的根拠については、国連経費に関するICJの勧告的意見に全面的に依拠しつつ説明されている。すなわち、LAS規約や共同防衛および経済協力条約に平和維持活動に関する明文の規定はないが、これらの条約の関連諸規定は平和維持軍の設立を認めるものと解釈することができ、また連盟が規約上の目的を遂行するため理事会や首脳会議の決定に基づいてとる行動は権限内(intra vires)のものと推定される[42]、という。

他方、OAUが創設されたとき、すでに国連は平和維持活動を展開しており、ONUCにはアフリカ諸国も参加していた。しかし、国連の平和維持活動に対して一部の国の不信感が根強く、また内政不干渉の原則を重視する立場から軍隊の使用には消極的な態度が一般的であった。そのため、OAU憲章では、防衛と安全保障に関する一般的政策の調整(第二条二項ⓕ)および防衛委員会の設置(第二〇条)に言及するだけで、具体的に平和維持活動が採用される余地はなく、また、監視活動、平和維持活動、強制行動のいずれであるかを問わず、いかなる種類の軍事行動も想定されていない[43]。そうしたなかで、OAUは、錯綜するチャド紛争について、リビアの介入を排除しラゴス和平協定に従った解決を図るため、ナイジェリア軍を主力とし三〇〇〇人を超える平和維持軍を派遣した[44]。ここに至るOAUの活動の根拠は、元首首長会議の「黙示的権限」にしか求めることができないと指摘されている[45]。しかし、アフリカ軍のチャドへの派遣は、その法的基礎の問題に限らず、任務の不明確さや財政上の不備など多くの面で無理があり、事実、早期の撤収を余儀なくされたことは、OAUには平和維持活動を実施する基盤が未だ存在しなかったことを示している[46]。その後、アフリカでは、サブリージョナルなECOWASが平和維持活動を積極的に展開するようになる。

ECOWASでは、一九八一年の防衛相互援助に関する議定書で、とくに「加盟国における国内武力抗争が外部から活発に支持され支援され、共同体全体の安全と平和を危うくする虞れがある場合」(第四、一八条)にも使用される共同体同盟軍(Allied Forces of the Community)の設立が規定された。一九九〇年のリベリア内戦および一九九七年のシエラレオネ内戦に際してECOWAS常設調停委員会が設置した停戦監視団(ECOWAS Ceasefire Monitoring Group, ECOMOG)の法的基礎となりうるのは、主にこの防衛相互援助に関する議定書である。このうち、リベリアECOMOGは、ナイジェリア軍を中心に当初約三〇〇〇人からなり、「リベリア全域における停戦規定の履行を監視し当事者による厳格な遵守を確保するうえで、ECOWAS常設調停委員会を援助する」[47]ことを任務とした。すでにこのリベリアへの介入に関して、前記議定書およびECOWAS設立条約の適用は、その前提条件の充足、実施機関、決定手続など様々な点で、シエラレオネECOMOGにも同様に当てはまる疑義が、多くの論者によって指摘されており[48]、平和維持活動の法的根拠は不十分であることが窺われる。しかし、これらECOMOGの場合も、規定上の不備や意思決定過程上の問題は、国連の平和維持活動やアラブ抑止軍の例に倣って説明されている[49]。

このように、冷戦期に締結された地域的機構の基本文書において、平和維持活動は規定されておらず、従って地域的平和維持活動の根拠、任務、性格は多少とも曖昧である。しかし、国連の側では、概して、地域的平和維持活動の法的根拠および基本文書との両立性に関心を示してこなかった。先に掲げた事例のうち、唯一、安全保障理事会で論議を呼んだドミニカ米州軍について、議論の焦点はもっぱら国連憲章および一般国際法との関係であり、OAS基本諸文書上の根拠ではない。アラブ抑止軍は理事会で議論されることもなく、またチャド・アフリカ軍が全会一致で「留意する(take note)」にとどめられるに当たって、「その活動の法的地位の問題、すなわち平和維持軍の介入の法的根拠の欠如は、一貫して回避された」[50]と指摘されている。同様に、理事会がリベリアとシエラレオネのECOMOGの努力を「称賛する(commend)」際にも、ECOWAS基本諸文書に照らしその合法性に立ち入った議論は行われていない[51]。

このような経緯に注目し、「地域的機構は、平和維持軍を設置する黙示的権限を有し、また平和維持行動がその機構の名においてとられる場合にも、それぞれの条約で規定された正式の意思決定手続に従う必要はない」ことを諸国は受け入れてきた、とする見解がある。[52]

しかし、これらの地域的平和維持活動が、基本文書の明文規定に基礎をもたないことを理由に、直ちにその合法性を疑問視し、この前提の下に議論を進めることは適当でない。一方で、平和維持活動に限らず地域的機構の活動一般について、その基本文書の適用と解釈に関する疑義は、少なくとも第一次的には当該地域的機構およびその加盟国の判断に委ねられるべき事項であって、これを国連の場で争うことができるかどうかは検討の余地がある。[53] 他方で、安全保障理事会は、とくに地域的機構の活動を許可する場合、「その許可の予備的段階で」合法性を審査したとの「推定」が成り立つ、とも主張される。[54] さらに、国連も、平和維持活動を含む地域的機関の活動について、その基本文書との両立性を考慮せず、国連憲章との関係でのみ対応してきたわけではない。この点で注目されるのは、一九九四年の「国連と地域的機関の間の協力向上に関する宣言」が、地域的機構は「それぞれの権限分野において(in their fields of competence)」かつ憲章に従って行動すべきことを繰り返し述べていることである。[55] 冷戦後は、地域的機構の側でも基本文書で平和維持活動を規定し、その根拠、任務および性格を明確にするようになってきた。

ＣＳＣＥは、一九九二年のヘルシンキ首脳会議の宣言[56]により、国連憲章第八章の枠内で行われる平和維持活動の詳細な規則を規定した。それによると、「ＣＳＣＥの平和維持活動は、そのマンデートに従って、文民および／または軍事要員を含み、小規模から大規模にわたり、また監視団、検証団および軍隊の大規模な展開を含む多様な形態をとる。平和維持活動は、とりわけ、停戦の監視とその維持の援助、軍の撤退の検証、法と秩序の維持の支援、人道および医療援助の提供、および難民の援助のために使用される」と規定される。また、同宣言は、ＣＳＣＥの平和維持活動が「国連憲章第八章の枠組内で行われる」ものとし、「強制行動を伴わない」、「直接の関係当事者の同意を必要とする」、「公平に行われる」、「交渉による解決の代替ではなく、従って時間的に限定される」ことを規定するとともに、派遣の決定に先立つ条件として停戦の確立、関係当事者との了解覚書、要員の安全の保証を確保すること、また設置の決定には明確で詳細なマンデートの採択を含めることを要求している。また、ＣＳＣＥが軍事面で依存するＮＡＴＯ、ＷＥＵ、ＣＩＳやＥＣとの協力に関する規定も置かれている。このように、宣言は、ＣＳＣＥの平和維持活動に多様な任務と形態を予定するなかで、国連の伝統的な平和維持活動の基本的諸原則を明記するとともに、派遣の条件や任務の範囲についても、冷戦後の国連活動の教訓を反映してかなり慎重な立場をとっていることが注目される。[57]

ＣＩＳでは、一九九三年のＣＩＳ憲章が第三章「集団安全保障および軍事的・政治的協力」のなかで集団的平和維持軍(Collective Peacekeeping Forces)を含む平和維持活動を想定する(第一一条)[58]ほか、その前年に軍事監視団および集団的平和維持軍に関する協定[59]が締結され、また一九九六年に合意された「ＣＩＳ加盟国の領域における抗争の防止と解決のための構想」のなかで、「憲章第八章に従って」武力紛争に対処するための措置として平和維持活動が規定されるとともに、これに付属する集団的平和維持軍に関する規程[60]が採択された。一九九二年協定によると、ＣＩＳの軍事監視団および集団的平和維持軍(平和維持団)は、加盟国の領域における民族間、宗教間および政治的性格の抗争であって人権侵害を伴うものを、相互の合意を基礎にして、規制し防止するのを援助することを目的とし(第一条)、具体的任務として「抗争当事者の引き離し、停戦または休戦に関する合意の履行の監視、抗争当事者の非武装化に関する合意の履行の監督、紛争および抗争の平和的解決のための条件の創出、人権および自由の保護の促進、ならびに生態系の激変または自然災害の場合における人道的援助の提供」などが規定されるとともに、「平和維持団は、戦闘行動に参加するために使用することはできない」と明記される(第三条)。また、平和維持団の機能と任務は国家元首評議会が全会一致で決定するが、「そのような決定は、すべての抗争当事者による要請の受領がある場合においてのみ、かつ全当事者が平和維持団の到着前の停戦およびその他の敵対行為の停止に合意したことを条件として、行うことができる」(第二条)。一九九六年規程は、一九九二年協定をより詳細に定めたもので、集団的平和維持軍の行動の基本原則として、公平と中立、受入国の法律、慣習および伝統の遵守、戦闘活動への不参加、例外的な場合を除く武器の不行使および活動の透明性を規定する。このように、一九九二年協定および一九九六年規程ともに、CSCEの場合と同様、総じて国連の平和維持活動と同じ前提条件と基本的性格を規定するとともに、任務の内容をより具体的に掲げている。[61] ただ、このうち、一九九六年規程で例外的に認められる武器使用の範囲が、伝統的な平和維持活動の自衛原則との関係で問題となることは、後に述べるとおりである。[62]

2 憲章上の位置づけ

すでに述べたように、憲章第八章は、国連と地域的機構の関係を、紛争の平和的解決と強制行動の両面から規定する。このうち平和的解決について、第五二条は、地域的解決の努力が優先しかつ奨励されるべきことを規定する。このことは地方的紛争について手続的に厳格な「地域的機関の先議」を設定するものではないが、紛争の平和的解決に関するかぎり、地域的機構は、安全保障理事会への報告を条件として、国連の統制を排した自律的な機能が認められることに異論はない。これに対して、第五三条の下で、安全保障理事会はその権威の下での強制行動のため地域的機構を利用する場合があるほか、地域的強制行動は国連の事前の統制に服することを原則とし、安全保障理事会の許可なしにとられてはならない。しかしながら、第八章は、平和維持活動における国連と地域的機構の関係に言及しないため、地域的平和維持活動の憲章上の位置づけは従来から不明確であった。

第八章が規定する国連と地域的機構の関係をみると、紛争や事態が重大になるにつれて安全保障理事会の関与が深まり、またとられる措置の強制的性質が増大するにつれて理事会の統制が強化されている。[63]この第八章の構造は、国連の平和維持機能に関する憲章全体の構造を反映し、基本的に、第五二条は第六章にまた第五三条は第七章にそれぞれ対応する関係にある。[64]それだけに、国連の平和維持活動が憲章に明文の基礎をもたず、一般に「第六章半 (Chapter 6 and a Half)」と位置づけられることは、地域的平和維持活動が第五二条または五三条のいずれによって規律されるかを曖昧にする最大の要因であった。地域的平和維持活動の憲章上の位置づけを不明確にするいま一つの要因は、すでにふれたように、冷戦後、平和維持活動以外にも、平和を実現する国連の諸機能が憲章規定を離れて表現されるようになり、そこに概念の混乱がみられることである。ただ、この点については、ブトロス・ガリ事務総長は、一九九四年の平和維持活動能力の改善に関する報告書で、国連の諸機能を予防外交、平和創造、平和維持活動、平和強制および平和構築にこの順序で整理した際、平和維持活動を、「第六章に規定する手段による」平和創造と「第七章の下での行動からなる」平和強制の中間に置くことによって、従来の立場への回帰を示唆している。[65]しかし、実際には、国連の平和維持活動と平和強制の結合が、地域的平和維持活動の憲章上の位置づけをさらに困難にしたことは、後に検討するとおりである。[66]

国連の平和維持活動が「第六章半」に位置づけられることは、端的に、それが第七章の強制措置に当たらないが、第六章に規定する平和的解決手段を越えるという意味である。そこで、例えば、地域的平和維持活動は、一方で国連の事前の統制に服さず、第五三条が要求する安全保障理事会の許可なしにとることができるが、他方で第五二条により地域的努力が優先しまたは奨励されるところではなく、理事会は、平和的解決の場合以上に強く、独自の判断で行動できると主張される。[67]この見解が、地域的平和維持活動を国連の平和維持活動とパラレルに位置づけ、もって、第八章には存在しない「第五二条半(Article 52 and a Half)」によって規律しようとするものであれば、問題なしとしない。

国連の平和維持活動は、冷戦下において、ハマーショルド事務総長の所謂「防止外交(Preventive Diplomacy)」という、集団安全保障にかわる新しい平和維持政策の下に展開され是認されてきたものであり、状況の異なる地域的機構において、この種の活動が、憲章上「地域的行動に適当な事項」(第五二条一項)として認められるかどうかは、なお議論の余地がある。また、国連の平和維持活動の憲章上の位置づけはともかく、地域的平和維持活動と国連の関係は、「第八章」の規定によって規律されることが必要である。この点で、「ある種の国連経費」に関するＩＣＪの勧告的意見は、ＵＮＥＦとＯＮＵＣを第七章の強制措置と区別しつつその合憲性を認めたが、それは国連の平和維持活動についてであり、そこから直ちに、平和維持活動における国連と地域的機構の関係を導き出すことはできない。しかし、実際には、ＩＣＪの勧告的意見に依拠しつつ、国連の平和維持活動を引証基準として、地域的平和維持活動の性格および国連との関係が論じられてきた。そこでの議論の焦点は、地域的平和維持活動が安全保障理事会の事前の許可を必要とするかどうかである。

安全保障理事会で地域的平和維持活動と国連の関係が多少とも論議されたといえる事例は、一九六五年のドミニカ共和国への米州軍である。米州軍の創設決議は、「米州軍の唯一の目的」として、「民主的公平の精神をもって、ドミニカ共和国における常態の回復、住民の安全および人権の不可侵性の維持、ならびに、民主的諸制度の機能を可能にする平和と和解の環境の樹立に協力する」ことを掲げており、[68] 安全保障理事会においても、米州軍のこうした非強制的、中立的な性格が強調された。この立場から、米州軍はドミニカ共和国またはその人民に対する(against)ものでなく、ＵＮＥＦ、ＯＮＵＣ、ＵＮＦＩＣＹＰと類似の性格をもった地域的行動であることを理由に、「国連憲章の要件は、第五三条でなく第五二条および第五四条である」と主張された。[69] これに対して、軍隊の使用を伴う地域的行動はすべて「強制行動」とみなし、または平和維持活動と強制行動は区別できないとする立場から[70]、第五三条に従って安全保障理事会の許可が必要であると主張されたほか、平和維持活動であるためには「本質的と一般にみなされる前提条件、すなわち関係当事者の同意、が欠けていることだけからも」、米州軍を地域的平和維持活動とみることはできないとの主張があった[71]。ここでは、地域的平和維持活動の憲章上の位置づけよりも、具体的に、米州軍の創設の経緯とこれに伴う活動の実態が議論の焦点であったが、平和維持活動における国連と地域的機関の関係について、後に展開される次のような見解の対立もすでに窺われる。

地域的平和維持活動は第五三条の強制行動に当たり、従って安全保障理事会の事前の許可が必要であるとの論拠は、国連の平和維持活動に関する初期の議論と同様、それが軍隊の使用を伴う点に帰着する。要するに、「軍事力が強制よりむしろ『平和維持活動』のために使用されると主張することはできない。いかなる軍事力の使用も、その目的が何であるかを問わず、憲章第五三条の下での強制とみなされねばならない。」[72]従って、「地域的平和維持活動も、軍隊の使用を伴う場合には、国連の機関の許可を得なければならない」[73]、「地域的取極が安全保障理事会の承認なしに平和維持措置をとることができるとの議論は、安全保障の問題における国連実行の最近の展開と鋭く矛盾する」[74]と主張される。もっとも、平和維持活動と強制行動を同等視することについては、両者を区別する「より柔軟な解釈が傾聴に値する」としつつも、「それは地域的行動にありがちな偏向に対して十分なセーフガードを備えないので、平和維持活動を強制に分類し安全保障理事会の事前の許可を要件とすることが望ましい」[75]との見解がある。

これに対して、地域的平和維持活動は強制行動に当たらず、従って安全保障理事会の許可を必要としないとの論拠は、それが関係国の同意に基礎を置く点に求められる。より積極的に、「合意に基礎を置く中立的な平和維持活動は、国連憲章に合致し、紛争の解決を促進するため発展したメカニズム」として、第五二条の下で奨励されている地域的解決努力の一形態であるとの指摘もある。[76] しかし、一般的に強調されるのは、ＩＣＪの勧告的意見に倣って、関係国の要請または同意に基づいてとられ、いずれの国に対しても向けられていない活動は強制行動ではない、つまり「すべての当事者が同意した措置は強制的性格を欠く」[77]ことである。この立場から、地域的平和維持活動は、国連の伝統的な平和維持活動の基本的諸原則に従うかぎり、安全保障理事会の事前の許可が必要でないと主張される。[78] その際、ＩＣＪの勧告的意見は国連の平和維持活動に関するものであるが、同じ考慮は地域的機関の活動にも適用することができ、[79] またこの見解を多くの国が受け入れているという。[80] 換言すれば、平和維持活動が強制行動と区別されるのは、当事者の同意に基づくことによるのであって、「その軍隊が国連または地域的機構のいずれの指示で任務につくかは、平和維持活動の法的性質または法的基礎にとって決定的ではない。」[81]

もっとも、このように同意の存在を理由に、地域的平和維持活動について安全保障理事会の許可を不要とすることに対しては、かかる活動の合憲性は、関係国の同意にではなく、国連憲章の規定に依存するとの立場からの反論がある。それによると、「受入国の、自国領域での平和維持活動に対する同意は、その活動の合法性の証拠となりうるが、それは決定的ではない。」[82] しかし、そこで論じられているのは内戦状況における介入であって、そのような場合の「受入国」の同意は、地域的平和維持活動にかぎらず、国連の平和維持活動にも共通の困難を提起してきた問題である。[83] また、関係国の要請または同意により、個別の国家が一般国際法の下で合法的にとることができる措置は、地域的機構がとる場合も安全保障理事会の許可は必要でないとの主張[84]については、「地域的行動の一般国際法上の合法性は、必ずしも、憲章第五三条の下での『強制行動』の性格を除去するものではない」[85]と反論されるなど、議論は錯綜している。

上述の基本的に対立するいずれの主張にも共通するのは、国連および地域的機構の実行における平和維持活動の多様な展開を考慮したうえで、地域的平和維持活動の憲章上の位置づけを具体的に論じてはいないことである。国連の平和維持活動には軍事監視団と平和維持軍の二つの主要な形態があり、また地域的機構においても、先に挙げた大規模な平和維持軍のほか、従来から小規模な軍事監視団が数多く展開されてきた。[86]冷戦後、ＯＳＣＥやＣＩＳが多様な任務と形態の平和維持活動を予定していることは、すでにふれたとおりである。『平和への課題』は、様々な任務と活動内容を包括した平和維持活動の定義として、関係当事者の同意を得て行われる「軍隊および／または警察の要員そして往々に文民をも含む国連の現地プレゼンス」[87]と要約する。そして『同・追補』は、国連と地域的機構の間で、「平和維持活動の規準のように、双方の機構にとって共通の関心事項を扱う場合の一貫性」が必要であると指摘している。[88]この点で注目されるのは、総会の「協力向上に関する宣言」が、平和維持活動における国連と地域的機構の関係について基本的視点を提示していることである。同宣言は、前文で、「地域的取極または機関による平和維持活動は、そのような活動が実施される領域国の同意を得て行われなければならない」と強調するとともに、次のように規定する。

「10．地域的取極または機関は、それぞれの権限分野において、国連憲章に従い、適当な場合には国連と協力して、また必要な場合には安全保障理事会の権威の下にまたは理事会の許可を得て使用するための、軍事または文民の監視団、事実調査団および平和維持軍部隊の設置および訓練を検討するよう奨励される。」[89]

この宣言は、受入国の同意を得て行われることを前提とする地域的平和維持活動も、一定の場合には、安全保障理事会の統制の下に置かれる必要があることを示唆する。つまり、すべての平和維持活動が、受入国の同意に基づくことから直ちに、憲章五三条の意味での強制行動とは区別されるわけではなく、その任務の範囲や活動の内容いかんによっては、地域的強制行動となることがある。具体的には、受入国の同意を得た小規模な軍事監視団や事実調査団の派遣は、安全保障理事会の許可を必要とする強制行動に当たらず、むしろ地域紛争の平和的解決のための地域的努力として、第五二条の下で奨励され、国連の統制を排して自律的に行うことができる。また、地域的平和維持軍の展開が、国連の伝統的な平和維持活動の基本的諸原則、すなわちすべての関係当事者の同意、公平・中立、自衛を越える武力の不行使、に従って行われるかぎり、安全保障理事会への通報が要求されるだけで、理事会の事前の許可は必要としないと考えられる。ただ、これまでの実行において、多くの地域的平和維持活動が安全保障理事会の許可なしに行われてきたが、それらの事例のいくつかは、理事会の許可なしに行いうる性格の平和維持活動といえるかどうか問題が残る。

3　平和強制との交錯

冷戦後、国連の平和維持活動は、その数と規模が著しく増大するなかで、質的にも大きな変化を遂げてきた。それは、従来の平和維持活動が主に国家間紛争における停戦監視や兵力引き離しを基本的任務とし、軍事的側面での収拾と現状維持によって平和的解決を促進することを目的としたのに対して、冷戦後の平和維持活動は、国家の破綻すらもたらしかねない内戦状況において展開されることが多いだけに、任務の拡大と紛争解決への関与を余儀なくされたためである。平和維持活動の質的変化には、従来の軍事的過程に政治的過程が結合した複合化現象と平和強制機能との結合現象、の二つの側面がある。このうち、複合化現象は、平和維持活動が、内戦の終結を図る包括的和平協定の実施段階で活用された結果であり、この政治的解決過程への関与を通じて平和創造や紛争後の平和構築にも結びついている。ただ、この複合化現象は、それ自体、従来の平和維持活動の性格に本質的な変容をもたらしたとはいえない。[90]

従って、地域的機構によるこの種の活動は、安全保障理事会への報告を条件として、国連の統制を排した自律性を害されることはない。とくに、民生部門が主力である平和構築への地域的機構の参加は、憲章第五二条の下で奨励されると考えてよい。[91]

他方、平和維持活動と平和強制との結合現象は、冷戦後、大国間の協調により活性化した国連の強制機能が平和維持活動に結びつけられた結果である。この結合現象は、各事例によってその背景は同じでないが、[92]とくに内戦状況での平和維持活動の実効性を重視する見地から要請された。[93]具体的に、これらの平和維持活動については憲章第七章が援用され、またその際は、要員の安全強化と安全地域の保護や人道援助活動に安全な環境の確保のため、武力行使を含むあらゆる措置をとることが容認された結果、受入国の同意、中立・公平、自衛を越える武力の不行使など、従来の基本的諸原則を大きく揺るがせた。[94]このような、いわゆる「強力な(robust)」平和維持活動は、第六章と第七章の区別をさらに曖昧にする"gray area"をもたらしたが、[95]『平和への課題・追補』では、ソマリアと旧ユーゴでの教訓から「平和強制」活動の実施の困難さを認め、平和維持活動と強制行動を明確に区別するなど、伝統的な平和維持活動への回帰が顕著である。[96]もっとも、その後、二〇〇〇年八月の『国連平和活動に関するパネルの報告書』(ブラヒミ・レポート)は、平和維持活動の伝統的な三原則を基本的に維持しつつも、内戦の状況下で、それらの適用に困難が伴うことを指摘して、柔軟で弾力的な原則適用を求めている。[97]

この間、旧ユーゴにおける国連の「強力な」平和維持活動について、安全保障理事会は、憲章第七章と併せて第八章を援用し、または第八章の下でも行動していることを示唆した。例えば、ボスニア上空の軍事飛行の禁止を設定した決議七八一(一九九二年一〇月九日)は、第八章に明示に言及することなく、「個別国家としてまたは地域的機関もしくは取極を通じて行動する(acting nationally or through regional agencies or arrangements)」加盟国に対して、UNPROFOR

を支援するために必要なすべての措置をとるよう要請し、また新ユーゴの海上封鎖に関する決議七八七(一九九年一一月一六日)は、「国連憲章第七章および第八章に基づいて」、個別的にまたは地域的機関もしくは取極を通じて行動する加盟国に対して、すべての海上による輸出入用の積み出しを停止させるために必要な措置をとるよう要請した。[98]これらは、決議で言及されないが、憲章第五三条一項に従って、安全保障理事会がその権威の下における「強力な」平和維持活動、すなわち強制行動のために、地域的機構を利用した例と考えることができる。もっとも、この点に関連して、第五三条一項に基づく地域的機構の利用は、「その地域内でのまたは加盟国に対する」強制行動の場合に限られ、「域外の」行動については、安全保障理事会は第四八条二項と併せて第四二条に依拠すべきである、との主張がある。[99]端的にいえば、「地域的取極または機構の当事国でない国において行動がとられる場合には、第五三条を援用することができない。」[100]

第八章の適用上、地域的機構と第三国の関係は、第五二条でいう「地域的行動に適当な事項」の範囲とも関連し、議論のあるところであるが、第五三条一項の適用をこのように限定し、安全保障理事会の裁量権を制約する十分な根拠はみいだせない。[101]また、理事会は第四二条および第四八条二項(そこでいう「適当な国際機関」とは、元来、専門機関が想定されていた)の下で地域的機構を「域外の」行動のために利用することができ、従って「第八章は地域的行動のための唯一の基礎ではない」[102]とすれば、第五三条の適用を「域内の」行動の場合に限定する実際上の意味はない。さらに、理事会が第八章または第七章のいずれに基づいて地域的機構に強制行動を認めるかは、「地域的機構の役割に対する象徴的な重要性はあるにしても、何ら大きな法的意味はない」[103]ともいわれる。なお、前記の諸決議の要請は、地域的機構としてのＮＡＴＯが第五三条の下で直接に利用されたと解されないよう、地域的機構を通じて行動する国に宛てられているが、この「故意に曖昧な」表現は地域的機構と「差異のない区別」にすぎない、[104]と指摘されるとおりである。ただ、安全保障理事会が、その権威の下における「強力な」平和維持活動のために地域的機関を利用すること自体について、別段の異論はみられない。

その後、ボスニア・ヘルツェゴビナの和平に関し、デイトン合意に基づく一般的枠組協定の「招請」[105]に従って、安全保障理事会は、決議一〇三一（一九九五年一二月一五日）により、和平合意の履行を確保するため、「和平合意の附属書1―Aで言及される機構を通じてまたはこれと協力して行動する国」に対して、統一的指揮とコントロールの下に多国籍の和平履行軍（ＩＦＯＲ）を設置することを許可した。[106]和平合意で言及される機構とはＮＡＴＯであり、同決議によって、ＮＡＴＯを主力とするＩＦＯＲには、自己の保護だけでなく、和平合意の遵守と履行を確保するためにも必要なすべての措置をとることが認められた。これは、安全保障理事会が、明確に強制行動のために地域的機構を利用した最初の事例である。しかし、ＩＦＯＲおよび後継の安定化軍[107]（ＳＦＯＲ）は、憲章第五三条でいう安全保障理事会の「権威の下にとられる強制行動」ではなく、その内実は、国連の枠外で合意された和平を強制する権限がＮＡＴＯに委ねられたものである。[108]

他方で、地域的機構の伝統的な平和維持活動は第五三条の意味での強制行動に当たらず、従って安全保障理事会の許可が必要でないにしても、「強力な」地域的平和維持活動には理事会の許可が必要であることについて、見解は一致している。国連または地域的機構を問わず、「強力な」平和維持活動がとくに問題となるのは、内戦状況下で中央政府が機能せず、またはすべての当事者の同意を得ることが困難な場合の介入である。そのような場合に平和維持活動の実効性を確保するため、安全保障理事会はしばしば憲章第七章を援用してきた。このことから、「強力な」地域的平和維持活動の性格が、次のように説明されている。

「安全保障理事会が、国連の『強力な平和維持活動』のマンデートを採択するためには、憲章第七章の下で決定することが必要であると考えるのであれば、その場合、地域的な『強力な平和維持活動』は第五三条一項の下での強制行動と性格づけられねばならず、かくして安全保障理事会の許可が必要である。」[109]

しかし、第七章の援用は様々な意味をもって行われており、すべての場合に平和維持活動の性格を平和強制に変えるものではない。[110] 内戦状況においてもなお「伝統的な」平和維持活動の枠内で、安全保障理事会の強い意思を表明し、政治的効果をねらったものが少なくない。問題は第七章の援用自体ではなく、決議の内容である。安全保障理事会が、第七章の言及に加えて、要員の任務遂行に際して自衛を越える武力行使を容認するなど、伝統的な基本的諸原則と両立しない機能を授権する場合は、平和維持活動を平和強制に変容させるものといえる。同様に、すべての紛争当事者の同意を得ずに行われ、また自衛を越える武力行使を認めるような「強力な」地域的平和維持活動は、第五三条の意味での強制行動として安全保障理事会の許可が必要である。この点で問題となるのは、先にふれたＣＩＳ集団的平和維持軍に関する一九九六年の規程が、国連の伝統的な平和維持活動の基本的諸原則を確認し、またとくに、一九九二年の協定と同様に「戦闘活動への不参加」を明記する一方で、次のような規定を置くことである。

「28．集団的平和維持軍の要員は、その任務の遂行に際して、次の場合に、例外的に武器を使用する権利を有する。

不可譲の自衛権を行使して、その生命と健康の危険に対して安全と保護を確保するため、

委ねられた任務の遂行を武力によって妨げる企てがある場合、

テロリストや妨害者の集団による公然の武力攻撃を撃退するため、およびそれらの者を逮捕するため、文民住民をそれらの者に対する暴力的危険から保護するため。

武器は、また、警報を発しまたは援助を求めるために使用することができる。」[111]

伝統的な平和維持活動において、武力行使は要員の自衛のためにのみ認められてきた。しかし、この規定は、ＣＩＳの集団的平和維持軍に、住民を保護するためおよび任務の遂行を妨げる軍事行動を撃退するためにも武力行使を認めており、明らかに、武力行使の伝統的な許容範囲を越える。従って、ここでは、「強力な」地域的平和維持活動も想定されていると考えられる。事実、規程自身が、「抗争の状況および規模を考慮し、かつ国連憲章に従って、国家元首評議会は、国連安全保障理事会に平和維持活動を行うにつき許可(マンデート)および財政的支援を要請する」[112]ことを規定する。どのような場合に、ＣＩＳの平和維持活動が安全保障理事会の許可の下に行われるかは具体的に定められていないが、理事会の許可を予定することによって、「強力な」平和維持活動が憲章第五三条の意味での強制行動に当たるとの認識を示している。このことは、集団的平和維持軍に関する規程を附属書として添付している本体の、「ＣＩＳ加盟国の領域における抗争の防止および解決に関する構想」自身が、次のように規定することによって確認される。すなわち、「抗争の解決における強制措置(平和強制)は、そのような権限が国連憲章に従って国連安全保障理事会により委ねられた場合にのみ、認められる。」[113]

「強力な」地域的平和維持活動が憲章第五三条の意味での強制行動に当たるのであれば、安全保障理事会の許可が必要であることは当然である。そして、許可は、国連が地域的行動を統制するという本来の意味をもつためには、事前にかつ明示に与えられねばならない。[114]しかし、冷戦下では、とくにＯＡＳとの関係で、国連の関与を排した自律的な機能を確保するため、「自衛」行動の拡大解釈および「強制」行動の制限解釈と併せて、「事後および黙示の許可」を認める柔軟な解釈が主張されてきた。[115] 冷戦後、この許可の柔軟な解釈は、とくにＥＣＯＷＡＳの平和維持活動に対する安全保障理事会の対応との関連で、新たな議論を呼んでいる。

　安全保障理事会は、その許可なしに派遣されたリベリアＥＣＯＭＯＧに関し、半年後の一九九一年一月と翌年五月の二度の議長声明[116]によりＥＣＯＷＡＳの努力を「称賛する(commend)」とともに、同年一一月には正式の決議[117]において改めて称賛した。このような安全保障理事会の対応の意味は、事態の推移とＥＣＯＭＯＧの役割の変化にも関連して必ずしも明らかでなく、その理解も論者によって様々である。例えば、一般的に、「注意深く選択された用語は、安全保障理事会が、ＥＣＯＷＡＳの行動を明示に承認も非難もしないことによって、中立的立場をとっていることを示唆する」[118]、との見解がある。より具体的に、理事会議長の声明が称賛したのは「伝統的な平和維持活動の側面」のみであり、また理事会決議はＥＣＯＭＯＧの活動を「どの範囲または程度で」支持するかが曖昧であるから、いずれも軍事的強制行動の事後の許可に当たらないと主張される。[119] また、理事会の対応は、「ＥＣＯＭＯＧの軍事行動が『強制行動』の敷居に届かない」ことを意味すると解しつつ、いずれにせよ、「憲章第五三条の意味に更なる不明確さを追加しただけである」と付言される。[120] さらに、より積極的に、「ＥＣＯＷＡＳの努力を『称賛する』ことによって、安全保障理事会は、その見解では、ＥＣＯＭＯＧの介入が理事会の許可を必要としないことを必然的に示唆した」と主張し、理事会がこのように評価した前提として、「ＥＣＯＭＯＧ軍は受入国の有効な招請を得ていた」ことが指摘される。[121]

　しかしながら、ＥＣＯＭＯＧが、その派遣の状況と活動の実態から、伝統的な平和維持活動であり従って安全保障理事会の許可を必要としない、と結論するのは困難である。[122] 他方で、安全保障理事会は、ＥＣＯＷＡＳの動向を承知しつつ、当面、リベリアの内戦に自ら介入する意思がなかったことも明らかである。そうしたなかで、理事会が総意としての議長声明により、また全会一致で採択した決議の本文の冒頭において、ＥＣＯＷＡＳの努力を称賛するとともに自らの直接的な関与を差し控えたことは、実際上、事態の収拾をこの地域的機構に委ねることを意味した。この背景と併せて、「称賛する」とは、「否認しない(fail to disapprove)」ないし「沈黙を保つ」ような、曖昧かつ消極的な対応[123]でないことはもとより、単純に「留意する(take note)」以上の、肯定的な評価を加えた積極的態度表明であると考えれば、不明確さは残るが、一部で主張されるように、地域的強制行動に対して事後に黙示の許可が与えられた事例とみることも可能である。[124]

その後、一九九三年七月のコトヌー(Cotonou)停戦合意[125]の成立を受けて、同年九月、安全保障理事会は国連リベリア監視団(ＵＮＯＭＩＬ)を設置し、平和維持活動において国連と地域的機構の並行展開が初めて行われることになった。そこでは、ＵＮＯＭＩＬは、ＥＣＯＭＯＧの行動の監視を含めて、伝統的な平和維持活動に機能が限定され、他方でＥＣＯＭＯＧは「戦闘活動」を含む平和強制を担うなど、両者の間の役割分担が注目される。[126]このことは、安全保障理事会がより具体的にＥＣＯＷＡＳの強制行動を是認するものであると同時に、[127]「強力な」地域的平和維持活動を許可する場合にも、これを監視しコントロールする必要があるとの認識を示すものである。このように地域的機構と補完的な安全保障理事会の新たな対応は、シエラレオネ内戦についても当てはまる。また、後に国連シエラレオネ監視ミッション(ＵＮＯＭＳＩＬ)が設置され、[128]ＥＣＯＭＯＧとの並行展開が行われたことも、リベリアの場合と同じである。このような並行展開は、ＣＩＳとの関係でも、国連グルジア監視団(ＵＮＯＭＩＧ)および国連タジキスタン監視団(ＵＮＭＯＴ)によって行われた。[129]もっとも、ＵＮＭＯＴは、ＵＮＯＭＩＧの場合と違って、ＣＩＳ平和維持軍の活動を監視する任務は明示には付与されていないため、地域的行動のコントロールという面では十分でない。[130]

四　地域的機構の役割分担の限界

冷戦後の平和維持において、地域的機構の役割分担が要請された背景には、国連のオーバー・コミットメントに伴う財政危機の問題がある。この観点から、国連の平和維持活動における地域的機関の利用は、「選択肢というよりも必然」であると指摘される。[131] 事実、安全保障理事会は、個別国家としてまたは地域的機構を通じて行動する国連加盟国による行動を許可するに際して、幾度か、「そのオファーを履行する費用が当該加盟国によって賄われるとの了解」を付言してきた。[132] しかし、地域的機構の側でも、自らの平和維持活動を行うための財政的基盤は十分でなく、逆に国連に支援を求めたことがある。そうした最初の例はＯＡＵのチャド平和維持軍についてであり、安全保障理事会は、事務総長に対して、ＯＡＵ平和維持軍の支援のため加盟国の自発的拠出による基金の設置を要請した。[133] また、リベリアＥＣＯＭＯＧについても、事務総長は同じ目的のため信託基金を設け、安全保障理事会の賛同を得た。[134] ＣＩＳの場合は、集団的平和維持軍に関する規程自身が、安全保障理事会に対して、「平和維持活動を行うにつき財政的支援を要請する」ことを予想している。[135] 財政面にかぎらず、平和維持機能の各側面で、地域的機構の多くが国連の負担軽減のため役割を分担できる実情にないことは、自らの機能強化と国連との調整の方策に関する安全保障理事会への回答から見て取ることができる。[136] つまり、憲章第八章の再発見を可能にした冷戦後の新たな状況において、すべての地域的機構が、直面する課題に取り組む意思や能力を備えているわけでない。

憲章第八章の基本的立場からは、地域的行動によって処理されうる紛争や事態を地域的機構を通じて解決するよう努力するのが、法的に妥当でありまた政治的にも望ましいことに異論はない。平和維持活動における地域的機構の活用も、より積極的に、地域的な紛争や事態の効果的な処理という視点から考慮に値する。一般に、地域的機構を組織する諸国は、「共に行動することに久しく慣れており、歴史的および地理的な絆によって互いに結ばれており、従ってまた、これらの国の間では、一層大きな規模の国際機構におけるよりも容易に了解が達成されうる」[137]からである。すべての紛争が常に国連の場での処理に適しているわけではない。地域的平和維持活動は、紛争の地域外への拡大をよりよく防止し、紛争当事者の必要と地域的な要因により合致した機能を果たす[138]ことによって、直接に国連の手による以上に、事態の収拾と平和的解決に貢献することも十分に考えられる。同じ趣旨から、地域的機構の役割について、「補完性(Subsidiary)の原則」にも言及されている。[139]しかしながら、このような「地域的アプローチの理論的利点――当事者や問題への精通――は、党派的行動や地域内対抗という実際上の不利な点によって相殺される」[140]、と指摘されるとおりである。とくに、地域的機構の平和維持機能に影響を及ぼし問題となるのは、域内大国の存在である。

多くの地域的機構にとって、冷戦時以来変わらぬ課題は、制度上の不備に加えて、域内大国の動向による制約のなかで、いかにして紛争や事態の公平な処理を確保するかにあった。域内大国が主力部隊を担う地域的平和維持活動は、最初から伝統的な基本的諸原則の枠を越えて展開されることが少なくなく、または後に「強力な」平和維持活動へと容易に変質しがちである。すでにふれたように、ＯＡＳにおける、ドミニカ米州軍の設置は、事実上、アメリカによる単独の軍事介入という既成事実を追認するものであった。レバノンへのアラブ抑止軍ではシリアの支配が圧倒的であり、同国は抑止軍のマンデート終了後もレバノンに居座り続けた。チャドＯＡＵ平和維持軍の展開と撤収を大きく左右したのは、主力部隊を派遣したナイジェリアの動向である。そして、ナイジェリア部隊はリベリアＥＣＯＭＯＧの約七割を占め、またシエラレオネＥＣＯＭＯＧの派遣前に同国に駐留しているなど、いずれの内戦の帰趨にも大きな影響を及ぼした。ＣＩＳの平和維持活動は、ソ連邦の崩壊がもたらした事態への対応およびロシアの「特別な役割」の認知要求という特殊な困難を抱えている。[141] また、そこでは、ロシア軍は、旧ソ連軍としてＣＩＳ諸国から撤収するのと並行して、ＣＩＳ集団的平和維持軍として一部の国に再導入され、とくにロシアの“near abroad”において、両者の区別は不明確である。これらの地域的平和維持活動のいずれについても、安全保障理事会に許可が求められることはなかった。しかし、このことから、直ちに、それらが「強力な」平和維持活動に当たらないと結論することはできない。

冷戦後の国連と地域的機構の新たな関係が憲章第八章によって規律されるべきであるならば、「強力な」平和維持活動における地域的機構の役割分担は、第五三条が規定する二つの側面から捉える必要がある。すなわち、安全保障理事会が、「その権威の下における」強制行動のために地域的機構を「利用する」場合と、地域的機構のイニシアチブによる強制行動を「許可する」場合である。しかし、第五三条のいずれの面でも、原則適用の形骸化が顕著である。前者との関係で問題となるのは、いわゆる「外注(outsourcing)」ないし「下請け(sub-contracting)」の傾向であり、旧ユーゴにおけるＮＡＴＯの諸活動にみられるように、安全保障理事会は、「その権威の下における」強制行動に対して実質的なコントロールを保持するのが困難になっている。[142] 一般に、「強力な」平和維持活動に部隊を派遣する国はその行動が国連の厳格な指揮・統括に服することに慎重であり、また「国連が是認した軍事的関与のレベルが高くなるほど、国連のコントロールは低くなる」[143]のが実情である。もっとも、地域的機構への外注は、湾岸危機での多国籍軍への授権[144]に始まる動向の一環であり、この点では、第八章の下で行動する地域的機構と第七章の下で行動する「意思と能力のある国(The willing and able)」を区別することは困難である。[145]

第五三条の後者の適用における問題は、ＥＣＯＷＡＳやＣＩＳとの関係でみられるように、地域的機構の「強力な」平和維持活動、すなわち地域的強制行動に対する安全保障理事会の不明確な態度である。そこでは、地域的機構が主力の活動を担う一方で、国連の小規模な活動はこれを支援しつつ、地域的活動が安全保障理事会の立場と合致することを監視する、「並行展開」が行われた。事務総長は、この並行展開を「憲章第八章で想定された国連と地域的機構の間の体系的協力」[146]の具体例として挙げ、また、とくにリベリアECOMOGは、一部で地域的平和維持活動の成功例として評価されている。[147]しかし、この肯定的な立場からも、地域的強制行動に対する国連の対応は、あまりに遅くかつ限定的であると指摘される。[148]概してアフリカの紛争や事態について、安全保障理事会は対応が鈍く、当初は関心の欠如ともいうべき「ノーコメント・アプローチ」[149]であり、またこの間、地域的強制行動が無許可でとられるのを事実上黙認してきた。その後の並行展開において、このような地域的強制行動の欠陥が治癒されないままに、安全保障理事会の監視機能も実際には大きく制約されている。[150]この点で想起されるのは、かつて冷戦の最中、地域的機構に宛てられた次のような指摘が、冷戦後はむしろ国連自身の対応について当てはまることである。

「平和の維持に関して、地域的取極の重要性は憲章のなかで十分に承認されており、またそのような取極の適切な利用は奨励されている。しかし、そのような取極の利用が第一次的に選択される場合にも、その選択は、国連の窮極の責任にいかなる疑問を投げかけることも認められるべきではない」。[151]

これは、一九五四年のグアテマラ事件の処理におけるＯＡＳとの関係で、ハマーショルド事務総長が年次報告で述べた一節である。冷戦後、右に批判されるような「地域的機関の先議」が一度も主張されなかったことは、国連と地域的機構の新たな関係を端的に示している。同様に、冷戦後しばらくは、地域的強制行動に対する国連の統制を制限ないし排除する主張が展開されることもなかった。むしろ、この間、国連は、多発する地域・国内紛争に自ら十分に対応しきれず、武力行使を伴う措置を含めて、大幅に地域的機構による処理に委ねてきたのが実情である。そこには、一面、両者の間の協力ないし補完の関係をみることができる。しかし、このような実行は、他面、「国連と地域的機構の間における権威の再配分」[152]を促したと指摘されている。冷戦後の状況は、地域的機構の自律的機能が再び主張される新たな素地を作ってきた。一九九九年のＮＡＴＯ軍による旧ユーゴ＝コソボ空爆は、そのような動向の帰結ということができる。そして、地域的機構の自律的機能の主張の背後に域内大国の単独行動主義が控えていることは、冷戦時の構図と基本的に変わらない。

国連と地域的機構の関係は、憲章にとどめ置かれた不明確さのため、「解決されるべき問題ではなく、むしろ運用操作される（managed）べき過程」[153]であるといわれる。また冷戦後、国連の平和維持機能が大きな変容を遂げるなかで、地域的機構の役割も変化してきた。しかし、両者の関係の新たな展開をみると、憲章第八条による規律、つまり安全保障理事会の平和維持に関する主要な責任という基本的枠組を改めて確認することが必要であるように思われる。

1　本稿では、国連憲章で一般に使用される“maintenance of peace”と区別するため、“peace-keeping”の訳語として、「平和維持」ではなく「平和維持活動」を当てる。なお、フランス語では両者の間に区別はなく、ともに“le maintien de la paix”である。

2　香西茂「国連による紛争解決機能の変容―『平和強制』と『平和維持』の間―」山手治之・香西茂（編集代表）『現代国際法における人権と平和の保障』［二一世紀国際社会における人権と平和：国際法の新しい発展をめざして・下巻］（東信堂、二〇〇三年）、二〇七―二四〇頁、浅田正彦「国連における平和維持活動の概念と最近の動向」西原正、セリグ・S・ハリソン（共編）『国連ＰＫＯと日米安保―新しい日米協力のあり方』（亜紀書房、一九九五年）、三五―八九頁。

3 全般的に論じたものとして、別途に掲げるほか、Louise Fawcett and Andrew Hurrell (ed.), Regionalism in World Politics (Oxford UP, 1995) [菅英輝、栗栖薫子(監訳)『地域主義と国際秩序』(九州大学出版会、一九九九年)]; Hilaire McCoubrey and Justin Morris, Regional Peacekeeping in the Post-Cold War Era (Kluwer Law International, 2000); Paul F. Diehl and Joseph Lepgold (ed.), Regional Conflict Management (Roman & Littlefield Publishers, 2003); Michael Pugh and Waheguru Pal Singh Sidhu (ed.), The United Nations and Regional Security: Europe and Beyond (Lynne Rienner Publishers, 2003); Tom J. Farer, "The Role of Regional Organizations in International Peacemaking and Peace-keeping: Legal, Political and Military Problems," in Winrich Kühne (ed.), Blauhelme in einer turbulenten Welt (Nomos Verlagsgesellschaft, 1993), pp.275-292; Christoph Schreuer, "Regionalism v. Universalism," European Journal of International Law (EJIL), Vol.6, No.3 (1995), pp.477-499; Winfried Lang, "New Regionalism in a Changing World Order," in K. Wellens (ed.), International Law: Theory and Practice (Kluwer Law International, 1998), pp.45-60; Rüdiger Wolfrum, "Der Beitrag regionaler Abmachungen zur Friedenssicherung: Möglichkeiten und Grenzen," Zeitschrift für ausländisches öffentlisches Recht und Völkerrecht (ZaöRV), Vol.53, No.3 (1993), pp.576-602.

4 An Agenda for Peace: Preventive diplomacy, peacemaking and peace-keeping, Report of the Secretary-General pursuant to the statement adopted by the Summit Meeting of the Security Council on 31 January 1992, UN Doc. A/47/277-S/24111 (17 June 1992).

5 id., paras. 60, 63.

6 id., paras. 64-65.

7 UN Doc. S/25184 (3166th Meeting, 28 January 1993).

8 GA Res. 49/57 (84th plenary meeting, 9 December 1994), Annex.

9 Supplement to An Agenda for Peace: Position paper of the Secretary-General on the occasion of the fiftieth anniversary of the United Nations, UN Doc. A/50/60-S/1995/1 (3 January 1995).

10 id., paras. 86-88.

11 Improving the capacity of the United Nations for peace-keeping, UN Doc. A/48/403-S/26450 (14 March 1994), para.67.

12 このことは、同じく憲章第八章の問題を全般的に扱った、ハーグ・アカデミーの次の二つの講義からも窺われる。E. Jiménez de Aréchaga, "La cooraination des systèmes de l'ONU et de l' Organization des États américains pour le règlement pacifique des différends et la

sécurité collective," Recueil des Cours de l'Académie de droit international de la Haye (Recueil de Cours), Vol.111 (1964), pp.426-520; Ugo Villani, "Les rappotrs entre l'ONU et les organisations régionales dans le domaine du maintien de la paix," Recueil des Cours, Vol.290 (2001), pp. 229-436.

13　他方、先に掲げた総会の「国連と地域的機関の間の協力向上に関する宣言」は、『平和への課題』と較べて、冒頭に紛争の平和的解決を追加しかつ平和維持活動と平和創造の順序を入れ替えた五つを掲げる。また『平和への課題・追補』ではより憲章に則して整理されており、予防外交と平和創造を一括し、次いで平和維持活動、紛争後の平和構築、制裁、強制行動と再構成されるとともに、新たに軍縮が加えられた。『平和への課題』と『同・追補』における諸概念の検討について、詳しくは、香西茂「国連と世界平和の維持—五〇年の変遷と課題」『国際問題』第四二八号(一九九五年一一月)、一七—一九頁。

14　この点を強調するものとして、Andrea Gioia, "The United Nations and Regional Organizations in the Maintenance of Peace and Security," in Michael Bothe, Natalino Ronzitti, Allan Rosas (ed.), The OSCE in the Maintenance of Peace and Security: Conflict Prevention, Crisis Management and Peaceful Settlement of Disputes (Kluwer Law International, 1997), pp.222-224.

15　拙稿「地域的機関先議の主張—国連憲章上の限界—(一)、(二)、(三・完)」『法学会雑誌』(岡山大学)第二二巻一、三・四号、第二七巻一号、およびそこで引用する文献のほか、Domingo E. Acevedo, "The Right of Members of the Organization of American States to Refer Their "Local" Disputes Directly to the United Nations Security Council," American University Journal of International Law and Policy, Vol.4, No.1 (Winter 1989), pp.25-66.

16　拙稿「地域的強制行動に対する国際連合の統制—米州機構の事例を中心に—」『変動期の国際法』[田畑茂二郎先生還暦記念](有信堂、一九七三年)、四〇三—四三〇頁、およびそこで引用する文献、とくに、Michael Akehurst, "Enforcement Action by Regional Agencies, with Special Reference to the Organization of American States," British Yearbook of International Law, Vol.42 (1967), pp.175-227.

17　この点は、北大西洋条約に関して、Beckettの見解をKelsenが批判したところである。Sir W. Eric Beckett, The North Atlantic Treaty, the Brussels Treaty and the Charter of the United Nations (Stevens and Sons Limited, 1950); Hans Kelsen, "Is North Atlantic Treaty a Regional Arrangement?" American Journal of International Law (AJIL), Vol.45, No.1 (1951), pp.162-166.この問題はその後も一部で議論されており、なお見解が分かれる。例えば、Rüdiger Pernice, Die Sicherung des Weltfriedens durch Regionale Organisationen und die Vereinten Nationen:

Eine Untersuchung zur Kompetenzverteilung nach Kapitel VIII der UN-Charta(Hansischer Gildenverlag, 1972), pp.52-62; Christian Walter, Vereinte Nationen und Regionalorganisationen: Eine Untersuchung zu Kapitel VIII der Satzung der Vereinten Nationen(Springer, 1996), pp.59-90.

18　Akehurst, op.cit.(note 16), p.180; Joachim Wolf, "Regional Arrangements and the UN Charter," in Rudolf Bernhardt(ed.), Encyclopedia of Public International Law, Instalment 6(North-Holland, 1983), p.289; Philipe Sands and Pierre Klein, Bowett's Law of International Institutions(5th ed., Sweet & Maxwell, 2001), p.153.

19　Jean-Pierre Cot et Alain Pellet(ed.), La Charte des Nation Unies: Commentaire article par article(2e ed., Economica, 1991), p.810.［中原喜一郎・斎藤恵彦(監訳)『コマンテール国際連合憲章・上巻』(東京書籍、一九九三年)、九八三頁］; Waldemar Hummer/Michael Schweizer, "Article 52," in Bruno Simma(ed.), The Charter of the United Nations: A Commentary(2nd ed., Oxford UP, 2002), p.828. これ以前の文献でも、扱いは同じである。例えば、Erkki Kourula, "Peace-Keeping and Regional Arrangements," in A. Cassese(ed.), United Nations Peace-Keeping: Legal Essays(Sijthoff & Noordhoff, 1978), pp.101-106; Mark W. Zacher(ed.), International Conflicts and Collective Security, 1946-77: The United Nations, Organization of American States, Organization of African Unity, and Arab League(Praeger, 1979); UNITAR(Berhanykun Andemicael ed.), Regionalism and the United Nations(Oceana, Sijthoff & Noordhoff, 1979), pp.147-336.

20　United Nations Conference on International Organization, Documents, Vol.12, pp.776, 850, 857-858.

21　An Agenda for Peace, op.cit.(note 4), para.61. ガリ事務総長は、一九九五年の年次報告書でも、「憲章自身が、地域的取極および機構の精確な定義を設けないことによって、柔軟性の必要を予想していた」と述べている。Boutros Boutros-Ghali, Confronting New Challenges, Report of the Work of the Organization from the Forty-ninth to the Fiftieth Session of the General Assembly, 1995(United Nations, 1995), p.337. この点についての詳細な考察として、Jorge Cardona Llorenz, "La coopération entre les Nation Unies et les accords et organismes régionaux pour le règlement pacifique des affaires relatives au maintien de la paix et de la sécurité internationales," in Boutros Boutros-Ghali: Amicorum Discipulorumque Liber-Paix, Développement, Démocratie, Vol.1(Bruylant, 1998), pp.253-275.

22　UN Doc. S/25184(28 January 1993). この議長声明が要請した平和維持機能の強化と国連との関係の調整に関する地域的機構側の回答は、次の文書に一括されている。UN Doc. S/25996(15 June 1993)and S/25996/Add.1-6(14 July 1993-4 May 1994).

23　Boutros Boutros-Ghali, Building Peace and Development: Report on the Work of the Organization from the Forty-eighth to the Forty-ninth

Session of the General Assembly, 1994 (United Nations, 1994), p.258.

24 Robert W. Macdonald, The League of Arab States: A Study in the Dynamics of Regional Organizations (Princeton UP, 1965), pp.9-18; Hussein A. Hassouna, The League of Arab States and Regional Disputes: A Study of Middle East Conflicts (Oceana, 1975), pp.11-12.

25 T. O. Elias, Africa and International Law (2nd ed. by Richard Akinjide, Martinus Nijhoff Publishers, 1988), p.125.

26 紛争解決メカニズムについては、Michel Cyr Djiena Wembou, "Le mécanisme de l'OUA pour la prévention, la gestion et le règlement des conflits," African Yearbook of International Law (African YBIL), Vol.2 (1994), pp.71-91; Juliane Hilf, "Der neue Konfliktregelungsmechanismus der OAU," ZaöRV, Vol.54, Nos.3-4 (1994), pp.1023-1047. 紛争解決の視点からＡＵとＯＡＵを比較検討したものとして、松本祥志「アフリカ連合（ＡＵ）設立の法的背景と意義―政治的解決と司法的解決―」山手・香西（編）『現代国際法における人権と平和の保障』注⑵、二三一―二五四頁。ＡＵへの再編および国連との関係については、Tiyanjana Maluwa, "Reimaging African Unity: Some Preliminary Reflections on the Constitutive Act of the African Union," African YBIL, Vol.9 (2001), pp.3-38; Njunga-Michael Mulikita, "Cooperation versus Dissonance: The UN Security Council and the Evolving African Union (AU)?" id., 75-99.

27 International Legal Materials (ILM), Vol.31 (1992), p.1400. ＣＳＣＥの発展の経緯全般について、吉川元『ヨーロッパ安全保障協力会議（ＣＳＣＥ）―人権の国際化から民主化支援への発展過程の考察―』（三嶺書房、一九九四年）、とくにヘルシンキ首脳会議後の展開については、Dominic McGoldrick, "The Development of the Conference on Security and Co-Operation in Europe (CSCE) after the Helsinki 1992 Conference," International and Comparative Law Quarterly (ICLQ), Vol.42, Pt. 2 (April 1993), pp.411-432.

28 ILM, Vol.34 (1995), p.773. ブタペスト首脳会議以降の動向全般について、Kari Mottola, "The OSCE: Institutional and Functional Developments in an Evolving European Security Order," in Bothe, Ronzitti and Rosas (ed.), The OSCE in the Maintenance of Peace and Security, op.cit. (note 14), pp.1-33.

29 ILM, Vol.34 (1995), pp.1286-87. ＣＩＳ憲章の採択に至る錯綜した経緯については、さしあたり、Ｇ．シンカレツカヤ「ＣＩＳ（独立国家共同体）：国際組織を作るにあたっての法律的な問題」中央学院大学地方自治センター（編）『国際関係法』（丸善プラネット、一九九六年）、一六一―一七六頁。

30 Concept for prevention and settlement of conflicts in the territory of States members of the Commonwealth of Independent States, ILM, Vol.35

(1996), p.789.

31　これらの条約は次の資料集に収録されている。M. Weller (ed.), Regional Peace-Keeping and International Enforcement: The Liberian Crisis (Cambridge UP, 1994), pp.1-24.

32　もっとも、この間にも、ＮＡＴＯは、加盟国間の紛争解決と国連との協力を模索したことがある。Martin A. Smith, "At Arm's Length: NATO and the United Nations in the Cold War Era," International Peacekeeping (London), Vol.2, No.1 (Spring 1995), pp.56-73; J. F. McMahohn and Michael Akehurst, "Settlement of Disputes in Special Fields," in Sir Humphrey Waldock (ed.), International Disputes: The Legal Aspects (Europa Publications, 1972), p.256.

33　UN Doc. S/25996 (15 June 1993), op.cit. (note 22), pp.18-19.

34　非五条任務の確立過程については、小林正英「ＮＡＴＯの『非五条』任務確立の道標とその意味―旧ユーゴ紛争への対応を通じて―」『法学政治学論究』第四八号（二〇〇一年三月）、一―三三頁。このように基本条約上の明確な根拠なしに任務を拡大することの是非については議論がある。例えば、Ige F. Dekker & Eric P. J. Myjer, "Air Strikes on Bosnian Position: Is NATO Also Legally the Proper Instrument of the UN?" Leiden Journal of International Law (LJIL), Vol.9 (1996), pp.411-416; Niels Blokker & Sam Muller, "NATO as the UN Security Council's Instrument: Question Marks From the Perspective of International Law?" id., pp.417-421.

なお、ＮＡＴＯの変容全般について、Philip H. Gordon (ed.), NATO's Transformation: The Changing Shape of the Atrantic Alliance (Rowman & Littlefield, 1997); Stuart Croft, Jolyon Howorth, Terry Terrif and Mark Webber, "NATO's triple challenge," International Affairs, Vol.76, No.3 (2000), pp.495-518; ＮＡＴＯの変容との関連でＷＥＵの新たな役割について、Luisa Vierucci, "The Role of the Western European Union (WEU) in the Maintenance of International Peace and Security," International Peacekeeping (London), Vol.2, No.3 (Autumn 1995), pp.309-329; また、欧州の平和維持に係わる諸機構（ＥＵ、ＷＥＵ、ＮＡＴＯ、ＯＳＣＥ）相互の役割関係について、Jan Wouters and Frederik Naert, "How Effective is the European Security Architecture? Lessons from Bosnia and Kosovo," ICLQ, Vol.50, Pt. 3 (July 2001), pp.540-576. ほかに、集団的自衛機構の変遷全般について、則武輝幸「国連憲章第五一条に基づく地域的集団防衛機構―その興隆・衰退・変容―」柳原正治（編）『国際社会の組織化と法』〔内田久司先生古稀記念〕（信山社、一九九六年）、三六五―四一四頁。

35　国内的にも、ＮＡＴＯ（およびＷＥＵ）の非五条・域外任務へのドイツ軍の参加が基本法に違反しないかどうかをめぐって、連邦憲法裁判所は、一九九四年七月一二日の判決で、ＮＡＴＯが基本法第八七ａ条で認められた防衛同盟であるだけでなく、第二四条二項でいう集団安全保障の制度でもあるとし、両者を区別せず柔軟に解釈した。Adria-, AWACS- und Somalia-Einsaetze der Bundeswehr, Entscheidungen des Bundesverfassungsgericht, BVerfGE, 90 (1994), p.286. この問題について、詳しくは、Georg Nolte, "Die 'neuen Aufgaben' von NATO und WEU: Völker- und verfassungsrechtliche Fragen," ZaöRV, Vol.54, No.1 (1994), pp.95-123; Torsten Lohmann, "German participation in international peacekeeping: now free of constitutional constraints?" International Peacekeeping (The Hague), Vol.1, No.3 (June-August 1994), pp.78-80; Markus Zöckler, "Germany in Collective Security Systems-Anything Goes?" EJIL, Vol.6, No.2 (1995), pp.274-286.

36　Supplement to An Agenda for Peace, op.cit. (note 9), para.86.

37　主要なものに以下がある。酒井啓亘「国連平和維持活動における自衛原則の再検討—国連保護軍（ＵＮＰＲＯＦＯＲ）への武力行使容認決議を手がかりとして—」『国際協力論集』第三巻二号（一九九五年一二月）、同「シエラレオネ内戦における『平和維持活動』の展開—ＥＣＯＭＯＧからＵＮＡＭＳＩＬへ—（一）、（二・完）」同第九巻二号（二〇〇一年一〇月）、三号（二〇〇二年二月）、松本祥志「西アフリカ諸国経済共同体のリベリア『平和維持軍』（ＥＣＯＭＯＧ）と国際法—地域的機関のＰＫＯと国連の役割—」『札幌学院法学』第一二巻二号（一九九六年三月）、楢林建司「リベリア内戦への西アフリカ諸国経済共同体と国際連合による介入」『愛媛法学会雑誌』第二二巻二号（平成七年九月）、同「グルジア／アブハジア紛争における国際連合グルジア監視団と独立国家共同体平和維持軍の『並行展開（Co-deployment）』」同第二六巻三・四号（二〇〇〇年三月）、同「シエラレオネ内戦に対する西アフリカ諸国経済共同体と国際連合による介入」同第二七巻四号（平成一三年三月）、松田竹男「正統政府回復のための強制措置の発動—ハイチの場合」『法政研究』（静岡大学）第四四巻三号（一九九五年一一月）、桐山孝信「中米和平プロセスと国際連合—平和・人権・民主主義実現の枠組みとイデオロギー—（一）、（二）、（三・完）」『法学雑誌』第四二巻三号、第四四巻三号、第四五巻二号（一九九六年一月、一九九八年三月、一九九九年二月）。

38　香西茂『国連の平和維持活動』（有斐閣、一九九一年）、二一—三頁。本稿は、平和維持活動について、香西教授の同書を含む一連の研究に多くを負っている。ほかに、Michael Bothe, "Peace-keeping," in Simma (ed.), The Charter of the United Nations, op.cit. (note 19), pp.648-700.

39　詳しくは、香西『国連の平和維持活動』注（38）、三八九—四二一頁。石本教授によれば、「学説は、これまでその根拠を大捜索してきたが、どれだけ捜しても、ないものはない。」石本泰雄「国際連合千姿万態」『国際法外交雑誌』第九四巻五・六合併号（一九九六年二月)、二九—三〇頁。それでも、平和維持活動の新たな動向の下で、この捜索はまだ続いている。Nigel D. White, "The UN Charter and Peacekeeping Forces: Constitutional Issues," International Peacekeeping (London), Vol.3, No.4 (Winter, 1996), pp.43-63; Alexander Orakhelashvili, "The Legal Basis of the United Nations Peace-Keeping Operations," Virginia Journal of International Law, Vo. 43, No.3 (Winter 2003), pp.485-524.

40　Certain expenses of the United Nations (Article 17, paragraph 2 of the Charter), Advisory Opinions of 20 July 1962: ICJ Reports, 1962, pp.166, 168, 170-172, 175-177.

40 a　これらと並んで、一九八三年のグレナダに対するアメリカと東カリブ諸国機構(ＯＥＣＳ)の軍事介入にも言及されることがあるが、グレナダ侵攻は平和維持活動から掛け離れているため、ここでは扱わない。これについては、さしあたり、William C. Gilmore, The Grenada Intervention (Mansell Publishing Limited, 1984). ほかに文献について詳しくは、Anthony Clark Arend & Robert J. Beck, International Law & the Use of Force (Routledge, 1993), pp.225-226 (foot note 73).

41　Reprinted in AJIL, Vol.59, No.4 (October, 1965), pp.987-988. このドミニカ問題に関するＯＡＳの活動は、次の文書に一括されている。Report of the Secretary-General of the Organization of American States Regarding the Dominican Situation, OEA/Ser. F/110. 10 (English), 1965.

42　Istvan Pogany, The Arab League and Peacekeeping in the Lebanon (Avebury, 1987), pp.93-107. idem, "The Arab League and Regional Peacekeeping," Netherlands International Law Review (NILR), Vol.34, No.1 (1987), pp.54-74. アラブ抑止軍については、ほかに、Jean Pierre Isselé, "The Arab Deterrent Force in Lebanon, 1976-1983," in A. Cassese (ed.), The Current Legal Regulation of the Use of Force (Martinus Nijhoff, 1986), pp.179-221.

43　Henry Wiseman, "The OAU: Peacekeeping and Conflict Resolution," in Yassin El-Ayouty and I. William Zartman (ed.), The OAU after Twenty Years (Praeger, 1984), p.126; idem, "The United Nations and International Peacekeeping: A Comparative Analysis," in UNITAR, The United Nations and Maintenanace of International Peace and Security (Martinus Nijhoff, 1987), p.312. ＯＡＵにおけるその後の平和維持構想については、松本祥志「アフリカ統一機構による平和維持と国際法—チャド紛争と西サハラ問題を中心に—(二)」『札幌学院法学』第四巻二号(一九八八年二月)、八七—九五頁。

44　ＯＡＵにおけるチャド問題の処理については、Dean Pittman, "The OAU and Chad," in El-Ayouty and Zartman (ed.), The OAU after

Twenty Years, op.cit.(note 43), pp.297-325; G. J. Naldi, "Peace-keeping Attempts by the Organisation of African Unity," ICLQ, Vol.34, No.3(July 1985), pp.593-595; Jean-Pierre Cot, "The Role of the Inter-African Peacekeeping Force in Chad, 1981-1982," in Cassese(ed.), Current Legal Regulation of the Use of Force, op.cit.(note 42), pp.167-178; Roy May and Simon Massey, "The OAU Interventions in Chad: Mission Impossible or Mission Evaded?" International Peacekeeping(London), Vol.5, No.1(Spring 1998), pp.46-65; 松本祥志「アフリカ統一機構による平和維持と国際法—チャド紛争と西サハラ問題を中心に—(一)」『札幌学院法学』第四巻一号(一九八七年一〇月)、八七—一〇七頁。

45　Naldi, op.cit.(note 44), p.593.

46　もっとも、チャド・アフリカ軍についての評価は分かれる。Naldiが、「チャドにおけるOAUの活動は惨めな失敗に終わった」(id., p.595)と結論するのに対して、Cotは、チャドにおける敵対行為を抑制、緩和するなど、「アフリカ軍が疑いなく一定の肯定的な結果を伴った」(op.cit.(note 44), p.177)という。

47　Weller(ed.), Regional Peace-Keeping and International Enforcement, op.cit.(note 31), p.68.

48　David Wippman, "Enforcing the Peace: ECOWAS and the Liberian Civil War," in Lori Fisher Damrosch(ed.), Enforcing Restraint: Collective Intervention in Internal Conflicts(Council on Foreign Relations Press, 1993), pp.187-189; Kofi Oteng Kufuor, "The Legality of the Intervention in the Liberian Civil War by the Economic Community of West African States," African Journal of International and Comparative Law, Vol.5, No.3(October 1993), pp.536-539; Antoine-Didier Mindua, "Intervention armée de la CEDEAO au Liberia: illégalité ou avancée juridique?" id., Vol.7, No.2(June 1995), pp.263-269; Anthony Chukwuka Ofodile, "The Legality of ECOWAS Intervention in Liberia," Columbia Journal of Transnational Law, Vol.32(1994), p.411; W. Ofuatey-Kodjoe, "Regional Organizations and the Resolution of Internal Conflict: The ECOWAS intervention in Liberia," International Peacekeeping(London), Vol.1, No.3(Autumn 1994), pp.281-283; 松本「西アフリカ諸国経済共同体のリベリア『平和維持軍』(ECOMOG)と国際法」注(37)、一三〇—一三五頁。

49　Georg Nolte, "Restoring Peace by Regional Action: International Legal Aspects of the Liberian Conflict," ZaöRV, Vol.53, No.3(1993), pp.612-617; idem, "Combined peacekeeping: ECOMOG and UNOMIL in Liberia," International Peacekeeping(The Hague), Vol.1, No.2(March-May, 1994), p.42.

50　SC Res. 504(30 April 1982). Cot, op.cit.(note 44), p.176.

51　後述、七二頁参照。

52　Christine Gray, "Regional Arrangements and United Nations Collective Security System," in Hazel Fox (ed.), The Changing Constitution of the United Nations (B.I.C.L., 1997), p.97; idem, International Law and the Use of Force (Oxford UP, 2000), p.210. なお、ＯＡＳ憲章では、一九八五年の改正（カルタヘナ議定書）により、「米州機構は、この憲章によって明示的に付与されたもの以外のいかなる権限も有しない」（第一条後段）との一文が追加された。拙稿「米州機構憲章の改正（カルタヘナ議定書）」『法学会雑誌』（岡山大学）第三七巻第二号（昭和六二年一〇月）、参照。

53　地域的機構の措置の合法性が国連で争われた事例として、一九六二年、ＯＡＳがキューバを除名（正式には「米州制度への参加からキューバ現政府を除外」）したのに対し、キューバは、安全保障理事会で、国連憲章のみならず、除名規定のないＯＡＳ憲章および米州相互援助条約との両立性についても、ＩＣＪに勧告的意見を求めるよう提案した。しかし、かかる地域的措置は、「もっぱら地域的機構自身の権限に属する事項」、「国連がいかなるlocus standiをも有しない事項」との理由から、この提案は採択されなかった。詳しくは、拙稿「地域的強制行動に対する国際連合の統制」注（16）、四一四—四一五頁。また、一九六五年のドミニカ米州軍について、ウルグァイは、安全保障理事会で、関係当事者の同意の欠如およびex iniuria jus non oritur の原則（つまり、元のアメリカの干渉の違法性）に加えて、ＯＡＳ憲章上の権限踰越（ultra vires）を理由に違法であると主張していた。SCOR 20th year, 1221st meeting, 7 June 1965, paras. 42-45.

54　Georg Ress/Jürgen Bröhmer, "Article 53," in Simma (ed.), The Charter of the United Nations, op.cit. (note 19), p.870.

55　GA Res. 49/57 (note 8), Annex, paras. 2, 5, 9, 10.

56　ILM, Vol.31 (1992), pp.1400-1401.

57　ＯＳＣＥの平和維持活動および国連との関係全般について、Natalino Ronzitti, "OSCE Peace-Keeping," in Bothe, Ronzitti, Rosas (ed.), The OSCE in the Maintenance of Peace and Security, op.cit. (note 14), pp.237-255; Gian Luca Burci, "Division of Labour between the UN and the OSCE in the Connection with Peace-keeping," id., pp.289-313.

58　ILM Vol.34 (1995), p.1286.

59　Agreement on Groups of Military Observers and Collective Peacekeeping Forces in CIS.この協定の非公式英訳は、以下に掲載されている。

International Peacekeeping (The Hague), Vol.1, No.1 (January-February 1994), pp.23-24.

60 Statute on Collective Peace-keeping Forces in the CIS, ILM, Vol.35 (1996), pp.792-802.

61 ＣＩＳの平和維持活動全般について、Bakhtiyar Tuzmukhamedov, "The Legal Framework of CIS Regional Peace Operations," International Peacekeeping (The Hague), Vol.6, No.1 (January-February 2000), pp.1-6; S. Neil MacFarlane, "Regional peacekeeping in the CIS," in Ramesh Thakur and Albrecht Schnabel (ed.), United Nations Peacekeeping Operations: Ad Hoc Missions, Permanent Engagement (United Nations UP, 2001), pp.77-99.

62 後述、七〇―七一頁。

63 Sands and Klein, Bowett's Law of International Institutions, op.cit. (note 18), p.151; Schreuer, op.cit (note 3), p.490.

64 Pernice, op.cit. (note 17), p.114.

65 Report of the Secretary-General: Improving the capacity of the United Nations for peace-keeping, op.cit. (note 11), para.4.

66 後述、六六頁以下。

67 高野雄一「国際組織法〔新版〕」(有斐閣、昭和五〇年)、三九六―三九七頁。

68 Reprinted in AJIL, Vol.59, No.4 (October 1965), p.988.

69 とくに、アメリカの主張である。SCOR, 20th year, 1220th meeting, 3 June 1965, paras. 79-80; 1222nd meeting, 9 june 1965, para.21. ボリビアとマレーシアも同調。

70 とくに、ソ連の主張である。SCOR, 20th year, Supplement for April, Mag and June 1965, pp.225-227 (S/6411 of 3 June 1965). キューバとマレーシアも同調。

71 SCOR, 20th year, 1221st meeting, 7 June 1965, para.44 (ウルグアイ)、フランスも同じ点を指摘している。ibid., paras. 60-61.

72 Ellen Frey-Wouters, "The Relevance of Regional Arrangements to Internal Conflicts in the Developing World," in John Norton Moore (ed.), Law and Civil War in the Modern World (Johns Hopkins UP, 1974), p.491.

73 Asbjørn Eide, "Peace-keeping and Enforcement by Regional Organizations," Journal of Peace Research, Vol.13 (1966), p.141. もっとも、この許可は総会によっても与えられうるというが、それは問題である。

74 Kourula, op.cit(note 19), p.117.

75 Zsuzsanna Deen-Racsmány, "A Redistribution of Authority Between the UN and Regional Organizations in the Field of the Maintenance of Peace and Security?" LJIL, Vol.13(2000), pp.301-302.

76 White, "The UN Charter and Peacekeeping Forces," op.cit.(note 39), p.56; indem, Keeping the Peace: The United Nations and the maintenance of international peace and security(2nd ed., Manchester University Press, 1997), p.231; Orakhelashvili, op.cit.(note 39), p.514.

77 Christian Walter, "Security Council Control over Regional Action," Max Planck Yearbook of United Nations Law(Max Plank UNYB), Vol.1(1997), p.174.

78 例えば、Villani, "Les rapports entre l'ONU et les organisations regionales dans le domaine du maintien de la paix," op.cit.(note 12), pp.393-397.

79 John Norton Moore, "The Role of Regional Arrangements in the Maintenance of World Order," in Cyril E. Black and Richard A. Falk(ed.), The Future of International Legal Order: Vol.3, Conflict Management(Princeton UP, 1971), p.154.

80 Wolf, op.cit.(note 18), p.293.

81 Orakhelashvili, op.cit.(note 39), p.515.

82 Kourula, op.cit.(note 19), p.118.

83 この問題について、詳しくは、David Wippman, "Military Intervention, Regional Organizations, and Host-State Consent," Duke Journal of Comparative & International Law(Duke JCIL), Vol.7(1996), pp.209-239.

84 これは、かつて、第五三条の地域的「強制行動」が軍事的措置に限られ、経済関係の中断や外交関係の断絶などの非軍事的措置は含まない、との制限解釈が展開された際の主要な論拠であった。拙稿「地域的強制行動に対する国際連合の統制」注(16)、四一〇—四一一頁。

85 Gioia, op.cit.(note 14), pp.215, 231.

86 主要な地域的機構の平和維持活動について、詳しくは、Indar Jit Rikhye, The Theory and Practice of Peacekeeping(C. Hurst & Company, 1984), pp.131-178; Jane A. Meyer, "Collective Self-Defense and Regional Security: Necessary Exceptions to a Globalist Doctrine," Boston University International Law Journal, Vol.11(1993), pp.415, 419, 422.

87　An Agenda for Peace, op.cit. (note 4), para.20.

88　Supplement to An Agenda for Peace, op.cit. (note 9), para.88.

89　GA Res. 49/57, Annex, op.cit. (note 8).

90　香西「国連と世界平和の維持」注(13)、二八頁、同「国連による紛争解決機能の変容」注(2)、二二四頁。

91　浅田教授は、伝統的な平和維持活動を憲章「第六章半」と位置づけるとすれば、複合化現象は平和維持活動に第六章の紛争の平和的解決的要素を結合したものであり、「第六章四分の一」の活動とでも称することができるという。浅田「国連における平和維持活動の概念と最近の動向」注(2)、四四頁。

92　憲章第七章の下での平和維持活動は、例えば、受け入れ国の同意を必要としないもの、要員の安全強化のため、軍事的強制権限をもつもの、の三つのカテゴリーに区別される。浅田、注(2)、五一—六一頁。

93　端的に、「エスニック紛争は、国内と国際、国と国以外の行為主体、ならびに第六章と第七章の区別をぼやかす」、と指摘される。Winrich Kühne, "The United Nations, Fragmenting States, and the Need for Enlarged Peacekeeping," in Christian Tomschat (ed.), The UN at Age Fifty: Legal Perspective (Kluwer Law International 1995), p.99.

94　詳しくは、酒井「国連平和維持活動における自衛原則の再検討」注(37)。同「国連平和維持活動の今日的展開と原則の動揺」『国際法外交雑誌』第九四巻五・六合併号(平成八年二月)、九三—一一六頁。佐藤哲夫「冷戦解消後における国連平和維持活動—国内紛争に対する国際連合の適応—」、杉原高嶺(編)『紛争解決の国際法(小田滋先生古希祝賀)』(三省堂、一九九七年)、三二三—三五三頁。

95　Gray Area の問題については、以下で詳しく論じられている。Peter Viggo Jakobsen, "The Emerging Consensus on Gray Area Peace Operations Doctrine: Will it Last and Enhance Operational Effectiveness?" International Peacekeeping (London), Vol.17, No.3 (Autumn 2000), pp. 36-56; David M. Malone and Karin Wermester, "Boom and Bust?-The Changing Nature of UN Peacekeeping," id., Vol.7, No.4 (Winter 2000), pp. 37-54; Mats Berdal, "Lessons Not Learned: The Use of Force in 'Peace Operations' in the 1990s," id., Vol.7, No.4 (Winter 2000), pp.55-74.

96　Supplement to An Agenda for Peace, op.cit. (note 9), para.35. 平和維持活動の原点に遡って、その後の変遷を考察したものとして、香西茂「国連の平和維持活動(PKO)の意義と問題点」、日本国際連合学会(編)『二一世紀における国連システムの役割と展望』(国際書院、二〇〇〇年)、九—二四頁。

97　Report of the Panel on United Nations Peace Operations, UN Doc. A/55/305=S/2000/809(21 August 2000), paras.48-55. ブラヒミ・レポートの論評として、Heike Spieker, "Changing 'Peacekeeping' in the New Millenium?-The Recommendations of the Panel on United Nations Peace Operations of August 2000," International Peacekeeping(The Hague), Vol.6, No.4-6(July-December 2000), pp.144-152; Nigel White, "Commentary on the Report of the Panel on United Nations Peace Operations(The Brahimi Report)," Journal of Conflict and Security Law, Vol.6, No.1(2001), pp.127-138; Cristine Gray, "Peacekeeping after the Brahimi Report: Is there a Crisis of Credibility for the UN?" id., Vol.6, No.2(2001), pp.267-288.

98　SC. Res. 781(9 October 1992); SC. Res. 787(16 November 1992). 旧ユーゴでのＮＡＴＯの関与全般については、さしあたり、Tarcisio Gazzini, "NATO Coercive Military Activities in the Yugoslav Crisis(1992-1999)," EJIL, Vol.12, No.3(2001), pp.391-435.

99　Erika de Wet, "The Relationship between the Security Council and Regional Organizations during Enforcement Action under Chapter VII of the United Nations Charter," Nordic Journal of International Law, Vol.71, No.1(2002), pp.9-10.

100　Giorgio Gaja, "Use of Force Made or Authorized by the United Nations," in Tomschat(ed.), The United Nations at Age Fifty, op.cit.(note 93), p.14.

101　Gioia, op.cit.(note 14), pp.209, 210. 同旨として、ほかに、Hans Kelsen, The Law of the United Nations(Frederick A. Praeger, 1950), p.327; Akehurst, op.cit.(note 16), pp.219-221; Fred L. Morrison, "The Role of Regional Organizations in the Enforcement of International Law," in Jost Delbrück(ed.), Allocation of Law Enforcement Authority in the International System: Proceedings of an International Symposium of the Kiel Institute of International Law, March 23 to 25, 1994(Duncker & Humbolt, 1994), p.52. これに対して、「第五三条の下で地域的行動が地域的取極の当事国でない国に係わる問題では適当でないとする見解には相当の支持がある」との主張もある。Leland M. Goodrich, Edvard Hambro and Anne Patricia Simons, Charter of the United Nations: Commentary and Documents(3rd and Revised ed., Columbia UP, 1969), p.358. とくに、Wolfは、「安全保障理事会の許可に関する規定は、地域的自律性に対する制約であって、地域的取極または機関が強制行動を開始する権限の拡張としてみてはならない」と主張する。op.cit.(note 18), p.294. この指摘自体は適切と思われるが、安全保障理事会が、その権威の下でとられる強制行動のために地域的機構を利用する場合は、地域的機構のイニシアチブでとられる強制行動を許可する場合とは区別して考える必要がある。前者においては、地域的機構はKelsenの所謂「安全保障理事会の機関(organs)として行動す

る」(op.cit., p.326)という側面を考慮する余地があるからである。

102 Schreuer, op.cit. (note 3), p.491.

103 Gray, International Law and Use of Force, op.cit. (note 52), p.235.

104 Rosalyn Higgins, "Some Thoughts on the Evolving Relationship between the Security Council and NATO," in Boutros Boutros-Ghali: Amicorum Discipulorumque Liber, Vol.1, op.cit. (note 21), p.516. もっとも、地域的機構ではなく、その加盟国への言及は、地域的機構における「合憲性の問題に対する関心の欠如を反映する」とも指摘される。Gray, International Law and Use of Force, op.cit. (note 52), p.235.

105 和平合意の附属書1-A、第一条一項(a)は、「国連安全保障理事会は、加盟国または地域的機構および取極に対し多国籍の和平履行軍（ＩＦＯＲ）を設置することを許可する決議を採択するよう招請される」、と規定する。また、同条では、続けて、「ＮＡＴＯがそのような軍を設置する」こととし、ＩＦＯＲは「ＮＡＴＯ指揮系統を通して北大西洋理事会（ＮＡＣ）の権威の下にかつその指示と政治的コントロールに従って行動する」こと、および「この附属書の遵守と自らの保護を確保するため、必要な武力の行使を含めて、必要となる行動をとる」ことができる旨が明記されている。ILM, Vol.35(1996), p.92.

106 SC Res. 1031(15 December 1995), paras. 14-15.

107 SC Res. 1088(12 December 1996).

108 和平合意とＮＡＴＯの関係について、詳しくは、Niccoló Figà-Talamanca, "The Role of NATO in the Peace Agreement for Bosnia and Herzegovina," EJIL, Vol.7(1996), pp.164-175.

109 Walter, op.cit. (note 77), p.175.

110 この点については、香西教授の詳しい考察がある。香西「国連による紛争解決機能の変容」注(2)、二二九—二三三頁。なお、第七章の援用に関連し、「平和に対する脅威」概念と平和維持活動との関係については、酒井啓亘「国連憲章第三九条の機能と安全保障理事会の役割—『平和に対する脅威』概念の拡大とその影響」山手・香西（編）『現代国際法における人権と平和の保障』注(2)、一四七—二五〇頁。

111 ILM, Vol.35(1996), p.800.

112 id., p.793.

113 id., p.789.

114 Wolf, op.cit.(note 18), p.293; Ress/Bröhmer, "Art. 53," in Simma(ed.), The Charter of the United Nations, op.cit.(note 19). もっとも、後者では、実際上の見地から柔軟な解釈の必要性が指摘され、安全保障理事会の統制を実質的に損なわないよう厳格な条件の下に、事後のおよび黙示の許可の余地が認められている。

115 詳しくは、拙稿「地域的強制行動に対する国際連合の統制」注(16)、参照。

116 UN Doc. S/22133(22 January 1991), S/23886(7 May 1992).

117 SC Res. 788(19 November 1992).

118 Ofodile, op.cit.(note 48), p.414. もっとも、これは、彼の見解では「平和維持活動を遥かに越えた」ＥＣＯＭＯＧについて、「国際社会がどちらとも判定を下すことを欲しなかった」ことを示すにすぎない。id., pp.413, 414.

119 de Wet, op.cit.(note 99), pp.23-24. 同旨として、Kufuar, op.cit.(note 48), pp.554-555. これに対して、安全保障理事会の審議では、ＥＣＯＭＯＧの行動を第五二条の下での平和的措置と第五三条の下での地域的強制行動に区別せずに、「抗争へのＥＣＯＭＯＧの関与全体について平和を回復するための称賛に値する地域的努力」と表現された、と指摘される。Wippman, "Enforcing the Peace: ECOWAS and Liberian Civil War," op.cit.(note 48), p.186. なお、具体的に、二つの議長声明は、「リベリアでの平和および常態を促進する(promote)努力」、「リベリアの抗争を迅速に終結させる飽くなき努力」を、また決議は、「リベリアに平和、安全および安定を回復する(restore)努力」を称賛している。

120 Anthony Clark Arend, "The United Nations, Regional Organizations, and Military Operations: The Past and the Present," Duke JCIL, Vol.7, No.1(Fall 1996), pp.25-26.

121 Nolte, "Restoring Peace by Regional Action," op.cit.(note 49), pp.632-634.

122 とくに、Nolteの見解に対する批判として、Wippman, "Military Intervention, Regional Organizations, and Host-State Consent," op.cit.(note 83), pp.225-228. 同様の指摘として、「ＥＣＯＭＯＧは、中立的平和維持活動と軍事的強制行動の間の境界を越えてしまった。」White, Keeping the Peace, op.cit.(note 76), p.231;「ＥＣＯＷＡＳの行動は、単なる平和維持活動を越えた」もので、「安全保障理事会の許可なしに、ＥＣＯＷＡＳは、基本的に、無許可の強制行動を行った。」Christopher J. Borgen, "The Theory and Practice of Regional Organization in

Civil Wars," New York University Journal of International Law and Politics, Vol.26, No.4(Summer 1994), pp.817, 820.

123　かつて議論されたこの点については、拙稿「地域的強制行動に対する国際連合の統制」注(16)、四二四—四二五頁。

124　Walter, op.cit.(note 77), pp.180, 186; Jeremy Levitt, "Humanitarian Intervention by Regional Actors in Internal Conflicts: The Cases of ECOWAS in Liberaria and Sierra Leone", Temple International & Comparative Law Journal, Vol.12, No.2(1998), p.347; Inger Österdahl, Threat to the Peace: The Interpretation by the Security Council of Article 39 of the UN Charter(Iustus Förlag, 1998), p.57; David Schweigman, The Authority of the Security Council under Chapter VII of the UN Charter: Legal Limits and Role of the International Court of Justice(Kluwer Law International, 2001), pp.89-93. リベリアＥＣＯＭＯＧの事例は、後にＮＡＴＯのコソボ空爆の合法性に関連し、イギリス下院外交委員会の求めにより提出された覚書のなかでも、理事会による事後の許可として言及されている。Christine Chinkin, "The Legality of NATO's Action in the Former Republic of Yugoslavia(FRY) under International Law," ICLQ, Vol.49, Pt. 4(October 2000), p.915; Christopher Greenwood, "International Law and NATO Intervention in Kosovo," id., 929. これに対して、黙示の許可という点から、リベリアＥＣＯＭＯＧとＮＡＴＯのコソボ空爆を明確に区別する見解として、Ugo Villani, "The Security Council's Authorization of Enforcement Action by Regional Organizations," Max Plank UNYB, Vol.6(2002), pp.535-557. また、Franckは、「人道的干渉」との関連で、国連の実行における第五三条の「再解釈」の観点から、リベリアとシエラレオネのＥＣＯＭＯＧの事例における事後の(遡及的)許可を論じる。Thomas M. Franck, Recourse to Force: State Action Against Threats and Armed Attacks(Cambridge UP, 2002), pp.155-162.

125　Reprinted in Weller(ed.), Reagional Peace-Keeping and International Enforcement, op.cit.(note 31), pp.343-352.

126　SC Res. 866(22 September 1993). この決議は、ＵＮＯＭＩＬの任務の一つとして、「強制行動に参加することなく、ＥＣＯＭＯＧの別の責任の遂行に当たってＥＣＯＭＯＧと調整すること」を規定する。ここにいうＥＣＯＭＯＧの別の責任(separate responsibilities)の内容は、事務総長のリベリアに関する報告書が、ＵＮＯＭＩＬとＥＣＯＭＯＧの関係について、とくに、次のように述べることから明らかである。「(d)ＥＣＯＭＯＧが戦闘活動を伴う計画された平和強制を行う場合には、ＵＮＯＭＩＬ監視員はそのような行動に参加せず、他の国連スタッフとともにその場から一時的に撤収する。」United Nations Secretary-General, Report on Liberia, UN Doc. S/26422(9 September 1993), para.14.

127　もっとも、この点についても異論はある。例えば、「ＵＮＯＭＩＬが強制行動に従事しないことは、ＥＣＯＭＯＧがそれを行うことを実際に許可された、という結論には必ずしも導かない」という。de Wet, op.cit.(note 99), p.24. 他方で、ＵＮＯＭＩＬの任務から平和強制の明示の除外は、ＥＣＯＭＯＧが平和強制を行いうることを示唆するが、「しかし、そのことは、憲章第五三条の下でのＥＣＯＭＯＧによる強制行動の明示の許可には当たらず、それが示唆するところは、平和強制は第五三条の下での強制行動ではないということであるように思われる」、とも主張される。Gray, International Law and the Use of Force, op.cit.(note 52), pp.222-223.

128　SC Res. 1181(13 July 1998).

129　それぞれの設置決議は、SC Res. 937(21 July 1994), SC Res. 963(16 December 1994).

130　ＵＮＯＭＩＧの設置決議は、その任務として、「和平合意の枠組内でのＣＩＳ平和維持軍の活動を監視すること」に言及する。なお、ＣＩＳの「強力な」平和維持活動とＵＮＯＭＩＧおよびＵＮＯＭＯＴの関連については、問題点の鋭い指摘がある。Christian Walter, "Peacekeeping by the Commonwealth of Independent States and the United Nations in Abkhazia/Georgia and Tajikistan," International Peacekeeping(The Hague), Vol.3, No.4-6(June-December 1996), pp.78-81.

131　McCoubrey and Morris, op.cit.(note 3), p.223.

132　SC Res. 929(22 June 1994)(ルアンダ); SC Res. 940(31 July 1994)(ハイチ).

133　Yearbook of the United Nations, 1982, pp.318-319.

134　SC Res. 866(22 September 1993). この信託基金には、アメリカ、イギリスおよびデンマークが拠出した。United Nations Secretary General, Report on the Observer Mission in Liberia, UN Doc., S/26868(13 December 1993), para.20; United Nations Secretary General, Second Progress Report on the Observer Mission in Liberia, S/1994/168(14 February 1994), para.26.

135　ILM, Vol.35(1996), p.793.

136　地域的機構からの回答は、注(22)。これらの回答の詳しい比較分析として、Michael Barnet, "Partners in Peace? The UN, regional organizations, and peace-keeing," Review of International Studies, Vol.21, No.4(October 1995), pp.420-425.

137　SCOR, 15th Year, 874th meeting(18 July 1960), para.154(エクアドル).

138　Paul F. Diehl, International Peacekeeping(Johns Hopkins UP, 1993), p.119.

139　David O'Brien, "The Search for Subsidiary: The UN, African Regional Organizations and Humanitarian Action," International Peacekeeping

(London), Vol.7, No.3 (Autumn 2000), pp.57-83.

140 Higgins, op.cit. (note 104), p.521.

141 ＣＩＳの平和維持活動におけるロシアの動向については、Suzanne Crow, "Peace-keeping in the CIS: An Instrument of Russian Hegemonic Desires?" in Kühne (ed.), Blauhelme in einer turbulenten Welt, op.cit. (note 3), pp.351-375; John Mackinlay and Peter Cross (ed.), Regional Peacekeepers: The Paradox of Russian Peacekeeping (United Nations UP, 2003).

142 安全保障理事会が第七章に基づく権限を地域的機構に委任するに際にも、コントロールを保持すべきことは強調されるところである。Danesh Sarooshi, The United Nations and the Development of Collective Security: The Delegation by the UN Security Council of its Chapter VII Powers, (Oxford UP, 1999), pp.248-250.

143 White, "The UN Charter and Peacekeeping Forces," op.cit. (note 39), p.53.

144 いわゆる「武力行使容認決議」の憲章上の根拠については、さしあたり、松井芳郎『湾岸戦争と国際連合』(日本評論社、一九九三年)、六九―八三頁。

145 N. D. White and Özlem Ülgen, "The Security Council and the Decentralised Military Option: Constitutionality and Function," NILR, Vol.44, Issue 3 (1997), pp.388-389.

146 Cited in Gray, "Regional Arrangements and the United Nations Collective Security System," op.cit. (note 52), p.109.

147 James O. C. Jonah, "ECOMOG: A successful Example of Peacemaking and Peace-keeping by a Regional Organization in the Third World," in Kühne (ed.), Blauhelme in einer turbulanten Welt, op.cit. (note 3), pp.303-325; W. Ofuatey-Kodjoe, "Regional Organizations and the Resolution of Internal Conflict: The ECOWAS Intervention in liberia," International Peacekeeping (London), Vol.1, No.3 (Autumn 1994), pp.261-302; 'Funmi Olonisakin, "UN Co-operation with Regional Organizations in Peacekeeping: The Experience of ECOMOG and UNOMIL in Liberia," id., Vol.3, No.3 (Autumn 1996), pp.33-51; B. G. Ramcharan, "Cooperation between the U.N. and Regional/Sub-Regional Organizations in Internal Conflicts: The Case of Liberia," African YBIL, Vol.4 (1996), pp.3-17.

148 Olonisakin, op.cit. (note 147), pp.47-48.

149 Jane Boulden, "United Nations Security Council Policy on Africa," in Jane Boulden (ed.), Dealing with Conflict in Africa: The United Nations

and Regional Organizations (Palgrave Macmillan, 2003), p.17.

150 楢林建司「『並行展開(co-deployment)』の実績と課題」本書所収、参照。

151 Introduction to the Annual Report of the Secretary-General on the Work of the Organization, 1 July 1953 to 30 June 1954, GAOR, 9th Sess., Suppl. No.1 (A/2663), p.xi.

152 Deen-Racsmány, op.cit. (note 75), p.330.

153 Inis L. Claude, Jr., Swords into Plowshares: The Problems and Progress of International Organization (4th ed., Random House, 1971), p.117.

国際機構の法的権能と設立文書の法的性格
――条約に基礎を置かない国際機構の条約締結能力を中心に――

浅田　正彦

はじめに

政府間国際機構（以下、国際機構）[1]の増大と多様化は、今日の国際社会に特徴的な現象の一つである。「国際機構の拡散(proliferation of international organizations)」ともいえるこの現象は、国際関係の緊密化を象徴する事象であるが、同時に、解決(理解)困難なさまざまな法的問題を生ぜしめてもいる。国連総会の決議によって設立される自立的補助機関の法的地位の問題は、もはや古典的な部類に属するが、最近ではさらに、共通する分野を扱う複数の国際機構相互間の関係、司法(準司法)機関の増大に伴う管轄権の競合および判決の整合性、国際機構の活動の過程で生じうる国際責任およびその加盟国との関係、国際機構の統合や自立に伴う法人格の所在など、「国際機構の拡散」と相俟って生ずる法的問題は、まさに枚挙に暇がない。本稿では、これらの諸問題の中でも、国際機構と国際法の交錯点ともいえる、条約に基礎を置かない国際機構の創設が惹起する法的問題について検討することにしたい。[2]

国際機構の創設に当たっては、その正式な発足に先立って準備委員会を設立し、正式な国際機構発足の準備を行うことがあるが、このような準備委員会の中には、正式な国際機構発足の単なる事務的な準備に留まらず、一定規模の事務局を構え、加盟国からの拠出によって相当額の予算を賄い、さらには自らが一方の当事者となって条約を締結するなど、正規の国際機構にも相当する活動を行うものが見られる。それは一つには、国際レジームの創設に当たって、創設条約の発効時にその監視機構が直ちに十全の機能を発揮することができるように、条約発効前の段階において機構の準備委員会が相当に広範な準備活動を行うよう要求されることがあるからである。

その最も顕著な例が、包括的核実験禁止条約機関(CTBTO)の準備委員会(以下、(CTBTO)準備委)であろう。CTBTO準備委は、包括的核実験禁止条約(CTBT、二〇〇三年一二月現在、一〇八カ国が批准するも未発効)[3]の発効と共に設立されるCTBTOに先立ち、CTBTの効果的な実施に必要な準備を行うことを主目的として設立されたもので、二つの作業部会[4]と二六六人のスタッフ[5]からなる暫定技術事務局(PTS)を中心に活発な活動を続けている。ところが、CTBTO準備委の設立の基礎は極めて簡略である。CTBT署名国の会議において、決議に附属する形で「包括的核実験禁止条約機関の準備委員会の設立に関する文書」(以下、(CTBTO)準備委設立文書)が採択されたのみで、それ以上に同文書の署名や批准は行われていない。この文書は法的な文書なのか。法的な文書であるとすれば、かなり特殊な形態ではあるが、国際法上の条約であり、CTBTO準備委は条約に基づく通常の国際機構と観念することができるであろう。しかし、それが法的な文書でないとすれば、いくつかの法的な問題が生ずることになる。まず、CTBTO準備委の活動が法的な効果を伴う場合には、その根拠をどこに求めることができるかが問われることになろう。すなわち、法的でない文書に基づいて設立された国際機構が法的な活動を行うことはそもそも可能なのか、ということが問題となりうる。この点は、準備委がその加盟国や他の国際機構との間に条約を締結する場合に、とりわけ明確な形で現れることになる。また、準備委の活動が加盟国の領域における活動を伴う場合には、準備委とその職員の特権免除、準備委自身の加盟国国内法上の能力といった事項をいかに処理するのかという問題も生ずることになろう。

本稿では、右のような問題意識を出発点として、まず、国際機構の定義[6]に関する学説において、設立文書(以下、「基本文書」ともいう)の法的性格の問題がいかに位置づけられているのかを整理する。次に、そのような一般論を前提としつつ、現実に条約に基づくことなく設立された国際機構を素材として、それらの機構がその活動に当たっていかなる問題に逢着しているのか(いないのか)、そしてそれをいかに解決しているのか(しようとしているのか)、を実証的に検討することによって、国際機構の設立における基本文書の法的性格の重要性(の有無と程度)について考えることにしたい。

なお、国際機構の定義に関する学説の本稿における位置づけについて一言しておくと、本稿においては、①いかなる基準に従ってある実体が「国際機構」とされるのか、が重要なのではなく、②いわゆる国際機構がいかなる根拠に基づいていかなる法的能力を有するのか、が重要なのである。本稿で国際機構の定義を取り上げるのは、①の問題の解明のために国際機構の定義そのものを検討するためではなく、②の問題の解明の手掛りを得るための手段として国際機構の定義をめぐる学説を検討するということである。

一　国際機構の定義とその設立文書の位置づけ

まず、国際機構の定義において、国際機構の設立文書が条約であるのか、それとも条約ではない非法的国際文書であるのかという点が、どのように扱われているのかを検討することにしたい。それによって、国際機構が設立され活動するに当たって、その設立文書が条約である必要性が、いかに認識されているのかを知ることができるからである。

しかし、学説上、国際機構の定義に関して一致した見解がある訳ではない。とはいえ、多くの学説が、国際機構を、「条約」によって設立されるものとして定義してきたという事実はある。例えばビントシェトラー(Rudolf L. Bindschedler)は、『国際公法百科事典』において、国際機構を「条約によって設立され、条約に基礎を置く国家の集合体であって、共通の目的を追及し、機構内において特定の任務を遂行するための自己の特別な機関を有するもの」と定義する。[7] またアビサーブ(Georges Abi-Saab)も、国際機構に関する様々な定義から導き出される共通の三要素の一つとして、「機構の基礎としての条約」を挙げている。[8] さらにサンズとクライン(Philippe Sands and Pierre Klein)も、ある実体が国際機構とされるためには四つの特徴を備えていなければならないことに一般的合意があるとし、その一つとして「条約によって設立されなければならない」ことを指摘する。[9]

わが国においても、国際機構は「条約」によって設立されるものとして定義される傾向があり、例えば高野雄一教授は、「国際機構は、国家によって構成せられ、その国家による条約に基づき、かつ、その限度で…国際機構としての独自の法的存在と機能を有する」と述べ[10]、香西茂教授も、「政府間国際機構」を「条約に基づいて設立される」ものとしている[11]。国際機構の設立の要件ないし要素として、それが条約に基づくものであるとする点は、国の内[12]外[13]を問わず、学説上、広く共有されているといってよかろう。

しかし他方で、条約に基づかずに設立された実体が広く「国際機構」として認識されてきたというのも事実であり、その点を反映した学説も唱えられている。例えばブラウンリー(Ian Brownlie)は、「法人格を有する[国際]機構は、通常、条約によって設立されるが、これは必須という訳では全くなく、その淵源は諸国による会議の決議や一様の実行ということも同様にありうる」と述べている[14]。しかし彼は、そのような例として国連貿易開発会議(UNCTAD)や国連工業開発機関(UNIDO)を挙げ、それらの設立の基礎は総会決議に見出されなければならないと述べるに留まり、それ以上の詳細は語っていない。同様に、シュヘルメルスとブロッカー(Henry G. Schermers and Niels M. Blokker)も、国際機構を「自己自身の意思を有する少なくとも一つの機関を創設する国際的な合意に基づき、国際法の下で確立される協力の形態」と定義した上で、「国際的な合意」という要素との関連で、「会議に参集した政府代表が、条約を用いることなく、また、後に批准を行うという通常の但書きを付することなく、国際機構の設立を決定することができる」と述べる[15]。しかし、ここでもそれ以上の詳細は述べられていない。

条約に基礎を置かない国際機構の可能性について指摘するこれらの主張を、一方の方向から敷衍して述べているのがヴィラリー(Michel Virally)である。彼は、現存するすべての国際機構は(諸国の)意思を基礎に設立されているとした上で、「法的な観点からは、この特徴は、すべての国際機構が条約に基づいて設立されているという事実によって示される。例外的なケースでは、機構を創設するのに国際会議の採択する諸決議で充分であった。法的には、これは簡略形式の協定であって条約の効力を有するもの（un accord en forme simplifiée, qui a la valeur d'un traité）ということができる。したがって、これは真の例外ではない」と述べる。[16] このようにヴィラリーは、決議を簡略形式の条約と見なすことによって、決議による国際機構設立のメカニズムを説明するのである。

　これは具体的には、石油輸出国機構（OPEC）を念頭に置いた説明であるが、たしかにOPECの設立の基礎となった決議は、後述のように条約と考えることが可能である。しかし、それを一般化して、国際機構を設立する国際会議の決議その他の文書をすべて簡略形式の条約と見なすとすれば、それは、国際機構は条約によってのみ設立されるという結論がまずあり、それに事実を適合させるために法的フィクションを構築しただけである、との批判を免れ得ないであろう。とりわけ当該決議ないし文書が自ら法的性格を明確に否定しているような場合には（例えば後述のCSCE／OSCE参照）、そのような法的フィクションによる解決は不可能となろう。

　ブラウンリーなどの主張を別の方向から敷衍したのがセイヤーステッド（Finn Seyersted）である。彼は、他の大部分の学説の定める国際機構の定義において数少ない共通する基準が、国際条約によって設立されるという点にあることを認めながらも、国際機構が国際（法）人格（国際法主体性）[17] を有するためには、自己の名において行動する独立の機関（independent organ）が存在すればよいのであって、それが条約によって設立されることは必須要件ではない、と主張する。そして、そのような客観的な存在があれば、一般国際法に基づき、その事実によって、基本的に国家と同様の国際法上の一般的な主体となるのであり、そのようなものとして、条約の締結を含む実践可能なあらゆる種類の国際的行為能力（設立文書によって排除されない限り）を有する、と述べる。[18]

　国際機構の行為能力を基本的に国家と同様なものと見るセイヤーステッドの主張の修正を試みたのが、ラマ・モンタルド(Manuel Rama-Montaldo)である。彼は、①国際機構の有する国際(法)人格の基礎と、②その具体的な権能の基礎とを区別した上で、まず①については、国際機構が国際(法)人格をもつためには、決議など関係国に国際機構を創設する意思があればよいのであって、国際条約によることは必須ではないとする。他方、②の国際機構の有する具体的権能については、(i)その客観的な存在に由来する国際(法)人格から生ずる部分と、(ii)基本文書や黙示的権能から生ずる部分とがあるとした上で、(i)は「国際社会で活動する能力」であって、条約締結能力や国際請求を提起する権能が含まれるが、(ii)その具体的な対象や内容については、機構の目的や任務による制限があり、基本文書や黙示的権能による規律を受けることになる、と述べる。[19] このようにラマ・モンタルドは、一般論としての条約締結能力の存否の問題と、その具体的な対象・内容の問題とを区別するのである。

以上のように、国際機構の創設における設立「条約」の必要性に関しては、学説上、多様な主張が存在する。もちろん国際機構としてすべての論者が同一の実体を念頭に置いている訳ではないし、理論と実行のいずれを重視しているかにおいても若干の相違が見られるので、この対立はある意味では必然であるのかも知れない。しかし、ここで注目しなければならないのは、国際機構の設立における条約の必要性を肯定する学説も否定する学説も、いずれも条約締結能力を含む一定の法的行為を行うことができる国際機構を念頭に置いて立論しているという点である。つまり、法的行為を行うことのできる国際機構に限って見た場合でも、学説のレベルでは、条約によって設立されなければならないと考える論者と、その必要は必ずしもないと考える論者が存在するということである。

そしてこのような見解の対立は、国際機構の国際法人格の基礎をめぐる学説の対立、すなわち、国際機構の国際法人格は機構を創設した加盟国の意思に由来すると見るのか(主観説)、それともその客観的な存在に由来し、一般国際法から導かれると見るのか(客観説)、という点をめぐる学説の対立に(部分的に)対応していると見ることができる。[20]

同様の対立は、条約法に関する法典化作業においても見られた。「条約法に関するウィーン条約」(以下、条約法条約)の起草過程において、同条約を起草した国連国際法委員会(ＩＬＣ)の四人の特別報告者は、いずれも条約法条約の適用範囲に国際機構締結条約を含めることを意図していた。しかし最終的には、その試みは放棄されている。[21] これは、直接的には国際機構締結条約を条約法条約の対象から外すことが決定されたためであるが、[22] その背景には国際機構の条約締結能力の根拠をめぐる意見の対立があったといわれる。[23] 同じような対立は、「国と国際機構との間または国際機構相互の間の条約についての法に関するウィーン条約」(以下、国際機構条約法条約)にも反映している。同条約第六条は、「国際機構が条約を締結する能力は、当該国際機構の規則によるものとする」と定めるが、この規定では、国際機構の条約締結能力の根拠がどこにあるのかが明らかでない。これは、同条約を起草したＩＬＣにおける審議で、国際機構の条約締結能力の基礎を一般国際法に求める主張とそれに反対の(基本文書に求める)主張が対立したため、ＩＬＣ最終草案の第六条はその両者と両立するように起草された(外交会議においてもほぼそのまま採択された)ためであるといわれる。[24]

以上のような学説および条約法関連条約の起草過程における対立を踏まえて、次に、諸国がこの点に関していかなる法的信念を有しているのかを検証すべく、現実の国際機構における実行を、条約に基づくことなく創設された国際機構を素材に検討することにしたい。

二　対象の限定

創設の基礎となる文書が条約ではない（といわれる、思われる）にも拘らずしばしば国際機構として認識されてきたもの[25]としては、欧州安全保障協力機構（OSCE）、東南アジア諸国連合（ASEAN）、石油輸出国機構（OPEC）、世界観光機関（WTO）、国連工業開発機関（UNIDO）、国連貿易開発会議（UNCTAD）などがある。[26] しかし、これらの機構がすべて本稿において検討の対象とすべき国際機構であるのかについては、疑問がなくはない。それゆえ、本格的な検討に先立って対象を限定すべく、若干の予備的な考察を行っておきたい。

1　石油輸出国機構（OPEC）と世界観光機関（WTO）

右の諸機構のうち、一九六〇年九月一四日に第一回石油輸出国会議（バグダッド）で採択された諸決議[27]に従って設立されたOPECは、「諸決議」に従って創設された国際機構であることを、後に作成されたOPEC憲章において明記している。[28] しかし、右の諸決議は、その後関係諸国によって「OPECの創設に関する協定」として国連事務局に寄託されており[29]、その意味では「条約」ないし「国際協定」（国連憲章第一〇二条）と見ることができるように思える。もちろん、国連事務局への登録という事実は、それのみでは当該文書が国際法上の条約であることの決定的な証拠とはならない（後述参照）。しかし、同協定（諸決議）が四カ国の共同で登録されたという事実[30]、同協定の発効は採択日とは別の一九六〇年一〇月一日とすることが合意され、原加盟国（第一回会議参加国）は、同年九月三〇日より前に諸決議を自国の適当な当局に付託して承認を求め、承認が得られれば可及的速やかにその旨を第一回会議の議長に通報するものとされる(決議I3)など厳格な手続が採用されたという事実[31]、さらにOPEC事務局発行の出版物においても、当該諸決議が「OPECを創設した条約(treaty)」として言及されている事実[32]などを総合的に判断するならば、OPECを創設した諸決議は、条約であるか、限りなく条約に近い文書として扱われているといわざるを得ず、少なくともここでOPECを検討対象に含めるのは適当でないということになろう。

WTOの前身は、スイス国内法上の団体である公的旅行機関国際同盟(IUOTO)であったが、国際観光の急速な発展に応えて、強力な政府間国際機構へと改組すべきとの声が強まった。これを受けてIUOTOは、一九七〇年九月に特別総会を開き、世界観光機関(WTO)憲章(改正IUOTO憲章)を採択した。WTOはこの憲章によって設立された国際機構である。WTO憲章は、自国の公的旅行機関がIUOTOのメンバーである五一カ国が、「憲章を承認し加盟国としての義務を受諾する宣言」をスイス政府に寄託した後一二〇日で発効するものとされた(一九七五年一月二日発効)。これは、WTO憲章を条約として扱うべきと考える国と、国内憲法上の理由などから条約として扱うことに消極的な国との間の妥協の産物として、IUOTO法律委員会によって提案された方式(単に受諾を宣言するという方式と、批准を条件として受諾を宣言するという方式が選択的に提示された)である。このようにWTO憲章は、「法的観点からは明らかに異常としか考えられない状況」で採択されたのであり、その結果、その発効手続との関係で、形式的には一連の一方的宣言の形をとりつつも、実質的には多数国間条約として権利義務を創設することになったといわれるのである。[33] したがって、WTOもここでの検討対象としては相応しくないということになろう。

2　国連総会の自立的補助機関

UNIDO(ただし後述参照)とUNCTADは、他の多くの類似の機関と共に、国連総会の「自立的補助機関」[34]と総称される。これらの機関は、形式上は国連憲章第二二条に基づき、総会の補助機関として設置されたものであるが、自らの名において「協定(agreement)」を締結するなど一定の自立性を有しており、その結果、独立した国際(法)人格を有していると見られることもある。[35] しかし、機関自身の法的地位やその締結した「協定」の当事者など、必ずしも明確でないところがある。[36]

かつてＩＬＣにおいて国際機構締結条約に関する特別報告者であったルテール(Paul Reuter)[37]は、国際機構の「分権化」の結果として国際機構の補助機関が国際協定を締結するようになったことを指摘しつつ、「それらの協定は補助機関を拘束するのか、補助機関が所属する[国際]機構を拘束するのか、その双方を拘束するのか」との疑問を発している。ルテールは、主要な国際機構に対してこの点に関する質問状を送付し、その回答を受けて次のような二つの結論を導いている。第一に、「補助機関の法的地位に関しては、確固とした概念が存在せず、実行はなお発展しつつあるように思われる」。また、この問題に関して、すべての国際機構に共通の一連の規則が存在すべきことを示唆するものは何もない。第二に、「補助機関の締結した協定の当事者の同定に関しては、実行上、不明確な点がある」としつつ、「このような状況を一般規則によって是正しようと試みることは可能かつ必要なのであろうか」と問うている。[38]

以上のような結論は、その後の国際機構条約法条約の法典化の過程でもほとんど変わることなく維持され、ＩＬＣ全体としても、補助機関の締結した条約が当該国際機構全体を拘束するか否かという問題に関し、「この分野は、国際機構の用いる概念、用語および実行が確定していない分野である」(最終草案コメンタリー)として、法典化は時期尚早であって対象から除外するのが望ましいと結論づけている。[39] このような国際機構の補助機関に係わる不明確さは、実行上のみならず、学説上も共有されているところである。[40] したがって、これらの機関もここでの検討対象としては適当でないということになろう。

なお、ある任務の遂行のために国連総会の(自立的)補助機関を設置するか、それとも条約を締結して新たな国際機構を創設するかは、場合によっては便宜や偶然によって決定されるということもありうるのであって、その点では両者の相違は相対的なものともいえる。[41] しかし、たとえ自立的であるとはいえ国連総会の補助機関に過ぎない機関と、条約に基礎を置く独立の国際機構とは、明確に区別しなければならない。この区別の重要性の一端を明らかにしているのが、UNIDOの辿った過程である。[42]

UNIDOは、一九六六年の国連総会決議二一五二(XXI)によって、工業開発の促進を目的として設立された総会の補助機関である。同決議は、UNIDOを「総会の補助機関(organ)」としつつも、「国連内の自立的機構(autonomous organization)」として位置づけ、その主要機関として工業開発理事会(IDB)を設置すると共に、固有の事務局を置き、事務局長の下、専任の職員が職務に従事し、独自の事業予算を有するものとしていた。また、その加盟国は国連加盟国とは必ずしも一致していなかったといわれる。[43] このようにUNIDOは、国連総会の補助機関でありながらも、相当の自立性を付与されていたが、より大きな自立性を求める途上国の主張に応じて、一九七九年にはUNIDO憲章が署名され、それが一九八五年に発効することによって、一九八六年には独立の国際機構として国連の専門機関となったのである。[44]

3　国際機構の準備委員会

国際機構の準備委員会が、学説上、独立の国際機構として言及されることはほとんどないが、本稿執筆の直接の契機となったのがCTBTOの準備委員会であったことから、他の国際機構の準備委員会についても検討しておく必要があろう。

ＣＴＢＴＯの例からすれば、国際機構の準備委員会は一般に条約に基礎を置くことなく設立されているかのような印象を与えるが、現実は必ずしもそうではない。例えば国連の準備委員会は、署名発効の開放条約を基礎として設立されているし、[45]一九七〇年代に行われた国連の研究によれば、研究対象となった準備委員会等は、一つの例外を除いてすべて条約に基づいて設立されている[46]（それらの条約はすべて国連事務局に登録されてもいる）。[47]例外的に会議の決議によって設立されたのは政府間海事協議機関（ＩＭＣＯ）の準備委員会であるが、その任務はほとんど事務的組織的なものに留まっており、[48]本稿で取り上げるような法的問題が生じたようには思われない。したがって、（国連の研究は必ずしも網羅的ではないが）この時期までの主要な国際機構準備委員会も、ここでの検討対象としては適当でないということになろう。

その後に設立された国際機構準備委員会としては、一九八二年の国際海底機構および国際海洋法裁判所の準備委員会（以下、海底機構・海洋法裁判所準備委）、一九九三年の化学兵器禁止機関（ＯＰＣＷ）準備委員会（この準備委員会はＣＴＢＴＯ準備委設立の際に参考にされた）、そして一九九八年の国際刑事裁判所（ＩＣＣ）準備委員会がある。

海底機構・海洋法裁判所準備委は、第三次国連海洋法会議の最終議定書に附属の決議Ⅰ[49]に基づいて設立された委員会で、国連海洋法条約発効後における機構および裁判所の任務開始の準備を行うほか、深海底資源への予備的投資（先行投資）に関する決議Ⅱに基づく活動を行うこととされた（前文、第五項、第一〇項）。これらの活動には、即時の法的効果（条約発効後も持続）を伴う権利義務の付与（先行投資者の登録など）や、条約発効後暫定的に海底機構を拘束する文書（機構の規則案・手続案）の作成が含まれていた[50]（第五項(g)(h)、国連海洋法条約第三〇八条四項、五項）。[51]このような点を反映して、委員会は「その任務の遂行および目的の達成に必要な法律上の能力を有する」（決議Ⅰ第六項）ものとされ、また、「任務の遂行に必要な補助機関を設置することができ」（同第七項）、その費用は国連の通常予算によって賄われるものとされていた(同第一四項)。このように海底機構・海洋法裁判所準備委は、その活動に必要な法律上の能力を与えられ、一定の組織と予算を有する委員会であり、しかも決議に基づいて設立されたものであることから、[52]CTBTO準備委と同様な存在であると見ることもできる。

しかし、同準備委の法的な効果を伴う活動の内容は、その実質的重要性は疑いないものの、先行投資の登録や海底機構の規則案・手続案の作成など、事務的組織的性格のものが中心であって、加盟各国との間の条約締結など通常の準備委の任務を越えた国際法上の権能の行使を伴う訳ではなかった。また、その活動形態についても、CTBTO準備委のように、固有の事務局を設置し、専任の職員を雇用して活動したという訳ではなく、ニューヨークは勿論のこと、キングストン(ジャマイカ)での会議においても、決議I第一五項とそれを受けた国連総会決議三七／六六に基づいて国連職員が事務上の役務を提供する形をとったのであり、準備委の特権免除協定や準備委と国連との間の協力協定の締結といった問題も発生しなかったようである。[53]以上の諸点に鑑みれば、海底機構・海洋法裁判所準備委は、CTBTO準備委と比較できるような検討対象とはいい難いように思える。

ICCの準備委は、ICCを採択したローマ会議の最終議定書に附属の決議F[54]によって設立されたものであるが、同決議に列挙された準備委の任務は、手続証拠規則および犯罪構成要件の作成のほか、裁判所と国連の関係、裁判所とホスト国との間の本部協定の基本原則、財政規則、裁判所の特権免除協定、初年度の予算、締約国会議の手続規則の作成であり、いずれも事務的組織的性格の作業に留まっていた(しかも、海底機構・海洋法裁判所準備委とは異なり、いずれも条約発効後の締約国会議への勧告・提案に留まる)。[55]また、会合場所は国連本部と指定され、必要な事務上の役務も国連事務総長が提供することとされ(決議F第一〇項)、それらが国連総会決議で確認されたので(決議五三／一〇五第四項、五項)、準備委関連の特権免除の問題も国連との協力協定の問題も特に生じなかったようである。[56]したがって

ＩＣＣ準備委もここでの検討の対象としては相応しくないということになろう。

以上のように見てくるならば、一般に条約に基礎を置かない国際機構として論じられ(う)るものとして本節の冒頭に掲げた機構(もちろん網羅的なリストではないが)と国際機構の準備委員会の中でも、特に詳細な考察の対象とすべきは、右の検討の結果除外されなかったもの、すなわちＯＳＣＥ、ＡＳＥＡＮ、ＣＴＢＴＯ準備委、ＯＰＣＷ準備委ということになろう(なお、独立国家共同体(ＣＩＳ)を含めない理由につき、本稿注134参照)。以下では、これら四つの機構について、①設立文書の法的性格、②機構の条約締結能力、③(②との関連で)機構の特権免除、の三つの観点から検討を加えることにしたい。

三　包括的核実験禁止条約機関(ＣＴＢＴＯ)準備委員会

1　設立文書の法的性格

ＣＴＢＴＯ準備委は、一九九六年一一月一九日にＣＴＢＴ署名国会議において採択された「包括的核実験禁止条約機関の準備委員会を設立する決議」(以下、(ＣＴＢＴＯ)準備委設立決議)に附属する文書である準備委設立文書[57]に基づいて設立された。準備委設立決議は、決議に附属する準備委設立文書を「採択」し、国連事務総長に対して準備委の作業開始に必要な役務を提供するよう要請したものである。

準備委設立文書が決議によって採択されたこと自体に問題はない。実際、決議という方式自体は、条約を採択し、その署名・批准を勧奨する国連総会決議に類似している。例えば、CTBTを採択した決議五〇／二四五は、CTBTを「採択」すると共に、すべての国に可及的速やかに署名・批准するよう求めている。しかし、CTBTの場合とは異なり、CTBTO準備委設立文書には、「文書（Text）」という名称が用いられているだけでなく、署名条項・批准条項・発効条項などの最終条項や前文・末文など、およそ単一の文書による条約であれば備わっているであろう条項が全く見当たらない。文書への署名も行われておらず、単に決議の附属文書として採択されただけである。したがって、少なくとも形式の上からは、これを国際法上の条約と見るのは困難だという見方に傾くことになろう。

もっとも、ある文書が国際法上の条約であるか否かは、名称や形式によって決定される訳ではない。一九六九年の条約法条約や一九八六年の国際機構条約法条約でも、「条約」とは、「文書の形式により締結され、国際法によって規律される国際的な合意」であり、「名称のいかんを問わない」とされている（いずれも第二条一項(a)）。この定義に従うならば、準備委設立文書が文書の形式による国際的な合意であることは明らかであるから、問題はそれが「国際法によって規律される」ものであるか否かである、ということになろう。この点については、とりわけ関係国の意図が決定的に重要であるが[58]、合意に法的拘束力がないことが明記されるのは稀であることから、文書の文言や文書作成の際の事情を考慮しつつ判断がなされることになる[59]。

CTBTO準備委設立文書については、関係国はいかなる意図を有していたのであろうか。文言の観点からは、この点についての回答は些か困難である。イギリス外務省の法律顧問であるオースト（Anthony Aust）は、文言の観点から、条約とそれ以外の合意のそれぞれにおいて多用される用語法を例示しているが、準備委設立文書ではそのいずれの用語も使用されていない場合が殆どだからである[60]。また、文書作成の際の事情についても、そもそも準備委設立文書の起草過程に関する資料が整っている訳ではないし、その点に関する他の資料が存在する訳でもない。しかし、条約の解釈手法の一つでもある事後の実行に照らして、関係国の意図を推し量ることはできるように思える。[61]

例えば日本は、準備委設立文書を、政治的な文書であって、法的な文書ではないと認識しているようである。この点は、日本が同文書を国会の承認にかけていないという事実から導かれる。日本政府による条約の扱いに関する慣行によれば、①法律事項を含む、②財政事項を含む、③政治的に重要である、という三つの基準のいずれかに該当する条約は、憲法第七三条三号に基づき、その締結につき国会承認を経るべきものとされる（大平三原則）。[62] ＣＴＢＴＯ準備委設立文書は、国連の分担率に準拠しつつ、毎年ＣＴＢＴ署名国に財政的負担を行うよう義務づけていることから（第五項ⓐ）、仮に準備委設立文書が条約だということであれば、財政事項を伴う条約として国会の承認を得てしかるべきであったということになる。[63] したがって、同文書が国会承認の対象とはならなかったという事実からは、逆に、日本が準備委設立文書を法的拘束力ある条約とは考えなかったということになるのである。

他方、準備委設立文書を条約と見なしていると考えられる国もある。例えばイギリスがそうであり、同国外務省のオースト法律顧問は、その著書の中で、条約には様々な名称がありうる点を指摘しつつ、ＣＴＢＴＯ準備委設立文書を「文書」と呼ばれる条約として例示している。そして同文書は、英国条約集（ＵＫＴＳ）に登載されてもいるのである。[64]

他の関係国はどのように考えているのであろうか。ＣＴＢＴＯ準備委のホフマン（Wolfgang Hoffmann）事務局長によれば、多くの国は準備委設立文書を条約とは見なしていないようである。[65] このことは、ＣＴＢＴＯ準備委設立文書が前例として倣ったＯＰＣＷ準備委の設立文書がそうであった（後述）ことからも、合理的に推測できる。

ＣＴＢＴＯ準備委の暫定技術事務局（ＰＴＳ）の考えも同様のようである。ＰＴＳの作成した「包括的核実験禁止条約機関準備委員会の法的能力」と題する文書には、次のような記述がある。すなわち、準備委は準備委設立決議に附属の「ＣＴＢＴＯ準備委員会設立文書」によって設立された、とした上で、「大部分の国際機構は条約によって設立されるが、国際機構が国際法上の法的能力を有するためにはそのような形で設立されなければならないという訳ではない」と述べている。[66] これは、ＣＴＢＴＯの準備委が条約によって設立されたものではないということを前提とした記述であると捉えることができよう。

以上のように、準備委設立文書の法的性格については、多くの関係国と事務局が条約ではないと考えているようであるし、条約ではない文書に共通する多くの特徴(名称や形式)を伴っている。このような事実からすれば、準備委設立文書は条約ではないという前提で行論を進めても、必ずしも不合理ではないということになろう。[67]

ところが、ＣＴＢＴＯ準備委は、自らが当事者となる条約の締結をはじめとして、条約を基礎とした通常の国際機構と異ならない相当に実質的な活動を展開しているという事実がある。そこで次に、それらの活動の基礎となるべき準備委設立文書の関連規定を事後の実行と共に検討することによって、条約に基礎を置かない国際機構の活動とその根拠について考えてみることにしたい。

2　活動とその根拠

(1)　条約締結能力

条約の締結について、ＣＴＢＴＯ準備委設立文書第七項は次のように規定する。

「［準備］委員会は、国際機構としての地位、協定(agreements)を交渉し締結する権限、ならびに、その任務の遂行およびその目的の達成のために必要なその他の法的能力(other legal capacity)を享有する」。

この規定に関してまず注意すべきは、右に引用した準備委の「agreements」締結権限が法的なものであるか（「agreements」が法的合意を意味するか）であるが、それが法的な権限であることは、引き続く「その他の法的能力」という文言から確認することができる。ただし、第一に、準備委設立文書という非法的文書において「法的能力」に言及することの意味、そして第二に、「法的能力」が国際法上の能力であるのか国内法上の能力であるのかという点については、検討の余地があろう。第一の問題は後に検討することとして(3)参照）、ここではまず第二の問題について考えることにしよう。

右に引用した規定は、国連憲章第一〇四条やＣＴＢＴ第二条五四項など、国際機構関連諸条約が機構の国内法上の能力に関して定める規定と極似している。[68] しかし、準備委設立文書の右文言が国際法上の権能に言及するものであることは、次の諸点から推論することができる。第一に、国連憲章第一〇四条／ＣＴＢＴ第二条五四項では、国連／ＣＴＢＴＯは、法律上の能力（legal capacity）を「各加盟国の領域において／締約国の領域内又はその管轄若しくは管理の下にあるその他の場所において」享有する、と規定されているが、準備委設立文書には右に相当する文言は存在しない。第二に、ＣＴＢＴＯ準備委の国内法上の能力については、（ホスト国に限定されてはいるものの）準備委設立文書第二二項において、「委員会はホスト国によって…法律上の地位（legal status）…を与えられる」と規定されている。したがって、準備委設立文書第七項にいう「法的能力」とは、国際法上の能力であると考えるのが合理的であろう。この推論が正しいことは、準備委の現実の活動からも確認できるのであって、準備委は、加盟国や他の国際機構との間に少なからず国際法上の合意（条約）を締結しているのである。

他の国際機構との間の条約[69]としては、例えば、二〇〇〇年五月二六日に署名された「国際連合と包括的核実験禁止条約機関準備委員会との間の関係を規律する協定」（以下、国連との協力協定）がある（同年六月一五日発効）。[70] この協定は、他の国際機構が国連との間に締結している協力協定と類似した規定を多数含んでいるのみならず、形式の上からも国際法上の条約であると考えることができる。標準的な発効条項(第一七条)があるほか、「国際連合または[準備]委員会は、この協定を国際連合に登録することができる」(第一四条)[71]と規定しているからである。

国連への登録そのものは、登録された文書が条約であることの決定的な証拠とはならない。国連条約集にも、条約でない文書が登録によって条約となるということはない旨が明記されている。[72]しかし、国連事務局は、国際機構の締結した文書を含む一定の場合については、その登録の可否について厳格な慣行に従ってきているとされ[73]、また国連が、自らが一方当事者である文書を職権により(ex officio)登録する場合には、それが条約であるか否かについて慎重な検討を行い、条約ではないと判断すれば登録しないといわれることから[74]、右規定の存在は、協力協定が条約であることを、その形式および内容に加えて、さらに強く支持することになろう。

準備委が国家との間に締結した条約としては、一九九七年三月一八日に署名され同年一一月一日に発効した「包括的核実験禁止条約機関準備委員会の所在地に関する同委員会とオーストリア共和国との間のホスト国協定(Host Country Agreement)」[75]がある。このホスト国協定は、国際機構の本部協定に相当するものであるが、同協定は、準備委員会を「国際機構の地位」を有するものとした上で、準備委の法人格、準備委構内の不可侵、準備委・その職員・CTBT署名国代表の特権免除などを規定し、標準的な発効条項(オーストリア政府が発効のための憲法上の条件を満たした旨を準備委に通報した翌月の一日に発効)を置く。これを国際法上の条約と見なすことに問題はなかろう。

しかし、CTBTO準備委により特徴的なのは、同委員会が加盟各国との間に多数の協定を締結しているという事実である。[76]これは、準備委が国際監視制度(地震監視を中心とした核実験の監視網)の整備を行うことをその主要な任務の一つとしていることと関係しており(準備委設立文書第一三項)、国際監視制度を構成する各国の監視観測所の設置やその保守・管理のために、加盟国に持ち込まれる機器の関税免除や、加盟国を訪れる準備委暫定技術事務局（ＰＴＳ）職員の特権免除など、準備委と加盟国との間に法的な取極の締結を必要とする事項が少なくないという事情に由来する。この目的のために準備委と加盟国との間に締結されるのが施設協定ないし施設取極（facility agreements or arrangements）であり、準備委は二〇〇二年末までに二三の施設協定・施設取極（以下、両者をまとめて「施設協定」ということがある）を締結している。[77] しかし二三という数は、これまでに施設協定を含め準備委と何らかの形で取決めを行っている国の総数である七六カ国からすると、その占める割合は決して高くない。

施設協定を締結することなく準備委との間で必要な取決めを行っている多くの国は、交換書簡（Exchange of Letters）の形で取決めを行っている。[78] もちろん、交換書簡には法的拘束力がないという訳ではない。むしろ交換書簡は、簡略形式の条約の最も一般的な形式とされてきた。実際、準備委事務局長報告は、施設協定のみならず、交換書簡をも含めて「法的な取極（legal arrangements）」と呼んでいる。[79] しかし、交換書簡が簡略形式の条約の代表的な例であるからといって、交換書簡がすべて国際法上の条約としての効力をもつという訳ではない。[80]

例えば、日本は準備委との間に交換書簡を交わしているが、準備委設立文書を条約とは考えておらず、したがって準備委が条約締結能力を有する国際法主体であるとも見ていないことから、当該交換書簡も法的な文書としては扱っていないようである。[81] [82] 施設協定を締結していない他の諸国が、すべて日本と同様の理由で協定を締結していないとは限らないが、準備委の条約締結能力やその国際機構としての地位を問題として、施設協定の締結を回避している国が他に存在するのも事実である。

これに対して準備委は、自己が国際法上の条約締結能力を有する実体であることを客観的な形で誇示する動きを示しつつある。準備委による国際機構条約法条約（未発効）への加入（二〇〇二年六月一一日）がそれである。[83] 国連は自らが一九九八年に同条約の正式確認行為書を寄託すると共に、他の国際機構にも同条約に加入するよう奨励していたが(総会決議五三／一〇〇)[84]、ＣＴＢＴＯ準備委がこれに応えた形である。国際機構条約法条約第八四条によれば、同条約は、「条約を締結する能力を有する国際機構による加入のために開放」され、国際機構による加入書には、「当該国際機構が条約を締結する能力を有するとの宣言を含む」ことが求められている。こうしてＣＴＢＴＯ準備委は、国際機構条約法条約への加入を通して自己の条約締結能力をデモンストレートしたということができよう[85]。

準備委が条約締結能力を有することを客観的に示すという観点からは、準備委がＣＴＢＴ非署名国(つまり準備委の非加盟国)との間でも施設協定を締結しているという事実にも注目すべきであろう。たとえば準備委は、内容的にも準備委加盟国との協定と殆ど異ならない施設協定を(ＣＴＢＴ署名前の)パラオとの間に締結している[86]。もっとも、これは核実験の効果的な探知のためには国際監視制度を世界の各国に整備していく必要があり、そのような必要性はＣＴＢＴの署名国であると否とを問わず存在するということであって、必ずしも準備委の条約締結能力の誇示のためという訳ではなかろう。

(2)　特権免除

準備委に関連する特権免除について、準備委設立文書は、その第二二項において、「国際機構としての[準備]委員会、その職員および[ＣＴＢＴ]署名国の代表は、委員会に関連する任務を独立して遂行し、委員会の趣旨および目的を達成するために必要な法律上の地位、特権および免除をホスト国によって付与される(shall be accorded)」と規定する。

法律上の地位および特権免除に関するこの規定に法的な含意があることは明らかである。しかし、それらを「付与する」という義務が「法的な義務」であるかというと、必ずしもそうであるとは限らない。それは、条約を締結すると の約束が必ず法的な約束であるとは限らないのと同様である。他方、右の規定を、先に見た条約締結権限に関する準備委設立文書の規定と併せて読むと、準備委設立文書は、準備委に対して、ホスト国との間にホスト国協定を締結する「法的な権限」は与えていたと考えることができる。この点は、後に締結されるホスト国協定の草案が、準備委設立文書の採択前の段階において既に、関係国の代表とオーストリアとの間で合意されていたという事実からも確認することができる。[87]

準備委設立文書がホスト国との関係でのみ、準備委の法律上の地位および特権免除について規定しているということは、ホスト国以外の準備委加盟国との間にはそのような取極が必要でないということを意味する訳ではない。既に述べたように、CTBTO準備委の主要な任務の中には国際監視制度の整備が含まれており、その整備のためにはホスト国以外の国において監視観測所の設置を含む様々な活動を行う必要があるからである。準備委には、ホスト国以外の多数の国との間にも、その法律上の地位および特権免除に関する取極を結ぶ必要があるのであって、そのために準備委と諸国との間に締結されるのが、前述の施設協定である。それぞれの協定によって若干の相違はあるものの、施設協定は、準備委の活動内容を特定し、基本的に国連特権免除条約を準用することなどを規定するのが通例である。

他方、既に述べたように、条約締結能力をめぐる問題などを理由に、準備委と施設協定を締結していない国も少なく、そのような国は、施設協定に代わるものとして交換書簡の形で問題を処理しようとしている。交換書簡の法的性格については、個別の判断を必要とするが、日本のように交換書簡に法的効力を認めていないと思われる国の場合には、その内容は必然的に、現行の国内法の範囲内で法律上の地位・特権免除を付与することを宣言するに留まるということになろう。

では、日本のように特権免除に関する協定を締結しない場合には、ＣＴＢＴＯ準備委のような国際機構にいかなる法律上の地位および特権免除が与えられるのか。まず、準備委は日本において契約締結等の法律行為を行う能力を有するのかという点については、民法第三六条が、外国公益法人等は「法律又ハ条約ニ依リテ認許セラレタルモノ」に限って認許されると規定する。[88] 本条は、外国法人について規定したものであるが、国際法人についても準用されると考えられており、[89] したがって設立条約や特権免除条約が加盟国の国内法上の能力について規定する国際機構の場合（例えば国連特権免除条約）は、本条により日本法人と同様の権利能力が付与されるということになる。逆に、条約に基づいて設立されたのではない（と日本政府が考える）ＣＴＢＴＯ準備委には、日本法人と同様の権利能力は与えられないことになるが、いわゆる「権利能力なき社団または財団」に準じた扱いによって、その範囲内で契約締結等の法律行為を行うことは認められるであろう。[90]

他方、特権免除に関していえば、民事訴訟法上、「法人でない社団又は財団」にも、代表者や管理者の定めのあるものについては訴訟当事者能力が認められている（第二九条）。これは、現実社会では法人格のない種々の社団・財団が活動しているという現実に対応したものであるが、この規定は、日本法上の法人でない外国法人（団体）や国際法人（団体）にも準用されると考えられている。[91] したがって例えば、準備委が不法行為を行った場合には、不法行為訴訟の被告となりうるということになる（もちろん原告にもなりうる）。また、関税の免除についても、関税定率法に照らせば、準備委に対して関税を免除することは必ずしも容易ではない。[92] こうして、裁判権免除や関税免除などを含む包括的な特権免除の付与は、現行法のみをもってしては不可能であるという当然の結論に至るのである。

(3) 非法的文書中の法的規定

右に見たように、少なくとも準備委設立文書の条約締結能力に関する規定は、法的な効力を持つと考えざるを得ない。では、そのことと、準備委設立文書は国際法上の条約とは考え難いという事実とは、いかにして調和的に理解することができるのであろうか。

一般的にいって、諸国は、その作成した文書にいかなる性格を与えるかを自由に決定することができるのであり、当該文書の性格は、基本的に関係国の意思によって決定される。同じことは、文書中の個々の規定についても当てはまるであろう。だからこそ、未発効の条約であっても、署名条項、批准条項、発効条項など必然的に発効前に生ずる問題を扱う規定は、条約の発効前にも法的効果を伴って適用されるのである(条約法条約第二四条四項)。そして、発効前に適用される規定が右に列挙したような条約の手続的規定に限定される訳ではないことも、条約法条約の起草過程から導かれうる。[93] このように未発効の条約であってもその一部の規定が法的な効力を有しうるとすれば、同様に、政治的な文書に含まれる一部の規定が法的な効力を有するということもありうるということになろう。

実際、文書全体としては政治的文書でありながら、その一部の規定が法的な効力を有するよう意図されるということはあり得ないことではない。例えば、一九七二年の日中共同声明は、政治的には極めて重要な文書であるが、法的な文書ではないとされる。[94] しかしながら、国会における質疑応答において、真田秀夫内閣法制局長官は、同共同声明の一部の規定が法的な効果を伴うことを認めており、しかもより一般的な形で、「法律的な意味の権利義務は発生をしないのが通例」である共同声明の中にも「法律的な効力を伴う条項が絶対に入ってはいけないというものではなく、「法律的効果を伴う条項が含まれておっても構わない」と述べているのである。[95] このように、本来は政治的な性格の文書であっても、関係国の意思によってその中に法的な効果を伴う規定を盛り込むことができるというのであれば、準備委設立文書が条約ではないとしても、だからといって、その中に法的効果を有する規定が含まれ得ないとまではいえないことになろう。[96] その内容から法的な規定でなければ意味をなさないと思われるものについては、なおさらである（もちろん、法的効力が安易に推定されてはならないのも当然である）。

四　化学兵器禁止機関（ＯＰＣＷ）準備委員会

１　設立文書の法的性格

ＯＰＣＷの準備委員会は、一九九三年一月一三日に化学兵器禁止条約（ＣＷＣ）の署名式において採択された決議（パリ決議）に附属する「準備委員会の設立に関する文書」[97]（以下、（ＯＰＣＷ）準備委設立文書）に基づいて設立されたものである。

この設立文書の法的性格について、準備委暫定技術事務局（ＰＴＳ）のカルデロン（Félix C. Calderón）法律顧問は次のように述べている。[98] 第一に、決議は本質的に国際協定と同じ法的性格を有してはいないということができるが、パリ決議による約束は、とりわけ財政的な義務を含意する点で拘束的である。政府の行う財政的な約束には議会の承認を要する国もあり、各ＣＷＣ署名国が国内的にこの問題をどのように扱ったかについて比較すれば興味深い研究となろう、と述べる。第二に、条約法条約第一八条に従い、条約（ＣＷＣ）の発効前にその趣旨および目的を失わせてはならない義務を負うことで、署名国の義務はさらに強化されるが、本件において署名国は、発効後の条約の効果的な実施の促進のため、準備段階において全力を尽くす義務を負うことになる、という。

右の説明は、準備委設立文書に定める約束の義務的性格を強調しているが、それは必ずしも準備委設立文書が法的性格を有する文書であると主張している訳ではないように思える。第一の点についていえば、準備委設立文書に財政条項があるのは事実であるが、その事実のみをもって同文書が法的性格を帯びるということにはならない。例えば、後述のＣＳＣＥ／ＯＳＣＥの関連文書も財政的義務について定めるが、[99] それによって当該文書が法的性格を帯びるということにはなっていない。また、財政的義務が法的なものであれば議会の承認を要するとする国があるのも事実であるが(日本はそうである)、準備委加盟国がすべてそのような承認を得ているといっている訳ではない(現に日本は得ていない)。逆にカルデロン自身、この点に関する各署名国の扱いを比較研究すれば興味深いと述べることで、準備委設立文書を法的文書とは考えず、議会に付託しない国が存在する可能性を認めているといえよう。

第二の点も準備委設立文書そのものの法的性格を主張している訳ではない。ＯＰＣＷ準備委設立文書との関係で条約法条約第一八条を援用することは、他の論者においても共通して見られるところであるが、[100] 同条は、未発効条約にかかる署名国・批准国の義務について規定したものであり、本件との関係では、準備委設立文書ではなくＣＷＣとの関係で援用されているのである。また、その具体的な義務内容が準備委設立文書に定めるところと一致することはありうるとしても、その法的義務の淵源は、準備委設立文書ではなく、ＣＷＣとの関連における条約法条約第一八条そのもの(あるいは同じ内容の慣習法)なのである。[101] こうして、条約法条約第一八条を援用する主張は、逆に、準備委設立文書が法的文書ではないことを前提としているとさえいうことができる。準備委設立文書が法的文書であるならば、敢えて条約法条約第一八条を援用する必要はなかったはずだからである。

実際、カルデロンは、ＯＰＣＷとＯＰＣＷ準備委を対照して、「ＯＰＣＷは、条約［ＣＷＣ］に従って、その発効時において法的に(de jure)に設立される国際法人(international legal person)であるのに対して、［準備］委員会の国際法人格は、［準備委設立文書］第七項［後述参照］に明示的に規定されているにも拘らず、一連の法的行為［後述の本部協定の締結などを例示］を通して事実上(de facto)承認されつつある」(傍点引用者)と述べることで[102]、準備委設立文書が条約ではないことを強く示唆しているのである[103]。

ところで、OPCWの基本条約であるCWCは、CTBTOの基本条約であるCTBTと同じ軍縮会議(CD)において、しかもCTBTの直前に起草されたものであることから、OPCWの準備委は、CTBTOの準備委の設立に当たってかなり参考にされたものと思われ、両者には次のような共通点が見られる。第一に、両準備委の設立は、条約署名国の会議(OPCW準備委の場合は署名式、CTBTO準備委の場合は署名国会議)における決議に附属した文書の採択によったこと、第二に、いずれの準備委設立文書も、基本的にそれ自体としては法的性格を有する文書とは考えられていないこと、第三に、いずれの準備委も、暫定技術事務局(PTS)という一定の規模の事務局を設置して国際機構の外観をとると共に、条約発効後迅速にOPCWないしCTBTOが検証活動を開始できるように、事務的組織的準備を超える様々な実質的な活動を行った(行っている)こと、である。

CTBTO準備委の場合には、前述のように、国際監視制度の一部をなす監視観測所を世界の各地に設置することが、準備委の主要な任務の一つであったことから、その活動に当たって多数の国との間に特権免除を含む協定を締結することが必要となった。これに対してOPCW準備委の場合には、そのような観測所の設置は予定されなかったが、条約発効後短期間のうちに必要となる査察のために(条約発効後三〇日以内に全締約国に対して査察員のリストを通報するものとされた)[104]、準備委員会の段階で相当な準備を行うことが求められた。そのような準備には、査察員の訓練や査察装置の購入などかなり実質的な活動が含まれていた[105]。そのため、OPCW準備委の場合にも、他の多くの国際機構準備委員会にはない多額の財政的負担や特権免除の問題が生ずることとなったのである。

2　本部協定

ＯＰＣＷ準備委は、事務局の存在やその活動との関係で必要となる法律上の能力や特権免除について、発足の約一年後に、本部所在地国であるオランダとの間で本部協定を締結している。一九九三年一二月八日に署名され、翌九四年二月二三日に発効した「化学兵器禁止機関準備委員会の本部に関する同委員会とオランダ王国との間の協定」[106]（以下、（ＯＰＣＷ準備委）本部協定）は、ＣＴＢＴＯ準備委のホスト国協定や他の国際機構の本部協定と同様、準備委の法人格と法律上の能力、準備委構内の不可侵、準備委・その職員・加盟国代表の特権免除などについて規定した上で、発効条項（発効のための法的要件を満たした旨の相互の通報で発効）を置いており、国際法上の条約であると考えてよかろう。[107]

ただし、ＯＰＣＷ準備委の場合には、ＣＴＢＴＯ準備委の場合とは異なる点がある。第一に、ＯＰＣＷ準備委の設立文書には、同準備委の条約締結能力に関する明文の規定は置かれていない。実のところ、ＣＴＢＴＯ準備委の設立文書に「国際機構としての地位」や「協定を交渉し締結する権限」に関する明文の規定が置かれたのは、一つには、ＯＰＣＷ準備委が、オランダ政府との間の交渉に困難を経験したためであるといわれる。第二に、ＣＴＢＴＯ準備委の場合とは異なり、ＯＰＣＷ準備委の本部協定は、準備委設立文書の採択以前の段階でその草案が完成していたという訳ではなく、準備委の発足後に起草作業が開始されたに過ぎなかった。[108] この点でも、ＣＴＢＴＯ準備委のホスト国協定が事前に周到に準備されたのは、ＯＰＣＷ準備委によるオランダ政府との交渉が（特権免除の内容も含め）必ずしもスムーズに行かなかった前例を繰り返さないためであったと思われる。

しかし、ＯＰＣＷ準備委設立文書に、ホスト国による法律上の地位と特権免除の付与に関する規定がなかった訳ではなく、ＣＴＢＴＯ準備委設立文書第二二項（法律上の地位と特権免除の付与について規定）と同様の規定が、その第一八項に置かれていた。のみならず、付与されるべき特権免除の若干が準備委設立文書の附属書に規定されてもいた。では、ＯＰＣＷ準備委も、ＣＴＢＴＯ準備委の場合と同様に、設立文書上、本部協定を締結する「法的な権限」を付与されていたと考えることができるであろうか。

　前述のように、ＯＰＣＷ準備委設立文書には、ＣＴＢＴＯ準備委設立文書とは異なり、条約締結権限に関する明文の規定は置かれていなかった。ただし、その第七項が、「[準備]委員会は、その任務の遂行およびその目的の達成のために必要な法的能力（legal capacity）を享有する」と定めていた。この規定は、「国際機構としての地位」および「協定を交渉し締結する権限」への明示的な言及がない点を除けば、ＣＴＢＴＯ準備委設立文書の第七項と全く同一である。この点をどのように解すべきか。

　一方で、ＯＰＣＷ準備委設立文書の第七項にいう「法的能力」[109]には、条約（本部協定）締結能力が含まれていると解釈することができる。本部協定の締結は、「[ＯＰＣＷ準備委]の任務の遂行およびその目的の達成」に必要であるといい得るからである。そしてその点が、後のＣＴＢＴＯ準備委設立文書第七項で明確化されたと考えることができよう。

　他方、右の「法的能力」に条約締結能力が当然に含まれる訳ではない、との主張もあり得ない訳ではない。第一に、ＣＴＢＴＯ準備委設立文書で条約締結権限が明記されたのは、ＯＰＣＷ準備委設立文書ではその点に曖昧さがあり、争いが生じたため、明確化したと見ることもできる。実際、ＣＴＢＴＯ準備委設立文書の起草過程においてさえ、条約締結権限への言及につき異論があったのである。第二に、ＯＰＣＷ準備委本部協定の締結の背景について述べる同協定の前文には、オランダがＣＷＣに署名した事実、準備委設立決議が同委員会の法律上の地位や特権免除に関する規定を含むという事実のほか、「委員会の本部をオランダ王国の領域に設立したことによって協定の締結が必要となったことを考慮して」協定が締結された、と規定されている[110]。これは、単なる事実の陳述ともいえるが、本部協定締結の根拠を準備委本部の客観的存在に求めたのであって、それは準備委設立文書に根拠規定がないことの反映である、ととることもできるであろう。

このようにＯＰＣＷ準備委設立文書の関連規定は、基本的には、準備委の条約締結能力を認めており、その意味ではＣＴＢＴＯ準備委の場合と同様に考えることができるが、[111] それ以外の解釈を完全に排除しているという訳でもないように思える。なお、ＯＰＣＷ準備委が締結した条約は、この本部協定のほかは、資産その他の準備委からＯＰＣＷへの移管に関するＯＰＣＷとの間の議定書にほぼ限られる点にも注目すべきであろう。[112]

五　欧州安全保障協力機構（ＯＳＣＥ）

1　基本文書の法的性格と機構

欧州安全保障協力機構（ＯＳＣＥ）は、その前身である欧州安全保障協力会議（ＣＳＣＥ）が一九九五年に改称したものであり、その設立の基礎は、ＣＳＣＥ発足の基礎である一九七五年八月一日署名の「ヘルシンキ最終議定書」にまで遡る。その後ＣＳＣＥは、一九九〇年一一月二一日にパリ首脳会議において署名された「新しい欧州のためのパリ憲章」によって、新たな段階に入った。[113] パリ憲章では、とりわけ機構面における顕著な整備が行われ、首脳会議、外相理事会、および事務レベル委員会の定期開催、二年ごとの再検討会議の開催が決められたほか、常設の機関として、ＣＳＣＥ事務局（プラハ）、紛争防止センター（ウィーン）、自由選挙事務局（ワルシャワ）の設置が決定された。その後もＣＳＣＥでは組織の変遷があり、現在、ＯＳＣＥの「機関（institutions）」といわれる主要な機関には、ＯＳＣＥ事務局（ウィーン、プラハ)、民主制度人権事務所(ワルシャワ)、自由メディア代表(ウィーン)、少数民族高等弁務官(ハーグ)などが含まれている。[114]

ＣＳＣＥ設立の基本文書であるヘルシンキ最終議定書も、そして一九九〇年のパリ憲章も、法的な拘束力をもつ文書ではない。その点は、それぞれの文書の末文に、「国際連合憲章第一〇二条に基づく登録の対象ではない(not eligible for registration)」として明記されていることからも明らかである。[115] 実際、アメリカのフォード大統領は、ヘルシンキ最終議定書の署名前に、「私の署名するこの文書は条約ではなく、また、いかなる参加国も法的に拘束するものではないことを強調する」と述べているし、[116] イギリスのウィルソン首相も、最終議定書は国際条約ではなく「道徳的な約束(moral commitment)」であると述べている。[117] これは、「国境不可侵」の原則を含むＣＳＣＥ設立の基本文書に法的な性格が付与されるならば、欧州の東西分断が法的に承認され固定化されることになりかねないとの懸念があったからだとされる。[118] いずれにせよ、ＣＳＣＥ／ＯＳＣＥ(以下、両者を含めて「ＯＳＣＥ」と表記することがある)の場合にも、その広範な活動のゆえに、ＣＴＢＴＯ準備委の場合と同様の問題を抱えていることが予想される。

2　本部協定

まず、条約の締結について見るならば、部分的にであれＯＳＣＥプロセスの枠組みを利用して締結された条約としては、一九九〇年の欧州通常戦力(ＣＦＥ)条約(一九九二年発効)、一九九二年のオープン・スカイズ条約(二〇〇二年発効)、一九九二年の調停・仲裁裁判条約(一九九四年発効)がある。[119] ＣＦＥ条約は、ＣＳＣＥウィーン再検討会議(一九八九年)最終文書の附属書に掲げられたマンデートに従って行われた交渉の結果として締結された条約であるが、交渉そのものは北大西洋条約機構(ＮＡＴＯ)加盟国とワルシャワ条約機構加盟国との間で行われ、ＣＳＣＥとの関係は希薄であった。オープン・スカイズ条約は、一九八九年のブッシュ提案を受けて、ＣＦＥ条約交渉およびその後続交渉とパラレルに交渉されたものであり、[120] ＣＳＣＥとの関係は同様に希薄であった。それゆえ、調停・仲裁裁判条約がＣＳＣＥの枠内における最初の法的拘束力ある文書といわれるのである。[121] しかしこの条約も、ＣＳＣＥの枠組みを利用して作成されたものではあるが、ＣＳＣＥの参加国が締結したものであって、ＣＳＣＥ自身が条約の当事者となっている訳ではない。

ＯＳＣＥが締結当事者となった条約はないのか。第一の可能性としては、機構化したＯＳＣＥの機関およびその職員の特権免除にかかる条約が考えられる。しかし、ＯＳＣＥの機関(institutions)が所在する四つの国のいずれも、ＯＳＣＥとの間に本部協定を締結してはおらず、それぞれ国内法に基づいて自国に所在する機関とその職員に一定の地位を与える(与えようとする)に留まっている。例えばオーストリアでは、一九九三年の連邦法五一一／九三が、同国に所在する機関に対して法律上の地位を与え、それらの機関とその職員に対して、在ウィーン国連機関に対するものに相当する特権免除を与えることなどを定めている。[122]

ＯＳＣＥの関連機関の中で唯一、本部協定を締結しているのが、一九九一年創設のＣＳＣＥ議員会議(Parliamentary Assembly)である。[123] 同議員会議は、一九九三年一月一五日に、ホスト国たるデンマーク政府との間に「ＣＳＣＥ議員会議事務局のコペンハーゲンにおける本部に関する協定」を締結している。[124] 同本部協定には、議員会議のデンマーク法上の能力、議員会議事務局本部の不可侵、議員会議への代表や議員会議の事務局長をはじめとする事務局職員の特権免除などが規定されている。形式上も、同本部協定では、ほとんどの規定において「will」ではなく「shall」が使用されており、本文導入部では「次のとおり協定した」というスタンダードな文言が使用され、通常の発効条項(署名発効)も設けられているなど、その条約としての性格は疑いないように見える。[125]

ところが、議員会議事務局によると、本部協定において規定されている特権免除の約束は、法的なものではあるが、デンマーク法上のものであって国際法上のものではない、という。[126] また同協定は国連に登録していないという。この本部協定は、通常の国際機構の本部協定とは異なり、国際法上の条約として締結されたものではないということのようである。特権免除を含む「協定(Agreement)」がデンマーク国内法上のものであるというのは、一見奇異に思える。しかし、本部所在地国における法律上の能力や特権免除は、必ず条約によって与えられなければならないというものではない。

例えばアメリカの一九四五年「国際機構免除法」では、大統領の行政命令によって同法上の「国際機構」に指定されると、同法の定める法律上の能力や一定の特権免除を享有し、当該機構への国家の代表や機構の職員も一定の特権免除を享有する旨が定められている。[127] そしてOSCEの諸機関との関係でも、特権免除は、前述のように基本的に国内法によって付与されているのである。

むしろ、国内法上の能力はもちろんのこと、特権免除も基本的には国際機構の国内法上の扱いに関する問題であり、[128] それを国際的に条約において約束することは必須ではないとさえいえる。とりわけ条約締結能力を認められていない国際機構の場合には、条約締結以外の方法で特権免除の処理を行うほかないということになろう。議員会議もそうであるかは、議員会議の法的位置づけによるということになる。

議員会議がOSCEの正規の機関であるとすれば、明らかに法的基礎を持たない機関ということになるが、議員会議とOSCEとの関係は微妙である。議員会議は、一九九〇年のCSCEパリ憲章の求め(call for)に応じて、CSCEの目的の実施を評価すべく設立されたものであるが、その設立文書である一九九一年の「議員会議設立に関する最終決議」は、CSCE参加国の(政府代表ではなく)議会代表団(delegations of the Parliaments)が採択したものである。[129] そのため、「形式上は、議員会議は正式なCSCEプロセスの一部ではなく、CSCE諸国の議員の独立の会議に過ぎないように思われる」といわれる。[130] したがって、OSCEが条約に基づかない存在であるから、議員会議もそうであるということにはならない。しかし、議員会議を設立した最終決議は、その主体(各国議会代表団)、その形式などからして条約とは考えられず、[131] もちろんそこには条約締結能力に関する規定は存在しない。[132] OSCEの関連機関の中で唯一OSCE議員会議のみが「本部協定」を締結している事情は、以上の諸事実が説明しているように思われる。

3　長期ミッションと特権免除

OSCEが条約の当事者となるもう一つの可能性として、OSCEが各地に派遣する長期ミッション[133]との関係における特権免除協定の締結がありうる。[134]

実際OSCEは、その最初のミッションの派遣先であるユーゴスラビア(以下、ユーゴ)との間に幾度かにわたってミッションの地位に関する「協定」を締結している。例えば一九九八年一〇月には、安保理決議の遵守の検証のためのコソボ検証団(KVM)の派遣に当たって、「協定(Agreement)」[135]が締結され、KVMの設置、ユーゴによるその安全の保証、KVMとそのメンバーによる外交特権免除の享有などが規定された。

一般に、裁判権免除などの特権免除の規定は法的なものであるが、この「協定」では、条約において通常「shall」が使用される部分において「will」が使用されていることから、その点に疑問が生じる。「will」は、CSCEの発足の際、その基本文書が法的拘束力を有さないことを示すために採用された方式の一つだったからである。[136] OSCE関連の文書で、しかも「will」が使用されているということからすれば、本件「協定」も同様に法的拘束力をもたない文書を意図されたと解釈するのが素直であるように思える。

他方、二〇〇一年三月に同じくOSCEとユーゴとの間に結ばれた「OSCEミッションに関する了解覚書(MOU)」[137]では、同じくミッションの本部の設置、ユーゴによるその安全と保護の確保、ミッションとそのスタッフによる外交特権免除の享有などを規定しつつも、KVMに関する協定とは異なり、「will」ではなく「shall」が使用されている。そのほかにも、当事者(parties)という用語の使用、本文導入部の「次のとおり協定した」という文言、そして発効条項(署名発効)の存在など、この「了解覚書」の条約としての性格を疑う要素は、その名称を除いてほとんど見当たらないように思える。しかし、OSCEのノケ(Françoise Nocquet)法律顧問によれば、OSCEには国際条約を締結する能力はなく、この了解覚書も政治的な約束に過ぎないという[139]。[138]

4　問題解決の試み

OSCEが条約締結能力を有していないという点は、近年、OSCE内部においても問題視されており、二〇〇〇年にはOSCE事務総長が、「すべての参加国によって付与される国際法人格、法律上の能力および特権免除を欠いていることによってOSCEが直面してきたまたは直面しうる諸困難」と題する文書を作成している。

それによれば、厳密に法的な観点からは、OSCEが国際法人格(international legal personality)を欠いていることにより、①OSCEの条約、本部協定、了解覚書、その他国際法によって規律される文書の締結能力に大いなる疑問がありうること(オーストリアやオランダがOSCEの機関(institutions)と本部協定を締結しないのはこの点に原因がある)、②OSCEの国際請求を提起する能力に疑問がありうること、③国際賠償責任がからむケースにおいて、OSCEの活動につき、OSCE自身の代わりに参加国が責任を負うことになりうること[140]、④OSCEと他の政府間国際機構との間の協力協定の締結に困難があること[141]、が指摘される。また、OSCE自身やその機関が国内法上の能力や特権免除を欠いているため、ＯＳＣＥミッションの派遣やその活動に関連して、免税や裁判権免除などに関する様々な支障があることを含め、多くの問題点が指摘されている。[142]

こういった問題に対してＯＳＣＥは、これまでも、①参加国による多数国間の基本条約や特権免除条約の締結による解決、②モデル協定に従った二当事者間（ＯＳＣＥと各参加国との間の）特権免除協定の締結による解決、③国内法の制定を含む一方的国内措置による解決、という三つの対応策を検討してきた。[143]

このうち、①の基本条約は、交渉に時間がかかり、かつ、発効条件をすべての参加国による批准としても（長期を要する）、一部の参加国による批准としても（二重の制度になる）、いずれにしても問題があるし、多数国間の特権免除条約の場合も、批准に長期を要することになりかねないという問題がある。実際、一九九二年のヘルシンキ首脳会議に先立つ一九九〇年と九一年に、フランスとチェコスロバキアは、ＣＳＣＥを条約ベースの国際法人格を有する国際機構とするための条約の締結を提案したが、右のような問題があるため他国の受け入れるところとはならなかった経緯がある。[144]

また、②の特権免除協定は、一方の当事者がＯＳＣＥとなるので、ＯＳＣＥの国際法人格（条約締結能力）が問題となりうる。[145] こうして、ＣＳＣＥの法律上の能力・特権免除の問題が提起された一九九三年の外相理事会（ローマ）では、③の一方的国内措置の実施が勧告されることになった（ローマ理事会決定）。しかし、この方式も、そもそも参加国による一方的な措置として不安定であるだけでなく、それ以前の問題として、その実施状況が全く芳しくないのが実情である。[146]

右に見たような経緯からすれば、ＯＳＣＥが（事務総長文書にいう）国際法人格のみならず、いかなる国際法上の能力も有していないという点に殆ど疑問の余地はなく、この点は、一九九〇年のパリ憲章以降の機構化、一九九二年のヘルシンキ首脳会議の宣言における「国連憲章第八章の意味における地域的取極（a regional arrangement）」である旨の宣言、[147] 一九九五年からのOSCEへの名称変更などにも拘らず、当初のヘルシンキ最終議定書の採択以来、基本的に変わっていないといわざるを得ないのである。[148][149]

六　東南アジア諸国連合（ASEAN）

1　設立文書の法的性格

東南アジア諸国連合（ASEAN）は、東南アジアの五カ国（インドネシア、マレーシア、タイ、フィリピン、シンガポール）が一九六七年八月八日の第一回閣僚会議において署名した「ASEAN宣言」[150]（バンコク宣言）に基づいて創設された。ASEANは、その設立文書であるASEAN宣言が一般に非法的合意であるとされており、[151] またその機構化も当初の段階ではほとんど行われておらず、その意味では、欧州におけるCSCEに類似した存在であった。

ASEAN宣言は、第一にASEANの設立を謳い、第二にASEANの目的として、地域の経済・社会・文化の発展の加速化、地域の平和と安定の促進などを列挙し、第三に目的達成のための機関（後述）を示し、第四にASEANが東南アジア地域の他の諸国にも開かれていることを述べ、第五にASEANが友好協力のために団結するという東南アジア諸国の集団的意思の表明であることを明らかにしたものである。

前述のようにASEAN宣言は、一般に条約とは考えられていない。ところが、同宣言は、一九八三年九月二日にインドネシアによって国連事務局に登録されている。[152] この事実をいかに考えるべきであろうか。

国連の条約登録制度に関するハッチンソン(D. N. Hutchinson)の研究によれば、国連事務局への登録とは以下のようなものである。[153] 第一に、制度上、条約(およびその他の法的文書)[154]のみが登録の対象である。[155] 第二に、国連事務局は事務的に処理を行うため、条約でない非法的文書が登録申請され、登録されることはありうる。第三に、だからといって、登録によって条約でない文書が条約になるということはない。第四に、とはいえ、登録の事実は、登録を行った国が当該文書を条約であると考えている証拠とはなる。第五に、登録の証明書は登録国にしか送付されないため、他の関係国が登録について抗議しなかったとしても、当該文書が条約であることを他の関係国も認めたということには必ずしもならない[156](登録の事実を知らない可能性がある)。

以上の諸点に照らせば、一般的に条約ではないとされているASEAN宣言が関係国の一によって国連に登録されたからといって、それによって同宣言が条約となるということはなく、[157] ただ、インドネシアについては、遅くとも登録を行った一九八三年には、ASEAN宣言を国際法上の条約と見なしたということになろう。[158]

2　機構

ASEAN宣言によって、ASEANには、その「機関(machinery)」として、①「閣僚会議」(外相の年次会合、議長は輪番)、②「常任委員会」(閣僚会議の議長と議長国駐箚の大使で構成され、閣僚会議の会期間に会合)、③「特別委員会、常設委員会」(特定問題に関する専門家レベルおよび事務レベルの委員会)、④「国内事務局(National Secretariat)」が設置されることになった。最後に掲げた「国内事務局」は、加盟各国(外務省)にそれぞれ置かれ、当該国のためにASEANの作業を遂行するが、ASEAN全体の会合については、開催国の国内事務局が当該会合の事務局の役割を果たすものとされ、ASEANが常設の事務局を持たないことの裏返しとしての存在でもあった。また、国内事務局の事務局長(Director-

General)からなる事務局長会議も設置され、閣僚会議や常任委員会の諮問に応えて調査研究を行い、その他の事務処理を行った。

その後ASEANは、加盟国と機構の両面において発展を遂げた。加盟国の観点からは、一九九九年四月のカンボジアの加盟で、東南アジアの一〇カ国すべてが加盟を果たし[159]、機構的にも、一九七六年二月二四日の第一回ASEAN首脳会議の際の「ASEAN事務局の設立に関する協定」[160](ASEAN加盟五カ国による協定。以下、事務局設立協定)によって、「常設事務局(Permanent Secretariat)」(以下、国内事務局と区別するため「中央事務局」という)がジャカルタ(インドネシア)に設立されるに至っている。

もっとも、いくつかの理由から、ASEAN中央事務局は、必ずしも他の国際機構の事務局と同様の体制とはなっていない点が指摘されてきた[161]。すなわち、中央事務局が設立された後にも、各国の国内事務局は存続し、しかも国内事務局長会議は、閣僚会議および常任委員会との密接な関係のゆえに、ASEAN中央事務局の事務総長(Secretary-General)よりも優位に立ってASEAN全体に対する監視的権能を維持してきた。他方、中央事務局の事務総長は、加盟国のアルファベット順の輪番により(任期二年)、加盟国の指名に基づきASEANの外相会議によって任命されることになっており(事務局設立協定第三条)、事務総長の独立性・中立性が疑問視されてきた。

しかし、一九九二年七月二二日の事務局設立協定改正議定書により、事務総長には閣僚の地位(Ministerial status)が与えられ、任期も五年に延長され、「[中央]事務局の事務総長」から「ASEANの事務総長」へと改称され、権限や権能の面でもかなり強化された。また、能力主義で閣僚会議により選出され、ASEAN首脳(Heads of Government)によって任命されることとなったが、実際の任命は、加盟国のアルファベット順の持回りが維持されており、独立性の問題が依然として指摘されている[162]。

このように機構が整備されても、ＡＳＥＡＮ自体が条約に基礎を置かない存在であることは、現在でも変わってはいない。一九七六年二月の第一回ＡＳＥＡＮ首脳会議の際に、ＡＳＥＡＮ加盟五カ国の間で東南アジア友好協力条約[163]が締結されているが、これはＡＳＥＡＮの法的な基礎をなす条約ではなく、あくまで五カ国間の政治協力に関する条約である。実際、同条約における「ＡＳＥＡＮ」への言及は、前文において国連憲章やバンドン一〇原則などと並んでＡＳＥＡＮ宣言に言及する箇所のみであるし、同条約への加入がＡＳＥＡＮへの加盟を意味する訳でないことは、一九八九年に同条約に加入したパプア・ニューギニアがＡＳＥＡＮの加盟国となっていない事実からも明らかである。[164]一また、ＡＳＥＡＮにおいても、ＯＳＣＥの場合と同様、発足時においてもその後の段階においても、ＡＳＥＡＮを条約に基礎を置く機構とする方向が検討されたことがあるが、機構としての柔軟性と強靭性を確保すべく、そのような方向は見送られたといわれる。[165]

3　条約締結能力と特権免除

ＡＳＥＡＮは、その活動に関連してかなりの数の条約を締結しているが、[166]そのほとんどにおいてＡＳＥＡＮ自身が条約当事者とはなっておらず、この点もＯＳＣＥの場合と類似している。例えばＡＳＥＡＮは、一九八〇年三月に、欧州共同体（ＥＣ）との間に「ＡＳＥＡＮ加盟諸国と欧州共同体との間の協力協定」を締結しているが、[167]その名称からも明らかなように、この協定はＡＳＥＡＮとＥＣとの間の国際機構間協定ではなく、ＡＳＥＡＮの側はあくまでＡＳＥＡＮに加盟する諸国が条約の当事者となっている。この点は、ＡＳＥＡＮと域外国との間の協力協定においても同様である。[168]

しかし、ＡＳＥＡＮがＡＳＥＡＮとして締結した条約が全く存在しない訳ではなく（この点においてＡＳＥＡＮとＯＳ

CEは異なる)、これまでのところASEAN中央事務局との関連において二つの条約が締結されている。一つは一九七九年一月二〇日の「ASEAN事務局の特権および免除に関するインドネシア政府とASEANとの間の協定」(以下、事務局特権免除協定)であり、今一つは一九八一年一一月二五日の「ASEAN事務局の施設の使用および維持に関する協定」(以下、事務局使用協定)である。[169] 前者は、他の国際機構が本部所在地国との間に結ぶ本部協定に類する協定であり、後者は、ASEAN事務局の施設の所有者としてのインドネシア政府が、ASEAN事務局に対してその施設の使用を認めることを約束し、事務局側が維持・管理に関する費用を負担することを約束する協定であり、いずれもASEANとインドネシアとの間に締結されている。

この二つの協定は、国際法上の条約と考えてよかろう。事務局特権免除協定は、その内容および形式のほか、発効要件としてインドネシア政府の批准を求めていることからも、正式な条約であると考えることができる。[170] また、事務局使用協定は、事務局特権免除協定の補足協定的な内容のものであり、署名発効条約ながらも発効条項を置いており、その他の特徴からも条約と見ることに問題はなかろう。では、これによってASEANは条約締結能力を認められているということになるのか。[171] もしそうだとすれば、それはいかなる法的根拠に基づいているのか。

事務局特権免除協定締結の法的基礎は、ASEAN加盟諸国間の条約であるASEAN事務局設立協定に見出すことができるかも知れない。事務局設立協定には、ASEANに条約締結能力を付与する旨の明示的な規定は存在しないが、その第一一条が「ホスト国は、事務局、事務総長、およびスタッフに対して、その任務の遂行に必要な特権および免除を与えるものとする」と規定している。これをもって、ASEANにホスト国との特権免除協定の締結を認める、ASEAN加盟諸国の意思の表明と見ることができるかも知れない。

もっとも、OSCEとの関連でも見たように、ホスト国が国際機構に特権免除を付与する方法は、特権免除協定の締結のみに限られる訳ではなく、国内法による付与という方法もありうる。そうであれば、事務局設立協定がホスト国に特権免除の付与を義務づけたからといって、そのことから直ちにＡＳＥＡＮにホスト国との特権免除協定締結の権能が付与されたということにはならないであろう。

とはいえ、少なくともインドネシアについては、事務局設立協定の右規定をそのように解釈したと考えることができる。事務局特権免除協定が本文導入部において、「ＡＳＥＡＮ事務局の設立に関する協定の第一一条の実施に当たって（in implementation of）、次のとおり協定する」と述べているからである。[172] この文言は、事務局設立協定第一一条が特権免除協定の締結を求めており、したがってその「実施」として、特権免除協定を締結した旨を説明しているように思えるのである。さらにいえば、事務局特権免除協定の他方当事者がＡＳＥＡＮであることからすれば、インドネシアのみならず、他のＡＳＥＡＮ加盟諸国も同様の解釈をとっていたと考えることができるように思える。

おわりに

以上、ＣＴＢＴＯ準備委員会が条約に基礎を置いていないにも拘らず条約の締結をはじめとする広範な法的活動を展開していることに対する疑問を出発点として、国際機構の定義に関する学説をその設立文書の法的性格の視点から整理した後、ＣＴＢＴＯ準備委のほか、そのモデルともなったＯＰＣＷ準備委、同様に条約に基礎を置かない国際機構として指摘されるＯＳＣＥやＡＳＥＡＮについて、条約締結能力の観点を中心に検討を加えた。その結果、以下の諸点が明らかになったように思われる。

学説上、国際機構の定義(ないし要件)として様々なものが提示されているが、その一部である設立の基礎に関しても、様々な主張が存在する。それらは概ね次のように整理できる。①多くの学説は国際機構の設立の基礎として「条約」を要求する。しかし、その基礎が必ずしも条約である必要はなく、国際機構は国際会議の決議などによっても設立されうるとする学説も少なくない。それらの主張は多様であり、②決議を簡略形式の条約とみなすもの(ヴィラリー)、③関係国に国際機構を設立する意図があればよく、それが条約である必要はないとするもの(ラマ・モンタルド)、④そのような意図の存在さえ特に求めず、自己の名において行動する独立の機関の客観的な存在のみを必要とするもの(セイヤーステッド)などである。以上のような学説の対立は、実際の国際機構における実行に照らして、いかに評価できるであろうか。本稿では、条約に基礎を置かない国際機構をすべて網羅して検討したという訳ではないので、必ずしも確定的に述べることはできないが、本稿での検討の結果として少なくとも以下の諸点を指摘できるように思える。

まず、一般的にいって、国際機構が条約の締結(をはじめとする法的行為)[173]を行うことができるためには、その設立の基礎が条約であるか、少なくともその行為の基礎が法的なものでなければならないように思われる。この点が最も顕著に見られるのがOSCEの場合であり、OSCEが当事者となって条約を締結している例は存在しない。OSCEは、一九九〇年以降の機構化の結果としていくつかの常設機関を設置したが、それらの所在地国との間に一件の本部協定も特権免除協定も締結していないのである。[174]

しかし、本稿で検討対象とした国際機構の中で、これだけ徹底して本部協定を含むいかなる条約の締結をも回避しているのはOSCEだけであって、[175]他の機構の場合には、条約に基づくことなく設立されたにも拘らず、本部協定をはじめとする条約を締結しているのも事実である。それらは、法的にいかに説明されている(されうる)のであろうか。

第一は、設立文書を条約と見なすというものである。これは、CTBTO準備委に対するイギリスの態度に見ることができる。イギリスは、準備委と施設協定を締結しているが、同時に、準備委設立文書を条約と見なして、自国の条約集に登載する措置をとっている。この例は、国際機構を設立する決議を、簡略形式の条約と見なすというヴィラリーの考え方に通ずるところがある。しかし、それによって、当該文書が対世的に条約と見なされることになるという訳ではなく、基本的には、あくまで当該国の立場であるに留まる。

第二は、設立文書の一部関連規定に法的効力を認めるというものである。多くのＣＴＢＴＯ準備委加盟国は、準備委設立文書を条約とは見なしていないといわれるが、にも拘らず準備委は、国連をはじめとするいくつかの国際機構との間に条約を締結している。この一見矛盾するかのように見える二つの事実は、準備委設立文書中の条約締結権限に関する明文の規定の存在に注目し、それが法的効力を有していると考えることによって、最も整合的に理解できるように思える。しかしこれは、ＣＴＢＴＯ準備委設立文書に右のような明文の規定が存在するという例外的な事情のゆえに導かれうるのであって、他の場合についても一般化できるという訳ではない。

第三に、国際機構の事務局本部の存在からくる必要性に基づいて条約が締結されたと考え得るものもあり、ＯＰＣＷ準備委の本部協定をそのような例と考えることも不可能ではなかった。ＯＰＣＷ準備委設立文書は、ＣＴＢＴＯ準備委設立文書と同様、基本的に法的な文書とは考えられておらず、しかもＣＴＢＴＯ準備委設立文書とは異なり、条約締結能力に関する明文の規定が存在しなかったからである。もちろん、ＯＰＣＷ準備委設立文書第七項にいう準備委の「法的能力」に条約締結能力を読み込むことは、可能であるばかりでなく自然でもあった。しかし、それ以外の解釈が不可能という訳でもなかった。

仮に後者の解釈をとった場合には、ＯＰＣＷ準備委の例は、条約に基づくことなく設立された国際機構も条約締結能力を有しうるとする、セイヤーステッドやラマ・モンタルドの考え方に通ずるところがあるともいえる。とはいえ、

ＯＰＣＷ準備委による条約の締結は、本部協定やＯＰＣＷへの財産等の移管に関する議定書といった極めて限定された目的に限られており、少なくとも、セイヤーステッドのいうような国家と同様な行為能力はもちろんのこと、ラマ・モンタルドの示唆するような設立文書（および黙示的権能）の範囲内での一般的な条約締結能力の存在を示すものでも必ずしもなかった。[176]

　以上を要するに、本稿で検討した諸事例は、国際機構が条約締結能力を有するためには、その基礎として条約あるいは何らかの「法的な」授権行為が必要であること、いわば「法的な授権のないところから法的な能力は生じない」ことを示唆しているように思える。少なくとも諸国は、この点についてかなり慎重な態度を示してきているといってよかろう。その意味では、国際機構の創設に当たって、その設立文書として条約を要求してきた多くの学説の主張には、それなりの根拠があったということになるのかも知れない。

　他方、ＯＰＣＷ準備委の事例は、設立文書の解釈次第では、事務局本部の存在以外に本部協定締結の根拠を見出し難いともいい得た。それゆえにこそ、同準備委は本部協定の締結交渉等において困難に遭遇したともいわれ、ＣＴＢＴＯ準備委の設立に当たっては、そのような困難を回避するために、設立文書に準備委の国際機構としての地位や条約締結能力に関する明文の規定が置かれることとなったともいわれる。

　では、ＯＰＣＷ準備委設立文書からは同準備委の条約締結能力を導くことはできないと仮定した場合には（以下ではそのような前提で論ずる）、事務局の存在という客観的な事実のみによって国際機構が一般国際法上条約締結能力を有することとなる、という客観説の正しさを部分的にでも例証することになるのであろうか。この点に関しては、ＯＰＣＷ準備委の事例は、客観説によってしか理解できないという訳ではないことを指摘しなければならない。いわゆる主観説の考え方に立った場合にも、次のように説明することが可能である。すなわち、オランダ政府は、その事務局の存在以外には条約締結の根拠を見出し難いＯＰＣＷ準備委との間に本部協定を締結したが、同政府はそうすることによって、ＯＰＣＷ準備委の条約締結能力を黙示的に承認したと考えることができるのではなかろうか。のみならず、本部協定の締結を承認することによって、ＯＰＣＷ準備委の（本部協定に関する）条約締結能力は、オランダ以外のＯＰＷＣ準備委加盟各国によっても黙示的に承認されたと考えることができるように思われる。

このように考えることができるとすれば、さらに敷衍して、国家承認論における創設的効果説の場合と同様の発想から、国際機構も承認によって法的権能を獲得することができるのであって、そのような承認は事前の明示的な行為による場合（設立条約）のほか、事後の黙示的な行為による場合（条約の締結など）もありうる、ということができるのかも知れない。もちろん、このような国家承認の理論における創設的効果説と同様の発想に依拠した考え方（主観説）によって、国際機構の法的権利義務の根拠に関する問題（国際責任の能動的・受動的主体性など）がすべて説明できるかについてはなお検討を要するが、ＯＰＣＷ準備委の事例が客観説（それは国家承認論における宣言的効果説に通ずる）によってしか説明できないという訳ではない点は、右からも理解できるであろう。[177] 実際、このような条約の締結による条約締結能力の黙示的な承認という考え方は、ＯＳＣＥ内部においても実際に示唆されているのである。[178]

ただし、条約の締結による条約締結能力の黙示的な承認という考え方の難点として、次のような点が指摘されるかも知れない。すなわち、論理的にいって、条約締結能力は条約締結時には存在しなければならず、その承認は条約の締結前に行われていなければならないはずであるので、条約の締結による条約締結能力の黙示的承認という考え方には、論理の流れに無理があるとの主張がなされるかも知れない。しかし、この一見もっともな論理的難点は、国および国際機構による条約締結の過程を想起することによって解消できるように思える。国ないし国際機構が条約を締結する場合には、実際の締結に先立って、国の政府ないし機構の機関において締結についての決定ないし承認がなされるのが通常である。厳密にいえば、その条約締結の決定ないし承認が条約締結能力の黙示的承認に当たると考えることによって、右の難点は解消するように思える。[179]

以上、ＯＰＣＷ準備委の事例をいかに理解するかという点には別論がありうるとしても、一般的には、国際機構が条約の締結（をはじめとする法的活動）を行うことができるためには、何らかの「法的な授権ないしは承認」が必要であるというのが、現時点における諸国の支配的ないし有力な法意識であると考えることができるように思える。同時に、本稿で検討した少数の例からも、この問題がいかに複雑かつ困難な問題であるのかも見てとることができたであろう。[180]

1　国際機構は、国際組織、国際機関などと呼ばれることがあるが、特に概念上の違いはない（日本政府は一般に国際機関の語を使用する）。なお、国際機構の下部組織を機関と呼んで国際機構そのものと区別することがある。

2　Niels M. Blokker and Henry G. Schermers (eds.), *Proliferation of International Organizations: Legal Issues* (Kluwer, 2001).

3　ＣＴＢＴの発効要件、その背景、未発効の主要因、未発効の下にあるＣＴＢＴの意義などにつき、浅田正彦「未発効条約の可能性と限界」山手治之・香西茂編『現代国際法における人権と平和の保障』（東信堂、二〇〇三年）三八一―四二一参照。

4　行財政事項に関する作業部会Ａと、検証問題に関する作業部会Ｂである。

5　Preparatory Commission for the CTBTO, *Annual Report 2002*, p.40.

6　国際法の実定規則には、このような観点からの国際機構の定義は存在しない。「国際機構」を定義した条約規定としては、一九六九年の条約法条約第二条一項、一九八六年の国際機構条約法条約第二条一項、一九七五年の普遍的国際機構との関係における国家代表条約第一条一項があるが、それらはいずれも、「この条約の適用上…『国際機関（international organization）』とは、政府間機関（intergovernmental organization）をいう」と定める。これらの定義は、単にＮＧＯを除外するのみであって、国際機構の積極的な定義とはなっていない。なお、国連海洋法条約の附属書Ⅸ第一条は、「条約第三〇五条及びこの附属書の適用上、『国際機関（international organization）』とは、国によって構成される政府間機関（intergovernmental organization）であって、その構成国がこの条約によって規律される事項に関する権限（これらの事項に関して条約を締結する権限を含む。）を委譲したものをいう」と規定しており、若干詳しい定義となっている。

7　Rudolf L. Bindschedler, "International Organizations, General Aspects," in R. Bernhardt (ed.), *Encyclopedia of Public International Law*, Vol.II (North-Holland, 1995), p.1289.

8　他の共通の要素として、国際機構の機能の永続性と安定を保証する構造や機構的（institutional）側面、および、国際機構の活動の加盟国との関係における自律性を反映する任務や権能といった手段、の二つを挙げる。Georges Abi-Saab, "The Concept of International Organization: A Synthesis," in idem (ed.), *The Concept of International Organization* (UNESCO, 1981), pp.11-12.

9　他の三つの特徴は、メンバーは国家および／または他の国際機構で構成されなければならないこと、メンバーの意思とは異なる独自の意思を有し、法人格を与えられなければならないこと、および、メンバーに向けられた規範を採択する能力を有しなければならないこと、であるとされる。Philippe Sands and Pierre Klein, *Bowett's Law of International Institutions*, 5th ed. (Sweet & Maxwell, 2001), p.16.

10　高野雄一『国際法概論・上（全訂新版）』（弘文堂、一九八五年）三七頁、同『国際組織法（新版）』（有斐閣、一九七五年）一―二頁。

11　同時に香西教授は、「国際機構」とは、諸国家の共通の目的の実現のため、「諸国家間の合意」により結成される団体で、一定の機関を備え、個々の構成国とは別の団体自身の意思を形成し、団体の名において行動するものをいう、とも定義する。香西茂ほか『国際法概説（第四版）』（有斐閣、二〇〇一年）一〇二頁（香西茂執筆）。

12　例えば、小川芳彦ほか『国際法 2』（蒼林社、一九八六年）四一頁（中村道執筆）、高林秀雄ほか編『国際法Ⅰ』（東信堂、一九九〇年）一四一頁（黒神聰執筆）、田畑茂二郎『国際法新講・上』（東信堂、一九九〇年）一一七頁、小寺彰「国際組織の法人格」寺澤一・山本草二・広部和也編『標準国際法（新版）』（青林書院、一九九三年）一三七頁（ただし「通常は」として例外があることを示唆する）、山本草二『国際法（新版）』（有斐閣、一九九四年）一四四頁（ただし「多数国間条約または既存の上位機関の決議など国家間の合意に基づいて設立」されるとする）、筒井若水「国際機構」国際法学会編『国際関係法辞典』（三省堂、一九九五年）二五〇頁、西井正弘編『図説国際法』（有斐閣、一九九八年）七三頁（戸田五郎執筆）、栗林忠男『現代国際法』（慶應義塾大学出版会、一九九九年）一一三頁、横田洋三編『国際組織法』（有斐閣、一九九九年）三頁（横田洋三執筆）、横田洋三『国際機構の法構造』（国際書院、二〇〇一年）一六―二三頁、横田洋三編著『新版国際機構論』（国際書院、二〇〇一年）三七頁（横田洋三執筆）、植木俊哉編『ブリッジブック国際法』（信山社、二〇〇三年）八二―八四頁（植木俊哉執筆、ただし「条約」と「合意」を互換的に用いている）、杉原高嶺ほか『現代国際法講義（第三版）』（有斐閣、二〇〇三年）二四六頁（吉井淳執筆）参照。なお、国際機構設立の要件として、「条約」を明記せず、より広く「合意」に言及するものとして、松井芳郎ほか『国際法（第四版）』（有斐閣、二〇〇二年）五三―五四頁（小畑郁執筆）。

13　本文で言及したもの以外に、see, e.g., Hans Kelsen, *Principles of International Law*, 2nd ed.（Holt, Rinehart and Winston, 1966）, p.262; Julio A. Barberis, "Nouvelles questions concernant la personalité jruridique internationale," *Recueil des Cours,* tome 179（1983-I）, p.216（mais voir p. 217）; Felice Morgenstern, *Legal Problems of International Organizations*（Grotius Pub., 1986）, p.19; Werner J. Feld and Robert S. Jordan, *International Organizations: A Comparative Approach*, 3rd ed.（Praeger, 1994）, p.11. C.F.Amerasinghe, *Principles of the Institutional Law of International Organizations*（Cambridge U.P., 1996）, p.9 simply refers to "international agreement among States." See generally *Yearbook of the International Law Commission 1963*, Vol.II, pp.164-167, paras.38-60.

14　Ian Brownlie, *Principles of Public International Law*, 6th ed.（Clarendon Press, 2003）, p.650.

15　アジア・アフリカ法律諮問委員会（ＡＡＬＣＣ）や初期のコメコン（経済相互援助会議）などをその例として挙げる。Henry G. Schermers and Niels M. Blokker, *International Institutional Law: Unity within Diversity*, 3rd ed.（Nijhoff, 1995）, p.23.

16　Michel Virally, "Définition et classification: approche juridique," *Revue internationale des sciences sociales*, Vol.29, No.1（1977）, p.63. See also idem, "Definition and Classification of International Organizations: A Legal Approach," in Abi-Saab（ed.）, *The Concept of International Organization*, p.52.

17　セイヤーステッドは、国際法主体性と国際法人格を特に区別していないが、両者を区別する主張もある。横田洋三「国際組織の法主体性」『国際法の基本問題（別冊法学教室）』（一九八六年）一〇九頁は、「法主体性」には能動的な側面（法の創造）と受動的な側面（法の受範）があるが、「法人格」はもっぱら受動的側面のみを問題とする、と述べる。しかし、そのような区別は必ずしも一般的ではないように思われる。Manuel Rama-Montaldo, "International Legal Personality and Implied Powers of International Organizations," *British Yearbook of International Law*, Vol.44（1970）, p.138は、国際法の「主体」とは国際的な権利義務の少なくとも一つを保持しているものをいうのに対して、国際法人は国際平面において独立した実体として行動する能力に関して制限のない諸権利を有する主体をいう、とする。この区別には、それぞれの語の語感から受ける印象に近いものがある。しかし、一般には両者を互換的に用いることも少なくないので(see, e.g., Peter Malanczuk, *Akehurst's Modern Introduction to International Law*, 7th ed. (Routledge, 1997), p.91)、本稿においては両者を特に区別しないこととする。国際司法裁判所(ＩＣＪ)の損害賠償請求(ベルナドッテ伯)事件における勧告的意見は、国際法人格について「国際法主体であって、国際的な権利義務を保持する能力を有し、国際請求を提起することによってその権利を維持する能力を有するもの」と述べている。*ICJ Reports 1949*, p.179. なお、植木俊哉「国際組織の概念と『国際法人格』」柳原正治編集代表『国際社会の組織化と法(内田久司先生古稀記念論文集)』(信山社、一九九六年)四四―四六頁参照。

18　Finn Seyersted, "International Personality of Intergovernmental Organizations: Do their Capacities Really Depend upon their Constitutions?," *Indian Journal of International Law*, Vol.4, No.1 (January 1964), pp.40-53, esp. p.53.

19　Rama-Montaldo, "International Legal Personality and Implied Powers of International Organizations," pp.122-147, esp. pp.124-129, 129-131, 139-145.

20　主観説と客観説の対立につき、ibid., pp.111-122、小寺「国際組織の法人格」一三八―一四〇頁、庄司克宏「国際機構の国際法人格と欧州連合(ＥＵ)をめぐる論争」横田洋三・山村恒雄編『現代国際法と国連・人権・裁判(波多野里望先生古稀記念論文集)』(国際書院、二〇〇三年)一三三―一三四頁など参照。

21　条約法研究会「条約法条約の逐条コメンタリー(一)」『関西大学法学論集』第五三巻二号(二〇〇三年七月)一九三―二〇六頁(坂元茂樹執筆)。

22　中村道「条約締結能力について」『神戸法学年報』第一八号(二〇〇二年)四七頁。

23　この点につき、酒井啓亘「条約当事者としての国際機構(一)」『法学論叢』第一二八巻三号(一九九〇年一二月)四一―四三頁参照。

24　*Yearbook of the International Law Commission 1974*, Vol.II, Pt. 1, p.299 (Article 6, Commentary (1)-(2)); *Yearbook of the International Law Commission 1982*, Vol.II, Pt. 2, pp.23-24 (Article 6, Commentary (1)-(2)). See also Felice Morgenstern, "The Convention on the Law of Treaties between States and International Organizations or between International Organizations," in Yoram Dinstein (ed.), *International Law at a Time of Perplexity: Essays in Honour of Shabtai Rosenne* (Nijhoff, 1989), pp.440-441; G.E. do Nascimento e Silva, "The 1969 and the 1986 Conventions on the Law of Treaties: A Comparison," in ibid., pp.468-471. ただし、外交会議で起草された前文の規定をも考慮すれば、国際機構は一般国際法上条約締結能力を有する、との立場がとられていると解釈できるともいわれる。Karl Zemanek, "The United Nations Conference on the Law of Treaties between States and International Organizations or between International Organizations: The Unrecorded History of Its 'General Agreement'," in Karl-Heinz Böckstiegel et al. (Hrsg.), *Völkerrecht, Recht der Internationalen Organisationen, Weltwirtschaftsrecht: Festschrift für Ignaz Seidl-Hohenveldern* (Carl Heymanns, 1988), SS. 670-671. 酒井啓亘「条約当事者としての国際機構（二）・完」『法学論叢』第一二九巻三号（一九九一年六月）九五―九七頁。

25　国際機構に関しては、学説上一般に、ある実体が国際機構であるか、国際機構であるとすれば国際法人格を有するのか、国際法人格を有するとすれば具体的にいかなる法的権能を有するのか、という順序で思考が展開される傾向があるが、本稿の関心は当該実体の法的権能にあり、したがって学説上「国際機構」とされるものをまず取り上げ、それを絞りこむという作業が合理的であるということになろう。

26　家正治ほか編『新版国際機構』（世界思想社、一九九二年）一八四頁以下（川岸繁雄執筆）、二一八―二二五頁（真山全執筆）、最上敏樹『国際機構論』（東京大学出版会、一九九六年）一七九頁、横田編『国際組織法』二八頁（植木俊哉執筆）、栗林『現代国際法』一三三頁、香西ほか『国際法概説（第四版）』二二四頁（香西執筆）、横田編著『新版国際機構論』三九頁（横田執筆）、二五七―二五九頁（堀江訓執筆）、植木編『ブリッジブック国際法』八五頁（植木執筆）。Brownlie, *Principles of Public International Law*, 6th ed., p.650; Malanczuk, *Akehurst's Modern Introduction to International Law*, 7th ed., pp.94-95; Sands and Klein, *Bowett's Law of International Institutions*, p.201; Morgenstern, *Legal Problems of International Organizations*, p.21. Cf. Virally, "Définition et classification," p.63; Schermers and Blokker, *International Institutional Law*, pp.21, 26.

27　石油価格の安定の必要性などを定める決議Ⅰ1、そのためのＯＰＥＣの創設と、その目的・加盟国・事務局などについて定める決議Ⅰ2、右決議を各国の権限ある機関に付託し、承認を受けた旨を通報することを定める決議Ⅰ3からなる。

28　ＯＰＥＣ憲章第一条は、ＯＰＥＣは「イラン、イラク、クウェート、サウジアラビアおよびベネズエラの政府代表会議の諸決議に従って(in conformity with the Resolutions)恒久的政府間機構として創設された」と規定する。なお、ＯＰＥＣ憲章は、一九六一年一月の第二回会議（カラカス）で採択されたもので、ＯＰＥＣの目的や組織に関する詳細を定めている（一九六五年五月一日適用開始）。"The

Statute of the Organization of the Petroleum Exporting Countries (OPEC)," in Burns H. Weston et al. (eds.), *Basic Documents in International Law and World Order* (West Pub., 1980), pp.43-51.

29 "Agreement concerning the creation of the Organization of Petroleum Exporting Countries (OPEC). Done at Baghdad, on 14 September 1960," *UNTS*, Vol.443 (1962), pp.247-253.

30 登録(一九六二年一一月)時の加盟八カ国のうち、イラン、サウジアラビア、ベネズエラ(以上、原加盟国)およびリビアによって登録された。

31 *UNTS*, Vol.443 (1962), pp.248, 252.

32 *OPEC: General Information* (OPEC Secretariat, 2001), p.13.

33 D.R. Gilmour, "The World Tourism Organisation: International Constitutional Law with a Difference," *Netherlands International Law Review*, Vol.18, Issue 3 (1971), pp.275-298, esp. pp.275, 291-297. ＩＣＪの選択条項受諾宣言の制度に類似しているといわれる。Ibid., p.296.

34 横田『国際機構の法構造』一三一—一五一頁、秋月弘子『国連法序説』(国際書院、一九九九年)参照。

35 See, e.g., D.W. Bowett, *The Law of International Institutions*, 4th ed. (Stevens & Sons, 1982), p.339, n. 16.

36 国連総会の補助機関とその本部所在地国(または活動国)との間の関係に関する協定は、所在地国(活動国)と国連との間の協定の形をとる場合と、所在地国(活動国)と補助機関自身との間の協定の形をとる場合とがある。日本が関係したものだけでも、例えば、国連大学本部協定は、日本国と国連との間の協定の形をとっているが(『官報』号外第五〇号(一九七六年六月二二日)二—一六頁)、国際環境技術センター協定は、日本国政府と国連環境計画(ＵＮＥＰ)との間の協定の形をとっている(『官報』第一〇六九号(一九九三年一月七日)二—三頁)。もっとも、前者が補助機関そのものの設置に関する協定であるのに対して、後者は補助機関がさらにその下部機関たるセンターを設立するための協定であるという相違点はある。なお、それぞれの特権免除については、国連大学の場合には、国連大学本部協定にその特権免除を直接定める規定はないが、国内の裁判において国連特権免除条約が適用されている(国連大学事件判決)。国際環境技術センターの場合には、国際環境技術センター協定に国連特権免除条約を適用する旨の明文の規定が置かれている(第六条)。See also Morgenstern, *Legal Problems of International Organizations*, pp.24-25.

37 Voir aussi P. Reuter, "Les organes subsidiaires des organisations internationales," in *Hommage d'une génération de juristes au Président*

Basdevant(Pedone, 1960), pp.415-440.

38　*Yearbook of the International Law Commission 1973*, Vol.II, p.86, paras. 67-68. このような結論は、ルテールによって最後まで維持されている。*Yearbook of the International Law Commission 1981*, Vol.II, Pt.1, p.50, para.24.

39　*Yearbook of the International Law Commission 1982*, Vol.II, Pt.2, p.40(Article 29, Commentary(3)).

40　See, e.g., Morgenstern, *Legal Problems of International Organizations*, pp.23-24. 小寺彰「国際機関締結条約に関する日本の実行」国際法事例研究会『条約法』(慶應義塾大学出版会、二〇〇一年)二七二―二七三頁参照。

41　ともに類似した活動に従事する、国連パレスチナ難民救済事業機関(ＵＮＲＷＡ)は国連決議により、国連救済復興機関(ＵＮＲＲＡ)は条約によって設置されたが、前者はその緊急性から条約を利用しなかったのではないかといわれる。William Dale, “UNRWA: A Subsidiary Organ of the United Nations,” *International and Comparative Law Quarterly*, Vol.23, Pt.3(July 1974), pp.580-581.

42　ヴィラリーも「二つのカテゴリーの機構(機関)の間の対照を示す面白い例」であると述べる。Virally, “Définition et classification,” p.63.

43　Schermers and Blokker, *International Institutional Law*, p.26.

44　外務省総合外交政策局国際社会協力部編『国際機関総覧　二〇〇二年版』(日本国際問題研究所、二〇〇二年)四九五頁。Schermers and Blokker, *International Institutional Law*, p.26; Virally, “Définition et classification,” p.63.

45　*Documents of the United Nations Conference on International Organization*, Vol.15(1945), pp.512-513. 国連準備委を設立する暫定取極は、サンフランシスコ会議において、国連憲章と同時に一括して承認されている。Ibid., Vol.1(1945), pp.630-631.

46　A/AC.138/88, 12 June 1973, p.5, para. 10, p.5, n. 4, and pp.6-8. 検討の対象となったのは、国際民間航空機関(ＩＣＡＯ)、政府間海事協議機関(ＩＭＣＯ)、国際難民機関(ＩＲＯ)、世界保健機関(ＷＨＯ)、国際原子力機関(ＩＡＥＡ)などの準備委員会で(名称はさまざま)、これらのうちＩＭＣＯの準備委員会以外はすべて条約に基づいて設立されている。なお、本研究は、国連海洋法条約の起草の過程において実施されたものである。Myron H. Nordquist(ed.), *United Nations Convention on the Law of the Sea 1982: A Commentary* (Nijhoff, 1989), p.470.

47　See *UNTS*, Vol.171(1953), pp.346-379(Interim Agreement on International Civil Aviation); ibid., Vol.18(1948), pp.122-123(Agreement on Interim Measures to be Taken in Respect of Refugees and Displaced Persons); ibid., Vol.9(1947), pp.33-37(Arrangement for the Establishment of an Interim Commission of the World Health Organization); ibid., Vol.276(1957), pp.40-44(Statute of the International Atomic Energy Agency, Art. 21 G and Annex I). ＩＡＥＡの準備委員会は、ＩＡＥＡ憲章の附属書Ⅰ(準備委員会)に条約締結能力に関する規定がないにも拘らず、ホスト国たるオーストリア政府との間に交換公文の形で、準備委およびＩＡＥＡ自身(第一回総会)の特権免除に関する協定を締結している。Paul C. Szasz, *The Law and Practices of the International Atomic Energy Agency*(IAEA, 1970), pp.48, 55. これは、条約に基づいて設立された国際機構の黙示的権能の問題であり、法的な授権の有無という本稿の問題関心とは若干異なる。

48　A/AC.138/88, p.18, para. 37

49　For the text of Resolution I, see René-Jean Dupuy and Daniel Vignes(eds.), *A Handbook on the New Law of the Sea*, Vol.2(Nijhoff, 1991), pp. 1601-1602. 邦訳につき、湯下博之「国連海洋法条約準備委員会の経過と問題点」『国際法外交雑誌』第八五巻四号(一九八六年一〇月)九〇—九二頁。

50　Felipe H. Paolillo, "Institutional Arrangements," in Dupuy and Vignes(eds.), *A Handbook on the New Law of the Sea*, Vol.1(Nijhoff, 1991), pp. 795-796, 799-800.

51　国連海洋法条約第三〇八条四項は、準備委の起草する規則・手続を、機構による正式採択までの間、暫定的に適用する旨を定め、同条五項は、機構が決議Ⅱと決議Ⅱに基づく準備委の決定に従って行動することを定める。これらの規定は、いずれも決議Ⅱと準備委の関連する決定に法的拘束力を付与するものと解釈することができ、条約規定が直接または間接に他の文書に法的な性格ないし含意を付与するという点では、ＣＴＢＴ第四条一項と共通する性格を有しているといえる(ＣＴＢＴにつき、浅田「未発効条約の可能性と限界」四〇一—四〇二頁参照)。

52　第三次国連海洋法会議の最終議定書(Final Act)は、国連海洋法条約と決議ⅠないしⅣは「不可分の全体をなしており(forming an integral whole)」、一九八二年四月三〇日に採択されたと述べ、あたかもそれらの決議が条約の不可分の一部であるかのような規定振りとなっているが、これは、国連海洋法条約そのものがそうであるのと同様、決議も全体の「パッケージ・ディール」の一部とされたため、一括して採択されることになったものであって(Jean-Pierre Lévy, "Establishment of the Preparatory Commission for the International Sea-Bed Authority and for the International Tribunal for the Law of the Sea," in Dupuy and Vignes(eds.), *A Handbook on the New Law of the Sea*, Vol.1, p.824)、決議が条約の「不可分の一部」をなすという意味ではなかろう。もしそうであれば、附属書の場合のように(第三一八条)、その旨の規定が条約本体に置かれたはずである。なお、ゴティエは、決議ⅠおよびⅡを「紳士協定」に分類する。Philippe Gautier, *Essai sur la définition des traités entre Etats: La pratique de la Belgique aux confins du droit des traités*(Bruylant, 1993), pp.341-342. 他方でゴイは、決議Ⅰを「義務的な文書」とし、決議Ⅱを「簡略形式の協定としての法的性格を有する」とする。Raymond Goy, "Les sources du droit et la convention: droit conventionnel et droit coutumier," in *Perspectives du droit de la mer à l'issue de la 3e conférence des Nations Unies*(Pedone, 1984), p.22.

53　準備委の特権免除に関しては、準備委の暫定最終報告書にも記述はない。"Consolidated Provisional Final Report," Vol.I, LOS/PCN/130, 17 November 1993. なお、準備委に関連して、国連とジャマイカ政府との間には複数の協定が結ばれている。*UNTS*, Vol.1302(1983), pp.46-71.

54　For the text of Resolution F, see A/CONF.183/10, 17 July 1998, pp.8-9.

55　決議F第五項、ICC規程第一一二条参照。See also Philippe Kirsch and Valerie Oosterveld, "The Post-Rome Conference Preparatory Commission," in Antonio Cassese et al.(eds.), *The Rome Statute of the International Criminal Court: A Commentary*, Vol.I(Oxford U.P., 2002)p.94.

56　以下の準備委の議事要録参照。PCNICC/1999/L.3/Rev.1, 2 March 1999; PCNICC/1999/L.4/Rev.1, 18 August 1999; PCNICC/1999/L.5/Rev.1, 22 December 1999; PCNICC/2000/L.1/Rev.1, 3 April 2000; PCNICC/2000/L.3/Rev.1, 6 July 2000; PCNICC/2000/L.4/Rev.1, 14 December 2000; PCNICC/2001/L.1/Rev.1, 9 March 2001; PCNICC/2001/L.3/Rev.1, 11 October 2001; PCNICC/2002/L.1/Rev.1, 22 April 2002; PCNICC/2002/L.4/Rev.1, 22 July 2002.

57　CTBT/MSS/RES/1, 17 October 1996, Annex.

58　この点についての意図を判断する指標として、フォーセットは、①紛争の強制的な司法的解決条項の存在、②当事国のICJ選択条項受諾宣言、③国連事務局への登録、④その旨の意図の宣言ないし合意主題からの推論、を挙げるが、フォーセット自身も、①と④のみが決定的であるとする。J.E.S. Fawcett, "The Legal Character of International Agreements," *British Yearbook of International Law*, Vol.30(1953), pp.387-390. フォーセットの主張に対する批判として、Kelvin Widdows, "What is an Agreement in International Law," *British Yearbook of International Law*, Vol.50(1979), pp.23-26.

59　See, e.g., Oscar Schachter, "The Twilight Existence of Nonbinding International Agreements," *American Journal of International Law*, Vol.71, No.2 (April 1977), pp.296-297; Aegean Sea Continental Shelf Case, *ICJ Reports 1978*, p.39, para. 96; Case concerning Maritime Delimitation and Territorial Questions between Qatar and Bahrain (Jurisdiction), *ICJ Reports 1994*, pp.120-121, paras. 21-25. 中村耕一郎『国際「合意」論序説』(東信堂、二〇〇二年)五四―五五頁。

60　オーストは、条約とそれ以外の合意との区別について、「Article」か「paragraph」か、「agreed」か「decided」か、「authentic」か「equally valid」か、「Done」か「Signed」か、「enter into force」か「come into effect」か、などの多数の指標を提示するが、少数の例外を除き、準備委設立文書にはそのいずれも存在しない(「shall」か「will」か、および「undertake」か「carry out」かの区別についてのみ、条約用語の方を使用している)。See Anthony Aust, *Modern Treaty Law and Practice* (Cambridge U.P., 2000), pp.27, 404.

61　条約法の解釈手法が条約以外の文書の解釈においても利用されうる点につき、中村『国際「合意」論序説』五五頁参照。

62　『第七十二回国会衆議院外務委員会議録』第五号(一九七四年二月二〇日)二頁(大平正芳外相答弁)。

63　もっとも、財政的支出を伴う国際機構設立条約はすべて国会承認条約という訳ではない。分担金の制度をとらず、任意拠出のみの国際機構の場合には、財政的観点から法的義務づけがある訳ではないので、大平三原則にいう財政事項を含む条約とはいえず、国会承認を経ない行政取極の形式をとることもある。例えば「日露核兵器廃棄協力委員会」という名称の国際機構を設立した、一九九三年一〇月一三日の「ロシア連邦において削減される核兵器の廃棄の支援に係る協力及びこの協力のための委員会の設置に関する日本国政府とロシア連邦政府との間の協定」は署名発効条約であり(第一三条一項)、国会の承認を経ていない。『官報』第一三一七号(一九九四年一月一三日)四―五頁。

64　Aust, *Modern Treaty Law and Practice*, pp.22, 142. 国の条約集への登載の意味について、ibid., pp.282-283; D.P. O'Connell, *International Law*, Vol.1, 2nd ed. (Stevens and Sons, 1970), p.205.

65　Interview with Wolfgang Hoffmann, Executive Secretary of the Preparatory Commission for the CTBTO, in Tokyo on April 25, 2002.

66　"Legal Capacity of the Preparatory Commission for the Comprehensive Nuclear-Test-Ban Treaty Organization," p.1. もっとも、ＰＴＳ内部(法務・渉外局)に、準備委設立文書をある種の条約であると考えている者もいない訳ではない。

67　準備委設立文書が条約であると仮定した場合には、準備委設立決議を採択した署名国会議に参加したＣＴＢＴ署名国はともかく、その後にＣＴＢＴに署名した国は、いかにして準備委設立文書という「条約」に加入することができるのかという問題が生じうる。準備委設立文書には加入手続が定められていないからである。もっとも、条約法条約第一一条にいうように、条約に拘束されることについての同意は、「合意がある場合には他の方法により表明することができる」のであり、ＣＴＢＴへの署名が準備委設立文書という「条約」への加入をも意味するとの黙示の合意があったと考えることは可能であろう（その後の署名国がすべて準備委に参加しているのは「後の慣行」か）。

68　例えば、国連憲章第一〇四条は、「この機構は、その任務の遂行及びその目的の達成のために必要な法律上の能力を各加盟国の領域において享有する」と規定する。この規定が国内法上の能力に関するものである点につき、See, e.g., *Charter of the United Nations: Report to the President on the Results of the San Francisco Conference by the Chairman of the United States Delegation, the Secretary of State* (Greenwood Press, 1945), pp.157-158; Malanczuk, *Akehurst's Modern Introduction to International Law*, 7th ed., p.92. なお、類似の規定として、ＩＡＥＡ憲章第一五条Ａ、化学兵器禁止条約第八条四八項、ＷＨＯ憲章第六六条などを参照。

69　ＣＴＢＴＯ準備委が採択しまたは署名した他の国際機構等との間のその他の同様な協力協定としては、国連開発計画（ＵＮＤＰ）との間の協定、世界気象機関（ＷＭＯ）との間の協定、ラテンアメリカ・カリブ地域核兵器禁止機関（ＯＰＡＮＡＬ）との間の協定などがある。

70　CTBT/PC-11/1/Annex XII, 9 May 2000. See Preparatory Commission for the CTBTO, *Annual Report 2000*, p.42.

71　正確には、国際機構相互間の条約は、「登録（register）」されるのではなく、「整理・記録（file and record）」される。"Registration and Publication of Treaties and International Agreements: Regulations to give effect to Article 102 of the Charter of the United Nations," Article 10, in *Repertory of Practice of United Nations Organs*, Vol.V (United Nations, 1955), p.290.

72　国連条約集（United Nations Treaty Series, UNTS）には、第二一二巻（一九五五年）以降、「加盟国の提出した文書の登録は、当該文書の性格…に関する事務局の判断を含意しない。事務局の行為は、当該文書が条約または国際協定の地位を有していない場合に、当該文書にそのような地位を付与することにはなら…ない、というのが事務局の理解である」という注意書きがある。See, e.g., "Note by the Secretariat," *UNTS*, Vol.2147 (2001). 実際、国連事務局は、一応条約か否かを審査し、疑わしい場合には登録申請国と協議を行い、時折登録を拒否することもあるといわれるが、同時に、稀には条約でないと考えられる文書が登録されることもあるという。Aust, *Modern*

Treaty Law and Practice, pp.33-34, 35, 278-279; D. N. Hutchinson, "The Significance of the Registration or Non-Registration of an International Agreement in Determining Whether or not It Is a Treaty," *Current Legal Problems*, Vol.46, Pt.2 (1993), p.261; *Repertory of Practice of United Nations Organs*, Vol.V, pp.294-295, para.29; Bruno Simma (ed.), *The Charter of the United Nations: A Commentary* (Oxford U.P., 1995), p.1106. 中村『国際「合意」論序説』八一頁。

73　国連事務局は、登録との関連において、政府間協定によって創設された国際機構であっても、条約締結能力を有しているとは思われないものの場合には、当該機構と国家との間の合意を、国連憲章第一〇二条にいう「国際協定」とは見なさないとしている。*Repertory of Practice of United Nations Organs*, Vol.V, p.295, para. 31 (b).

74　Hutchinson, "The Significance of the Registration or Non-Registration," p.263. See ibid., pp.267, 286; Michael Bogdan, "Some Reflections Concerning Unregistered Treaties," *Revue de Droit International et de Sciences Diplomatiques et Politiques*, 55e année No.2 (1977), p.121. 国連事務局自身、国連事務局の職権による登録については、国連事務局が当該合意の明確な法的含意に従って登録を行うという。*United Nations Juridical Yearbook 1970*, p.184, para. 5. また、登録に関する規定が存在することは、当該合意が条約であることを示す要素であるとされる。Hutchinson, "The Significance of the Registration or Non-Registration," p.266, n. 38; Aust, *Modern Treaty Law and Practice*, p.280. したがって、一方当事者が国連である合意における、国連登録に関する規定の存在は、当該合意が国際法上の条約であることを示す有力な証拠となりうるのである。

75　CTBT/PC/I/11/Add.1, 6 November 1996, Annex.

76　準備委は、施設協定のほか、加盟国における訓練やワークショップその他の技術的会合の開催などのためにも当該加盟国と協定・取極を締結しており、二〇〇二年にはそのような目的のために一八の協定・取極 (agreements or arrangements) が結ばれている。CTBT/PC-20/1/Annex III, 1 July 2003, p.25, para. 129.

77　このうち一五の協定が発効し、二つの協定が暫定適用されている。Ibid., p.24, para. 125.

78　CTBTO準備委との取決めが様々な形態を取らざるを得ない点は、モデル施設取極が様々な可能性を許容する選択方式をとっていることにも表われている。CTBT/PC-6/1/Annex I, 21 August 1998, Appendix III.

79　CTBT/PC-20/1/Annex III, p.25, para. 126.

80　例えば、対日平和条約署名のサンフランシスコ会議の際に、オランダと日本との間に交わされた交換書簡（一九五一年九月七日・八日の吉田・スティッケル書簡）は、国会の答弁においてその法的性格が否定されている。『第二十四回国会衆議院外務委員会議録』第二五号（一九五六年三月三〇日）二〇―二一頁（下田武三条約局長答弁）。

81　その意味では、日本の態度は一貫しているといえるが、こうした日本の一貫した立場は、日本が国連との協力協定（その条約としての性格は疑いない）の一方当事者である準備委員会の一員であるという限りで、部分的に修正を余儀なくされているし、日本は準備委員会において、国連との協力協定の締結に特に反対しなかったようである。とはいえ、かかる協定の締結に反対することは、政治的にはほぼ不可能であったと思われ、反対しなかったことで日本の立場が害されることになったということにはならないと思われる。

82　交換書簡が交わされた一九九九年の『閣議及び事務次官等会議付議事項の件名等目録（平成一一年）』（内閣官房内閣参事官室）には、同交換書簡は件名として掲げられていない。

83　CTBT/WGA-20/1, 11 March 2002, p.6, para. 25; CTBT/PC-17/1, 12 April 2002, p.4, para. 20; CTBT/PC-18/1/Annex III, 21 August 2002, p.13, para. 76.

84　A/RES/53/100, 8 December 1998, para. 7. 国連による正式確認行為書寄託（一九九八年）の後、ＩＭＯ（二〇〇〇年）、ＯＰＣＷ（二〇〇〇年）、ＷＨＯ（二〇〇〇年）、ＩＬＯ（二〇〇〇年）、ＷＩＰＯ（二〇〇〇年）、ＩＮＴＥＲＰＯＬ＝ＩＣＰＯ（二〇〇一年）、ＩＣＡＯ（二〇〇一年）、ＵＮＩＤＯ（二〇〇二年）が、同条約の正式確認行為書を寄託しまたは同条約に加入している。

85　実際、国際機構条約法条約への加入を提案する準備委事務局長のノートは、同条約第八四条に言及している。CTBT/PTS/INF.488, 13 February 2002, para. 6.

86　CTBT/LEG.AGR/14, 17 June 2002.

87　CTBT/PC/I/11/Add.1, 6 November 1996, pp.1-5. See also CD/1431, 30 August 1996, pp.3-4.

88　我妻榮『新訂民法総則』（岩波書店、一九六五年）一九六―一九七頁参照。

89　澤木敬郎・堂垣内正人『国際私法入門（第四版補訂版）』（有斐閣、一九九八年）一五九頁。ただし、本条の適用は、外国法人に限定すべきであり、国際法人は含まないとの考え方もあり、この考え方によれば、国際法人の認許はわが国による設立条約への加盟によるとされる。『新版注釈民法(2)』(有斐閣、一九九一年)一九八頁(溜池良夫執筆)。山田鐐一「條約に依る外國法人の認許」『国際法外交雑誌』第五七巻二号(一九五八年六月)一五—一六頁をも参照。なお、わが国の法制上、条約等によって国際法人格を有する国際機構は、国内法上の法人格を認められるといわれるが(小寺「国際組織の法人格」一四二頁)、わが国による設立条約への加盟の有無や、当該設立条約(および関連条約)における国内法上の能力に関する規定の有無を問わず、一般的にそのようにいえるかについては、検討の余地があろう。

90 この点につき、平岡千之「国際機関の法人格およびわが国におけるその国内法上の地位について」『外務省調査月報』第四巻一〇号(一九六三年一〇月)六七—六八頁。

91 澤木・道垣内『国際私法入門(第四版補訂版)』一五九頁は、そのように理解できる。

92 例えば第一五条一項一号は、研究所その他の施設において使用する「学術研究用品」の関税免除について規定するが、地震学的監視観測機器等が「学術研究用品」に当たるか、疑問が残る。また、第一五条一項一〇号は、「条約」の規定により輸入の後特定の用途に供されることを条件に関税を免除するとされている貨物について規定するが、たとえその旨の規定があったとしても、そもそもわが国は準備委設立文書や交換書簡は条約ではないとの立場である以上、同号は適用できないであろう。

93 浅田「未発効条約の可能性と限界」四〇一—四〇二頁。

94 栗山条約課長によると、「日中首脳会議の結論を条約という法律的な文書の形でとりまとめることも理論的には可能であったであろうが、国交正常化のためにはそのような文書は必要ではないという点について日中間に明確な意思の合致があった結果、共同声明という形式をとることに合意されたのである」。「栗山尚一外務省条約局条約課長の日中共同声明の解説」竹内実編『日中国交基本文献集下巻』(蒼蒼社、一九九三年)二五五頁。Takakazu Kuriyama, "Some Legal Aspects of the Japan-China Joint Communiqué," *Japanese Annual of International Law*, No.17 (1973), pp.50-51.

95 『第八十二回国会衆議院予算委員会議録』第二号(一九七七年一〇月一一日)二四—二五頁。

96 日中共同声明は二国間の合意文書であるからそのような合意が可能であった、とは必ずしもいえない。現に二当事者間の文書である日本とCTBTO準備委との間の交換書簡の法的性格づけは、本文で述べたように日本と準備委とでは異なるのである。

97 "Resolution Establishing the Preparatory Commission for the Organisation for the Prohibition of Chemical Weapons," in Lisa Woollomes Tabassi

(ed.), *OPCW: The Legal Texts* (TMC Asser Press, 1999), pp.523-530.

98　Félix C. Calderón, "The Preparatory Commission for the Organization for the Prohibition of Chemical Weapons," in Daniel Bardonnet (ed.), *La Convention sur l'interdiction et l'élimination des armes chimiques: une percée dans l'entreprise multilatérale du désarmement*, Colloque, La Haye, 24-26 novembre 1994 (Nijhoff, 1995), p.31.

99　See "Helsinki Decisions," in Arie Bloed (ed.), *The Conference on Security and Co-operation in Europe: Analysis and Basic Documents, 1972-1993* (hereinafter cited as Bloed (ed.), *CSCE Basic Documents 1972-1993*) (Nijhoff, 1993), pp.766-770.

100　ガルジュロ (Pietro Gargiulo) は、一般に、準備委の設立規定は、法的には、国際機構設立条約の採択そのものに黙示的に含まれる同意（注で条約法条約第二四条四項を引用）に基づいているか、あるいは（国際機構設立）条約の発効前にその趣旨・目的を失わせてはならない義務（注で条約法条約第一八条を引用）に基づいている、と考えられているが、そのような考え方はＯＰＣＷ準備委の設立文書についても恐らく当てはまる、と述べる。Pietro Gargiulo, "The Preparatory Commission for the Organization for the Prohibition of Chemical Weapons," M. Bothe et al. (eds.), *The New Chemical Weapons Convention: Implementation and Prospects* (Kluwer, 1998), p.158. また、ロンジッチ (Natalino Ronzitti) は、ＯＰＣＷ準備委の法的基礎に関して、準備委設立文書（決議）を簡略形式の条約と性格づけることもできるし、同文書（決議）の基礎は条約（ＣＷＣ）の発効前にその趣旨・目的を失わせてはならない署名国の義務を定める条約法条約第一八条に求めなければならないと主張することもできるとし、そのいずれも同様にありうる (également plausibles) と述べる。Natalino Ronzitti, "La Convention sur l'interdiction de la mise au point, de la fabrication, du stockage et de l'emploi des armes chimiques et sur leur destruction," *Revue Générale de Droit International*, tome 99/1995/4, p.924. ＯＰＣＷ準備委設立文書を簡略形式の条約と捉える見方は、ＣＴＢＴＯ準備委設立文書に対するイギリスの見方に通じるところがある。

101　この点につき、浅田「未発効条約の可能性と限界」三九一頁参照。

102　Calderón, "The Preparatory Commission for the Organization for the Prohibition of Chemical Weapons," p.32. なお、本論文は、準備委の段階で書かれたものである。

103　ちなみに、ＯＰＣＷ準備委の本部が置かれたオランダの条約集には、準備委設立文書は登載されていないようである。See "Treaties and Other International Agreements to Which the Kingdom of the Netherlands Is a Party: Conclusion and Development 1993," *Netherlands*

Yearbook of International Law, Vol.25(1994), p.467-498.

104 ＣＷＣ検証附属書第二部第一項。

105 準備委設立文書第一〇項(d)(g)参照。See also "Final Report of the Preparatory Commission for the Organisation for the Prohibition of Chemical Weapons," PC-XVI/37, 15 April 1997, paras. 16, 17.

106 PC-VI/6, 23 February 1994.

107 "Treaties and Other International Agreements to Which the Kingdom of the Netherlands Is a Party," *Netherlands Yearbook of International Law*, Vol.26(1995), p.278. この協定は、オランダの議会の承認を必要とせずに発効した。

108 本部協定締結までの間は、ホスト国オランダの外務省が、口上書(Note Verbale of the Ministry of Foreign Affairs dated 2 March 1993)によって、「暫定的かつ実際的な基礎」の上に必要な特権免除を付与する、という方式がとられた。Calderón, "The Preparatory Commission for the Organization for the Prohibition of Chemical Weapons," pp.35-36.

109 「法的能力」が国際法上の能力を意味することは、ＯＰＣＷ準備委設立文書に、別途、準備委の国内法上の地位や特権免除の付与に関する規定(第一八項)が存在することからも確認できる。これは、ＣＴＢＴＯ準備委設立文書の場合と同様である。

110 このような前文は、国連本部協定にも、ＩＡＥＡ本部協定にも、ＣＴＢＴＯ準備委ホスト国協定にも、その他の多くの国際機構(例えば、国際捕鯨委員会(ＩＷＣ)、国際すず理事会(ＩＴＣ)、国際コーヒー機関(ＩＣＯ)、国際海事衛星機構(ＩＮＭＡＲＳＡＴ)、ルワンダ国際刑事裁判所(ＩＣＴＲ)＝A/51/399, 24 September 1996, Appendix)の本部協定にも見られない。なお、日本と国際熱帯木材機関(ＩＴＴＯ)との間の本部協定の前文には、機関の本部が横浜に決定されたことを考慮して、との文言がある。

111 非法的文書に法的な効果を有する規定が含まれ得る点も、ＣＴＢＴＯ準備委設立文書との関係で述べた通りである。

112 Tabassi(ed.), *OPCW: The Legal Texts*, pp.536-539. 本文で述べたように、ＯＰＣＷ準備委設立文書には、準備委の法律上の地位・特権免除に関する規定が置かれているが(第一八項)、財産その他のＯＰＣＷへの移管についても、明文の規定が置かれている(第一七項)。なお、このほかにＯＰＣＷ準備委が締結した条約としては、特殊なものとして、アメリカ政府との間の所得税の償還に関する協定(Tax Reimbursement Agreement)がある。Calderón, "The Preparatory Commission for the Organization for the Prohibition of Chemical Weapons," p.32. 他方、ＯＰＣＷ準備委は、国連との協力協定も、ＯＰＣＷが国連との間に結んだ国連通行証(ＵＮＬＰ)の発行に関する暫定取極（ＯＰＷＣが、緊急の必要から、国連との協力協定に先立って国連事務総長との間の交換書簡によって取り決めたもので、当該取極に従って発行される国連通行証は、旅行証明書として使用され、通行証には保持者が特権免除を享有する旨が明記される）に相当する取極も（おそらく必要であったと考えられるにも拘らず）締結していない。また、オランダ以外の準備委加盟国において査察員の訓練を行うためには、それらの加盟国との間に特権免除に関する協定ないし取極を締結することが必要であったと考えられるにも拘らず、そのような協定は締結されていない。

113 For the text of the Final Act of Helsinki and the Charter of Paris, see Bloed (ed.), *CSCE Basic Documents 1972-1993*, pp.141-211, 537-550. ＣＳＣＥの沿革と機構化につき、吉川元『ヨーロッパ安全保障協力会議（ＣＳＣＥ）』（三嶺書房、一九九四年）、百瀬宏・植田隆子編『欧州安全保障協力会議（ＣＳＣＥ）一九七五―九二』（日本国際問題研究所、一九九二年）参照。See also Dominic McGoldrick, “The Development of the Conference on Security and Co-operation in Europe (CSCE) after the Helsinki 1992 Conference,” *International and Comparative Law Quarterly*, Vol.42, Pt.2 (April 1993), pp.411-432; Miriam Sapiro, “Changing the CSCE into the OSCE: Legal Aspects of a Political Transformation,” *American Journal of International Law*, Vol.89, No.3 (July 1995), pp.632-633.

114 一般には、ＯＳＣＥ議員会議（コペンハーゲン）もＯＳＣＥの機関（institutions）の一つに含められる（See, e.g., *Annual Report 2001 on OSCE Activities (1 November 2000 - 31 October 2001)*, pp.69-118）が、後述のように、そのＯＳＣＥにおける地位は特殊であるし、ＯＳＣＥの法的能力と特権免除の問題を扱うＯＳＣＥ事務総長の文書には、デンマークは機関（institutions）のホスト国としては列挙されていない（PC.JOUR/383, 26 November 2000, Annex, Attachment 1, para. 9）ことなどから、ここでは掲げなかった。

115 Bloed (ed.), *CSCE Basic Documents 1972-1993*, pp.210, 550. また、ヘルシンキ最終議定書を国連事務総長に送付したフィンランド政府の書簡は、最終議定書は「条約または国際協定であればそうであるようには登録されるべきでない」旨述べられていた。Massimo Coccia, “Helsinki Conference and Final Act on Security and Cooperation in Europe,” in Bernhardt (ed.), *Encyclopedia of Public International Law*, Vol.II, pp.694-695. See also Harold S. Russell, “The Helsinki Declaration: Brobdingnag or Lilliput?,” *American Journal of International Law*, Vol.70, No.2 (April 1976), pp.242-272; Michael Bothe, “Legal and Non-legal Norms: A Meaningful Distinction in International Relations?,” *Netherlands Yearbook of International Law*, Vol.11 (1980), pp.65-95; P. van Dijk, “The Final Act of Helsinki: Basis for a Pan-European System?,” *Netherlands Yearbook of International Law*, Vol.11 (1980), pp.97-124; Jean-François PREVOST, “Observations sur la nature juridique de l'Acte

final de la Conférence sur la Sécurité et la Coopération en Europe," *Annuaire Français de Droit International*, tome 21(1975), pp.129-153; Djura Nincic, "Les implications générales juridiques et hitoriques de la Déclaration d'Helsinki," *Recueil des Cours*, tome 154(1977-I), pp.49-99. 長谷川正国「国際社会におけるいわゆる『非法律的合意』の一考察⑶」『福岡大学法学論叢』第二九巻一・二・三・四号（一九八五年）一八〇—一八三頁、中村『国際「合意」論序説』一一〇—一一一、一六八頁。

116 *Digest of United States Practice in International Law 1975*, p.325.

117 Bothe, "Legal and Non-legal Norms," p.65.

118 Oscar Schachter, *International Law in Theory and Practice* (Nijhoff, 1991), p.97. 吉川元『ヨーロッパ安全保障協力会議（ＣＳＣＥ）』九二—九三、九六頁、中村『国際「合意」論序説』一一〇—一一一頁。

119 For the text of the treaties, see Bloed(ed.), *CSCE Basic Documents 1972-1993*, pp.870-888, 1223-1253, 1271-1309.

120 *SIPRI Yearbook 1992*, p.477.

121 Bloed(ed.), *CSCE Basic Documents 1972-1993*, pp.24, 34, 35. なお、調停・仲裁条約は、法的拘束力のないＯＳＣＥコミットメントをもその対象とするが、それらは調停の対象となるに過ぎない。中村『国際「合意」論序説』八七頁。

122 Bundesgesetz über die Rechtsstellung von Einrichtungen der KSZE in Österreich, BGBl. Nr. 511/1993.

123 Interview with Françoise Nocquet, Legal Adviser, Office of the Secretary General, OSEC, in Vienna on March 7, 2003.

124 "Agreement between the Government of Denmark and the Parliamentary Assembly of the Conference on Security and Cooperation in Europe Relating to the Headquarters in Copenhagen of the Secretary(sic)of the Parliamentary Assembly of the CSCE," signed in Copenhagen on 15 January 1993.

125 そのほか、国連特権免除条約により国連に付与されるものと類似した特権免除を享有する旨を規定する点、三人の仲裁人による仲裁裁判(arbitration)による紛争解決を規定しており、第三の仲裁人に合意できない場合には、ＩＣＪの所長に第三の仲裁人の選定を求める点、デンマーク側を代表して外相が協定への署名を行っている点（議員会議の側は議員会議議長が署名）などを関連要素として挙げることができる。もっとも、いずれも本件協定が条約であると結論できる決定的な要素とまではいえないであろう。この点で極めて重要な要素と考えられるのが、本協定の規定と国連特権免除条約の規定の双方が「適用される(shall be applied)」旨を定める規定（第一四条）の存在であるが、ＯＳＣＥ議員会議との関係で国連特権免除条約を「適用」することはそもそも法的に正当化しえず、本規定の内容自体に疑義があるといわねばならない。

126　Letters from Sophie Richardson, Assistant to the Secretary General of the OSCE Parliamentary Assembly, May, 28, May 29, and June 10, 2002. 本部協定を国内法上の法的文書と見なすその他の例として、南極条約協議会議とアルゼンチンとの間の南極条約事務局本部協定（Final Report of XXVI ATCM, 16/07/2003, pp.53-61）を国内法上の文書と見なす国が日本を含め複数存在するようである。

127　“International Organizations Immunities Act,” 22 U.S.C. 288.

128　Sands and Klein, *Bowett's Law of International Institutions*, p.479 ff.も、条約締結能力を国際法上の能力として扱い、契約締結能力や特権免除を国内法上の能力・帰結として扱っている。See also Schermers and Blokker, *International Institutional Law*, pp.1003 ff., 1096 ff.

129　“Final Resolution Concerning the Establishment of the CSCE Parliamentary Assembly,” in Bloed (ed.), *CSCE Basic Documents 1972-1993*, pp. 1027-1030; ibid., p.549. See also *OSCE Handbook* (OSCE, 2000), p.139.

130　Bloed (ed.), *CSCE Basic Documents 1972-1993*, pp.116-117. 吉川『ヨーロッパ安全保障協力会議（ＣＳＣＥ）』二三九―二四〇頁。なお、議員会議は決定手続も多数決制を採用し、ＯＳＣＥの諸機関とは異なる。

131　決議形式であること、その主体が議会の代表団であること、「shall」ではなく「will」が使用されていること、発効条項がないことなど。なお、名称上、類似した存在とも見られうる欧州議会は、その機能・権限はもちろんのこと、条約を基礎としている点、直接選挙による代表である点など、ＯＳＣＥ議員会議とは全く性格を異にしている。

132　逆に、決議を採択した会議の開催国への謝辞などを含んでいる（第一四項）。

133　長期ミッションの規範的基礎は「必ずしも明確ではない」が、「ソフト・ロー」的な枠組みの中の「ソフトな制度」であるといわれる。Allan Rosas and Timo Lahelma, “OSCE Long-Term Missions,” in Michael Bothe et al. (eds.), *The OSCE in the Maintenance of Peace and Security: Conflict Prevention, Crisis Management and Peaceful Settlement of Disputes* (Kluwer, 1997), p.189. なお、長期ミッションの概要につき、植田隆子「欧州安全保障協力機構」植田編『現代ヨーロッパ国際政治』（岩波書店、二〇〇三年）七九―八四頁参照。

134　平和維持活動などＯＳＣＥと同様な活動を行っている独立国家共同体（ＣＩＳ）も、ＯＳＣＥと同様に条約に基礎を置かない国際機構と見られがちであるが、ＣＩＳは一九九一年一二月の「ＣＩＳ設立協定」（批准発効条約）および同協定の不可分の一部をなす「ＣＩ

S設立協定議定書」によって設立された後、一九九三年一月の「CIS憲章」(批准発効条約)によってさらに確固とした法的基礎を与えられている。*International Legal Materials*, Vol.31, No.1 (January 1992), pp.143-147; ibid., Vol.34, No.5 (September 1995), pp.1282-1297.

135　"Agreement between the Federal Government of Yugoslavia and the Organization for Security and Co-operation in Europe (OSCE), October 16, 1998," in Philip E. Auerswald and David P. Auerswald (eds.), *The Kosovo Conflict: A Diplomatic History through Documents* (Kluwer, 2000), pp. 299-303. なお、NATOも同様な形式(「will」を使用)の「協定」をユーゴとの間で結んでいる。"NATO/FRY Kosovo Verification Mission Agreement, FRY, 15 October 1998," in Marc Weller, *The Crisis in Kosovo 1989-1999* (Documents & Analysis Pub., 1999), pp.281-282.

136　Coccia, "Helsinki Conference and Final Act on Security and Cooperation in Europe," p.695. Cf. Russell, "The Helsinki Declaration," pp.246-247; Aust, *Modern Treaty Law and Practice*, p.27.

137　"Memorandum of Understanding between the Organization for Security and Co-operation in Europe (OSCE) and the Federal Government of the Federal Republic of Yugoslavia on the Establishment of the OSCE Mission to the Federal Republic of Yugoslavia," Done at Belgrade on 16 March 2001.

138　「了解覚書」という名称が通常、非法的合意に用いられる点につき、Aust, *Modern Treaty Law and Practice*, p.18, もっとも、条約法条約第二条一項(a)の規定を指摘するまでもなく、名称は条約か否かの判断において決定的ではない。Ibid., pp.20-21, 27.

139　Interview with Françoise Nocquet, Legal Adviser, Office of the Secretary General, OSEC, in Vienna on March 7, 2003.

140　この点につき、see also Andrea Gioia, "The United Nations and Regional Organizations in the Maintenance of Peace and Security," in Bothe et al. (eds.), *The OSCE in the Maintenance of Peace and Security*, p.199, n. 20.

141　実際、OSCEと国連との間の協力は、一九九三年五月二六日にCSCE理事会議長と国連事務総長が署名した「国連事務局とCSCEとの間の協力および協調のための枠組み」という文書に従って行われている(A/48/185, 1 June 1993, Annex II, Appendix)。

142　"Difficulties the OSCE has Faced or May Face due to the Lack of International Legal Personality, Legal Capacity and Privileges and Immunities Granted by All Participating States," SEC.GAL/71/00, 13 July 2000, reproduced in PC.JOUR/383, Annex, Attachment 3.

143　この点につき、see PC.JOUR/383, Annex, paras. 1-9; CIO.GAL/42/00, 23 June 2000, reproduced in PC.JOUR/383, Annex, Attachment 2.

144　Sapiro, "Changing the CSCE into the OSCE," p.634; Bloed (ed.), *CSCE Basic Documents 1972-1993*, p.24.

145　この選択肢の可能性を探ることを支持した国もあり、その限りで、参加国の中にはＯＳＣＥの条約締結能力を認める可能性のある国もあるということかも知れない。See PC.JOUR/383, Annex, para. 4. ただし、本稿の「おわりに」参照。

146　ローマ理事会決定(CSCE/4-C/DEC.2, Rome, 1 December 1993, reproduced in PC.JOUR/383, Annex, Attachment 1, Annex A)は、参加国に国内措置の実施状況を報告するよう求めているが、求めに応じて実施状況を提出した国は、ＯＳＣＥ加盟五五カ国中一四カ国に過ぎず、そのうち既に国内措置を執ったか、執ろうとしている国は、機関(institutions)本部所在地国を含む一〇カ国に過ぎない(SEC.GAL/20/00, 6 March 2000, para. 9, reproduced in PC.JOUR/383, Annex, Attachment 1)。See also “Charter for European Security,” *International Legal Materials*, Vol.39, No.2 (March 2000), p.259, para. 18.

147　“Helsinki Summit Declaration, Helsinki, 10 July 1992,” para. 25, in Bloed (ed.), *CSCE Basic Documents 1972-1993*, p.707. これに対して国連は、一九九二年一〇月に総会決議四七／一〇(国連と欧州安全保障協力会議との間の協力)を採択し、ＣＳＣＥによる国連憲章第八章の地域的取極である旨の宣言を「歓迎(welcoming)」している。その後翌年になって、前述のように、国連との間に協力・協調のための枠組みが合意されている。なお、ＯＳＣＥが国連憲章第八章にいう「地域的取極」に該当するかについては、厳密にいえば疑問がある。一般に地域的取極とは、地域的な条約を意味するものとされているからである。Hans Kelsen, *The Law of the United Nations* (Stevens & Sons, 1951), p.319; Simma (ed.), *The Charter of the United Nations*, pp.694, 705. もっとも、ガリ国連事務総長は、「平和への課題」の中で、憲章中に定義が置かれていないとして、地域的取極・機関をかなり緩やかに解している。A/47/277-S/24111, 17 June 1992, para. 61.

148　名称変更を行った一九九四年のブダペスト決定自身も、「ＣＳＣＥからＯＳＣＥへの名称変更によって、我々のＣＳＣＥに対する約束の性格も、ＣＳＣＥとその機関(institutions)の地位も変わらない」と述べている。ただし、同時に、ＣＳＣＥは定期的にその目標、活動および構造を再検討するとし、特に法律上の能力と特権免除に関するローマ理事会決定に言及しつつ、「必要ならば法的性格のさらなる取極の可能性を探究する」としている。“Budapest Decisions,” in Arie Bloed (ed.), *The Conference on Security and Co-operation in Europe: Basic Documents, 1993-1995* (Nijhoff, 1997), p.153, para.1 and p.156, para.29. See also Kari Möttölä, “The OSCE: Institutional and Functional Developments in an Evolving European Security Order,” in Bothe et al. (eds.), *The OSCE in the Maintenance of Peace and Security*, p.5; Sapiro, “Changing the CSCE into the OSCE,” p.636. なお、ＣＳＣＥの名称変更に際しては、「会議(Conference)」を「理事会(Council)」に変えるという案も検討されたようである。Ibid., p.634.

149　一九九九年にOSCEのイスタンブール首脳会議で署名された「欧州安全保障憲章」においても、「機構の法人格の欠如」から生じうる困難への言及がある。"Charter for European Security," para. 18.

150　*UNTS*, Vol.1331(1983), pp.236-238.

151　村瀬信也『国際法の経済的基礎』(有斐閣、二〇〇一年)二四一―二四二頁、中谷和弘「地域経済組織と法(2)――ASEANとAPEC」横田編『国際組織法』一八六頁、山影進「東南アジア諸国連合」国際法学会編『国際関係法辞典』五八一頁、東南アジア調査会編『東南アジア要覧 一九九二年版』一六・一二頁。Michel Virally, "La distinction entre textes internationaux de portée juridique et textes internationaux dépourvus de portée juridique," *Annuaire de l'Institut de Droit International*, Vol.60-I(1983), p.207; Vithit Muntarbhorn(main contributor), "ASEAN and the Treaty-Making Process," in *ASEAN Economic Cooperation for the 1990s: A Report Prepared for the ASEAN Standing Commitee* (Philippine Institute for Development Studies and ASEAN Secretariat, 1992), p.110. ただし、ASEAN宣言を条約と見るものとして、曽我英雄「ASEANの組織上の諸問題」『アジア経済』第一六巻一二号(一九七五年一二月)六七頁、Paul J. Davidson, *ASEAN: The Evolving Legal Framework for Economic Cooperation* (Times Academic Press, 2002), p.34. 前者は、オコンネルの基準を引いてASEAN宣言を条約であるとするが、「法的約束の意図を示す文言の明確さ」(O'Connell, *International Law*, Vol.1, 2nd ed., p.199)、「用いられた文言が法的な意図を示す」(Ibid., p.205)という基準を満たすことを十分に立証しているようには思えないし、後者は、ASEANの後の実行を根拠にしようとしているようであるが、いかなる事実をもってそういえるのか説得的な説明はなく、却ってその実行に関して法的厳密さを欠く評価が行われている(例えば、ASEAN自体と必ずしも直接には関係しない(本文参照)東南アジア友好協力条約をASEANの(法)人格の発展の観点から重要であると評価し(Davidson, *ASEAN*, p.35)、ASEAN側は個々の加盟国が当事者となって締結されたECとの協力協定をASEANの国際法人格の発展であると評価する(Ibid., p.38)点など)。なお、フィリピンが基本条約たるASEAN憲章の作成を提案してきたという事実(東南アジア調査会編『東南アジア要覧 一九七五年版』一七・一二頁、山影進『ASEANパワー』(東京大学出版会、一九九七年)二〇六頁)は、ASEAN宣言が基本「条約」ではないことを間接的に示しているともいえる。

152　この事実は、一般にはもちろん、専門家にもほとんど知られていない。例えば、Sompong Sucharitkul, "ASEAN Society, A Dynamic Experiment for South-East Asian Regional Co-operation," *Asian Yearbook of International Law*, Vol.1(1991), p.140 は、ASEAN宣言は国

連事務局に登録されていないとする。

153　Hutchinson, "The Significance of the Registration or Non-Registration," pp.258, 263-266, 270-272, 275-276, 285-287. See also Aust, *Modern Treaty Law and Practice*, pp.275-280. 中村『国際「合意」論序説』八〇―八三頁。

154　例えば、ＩＣＪ規程第三六条二項に基づく選択条項受諾宣言も登録対象である。

155　国連憲章第一〇二条にいう「条約及び国際協定」の定義がなされていないことをもって（特に連盟規約第一八条および連盟事務総長覚書との比較から）、法的でない合意も登録対象となりうることを示唆する者もあるが、国連の実行に照らして疑問である。Fawcett, "The Legal Character of International Agreements," pp.389-390.

156　同様に、登録の事実は登録国が当該文書を条約と考えていることを推定させるが、この推定は他の当事国には対抗できないとするものとして、O'Connell, *International Law*, Vol.1, 2nd ed., p.205.

157　ＣＴＢＴＯ準備委に関する部分で、国連との協力協定中に国連への登録に関する規定があることをもって、同協定が国際法上の条約であることの一つの証拠であるとしたが、そのことは、ここでの記述と矛盾しているかのような印象を与えるかも知れない。しかし、両者に矛盾はない。国家が登録申請を行う場合とは異なり、国連が登録を行う場合には、事務局は当該文書が条約か否かについて独自の検討を行い、条約でないと判断すれば登録を行わないとされるからである。Hutchinson, "The Significance of the Registration or Non-Registration," p.263. また、前述のＯＰＥＣ創設決議の場合とは異なり、ＡＳＥＡＮ宣言はインドネシアが単独で登録しているという点にも注目しなければならない。

158　当初は法的拘束力のなかった文書を、後に法的なものと認めることによって法的拘束力が生じうる可能性につき、Jan Klabbers, "Informal Agreements in International Law: Towards a Theoretical Framework," *Finnish Yearbook of International Law*, Vol.5 (1994), p.312. Cf. Hutchinson, "The Significance of the Registration or Non-Registration," pp.273-274, n. 68.

159　ＡＳＥＡＮ宣言には新規加盟に関する規定はなく、一九八四年のブルネイの加盟の際には、ＡＳＥＡＮ加盟国の臨時外相会議を開いて、ブルネイの外相と共に「ブルネイのＡＳＥＡＮ加入宣言」に署名するという方法がとられた。山影進『ＡＳＥＡＮ』（東京大学出版会、一九九一年）二九〇頁。

160　*UNTS*, Vol.1331 (1983), pp.243-249.

161 村瀬信也「ＡＳＥＡＮ統合の国際組織的側面」『アジア経済』第二六巻一〇号（一九八五年一〇月）一〇―一一頁。

162 中谷「ＡＳＥＡＮとＡＰＥＣ」一八八頁。

163 *UNTS*, Vol.1025 (1976), pp.319-322.

164 二〇〇三年一〇月には、ＡＳＥＡＮ域外国である中国とインドも同条約に加入している。なお、パプア・ニューギニアは一九八六年に正式にＡＳＥＡＮへの加盟申請を行っていた。

165 村瀬『国際法の経済的基礎』二四二頁、山影『ＡＳＥＡＮ』二四一、三〇三頁。Cf. Davidson, *ASEAN*, pp.15, 29. なお、二〇〇三年一〇月七日、ＡＳＥＡＮ首脳会議で採択された「ＡＳＥＡＮ協和宣言Ⅱ」に謳われている共同体も、ＥＣのような条約ベースの共同体ではないようである。Interview with Ambassador Pamohadiningrat Sudjadnan, Secretary-General of the Ministry of Foreign Affairs of Indonesia, in Osaka on August 20, 2003.

166 山影進「アジア太平洋経済協力の制度化に見られる特徴」『世界法年報』第一六号（一九九七年）二九―三三頁の表を参照。

167 "Cooperation Agreement between Member Countries of ASEAN and the European Community," Kuala Lumpur, 7 March 1980.

168 例えば、一九八一年のカナダとの協定、および、一九八〇年の日本との「東南アジア諸国連合貿易投資観光促進センターを設立する協定」につき、*UNTS*, Vol.1471 (1987), pp.72-77; ibid., Vol.1574 (1990), pp.52-61. See also Muntarbhorn, "ASEAN and the Treaty-Making Process," pp.110-111, 112. ＡＳＥＡＮが当事者となって条約を締結する実行が回避されてきた背景には、ＡＳＥＡＮが加盟国以上の権限を持つことへの警戒心と加盟国の主権の維持といった要素があるように思える。Cf. Davidson, *ASEAN*, p.15.

169 "Agreement between the Government of Indonesia and ASEAN relating to the Privileges and Immunities of the ASEAN Secretariat," Jakarta, 20 January 1979; "Agreement on the Use and Maintenance of the Premises of the ASEAN Secretariat," Jakarta, 25 November 1981. なお、一九九一年一一月五日にはＡＳＥＡＮ事務局とＡＳＥＡＮ議会間機構（ASEAN Inter-Parliamentary Organization, AIPO）事務局との間に「ＡＳＥＡＮ事務局の施設の一部の一時的使用に関する協定」が締結されているが、これは事務局相互間で結ばれた協定であり、同協定の前文に言及があるように、一九八一年のＡＳＥＡＮ事務局使用協定第二条三項（ＡＳＥＡＮ事務局はインドネシア政府とＡＳＥＡＮ事務局に受入れ可能な条件で事務局施設のスペースをＡＳＥＡＮ諸機構（政府間機構か非政府組織かを問わず）に利用させることができる旨を規定）によるＡＳＥＡＮ事務局への授権に従って締結されたものである。ＡＩＰＯは、ＡＳＥＡＮ加盟諸国の議会代表団長が一九七七年九月二日にマニラで署名したＡＩＰＯ憲章によって創設され、それぞれの国の議会をメンバーとする組織であって、政府間国際機構ではない。

170 批准条項の存在は当該合意が条約である重要な証拠となる点につき、Klabbers, "Informal Agreements in International Law," p.312.

171 村瀬『国際法の経済的基礎』二四三頁は、特権免除協定の締結をもって、「ＡＳＥＡＮが他の国際組織と同じように条約締結権能を有することを示」している、とする。

172 特権免除協定署名後の一九八三年になってインドネシアが、ＡＳＥＡＮ設立の基礎であるＡＳＥＡＮ宣言を国連に登録したという事実は、インドネシアがＡＳＥＡＮと本文に述べた二つの協定を締結したことと全く無関係という訳ではないかも知れない。

173 本稿では、条約締結能力を中心に検討を行ったが、国際機構のその他の法的権利義務の基礎として同様に条約等の法的基礎が必要であるかについては、別途検討の余地がある。

174 条約に基づくことなく設立されたＯＰＣＷ準備委との間に本部協定を締結したオランダが、ＯＳＣＥとの間には本部協定を締結せず、国内法で対応しようとしているという事実はとりわけ象徴的である。これは、法的な観点からは、ＯＳＣＥの基本文書が自ら条約ではないことを自認していることと関係していると見ることができるかも知れない。他方、機構の活動面における実際的な差異としては、ＯＰＣＷ準備委の場合には、必要とされていたのは基本的に本部協定のみであって、本部所在地国以外の加盟国には特権免除協定締結の必要が原則としてなかったことから、本部所在地国オランダに対する他の加盟国からの本部協定締結への圧力が強かったものと推測されるのに対して、ＯＳＣＥの場合には、その広範な活動から、極めて多数の参加国が特権免除協定の締結を迫られることになるため、機関所在地国に対しても本部協定締結の圧力が（さほど強く）なかったと考えられる。

175 逆にいえば、ＯＳＣＥ関連の今後の展開によっては、諸国の法意識が変わる可能性も全くないとはいえない。

176 シュヘルメルスとブロッカーは、一般的に国際機構が条約締結能力を有することは疑い得ない（なお、国際機構条約法条約第六条から、条約締結能力のない機構がありうることを認める一方、同じ条項から、設立文書に明文の授権がなくても条約を締結できる可能性を認める）と述べた上で、明文の規定がない場合にはいかなる協定を締結しうるかの判断は困難であるとしつつも、本部協定・特権免除協定や他の国際機構との相互関係に関する協定（機構間の承継協定を含む）の締結権はおそらくいかなる国際機構にも固有のものとみることができるであろう、と述べる。これが条約に基礎を置かない国際機構をも念頭に置いた記述であれば、ＯＰＣＷ準備委の事例を説明できるようにも思える。ただ、他の国際機構との相互関係に関する協定一般の締結権についての記述は、ＯＰＣＷ準備委の事例とは必ずしも合致しない（前出注112参照）。Schermers and Blokker, *International Institutional Law*, pp.1096-1097, 1101, 1114.

177　逆に、客観説の問題性は、とりわけＯＳＣＥの場合のように、国際機構の客観的な存在にも拘らず、しかも条約締結の必要性が現に語られているにも拘らず、それができないと考えられている点を説明することができない点にある。

178　ＯＳＣＥの抱える特権免除に係わる問題の解決方法として、各参加国がＯＳＣＥとの間に二当事者間の特権免除協定を締結するという方法が検討され、その利点の一つとして、ＯＳＣＥの条約締結能力に関連して、協定の締結によって黙示的にＯＳＣＥの条約締結能力を承認することになると考えることができるとされている。"The OSCE's Legal Capacity and Privileges and Immunities: Non-Paper by the Chairperson-in-Office," CIO.GAL/42/00, 23 June 2000, para. 23, reproduced in PC.JOUR/383, Annex, Attachment 2. なお、国際機構の加盟国でない第三国が、当該国際機構（事務総長）と締結する条約において、明示的に当該国際機構の国際人格と法的能力を「承認」した例として、see "Agreement on Privileges and Immunities of the United Nations Concluded between the Swiss Federal Council and the Secretary-General of the United Nations on 19 April 1946," Article I, section 1.

179　ただし、条約の締結に対する承認が多数決で決せられる場合に、当該機構には条約締結能力がないとして反対したメンバーに対して、その条約（の締結）がいかなる効力をもつかは、困難な問題である。

180　本稿では、検討の対象を通常の政府間国際機構に限定したが、①各国の警察機関によって構成されている国際刑事警察機構（ＩＣＰＯ）が、当初は国連によって「非政府組織（ＮＧＯ）」として扱われながら、その後、国連との関係において「政府間機構（ＩＧＯ）」として扱われるようになり、また本部所在地国たるフランスとの間に本部協定を締結しているという事実（*UN Juridical Yearbook 1982*, pp. 179-180; Andreas Gallas, "INTERPOL," in Bernhardt (ed.), *Encyclopedia of Public International Law*, Vol.II, p.1414.『第九十一回国会衆議院法務委員会議録』第一九号（一九八〇年四月二三日）二一—二三頁）や、②ＮＧＯである国際赤十字・赤新月社連盟（ＩＦＲＣ）が、スイス政府との協定において「国際法人格」を認められているという事実（CIO.GAL/42/00, para. 23）など、若干の特殊な事例に関しては、今後の検討課題としたい。

（付記）本稿は、平成一五・一六・一七年度科学研究費補助金（萌芽研究）による研究成果の一部である。

国際機構による国際生命倫理規範定立とその実効性確保
――ユネスコ国際生命倫理委員会の場合――

位田　隆一

はじめに

戦後の国際社会の特徴を三つ挙げるとすれば、第一次大戦直後に誕生したソ連を中心としてイデオロギー的に異質な社会主義国家群が資本主義国と対立する形で存在してきたこと、植民地解放によって新興独立国が登場し、その経済的自立のためにいわゆる南北問題が登場したこと、そして科学技術が飛躍的に発展し、人間活動にさまざまな新しい可能性を開いたことであろう。とりわけ科学技術の発展は、人間の活動範囲を水平的および垂直的に拡大させ、南極へ、宇宙へ、そして深海底に拡がるとともに、活動の質においても大きな変化をもたらし、原子力の利用に見られるような高度に危険な活動や人間や動植物をも含めた地球環境の保護が語られるようになった。これらの拡大や変化は、国際法に既存の概念の修正と新しい概念の誕生を迫った。前者は、活動範囲の広がりに伴う国家の領域的管轄権の制限又は否定であり、活動の質の変化に伴う危険責任や客観責任の考え方である。後者は、法主体としての「人類」の登場であり、また「遵守措置」のような合法違法の問題を回避する概念の創造である。[1]

こうした新しい現象としての科学技術の急速な進歩の一分野に生命科学がある。これまで科学技術は、その研究成果の応用の場面で社会的コントロールを受けることはあったが、研究そのものを規制することはほとんどなかった。[2] しかし、生命科学の研究は、それ自身が人間の生命や生活、また価値に影響を与える可能性があり、そのため、研究そのものや研究の対象、方法について規制の可能性や必要がある場合がある。科学研究そのものは各国国内で行われるのが通常の形態であるが、近年の研究は国際共同研究が盛んとなる一方、この分野の科学が上に述べたように人間の普遍的な価値に関わる側面を持つ。そこで、近年とくに国際的な基準や規範が必要とされている。それらの規範や基準は必ずしも厳密な意味での拘束力ある国際法規範のみでなく、法的拘束力はないが国際社会の普遍的規範として現れる場合がある。確かに従来の国際法学からすれば、それらは考察の対象にならなかった。しかし、現代国際社会の法形成形態が、伝統的国際法の形態から相当変化を遂げつつあることを考えれば、生命科学技術に関連した国際的規範を国際法の立場から検討することは、重要な意味を持ちうるし、またそれらの規範が実効的に遵守されまた様々な国際及び国内の場面で言及されるという事実を前にすれば、必要でもある。

特にこの分野では、ユネスコやWHOのような国際機構がその活動の一環として規範や機銃の設定を行ってきている。本稿ではそうしたひとつの例として、ユネスコ、とりわけその国際生命倫理委員会の規範設定機能を中心に検討する。

一　生命科学に関する社会規範としての「生命倫理」

生命科学・医学(以下ではとくに断らない場合は「生命科学」を狭義の生命科学その成果の延長としての医学・医療も含むものとして示す。)の発展は、人類の知の営みの成果として人類の進歩に大きく貢献してきた。しかし同時にそれは、人類に大きな損害を与える危険性も内包する。生命科学は、特にゲノム科学を中心として、人間の生命作用を探求し、人間の基本的な身体的精神的特徴を解明しようとするもので、それを通じて健康の保持や疾病の予防・診断・治療を前進させる。しかし、それは人間の生命や存在そのものを取り扱うものであり、研究の目的、対象、手段、方法等においてさまざまな倫理的法的社会的問題(Ethical, legal and social issues: ELSI)を生ぜしめる可能性がある。とくに生殖補助医療、臓器移植、遺伝子診断や治療、ヒト胚性幹細胞(ES細胞)研究などの先端生命科学技術は、これまでの「生と死」、「異常と正常」、「正と不正」といった区別をあいまいなものにしつつある。生命操作、人体の商品化、人間の道具化等の表現はそれを表している。

たとえば、不妊治療は、今日では人工授精や体外受精、顕微授精といった生殖補助医療技術によって、従来と比べて大きく妊娠・出産の可能を増やすことになった。しかしそれは、卵子と精子の結合という生殖作用を自然の男女両性の営みによるのではなく、人工的に受精卵を生ぜしめる方法であり、そうした行為が容認されるか、という問題をはらんでいた。誕生までは異常が判断できなかった受精卵(胚)が出生前に遺伝子や染色体の異常を検査することができる。しかし、その目的は出生後の重篤な異常や疾病を避けるためであり、その結果異常を示す受精卵を除去することになる。それは受精卵を選別することにつながるおそれがあり、胎児の中絶と結果的に同じ状態が生じることとなる。したがって新しい優生主義をもたらす可能性がある。さらには、すでに出生している兄弟姉妹の疾患を治療する目的で子を出産し、その子から治療のための組織細胞を取り出して移植することまで考えられている。これは通常の出産を経ているが、出生した子を道具的手段的に用いるという問題をはらんでいる。外見上健康な青年が遺伝学的検査によってハンチントン病であると判明する。これは遺伝子研究の成果ではあるが、現在のところこの病気に対する有効な治療法はなく、そうした場合の遺伝学的検査の実施の有用性に疑問も生まれる。生命の維持に不可欠なＡＤＡ(アデノシン・デアミラーゼ)の欠損症の子供が遺伝子治療を受けて治癒する可能性も示されている。しかし、その方法はいまだ確実ではなく、実験的治療の限界が問題となりうる。人の受精胚から幹細胞を取り出して、難病を治療するための再生医療に用いることが目前に迫っている。しかし、人の胚は子宮に着床して成長すれば人間として誕生するものであり、それを胚の段階で滅失することは、人となるべき生命体からその生命を奪うことになる。難病の治療とはいえ、人になるべき生命体を道具として用いることとなり、人体の道具化・手段化に導く可能性を秘めているといえる。

こうした生命科学・技術やそれに続く医療の進歩がなげかける問題は、われわれの社会の基本的な価値、とりわけ人間やその生命の価値にかかわるものである。生命科学が社会の中の知的活動として社会全般に理解され、また適切に進められるためには、社会のそうした基本的価値をないがしろにすることなく行われなければならない。そのために社会規範が必要であり、これが生命倫理と呼ばれるものである。つまり「生命倫理」は、生命科学に関する社会の行動規範である。それは個々人の倫理観ではない。確かにわれわれ一人一人は生命に関する倫理観をもっていよう。しかしそれは倫理に関する主観的な判断基準である。「生命科学に関わるそれぞれの科学者は自分の倫理観を持っているから、それに従って研究を行っており、人間や生命をないがしろにしているわけではない」などといわれるのはこの意味である。これは、生命科学のみにかかわらず科学技術一般にやってよいこととい けないことの判断する基準、つまり自分の行動基準ということである。

他方、人文学の一分野としての倫理学の中に応用倫理学があり、その中に生命に関する応用倫理学として「生命倫理学」がある。たとえば「医療や生命科学に関する倫理的法的社会的問題やそれに関連する問題をめぐり研究する学問」[3]と定義されるのはこの意味である。倫理に関する省察と批判を中心とする倫理学の一部門と捉えられている。また生命倫理(bioethics)という言葉は六〇年代半ばに米国で盛んになったが、それは特に医療倫理学とよばれる学問を基礎にした極めて実践的な意味を持った運動でもあったし、医師と患者の関係から弱者の人権保護運動まで広がりを持った。しかし、一方で生命倫理学としての考え方も強い。

しかし、いま求められている生命倫理とは、われわれの社会の価値観や秩序が生命科学の進展によってこれまで経験していないような急速で根底的な揺らぎを受けていることへの社会的な対応であって、生命科学が行おうとしている「前進」が、所与の社会の中で許されるか否か。許されないとすればなぜか、また許されるとすればなぜか。許される場合には、いかなる条件や方法の下でそうであるのか、その際に考慮すべき要素は何か、などを示す基準である。それは個々の科学者の主観的な判断基準でもなければ、学会を中心とする専門家集団の自主規制的な行動基準のみでもない。「科学は社会の中で社会のために存在し、科学者自身のためにあるのではない。」との世界科学会議での宣言にあるように、ここで問題にする倫理は、科学(ここでは生命科学)が社会の中で人々の十分な理解を得て適切に進められるための社会的枠組みである。したがってそれは、社会規範なのであり、その社会の構成員の一般意思を示すものである。

以上の意味での生命倫理は、様々な規範形態をとることができる。社会規範は、その規律効果を厳格にしようとすれば、規範に拘束力を与え、違反に対しては制裁(sanction)を課することが必要である。この意味で、生命倫理においても規範体系の最上位には法がある。

法律による規律の対極には、厳密には社会規範とはいえないものの、現場で生命科学医学を進めるそれぞれの科学者・医師の自己抑制における判断基準がある。科学者たちは、己の省察において、ある基準が社会的な基準であると自ら主観的に判断して、それにしたがって行動する。これは主観的仮想的な基準であり、これが先に述べた個人の倫理観である。

また法律と個人の自己抑制の中間に、国の定める規範としてたとえば国の指針があり、行政指導の類がある。国の研究費の配分の停止もその基準は国によって定められるから、ここに挙げることができるだろう。これらは法的拘束力がない。わが国ではとくに科学者の側が法律による科学研究の自由の制約を望まないこともあり、この方法がしばしば採られてきている。

さらにまた学・協会レベルの専門家集団による自主規制のガイドラインがある。科学者の信義誠実に基礎をおく規範であり、一般によく遵守されるといってよい。しかし、学会等の自主的規制は、その関係団体の会員でなければ適用対象とならず、また仮に会員による違反があったとしても、それが有効な制裁手段を持っていないならば、違反を承知で故意にそうしたガイドライン違反の行為を行おうとする者に対しては規制の効果がない。

以上の規範形態のいずれをとるにせよ、重要なのは基本的価値が尊重されることである。そのためにいかなる規範形態が必要であり適切であるかは、その対象により、また価値に対する侵害の可能性とその侵害内容の程度によって、決まることになる。

例えば、クローン個体の作成を法律、つまりクローン技術規制法で禁止したのは、その規制するべき理由の重大性のゆえである。すなわち、人クローン個体の作成が人間の尊厳に反するものであると国が判断した以上、その規制が日本全国で、外国人も含めて実効的に規制されなければ効果がない。それゆえにわが国では、法律で人クローン個体作成を禁止し、罰則付きで禁止したものである。[4]

ところで、この種の社会規範にとって重要なことは、それが科学研究の自由を制限する可能性がある、という点である。生命科学の研究や応用は、社会の中で十分に理解され、社会の基本的価値を損なうことなく適切に行われなければならない。したがって、研究の自由といえども、その社会の基本的価値を損なうものである場合には許されないことになる。それゆえ、この社会規範は一方で社会の価値、とりわけそれが人間の存在や生命にかかわるものであるだけに、人間の尊厳や人権といった基本的価値を損なうものであってはならない。もちろん研究の自由も思想の自由に含まれるものとして人権の一部を構成する、それゆえ、生命倫理が研究の自由を過度に制限することがあってはならず、また研究者が余りに厳格な生命倫理規範により萎縮するようなことが生じてはならない。ここに生命倫理規範の形成の困難さの一端がある。すなわち、一方で倫理規範は遵守されねばならず、他方で適切な厳格さでなくてはならないのである。

二　国際機構による国際生命倫理規範の定立の態様
――ユネスコ国際生命倫理委員会における規範定立作業

上に述べたことは、おおむね、国際レベルにおいても当てはまる。これまで国際社会は、拘束力を持って遵守するべき規範が必要な場合には、国際条約又は慣習法によってきた。とりわけ第二次大戦後は、主として国際連合の下で、国際法の漸進的発達と法典化をうたいつつ、国際法委員会を中心として成文法典の策定に努力してきた。したがって相対的に、かつ国際関係や人間生活の変化の速度が急速になったことによって、慣習法形成のプロセスによる規範の定立は少なくなっていった。とりわけ生命科学分野は戦後に急速に発展してきた分野であり、それまでこの分野の国際規範はないといってもよかった。しかし、すでに述べたように、生命科学の発展は一方で人間自身の価値の問題にもかかわり、他方で国境を越えて広がりを持ってきているから、今日では生命科学に対する国際的な規範の設定が求められている。その代表的なものが、生命科学そのものを活動対象とする二つの国際機構、すなわち国際連合教育科学文化機関（ＵＮＥＳＣＯ）と世界保健機関（ＷＨＯ）である。このうち特にユネスコは、Ｆ・マイヨール前事務局長の時代から、同氏の生化学者という経歴から、生命科学とくにゲノム科学の進展がもたらす倫理的法的社会的問題に懸念を抱いていたため、普遍的原則の策定に力を入れてきている。そこで、ユネスコにおける生命科学に対する規範設定のプロセスについて検討することにする。なお、宣言の内容についてはすでに他所で述べている[5]のでここでは扱わない。

1　国際生命倫理委員会の設置とその作業枠組み

フェデリコ・マイヨール事務局長の下で生命科学と倫理との関係に強い関心を抱いてきたユネスコは、一九八〇年代後半からヒトゲノム研究に関連する諸問題について、いくつかのシンポジウムを開き、問題点の洗い出しを行っていたが、一九九三年秋に国際生命倫理委員会(International Bioethics Committee: IBC)を設置して、ヒトゲノムの研究・応用に関する世界的指針の策定を試みた。[6]

この委員会は、指針の策定を目標としていたが、ユネスコ憲章第六条にいう条約又は宣言を作成することにつながるものではなく、世界的にアッピールするために総会が採択する宣言の形をとることを目的としていたため、事務局長の諮問機関として設置されることとなった。他方、五年後に採択されるべき宣言は、国家の行動を規律することよりも個々の科学者及び一般社会の遵守するべき又は念頭に置くべき行動原則を示すものであることから、委員会は国を構成員とするものではなく、個人資格の専門家とするものであった。

もっとも、国際機構法の観点からはまことに奇妙なことに、総会でその設置が認められたものの、委員会の権限や構成、機能などを定める設立規程は作られなかった。したがって、個人資格の委員からなる委員会であることとも併せて、ある意味でこのＩＢＣは事務局長の私的な諮問委員会としての地位にとどまると考えられる。

このような経緯の下で、一九九三年一一月に第二七回ユネスコ総会は個人資格の委員約五〇名(一九九六年からは五五名)からなるＩＢＣを五年間の予定で発足させ、生命科学の急速な発展による文化的社会的倫理的問題の検討と多角的な情報交換並びにヒトゲノムの保護に関する国際文書の作成を行うこととした。[7]委員会には、フランス憲法裁判所判事(当時)のノエル・ルノワール女史を委員長として、世界中から科学者、医者、法律家を中心に、哲学者や人類学者、経済学者などさまざまな分野の専門家が個人資格で選ばれている。もっとも、委員会の規程がなかったことから、必ずしも一定の基準に基づいて選任されていた様子はない。委員は約半数が科学者又は医師であったが、約三分の一の一五名を越える法律家も含まれていた。また、ノーベル賞学者三名のほか、国際司法裁判所裁判官や各国の最高裁判所又は憲法裁判所判事もそれぞれ複数名就任していた。またその中に法律小委員会(Legal Commission)を設けてヒトゲノムの保護に関する国際文書の原案起草をゆだねた[8]。

こうした構成は、取り扱う問題の中心は自然科学でありながら、それが与える影響の広範なことからきわめて学際的な性格を持っていたほか、この委員会が中心となって宣言案の起草に当たることから、社会規範の最も典型的な形態である法律を専門とする者が、新しい社会規範を考える場合には重要であると考えたためである。

法律小委員会は一九九四年からその作業を開始した。ウルグアイの著名な国際法学者H・グロス・エスピエルを委員長として、会合は年に二回、それぞれおおむね三日間開かれた。議論はルノワールIBC委員長とグロス・エスピエル法律小委員会委員長、それにベッジャウイ国際司法裁判所副所長らによって事前に用意されたメモに基づいて進められ、翌九五年三月にまず「ヒトゲノムの保護に関する宣言アウトライン」[9]を作成した。IBCはこれをその他委員及び各国政府、関係国際機関、有識者に提示して意見を求め、その結果をとりまとめる形で事務局が一九九六年三月に「ヒトゲノムと人権に関する世界宣言草案(Preliminary Draft)」[10]を作成した。IBCは同年一〇月にこの草案を審議した結果、法律小委に草案の改訂をゆだね、同小委は同年一二月に前文と本文七節二二カ条からなる最終草案[11]をまとめた。

法律小委員会での議論は各条文ごとにきわめて詳細に行われた。一九九六年秋に小委員会はいったん原案を採択して同時に開かれていたIBC本会合に提出した。本会合ではさらに議論が続けられたが、最終採択に至らなかったので、さらに法律小委員会を再度開催し、そこでの結論をあらかじめＩＢＣが承認することとした。一九九七年一二月には最後の小委員会を開き、ＩＢＣ草案が作成された。小委員会でもっとも大きな問題となったのは、原案にあった「ヒトゲノムは人類の共同遺産」とする考え方であった。これにはとくにドイツのＥ・ベンダ前憲法裁判所判事が、「遺産」の語がもたらす財産権的意味あいと、「共同」の語がもたらす集団主義的性格に強く反対し、削除を求めた。激しい議論の末、ベンダ委員は最後に、「小委員会での草案の採択に反対はしないが、自分自身はこの考え方は受け入れられない」とまで発言するほどであった。

ところで、先に述べたようにその性格からしてＩＢＣは個人資格の委員会であり、その作業も国家利益とは離れた人類を念頭に置く普遍的な行動原則の設定であった。この点で注目されるのは、第一に、ヒトゲノムの研究や応用に関して保護すべきは、ヒトゲノムではなく、ゲノムを基盤とする人間そのものであり、したがって人間の尊厳と人権の保護が基本的理念であることを明らかにしたことである。これはまさにＩＢＣが国益を超えた次元で審議していることを象徴的に示している。さらに第二に、この宣言が一連の国際人権文書の展開の一つであって、ヒトゲノム研究と人権が国家間の関係を超えて、人類全体及びそれぞれの人間に関係することを強調し、世界人権宣言と同じく「世界 universal」を冠したことである。世界人権宣言の作成は国家代表による国連人権委員会によってなされたものとはいえ、とりわけ米国のエレノア・ルーズベルト夫人と仏国のルネ・カッサン教授の二人の強力なリーダーシップに負っていたことはつとに知られている。そこでは「universal」の語が、国家間の人権文書というよりも世界中の個々の人間に保障されるべきものとして、国際（international）ではなく世界（＝普遍的）（universal）が用いられた。ＩＢＣがその宣言に「世界 universal」を冠したのはそうした意図を持ってのことであった。

2　政府専門家委員会の作業

とはいえ、いかなる国際文書でも、最終的にその遵守を担保するのは各国家である。したがって、ＩＢＣが国家代表による委員会ではなかったことは、仮にその宣言がいかに内容の適切なものであったとしても、各加盟国の承認したものでなければ、それぞれの生命科学研究とその応用の現場で実効的に遵守されることは確かではない。そこで、加盟国政府の意向を宣言文に盛り込み、宣言の実効性を確保するために、翌九七年七月に政府専門家委員会を開いてこのＩＢＣ草案を検討した[12]。

この会合は、すべてのユネスコ加盟国及びオブザーバーが参加する資格がある。しかし、実際には八二加盟国及びヴァチカンと米国（オブザーバー）、関係国際機構そして諸ＮＧＯが出席した。ユネスコの加盟国は当時一八六カ国であったが、そのうちの約半数しか委員を送っていないことになる。これはヒトゲノム研究が現下の問題として想定されている国家とそうでない国家が存在していたことを示している。すなわち、ヒトゲノム研究を推進しているのは、基本的に先進国であり、発展途上国では必ずしもすべての国でこのような最先端の生命科学研究が行われているわけではない。とりわけ四〇余りある後発的途上国では、生命科学研究を行う余裕がないどころか、日常の医療の確保自体が緊急の問題である。こうしてこの出席国数は南北格差を如実に示すことになった。

会合では、宣言作成には表立った反対はなかった。宣言作成については一九九三年の総会で予定されていることでもあり、またこの問題の重要性は十分に認識されていたから、加盟国としてはこれに異を唱えることはしなかった。しかし、ここで注目すべきは、多くの加盟国が、ユネスコ事務局がＩＢＣの草案作成作業について広報不足であるとし、したがって加盟国は草案を国内で十分に検討する時間が必要である、としたことであった。たとえばカナダが草案の検討時間が短か過ぎることを理由に今総会での採択に慎重な態度を示し、いくつかの国がこれに同調した。しかし、これは表向きの理由であり、宣言採択に対する加盟国側の反対又は躊躇である。なぜならば、ＩＢＣの会議は毎年一回開かれ、その報告書は逐次加盟国政府に送付されている他、カナダにおけるこの分野のリーダーの一人であるＢ・Ｍ・クノッパース教授もＩＢＣ委員であるところから、カナダ政府がＩＢＣ草案についてあまり知らなかったとは考えられないからである。カナダと同一歩調を取るその他のいくつかの国についても状況はほとんど同じである。

委員会の会議は四日間にわたって、実際には五日目の午前二時前までかかって、終了した。いわゆる時計を止めたのである。委員会は全体会合と起草委員会の二段構えとし、実質的な議論は起草委員会で行われた。この宣言の内容が、ヒトゲノム研究に関する世界的な生命倫理基準を設定することに強い関心を抱く諸国は、宣言の大筋についてはＩＢＣ原案のままながら、具体的な条文については、宣言の構成、人類の共同遺産としてのヒトゲノム、インフォームド・コンセントと弱者保護、人クローン個体産生等の遺伝子技術の禁止、宣言のフォローアップなど、いくつかの点で鋭く意見が対立する部分があった。とりわけ、「ヒトゲノムの人類の共同遺産」性については、ドイツが、「人類」の語は個人が集団に対して従属することにつながり、また「遺産」の語はゲノムを所有物とみなして商業利用の可能性を残すものとして強く削除を求めたのをはじめ、財産的概念に反対するイギリスやオーストリア、チュニジアその他が削除を主張した。そのため、この概念の象徴的意味を強調する仏、日、トルコなどの見解と対立し、「象徴的な意味において、ヒトゲノムは人類の遺産」との条文となった。[13] また、インフォームド・コンセントと弱者保護についても、多数の国が人権尊重の観点から同意の条件を強化すること、特に同意能力のない状態の者の取り扱いを厳格にするよう求めた。とりわけドイツやカナダの主張に基づいて、遺伝子異常を持つ者やグループを念頭においた弱者保護規定を盛り込んだ。一方で英国が犯罪捜査を念頭においた例外規定を主張して認められた。さらに、人クローン個体産生等の遺伝子技術の禁止についても、ＩＢＣ案では一般的に「人の尊厳に反する行為」を禁止する旨の規定であったが、ドイツやイタリア、サウジアラビア、スイス、レバノンなど多くの国が人クローンや生殖細胞系列操作についての明示の禁止を強く主張し、この種の原則宣言に特定の遺伝子技術を規定するべきでないとの日、英、仏、ロシア等多くの国と対立したが、妥協案としてこの二つを例示的に規定することとした。

このように、政府専門家委員会における議論は、各国の主張の対立と妥協という、国際交渉の舞台であったといってよい。この点は、個人資格の委員会である国際生命倫理委員会とは大きく異なる。とくに、ヒトゲノムの「人類の共同遺産」性については、先に述べたように、ＩＢＣ草案の段階ではドイツのベンダ委員が妥協したものの、政府間の場ではドイツはきわめて強硬であったし、「人の尊厳」についても、ドイツはクローン個体作成が人の尊厳に反するゆえに、宣言中で明示的に禁止することを主張し、この点が挿入されなければ、ドイツは会議を退席するそぶりまで見せたのであった。ドイツは後者については、自国の憲法に人の尊厳の保護をうたい、また胚保護法[14]中にも人の尊厳が強調されており、国内法との整合性もにらんだ主張であった。同じく、第九条が定めるヒトゲノム情報の司法手続きへの利用についても、すでに英国において犯罪捜査等の刑事目的で現実に利用されていることから、英国の主張により挿入された。

さらに、欧州評議会(Council of Eurpoe)がもついわゆる欧州生物医学条約(「生物学及び医学に関する人権と人間の尊厳の保護のための欧州条約」)[15]は、生命倫理分野での先駆的国際条約であり、ひとつのモデルでもあったから、直接的にではないが間接的に参照されて議論の素材として用いられた。例えば、第四条にいう「自然状態のヒトゲノムは経済的利益を生ぜしめるものではない。」との規定は、ＩＢＣ草案段階で特許に関係する規定は回避されたものが、政府専門家委員会での審議の最後の段階で英国の提案により定められたものであるが、この条約の文言をとりいれたものと考えられる。

以上の議論の後、政府専門家委員会は「ヒトゲノム及び人権に関する世界宣言案」[16]を採択し、ユネスコ総会に送付するとともに、会合の中で議論になった点や様々な国の見解を含めて説明文書(Explanatory Note)を作成することを決定した。

3　総会での審議

総会は、政府専門家委員会で採択された宣言案を受けて、一一月六・七日の両日にわたってこの案を審議した結果、無修正でコンセンサスによりこの宣言を採択し、同時に宣言の実施に関する決議[17]も併せて採択した。

総会における議論も、特に少数の加盟国の強い主張が表面に出たものであった。ここでは特に、日本とカナダの主張について述べておきたい。それぞれが特徴のある処理の仕方となったからである。

わが国は、総会において、宣言の法的性格について非拘束性を強く主張した。政府専門家委員会で作成が認められた「説明文書Explanatory Note」の冒頭には、この宣言が「法的効力force juridique」を持つとの記載があった。事務局の説明によれば、これは厳格な法的拘束力を意味するものではなく、世界人権宣言が後に慣習法的効力を持つに至ったと同様に、単なる事実としての宣言ではなく、それが一定の事実上の影響力を持ちうるものであり、近い将来規範として尊重されることを予想するがゆえの表現であった。しかし、わが国は、ユネスコは立法機関の権限をもつわけではなく[18]、また単なる宣言であって、あらかじめ法的効力を予想できる性格のものではない、として、この文言が削除又は修正されなければ、投票を求めた上で、反対票を投じることも辞さない、との態度を示した。総会第三委員会(科学分野担当)の議長ハムダン(Mohamed Hamdan〈ヨルダン〉)とビューローは、わが国代表団と非公式の折衝を行ったうえで、この説明文書に対して他の国もいろいろな修正案を提出していたことも勘案して、宣言の採択を図るため、説明文書全部を採択対象からはずし、宣言のみ採択して、説明文書は公式の文書としては取り扱わない旨を決断した。このわが国とビューローとの非公式折衝では、宣言の性格や上記の文言の意義について、ユネスコ法律顧問も交えて国際法的な議論が闘わされた[19]。

カナダは、この宣言の作成プロセスが加盟国に対して適時的に知らせられていず、したがって宣言案をより詳細に検討するための時間が必要として、次回総会への持越しを求めた。しかし、この宣言案は、作成作業の当初から、報告の形で加盟国には送付されており、かつ政府専門家委員会を経ていることから、その主張は認められなかった。カナダは、宣言がこれまでの足掛け五年間にわたるＩＢＣでの作業と政府専門家委員会での困難な審議を経ているから改めて総会で詳細な検討をすることは避けたい、とのビューローの立場を容れて、最後は採択に異論を唱えることなく、コンセンサスによる採択を妨げることはしなかった。しかし、採択直後に立場説明を行い、この点を再度強調して、以後の再発のないことを主張した。

そのほか、イスラエルやブラジルがそれぞれ修正案を出していたが、結局はいずれもカナダの場合と同じく修正案を撤回する形で終了した。したがって、採択された宣言は政府専門家委員会案のままである。

4　宣言の法的性格と国際生命倫理委員会の機能

ユネスコでは、総会の決議は「条約」、「勧告」及びその他の決議に分けられる。条約及び勧告は、ユネスコ憲章の規定（第四条Ｂ）により、それぞれ各国の権限ある当局に送付され、所定の国内的手続がとられなければならない。国際機構の決議は一般に法的拘束力のない「勧告」とされるが、ユネスコにおいては、「勧告」は明示に「勧告」と名付けられた特定のカテゴリーの決議をいい、単なる「決議」と区別される。この宣言は、ユネスコでは「勧告」ではなく通常の単なる「決議」に分類される。従って法的拘束力のない倫理的なガイドラインにとどまる。確かに、この宣言の採択をきっかけに、各条文の内容が慣習法化のプロセスに入る可能性は否めないし、将来の条約化が全く考えられないわけではない。しかし、ヒトゲノム研究の先頭を走る米国が当事はユネスコから脱退していた状況も含めて、この宣言自体の持つ法的意味は極めて限られている。国連総会が一九九八年末にフランス及びわが国他七六国の共同提案によりこの宣言を「支持する」決議を採択した[20]ことによって、この宣言の法的意味が若干向上したと解することはできようが、それ以上のものではない。

しかしながら、以上述べてきたようなヒトゲノム宣言の策定プロセスは、個人資格の専門家委員会と加盟国のそれぞれの役割を明示している。個人資格のＩＢＣは、その中立的、独立的、専門的性格をもって、国の利益にとらわれることなく、もっとも理性的な内容の倫理規範を策定することを目指した。したがって、そこでの議論では、委員の出身国の状況は議論の中で紹介されまた一般的に周囲の状況として理解されてはいるものの、その国の主張が必ずしも直接に反映されているわけではない。場合によって、出身国の立場や政策を批判しつつ案文が作成される場合もありうる。もっとも、そうした理性的態度が条文の内容をやや理想的にする傾向は否めないであろう。ヒトゲノムの人類の共同遺産性がその典型といえる。他方で、総会での宣言の採択を第一の目標としたため、もっとも意見の対立がありうると考えられた問題については、規定を見送った。たとえば、ＩＢＣではヒトゲノムの特許可能性については何ら言及しなかった。しかし、政府専門家委員会では、特許を文言として用いているわけではないが、経済的利益の形で特許問題を示唆する規定を設けるに至った。

これらの個人資格の機関と国家代表の機関の機能の差異とそれに対応したそれぞれの立場からの規範策定作業の組

み合わせは、ヒトゲノム宣言が普遍的な生命倫理規範文書であって法的拘束力のないことは前提としながらも、国際機構における国際条約の作成、採択のプロセスとまったく同じ形態をとったことを示している。この規範策定プロセスは、わが国の主張によりこの宣言のいかなる法的効力も否定される結果になったように見えるにもかかわらず、この宣言が単なる事実としての宣言に留まらず、ある種の法的効果をもつことを想定しつつ行われたと考えられる。国際機構の決議の形を通じた規範設定によるソフトロー現象ということができよう。

そうであるとすれば、このプロセスによって策定される規範（ここではヒトゲノム宣言であるが）の「法的効果」は、その規範文書の履行制度を通じた実効性の確保に依存することになろう。この点を次に見ておこう。

三　国際生命倫理規範の実効性確保

――国際生命倫理委員会と政府間生命倫理委員会の並列体制

ヒトゲノム宣言第二四条は、国際生命倫理委員会によるヒトゲノム宣言に示された諸原則の実施を定める。ユネスコ総会は、この宣言を採択するにあたって、同時に決議を採択して、宣言のフォローアップを定め、特に国際生命倫理委員会にその中心的役割を担わせた。[21]

宣言を起草してきた国際生命倫理委員会は、一九九三年から一九九七年までの、つまり宣言採択までの五年間の時限付きの委員会であったので、宣言採択と共にその存在を終了した、そこで、ユネスコは宣言第二四条とフォローアップ決議に基づいて、国際生命倫理委員会を再び設けることとなった。以前の委員会は設立規程のない事務局長の私的諮問機関の様相をも帯びていた機関であったが、それではこうした生命倫理規範のフォローアップを国際機関が行うに不適当であり、そのために新たに国際生命倫理委員会の規程を作成する必要があった。この目的で宣言採択の翌年一九九八年三月に規程作成のための作業部会が開かれた。

この部会では、ユネスコの科学技術倫理局が提示した規程案に基づいて議論が行われた。もっとも中心的な問題は、すでに宣言の採択の項で述べたように、ドイツやカナダを中心として加盟国の側にあった、個人資格の委員会であるＩＢＣと加盟国政府の間の双方向のコミュニケーション不足であり、それによる加盟国側のＩＢＣに対する不信感であった。ヒトゲノム宣言のような国内の研究者や一般の人々を名宛人とする国際機構の文書が実際に現場で適用され、または実施されるためには、加盟国の協力が必要なことはいうまでもない。国連安全保障理事会の集団安全保障による制裁措置決定でさえも、その実効性は加盟国の国内で指示された措置をとるための具体的な方策がとられなければならない。ヒトゲノム宣言が、実際のヒトゲノム研究や医学応用に際して適用されるには、加盟国の国内で宣言に盛られた諸原則が実施され得る体制がとられなければならない。この点において、政府専門家委員会でも見たように、ＩＢＣによる草案が各国の国内事情に応じるかたちで修正されたのも首肯できる。こうした国内の状況の国際文書への反映は、国際条約一般の締結の際にも通常見られる状態である。

それでは、ＩＢＣの規程作成においてどのような対処方法がとられたのか。結論から言えば、ＩＢＣと並列的に政府代表のレベルの委員会、すなわち政府間生命倫理委員会(Intergovernmental Bioethics Committee: IGBC)がおかれ、両機関並列方式がとられたことである。

当初の事務局原案には、政府代表レベルの機関は予定されていなかった。しかし、作業部会に出席した国のいくつか、とりわけドイツやアルゼンチンは、個人資格の委員会が各国の状況とかかわることなく国際規範を策定することに対して不満を抱いていた。他方で、こうした倫理規範については中立性、独立性が重要であり、国益にとらわれない個人資格の専門家の見解を重視するべきと考える国もあった。こうした意見の対立の中で、いずれにしても政府間レベルの機関が何らかの形でおかれることは、将来出されるであろうさまざまなＩＢＣによる規範や意見の国内的実施の可能性と実効性を考えれば、必要なことであるのは明らかであった。問題はＩＢＣと政府間レベルの委員会(政府間生命倫理委員会)の権限関係である。論理的には、三つの方法がありえた。一つは、ＩＧＢＣがＩＢＣに対して優越的地位に立つことである。ＩＢＣはＩＧＢＣの監督(Supervision)の下で、ＩＧＢＣの求める生命倫理問題を審議し、ＩＧＢＣに対して意見を提出する。ＩＧＢＣはこのＩＢＣの意見を吟味して、ユネスコで採択するべきか否かを決定する。二つ目は、ＩＧＢＣとＩＢＣが対等の地位に立って対話をしつつ審議を進める形(Dialogue and Partnership)である。ＩＢＣは、独自に問題を設定し、審議し、意見や規範を作成し、事務局長に提出する。その際、必要に応じてＩＧＢＣの見解を聴取し、参考とする。ＩＧＢＣは、ＩＢＣの作成した規範や意見に対して政府間の立場から意見を述べるに留まる。三つ目の形態は、ＩＢＣがＩＧＢＣに優越し、ＩＧＢＣはＩＢＣの策定する規範や意見を各国内で実施するよう義務付けられる。

このうち、第三の形態は国際社会の現状から見て非現実的である。親機関であるユネスコ自身に、国家のあらかじめの同意なく個人資格の内部機関の提示したものを、それが規範であっても実施を義務付けられることは、司法機関の性格を持つ子機関でなければ[22]、合理性は少ない。したがって、上記前二者のいずれを取るか、が問題であった。前者の形態、すなわちＩＧＢＣ優位型(Supervision型)はドイツやアルゼンチンをはじめとする諸国の代表が支持した。ＩＢＣとＩＧＢＣの並列型(Dialogueg型又はPartnership型)はフランスを始め、わが国、オランダ、ウルグアイ等の諸国が賛成していた。議論はこの二つの間で、双方の権限関係をどのように定めるかに集中した。会議は四日間にわたって開かれたが、そのうちの大半はこの問題についてであった。

議論は、この二つの型の間で、それぞれの権限がどのように位置づけられるかについて様々な可能性が探られる形で進められた。この二つの間の対立は埋めることが極めて困難であったが、会議の終盤になって多数意見は並列型に傾き、最終的にはコンセンサスで現在の並列型が採用されたのである。

規程によれば、ＩＢＣは毎年一回、及び必要に応じて開催し、自身で議題を設定し、審議して、意見や提案を策定する。この意見や提案、会議の報告書は、直接に事務総長に提出されるとともにＩＧＢＣにも送付される。ＩＧＢＣは二年に一回開催され、ＩＧＢＣが送付する意見や提案、会議報告を審議し、ＩＧＢＣの意見を事務総長に送付すると同時にＩＢＣにこれを送付する。ＩＧＢＣはＩＢＣに対して議題や問題を提案して審議を要請することができる。ＩＧＢＣはＩＢＣの提出する意見等に対してこれを加盟国内で実施するよう努める。

こうした個人資格の機関と政府代表レベルの機関の並列型はこれまでに例もない、新しい内部機関の形態である。こうした方法は、特に生命倫理のように、世界共通の規範が策定され、それが個人に適用され実施されるべき場合には非常に有効な方法であるように思われる。倫理規範は、宣言の中で倫理委員会について学際的多元的構成の独立、中立的機関であるべき旨指摘されているように、その議論が国益、例えば科学技術の発展等に従属するべきものではない。生命倫理は、社会の中で適切な形で生命科学技術の発展を図るための規範であって、一方で生命科学の発展に大きな価値を認めつつ、他方でそれに対して社会の基本的価値観に基づく冷静な評価と批判を加えることによって、適切な進展を促す役割がある。したがって、個別国家や集団の利益にとらわれない中立的な判断が必要な分野である。その意味でＩＢＣの独立性は不可欠の要素であったといえる。これは、個人資格の委員により構成されることと政府側の意見に従属しないことで保障される。

他方で、国際規範は、国内で実施されなければ策定する意味を失うから、いかに規範の実効性を担保するかが極めて重要な問題である。この点で、旧ＩＢＣ（一九九七年までのＩＢＣ）が、その作業の成果については逐次に加盟国政府に送付していたものの、制度的に政府の意見を求めることはなかったから、前述の政府専門家委員会や作業部会での批判には傾聴するべき点が多い。しかし、政府の意見の表明伝達方法については、作業部会で意見が分かれたように、その拘束力または影響力をどの程度持たせるか、制度設計としては容易ではない。この点を規程では、上に述べたような並列方式をとり、かつＩＧＢＣの開催を二年に一回とすることによって確保したといえる。このスケジュールであれば、ＩＢＣの年次会期の報告書が事務局長及びＩＧＢＣに提出され、かつそれが二年分蓄積された後でのみＩＧＢＣがＩＢＣの作業に対して意見を述べることになる。この時間的余裕はＩＢＣが独立して活動を行うのに有利と考えられる。この間にＩＢＣの成果はある程度世界に広報、普及され、一定の評価と実施を受けることになる。そうした初期段階を経た上で、政府レベルでの見解が出されることは、政府の側も実施について相当程度検討する時間を与えられるということに他ならない。

ＩＢＣはこうした新しい方式を編み出すことによって、国際生命倫理規範の実効性を確保しようとした。この方式は今後の国際機構内部の権限関係にとって一つの重要な先例になるであろう。もっとも、ＩＧＢＣについては、それが政府代表レベルの機関ではあっても、ＩＢＣによる普遍的な規範策定についてすべての加盟国を代表していることには必ずしもならず、したがって、ヒトゲノム宣言以降の新しい生命倫理規範の策定においては、ヒトゲノム宣言の場合と同じく、ＩＢＣの作成する原案に対して、ＩＧＢＣが出す意見に加えて、各加盟国の政府代表からなる専門家委員会の作業段階が必要になる[23]ことになる。

むすびにかえて

国際生命倫理規範は、これまでのところ、すべての国際生命倫理規範が厳密な意味での国際法規範とはいえない。しかし、すでにソフトロー論について議論されてきたように、国際法規範は、厳密な法的拘束力の有無にかかわらず、その実効性が重要であるとの認識からすれば、国際生命倫理規範も国際法学の考察対象として十二分な価値があるといえよう。またヒトゲノム宣言が示すように、国際生命倫理規範が、人間の尊厳や人権にかかわる規範であるとの認識からすれば、したがってその意味でヒトゲノム宣言が「世界的」、すなわち「普遍的universal」の冠をいただいていることからすれば、生命倫理は国際法のみならず法律学一般の対象でもある。[24] まして欧州生物医学条約のような地域的多数国間条約の存在や、国連総会第六委員会(法律・行政委員会)におけるクローン禁止条約作成論議からして、形式的にも国際法の考察対象になる可能性のあるものが出てきている。そうした現状からすれば、今後は国際生命倫理規範が国際法学の考察対象として重要性を増してくるのは明らかといえよう。

本稿は、こうした国際法の新たな分野を国際機構法の観点から考察した。もとより、本稿は、国際生命倫理規範の策定と実効性確保の問題を機構的観点から分析することを目的としたもので、生命倫理規範の内容について国際法、特に国際人権法の観点からの考察ではない。今後、ヒトゲノム宣言に限らずその他の国際生命倫理規範についても、この点からの考察が進められよう。[25]

1　これらの問題についてはすでに別稿で指摘した。拙稿「科学技術と人権の国際的保護」国際法学会編『国際法の百年　第四巻　人権』平成一三年　三省堂、二〇七頁。

2　例えば細菌兵器など、戦争目的での科学研究は規制される場合がある。

3　一九九二年の国際生命倫理学会(International Bioethics Association: IBA)設立総会での定義。

4　この間の事情について詳しくは、拙稿「ユネスコ「ヒトゲノム宣言」の国内的実施―人クローン個体の産生禁止―」法学論叢一四六巻五・六号参照。

5　さしあたり拙稿「生命科学と人権―ユネスコ『ヒトゲノムと人権に関する世界宣言』」国際人権第一〇号、四三―五一頁、参照。

6　ユネスコＩＢＣ設置の背景については、Report of Madame Noëlle Lenoir to the Director General on the Human Genome, Proceedings 1994 of the International Bioethics Committee of UNESCO(IBC), pp.3-20(特にpp.15-20)を参照。

7　Resolution on the Preparation of an international instrument for the protection of the human genome, adopted at the thirty-first plenary meeting of the General Conference of UNESCO on 15 November 1993. わが国からは、藤木典夫教授(遺伝学・福井医科大学=当時)及び斎藤恵彦教授(国際法=個人、東京外国語大学。故人)が選任され、斎藤教授逝去後、一九九六年から筆者(国際法：京都大学)が選ばれた。

8　Report of the First Session of the IBC, Proceedings 1994 of the International Bioethics Committee of UNESCO(IBC), pp.59-60. 斎藤、後に位田が小委員会にも所属した。

9　CIP/BIO/96/COMJUR.6/4: Consultation internationale sur l'Esquisse de déclaration de l'UNESCO sur le génome humain(15/04/1996).

10　Avant-projet de déclaration universelle sur le génome humain et les droits de la personne humaine(4 mars 1996).

11　BIO-97/CONF.201/3 Add.: Avant-projet de déclaration universelle sur le génome humain et les droits de l'homme(20 decembre 1996).

12　Committee of Govermmental Experts for the Finalization of a Declaration on the Human Genome, UNESCO Headquarters, Paris, 22-25 July 1997.

13　ここでは「特定の個人」の遺伝情報であるヒトゲノムと同時に、人類を他の動植物とは区別された種として特徴づける「ヒト」としての遺伝情報を併せて述べている。その意図は、個々人のゲノムの総体としての人類のゲノムという認識をもつことであり、ヒトのゲノムの構造と機能は全人類に共通のものであるから、その研究と成果の応用は人間の尊厳を損なうようなものであってはならず、また現在と将来の世代の人類の利益のために行われなければならないことである。

14　Gesetz zum Schutz von Embryonen (Embryonenschutzgesetz : EschG), BGBl. 1990 I, S.2746.

15　Convention pour la protection des droits de l'homme et de la dignité de l'être humain à l'égard des applications de la biologie et de la médicine (Convention sur les droits de l'homme et la biomédicine), Oviedo, 04.IV 1997, Conseil de l'Europe STE No.164.

16　29/C 21 : Projet de déclaration universelle sur le génome humain et les droits de l'homme.

17　29C/17 : Follow-up of the Universal Declaration on the human genome and Human Rights.

18　ユネスコ憲章第四条では、ユネスコ総会が採択する「条約」について、加盟国は批准を求められ、もし批准されない場合にはその取扱い状況をユネスコに報告すること、また、同じく「勧告」については、各国ともその履行状況を報告する義務を負っている。しかし、このヒトゲノム宣言は、総会の採択した文書であって、国際機構法上からは勧告の地位を持つものであるが、憲章に言う「勧告」ではないから、履行状況を報告する義務もない性格のものである。国連総会と異なり、上の意味での「勧告」(報告を要する)は、最終文書に「勧告」と明記されるのに対して、この宣言はそうしたタイトルを保持しているものではない。

19　この非公式折衝については記録はないが、筆者が日本政府代表顧問として同席し、この文言の意味、ソフトローや宣言の性格、世界人権宣言の性格等の論点について、議長やビューローに対して説明と主張を行い、法律顧問との間で国際法理論を論じた。当初ビューローは法律顧問の説明をもってわが国を説得しようとしたが、わが国側の法的主張の正当性に押される形で、折衝後に説明文書全体の除外を提案してきたので、わが国代表団もこの措置を受け入れることとなった。しかし、こうした説明文書の除外という措置は、後に宣言の各条文の意味を理解しにくくしている遠因ともなり、わが国のあまりに強硬な姿勢の反省と共に、問題を残すこととなったのは遺憾である。

20　UNGA Res.53/152 : The Human Genome and Human Rights.

21　29C/17 : Follow-up of the Universal Declaration on the human genome and Human Rights.

22　国連行政裁判所がその一つの例としてあげられる。

23　二〇〇三年の第三二回総会で採択されたヒト遺伝情報に関する世界宣言は、ヒトゲノム宣言と同じく、ＩＢＣによる原案作成の後に、政府専門家委員会が開催され、これが最終草案を作成して、総会はこれを審議の上、採択した。

24　この点につき、イタリア国際法学会における筆者の報告参照。Ryuichi Ida, Bioethics and International Law, *Italian Yearbook of International Law 2003*(予定)。

25　ヒトゲノム宣言については、いくつかの拙稿がある。前掲拙稿法学論叢論文を見よ。

国際連合の活動と日本の対応
――国際平和・安全の維持にかかわる実行を素材として――

安藤　仁介

はじめに

一九四五年、第二次世界大戦において未曾有の軍事的敗北を喫した日本が、大戦後の国際社会における平和・安全の維持を目的として設立された国際連合に加盟を許されたのは、一九五六年、実に敗戦後十年以上を経てのちのことであった。

すなわち、大戦末期の一九四五年夏、米英中の三国が発した「ポツダム宣言」を受諾した日本は、宣言の掲げる降伏条件を実施するために連合国の軍事占領下に置かれ、日本軍の武装解除、産業の非軍事化、公職追放、財閥解体、農地改革、政治活動の自由化と選挙制度の改革、労働運動の解放、教育制度の改革、さらに憲法改正など、社会の抜本的な変革を経験することになった。そして一九五一年には連合国の占領を終結させ、日本の主権・独立を回復する対日平和条約が米国サン・フランシスコで締結され、翌五二年四月二八日に発効した。

すでに連合国軍の占領中から、国際社会へ復帰することは日本および日本国民の切望するところであり、国際連合へ加盟することはその実現の重要な一歩であった。したがって対日平和条約が発効した一九五二年、日本は国際連合に対して加盟を申請する手続をとったが、朝鮮戦争で一層激化した東西対立の煽りを受け、総会で圧倒的多数の支持をえながら、安全保障理事会におけるソ連(当時)の拒否権行使によって、日本の加盟は阻まれたのである。さらに三年後の一九五五年、東西対立が緩和するなか、日本はふたたび国際連合へ加盟を申請したが、モンゴルの加盟申請に対する中国(中華民国)の拒否権行使に対抗して、ソ連が日本の加盟申請に対し再度拒否権を行使した。かくして翌一九五六年、日本は対日平和条約に参加しなかったソ連とのあいだで「日ソ共同宣言」を採択して国交を回復し、同年一二月一八日に至って、やっと国際連合への加盟を認められたのである。いずれにせよ、敗戦後の全期間をつうじて、「国際連合中心主義」は日本外交の主柱でありつづけた。

本稿の目的は、国際連合の最重要課題である国際平和・安全の維持にかかわる国際連合の活動を跡づけるとともに、加盟の前後を通してこの活動に対する日本の対応を考察・評価すること、である。考察の便宜上、国際平和・安全の維持にかかわる国際連合憲章の仕組と朝鮮戦争期までの国際連合の実行、この時期における日本の対応、スエズ動乱に始まる国際連合の平和維持活動（ＰＫＯ）の展開、その後におけるＰＫＯの拡大と日本の対応、の順に検討を進めることとする。

一　国際連合と国際平和・安全の維持

1　前史

国際平和・安全の維持にかかわる国際連合のシステムは、その前身である国際連盟のシステムを維持・発展させたものである。したがって最初に、国際平和・安全の維持にかかわる国際連盟のシステムを概観しておくことが有益であろう。

第一次世界大戦以前の国際社会とりわけ一九世紀後半以降の欧州においては国家の安全はその国家自身の総合的な力、とくに軍事的な力に大きく依存していた。この状況のもとでは、ある国家の軍事力がこれと対立する他の国家の軍事力に劣る場合、前者は自己と利害の一致する第三国と軍事同盟を形成することにより、後者に対して軍事的優位に立とうと試みる。しかし、後者はこれに対抗して、後者と利害の一致する他の第三国と軍事同盟を形成しがちである。このように相対立する軍事同盟間の軍事的バランスをはかることにより関係国の安全を保障しようとするシステムは、勢力均衡政策または軍事同盟体制と呼ぶことができるが、このシステムのもとでは、一方の軍事力が他方を圧倒する場合、あるいは放置すれば他方の軍事力が圧倒的優位に立つ場合、言い換えれば軍事力の均衡が破れる場合には、必然的に軍事同盟相互間の戦争に発展する危険が存在した。現に第一次世界大戦は、ドイツ＝オーストリア・ハンガリー間とフランス＝ロシア間の二つの軍事同盟の対立に起因するものであり、人類未曾有の惨禍をもたらしたのである。

大戦後半に英仏側に立って参戦することにより勝利へ導いた米国の大統領ウィルソンが、軍事同盟政策に代え、国際社会の平和・安全を維持すべき新しいシステムとして提唱したのが、集団安全保障体制であった。集団安全保障体制は、軍事同盟体制のように利害の対立する国家群の存在を前提とせず、そうした国家群も含めてできるかぎり多くの国家を新しいシステムに参加させようと試みる。このシステムに参加したすべての国家は、相互間の対立を解消する手段として〝戦争〟に訴えないことを約束する。そして、この約束に違反して他国に戦争を仕掛けた国家は、相手国のみならず、このシステムに参加しているすべての国家に対して戦争を仕掛けたものと見なされ、すべての国家による集団的制裁を受けることになる。ウィルソンの構想では、世界中のすべての国家、少なくともすべての軍事大国がこのシステムに参加し、約束を忠実に履行するならば、いかなる大国といえどもいかなる小国に対しても戦争を仕掛けることなく、すべての国家の平和・安全が維持されるはずである。というのは、当時の国際社会において、いかなる大国といえども、世界の他のすべての国家の力を結集した集団的制裁に対抗しうるほど強大な国家は存在しないからであった。

ウィルソンの集団安全保障体制の構想は、国際連盟規約に取り入れられた。それは理論的には、おそらく正しかったのかも知れない。しかしながら当の米国自身が、議会の反ウィルソン派の抵抗により、国際連盟に参加できなかった。また、大戦中のロシア革命により成立したソヴィエト政府も、その過激な主張のゆえに国際社会で孤立し、最初は連盟に加盟することを拒まれた。このように世界の二大軍事強国が連盟に加わらなかった事実は、連盟の集団安全保障体制のあり方に大きなマイナス要因となったのである。

国際連盟規約によれば、集団的制裁の中核となるのは、規約に違反した加盟国に対する経済断交であった。それは第一次世界大戦において、英国海軍の海上封鎖がドイツへの物資の流入を阻げ、その経済的疲弊をもたらすことにより、後者の敗戦へ導いた経験に裏付けられていた。つまり英国は、連盟の集団安全保障体制の中心的な役割を担うことを期待されていたのである。だが、米ソ二大強国の不加盟という事実をまえにして、英国はその役割を引き受けることに消極的にならざるをえなかった。仮に連盟に加盟したドイツが他の加盟国に戦争を仕掛けるならば、英国はドイツとたとえば米国との通商を阻止しなければならなくなる—英国はそこまでの制裁行動を義務づけられることを躊躇した。そこで英国は、連盟規約を制限的に解釈することを通して、集団的制裁にかかわる義務を軽減することに腐心した。その結果、ある加盟国が連盟規約に違反して戦争に訴えたか否かの判断は、連盟の機関ではなく、他の加盟国が個別に下すこととされたのである。また、違反に対してどのような制裁行動を取るかの判断も、個別の加盟国に委ねられた。そのため、違反国と利害関係の強い他の加盟国が、違反の認定を渋り、制裁に積極的に協力しない可能性が高まった。事実、イタリアのエチオピア侵攻を「規約に違反する戦争」と認定しながら、その後の集団的制裁は効果を挙げることなく中断され結局、侵攻を食い止めることができなかった。こうした流れのなかで、国際連盟は第二次世界大戦の勃発を防ぐこともできなかったのである。

2　国際連合憲章の集団安全保障体制

国際連合の集団安全保障体制は、うえに見た国際連盟の失敗を考慮に入れて、多くの点で改善・強化されている。第一に、連盟の集団安全保障体制がうまく機能しなかった原因の一つは、米ソ二大軍事強国が連盟に加盟せず、そのため連盟の集団的制裁の主役を担うべき英国が、制裁行動に消極的にならざるをえなかった事実であった。これに引き換え国際連合においては、当初から米ソを含む大国が加盟し、今日では世界の大半の国家が加盟国となっていて、いわゆる加盟国の普遍性が徹底している。この点に関連して連盟規約では、加盟国が一方的宣言により連盟から脱退できることが認められており、それが一九三〇年代に日独両国をはじめとする諸国の脱退につながって、加盟国の普遍性を損なう結果をもたらした。国際連合憲章を採択した一九四五年のサン・フランシスコ会議においても、脱退の扱いが問題とされたが、この問題は同会議の決議によって処理され、憲章自体には脱退に関する規定が置かれなかった。そのせいか、今日まで六〇年近くのあいだ、国際連合から脱退した国家は一つもない。

第二に、連盟規約では、規約に違反して〝戦争〟を仕掛ける行為のみが禁止されていたため、戦間期において〝戦争〟とは言わずに、現実には戦闘行為に訴える事態が発生した。日中戦争において、日中双方がそれぞれの事情により〝戦争〟と呼ぶことを避けたのは、その典型例である。国連憲章ではそうした事態に対処するため、広く国際関係において「武力による威嚇又は武力の行使」を一般的に禁止している(二条四項)。

第三に、さきに見たとおり、連盟規約の解釈として、規約に違反する戦争がなされたか否か、なされた場合に違反者に対してどのような制裁行動をとるのかの決定を、各加盟国の個別的な判断に委ねたため、連盟の集団安全保障体制がまとまって機能しがたい状況を生み出し、イタリアのエチオピア侵略を阻止できなかった。これに対して国連憲章では、憲章に違反する行為により「平和に対する脅威、平和の破壊又は侵略行為」があるか否かの決定を、国際連合の機関たる安全保障理事会の専権事項とすることにより、各加盟国の個別的な判断を排除するとともに(三九条)、安全保障理事会が憲章に従ってなした決定は各加盟国を拘束することとしたのである(二五条)。

そして第四に、集団的制裁の強化がはかられた。すなわち連盟規約においては、いわゆる経済的な制裁が中心であり、兵力は経済制裁を徹底する必要のために用いられることとされていたが、国連憲章においては、経済制裁を含む非軍事的な措置では不充分な場合に、「国際の平和及び安全の維持又は回復に必要な空軍、海軍、陸軍の行動をとることができる」として（四一条）、軍事的な制裁行動の必要性を正面から認めたのである。

3　拒否権と大国連軍構想の挫折

このように国際連合は国際連盟の経験を踏まえて、集団安全保障体制の抜本的な改善・強化をはかった。しかし、その体制の中心的な役割を担うはずであった〝大国連軍〟は、今日に至るもなお実現していない。その大きな原因の一つは、安全保障理事会における「拒否権」の存在であった。

国際連盟の集団安全保障体制が効果的に機能しなかった遠因は、うえに見たとおり、米ソ二大軍事強国の不加盟であった。連盟に代わる国際平和・安全の維持機構として国際連合の創設に力を尽くした米国のルーズヴェルト大統領は、ウィルソンの失敗を繰り返さないために、自国はもとよりソ連の加盟を確保することに心を砕いた。それは二大強国の加盟を確保することが、加盟国の普遍性の達成と国際連合の集団安全保障体制の実効性にとって不可欠である、との信念に基づいていた。他方、ソ連は国際連盟において、国際機構のなかで少数派であることの厳しさをまざまざと体験していた。まずソ連は、連盟に早くから加盟することを望んでいたが、革命政権成立直後の過激な世界社会主義革命への呼びかけと、これに対する西欧諸国や米国の強い反発によって、加盟が実現したのはやっと一九三四年、米国がソ連政権を承認した翌年のことであった。さらに一九三九年、ソ連はナチス・ドイツの侵攻に備えてフィンランドの領域使用を申し入れたが容れられず、そのためフィンランドに対する軍事攻撃に踏み切った行為を〝連盟規約に違反する戦争〟と認定され、連盟史上唯一の〝除名〟処分の対象国となった。こうした体験から、ソ連は国際連合に加盟する代償として、安全保障理事会における「拒否権」を要求したのである。この要求に英国は反対したが、米国は〝拒否権はないがソ連の加盟しない国連〟よりも〝拒否権はあるがソ連の加盟する国連〟を選択する道を選んだ。その結果、安全保障理事会の常任理事国たる米英仏ソ中が一国でも反対すれば、同理事会の決議の成立を阻止できる「拒否権」が国連憲章に書き込まれることになった。

さて、憲章の規定によれば、国際連合の集団的制裁のうち、軍事的措置の中核をなすものとして〝国連軍〟が予定され、その兵力は各加盟国が安全保障理事会と締結する特別協定に従って提供することになっている(四三条)。国際連合の発足当初、米国はこの規定に基づいて自国軍の一部を提供し、強大な国連軍の創設を積極的に進めようと試みた。しかしながら、ソ連はこれに反対であった。ソ連の考えによれば、国連軍が安全保障理事会の指揮下に置かれる以上、それが安全保障理事会のいずれかの常任理事国の利益に反して動かされることは期待できない。なぜなら、そうした動きに必要な安全保障理事会の決議は、常任理事国の拒否権に阻まれて成立しえず、ために常任理事国の意向に反して国連軍が機能することはありえないからである。つまり国連軍が効果的に機能できるのは、せいぜい中小国間の局地的な紛争に対してのみであり、そのために強大な国連軍の創設は不要である—これがソ連の反対理由であった。

ソ連以外の安全保障理事会の常任理事国、英仏中も大国連軍の設立に必ずしも積極的ではなかった。このような雰囲気のなかで米国も次第に熱意を失い、大国連軍構想は国際連合発足後二、三年にして挫折することになった。その後今日に至るまで、憲章四三条に基づく特別協定は一つとして締結されていない。

4　集団的自衛権と地域的・二国間集団安全保障取極

拒否権の存在には、もう一つの側面があった。それは憲章八章の規定する「地域的取極」と拒否権との関係である。第二次世界大戦の終結に先立つ一九四五年三月、米国は米州諸国とチャプルテペック規約を結び、地域的な集団安全保障体制を築く構想を固めていた。しかしながら国連憲章八章によれば、そうした地域的な集団安全保障の取極は国連体制に包摂されて、地域的取極に基づく制裁行動は安全保障理事会の許可がなければ発動しえず、そのため常任理事国の拒否権により阻げられる懸念が生じたのである。この懸念を解消するために打ち出されたのが、〝集団的自衛権〟の規定であった。すなわち国連憲章五一条によれば、国際連合加盟国は個別的自衛権と並んで、集団的自衛権を持ち、「加盟国に対する武力攻撃が発生した場合には、安全保障理事会が国際の平和及び安全の維持に必要な措置をとるまでの間」、この権利に基づく行動をとることができる。したがって、仮に拒否権により地域的取極に基づく制裁行動がとれなくなっても、米州諸国は共通の集団的自衛権に基づき、それぞれの安全保障に必要な行動をとりうるわけである。

かくして集団的自衛権の規定は、一九四七年に締結された米州相互援助条約の法的な基礎となった。また、東西対立の激化に伴い締結された北大西洋条約(一九四九年)やワルシャワ条約(一九五五年)のほか、アラブ連盟諸国共同防衛経済協力条約(一九五〇年)も集団的自衛権をその法的基礎としている。さらに米国は、アンザス[オートラリア、ニュージーランド]、日本、フィリピン(いずれも一九五一年)、韓国(一九五三年)、中華民国(一九五四年)と二〜三国間の安全保障条約ないし相互防衛条約を締結した以外に、東南アジア条約機構(一九五四年)や中央条約機構(一九五五年、米国はオブザーヴァー資格で参加)などの地域的集団安全保障条約をも締結したが、これらはすべて集団的自衛権に基礎づけられたものであった。

5　朝鮮戦争と「国連軍」――平和のための結集決議

上述の流れは少なくとも外見上、国際連盟の失敗を踏まえて〝改善・強化された〟国際連合の集団安全保障体制が、拒否権のため機能不全に陥った結果、国際社会において各国家の安全を保障する方策が、第一次世界大戦以前の〝軍事同盟体制〟に逆戻りしたかのような印象を与える。その流れのなかで一九五〇年に勃発した朝鮮戦争は、きわめて重要な意味を持っている。

一九一〇年以降日本の植民地とされていた朝鮮半島は、第二次世界大戦末期に日本が受諾したポツダム宣言により、日本から切り離されて独立を回復することが予定されており、北緯三八度線を境に南は米国軍、北はソ連軍の軍事占領下に置かれた。しかし、朝鮮の独立を回復するための米ソ協議は整わず、問題は国際連合に持ち込まれた。国際連合では総会の一九四七年決議に基づき、翌四八年に独立のための選挙が実施されたが、国際連合の派遣した代表団は北側の妨害によって南半分でしか選挙を実施できず、その結果成立した「大韓民国」は国連総会により朝鮮半島における唯一の合法政府と認められ、多くの国家に承認された。これに対してソ連は北朝鮮に「朝鮮民主主義人民共和国」政府を樹立し、この政府を承認した。かくして朝鮮半島に南北二つの政府が並立するなか、一九五〇年六月末、北朝鮮軍は突如三八度線を越えて南に武力攻撃を加えた。これが朝鮮戦争の始まりである。

武力攻撃の報告を受けた安全保障理事会は六月二五日、北朝鮮の行為を「平和の破壊」と決定し、北朝鮮軍の撤退を呼びかけた。しかし北朝鮮がこれに応じないため、同月二七日ふたたび決議を採択し、全国連加盟国に対し「武力攻撃を排除し……国際平和と安全を回復するために必要な援助」を大韓民国に与えることを勧告した。これに応じて一六ケ国が自国軍の一部を提供した。これが朝鮮「国連軍」と呼ばれるものである。

朝鮮国連軍は、憲章四三条の規定する国連軍ではなく、安全保障理事会の勧告に応じて加盟国が自発的に提供した各国軍の混成部隊である。ただし、朝鮮国連軍は七月七日の安全保障理事会決議により、米国の統一指揮下に置かれることになった。いずれにせよ、ソ連の拒否権に妨げられることなく安全保障理事会がこれらの決議を採択できたのは、中国代表権問題に絡んでソ連が同理事会を欠席していた、という偶発的な事情によるものであった。したがってソ連がこの年の八月に安全保障理事会へ復帰し、朝鮮国連軍関係の決議に拒否権を行使しはじめて以後、朝鮮半島に派遣されている国連軍の動きは大幅に制約されることになった。

この難局を乗り越えるため、一九五〇年一一月三日、米国の主導下に総会の採択したのが「平和のための結集決議」であった。決議の要旨は、①国際連合のもっとも重要な目的は、国際平和・安全の維持である、②この目的のために必要な措置をとる主要な責任は、安全保障理事会が負うている、③しかし、常任理事国の一致がえられないため、安全保障理事会がこの責任を果たしえないときには、総会が国際平和・安全の維持に必要な措置をとるよう加盟国に勧告することができる、の三点にある。この決議に基づき活動を続けた国連軍は、一九五〇年秋には三八度線を越えて北朝鮮軍を中国との国境地帯にまで追い詰めたが、中国人民義勇軍の介入により押し戻され、戦闘が膠着状態に陥るなか、一九五三年に北朝鮮軍・中国人民義勇軍と休戦協定を締結するに至った。

実のところ「平和のための結集決議」と国連憲章の関連規定との整合性について、疑義がないわけではない。しかしながら総会はこの決議の採択後、これに基づいて朝鮮国連軍にかかわる問題を処理したし、総会の諮問に応じて一九六二年に国際司法裁判所が出した勧告的意見も、同決議が国連憲章と齟齬しないことを認めている。また、のちに見る一九五六年のスエズ国連軍も、この決議に基づいて組織された。

ついでながら、朝鮮国連軍は日本政府と協定を締結して、日本の基地を使用していたのである。

二　日本の対応――国際連合の集団安全保障体制と日本国憲法九条

うえに見たとおり、国際連盟規約が打ち出した集団安全保障体制を、連盟の失敗を踏まえて改善・強化した国際連合憲章の同体制は、安全保障理事会における拒否権に阻げられて機能せず、ために朝鮮へ派遣された「国連軍」は「平和のための結集決議」によって局面打開を図らざるをえなかった。こうした国際社会の動きに対して、日本はどのように対応したのであろうか。ここではそれを、日本の外交活動の原則、立法府と行政府の対応、司法府の対応、に三分して検討してみよう。

1　日本の外交活動の原則――国連中心主義

日本が対日平和条約(一九五一年締結、翌五二年発効)により連合国との戦争状態を終結して主権を回復し、念願の国際連合加盟を果たして(一九五六年)のち、外務省がはじめて公刊した「わが外交の近況」(一九五七〔昭和三二〕年の外交青書、以後毎年刊行)によれば、「わが国の国是が自由と正義に基づく平和の確立と維持にあり、またこれがわが国外交の根本目標であ」って、「この根本目標にしたがい……外交活動の基調をなすものは、『国際連合中心』、『自由主義諸国との協調』および『アジアの一員としての立場の堅持』の三大原則である」。このうち、第一原則たる「国際連合中心」につき、とくに国際平和・安全の維持との関連で、同青書は以下のように敷衍している。

国際連合は、その憲章にも明かな通り、国際の平和および安全を維持し、国際紛争の平和的かつ正義に基づく解決を実現し、諸国間の友好関係発展と世界平和強化のための措置を講じ……るため、……目的を同じくする諸国が……この共通の目的に向かつて努力を結集するに当つての中心となる国際機構である。……今やその正式の加盟国となつたわが国は、この国際連合の原則を高揚し、その活動を強化し、もつて国際連合がその使命の達成にさらに前進するよう努力を払ってきた。

しかしながら、同青書によれば、「国際連合がその崇高な目的にもかかわらず、その所期の目的を十分に果たすに至つていないことは……遺憾ながらこれを認めざるを得ない」。そこで、「わが国としては、一方において国際連合の理念を追求しつつも、他方において、わが国の安全を確保し、ひいては世界平和の維持に貢献するための現実的な措置として、自由主義諸国との協調を強化してきた」。すなわち、同青書は、日本が外交活動の第一原則として、国際平和・安全の維持にかかわる国際連合の活動強化と使命達成前進のため努力してきたが、国際社会の現状に鑑みて、「自由主義諸国との協調」という第二原則を採用したことを明らかにしている。この点について同青書は、「現下の国際情勢が不安定ながらも一応長期的な平和の時期を迎えているのは、自由民主諸国が共産諸国に対してよく結束を保つている結果であつて……等しく民主主義を国是とするわが国としては、その団結の一翼を担う責務を有するものである」と述べている。

さらに同青書は第三原則について、「わが国は、その外交活動を進めるに当たつて、アジアの一員として、アジアと共に進む立場をとつている。わが国にとり、世界平和の確立に最も重要な条件は、アジア地域における平和を確保することである。それには、アジアの平和をおびやかす要素を除去するとともに内部における社会的不安を一掃することが必要であり、そのためには友好国が協力してアジアに繁栄を実現しなければならない。この目的に進むために、わが国はできる限りの貢献をなす方針であ」る、と付け加えている。

このように外交活動の三大原則を明らかにしたうえで、同青書は日本外交が直面する重要課題として、アジア諸国との善隣友好、経済外交、対米関係調整、の三点を挙げている。そしてアジア諸国との善隣友好関係を進めるため、日本の高度の技術と工業力を活用し、アジア外からの資本・技術を導入するなど、政府民間が一体となった経済協力の必要性を強調している。また、対米関係については、米国が自由民主主義諸国の中心的な地位にあるとの認識に基づき、同国との信頼関係の強化に努めるべきである、と指摘している。

以上のとおり、この外交青書は日本の外交活動の三大原則を明らかにし、第三原則にかかわる課題については、経済協力を主軸とする具体的な方策に触れている。また第二原則についても青書の各論部分で、自由民主主義諸国との関係の進展を詳細に説明している。ただし、「国連中心主義」を第一原則としておきながら、国際連合の最重要課題たる〝国際平和・安全の維持〟に直結する日本の外交活動については、日米安全保障条約関係に簡単に触れているほかに、何の言及もない。おそらくそれは、対外的には、さきの戦争にかかわる日本の消極的なイメージを払拭し、対内的には、日本国憲法九条をめぐる紛糾を避ける、という配慮が働いていたからではないだろうか。

2　立法府と行政府の対応

さきの戦争にかかわる日本の消極的なイメージの払拭については、自由民主主義諸国との関係やアジア諸国に対する経済協力の伸展をつうじて、地道な外交活動が重ねられた。だが、日本国憲法九条の解釈をめぐる紛糾については、国際連合の集団安全保障体制との関係で、さらに踏み込んで検討する必要があるように思われる。そこでまず、この問題に関する日本の立法府と行政府の対応を、日本国憲法の採択時と国連加盟申請決議採択時の、それぞれの国会における審議に的を当てて検討してみよう。

大日本帝国憲法の改正手続により日本国憲法が採択された帝国議会の審議の過程で、すでに日本国憲法九条の規定と国際連合の集団安全保障体制との関係は、問題とされていた。そもそも九条を含む帝国憲法の改正案は、一九四六年六月に召集された第九〇帝国議会に、内閣の手により提出され、まず衆議院の特別委員会・小委員会の審議を経て、本会議で可決、ついで貴族院の特別委員会・小委員会の審議を経て、本会議で可決、さらに衆議院へ回付・可決のうえ、内閣から枢密院に諮詢ののち、同年一一月三日、日本国憲法として公布された。周知のとおり、公布された日本国憲法の九条は、一項において「日本国民は、正義と秩序を基調とする国際平和を誠実に希求し、国権の発動たる戦争と、武力による威嚇又は武力の行使は、国際紛争を解決する手段としては、永久にこれを放棄する」と規定し、二項はこれを受けて「前項の目的を達するため、陸海空軍その他の戦力は、これを保持しない。国の交戦権は、これを認めない」と規定していたのである。

これらの規定の解釈をめぐる対立の存在はさて措き、憲法九条が日本の国際連合加盟申請の障害とならないかという疑問は、衆議院の審議においても貴族院の審議においても、数名の議員により提起された。とくに貴族院で南原繁議員は、国際連合の加盟国が集団安全保障体制のもとで制裁行動のための兵力提供を義務づけられている以上、一切の兵力を放棄してこの義務を果たしえない日本は、将来の加盟の際に九条を改正するのか、と問うている。これに対して政府側は、吉田茂内閣総理大臣が、日本が国際団体へ復帰することは望ましいけれども、そのまえに平和条約を締結することが先決問題であり、そのあとで国連加盟の是非を考えるべきであって、現時点で憲法の改正が必要か否かは判断しがたい、と答えている。また、別の機会に幣原喜重郎国務大臣は政府答弁のなかで、日本としては武力を持たず制裁に協力できないのであるから、国際連合加盟に際して、憲法九条に基づく留保を申し立てるべきだ、との意見を述べている。当時の政府は、憲法九条二項が一切の戦力保持を禁じている、との建前をとっていたため、これらの答弁は止むをえなかったのであろう。しかし、吉田の答弁は問題を先送りしたに過ぎず、幣原の述べたような留保が許されるか否かは別として、日本は国際連合加盟に際して何の留保も付さなかった。

戦力を持たない日本の安全と生存の保持については、日本国憲法の前文が「日本国民は、恒久の平和を念願し、人間相互の関係を支配する崇高な理念を深く自覚するのであって、平和を愛する諸国民の公正と信義に信頼して、われわれの生存と安全を保持しようと決意した」と宣明している。しかしながら、この点について南原は「斯くの如く致しましては、日本は永久に唯他国の好意と信義に委ねて生き伸びむとする所の東洋的な諦め、諦念主義に陥る危険はないのか」と指摘しており、同じく貴族院議員の佐々木惣一も「国民は何だか自分は、国を為す人間として、自主的でない、何か独立を失ったような……自分は戦争は厭だけれども、戦争は……やる力は法的にはないのだと云うような考えを持ちます時には、日本の国民は果たして、少しも卑屈のような気持ちを持つことがないと云う風に安心出来るものでありましょうか」と憂慮を表明していた。

憲法九条と国際連合加盟の関係は、国際連合加盟申請決議が採択された第一三回国会(一九五二年)でも、問題にされている。会期の冒頭、施政方針演説のなかで、吉田茂内閣総理大臣は近く発効する平和条約に触れたあと、「また、わが国の国際連合加盟のすみやかならんことを希望いたしますが、その加盟前においても、国際連合の行う平和維持の措置に対しましては今後とも全幅の協力をいたす考えで」いる、と説明した(衆議院会議録第六号三五〜三六頁、昭二七・一・二三)。これに対し、社会党の水谷長三郎議員が「われわれは、国連を現存する唯一の世界的平和機構としてこれを支持し、その肯定の上に立ちまして、その不完全性を是正し、特にその国際安全保障機能を強化いたしまして、究極的には各国軍備の廃止を主張するものである」と述べた(同第七号五六頁、昭二七・一・二五)ことが注目される。また、同国会の衆参両院の外務委員会では、数名の議員から日本が国際連合加盟を申請する際に、軍備や軍事協力に関して課せられた条件について質問が提出された。これに対して岡崎勝男外務大臣や西村熊雄外務省条約局長は、パナマやコスタ・リカのように軍備を持たない国が原加盟国に入っていること、アイルランドが軍備を有しない旨を明言したうえで加盟を認められたこと、軍備がなくても他の加盟国の軍隊の自国領域通過や自国基地利用を認め、物資調達を援助するなど、当該国家にとって可能な支援の提供により憲章上の義務を履行することが可能であること、などの答弁をしている。ただし議員のなかには、パナマやコスタ・リカ、アイルランドと異なり、日本は軍事的協力をなしうる単位となるだけのものを持つべきだ、と強調する者もあった。

なお、いわゆる永世中立政策については、憲章が採択されたサン・フランシスコ会議で、〝いかなる国も永世中立の地位を援用して憲章上の義務をまぬがれることはできない〟との了解が成立していたため、国際連合と永世中立は原則的に両立しえない、と岡崎外務大臣が説明している(たとえば、衆議院外務委員会議録第一七号一七〜一八頁。昭二七・四・二、同第一八号六、一〇〜一一頁。昭二七・四・一一、参議院外務委員会会議録第三〇号一〇〜一一頁。昭和二七・五・一六)。この第一三回国会において、日本が国際連合加盟申請をすることは最終的に承認されたが、これに基づく最初の加盟申請が安全保障理事会におけるソ連の拒否権行使により否定されたことは、さきに見たとおりである。

いずれにせよ、これらの国会審議に見るかぎり、日本の行政府が、憲法九条は日本の国際連合加盟申請の障害とならない、と考えており、立法府もこれを受け入れていたように思われる。しかしながら、ここでも、国際平和・安全の維持をめぐる国際連合の活動に、日本がどのように関わっていくかについて、詳細な論議が尽くされたということはできない。

3　司法府の対応

国際平和・安全の維持をめぐる国際連合の活動に日本がどのように関わるべきかについて、積極的に発言することは司法府の役割ではない。だが日本の裁判所の判決のなかには、間接的にではあるがこの問題に言及したものがある。いわゆる砂川事件判決に対する東京地方裁判所と最高裁判所の判決が、それに当たる。

砂川事件判決は、日本国憲法九条と日米安全保障条約の整合性が正面から取り上げられたことで、あまりにも有名である。事件の概要は、一九五〇年代後半に日米安全保障条約の改訂作業が進められていた最中に、東京都砂川町の米軍基地拡張工事のための測量に反対するデモ隊の一部が、米軍の管理下にある基地内に許可なく侵入した行為に対し、通常の軽犯罪法よりも重い刑罰を科している刑事特別法を適用することが、是か非かを問うものであった。第一審の東京地方裁判所判決は、刑事特別法が日米安全保障条約第三条に基づく行政協定に伴って制定された事実に着目し、同法の法的基礎となる当該条約が憲法九条の趣旨に反するので違憲であり、違憲の条約に基づく刑事特別法は無効である、と判示した(東京地判昭和三四・三・三〇、判時一八〇号二頁)。これに対して検察側は最高裁判所へ跳躍上告し、同裁判所は一九五九年一二月六日の判決で、憲法九条は日本が自らの平和・安全を保持することを禁じておらず、また変化する国際情勢のもとでいかなる方策により日本の平和・安全を保持するかの判断は、高度の政治性を有するため第一次的には内閣・国会に、最終的には国民に委ねられるべきものであって、一見明白に違憲無効と認められないかぎり裁判所の司法審査権になじまないがゆえに日米安全保障条約は憲法九条に反せず有効であると判示して、東京地方裁判所判決を破棄したのである。

うえに指摘したとおり、国際平和・安全をめぐる国際連合の活動に日本がどのように関わるべきかについて、発言することは司法府の本来の役割ではない。ただし、上記の東京地方裁判所判決はその一部で、日本国憲法九条は自衛権を否定するものではないが、自衛のためであっても戦力を保持することを許さない、と断ったあと、同条の趣旨が「(国際連合憲章も……目標としている世界平和のための国際協力の理念)を深く自覚……した結果、……戦争を国際平和団体に対する犯罪とし、その団体の国際警察軍による軍事的措置等、現実的にはいかに譲歩しても右のような国際平和団体を目ざしている国際連合の機関である安全保障理事会等の執る軍事的安全保障措置等を最低線としてこれによってわが国の安全と生存を維持しようとする決意」の表明である、と述べている。さらに同判決は、日本に駐留する米軍も「わが国が現実的にはその安全と生存の維持を信託している国際連合の機関による勧告又は命令に基づいて、わが国に対する武力攻撃を防禦するためにその軍隊を駐留せしめるということであればあるいは憲法九条二項前段によって禁止されている戦力の保持に該当しないかも知れない」と続けている。

これは要するに、国際連合の集団安全保障体制を肯定し、安全保障理事会の勧告または命令に基づいて、米軍が日本に駐留しているのであれば、それは憲法九条に反しない措置だ、と述べているわけである。そして最高裁判所の判決もまた、「われら日本国民は、憲法九条二項により、同条項にいわゆる戦力は保持しないけれども、これによって生ずるわが国の防衛力の不足は、これを憲法前文にいわゆる平和を愛する諸国民の公正と信義に信頼することによって補い、もつてわれらの安全と生存を保持しようと決意したのである。そしてそれは、必ずしも原判決のいうように、国際連合の機関である安全保障理事会等の執る軍事的安全保障措置等に限定されるものではなく、わが国の平和と安全を維持するための安全保障であれば、その目的を達するにふさわしい方式又は手段である限り、国際情勢の実情に即応して適当と認められるものを選ぶことができる(傍点筆者)」と述べている。ここでも、国際連合の集団安全保障体制が日本国憲法九条と矛盾しないことが確認されているのである。

以上から日本の司法府は、日本国憲法と国際連合の集団安全保障体制が両立しうる、と判断していると推論することができるだろう。もっとも、国際平和・安全の維持をめぐる国際連合の活動に日本自体がどのように関わるべきかについて、この推論から具体的な答えが出てくるわけではない。

三　平和維持活動(ＰＫＯ)の展開と拡大

国際平和・安全の維持にかかわる国際連合の活動が、憲章の予定した大国連軍構想の拒否権による挫折から、朝鮮国連軍の派遣と「平和のための結集決議」の採択へと展開していた時期に、日本国内における論議はせいぜい憲法九条と集団安全保障体制の整合性の問題に止まっていた。しかも、この分野における国際連合の活動は、日本が加盟した一九五六年の国連緊急軍に始まる〝平和維持活動(Peace Keeping Operation, PKO)〟の展開、さらに東西冷戦の終結直後の湾岸戦争(一九九一年)を経て、その後におけるＰＫＯの拡大へと大きく変化していった。この変化を以下、スエズ動乱と国連緊急軍、ＰＫＯの展開と諸原則、冷戦終結後におけるＰＫＯの拡大、に三分して考察しておこう。ただし湾岸戦争そのものについては、「四　湾岸戦争とＰＫＯ協力法」で日本のＰＫＯ協力法と関連づけて検討することとする。

1　スエズ動乱と国連緊急軍

東西対立が激化するなか、国際平和・安全にかかわる国際連合の活動が大きく制約されざるをえなかった事情は、さきに見たとおりであるが、スエズ動乱に際して組織・派遣された国連緊急軍（United Nations Emergency Force, UNEF）に始まるＰＫＯは、そうした制約のなかでも、国際連合が国際平和・安全の維持のために有効な貢献をなしうることを証明した。

スエズ動乱は一九五六年七月、ナイル河のアスワン・ハイ・ダム建設資金の調達に失敗したエジプトのナセル大統領が、スエズ運河会社を国有化し、同運河の通行料をその資金に充てる声明を発表したことに、端を発する。スエズ運河会社は英仏両国の国策会社的な性格が強かったので、大統領の声明に反発した両国は、第一次中東戦争後エジプトと停戦状態にあったイスラエルと謀ってエジプトを攻撃させ、スエズ運河の自由航行を保障するという名目で運河地帯に出兵した。しかし英仏の行動は、米ソを含む圧倒的多数の国家から非難され、両国は国際社会で孤立に近い状況に陥った。このように事態が推移するなかで、国際連合の安全保障理事会が開かれたが、英仏両国の拒否権により実効的な決議は採択されなかった。そこで、朝鮮戦争の際に採択された「平和のための結集決議」に基づき、緊急総会が召集されることになった。

総会は同年一一月二日の決議で、運河地域で軍事行動を手掛けているすべての当事者が停戦し、既存の停戦ラインまで撤退すること、停戦が実現した段階でスエズ運河を再開することを要請し、この決議の遵守状況について国連事務総長が総会と安全保障理事会に報告することを求めた。さらに総会は二日後に追加決議を採択して、事務総長にさきの決議の履行に必要な措置をとる権限を与え、停戦を確保・監視するための国連緊急軍の編成計画を四八時間以内に提出するように要請した。事務総長は提出した計画のなかで、第一次中東戦争の休戦監視機関司令官のもとに、原則として安全保障理事会常任理事国を除く加盟国が提供する軍隊によって国連緊急軍を組織することを勧告し、総会はこれを了承した。事務総長の計画に従って組織された国連緊急軍は、常任理事国以外の加盟国で紛争に利害を持たない中立的な国家の提供した軍隊のなかから、地理的配分を考慮して選択され、事務総長をつうじて直接国際連合の指揮下に置かれることになった。この国連緊急軍がエジプトの合意のもとに運河地帯へ派遣されるのに呼応して、英仏軍は撤退し、イスラエル軍も休戦ラインへ退くことにより、スエズ動乱は一先ず決着を見たのである。

2　PKOの展開と諸原則

スエズ動乱を処理した国連緊急軍の成功に続き、一九六〇年代から八〇年代へかけて局地的な紛争の収拾を支援するために、国連緊急軍に類する機関が安全保障理事会の決議により、世界の各地へ派遣された。一九六〇年の独立直後に発生したベルギー軍の介入やカタンガ州の分離運動を収拾する目的で派遣された「コンゴ国連軍(Opération des Nations Unies au Congo, ONUC)」、一九六二年にオランダからインドネシアへ主権が移行される期間中、地域の平和・治安の維持に当たるため派遣された「西イリアン国連保安隊(United Nations Security Force in West Irian, UNSF)」、一九六四年にギリシア系多数派とトルコ系少数派との軍事衝突の継続・激化を防ぐため派遣された「国連キプロス平和維持軍(United Nations Peace-Keeping Force in Cyprus, UNFICYP)」、第三次中東戦争後の一九七四年にイスラエルとシリア間の停戦監視と両軍兵力引離しの履行監視のためゴラン高原へ派遣された「国連兵力引離し監視軍(United Nations Disengagement Obsever Force, UNDOF)」、そして政府軍と反政府軍の停戦合意を監視し、紛争の包括的な解決を支援するため一九八九年に中米五ケ国へ派遣された「国連中米監視団(Grupo de Observadores de las Naciones Unidas en Centroamerica,

ONUCA)」などはその典型的な例である。

これに、第一次中東戦争後の休戦監視機関として一九四八年に派遣された「国連休戦監視機関(United Nations Truce Supervision Organization, UNTSO)」、カシミール地域の休戦監視のため一九四九年以来派遣されている「国連インド＝パキスタン軍事監視団(United Nations Military Observer Group in India and Pakistan, UNMOGIP)」、ドミニカの二つの事実上の政府間の停戦監視のため一九六五年に派遣された「ドミニカ(国連)事務総長代理使節団(Misión del Represantane del Secretario General en la Republica Dominicana, DOMREP)」などを加えた国際連合の活動は、いずれも局地的な対立・抗争の真ん中に比較的小規模な軍隊や機関が割って入り、国際連合の権威を背景として対立・抗争の拡大を防止することにより、地域の平和・安全に寄与しようと試みる点で共通しており、〝平和維持活動(ＰＫＯ)〟と総称されている。

こうしたＰＫＯの中核となる国連軍の特徴は何よりも、それが〝戦わない軍隊〟だ、ということである。国連憲章七章に規定する「国連軍」は、四三条に基づく特別協定が締結されていないため、今日においてもなお存在しない。だが、さきに見た朝鮮国連軍やのちに見る対イラク多国籍軍はいずれも、憲章に違反して国際平和を破壊した者を武力によって制裁することを目的とした〝戦うための軍隊〟であって、その法的基礎はあくまでも憲章七章にある。それに対してＰＫＯ国連軍は、必要に応じて採択される種々の安全保障理事会決議(ＵＮＥＦのみは総会決議)に基づいて組織され、憲章上はっきりした法的基礎を持たない。つまりＰＫＯ国連軍は、憲章の明確な規定に依拠するものではなく、国際連合の実行のなかから生み出されてきたものなのである。その意味で、ＰＫＯ国連軍は制裁措置を規定した憲章七章と、国際紛争の平和的処理を規定した六章との中間的な性格を持つ〝六章半の国連軍〟と称されることがある。

これらのＰＫＯ国連軍の特徴を反映して、国際連合の平和維持活動の原則は、つぎのようにまとめることができよう。第一に、ＰＫＯ国連軍は関係当事者の同意と協力を必要とする。うえに見たすべてのＰＫＯ国連軍は、関係当事者の同意に基づいて派遣されてきたのであって、当事者の意思に反して派遣されることはできない。これを〝同意の原則〟ということができる。第二に、ＰＫＯ国連軍の中立性を確保するために、当事者と利害関係の深い国家の参加は排除されなければならない。これを〝中立性の原則〟ということができる。第三に、ＰＫＯ国連軍の国際性を維持するため、軍事組織は国際連合の指揮下に置かれることが必要である。これを〝国際性の原則〟ということができる。第四に、ＰＫＯ国連軍は軽火器を携行するが、武器の使用は自衛目的に限定されている。これは〝武器使用制限の原則〟とでもいうべきであろう。これらの諸原則は、スエズ動乱の際に派遣された国連緊急軍の活動を規律するために採択されたものであるが、それ以後の平和維持活動でも踏襲され、ＰＫＯ国連軍に関する一般原則として適用されるようになっていった。

3　冷戦終結後におけるＰＫＯの拡大

一九八〇年代末に始まる東西対立の緩和、社会主義の終焉と冷戦の終結は、国際社会の動き、とりわけ国際連合の活動にさまざまな影響を及ぼした。一方でそれは、安全保障理事会における大国間の意見の不一致、すなわち拒否権行使の必然性を大幅に減少させた。のちに見るように、イラクのクウェート侵攻に対して〝多国籍軍〟の派遣が決定されたのは、その効果の一端であった。他方でそれは、これまで全世界的な東西対立の陰で加盟国の内部に抑え込まれてきた多数の小さな対立・抗争を顕在化させた。旧ユーゴスラヴィアの崩壊をめぐる民族間の衝突や一部のアフリカ諸国における種族間闘争の激化は、その例である。

こうした衝突や闘争は、国際平和・安全に対する脅威であると同時に、多くの犠牲者や避難民を発生させ、否応無しに国際連合のＰＫＯの拡大をもたらした。一九八九年以降の一〇年余りの期間に、それ以前の四五年間に比べて、三倍に近い新しいＰＫＯ国連軍が派遣された事実は、そのことを雄弁に物語っている。

これらの衝突や闘争は、たんにＰＫＯの数量を増加させただけではない。それはＰＫＯの理念自体―具体的には〝ＰＫＯの諸原則〟―の再検討をも迫ったのである。たとえば、一九九一年に国連事務総長に就任したブトロス・ガリは、翌九二年に発表した「平和への課題（An Agenda for Peace）」と題する報告書のなかで、通常の平和維持軍よりも重装備の〝平和執行部隊〟を事務総長のもとに常置し、これを早期に現地へ派遣することによって、紛争を効果的に抑制し事態の悪化を防止すべきである、と提言した。事実、ソマリアでは一九九〇年に独裁政権が崩壊してのち、複数の派閥間の政権抗争が続くなか、大規模な干ばつで餓死者や避難民が続出したため、国際連合ほかの国際機関は物資支給などの人道的救援活動を手掛けていたが、救援活動の従事者たちが対立に巻き込まれ、派閥の攻撃を受ける事態が発生した。そこで一九九二年夏、安全保障理事会は派閥間の停戦合意の履行確保と救援活動従事者の保護のために、「国連ソマリア活動（United Nations Operation in Somalia, UNOSOMⅠ）」を派遣した。しかし、事態が改善されないので、翌九三年三月にはこれをＵＮＯＳＯＭⅡに組織替えし、憲章七章に基づいて派閥の武装解除に必要な強制行動をとる権限を与えたのである。この措置は、従前の〝戦わない国連軍〟というＰＫＯの大前提と相容れず、また〝当事者の同意原則〟を超えるものであった。

しかしながら、ＵＮＯＳＯＭⅡと最大派閥アイディード派との対立が激化し、同派の襲撃によってＵＮＯＳＯＭⅡのパキスタン軍兵士に多数の死傷者が出た。これに対して安全保障理事会はＵＮＯＳＯＭⅡに、責任者の逮捕・処罰に必要なあらゆる措置をとる権限を与えたが、この作戦に従事した米国軍にも多くの死傷者が出るに及んで、米国はＵＮＯＳＯＭⅡから撤退する方針に切り換えた。他国も米国の例に続き、結局一九九五年三月、ＵＮＯＳＯＭⅡはソマリアから撤退する結果に終わった。

旧ユーゴの崩壊過程においても、内戦勃発の翌一九九三年二月にクロアチアへ派遣された「国連保護軍（United Nations Protection Force, UNPROFOR）」は、内戦の広がりに応じて、その後ボスニア・ヘルツェゴヴィナ、マケドニアにも展開した。安全保障理事会はＵＮＰＲＯＦＯＲに関する決議で、七章に言及することを注意深く避けていたが、九三年春以降の決議においては、国連が設置した〝安全地帯〟に対する攻撃を阻止するためにＵＮＰＲＯＦＯＲが必要に応じた措置をとる権限を、憲章七章に基づいて付与した。ただしＵＮＰＲＯＦＯＲにはそうした措置をとるに足る兵力がなく、ＮＡＴＯ（北大西洋条約機構）諸国の空爆に依存せざるをえなかったため、最終的には一九九五年一二月、ＮＡＴＯ主導の「和平履行部隊（Implementation Force, IFOR）に後事を託して、その任務を終了した。こうした動きのなかで、同年ブトロス・ガリ事務総長は「平和のための課題への追補（Supplement to An Agenda for Peace）」を発表し、さきの提言に替えて、従前のＰＫＯ諸原則の妥当性を認めたのである。

けれども、だからといって、従前のＰＫＯ諸原則からの離脱があらゆる場合に否定されるわけではない。現に、安全保障理事会はその後の決議においても、憲章七章に基づくＰＫＯ国連軍を派遣しつづけ、場合によっては任務達成に必要な範囲で、自衛を超える武力行使の権限を認めているのである。もともとＰＫＯの諸原則は、紛争当事者が自らの意思でＰＫＯ国連軍の派遣を受け入れ、もしくは派遣を要請することを前提として採択されたものであった。また、かれらが自らの支配地域の治安・秩序を維持し、締結した休戦協定を遵守する意思と能力を持つことを前提としていた。したがって、事態の緊急性に迫られて当事者の要請の有無にかかわりなくＰＫＯが派遣される場合や、紛争当事者が支配地域の治安・秩序を維持し、休戦協定を遵守する意思や能力に欠ける場合には、従前のＰＫＯ諸原則がそのまま妥当することは期待できない。とりわけＰＫＯ国連軍の任務が次第に拡張して、初期のように休戦協定の履行を監視したり、安全保障理事会が適切に対処できるよう事態の推移を調査・報告したりすることに限られず、紛争当事者の兵力引離しや武装解除の履行確保、さらには公正な選挙の実施、医療・衛生条件の整備、地域住民や避難民の安全保護、そして統治機構の再編までが含まれるようになると、これらの任務を達成するためにＰＫＯ国連軍に要求される〝力〟を、関係者の自衛に必要な範囲に止めておくことは、本来無理なのである。

ＰＫＯ国連軍の体験は、初期の段階から、こうした無理の存在を明らかにしていた。たとえば一九六四年のＯＮＵＣは、コンゴの既存政府の要請に応じて派遣されたため、政府軍と分離派軍との抗争のなかで政府軍側に立たざるをえず、結果として国内問題に対する国際連合の中立性に疑義を残すこととなった。また、ＯＮＵＣは内乱の防止という任務達成の必要から、過剰な武力行使に踏み切った、とも非難された。ＰＫＯが定着してのち、一九九一年に派遣された「国連カンボジア暫定統治機構（United Nations Transitional Administration in Cambodia, UNTAC）」も、憲章七章に基づくＰＫＯではなかったが、和平プロセスから離脱したポルポト派の武力による選挙妨害に対しては、自衛を超える実力行使に訴えざるをえない可能性に直面していたのであった。これらの場合にコンゴの内乱を収拾し、カンボジアの選挙を成功させることが、国際連合の介入のそもそもの目的であり、かつまた国際の平和・安全の維持に資するのであれば、ＯＮＵＣやＵＮＴＡＣの行動がＰＫＯの諸原則から離脱することなく、自衛のための実力行使の枠に止まるべきであったという議論は、あまりにもＰＫＯ国連軍の現実を無視するものではないだろうか。

むしろ国際社会の現状を正面から見据え、そのなかから平和・安全の維持のために国際連合が何をなすべきか、また何をなしうるかを客観的に評価したうえで、拡大されたＰＫＯのあり方を検討すべきであろう。冷戦終結後の国際社会において国際の平和・安全を脅かす対立・抗争のなかには、さきに見たＰＫＯの諸原則で十分に対応できるものもあるだろう。また、それでは不十分であって、憲章七章に基づく軍事力の行使を必要とするものもあるだろう。さらに対立・抗争の規模や性格によっては、従来型のＰＫＯと七章型の制裁行動を並列的あるいは連続的に組み合わせることによって、はじめて適切に対処しうる〝中間的な〟ものもあるだろう。その意味では、それぞれの対立・抗争の特性に応じて、その解決にもっともふさわしい処理方策を選択・実施することこそ、国際平和・安全の維持にかかわる国連活動に求められているのであって、安全保障理事会の最近の実行はこれに応えようとする努力の現れである、と見るべきではないだろうか。

四　湾岸戦争とＰＫＯ協力法――日本の対応その後

国際平和・安全の維持にかかわる国際連合の活動が、一九五六年のスエズ動乱を契機に国連憲章に規定のない平和維持活動（ＰＫＯ）を展開させ、さらに冷戦の終結後はそれ以前のＰＫＯを超えて拡大するなかで、スエズ動乱と同じ年に念願の国連加盟を果たし、「国連中心主義」外交を標榜する日本は、こうした動きにどのように対応してきたのであろうか。結論からいえば、国連加盟後も三十数年のあいだ、日本国内における議論は従前の域を出なかった。それの変更を迫ったのは、一九九〇～九一年のいわゆる湾岸戦争である。以下、湾岸戦争と対日批判、ＰＫＯ協力法の成立と凍結解除、に分けて検討をすすめる。

1　湾岸戦争と対日批判

一九九〇年八月二日、サダム・フセイン政権下のイラクは国境問題などを口実に隣国クウェートに武力攻撃を仕掛け、数時間のうちに全土を占領した。これが湾岸戦争の始まりである。国際連合安全保障理事会は直ちに決議を採択して、イラク軍の即時・無条件撤退を要請し、同月六日には憲章四一条に基づく経済制裁をイラクに対して発動する決議を採択した。しかしイラクは安全保障理事会の決議を無視して、同月八日にはクウェートを自国に併合する旨を宣言し、一七日には国内の西側外国人を人質にする措置に出たのである。他方、米英両国は同月八日にサウジ・アラビアを防衛するため出兵することを決定しており、一〇日には北大西洋条約機構がこれを支持する旨を表明した。それと並んでアラブ首脳会議も、アラブ合同軍を湾岸地域に派遣することを決定した。さらに国際連合安全保障理事会は、同月九日にはイラクのクウェート併合を無効とする旨の決議を採択し、二五日に採択した決議では経済制裁の効果を確保すべく、海上において限定的な武力を行使することを認めた。

日本はこの間、湾岸地域に派遣される多国籍軍に対し、八月末に一〇億ドルを支出することを決定したのをはじめとして、全体として一兆円を超える高額を支出した。また一一月には中曽根元首相がバグダッドへ出向き、フセイン大統領と会談して、七八人の日本人とともに帰国した。なおフセイン大統領は一二月に入り、人質全員の解放を発表している。

しかしながら、イラクはソ連の説得にもかかわらず、クウェートを占領しつづけたので、一〇月二五日に安全保障理事会はいわゆる空域封鎖決議を採択し、さきに決定した経済封鎖の効果を高めるため、国連加盟国が自国に関係のある航空機に対して適切な措置をとることを求めた。さらに同理事会は一一月二九日に至って憲章七章のもとで「決議六七八」を採択し、①イラクが八月二日以降のすべての国連決議を遵守すること、②そのための猶予期間を翌一九九一年一月一五日とすること、③イラクがこれに従わない場合には、これらの決議を実施しこの地域の国際平和・安全を回復するために「必要なすべての手段をとる権限」を、クウェートを支援するすべての加盟国に与えた。そしてこの期限を過ぎてもイラクが諸決議を履行しないので、一九九一年一月一七日、多国籍軍はイラク軍に対する空爆を開始し、二月二四日には地上戦を展開してクウェート全域を奪回、ついに二月二八日にはイラクがこれらの決議をすべて受け入れることにより、湾岸戦争は終結した。なお日本は戦争の終結後、国際連合の制裁行動とは無関係な独自の活動として、海上自衛隊をペルシャ湾に派遣し、イラク軍が散布した浮遊機雷の掃海作業を実施した。

顧みれば、日本は湾岸戦争に派遣された多国籍軍に対して、国民一人当たり一万円にも達する最大の金銭的貢献をなした。だが、その日本に対する国際社会の評価は、国際連合の介入により祖国の領土を回復したクウェートの措置が如実に示している。すなわち戦後クウェートは世界の代表的な新聞紙上で、祖国領土の回復を実現してくれた国連加盟国の名を一々掲げ、かれらに謝意を表したのであるが、そのなかに日本の名は見当たらなかった。どれほど高額の金銭を拠出しても、自らの血と汗を流してクウェートのために戦ってくれた多国籍軍の兵士たちがいなければ、イラクは依然として祖国領土を占領しつづけているであろう―これこそが、クウェートの措置が日本に伝えたかったメッセージであり、日本の行動に対する国際社会の批判なのである。

2　ＰＫＯ協力法の成立と凍結解除

こうした国際社会の批判を背景に、湾岸戦争の終結した翌一九九二年、日本では野党の執拗な反対を押し切って、やっと「国際連合平和維持活動に対する協力に関する法律(以下、ＰＫＯ協力法)」が成立した。この法律は、さきに見た〝ＰＫＯの諸原則〟を忠実に踏襲している。

すなわち、同法三条一号は、日本が国際連合平和維持活動に協力する前提として、①武力紛争の停止および平和維持軍の派遣について、紛争当事者の同意があること、②活動がいずれの当事者にも偏りなく実施されること、③活動が国際連合の統括下に行われること、を要件としており、これらは同意、中立性、国際性の三つの原則に対応する。また同法二二条は、④隊員の保有可能な武器を「小型兵器」に制限し、二四条は、武器の使用を「自己又は……他の隊員の生命又は身体を防衛するためにやむを得ない必要がある……場合」に限定し、しかも刑法に定める正当防衛と緊急避難の場合を除いて「人に危害を与えてはならない」と規定している。これは〝武器使用制限の原則〟に対応するものである。さらに同法六条一項は、⑤ＰＫＯへ日本が参加することについても当事者が同意すること、を求めており、しかも①、②、③、④の要件が満たされなかった場合には、日本がＰＫＯから撤収する旨を規定している。

ただし、このように国際連合のＰＫＯ諸原則以上に厳しい制約の付いた「ＰＫＯ協力法」も、参議院における修正の結果、①停戦状況・合意に基づく当事者の軍隊の再配置・武装解除の監視、②緩衝地帯の駐留・巡回のほか、③武器の搬入・搬出の検査・確認、④放棄された武器の収集、保管または処分、⑤当事者による停戦ラインの設定の援助、⑥当事者間の捕虜の交換の援助など、平和維持活動の中核をなすものについては、別に法律で定める時期まで実施を見合わせる(凍結する)ことになってしまった。そのため、同法に基づく日本のＰＫＯ協力は、選挙監視、文民警察、医療、被災施設や設備の復旧・整備など、ＰＫＯ協力法の成立以前にも可能であった活動に限られることになってしまった。

実は、ＰＫＯ協力法の成立以前にも、日本は一九八九年の「国連ナミビア独立支援グループ(United Nations Transition Assistance Group,UNTAG)」の選挙監視団、同じく九八年の「国連ニカラグア選挙監視団(United Nations Observer Mission for the Verification of Elections in Nicaragua, ONUVEN)」に、それぞれ三一名と六名の選挙監視要員を参加させていたが、それは外務省設置法やいわゆる派遣法に基づく外交用務のための現地派遣の形をとるものであった。なおＰＫＯ協力法の成立後は、一九九二年の「第二次国連アンゴラ監視団(United Nations Angola Verification Mission,UNAVEMII)」の選挙監視、一九九二〜九三年の「国連カンボジア暫定統治機構」の文民警察・被災施設の復旧作業・選挙監視、一九九四年の「国連モザンビーク活動（Opération des Nations Unies au Mozambique, ONUMOZ）」の選挙監視、同じく九四年の「国連エル・サルヴァドル監視団（Misión de Observadores de las Naciones Unidas en El Salvador, ONUSAL）」の選挙監視、一九九六年以降の「国連兵力引離し監視団」（シリアのゴラン高原）の司令部協力・物資の輸送保管と道路補修・機材整備、そして一九九九年の「国連東チモール暫定統治機構（United Nations Transitional Administration in East Timol, UNTAET）」に司令部協力・選挙監視・道路橋梁補修などの要員を派遣してきた。

ただし、これらの要員派遣の経験から、ＰＫＯ協力法の規定には現実に合わない部分のあることが明らかになった。とくに、武器の使用の判断を個々の隊員に委ねることは、精神的負担が大き過ぎるとして、一九九八年、武器の使用は原則として上官命令による旨の改正がなされた。また、平和維持活動では他国の要員との共同作業が要求される可能性があるが、その場合に武器使用の基準が異なれば、任務遂行に支障をきたす虞れがあることが認識されるようになった。そうしたなか、二〇〇一年九月一一日のいわゆる同時多発テロ事件の発生を受けて、「テロ対策特別措置法」が制定されたあと、同年一二月七日、ついにＰＫＯ協力法の凍結部分が解除されるとともに、武器の使用基準も緩和されたのである。これにより、停戦や武装解除の監視など、さきに見た平和維持活動の中核をなす部分についても、日本が参加することが可能となった。武器の使用についても、〝自己又は他の隊員〟に加えて、「職務を行うに伴い自己の管理の下に入った者」の生命・身体防護のためにも、認められることとなった。ほかに、武器の破壊や奪取を看過することは隊員の緊急事態への対応能力を低め、治安の悪化につながる虞れがあるので、自衛隊自体の武器を防護するためにも、武器の使用が認められることになった。

しかしながら、凍結部分の解除や武器使用基準の緩和にもかかわらず、ＰＫＯ協力法にはなお問題が残されている。

それは一つには、国際連合の平和維持活動に日本が参加することが、依然として当事者の合意にかからしめられていることである。もう一つには、武器の使用基準が緩和されたといっても、なお基本的には〝自己または他者〟の正当防衛ないし緊急避難という枠内に止まり、国際連合のＰＫＯ一般に認められている「任務遂行に対する実力による妨害への対抗」が含まれていないことである。

おわりに――国連活動の展望と日本の課題

国際平和・安全を維持するため、一九世紀的な軍事同盟体制に替えて、国際連盟規約は集団安全保障体制を採択した。国際連合憲章はそれをさらに改善・強化した集団安全保障体制を規定した。ただし改善・強化された集団安全保障体制は、この改善の核心をなすべき安全保障理事会における常任理事国の拒否権に阻まれて、憲章の規定どおりには機能してこなかった。しかしながら、そうした制約のもとでも、国際平和・安全の維持を目指して、国際連合は局地的な紛争の収拾を支援するために、平和維持活動（ＰＫＯ）を展開させた。とくに社会主義体制の崩壊に伴う東西冷戦の終結後、それまで加盟国の内部に抑え込まれてきた小さな対立・抗争が顕在化するなかで、ＰＫＯ国連軍は量的にも質的にも拡大し、紛争当事者の同意や要請がない場合や、当事者に支配地域の治安・秩序を維持し停戦協定等を遵守する意思や能力がない場合にも、派遣されるようになった。また冷戦の終結後、安全保障理事会における拒否権行使の必然性が大幅に減少した事実を反映して、これらのＰＫＯ国連軍のなかには憲章七章のもとで組織され、任務達成のために自衛の枠を超える実力行使を認められるものも存在するに至った。

国際平和・安全の維持にかかわる国連活動の進展のなかで、一九五六年に念願の加盟を果たした日本はおそらく、対外的には第二次世界大戦にかかわる自らの消極的なイメージを払拭し、対内的には憲法九条の解釈をめぐる紛糾を避けるために、三十数年にわたってこの分野における論議に踏み込むことをしなかった。そうして日本は、湾岸戦争をめぐる国際社会の対日批判を背景に、一九九二年に至ってようやく「PKO協力法」を成立させたが、平和維持活動の中核をなす部分の適用を凍結した。さらに二〇〇一年の九・一一テロ事件に押されて、この凍結は解かれたけれども、紛争当事者の同意がないかぎり日本はPKOに参加しないという、冷戦終結まえの〝PKO諸原則〟の枠内に止まりつづけている。

このような日本の姿勢は一概に非難されるべきではないかも知れない。だが、米国と同様に、国連財政の二割以上を負担するに至った日本が、国際連合のもっとも重要な目的である国際平和・安全の維持にかかわる活動に、より積極的に参加するように国際社会が期待していることも否定できない。たしかに、第二次世界大戦にかかわる日本の消極的なイメージを払拭する努力は必要である。しかし、そうした努力は、頑なにPKOへの参加を拒みつづけるのではなく、むしろこれに正面から取り組むことによって、より望ましい結果を生み出しうるのではなかろうか。「国連カンボジア暫定統治機構」や「国連東チモール暫定統治機構」への日本の要員派遣が現地の政府や住民から歓迎された事実は、そのことを裏付けているように思われる。

だとすれば問題は、日本国憲法九条の解釈をめぐる国内の紛糾を日本人自らがいかに処理するか、にかかっている。国際法から見れば、同条一項の「国際紛争を解決する手段としては」戦争を放棄するという規定は、一九二八年の不戦条約の規定と同じ趣旨であって、いわゆる侵略戦争を放棄するものと解釈することができる。また、国際連盟規約の軍備縮小に関する八条一項は「連盟国ハ、平和維持ノ為ニハ、其ノ軍備ヲ国ノ安全及国際義務ヲ共同動作ヲ以テスル強制ニ支障ナキ最低限度迄縮少スルノ必要アルコトヲ承認ス」と規定して、自衛と並び、国際義務としての集団安全保障の制裁行動に必要な軍備の保持を認めていた。したがって、憲法九条二項の「前項の目的を達するため……戦力は」保持しないという規定も、ＰＫＯへの参加はもとより国連の制裁活動への参加に必要な戦力の保持まで禁じたものと解釈する必然性はない。何よりも憲法前文は、「平和を愛する諸国民の公正と真偽に信頼して、われらの安全と生存を保持しようと決意した」という部分に続けて、「われらは、平和を維持し、専制と隷従、圧迫と偏狭を地上から永遠に除去しようと努めている国際社会において、名誉ある地位を占めたいと思う（傍点筆者）」と強調しているのである。

湾岸戦争後の対日批判はまさに、この憲法前文の趣旨に沿うて日本が行動してこなかったことに、向けられたものであった。日本国憲法を制定した第九〇帝国議会において、当時の南原議員や佐々木議員が憂慮したのは、憲法九条の戦力不保持の規定が、日本人を〝他国の好意……に委ねて生き伸びむとする……東洋的な諦め〟や〝卑屈のような気持ち〟に走らせないか、ということであった。遅ればせながら日本が採択した「ＰＫＯ協力法」は、こうした批判に応え、憂慮を払う契機になりうるものである。それはまた、二一世紀に国際社会のなかで、日本と日本人が歩むべき方向を指し示すものでもある。

＊　本稿の内容は、拙稿「国際社会と日本—日本国憲法と国際協調主義」（佐藤幸治・初宿正典・大石眞［編］『憲法五十年の展望』［有斐閣、一九九八年］Ⅰ所収）と重複する部分があるので、当該拙稿をも参照されたい。そのこともあって、本稿ではとくに表示したもの以外は個々の引用出典の表示を省いたが、主要な参考文献のみ以下に掲げておく。

F. P. Walters, *A History of the League of Nations* (Oxford University Press, 1952)
L. M. Goodrich & A. P. Simons, *The United Nations and the Maintenance of International Peace and Security* (Brookings,1955)
R. B. Russell, *A History of the United Nations Charter* (Brookings,1958)
L. Goodrich & E. Hambro, *Charter of the United Nations* (3rd Revised Ed. Columbia University Press, 1969)
J. P. Cot & A.Pellet, *La Charte du Nations Unies* (Economia/Bruylant,1985)
B. Conforti, *The Law and Practice of the United Nations* (2nd Revised Ed. 2000)
B. Simma (Ed.), *The Charter of the United Nations* (2nd Ed. in 2 vols. Oxford University Press, 2002)
横田喜三郎・尾高朝雄『国際連合と日本』（有斐閣、一九五六年）
外務省『わが外交の近況』（一九五七年）
清水伸編著『逐条日本国憲法審議録』2巻（有斐閣、一九六三年）
香西　茂『国際連合の平和維持活動』（有斐閣、一九九一年）
横田洋三編『国連による平和と安全の維持—解説と資料』（国際書院、二〇〇〇年）
酒井啓亘「国連憲章第七章に基づく暫定統治機構の展開」『神戸法学雑誌』五〇巻二号（二〇〇〇年九月）
浅田正彦「ＫＥＹ　ＷＯＲＤ　ＰＫＯ／ＰＫＯ法」『法学教室』二五七号（二〇〇二年二月）

第Ⅱ部　国際平和の維持と回復

国連平和維持活動における同意原則の機能
——ポスト冷戦期の事例を中心に——

酒井　啓亘

はじめに

国連平和維持活動（PKO）において監視団や平和維持軍が現地に展開して活動を遂行するためには、紛争当事者からその旨の同意を得ることが必要である。こうした意味での同意原則は、指揮系統の国際的性格、活動の非強制・中立的性格、国連機関の移動の自由、自衛のみを目的とした武力の行使（自衛原則）といった他の組織上機能上の原則とともに、ＰＫＯを規律する基本原則とみなすことができる。この点で同意原則の重要性について常に強調されてきたのは香西茂教授で、この原則が「平和維持活動の全過程を貫く根幹的な原則」であり、さらに平和維持活動がその本来の性格を失わないためには移動の自由や自衛原則に優位するものでなければならないと指摘されている。[1]そして冷戦期を経た今日に至っても、同意原則はその意義を失うどころか、以前にもまして重要性が強調されているといわなければならない。[2]

しかし同時に同意原則は、特に一九九〇年代以降、主として紛争の性質変化とそれに応じたＰＫＯの任務内容の展開、さらに法的には、設置・任務授権決議におけるＰＫＯと国連憲章第七章に基づく行動との結合により新たな挑戦を受けているようにも見える。[3]もとより同意原則の法的基礎は後に検討するように受入国の領域主権などに求められることから、[4]この原則は国連憲章や国際法に基礎を置くものとしてなお堅持されるべきであると主張することも十分な説得力を有する。[5]ただ、ＰＫＯにおける同意原則の法的実践的意義は決して損なわれるべきではないが、それが同意原則のいかなる機能について当てはまるものかを明確にし、ＰＫＯに関連して紛争当事者により与えられる同意の機能内容と射程範囲を特定しなければ、その主張は硬直化したものとなりかねないおそれがある。ＰＫＯの法的基礎自体は紛争当事者の同意にあるのではなく、あくまで国連憲章に求められるのであり、それ故にこそ国連による独自の活動の要請と紛争当事者の協力との間の相克が過去においても問題とされてきた。[6]しかも国家主権が国連憲章上の他の原理・原則との関係で機械的必然的に優位するということがいえるかどうかは少なくともそれ自体の法原則性によって決定されることではない。[7]同意原則が単なる経験則を越えて法原則に依拠するものであることは確かとしても、その妥当範囲を別途特定することは、活動の拡大に伴い原則の適用に動揺現象が生じているポスト冷戦期の事例において、新たな定式化が必要なＰＫＯ概念の下での同意原則の再構築にとり不可欠ともいえる。それは、ＰＫＯの指導原則が実行の積み重ねにより現実との適合を図ってきた経験や、そうした原則が他の原則との関係性の中で明確化されてきたという方法論から演繹されるのみならず、およそ法が社会的事実の変遷に依存して展開していくという規範論的な観点からも正当化されるものであろう。[8]

従ってこの小論では、冷戦期に展開した伝統的ＰＫＯにおける同意原則の機能とその適用範囲を確認した後、ポスト冷戦期におけるこの原則の適用状況を、動揺現象の主たる動因、すなわち紛争の性質変化に伴う紛争当事者の多様化および国連憲章第七章との結合という二つの観点から考察し、現時点における同意原則の機能とその意義を明らかにすることにしたい。[9]

一　伝統的平和維持活動における同意原則の位置づけ

1　ＰＫＯ展開の受入と撤退の決定をめぐる同意原則の法的性格

紛争当事者のうち、ＰＫＯが展開する地域を有するいわゆる領域国の同意が当該ＰＫＯの受入に関して必要であることは、ＰＫＯを国連憲章第七章に基づく強制措置と区別する主要なメルクマールとみなされており、伝統的ＰＫＯの実践において慣行上確立しているといわれている。[10] そしてこのことは、関係する紛争が国家間紛争か国際化された内戦かにかかわらず妥当するものとして取り扱われてきた。たとえば、国連史上初めて明確にＰＫＯというかたちで平和維持軍が現地展開することになった一九五六年のスエズ動乱は、エジプトによるスエズ運河の国有化措置に対抗してイスラエルと英国及びフランスが軍事介入を行ったという面では典型的な国家間紛争であったが、結果として国連緊急軍（UNEF）がエジプトとイスラエルの間の休戦境界線に展開する際にエジプト政府の同意しか得られずイスラエルの同意を取り付けることはできなかったため、UNEFは境界線のエジプト側領域にしか展開できなかったという経緯がある。[11]　また冷戦期における内戦の事例であるコンゴ紛争やキプロス紛争では、国連コンゴ活動（ONUC）の展開にはコンゴ政府が、キプロス国連平和維持軍（UNFICYP）の展開にはキプロス政府が、それぞれ同意を与えることで法的には現地駐留が可能となり、現実にも活動が開始されている。[12]

このように、少なくともPKO展開を受け入れる領域国については同意を要することが実行上も確認されるが、これは、単に国連総会や安保理のPKO派遣決議にその旨の規定があるからということではないことに留意しなければならない。UNEFの設置・活動に関して当時のハマーショルド国連事務総長が総会に提出した「UNEFの設置および活動に基づく経験の研究摘要」では、UNEFが国連憲章第七章に予定されたタイプの軍隊ではないことから一般国際法上領域国の同意が必要となるとしており、ONUCの現地展開においてもこの「研究摘要」が踏襲されている。[13]　また第二次国連緊急軍（UNEF Ⅱ）や国連兵力引き離し監視軍（UNDOF）の経験をも踏まえて国連PKO特別委員会とその作業部会が策定し、国連総会でも審議された「PKOのための合意ガイドライン条項案」（一九七七年）でもその第九条で平和維持軍が受入国の主権に妥当な考慮を払うことが要請されていた。[14]　従って、PKO展開に際して受入国の同意が必要とされたのは、何よりもそれが一般国際法上の国家主権原則に由来したためであり、特に実際の現地展開の見地からは受入国の領域主権の尊重が重視されたと考えられるのである。[15]

受入国の領域主権尊重からPKO展開に同意が求められることには、少なくともPKOの設置もしくは活動が憲章第七章に基づくものとみなされない限り、大きな問題は生じない。しかし紛争当事者の同意について国家主権にその法的基礎を求めた場合、受入国以外の紛争当事者に対して同意を求め、あるいはこれらの当事者がＰＫＯ展開に際して自らの同意を要求する法的基礎が希薄となるおそれがある。ＰＫＯが国家間紛争に派遣され関係国の軍隊間に緩衝材として展開するのであれば、特に領域紛争が関係し当該領域の帰属が不明確な場合にはなおさら、これら関係国の同意を得ることが領域主権の要請からも必要とみなされなければならない。けれども、一国内において政府と反政府勢力とが対峙するような内戦においても紛争当事者の同意の必要性を国家主権に求めるのであれば、ＰＫＯの現地展開は、前述したＯＮＵＣやＵＮＦＩＣＹＰの場合のように、法的には受入国政府側の同意だけで十分ということになろう。従ってこの場合、受入国とそれ以外の紛争当事者に関して同意原則の根拠が異なることには留意しておいてよい。すなわち、ＰＫＯの展開において法的な意味で同意が必要とされる関係当事者は当該ＰＫＯを受け入れる領域国に限定され、それ以外の紛争当事者についてはより一般的な協力が必要とされるにとどまると考えられたのである。[16]このため後者の協力については法原則としてではなく、あくまでＰＫＯの活動の実効性を担保する実践上の原則として位置づけられるであろう。

同意原則がこうした領域主権という一般的な法原理に依拠することから、[17]形式的には、伝統的ＰＫＯにおいて領域国の同意が主たる機能を果たしたのは主としてＰＫＯの現地受入とその撤退の問題への対処においてであった。[18]ただ、以上のように同意原則を一般国際法上もしくは国連憲章上の国家主権平等原則に根拠づけるとしても、それとは別に紛争当事者に対してＰＫＯ展開についての同意を求めることは、むしろＰＫＯが現地において任務を遂行する際の実効性を保持するための条件として望ましいことはいうまでもない。特にＯＮＵＣやレバノン国連暫定軍（ＵＮＩＦＩＬ）の場合には紛争当事者からの同意や協力が得られなかったために活動が阻害されたことを想起すれば、[19]受入国以外の紛争当事者から同意を得ることは、受入国のそれと同じくらい重要である。しかしそれにもかかわらず、ここでは、同意原則を国家主権に根拠づけることで領域国以外の紛争当事者の同意が法的平面に表出せずに実践的な原則に解消されてしまうとともに、同意原則は領域国の主権を通じてその領域性に依存する性格を保持することに注意する必要がある。いわば伝統的ＰＫＯにおける同意原則は、その法的性質という観点からすると、問題となる領域へのＰＫＯの展開とその裏面にあたる撤退に主として当該ＰＫＯ受入国が関わるという意味においてすぐれて領域的な原理に根ざした原則であったということができるのである。

２　同意の付与形式とＰＫＯの任務との関係

こうしたいわゆる領域性原理を基調とする同意原則は、紛争当事者間への介在による現状維持と事態の悪化防止を旨とした伝統的ＰＫＯの任務を適用対象とすることでその特徴をより明確なものとする。伝統的ＰＫＯにおいては、紛争当事者間における停戦合意の履行監視および兵力の引き離しと非武装地帯の確立を含む戦闘行為再発防止のための措置がその主たる任務として挙げられてきたが、このような任務は、特に中立・緩衝地帯の設置を通じ、領域国の同意を得て当該地帯に実効的なコントロールを及ぼすことで遂行される限りにおいて、ＰＫＯが展開する領域と結合しやすい性格を帯びることになるからである。しかもＰＫＯは紛争そのものに介入することを目的とはせず、あくまで紛争解決に至るまでの事態の悪化防止に特化した暫定的な役割を担うものであるため、領域国はそうしたＰＫＯの任務の特定性と暫定性を考慮して当該ＰＫＯの現地展開について同意を与えることになる。その結果としてＰＫＯの展開は、事前に上記のような特徴を有する任務内容が確定され、これに対する領域国の同意を確認した後に行われることになり、展開の継続も当該展開領域とそこでの任務内容が変更されないことを前提としたものとなるのである。[20]

ところで一九八〇年代までの実行を振り返ると、ＰＫＯの任務については、紛争に利害関係を有する国家を含めた上での検討を経て設置決議に記載され、領域国による正式の同意を得た後、国連事務総長報告で具体化されるのが通例である。[21] またＰＫＯが一国内に生じた紛争に派遣される際にも同様の傾向が窺われるが、これは国内の紛争当事者と協力関係を結んで外国が当該紛争に介入することが頻繁に行われた冷戦期における紛争の特徴に由来するもので、この場合には、少なくともＰＫＯ展開に関する正式の合意レベルでは紛争当事者たる非国家的実体は後景に退き、むしろそうした非国家的実体と何らかのつながりを有する領域国以外の諸国家が利害関係国として当該ＰＫＯ展開に関する条件設定に関与してきた。[22] 国際化された内戦も含め、ＰＫＯの派遣については、領域国、さらには紛争当事者を支援する関係国により、その展開に対してもまた任務内容に対しても同意が事前に与えられたが、これは事態の緊急性からさしあたり重要な地点において紛争当事者間にＰＫＯが割って入るというその基本的性格を反映したもので、さらに多くの場合はその展開範囲と任務内容が当該ＰＫＯの撤退まで持続した。そしてその間における小康状態を利用して紛争の政治的解決に向けた方策が別途関係者により模索されてきたのである。[23]

このように伝統的ＰＫＯの展開に対して領域国が、そして場合によっては当該紛争の関係国もまた同意を与えるのは、そうしたＰＫＯの任務の特定性と暫定性を前提としていた側面があることは否定できないであろう。これは、裏を返していえば、ＰＫＯに付与されたマンデートが領域国や関係国により考慮されていた性格を失うようになった場合、同意原則とＰＫＯの自律性との間に緊張関係が生じかねないということを意味する。特に当初の段階で特定されていた停戦・軍隊撤退の監視や兵力引き離しといった領域的性質の強い任務の範囲を超えて、事態の進展とともに武装解除、地域の治安維持、さらには一定の関係者の逮捕・拘束などを実力により行使することまでＰＫＯの任務に含まれることになれば、およそ領域国による同意の存在のみでそうした任務が実効的に遂行されるとは考えにくい。[24] 同様に、停戦監視などの暫定的な任務のみについて暫定的に合意して当該紛争の政治的解決についてはその後に引き続いて交渉するというプロセスを持つというのではなく、当初からＰＫＯの展開を包括的な和平合意の枠組みに取り込んだ場合、領域国の一存でＰＫＯの展開を認めることはほとんど不可能に近いであろう。[25]

もちろんここでは同意原則自体の動揺と同意原則の適用の困難さとは区別されなければならない。領域国による同意が得られにくい状況が生じたとしても、それだけでは伝統的ＰＫＯにおける同意原則が妥当しないということにはならず、ましてや同意原則それ自体が廃棄されることを意味しないからである。しかしＰＫＯの展開に際して、領域性原理に則って受入国の同意を必要とし、それ以外の関係当事者とは実際上の協力を求めるという意味での同意原則の適用可能性が制約を受ける状況が実際に現出している場合には、その同意原則とその妥当基盤が紛争の性質に適合的かどうかをあらためて検討することもなお必要となるように思われる。この点で同意原則がその適用のために予定していた条件である国家間紛争という紛争の性質と介在的中立的機能というＰＫＯの任務の性質がともに変容することになれば、領域性に立脚したＰＫＯ受入国の同意と、ＰＫＯの実効的展開をめぐって実際上の必要性から求められるそれ以外の紛争当事者からの協力という二元的な捉え方そのものの見直しにつながることもあり得よう。事実、ポスト冷戦期における紛争の多くはその性格を国家間から国内的なものへと変化させるとともに、ＰＫＯの任務内容にも著しい拡大傾向がみられる。[26] その背景には、大国が一九八〇年代末頃からの緊張緩和により地域的紛争で対立を回避するためそのプレゼンスを後退させ、これに代わって国連がプレゼンスを確立するという現象面とともに、[27] 規範面においても、国家間関係を基調としてその間に武力紛争がない状態を「平和」としてきたこれまでの国連憲章システムの運営に対して、価値論的規範的異議申立が唱えられているということがある。そしてこうした観点から、最近の実行に照らして国家主権と領域性原理に立脚した同意原則を新たに構成し直すことが要請されるのである。

二　ポスト冷戦期における平和維持活動の展開と同意原則の意義

1　紛争の性質変化と同意主体の拡大

一九九〇年以降にＰＫＯが派遣された事例の中に国家間紛争がなかったわけではないが[29]、主として国際社会の注目を集めた紛争の多くは内戦の性格を有するものであるといってもよいであろう。すなわちポスト冷戦期における紛争はそれまでの国家間紛争から内戦あるいは国際化された国内紛争にその性質を変化させてきたのであり、そこにはエスニックや宗教的な面も含めてこれまでの国家間紛争とは極めて異なる特徴を見いだすことができる。国家間紛争では、紛争当事者が国家であることから軍事的指揮系統も確固としており、従って一部の部隊による戦闘行為が暴走によってもしくは過誤により行われることも少なく、また通常は二国間関係での紛争が問題となるため両当事国が争う戦線も比較的明瞭で、それぞれが支配する領域も実効的に統治されていることからＰＫＯの現地展開と任務遂行にも十分な実現可能性が期待される。これに対して内戦の場合には非国家的実体が紛争当事者として関与するためにそうした条件が満たされることはほとんどなく、さらに多くの軍事的政治的指導者が当該国内に乱立して紛争当事者が多岐にわたることもしばしばあり、その場合にはＰＫＯ派遣の是非やその部隊構成、具体的任務内容、派遣の地域的時間的範囲などで利害関係が複雑化することは不可避となる[30]。また領域国政府側からすると、ＰＫＯ導入について反政府勢力と交渉を行うことは国内問題として紛争を処理する力量を疑われるとともに当該勢力に国際的地位を認めることにもつながりかねないため、結果としてＰＫＯ派遣への同意に消極的となるであろうし、内戦の過程で中央政府そのものが崩壊して国家機能が麻痺してしまった場合には領域主権を行使する国家権力に対する同意の要請自体が不可能となるであろう。[31] 冷戦の落とし子であり国家間の平和と安全の維持を主としてその任務としてきた伝統的PKOが、このような内戦としての性格を有する紛争にそのままのかたちで適合できるとは言い難く、実際そうした不安定な現地の情勢では同意原則が十全に機能するとはいえないということも主張されてきた。[32]

しかも内戦における同意原則の適用の困難さは、紛争当事者の量的拡大や中央政府の主観的評価からばかりでなく、PKOの任務に内在する特徴にも起因する。というのも、伝統的PKOは現状の維持を通じて戦闘の一時停止を確保し、紛争の政治的解決が別のフォーラムで試みられるための地均しを行うことをその主要な任務とするが、内戦においては、領域国政府に対して抵抗を企てる反政府勢力にとり伝統的PKOが追求する現状維持そのものがその利益に反する行為とみなされるからである。元来、反政府勢力にとって内戦継続の目的が中央政府から自治や分離までをも求める現体制の変革である以上、現状維持を旨とするPKOの導入には消極的とならざるをない側面があることは否めないであろう。[33]

しかし上記のような特徴を有する内戦がポスト冷戦期に増加してきていることは事実としても、これら紛争においてもまたPKO派遣に際しては同意原則が依然として維持されていることには留意しなければならない。有名な国連事務総長報告「平和への課題」(一九九二年)と「平和への課題─補遺」(一九九五年)でも平和維持における基本原則の遵守が強調され、その中に同意原則が含まれていることから国連の立場からは同意原則の放棄が意図されているわけではないことは明らかであるし、いわゆるブラヒミ報告書(二〇〇〇年)でも同意原則の維持が指摘されている。[34] 従ってここで注目されるべきは、次節で検討する憲章第七章が援用された事例をさしあたり別にすると、同意原則自体の放棄ではなく、むしろ紛争の性質変化への適合化に向けた同意原則の適用形式の変化とその帰結である。この点について最近の事例を検討するといくつかの特徴を確認することが可能である。

まず一九九〇年前後からの事例では、カンボジアやモザンビーク、さらには中米や旧ソ連構成国内でみられるように[35]、内戦における反政府勢力などの非国家的実体が中央政府と停戦協定を締結し、あるいは中央政府が存在しない場合には非国家的実体の間で協定が結ばれ[36]、その中で和平プロセスの構築に関与するとともに、それに付随してＰＫＯの現地展開についても同意する傾向が窺われる。[37] 非国家的実体を含めた紛争当事者が実際に停戦協定の当事者となることは冷戦期においてもなかったわけではないが[38]、そうした停戦協定やその後の和平プロセスにおいて、あるいは場合によっては結果として締結される包括的和平合意の中でこれら当事者が現地へのＰＫＯ導入に合意するというような現象は、ポスト冷戦期に特有の紛争の性質変化に対して、これら紛争の処理に関与する関係者や国連などが、同意主体の範囲を適正化する観点からその適用形式を変更させたものとして捉えることができるであろう。[39] 他方その場合、同意主体に関わる同意原則の法的性質と必要とされる同意主体の範囲という二つの問題が生じ得る。

ここでいう同意原則の法的性質をめぐる問題は、特に非国家的実体に求められる「同意」が伝統的ＰＫＯの際と同様に実践的な意義のみを有する「協力」にとどまるのか、それとも領域国政府が与える「同意」と同じく法的な性質を内包するものなのかということに関わる。たとえばグレイ(C. Gray)は、ＰＫＯ設置の際に「すべての当事者の同意」について言及されることが多いのは事実としながらも、それが安保理決議自体に明記されることはほとんどないことから、非国家的実体の同意は実際上の必要性から重要ではあるが法的要件ではなく、決定的なのはなお受入国政府の同意であるという。[40] しかし非国家的実体によるＰＫＯ受入の同意が安保理決議に直接言及された場合と、紛争当事者による停戦協定や包括的和平協定が安保理決議で言及され、それを通じて間接的に非国家的実体によるＰＫＯ派遣の同意が確認された場合とでは、形式上はともかく、実質的には決議の意図する点においてそれほど異なるものとはいえないであろう。[41] むしろ重要なのは、内戦の過程で中央政府が実効的に支配する領域を失い、これに代わって非国家的実体が当該地域を実効的に支配する状況が現出するという事実とともに、そうした過程において当該非国家的実体が一定の人びとの意思を代表して行動しうるという現象とその法的構成である。停戦もしくは和平合意を通じた領域国政府の同意による内戦の国際化という文脈においては依然として伝統的ＰＫＯにおける同意原則適用の根拠とされた領域性の原理が垣間見えるけれども、そうした領域国政府の意思のみを非国家的実体による和平プロセスの関与の法的根拠とすることには無理がある。[42] 確かにＰＫＯの展開だけが問題となるのであれば、非国家的実体が現実に支配する領域性に基づいた上で「当事者の協力」を実践的原則とみなすこともできないわけではない。しかし後述するようにポスト冷戦期のＰＫＯの任務が多様化し、またそうした紛争処理の過程に和平合意という法的文書を基礎として現実に一部領域を支配する非国家的実体が組み込まれていく事態を勘案すると、当該非国家的実体自身がそれにより代表される人びとの意思を実現していく限りにおいて、たとえば自決の権利という観点から自らの支配地域におけるＰＫＯの展開への同意を付与するという構成も可能であろう。[43] このように支配領域におけるＰＫＯ任務の実効性と、そこに生活する人びとの意思や合意から導出される正当性という二重の意味において、少なくとも内戦時に派遣されるＰＫＯの同意原則では、受入国の領域性原理に基づく領域国政府の同意とそれ以外の紛争当事者からの協力という二元的構造は再考を余儀なくされ、当該紛争に関係する人びとの意思とそうした人びとが有する権利の観点からの再構成が求められているといえるのである。[44]

また同意主体の範囲の問題をめぐっては、様々な非国家的実体が関与する内戦のような場合に、すべての紛争当事者を関係者とみなしてＰＫＯ展開についての同意を求めなければならないのか、それとも「主要な」当事者のみで足りるのか、その場合の基準は何かといった疑問が生じ得る。すでに指摘したように内戦の性質として利害が錯綜しＰＫＯ受入そのものに対する同意を取り付けることが困難であることから、同意原則の完全な適用が達成できない状況もみられたからである。[45] 同意原則の第一義的な役割がＰＫＯによる任務遂行の促進にあるとすれば、必ずしもすべての当事者の同意を得る必要はなく、任務の実施地域を実効的に支配する当事者の同意があれば足りるという考え方もあり得よう。しかしながら、このような立場に対しては次のような点が留意されなければならない。

第一に、ＰＫＯによる任務実施の実効性と要員の安全を確保するためには展開領域を実際に支配する実体からの同意が不可欠であるとしても、そうした領域支配の効率性という観点からのみ同意を必要とする当事者の基準を設定することは国際社会が当該紛争に介入する正当化事由としては希薄な主張となりかねない。そうしたいわば功利主義的な視点からは実効性の背後にある「人」の存在やその権利の侵害についての認識が欠落することになろうし、前述した人びとの意思とそれに基づき行動する実体を国際平面に救い出す視座は提供されにくいからである。[46] 従って第二に、領域性原理に基づく実効性を考慮しながらも、他方で当該紛争に関係する人びとを代表する実体を国際平面における一定の権利主体として取り上げるとともに、それを通じて関係する個々の人びとを和平プロセスという対話のフォーラムにかかわる「参加者」として尊重することが重要となる。しかもこのことは、ＰＫＯ展開の合意が単なる戦闘行為の停止に付随するだけでなく、紛争領域内に住む個々人による政体選択の権利行使を通じた紛争の終結という和平合意の枠組みにＰＫＯも位置づけられる場合にはさらに重要性を増すことになるのである。[47]

同意原則の適用形式が最近の内戦において変化していることから生じる特徴は、こうしたＰＫＯの任務の展開に照らしても導き出すことができる。すなわち、ポスト冷戦期のＰＫＯはその展開が当該紛争の包括的和平計画と密接に結びつき和平合意の枠組み内に位置づけられることで、任務内容が停戦監視を主とした受動的な緩衝的役割から武装解除や治安維持など積極的役割へと拡大・多様化するとともに、展開期間も和平プロセスに連動することになるが、紛争当事者はこの時、和平合意に同意することによりこうした特定性と暫定性が変容したＰＫＯの展開自体にも同意することになる。従って最近の事例の多くにおいては、和平合意がＰＫＯ展開前に紛争当事者により受け入れられることで、任務が拡大し多様化したＰＫＯそのものの展開もまた紛争当事者に受容されているのである。[48]

こうしたＰＫＯ展開への同意付与の方法は以下の二つの点で注目すべき意義を有する。第一に、ＰＫＯの任務が和平合意の内容とリンクして拡大・多様化することで、同意の付与は単なるＰＫＯの現地展開だけではなくそれに与えられた任務の性質をも考慮して行われ、しかも多くの場合には武装解除のように領域とはそれほど直接には密着したものではない任務についてもその対象となる。このことはＰＫＯの展開と任務遂行の際における領域性と同意原則の関係の重要性をいささかも減じるものではないが、マンデート実施に際してＰＫＯの「移動の自由」の確保がその個別の任務と結びついて強調されることで、理論上は、ＰＫＯの機能遂行に対する紛争当事者の同意という側面が認識可能となるのである。[49] また第二に実践面からすると、ＰＫＯ展開前に和平合意を締結して和平プロセスにおけるＰＫＯの任務も確定してしまうという手法の開発は、紛争の展開過程でＰＫＯの任務がなし崩し的に拡大する中で紛争当事者からの同意を得られずにＰＫＯの任務遂行が困難となり、ＰＫＯ要員やその他の関連要員の安全も危うくなるような状況を回避することを目的としている。[50] もちろん和平合意が締結された後でそれに従い現地展開したＰＫＯの事例でも、紛争当事者からの協力がその後得られずに任務遂行が一時的に困難となったものもないわけではないが、[51] 人道的活動の保護や一定地域における住民の保護など内戦における紛争当事者にとって戦略上同意しにくいような任務を紛争過程でＰＫＯに新たに付与すれば、なおさら当該活動について当事者の協力を得ることは困難となり、当該活動の性格ももはや当事者の意思に基づく平和維持ではなく当事者の意思に反した強制という措置となりやすい。[52] 従って包括的和平合意とＰＫＯの連動は、あらかじめ和平プロセスの各段階におけるＰＫＯの役割を特定し、これに対する紛争当事者の同意を得ておくことでこうした困難な状況を克服するという実践的な意義を有しているのである。[53]

以上みてきたように、ポスト冷戦期におけるＰＫＯの同意原則は、展開地域における活動のための出発点であるだけでなく、和平合意におけるＰＫＯの位置づけに従って受入国政府以外の非国家的実体を国際平面に取り上げることにより、問題の地域で生活する人びとの意思を回収して和平プロセスにこれを反映させる機能を果たすとともに、内戦という困難な状況で多様な任務を課されたＰＫＯの安全を確保する役割も演じている。[54] その背景には、任務遂行地域へのＰＫＯの展開とそこでの活動という側面では依然として領域性に依拠した原理が貫徹しつつも、それが主権国家平等原則とは別の根拠により構成される可能性が明らかにされ、さらにはＰＫＯの任務内容によっては領域性に依拠しながらＰＫＯの機能にも着目して同意原則が適用されているという事情がある。ただいずれにせよ、ここでの同意原則には、上記のようなＰＫＯの役割の豊富化という現象への対応としての展開はみられるが、紛争当事者の意思に対する強制を排除するという基本的な機能の維持という点では一貫性を認めることができる。またこうした同意に基づく活動の実効性は、憲章第七章の枠外で追求される限り、軍事面からは自衛原則に求めざるを得ないという点でも冷戦期とポスト冷戦期を通じて共通した特徴を有しているといわなければならない。[55]

しかし最近では、ＰＫＯが憲章第七章に基づく行動と結びついてその任務の実施が図られる事例も実際に多く見受けられるようになっている。ＰＫＯの同意原則と憲章第七章に基づく強制は原理上互いに排他的な機能を有するため、同じ活動の中で結合することは、一見したところ矛盾するようにみえる。もっとも、原理的に相反する二つの原則が一つの活動の中に含まれているという現象が現実に存在する以上、これらの活動を検証し法的に評価することはなお可能であるし、また必要でもあろう。その場合、憲章第七章との結合において同意原則がどのような関係に位置していかなる役割を果たし、また同意原則の基盤にみられる変化がそれにいかに応えているのかということが問題となるように思われる。[56]

2　憲章第七章に基づく措置と同意原則の適用対象

ポスト冷戦期におけるＰＫＯの特徴の一つとして、強制力の導入を目的とした憲章第七章に基づく強制措置との結合が挙げられる。[57] このいわゆる「平和強制との結合現象」においては、同意原則の基盤たる領域性の観点からはＰＫＯの現地展開に関する同意原則の排除という体裁をとって第七章が機能するであろうし、ＰＫＯの任務自体に着目するのであれば、同意原則の排除は任務遂行の手段として用いられる第七章の措置を通じて実現されることになる。ここでは、現地展開に対する同意の排除を目的として憲章第七章が援用された事例と、ＰＫＯによる具体的任務の遂行手段として憲章第七章が援用されている事例とを区別してそれぞれにつき検討を加えることにしたい。

(1)　ＰＫＯ展開への同意に対する憲章第七章による制約

紛争当事者がＰＫＯの展開に最初は同意することで基本原則の適用は維持されているが、その後の事態の進展から当該当事者が同意を撤回するおそれが生じた場合に備えて、ＰＫＯ設置決議で憲章第七章が援用されていることがある。これにより、第七章を通じて安保理が行動することから法的拘束力をもってその名宛人の行動を制約することで紛争当事者の意向に関わらずＰＫＯの展開を維持することが可能となるからである。[58] すなわちここでは紛争当事者の意思に対して国連活動の自律性が優位することを意味し、任期の延長や終了に関する決定を含むＰＫＯの現地展開に関する最終的な権限はＰＫＯ設置機関に留保され、その分同意原則の適用が「制約」を受けることになるのである。実際にこうした状況は国連イラク・クウェート監視団（ＵＮＩＫＯＭ）と東スラボニア国連暫定統治機構（ＵＮＴＡＥＳ）、コソボ国連暫定統治機構（ＵＮＭＩＫ）の例にみることができることから、こうした意味での同意への「制約」の意味内容が実証的に明らかにされなければならない。

まず一九九一年に設置されたUNIKOMの設置には、その前年に起こったイラクによるクウェート侵攻と、それに対する国連の非軍事的および軍事的措置が密接に結びついている。それは、UNIKOM設置を直接決定したのは安保理決議六八九であるが、UNIKOMの設置とその任務内容が明らかにされたのはいわゆる多国籍軍による攻撃の停戦条件を定めた決議六八七の中であったことからも推察される。[59] このため、UNIKOM設置決議で憲章第七章が援用されているのもこれがイラクに対する国連の強制措置の一環であるという見方ができ、形式的にはイラクによる停戦決議の受諾はあったものの、実際にはイラクが強制されてUNIKOMの展開を含むその他の措置を受諾せざるを得なかったというのが真実に近いであろう。[60] にもかかわらず今日までUNIKOMの活動が比較的平穏に実施されているのは依然として米英による武力行使が抑止力として機能していることが主たる理由であろうが、UNIKOMの任務そのものが、伝統的PKOと同様に、イラク・クウェート国境間の非武装地帯の監視という非強制的中立的な性格を有するものであったことも無視できない要因のように思われる。[61] いずれにしても指摘しておかなければならないことは、たとえ展開に先立ち形式的な同意が付与され、紛争当事者の実質的な協力に基づき任務が遂行されているとしても、UNIKOMの現地展開とその継続については、受入国の意向にかかわらず安保理の判断が決定的であるということであり、その限りで紛争当事者の意思に対する強制の排除という同意の基本的機能は阻害されているといわなければならない。紛争当事者の同意がPKOの任務に与えられることで任務の遂行が比較的容易となり、この点で受入国の同意は任務遂行の実効性確保という実質的な役割を果たしているが、領域性に関わるPKOの展開と撤退に関してこの同意は最終的な判断権を留保する機能を有していないのである。[62]

またUNTAESにおいては、憲章第七章を設置決議に援用する理由として、ボスニアに駐留する北大西洋条約機構（ＮＡＴＯ）主導の多国籍軍（ＩＦＯＲ／ＳＦＯＲ）との連携が必要であることの他に、受入国であるクロアチアによるＰＫＯ受入同意の撤回を阻止する目的があった。ＵＮＴＡＥＳは一九九五年一一月三日にクロアチア政府とセルビア系住民代表との間で調印された基本合意に基づき展開が予定されていたが、この合意はＵＮＴＡＥＳの任期を一年としながら、「当事者の一方による要請により」、すなわち仮にクロアチアが反対しても、セルビア系住民側のみの要請によって任期延長することを可能としていたのである。[63] ＵＮＴＡＥＳの任期延長をめぐって現実に国連とクロアチアの間で対立が生じたときも、結局は安保理が任期延長を決定しており、ＰＫＯの現地展開に関する最終的な決定権限が安保理にあることを明確に認める結果となった。ここではＵＮＥＦ撤退の際に焦点となったような、信義則による解決という展開はみられないのである。[64]

さらにコソボ問題をめぐってＮＡＴＯによるユーゴスラビア空爆の後、ユーゴスラビアの和平合意案受諾に引き続き現地に展開したＵＮＭＩＫの場合も、憲章第七章による受入国の同意の制約が図られている。設置決議では現地に駐留する国際安全保障軍（ＫＦＯＲ）に武力行使の権限を認める関係から憲章第七章が援用されているが、[65] このほかＵＮＭＩＫのコソボへの展開継続を自国の同意にかからしめようとするユーゴスラビアの思惑を打破することを目的に、和平プロセスの最終段階までＵＮＭＩＫの任務を安保理の意向により継続させうる法的基礎として第七章が援用されているからである。[66] 従ってここでもやはり、憲章第七章の援用を通じて、ＰＫＯの現地展開とその継続に関しては、受入国の意思に対する設置機関の決定の優位が確認できる。

しかし、このように憲章第七章に基づき受入国の意思を制約した上で展開するＰＫＯは、その任務内容自体は停戦監視などの伝統的なものであったり、暫定統治という平和創造と密接に結びつくものであったりするにせよ、極めて例外的な場合に限られており、その存続も特殊な条件の下でしか可能ではないように思われる。たとえばＵＮＩＫＯ

ＭやＵＮＭＩＫは、湾岸戦争やユーゴ空爆といった軍事作戦の後、紛争処理の一環として強力な軍事力を背景に現地に展開したものであり、その意味では受入国の同意が欠如する場合でも軍事力によりＰＫＯ展開の実効性が担保されている事例ということができる。[67] またＵＮＴＡＥＳの場合はＩＦＯＲ／ＳＦＯＲと軍事的な提携はあったものの、これらが現地に常駐していたわけではないし、クロアチアの意思を強制する趣旨での軍事力の行使も想定されていなかった。しかも展開地域は当初からクロアチアへの再統合が予定されていたことから、それまでの期間について国連とクロアチアの間で見解の相違はあっても、いずれＵＮＴＡＥＳがその任務を終えて権限をクロアチア政府に引き継ぐのは既定の路線であったという事情もある。[68] 従ってこうしたそれぞれのＰＫＯが有する特殊な背景を抜きにしては、受入国の同意が制約されてもＰＫＯが現地に展開しうるという状況は想像しがたいといわなければならない。領域性に依拠する同意原則が憲章第七章により制約される事例は、上記の事例にみられるような軍事活動後の紛争処理過程といった極めて例外的な状況の下に生じるのであり、逆にいうと、ＰＫＯの現地展開とその継続という同意原則の根幹たる領域性に関わる多くの場合、当該ＰＫＯの活動を円滑に遂行するにはこの意味での同意原則が極力維持されなければならないということになるのである。[69]

(2)　任務への同意と任務遂行の手段との関係

他方においては、ＰＫＯ設置決議における憲章第七章の援用が、当該ＰＫＯの現地展開とその継続に関する受入国や紛争当事者の同意を制約するためではなく、ＰＫＯによる任務の実効的遂行を目的としている事例が一九九〇年代において見受けられる。ここではまず、現地展開時には紛争当事者の同意がありながら、その後の紛争の進展により新たな任務がＰＫＯに課されていき、こうして拡大された任務に対して紛争当事者の協力が得られなったがために当該任務遂行の必要性から憲章第七章に基づく行動を認められ、ＰＫＯがこれを行うに至ったという場合が注目される。一九九二年から九五年にかけての旧ユーゴスラビア紛争における国連保護軍（ＵＮＰＲＯＦＯＲ）の活動がその典型的な事例である。

ＵＮＰＲＯＦＯＲは本来、クロアチアに存在するセルビア人を保護するために国連保護区を設定してこれを非武装化するとともに、クロアチアからのユーゴスラビア軍の撤退を監視するために設置されたもので、ユーゴスラビア政府からの派遣要請を得た第七章の枠外の伝統的なＰＫＯであった。しかし紛争の進展につれ、ＵＮＰＲＯＦＯＲの活動範囲はクロアチアだけでなく、ボスニア・ヘルツェゴビナ内のムスリムを保護するために設定された安全地域や、人道的物資を受け入れるサラエボ空港、さらにはその輸送ルートへと展開し、その任務もボスニア上空の軍用機飛行禁止の監視や人道的援助への支援へと拡大していくことになる。またこれに伴い、国連保護区とその周辺から関係者の軍隊を撤退することを求めるに際してその抵抗に対するＵＮＰＲＯＦＯＲ要員の安全確保から、さらには上記安全地域や人道的援助活動を防御する目的で第七章に基づく行動がそれぞれ許可されるに至ったのである。[70] このように任務の拡大により当初は伝統的ＰＫＯとされていた活動が憲章第七章に基づく行動と結合するようになったという事実は、自衛範囲を超える武力行使の可能性という裏付けを得ることで、ＰＫＯに新たに付与された任務に対する紛争当事者の抵抗意思を排除するという法的帰結を招いたが、こうした状況については次の三点に留意する必要があるであろう。

第一に、ＵＮＰＲＯＦＯＲにその後付与された任務は、安全地域の維持や人道的援助活動の援助など、いずれも紛争当事者が現実に支配する地域での活動に関わるものであり、その意味では任務の円滑な遂行のためには領域性に依拠した同意を当該当事者から得ることが経験的にみて重要であったとみなければならない。つまりここでの憲章第七章の援用は、ＰＫＯの任務拡大に関する紛争当事者への強制を目的としながらも、任務の性格上、ＰＫＯの領域展開に対する当該当事者の同意の排除と同じ効果をもたらすことになり、結果としてそもそもＰＫＯの現地展開をめぐる同意の存在自体が疑問視される状況となったのである。[71] しかも領域性に依拠した同意の排除を担保するはずのＰＫＯの軍事力は、ＵＮＰＲＯＦＯＲ要員の装備の不十分さや武器使用基準の不明確さなどもあって、実効的な行使を期待することは現実には困難であったこともＵＮＰＲＯＦＯＲによる任務実施の失敗の遠因となったといえるであろう。[72]

しかし第二に、そうしたＰＫＯの任務拡大を通じた領域性原理に依拠する同意原則の浸透とその影響力は無視し得ないけれども、任務遂行の際に関わる「関連要員の安全」や「移動の自由」という概念を媒介にすることで、ＰＫＯが憲章第七章に基づく行動をその任務の遂行と結びつけるモメントをここで獲得しているということもまた見逃してはならない。すなわち第七章に基づく行動をＵＮＰＲＯＦＯＲ、さらにその後クロアチアに展開した国連クロアチア信頼回復活動（ＵＮＣＲＯ）に許可する安保理決議は、いずれもＰＫＯ要員やその他関連機関の要員の安全確保とＰＫＯの移動の自由という目的に当該行動を限定しており、[73] 任務内容の性質によってはＰＫＯの現地展開自体に向けられた同意とは異なる意味での同意―ＰＫＯの任務実施に対する同意―こそが第七章に基づく措置で排除されるという法的構成の可能性を内包しているように考えられるのである。[74] もちろん紛争当事者によるその実効的支配地域へのＰＫＯ展開に対する同意とそこでＰＫＯが具体的に任務を実施する事態への同意とを明確に峻別できるとは限らないし、むしろ現実にはその区別が困難である場合が多いであろう。にもかかわらず、特にポスト冷戦期の事例においては、領域性に依拠した紛争当事者の同意の存在をあくまでも前提とした上で、任務遂行に対する個別的な抵抗に対しては、当該抵抗者によるＰＫＯの任務実施への同意を不要とする機能として、第七章に基づく行動が用いられる余地が生まれていることには注目しておいてよい。指揮系統の確実性や実効的支配の程度が比較的脆弱とされる非国家的実体が

ＰＫＯ展開に同意を与える場合、ＰＫＯ受入国政府が主として領域性に依拠して同意を付与する国家間紛争とは対照的にＰＫＯによる任務遂行という機能に着目した側面が浮かび上がるとともに、領域性と機能性という二つの基盤を携えた同意原則が状況に応じてそれぞれに分化する理論的可能性を孕んでいるからである。[75]

そして第三に興味深い点として挙げられるのは、上記の意味での憲章第七章と関連要員や文民の安全確保との結びつきをめぐって提起されたＵＮＰＲＯＦＯＲの本質的性格に関する議論である。これらの議論は、一方ではこのことによりＰＫＯとしての性格は変わるものではないという主張があったのに対して、そうした安全確保は自衛原則の枠内で行われるべきという反論がなされ、その後の「平和への課題―補遺」でも、「平和への課題」における平和執行部隊構想に代わって平和維持と自衛範囲を超える武力行使とを峻別するというアプローチが採用されるなど、常に自衛概念や自衛の範囲に関するレベルでの推移がみられる。[76] すなわち安全確保や移動の自由といった限定的目的での第七章の援用は、法的には紛争当事者の同意の除外という機能が行使され得るにもかかわらず、現実には、同意原則の適用関係の文脈ではなく、自衛原則の適用範囲の問題として認識されているのである。従ってそこには、こうした限定的な意味での第七章の適用問題が、ＰＫＯの性格の本質に根ざす指導原則としての同意原則をめぐる問題から、ＰＫＯの任務遂行の必要性に由来する自衛原則をめぐる問題へと転換する契機が内包されていると理解することもできる。[77]

ＵＮＰＲＯＦＯＲの活動における特徴の一つが任務の拡大とその未調整によって引き起こされた紛争当事者の非協力的態度であり、これによってＵＮＰＲＯＦＯＲ自身の任務遂行が阻害されたことを考慮すれば、ＰＫＯの任務遂行が成功するためには、ポスト冷戦期に出現している特色として前述したように、あらかじめ停戦協定や和平合意により紛争の最終的解決までのＰＫＯの役割を規定することで任務の特定性を厳格にし、紛争当事者からの同意を現地展開についても任務内容についても得ておくことが必要となるであろう。[78] そして実際にも、和平達成に向けて当該Ｐ

ＫＯの現地展開に関する同意を維持しながら、その任務については場合によっては武力行使により要員等の安全や移動の自由を確保してこれを遂行するという二元的構造が最近の停戦協定や和平合意に現れている。一九九〇年代末に設置され、憲章第七章に基づく行動を認められたＰＫＯ―東チモール国連暫定統治機構（ＵＮＴＡＥＴ）・国連シエラレオネミッション（ＵＮＡＭＳＩＬ）・国連コンゴ民主共和国ミッション（ＭＯＮＵＣ）―はいずれもこのカテゴリーに含まれるものである。

これら三つのＰＫＯは、その導入までの経緯についてはそれぞれの紛争が抱える特殊性が反映して一様ではないものの[79]、領域国政府と紛争当事者がＰＫＯの現地展開に合意するとともに、当該ＰＫＯ要員や活動に関連する要員、さらには文民の安全と移動の自由のために憲章第七章に基づく行動をとることができるとされている点で共通している[80]。つまりそこでは、領域性に依拠した同意があらかじめ紛争当事者から確保されているという点で同意原則が維持される一方、任務遂行に伴う一定の目的のため憲章第七章に基づく行動により、限定的ながらも当事者の意思に反する措置がとられうることが含意されているのである[81]。そしてこうした二元的構造は、任期延長決議や要員増に関する決議においては憲章第七章に言及しないことで領域展開に関する同意原則との抵触を回避し、第七章に基づく行動を任務に関わる部分のみに限定して、この具体的実施についてのみ同意を排除する余地を残すという決議形式にまさしく反映されているといわなければならない[82]。

このように最近の事例においては、同意原則が関連するＰＫＯの性質のうち、領域性のみならずその機能性も視野に入れられたことから同意原則そのものの機能分化が進み、特に後者に関しては憲章第七章に基づく行動との関係から自衛原則との接点が表出するに及んでいる。それは、ポスト冷戦期に続出している内戦的要素をもった紛争に対処するに際して、ＰＫＯがその指導原則の適応性を経由して他の活動との関連で自らの機能を再構築する契機を提示していると表現することもできよう。[83]

またこれに関連して、とりわけ領域性に依拠した同意と限定的な第七章に基づく行動との有機的結合がＰＫＯに出現した背景としては、ＰＫＯ要員その他に関する安全確保の手段を構築する目的だけでなく、アルバニアや中央アフリカ共和国でみられたような「公平なかたちで」任務を遂行する多国籍軍型活動の登場に留意することも重要である。[84]この種の多国籍軍型活動は、現地展開に関する当事者の同意という点、ならびに任務遂行のために限定された憲章第七章に基づく措置の認容、すなわち紛争当事者が合意した解決案の遵守確保とそれに対する抵抗の軍事力による克服という点を特徴としているが[85]、指揮・統轄が個別国家や軍事的国際機関にではなく国連に委ねられているという点を除けば、これらの特徴はそのまま上記三つのＰＫＯにもあてはまるのであり、こうした二種類の活動―「強化された(robust)ＰＫＯ」と「公平な(impartial)多国籍軍」―がそれぞれの内戦型紛争に適合的に発展しつつある状況を確認することは不可能ではないように思われるからである。従ってポスト冷戦期における同意原則の機能分化の位相は、見方を変えると、従来伝統的ＰＫＯと憲章第七章に基づく軍事的強制措置という二分論で支配されていた活動分野に上記二種類の活動をもたらして、いわばこれを軍事活動のスペクトルとみなし、領域性に基づく同意をも奪う完全な意味での強制措置に至るまでの限定的な軍事活動の形式を豊富化する視座を提供しているともいえるのである。[86]

おわりに

この小論では、冷戦期とポスト冷戦期における紛争の性質の違いとそれに伴うＰＫＯの役割の拡大に注目して、それぞれにおけるＰＫＯの同意原則の適用にいかなる特徴があるかという角度から考察を進めてきた。その結果、ＵＮＯＳＯＭ　ⅡやＵＮＰＲＯＦＯＲの設置を経て、ＵＮＴＡＥＴ・ＵＮＡＭＳＩＬ・ＭＯＮＵＣといった憲章第七章と結合したＰＫＯが再び登場している現段階において、同意原則が有する機能はその妥当基盤に照らして二つに大別されるように思われる。それは、一つには同意主体が実効的に支配する領域へのＰＫＯの展開を許可し、あるいは逆に不当と自らが考える国際社会からの介入を排除しうるといういわば領域に付着した役割であり、もう一つはＰＫＯの任務内容に着目したもので、その任務遂行というプロセスに対する意思表示である。ＰＫＯによる任務実施はＰＫＯ自体が領域に展開せずには行い得ない以上、前者の機能がＰＫＯの根幹に関わるものであることは間違いない。しかしそれとは別に、後者の側面においては、そうした根幹に関わる領域性原理の同意原則と矛盾せずに憲章第七章に基づく行動が導入されうる理論的地平を切り開いている点にも注目すべきであろう。ここでの紛争当事者による同意は、当事者自身の独立性を保持するための装置であると同時に、ＰＫＯによる介入を促して国際社会へと当事者自らを解放するための回路をも提供するという相異なる機能を果たしている。従って、少なくともＰＫＯに関する限り同意原則はこうした両義的な性格を備えているのであり、伝統的に考えられているような領域性に依拠する一元的な構造という同意原則の理解を脱することでこの原則が有する機能全体の理論的把握が初めて可能となるといえるであろう。

また、ここで検討してきた同意原則は確かにＰＫＯの展開に関わるものではあるが、ＰＫＯが包括的な和平合意の中で一定の役割を担い、平和創造あるいは平和構築と呼ばれる任務と緊密な関係を結んでいくにつれ、現地展開のみならず、ＰＫＯがその一部として位置づけられている和平プロセス全体との関連性が生起してくることにも留意しなければならない。ＰＫＯの現地展開が領域性に従属して、実効的に現地領域を支配する実体の同意を要するとしても、当該紛争に直接関わる人びとをこの和平プロセスにどのように取り込んでいくかという問題が別に生じるからである。すなわちここでは、領域性原理に基づく実効性を尊重しながら、他方でそうした実効性を有する実体が人びとの代表性をも伴うかが問われている。こうした視点はＰＫＯの展開、およびこれを含めた和平プロセス全体に同意を与える主体の基準如何という角度からその同意原則の機能に影響を及ぼすとともに、翻って同意原則の機能は、和平構築に向けた対話プロセスへの人びとの参加への契機というＰＫＯの具体的展開にとどまらない射程距離を有することになるのである。

しかし、以上述べてきたＰＫＯの同意原則の機能はこれですべてというわけではない。国際テロリズムの展開など新たな紛争の出現や国連を取り巻く状況の変化を顧慮すれば、それらはむしろ現段階における暫定的結論とみるべきであろう。ＰＫＯの役割はそれが位置づけられる環境や他の平和維持機能との関係性の中で常に推移するものである以上、それを指導する原則もまたその限りで常に読み返され再定義され続ける。その意味で、ＰＫＯ指導原則の内容の明確化は当該原則を取り巻く外界との不断の対話に支えられており、同意原則もその例外ではないのである。

1　香西茂『国連の平和維持活動』(有斐閣、一九九一年)二〇〇―二〇四頁(初出「国連の平和維持活動―同意原則の再検討―」『国際法外交雑誌』第六九巻四・五・六合併号(一九七一年)五六二―五六七頁)。同「国連軍をめぐる『関係国の同意』の問題―スエズとコンゴの場合―」法学論叢第六八巻五・六号(一九六一年)一四九―一八六頁、も参照。

2　*The Blue Helmets. A Review of United Nations Peace-keeping. Third edition,* (U.N., 1996), p.7. 最近のＰＫＯ特別委員会の報告書でも同意原則がＰＫＯの基本原則として尊重されるべきだとされている。U.N.Doc.A/55/1024, para.40. また二〇〇〇年八月に国連事務総長に提出された国連平和活動に関するパネル報告書(いわゆるブラヒミ報告書)でも同意原則の維持が謳われているが、内戦では同意が当事者により操作される危険性も指摘されている。U.N.Doc.A/55/305-S/2000/809, para.48.

3　この点を素描したものとして、拙稿「国連平和維持活動の今日的展開と原則の動揺」『国際法外交雑誌』第九四巻五・六合併号（一九九六年）六七五―六七七頁参照。

4　言うまでもなく主権は多義的概念である。ジェイムズ（A. James）によれば、国連のpeacekeepingおよびpeace enforcementとの関係でいうと、主権には、受入国の国内管轄権を意味する法的な主権、国家の行動の自由などを指す政治的な主権、国際関係における独立性を示す国際的な主権という三つの意味があるが、本稿で検討する同意との関わりでは、ＰＫＯの現地展開などといった法的な主権が主として問題になろう。もっとも、正統政府の復帰にＰＫＯが支援を提供する場合には政治的主権との関係が出てくるであろうし、展開地域が国家として独立するまでのプロセスを支援するとなれば国際的な主権にも関わることになり、見る角度によっても主権の捉え方やその性格も変わってくる。*See*, A.James, "Peacekeeping, Peace-Enforcement and National Sovereighty," *in* R.Thakur & C.A.Thayer (eds.), *A Crisis of Expectations. UN Peacekeeping in the 1990s*, (Westview Press, 1995), pp.263-280.

5　松井芳郎「国際連合と人道的援助および人道的干渉・下」『法律時報』第六八巻七号（一九九六年）七〇―七一頁。

6　Ph.Manin, *L'O.N.U. et le maintien de la paix. Le respect du consentement des États*, (L.G.D.J., 1971), p.228. この点が鮮明に現れたのはＵＮＥＦ撤退をめぐる国連と領域国エジプトの対立であった。香西『前掲書』一九一―一九七頁参照。

7　この点で近時特に問題となっているのは、人道的介入論をめぐる国家主権と人権という二つの法原理の関係である。その結論は論者により異なるが、国家主権の絶対性自体を主張する見解が法実証主義でも依然として維持されているとは言い難い。N.K.Tsagourias, *Jurisprudence of International Law. The Humanitarian Dimension*, (Manchester U.P., 2000), pp.25-41, 64-79. ちなみに二〇〇〇年に提出された国連事務総長のミレニアム報告書では、国家主権を中心とした安全保障の考え方から「人間を中心に据える」アプローチが新たな戦略として採用されている。U.N.Doc.A/54/2000.

8　J.Ballaloud, *L'O.N.U. et les opérations de maintien de la paix*, (Éditions A.Pedone, 1971), p.27. もっとも、生の事実の社会的事実への構成が認識の作業に依存する以上、法が事実によって規定されるとする見方がどれだけ妥当するかどうかは別途検討されなければならない。この問題は認識論を媒介とした国際法学の方法論にも関わるものであり、この小論の検討範囲を大幅に超える。国際法学の方法論一般の議論としてはさしあたり、*see*, "Symposium on Method in International Law," *A.J.I.L.*, vol.93 (1999), pp.291-423.

9　なお本稿では同意原則を紛争当事者との関連でとらえ、部隊提供国についての同意原則は考察の外におく。国連平和維持軍の緊急配備や常設化に関する最近の問題については、*see*, H.P.Langille, "Conflict Prevention: Options for Rapid Deployment and UN Standing Forces," *International Peacekeeping* (*London*), vol.7 (2000), pp.219-253.

10　たとえば国際司法裁判所（ＩＣＪ）は国連緊急軍（ＵＮＥＦ）の活動の法的性格を検討するにあたり、憲章第七章に基づく強制措置と区別する根拠として「関係国の同意」を重視している。*Certain Expenses of the United Nations* (*Article 17, paragraph 2, of the Charter*), *Advisory Opinion of 20 July 1962, I.C.J.Reports 1962*, p.170. なお香西『前掲書』三六一頁も参照。

11　K.Perrin, *Moyen-Orient* (*1956-1967*). *FUNU I* (Montchrestien, 2000), p.63.

12　U.N.Doc.S/RES/143 (1960), op.para.2; U.N.Doc.S/RES/186 (1964), op.para.4. その他エジプト・イスラエル間の停戦監視のため派遣された第二次国連緊急軍（ＵＮＥＦ　Ⅱ）(U.N.Doc.S/11055; U.N.Doc.S/11056/Add.2, para.14)や、南レバノンからのイスラエル軍撤退監視を目的としたレバノン国連暫定軍（ＵＮＩＦＩＬ）(U.N.Doc.S/RES/425(1978), op.para.3)、さらにイラン・イラク戦争に関連して停戦監視に派遣されたイラン・イラク国連軍事監視団（ＵＮＩＩＭＯＧ）(U.N.Doc.S/RES/598(1987), op.para.2; U.N.Doc.S/RES/619(1988), op.para.2)もそれぞれ領域国の同意を得て展開を開始した。

13　U.N.Doc.S/3943, para.155; U.N.Doc.S/4389, paras.7-15.

14　U.N.Doc.A/32/394, Annex II, Appendix I, Art.9.

15　さらにＰＫＯガイドラインの問題について一九八三年の国連総会は決議を採択し、ＰＫＯを「受入国の同意の下に、その主権と領土保全を尊重して行われる」ものと性格づけている。U.N.Doc.A/RES/38/81, op.para.1.

16　香西『前掲書』三六三―三六四頁参照。

17　著名なパルマス島事件仲裁判決（一九二八年）によれば、国家間関係においては主権は独立を意味し、これは他のいかなる国家も排除してそこにおいて国家の権能を行使する権利であるとする一方で、そのコロラリーとして領域主権は自国領域内で他国とその国民の権利を保護する義務を伴うという。*Island of Palmas Case, R.I.A.A.*, vol.II, pp.838-839. 国家領域の使用に関する当該国家の同意の必要性がこうした領域主権の理解から導出されるのは明らかであり、また逆に一定地域の実効的支配を喪失した場合の当該国家による同意の意味もこうした観点から構成されうる。

18　たとえば領域国エジプトがＵＮＥＦ受入に対する同意を撤退した問題はこれを十分裏付けるものである。*See*, N.Elaraby, "United Nations Peacekeeping by Consent: A Case Study of the Withdrawal of the United Nations Emergency Force," *in* J.N.Moore (ed.), *The Arab-Israeli Conflict, Vol.II: Readings* (Princeton U.P., 1974), pp.620-649; J.I.Garvey, "United Nations Peacekeeping and Host State Consent," *ibid*., pp.650-678.

19　香西『前掲書』九八―一一五、三〇〇―三一〇頁参照。

20　ただし三カ月や六カ月というように期間を区切って展開を認めるＰＫＯの場合、期間更新の際にその任務内容があらためて領域国により確認されるのであり、逆に言えば、その際に領域国の同意を得て任務変更を行うことも可能となろう。こうした点について、*see*, A.Di Blase, "The Role of the Host State's Consent with regard to Non-Coercive Actions by the United Nations," *in* A.Cassese (ed.), *United Nations Peace-keeping: Legal Essays*, (Sijthoff & Noordhoff, 1978), pp.75-76.

21　主として国家間紛争への介在型ＰＫＯとして派遣されたエジプト・イスラエル間のＵＮＥＦ(U.N.Doc.A/RES/998 (ES-I); U.N.Doc.A/3289; U.N.Doc.A/3302)、ＵＮＥＦ Ⅱ(U.N.Doc.S/RES/340 (1973); U.N.Doc.S/11052/Rev.1)のほか、インド・パキスタン国連監視団(ＵＮＩＰＯＭ)(U.N.Doc.S/RES/211 (1965); U.N.Doc.S/6699)やシリア・イスラエル間の国連兵力引き離し軍(ＵＮＤＯＦ)(U.N.Doc.S/11302/Add.1, Annexes I & II; U.N.Doc.S/RES/350 (1974))、そしてイラン・イラク間のＵＮＩＩＭＯＧ(U.N.Doc.S/RES/598 (1987); U.N.Doc.S/20093)もそうした実行に倣っている。なおＰＫＯの導入自体は、国連によるイニシアティブ(ＵＮＥＦ)、領域国の要請(ＯＮＵＣ、ＵＮＩＦＩＬ)、関係国の同意(ＵＮＹＯＭ)といった方式がある。D.Brown, "The Role of the United Nations in Peacekeeping and Truce-Monitoring: What are the Applicable Norms," *R.B.D.I.*, tome 27 (1994), p.580.

22　たとえば一九五八年レバノン内戦時において導入されたレバノン国連監視団(ＵＮＯＧＩＬ)は、レバノン政府と、同政府に対する抵抗勢力を支援していたと伝えられるアラブ連合共和国(シリア)が安保理決議一二八に同意したことにより設置が決定されている。U.N.Doc.S/RES/128 (1958), pre.para.1; U.N.Doc.S/4029. また軍事クーデターにより王政が倒されることで勃発した一九六二年のイエメン紛争でも、革命政府をアラブ連合共和国(エジプト)が支援し、北部に逃げた王党派はサウジアラビアの協力を受けるというかたちで内戦が国際化されたが、ここでも非国家的実体たる王党派は表面には現れず、代わってイエメン・エジプト・サウジアラビアの三国による内戦不介入とＰＫＯ受入に関する合意に基づき、安保理決議一七九でイエメン国連監視団(ＵＮＹＯＭ)の派遣が決定された。

U.N.Doc.S/5298; U.N.Doc.S/RES/179 (1963).

23　もっとも、内戦において反政府団体が国連により同意主体としての紛争当事者としての地位を認められたようにみえる事例も現実には存在する。たとえばコンゴ紛争では当初コンゴ国内からの外国軍（特にベルギー軍）の撤退監視を目的としてＯＮＵＣが派遣され、この展開はコンゴ政府の要請の下に行われたが（U.N.Doc.S/RES/143 (1960), pre.para.2; U.N.Doc.S/4382）、その後この目的を達成するためのカタンガ州へのＯＮＵＣ進駐とそれに対する同州の抵抗が問題となり、同州の同意を得てＯＮＵＣの同州地域への展開が行われたという（香西『前掲書』一八四―一八五頁）。ただしこの同意をめぐっては、国連事務総長が定めたＯＮＵＣのマンデートは交渉外とされ、あくまでＯＮＵＣの任務実施を促進する観点からの議論に限定されていたのであり、停戦合意やＰＫＯ展開に関する正式の文書に調印が行われたわけでもない。G.Abi-Saab, *The United Nations Operation in the Congo 1960-1964*, (O.U.P., 1978), pp.35-36. またＵＮＦＩＣＹＰの場合もＰＫＯがトルコ系住民の意思に反して展開することはできないことから、中央政府は自らが支配する領域についてしか同意を与え得ないという説明もあるが（A.L.Karaosmanoglu, *Les actions militaires coercitives et non-coercitives des Nations Unies*, (Droz, 1970), p.139）、前述のように形式的にはキプロス政府の同意に基づくものとしてキプロス全土への展開が認められたのであり、また一九七四年七月のクーデター事件とそれに続くトルコ軍介入に端を発した事態に伴うＵＮＦＩＣＹＰの任務変更と事態の収拾に際しても、ギリシャ・トルコ・英国の三カ国が主導的役割を果たし（U.N.Doc.S/11398; U.N.Doc.S/RES/359 (1974), pre.para.2）、キプロス北部を支配するトルコ系住民がＰＫＯ設置・継続に関する同意を正式に与えた形跡はみられない。これら非国家的実体の同意はあくまでＰＫＯ現地展開にとって実践上必要とされたものであり、少なくともＰＫＯ展開とその任務に関する合意に正式に関わったとはいえないであろう。ただしこれら非国家的実体から同意を得ることがＰＫＯの展開上実践的観点から重要であることはあらためて繰り返すまでもない。

24　たとえばコンゴ紛争においてＯＮＵＣに武力行使が容認されるまでに至る経緯について、*voir*, C.Leclercq, *L'ONU et l'affaire du Congo*, (Payot, 1964), pp.197-230. ＯＮＵＣの任務内容の決定は国連事務総長に委ねられており、安保理がどのような任務を認めていたのか当初から不明確であった感は否めない。香西『前掲書』一〇一頁参照。

25　なおこの点に関連して、一九六二年に西イリアン問題処理のために国連暫定統治機関（ＵＮＴＥＡ）とその警察部門としての役割を担う国連保安隊（ＵＮＳＦ）が設置されたが、ここでは当時の同地域の施政国オランダと西イリアンの領有を主張する独立国インドネシアとの間の合意によって和平が実現し、その過程でＰＫＯ導入が図られたのである。*See*, U.N.Doc.S/5170, Annex A-C; U.N.Doc/A/RES/1752 (XVII).

26 G.Abi-Saab, "La deuxième génération des opération de la paix. Quelques réflexions préliminaires," *Le Trimestre du monde*, No.200 (1992), pp. 87-95.

27 H.McCoubrey & N.D.White, *International Organizations and Civil Wars*,(Dartmouth, 1995), p.173.

28 P.Picone, "Il *peace-keeping* nel mondo attuale: Tra militarizzazione e amministraione fiduciaria," *Rivista di diritto internazionale*, vol.LXXIX (1996), pp.29-30. こうした「平和」概念の変遷は国連憲章第三九条で規定されている「平和に対する脅威」概念の拡大問題と結びつくことになる。この問題については、*voir*, J.-M.Sorel, "L'élargssement de la notion de menace contre la paix," *dans* S.F.D.I., *Colloque de Rennes. Le chapitre VII de la Charte des Nations Unies*,(Éditions A.Pedone, 1995), pp.3-57. *See also*, H.Freudenshuß, "Article 39 of the UN Charter Revisited: Threats to the Peace and the Recent Practice of the UN Security Counsil," *A.J.P.I.L.*, vol.46 (1993), pp.1-39; I.Österdahl, *Threat to the Peace. The Interpretation by the Security Counsil of the Article 39 of the UN Charter*,(Iustus Förlag, 1998).

29 たとえば一九九四年に下されたＩＣＪ判決(*Différend territorial* (*Jamahiriya arabe libyenne / Tchad*), *arrêt, C.I.J.Recueil 1994*, pp.6-41)の履行監視を目的として同年に国連アウズウ地帯監視団(ＵＮＡＳＯＧ)が派遣されたリビア・チャド間の紛争や(U.N.Doc.S/RES/915(1994))、二〇〇〇年から停戦監視を目的として国境地帯に国連エチオピア・エリトリアミッション(ＵＮＭＥＥ)が派遣されているエチオピア・エリトリア間の紛争(U.N.Doc.S/RES/1312(2000))は、ともに国境・領域問題が主たる紛争主題という伝統的な国家間紛争であった。

30 P.F.Diehl, *International Peacekeeping*,(The John Hopkins U.P., 1993), pp.77-78.

31 いわゆる「崩壊国家(a collapsed state)」の問題が関係する。さしあたりこの問題については、*see*, N.L.Wallance-Bruce, "Of Collapsed, Dysfunctional and Disoriented States: Challenges to International Law," *N.I.L.R.*, vol.XLVII (2000), pp.53-73.

32 W.Kühne, "The United Nations, Fragmenting States, and the Need for Enlarged Peacekeeping," *in* Ch.Tomuschat (ed.), *The United Nations at Age Fifty. A Legal Perspective*, (Kluwer Law International, 1995), p.95.

33 Diehl, *op.cit.*, pp.78-79.

34　ただし同意原則の内容としては、「平和への課題」が「マンデート遂行の際における当事者の協力」としているのに対して、「平和への課題—補遺」とブラヒミ報告書ではそれぞれ「当事者の同意」「現地当事者の同意」と規定されている。U.N.Doc.A/47/277-S/24111, para.50; U.N.Doc.A/50/60-A/1995/1, para.33; U.N.Doc.A/55/305-S/2000/809, para.48.

35　国連カンボジア暫定統治機構（ＵＮＴＡＣ）は紛争当事者四派も参加したパリ和平会議の結果を受けて設置され（U.N.Doc.S/RES/745 (1992); U.N.Doc.S/23177, Annex）、国連モザンビーク活動（ＯＮＵＭＯＺ）はモザンビーク政府とモザンビーク民族抵抗運動（ＲＥＮＡＭＯ）との間で締結された一般和平協定に基づき現地に展開した（U.N.Doc.S/RES/797 (1992); U.N.Doc.S/24635, Annex）。中米では、エル・サルバドル政府とファラブンド・マルチ民族解放戦線（ＦＭＬＮ）との間の合意により国連エルサルバドル監視団（ＯＮＵＳＡＬ）が（U.N.Doc.S/RES/693 (1991); U.N.Doc.S/21931, Annexes I & II; U.N.Doc.S/21541, Annex）、グァテマラ政府とグァテマラ民族革命連合（ＵＲＮＧ）の間の合意で国連グァテマラ検証団（ＭＩＮＵＧＵＡ）が（U.N.Doc.S/RES/1094 (1997); U.N.Doc.S/1996/1045, Annex）それぞれ設置された。また旧ソ連では、国連グルジア監視団（ＵＮＯＭＩＧ）がグルジア政府と反政府勢力との間の合意で（U.N.Doc.S/RES/858 (1993); S/26250, Annex I）、国連タジキスタン監視団（ＵＮＭＯＴ）がタジキスタン政府と反政府勢力との間の合意で（U.N.Doc.S/RES/968 (1994); U.N.Doc.S/1994/1080, Annex; U.N.Doc.S/1994/1253, Annex）それぞれ展開している。

36　国連ソマリア活動（ＵＮＯＳＯＭ）（U.N.Doc.S/RES/751 (1992); U.N.Doc.S/23693, Annexes III & IV）と国連リベリア監視団（ＵＮＯＭＩＬ）（U.N.Doc.S/RES/866 (1993); U.N.Doc.S/26272, Annex）がこれにあたる。

37　その他こうした特徴を有する事例として、国連西サハラ住民投票監視団（ＭＩＮＵＲＳＯ）（U.N.Doc.S/RES/621 (1988), pre.para.2; U.N.Doc.S/RES/690 (1991), op.para.4）、第二次国連アンゴラ検証団（ＵＮＡＶＥＭ Ⅱ）（U.N.Doc.S/RES/696 (1991); U.N.Doc.S/22609）、国連ハイチミッション（ＵＮＭＩＨ）（U.N.Doc.S/RES/867 (1993); U.N.Doc.S/26063, Annex）、国連ルワンダ支援団（ＵＮＡＭＩＲ）（U.N.Doc.S/RES/872 (1993); U.N.Doc.S/26488 & Add.1）、第三次国連アンゴラ検証団（ＵＮＡＶＥＭ Ⅲ）（U.N.Doc.S/RES/976 (1995); U.N.Doc.S/1994/1441）がある。

38　たとえばコンゴ紛争におけるカタンガ州独立問題では同州が一九六一年一二月に中央政府とキトナ協定を締結したが、これはすでにＯＮＵＣが現地に派遣され一定の武力行使を行った後で結ばれたものであり、その内容もコンゴ国内の憲政に関することでＯＮＵＣに関わるものではなかった。U.N.Doc.S/5038, para.7(a).

39　なお、国連の監督と統制下で行われる自由な選挙を通じた独立が目標とされたナミビアでは、まず西側諸国により国連独立支援グループ（ＵＮＴＡＧ）設置構想が提案され、その後、ナミビアに居座っていた南アフリカと南西アフリカ機構（ＳＷＡＰＯ）との間の停戦合意、およびキューバ軍のアンゴラ撤退に関するアンゴラ・キューバ・南アフリカの三カ国間の合意でＵＮＴＡＧの現地展開が実現したのであり（U.N.Doc.S/RES/385（1976）; U.N.Doc.S/RES/435（1978）; U.N.Doc.S/RES/629（1989））、同意主体の観点からすると、非国家的実体ではなく関係国のイニシアチブによってＰＫＯが導入された事例ということができよう。またポスト冷戦期の内戦であっても、東チモール問題のように歴史的状況や国際社会の介入方法の違いにより関係国がイニシアチブをとってＰＫＯの導入を図る場合もある。もっとも東チモールでインドネシアとポルトガルが導入に合意したＰＫＯは選挙監視のための国連東チモールミッション（ＵＮＡＭＥＴ）であり（U.N.Doc.S/RES/1246（1999）; U.N.Doc.S/1999/513, Annex I）、東チモール国連暫定統治機構（ＵＮＴＡＥＴ）の導入はその後の混乱収拾にあたっての東チモール国際軍（ＩＮＴＥＲＦＥＴ）からの引継など別の要因によるところが大きい。U.N.Doc.S/RES/1264（1999）; U.N.Doc.RES/1272（1999）; U.N.Doc.S/1999/1024. *Voir aussi*, J.-M.Sorel, "Timor oriental: Un resume de l'histoire du droit international," *R.G.D.I.P.*, tome 104（2000）, pp.52-55.

40　C.Gray, "Host-State Consent and United Nations Peacekeeping in Yugoslavia," *Duke J.Comp.& Intl L.*, vol.7（1996）, pp.243-245. なお「平和への課題」提出を受けて議論した安保理は、政府の同意と関係者の同意とを区別して、後者については「適当な場合に」求められるという結論を一九九三年五月に公表している。U.N.Doc.S/25859.

41　特定の文言や文書が安保理決議に直接引用されているか、間接的にしか援用されていないかという形式的な違いだけでは、当該文言や文書の法的効果について決定的な違いをもたらすものとはならない。たとえば旧ユーゴ国際刑事裁判所（ＩＣＴＹ）の裁判所規程は、それを記載している国連事務総長報告書が安保理決議八二七に言及されることで間接的にしか示されておらず（U.N.Doc.S/25704, Annex; U.N.Doc.S/RES/827（1993）, pre.para.2）、他方ルワンダ国際刑事裁判所（ＩＣＴＲ）の場合は裁判所規程が安保理決議九五五の付属書で直接定められているが（U.N.Doc.S/RES/955（1994）, Annex）、両者の意図は国連加盟国を拘束する文書の創出という点で一致している。ＩＣＴＹの設置経緯とその法的根拠の問題については、*voir*, A.Pellet, "Le Tribunal criminel international pour l'ex-Yougoslavie. Poudre aux yeux ou avancée décisive?" *R.G.D.I.P.*, tome 98（1994）, pp.20-32. ＩＣＴＲの設置とその法的根拠については、*see*, D. Shraga & R. Zacklin, "The International Criminal Tribunal For Rwanda," *E.J.I.L.*, vol.7（1996）, pp.502-505.

42　法的な観点からすると、たとえこの場合に領域国政府がＰＫＯ導入に同意するとしても、その地理的範囲は同政府が実効的に支配する地域に限定されると考えられる。D.Wippman, "Military Intervention, Regional Organizations, and Host-State Consent," *Duke J.Comp.& Intl L.*, vol.7 (1996), p.223.

43　ＰＫＯの展開をめぐり人民の自決権行使という視点を提供するものとして、松井「前掲論文」七一頁参照。なお、自決に関する法は人権法の一部としてよりもむしろ主権や領域権原といった概念と強く結びついてきたという指摘もある。C.Drew, "The East Timor Story: International Law on Trial," *E.J.I.L.*, vol.12 (2001), p.663.

44　たとえばキプロス紛争の場合、冷戦期にもキプロス政府とトルコ系住民との間で直接交渉が行われていたが、特に安保理がギリシャ系住民とトルコ系住民の二つの共同体からなる連邦国家樹立の観点を確認し(U.N.Doc.S/RES/649(1990))、これに反するトルコ系住民の行動に警鐘を発しながらこの枠組みを維持していく中で、あらゆる論点につき両系住民の間の交渉が行われているという状況は、紛争当初の英国・ギリシャ・トルコという三カ国の図式とは、少なくとも表面的には異なる様相を示してきている。ポスト冷戦期における両系住民間の交渉の経緯については、*voir*, Ph.Achilléas, *Chypre. L'UNIFICYP*, (Montchrestien, 2000), pp.161-170. また国連中央アフリカ共和国監視団(ＭＩＮＵＲＣＡ)の場合のように、国内の反乱がほぼ鎮圧された後に国民和解の枠組みでＰＫＯ導入が求められることもあり、そこでは二元的構造がさらに希薄となる。拙稿「中央アフリカ共和国問題と国際連合—MISABからMINURCAへ—」『国際協力論集』(神戸大学)第七巻二号(一九九九年)一〇七—一〇八頁参照。

45　実際にもクロアチアやボスニア・ヘルツェゴビナに派遣された国連保護軍(ＵＮＰＲＯＦＯＲ)はすべての紛争当事者から同意を得て現地に展開したわけではないし、中央政府が崩壊したソマリアの場合にはＵＮＯＳＯＭが当初現地の主要部族の同意を得て展開したが、その後、アイディード派などがＵＮＯＳＯＭのプレゼンスに異を立てるようになった。ＵＮＰＲＯＦＯＲのクロアチアとボスニアへの展開についてはそれぞれ、*see*, U.N.Doc.S/RES/743 (1992); U.N.Doc.S/23592; U.N.Doc.S/RES/775 (1992); U.N.Doc.S/24848. またＵＮＯＳＯＭについては、*see*, U.N.Doc.S/RES/751 (1992); U.N.Doc.S/24859.

46　リベラリズムの立場に立つフランク(T.M.Franck)は権利基底的な請求を重視するとともに、その優位性について道義的レベルと法的レベルとの区別を説き、前者の側面から集団の権利に対する個人の権利の優位を主張する。T.M.Franck, *The Empowered Self. Law and Society in the Age of Individualism*, (O.U.P., 1999), pp.252-254.

47　国連ＰＫＯによる選挙監視の重要性が指摘されるのはこうした観点からでもある。*Ibid.*, pp.267-269. またこの点からの実証的研究として、*voir*, L.-A.Sicilianos, *L'ONU et la démocratisation de l'État. Systèmes régionaux et ordre juridique universel*, (Édition A.Pedone, 2000), pp.219-249. この間の国連による選挙監視・支援の実行を領域の国際的変更の正当化から民主的手続による国内体制選択の国際化への動きと捉える見方として、桐山孝信『民主主義の国際法―形成と課題―』(有斐閣、二〇〇一年)四九―五九頁がある。

48　こうした現象の説明として、*v.*, G.Cellamare, *Le operazioni di peace-keeping multifunzionali*, (G.Giappichelli Editore, 1999), pp.140-149.この点を補足すると、従来においては将来の和平合意による紛争の解決がＰＫＯ展開の前提であったのに対して、最近では和平合意の存在がＰＫＯ展開の前提となるという逆転現象さえみられるようになっている。これは主として部隊派遣国側からの要請でもあり、特にＵＮＭＥＥ展開の際には多くの議論が行われている。*See*, U.N.Doc.S/2000/1072; U.N.Doc.S/PV.4223 (15 Nov.2000); U.N.Doc.S/PV.4223 (Resumption 1).

49　ここでの「移動の自由」にはなお領域的性格が色濃く反映されており、このため任務遂行のための拠点維持という観点からこの「移動の自由」の確保とＰＫＯの自衛原則が結びつくことはＯＮＵＣの事例でも確認できる。*See*, G.Draper, "The Legal Limitations upon the Employment of Weapons by the United Nations Force in the Congo," *I.C.L.Q.*, vol.12 (1963), pp.400-402. 注目されるのはこうした「移動の自由」の確保とＰＫＯによる武力行使の結合が、後述するように、憲章第七章に基づく行動の導入をもたらし、これとの関連で紛争当事者の同意の役割が再検討されうるということである。

50　また逆に、紛争当事者間の交渉では停戦の成立といった伝統的な意味での平和維持に集中することになりがちで、平和構築のレベルでのＰＫＯの役割やその参加条件などを包括的和平合意の中で規定するには当初から国連の関与やガイダンスが必要とされているという指摘もある。D.Chandler, "The People-Centred Approach to Peace Operations: The New UN Agenda," *International Peacekeeping* (*London*), vol.8 (2001), pp.5-6.

51　ＵＮＴＡＣの場合、前述のようにパリ和平合意に基づき現地に展開したが、その後ポル・ポト派がその支配領域にＵＮＴＡＣが入ることを拒否するなど非協力的態度に出たため、和平プロセスは一時危機に瀕したといわれる。当時のこうした状況について、*voir*, S. Barbier, *Cambodge* (*1991-1993*). *MIPRENUC, APRONUC*, (Montchrestien, 1999), pp.120-137.

52　このように事態の推移に付随してＰＫＯの任務が拡大していき、これが紛争当事者の一部から反発を招くという状況がＵＮＰＲＯ

ＦＯＲにも少なからずあったことは否定できない。*See*, J.E.Fink, "From Peacekeeping to Peace Enforcement: The Blurring of the Mandate for the Use of Force in Maintaining International Peace and Security," *Md.J.Intl L.& Trade*, vol.19 (1995), p.34.

53　G.Abi-Saab, "United Nations Peacekeeping Old and New: An Overview of the Issues," *in* D.Warner (ed.), *New Dimensions of Peacekeeping* (Martinus Nijhoff Publishers, 1995), p.7.

54　W.Kühne, "Peace Support Operations: How to Make them Succeed," *Internationale Politik und Gesellschaft*, Nr.4/1999, S.362.

55　ポスト冷戦期におけるＰＫＯの自衛原則に関しても別稿で検討する予定であるが、ここではさしあたり、*see*, K.E.Cox, "Beyond Self-Defense: United Nations Peacekeeping Operations & the Use of Force," *Denv.J.Int'l L.& Pol'y*, vol.27 (1999), pp.239-273.

56　第二次国連ソマリア活動（ＵＮＯＳＯＭ Ⅱ）のように、憲章第七章に基づく行動を一般的なかたちで認め、国連活動の展開が当初から紛争当事者の同意を排除して行われる場合には、本稿で検討されているＰＫＯの基本原則としての同意原則が明らかに排除されているとみなければならない。U.N.Doc.S/RES/814 (1993), Sec.B; U.N.Doc.S/25354, para.97. この場合には領域性に依拠した紛争当事者による同意の必要性そのものが否定されており、ＰＫＯにおける同意原則の機能の内容ではなく、当該活動がＰＫＯかどうか、さらには設置の法的根拠が変更されたのかということ自体が問題となるからである。もっとも、この決議の採択当初からＵＮＯＳＯＭ Ⅱが大規模な武力活動の実施を認められていたかどうか疑問視する向きもある。松田竹男「ソマリアの教訓」桐山孝信、杉島正秋、船尾章子編『石本泰雄先生古稀記念論文集　転換期国際法の構造と機能』（国際書院、二〇〇〇年）四三〇—四三一頁参照。なお、ＵＮＯＳＯＭ Ⅱにおける憲章第七章の援用によりＰＫＯに関する憲章第六章と第七章との区別が消滅し、紛争当事者の同意も自衛原則も重要性を失うに至った（F.-E.Hufnagel, *UN-Friedensoperationen der zweiten Generation. Vom Puffer zur Neuen Treuhand* (Duncker & Humblot, 1996), S. 290-293）とまでいえるかどうかについては、その後の実行を見る限り再検討の必要があるようにも思われる。

57　香西茂「国連と世界平和の維持—五〇年の変遷と課題」『国際問題』第四二八号（一九九五年）二八—三〇頁。

58　この場合、非国家的実体も名宛人となって当該措置を尊重する義務を負うことになる。F.Wahid Dahmane, "Les mesures prises par le Conseil de sécurité contre les entités non-étatiques. Une tentative de cerner l'application du chapitre VII aux crises internes," *R.A.D.I.C.*, tome 11 (1999), p.244.

59　U.N.Doc.S/RES/687 (1991), op.para.5; U.N.Doc.S/RES/689 (1991), op.para.2.

60　浅田正彦「国連における平和維持活動の概念と最近の動向」西原正、セリグ・Ｓ・ハリソン共編『国連ＰＫＯと日米安保　新しい日米協力のあり方』(亜紀書房、一九九五年)五三―五四頁。

61　U.N.Doc.S/22454, para.16. なおその後イラクによる停戦合意の度重なる無視によりＵＮＩＫＯＭの任務がしばしば阻害されたため、安保理は一九九三年二月に決議八〇六を採択して事務総長報告書を承認するかたちでＵＮＩＫＯＭに「物理的行動(physical action)」をとることを認めている。U.N.Doc.S/RES/806 (1993), op.para.2; U.N.Doc.S/25123, para.5 このためＵＮＩＫＯＭが準強制的な任務を行うことになったと指摘する向きもあるが(N.D.White, "U.N.Peacekeeping—Development or Destruction ?" *International Relations*, vol.12 (1994), p.158, n.118)、事務総長報告ではこの措置が強制措置ではなく、あくまで停戦違反に対する自衛の範囲内での行為であることが強調されている。U.N.Doc.S/25123, para.10.

62　実際にも安保理の授権決議ではＵＮＩＫＯＭの任期継続やその様態の決定については安保理が六カ月ごとに再検討することになっていた。U.N.Doc.S/RES/689 (1991), op.paras.2, 3; U.N.Doc.S/RES/806 (1993), op.para.4

63　U.N.Doc.A/50/757-S/1995/951, Annex, para.1; U.N.Doc.S/RES/1037 (1996).

64　ＵＮＴＡＥＳ任期延長をめぐる国連とクロアチアの対立について、拙稿「国連憲章第七章に基づく暫定統治機構の展開―ＵＮＴＡＥＳ・ＵＮＭＩＫ・ＵＮＴＡＥＴ―」『神戸法学雑誌』第五〇巻二号(二〇〇〇年)一〇四―一〇五頁。

65　ＫＦＯＲの活動について、*voir*, M.Guillaume, G.Marhic et G.Etienne, "Le cadre juridique de l'action de la KFOR au Kosovo," *A.F.D.I.*, tome XLV (1999), pp.308-334. なおＵＮＭＩＫ自体には武力行使が授権されていないことには注意を要する。拙稿「国連憲章第七章に基づく暫定統治機構の展開」九三頁。

66　U.N.Doc.S/RES/1244 (1999), pre.para.13. E.Lagrange, "La Mission Intérimaire des Nations Unies au Kosovo. Nouvel essai d'administration directe d'un territoire," *A.F.D.I.*, tome XLV (1999), pp.343-344. *See also*, M.Ruffert, "The Administration of Kosovo and East-Timor by the International Community," *I.C.L.Q.*, vol.50 (2001), pp.618-620. ＵＮＴＡＥＴでもインドネシアとの関係でこうした憲章第七章の役割が機能していないわけではないが、そこではむしろＵＮＭＩＫとは反対にＵＮＴＡＥＴ自身への武力行使の授権に力点が置かれている。*See*, U.N.Doc.S/PV.4057 (25 Oct.1999). またコソボの場合、その法的地位は不明確ながら形式的にはなおユーゴスラビアの一部という見方も可能であるのに対して(M.Sahovic, "Le droit international et la crise en ex-Yougoslavie," *Cursos Euromediterráneos Bancaja de Derecho*

Internacional, Volumen III (1999), p.416)、東チモールはすでにインドネシア自身の同意によりその支配を離れているため(U.N.Doc.A/53/951-S/1999/513, Annex I; U.N.Doc.S/PV.4057 (25 Oct.1999), p.5)、独立までの間のＵＮＴＡＥＴによる統治の継続について憲章第七章に基づきインドネシアの領域主権に依拠した同意の排除という構成をあえてとる必要はないという点でも違いがある。

67　ただしイラクによる国際義務の不遵守に対して新たな授権決議なく国連加盟国が多国籍軍を通じてさらなる行動をとれるかどうかは疑わしい。D.Sarooshi, *The United Nations and the Development of Collective Security. The Delegation by the UN Security Council of its Chapter VII Powers*, (O.U.P., 1999), pp.182-183. なお一九九〇年代前半に憲章第七章に基づき展開したＵＮＩＫＯＭ、ＵＮＯＳＯＭⅡ、ＵＮＰＲＯＦＯＲの中で、後二者は強制的任務に失敗したのに対してＵＮＩＫＯＭが任務を継続し得ているのは、それが国連対イラクの図式において周辺的な役割にとどまっていることによるということを示唆するものとして、*see*, J.Ciechanski, "Enforcement Measures under Chapter VII of the UN Charter: UN Practice after the Cold War," *in* M.Pugh (ed.), *The UN, Peace and Force*, (Frank Cass, 1997), pp.89-90. またＵＮＭＩＫとＫＦＯＲの関係については、*see*, C.Stahn, "International Territorial Administration in the former Yugoslavia: Origin, Developments and Challenges ahead," *Z.a.ö.R.V.*, Bd.61 (2001), pp.137-172.

68　ＵＮＴＡＥＳ設置決議では、展開地域の東スラボニアがクロアチアの領域であることが強調されるとともに、ＩＦＯＲ／ＳＦＯＲによる武力行使がＵＮＴＡＥＳ要員の安全保護を目的としたものとされた。U.N.Doc.S/RES/1037, (1996), pre.paras.2,10, op.para.10. なお最終的にＵＮＴＡＥＳは一九九八年一月に任期を終了し、同時にＵＮＴＡＥＳが統治していた地域はクロアチアに移管された。U.N.Doc.S/PRST/1988/3.

69　この点で、クロアチアに展開したＵＮＰＲＯＦＯＲが、同国政府による同意の撤回のために撤退を余儀なくされ、より小規模なＰＫＯである国連クロアチア信頼回復活動(ＵＮＣＲＯ)に改編された事実は、たとえ安保理決議で憲章第七章への言及があろうと、ＰＫＯの現地展開には領域国政府の同意が重要であることを如実に示す出来事であったといえる。Gray, *op.cit.*, pp.266-267. ただしこのことは展開地域を支配する実体が領域国政府ではなく非国家的実体であっても当てはまるように思われる。

70　この点については、拙稿「国連平和維持活動における自衛原則の再検討—国連保護軍(UNPROFOR)への武力行使容認決議を手がかりとして—」『国際協力論集』(神戸大学)第三巻二号(一九九五年)六四—七〇頁参照。

71　クロアチアのＵＮＰＲＯＦＯＲと異なり、ボスニア・ヘルツェゴビナではもっぱら人道的任務がＵＮＰＲＯＦＯＲに与えられたが、これは、現地には現実には維持されるべき平和は存在しなかったため、軽武装にすぎないＰＫＯ要員の安全を脅かすことにつながる軍事介入（peace enforcement）の試みを阻止する目的で行われたという指摘がある。*See*, V.-Y.Ghebali, "UNPROFOR in the Former Yugoslavia: The Misuse of Peacekeeping and Associated Conflict Management Techniques," *in* D.Warner (ed.), *op.cit.*, p.29.

72　従って現実には、ＮＡＴＯによる空爆と、ＵＮＰＲＯＦＯＲの一部についてより重装備を施した緊急対応部隊をＮＡＴＯ指揮下に編入させて軍事力を高めることで、ＵＮＰＲＯＦＯＲ要員の安全を確保しなければならなかったのである。この点も含めたボスニア・ヘルツェゴビナにおけるＵＮＰＲＯＦＯＲの展開過程とその問題点について、*see*, M.Weller, "Peace-Keeping and Peace-Enforcement in the Republic of Bosnia and Herzegovina," *Z.a.ö.R.V.*, Bd.56 (1996), pp.70-177.

73　U.N.Doc.S/RES/807 (1993), pre.para.7; U.N.Doc.S/RES/815 (1993), pre.para.6; U.N.Doc.S/RES/836 (1993), pre.para.19, op.para.9; U.N.Doc.S/RES/871 (1993), pre.para.6, op.para.9; U.N.Doc.S/RES/908 (1994), pre.para.15; U.N.Doc.S/RES/913 (1994), pre.para.14; U.N.Doc.S/RES/914 (1994), pre.para.4; U.N.Doc.S/RES/941 (1994), pre.para.9; U.N.Doc.S/RES/947 (1994), pre.para.9; U.N.Doc.S/RES/981 (1995), pre.para.11; U.N.Doc.S/RES/982 (1995), pre.para.18; U.N.Doc.S/RES/987 (1995), pre.para.6; U.N.Doc.S/RES/990 (1995), pre.para.4; U.N.Doc.S/RES/994 (1995), pre.para.8; U.N.Doc.S/RES/1009 (1995), pre.para.9; U.N.Doc.S/RES/1025 (1995), pre.para.9; U.N.Doc.S/RES/1026 (1995), pre.para.7.

74　たとえば紛争当事者の同意とＰＫＯの移動の自由という二つの原則が対立する状況は冷戦期においてもＵＮＥＦやＯＮＵＣ、ＵＮＦＩＣＹＰなどで確認されており、その場合には前者の優位が強調されてきた。香西『前掲書』二〇〇―二〇四、二七四―二七六頁参照。これに対してポスト冷戦期の事例では憲章第七章に基づく行動が後者の原則を支持するかたちで援用されているのが特徴であるが、問題はそれにより同意原則が全否定され、ＰＫＯの性格が変質してしまうことになるのかどうかという点であろう。

75　ＵＮＰＲＯＦＯＲが提起したこのような傾向は、ほぼ同時期のルワンダにおけるＵＮＡＭＩＲの任務拡大でも現れている。設置当初のＵＮＡＭＩＲの主たる任務は当時のルワンダ政府とルワンダ愛国戦線との間で締結されたアリューシャ和平合意の実施監視であったが（U.N.Doc.S/RES/872 (1993), op.paras.2-3; U.N.Doc.A/48/824-S/26915, Annexes I-Ⅶ）、内戦の進展とともに人道的危機に対処する必要から人道目的のＰＫＯとして任務と要員規模を拡大するに至った（いわゆるＵＮＡＭＩＲⅡ）。その際に採択された安保理決議九一八では、国連やその他の国際機関の要員、ＵＮＡＭＩＲが保護している地域やその住民の安全確保のため自衛行動をとりうることが明文で認められている（U.N.Doc.S/RES/918 (1994), op.para.4）。これはあくまで自衛の枠内であり、憲章第七章に基づく行動として許可されたわけではないが、特に人道的活動の支援などの任務拡大に伴って武力行使の可能性が高くなるにつれ、安全確保を目的とした自衛強化の観点から軍事力の行使が強調されたのである。 *Voir*, R.Houzel, *Rwanda (1993-1997). MINUAR I, Opération Turquoise, MINUAR II* (Montchrestien, 1997), pp.94-99. こうしたことは、ＰＫＯの任務に関連する紛争当事者の同意がその具体的実施過程において自衛やその範囲を越える武力行使によって影響を受けうる可能性を示しているともいえる。

76　拙稿「国連平和維持活動における自衛原則の再検討」六九頁。*See also*, U.N.Doc.A/47/277-S/24111, para.44; U.N.Doc.A/50/60-S/1995/1, para.36.

77　その前提には、憲章第七章の援用によりＵＮＰＲＯＦＯＲの活動がpeace enforcementに変質したのではないかという疑問に対して、国連事務総長や安保理が常にこれをpeacekeepingとみなしていたということがある。Th.Christakis, *L'ONU, le chapitre VII et la crise yougoslave*, (Montchrestien, 1996), p.179. これは、逆に言うと、peacekeepingであるから紛争当事者の同意は当然存在するとみなすことにより、憲章第七章に基づく行動の機能については自衛原則との関連での議論に収束することになったとも考えられよう。

78　J.P.Isselé, "La métamorphose des opérations de maintien de la paix des Nations Unies," *in* L.Boisson de Chazournes & V.Golland-Debbas (eds.), *The International Legal System in quest of Equity and Universality. Liber Amicorum Georges Abi-Saab*, (Kluwer Law International, 2001), pp.794-795.

79　東チモールに関しては、インドネシア・ポルトガル間の合意で帰属に関する住民投票が実施されたが、その後の治安悪化によりＩＮＴＥＲＦＥＴが導入され、事態の改善の後にこれを引き継ぐかたちでＵＮＴＡＥＴがインドネシアの同意を得て現地に展開した。この点について、拙稿「国連憲章第七章に基づく暫定統治機構の展開」九四―九六頁参照。シエラレオネでは、軍事クーデターによる正統政府の崩壊とそれを契機とした西アフリカ諸国経済共同体（ＥＣＯＷＡＳ）監視オブザーバーグループ（ＥＣＯＭＯＧ）による軍事介入、さらには正統政府とＥＣＯＭＯＧ対反政府勢力という図式での軍事対立の中で、一九九九年七月に当事者間でロメ和平協定が締結された後、同協定におけるＥＣＯＭＯＧの役割を引き継ぐかたちでＵＮＡＭＳＩＬが展開するに至った。この経緯とその評価については、楢林建司「シエラレオネ内戦に対する西アフリカ諸国経済共同体と国際連合による介入」『愛媛法学会雑誌』第二七巻四号（二〇〇一年）一一九―一五八頁、および拙稿「シエラレオネ内戦における「平和維持活動」の展開（１）（２・完）―ECOMOGからUNAMSILへ―」『国際協力論集』（神戸大学）第九巻二号（二〇〇一年）九七―一二六頁、同巻三号（二〇〇二年）九五―一二九頁参照。またコンゴ民主共和国では、同政府と同国内に軍隊を派遣していたアンゴラ、ナミビア、ルワンダ、ウガンダ、ジンバブエ各政府が一九九九年七月に停戦協定を結び、この履行監視のためＭＯＮＵＣ展開が合意された。*See*, U.N.Doc.S/1999/815, Annex.

80　U.N.Doc.S/RES/1272 (1999), op.para.4 (UNTAET); U.N.Doc.S/RES/1270 (1999), op.para.14; U.N.Doc.S/RES/1289 (2000), op.para.10 (UNAMSIL). なおＭＯＮＵＣ関連決議で憲章第七章が一般的なかたちで決議前文に援用されているものがあるのは、紛争当事者に対する停戦要求およびコンゴ国内からの撤兵要求を行っていることと関連するためであってＭＯＮＵＣとの関係ではない。U.N.Doc.S/RES/1291 (2000), op.para.8; U.N.Doc.S/RES/1304 (2000), pre.para.18; U.N.Doc.S/RES/1341 (2001), pre.para.18.

81　こうした考え方については、現実の活動を行う際の視角からみると、停戦合意や和平合意は戦略的レベルとされて紛争当事者の合意が維持されるのに対して、任務遂行に関しては戦術的レベルで当事者の意思に反して武力行使も可能であるというような理論化も可能かもしれない。*See*, J.Gow & C.Dandeker, "The Legitimation of Strategic Peacekeeping: Military Culture, the Defining Moment," *in* D.S. Gordon & F.H.Toase (eds.), *Aspects of Peacekeeping*, (Frank Cass, 2001), pp.182-186.

82　U.N.Doc.S/RES/1338 (2001) (UNTAET); U.N.Doc.S/RES/1299 (2000); U.N.Doc.S/RES/1313 (2000); U.N.Doc.S/RES/1317 (2000); U.N. Doc.S/RES/1321 (2000); U.N.Doc.S/RES/1334 (2000); U.N.Doc.S/RES/1346 (2001); U.N.Doc.S/RES/1370 (2001) (UNAMSIL); U.N.Doc.S/RES/1316 (2000); U.N.Doc.S/RES/1323 (2000); U.N.Doc.S/RES/1332 (2000); U.N.Doc.S/RES/1355 (2001), B (MONUC).

83　ＰＫＯの機能内容や基本原則は憲章上に明文の規定がなかったためにこれまで他の国連平和維持機能との比較で検討されてきた(拙稿「国連平和維持活動の今日的展開と原則の動揺」六六八頁)。特に強制措置との関係では、憲章第七章が援用されている行動の中でさらに具体的な活動の区別を行うことが必要であるとともに、単なる第七章への言及だけで強制措置と判断されるわけではなく、ＰＫＯが第七章に基づく行動と結びつく余地があることを指摘する見解もある。*Voir*, E.Lagrange, *Les opérations de maintien de la paix et le chapitre VII de la Charte des Nations Unies*, (Montchrestien, 1999), pp.22-23.

84　これら二つの「多国籍軍」については、拙稿「アルバニア多国籍保護軍について」『国際協力論集』(神戸大学)第八巻一号(二〇〇〇年)八五—一〇六頁、拙稿「中央アフリカ共和国問題と国際連合」八九—九三、九六—一〇六頁参照。

85　H.Neuhold, "Collective Security After "Operation Allied Force,"" *Max Planck U.N.Y.B.*, vol.4 (2000), pp.88-89.

86　なおＰＫＯと憲章第七章に基づく行動との結合を「混合活動(opérations mixtes)」と称して評価する見解として、*voir*, B.Stern, "Les évolutions récentes en matière de maintien de la paix par l'ONU," *L'Observateur des Nations Unies*, tome 5 (1998), p.24. ただしこうした視座は、ＰＫＯ存立の法的根拠を憲章第七章へと転換させてしまうまでには至らないことに注意しなければならない。ＰＫＯの現地受入はあくまで領域的な意味での紛争当事者の同意を要するからであり、その意味でＰＫＯと強制措置との間には大きく深い溝が横たわっているのである。なお、ＰＫＯの国連憲章上の根拠に関する議論については、香西『前掲書』三八九―四二一頁参照。

（二〇〇一年一一月脱稿）

「並行展開（co-deployment）」の実績と課題

楢林　建司

はじめに

国際連合憲章第八章は、国際連合（国連）と地域的機関（地域的取極を含む、以下同じ）の関係について規定しているが、その起草過程において、国際平和の達成に向けての地域主義的アプローチと普遍主義的アプローチが対立したことは、よく知られている。こうした対立の存在により、第八章の起草過程における諸国の主たる関心は、「地域的機関の自律性をどこまで認めるのか」、あるいは逆に「国連が地域的機関の活動をどのように統制するのか」という点に向けられたのである。

結局、国連憲章においては、第五一条で集団的自衛権が認められるなど、地域主義への大きな譲歩も見られるが[2]、第八章については基本的に普遍主義に基づくアプローチが採用されたと言えよう[3]。しかし、国連発足後も、冷戦期においては、第五三条一項の解釈論争などの形で、折りにふれて、「地域的機関の自律性か、国連による統制か」をめぐる議論が交わされてきた[4]。こうした状況は、国連と地域的機関の緊張関係を表すものであったと言えよう。

これに対し、冷戦終結後においては、両者間の緊張関係が弱まってきたことを背景に、「世界各地で頻発する内戦や地域紛争に効果的に対応するために、国連と地域的機関の間にいかなる連携が築きあげられるべきか」が、広く論じられるようになってきたのである[5]。

もっとも、だからと言って、地域的機関の活動に対する国連による統制の必要性がなくなったわけではない。地域的機関による介入が、特定の地域大国などの利害を色濃く反映してなされることは、現在でも十分にありうることなのである。

そうであれば、冷戦終結後の現在、検討が必要とされているのは、いかに、国連による地域的機関の活動に対する必要な統制を実現しつつ、両者間の連携関係を発展させていくかということであろう。やや観点をかえて言うならば、内戦や地域紛争への効果的な対応を実現するために、統制と連携という相矛盾しかねない二つの要素をいかに組み合わせるかが課題となっているのである。

こうした観点から第八章を見るなら、当然のことながら、はなはだ簡単な規定しかおかれていないように見える。

地域的機関の活動に対する国連の統制について、第八章におかれている規定とは、地域的機関の強制行動につき安全保障理事会(安保理)の許可が必要である旨を規定した第五三条一項と、地域的機関の活動についての安保理への通報義務を規定した第五四条である。

これらの規定の解釈や適用が現在でも重要な意味をもっていることは否定できない。しかし、現在では、それに加えて、「強制行動」に該当しない活動(あるいは、安保理が「強制行動」か否かにつき判断を行わない活動)に対する国連の統制の必要性や、第五四条以外の手段による透明性の確保の必要性も広く意識されるようになってきている。

また、国連と地域的機関の連携関係については、第八章は、両者間の協議のあり方に関する規定すらおいていないのである。

憲章第八章と冷戦終結後における必要性との間のこうしたギャップに着目すれば、ごく大まかな骨格のみを設定している同章を、個別的な事例や課題への対応の集積と整理を通して、内容豊富なものとしてゆくことが求められていると言えよう。

このような問題意識を背景として、本稿では、「並行展開(co-deployment)」をとりあげ、それが、「内戦や地域紛争に効果的に対応するために、国連による地域的機関の活動に対する統制を実現しつつ、両者間の連携関係を発展させる試み」として、どのように評価されるのかを検討してゆきたい。

「並行展開」とは、一九九五年の「平和への課題：追補」によると、地域的機関が主要な負担をになう一方で、小規模の国連活動がそれを支援し、地域的機関の活動が安保理の立場に合致していることを検証するというものである。[6]

検証とは、前述の統制を確保するための核となる行為であることは言うまでもない。また、支援とは、具体的に何を意味しているのか明らかではないが、資金や装備やノウハウなどの面での援助にしても、役割分担による負担の軽減にしても、国連の関与による正当性の向上にしても、国連と地域的機関の連携関係のなかで、前者が後者に提供する有形無形の利益をさすものと言えよう。

「並行展開」の具体例としては、「平和への課題：追補」では、リベリアとグルジアの各事例があげられており[7]、九九年の国連平和維持活動局の報告書では、この二事例にくわえて、シエラレオネ、タジキスタン、ボスニア・ヘルツェゴビナの各事例があげられている[8]。しかし、検証と支援、あるいはもう少し広く統制と連携という観点から見た場合、これら五つの事例が同等の価値をもつものではない。

シエラレオネに関しては、国連と西アフリカ諸国経済共同体(ECOWAS)の間に、ECOWAS停戦監視団(ECOMOG)の武力行使につき、アプローチの大きな相違があり、国連シエラレオネ監視ミッション(UNOMSIL)の派遣は、安保理が地域的機関との協議を経ることなく決定したものであった。そのため、統制や連携が実を結ぶ可能性は最初から大きく限定されており、実際、シエラレオネにおける「並行展開」は、ほとんど成果をあげることなく短命に終わったのであった[9]。

タジキスタンに関しては、たしかに、国連タジキスタン監視団(UNMOT)に対し、独立国家共同体平和維持軍(CISPKF)などと密接に連絡をとるよう安保理決議で要請されている[10]。しかし、UNMOTには、CISPKFの活動を監視する任務は与えられていない。タジキスタンにおいては、後述するように、CISPKFは、停戦協定の履行確保において積極的な役割を与えられておらず、それゆえ、統制や連携の必要性も薄かったと言えよう。

ボスニアにおいては、デイトン協定[11]の履行確保のため、北大西洋条約機構(NATO)主導の実施軍(IFOR)と国連ボスニア・ヘルツェゴビナ・ミッション(UNMIBH)は、元々は、それぞれ軍事部門と文民警察部門という別々の分野を担当することになっていた。そうした役割分担を連携の一形態と言うことはできるし、また、UNMIBH

とＩＦＯＲ緊密に協力してきたことはたしかであろうが、この事例において、国連が、ＵＮＭＩＢＨを通してＩＦＯＲの活動を統制するという要素は、ほとんど見られないのである。

これらの三事例に対して、詳しくは後に展開するが、リベリアとグルジアの事例[12]は、統制と連携という観点から検討する題材としてふさわしいものである。

よって、本稿においては、主としてこの二つの事例をとりあげることとする。もちろん、この二事例の特質を明らかにするという目的で、シエラレオネなどの三事例や地域的機関の軍隊や多国籍軍が紛争に介入したその他の諸事例にも言及したい。

一　冷戦終結前の状況

冷戦終結前に見られた地域的機関による内戦や地域紛争への介入につき、米国やソ連の「勢力圏」内における超大国主導の事例と、そうした「勢力圏」外にある地域的機関の行ったものに分けて検討してみよう。

まず、米州機構（ＯＡＳ）やワルシャワ条約機構による介入については、米州機構の場合は米国が、ワルシャワ条約機構の場合はソ連が、それぞれ国連の介入を排除ないしは極小化することに努めたのであり、国連がなしうることは非常に限定されていたのである。[13]

もっとも、一九六五年に生じたドミニカ共和国での内戦[14]においては、米州軍が同国に派遣された後、国連安保理の決議に基づきドミニカ共和国事務総長代表使節団が派遣されており、この事例は「並行展開」に類似する側面を有している。[15] そして、それ以前の諸事例における米州機構の活動への安保理の対応が、「留意」の表明などにとどまっていたことから見れば[16]、使節団の派遣は、より踏み込んだ対応であると言えよう。

しかしながら、ドミニカ共和国の事態を安保理に報告するために、使節団の派遣を事務総長に要請した決議二〇三や、停戦の取りつけや停戦監視に関する使節団の役割に関する安保理決定[17]や決議二〇五においては、米州軍の派遣を含むＯＡＳの活動への言及はなされていない。また、国連においては、使節団のプレゼンスを肯定的に評価する見解が優勢であったが、ＯＡＳの側では、使節団のプレゼンスがＯＡＳの和平努力に対する障害となっているとの厳しい批判がなされていた。[18]

結局、ドミニカの事例については、国連と地域的機関のあるべき関係につき諸国の見解は大きく分かれており、相互に根強い不信感を抱く国連とＯＡＳが、それぞれ異なった立場から、事態の解決に向けた活動を行っていたのだと評価されよう。

つぎに、米ソの「勢力圏」外にある地域的機関が介入を行った事例として、アラブ連盟によるレバノンへのアラブ抑止軍の派遣(一九七六年)[19]やアフリカ統一機構(ＯＡＵ)によるチャドへのインターアフリカ軍の派遣(一九八一年)[20]をあげることができる。

前者については、レバノンが、国連による介入よりもアラブ連盟内での問題の処理を望んでいたこともあり、国連側の関心は高くなかった。レバノンを含むアラブ連盟諸国としては、国連の関与により米ソの対立が域内に持ち込まれるのを恐れたのであろう。

後者については、安保理決議五〇四において、安保理は、平和維持軍を設立するというＯＡＵの決定に留意することを表明し、また、同決議に基づき、自発的拠出基金が設けられるなどの国連からの支援が見られた。

しかし、インターアフリカ軍の派遣が米国とフランスの支援によって実現したという事実は、当然、ソ連の警戒感を呼ぶことになる。実際、ＯＡＵの側から国連に対して資金面や運営面での支援を求める働きかけが開始されたのは、ソ連による拒否権行使への懸念などから、インターアフリカ軍の派遣という「既成事実」ができた後のことであった。安保理決議五〇四についても、ソ連の提案により、安保理とインターアフリカ軍の結びつきを弱める方向で、ザイール提出の原案が修正された末に採択されたのだった[21]。

以上のように、冷戦期においては、冷戦の論理のゆえに、あるいは冷戦の影響を排除しようとするゆえに、内戦や地域紛争への対応に関して、国連が地域的機関の軍隊の活動を監視したり、両者間の連携を深めることには、そもそも大きな限界があったのである。

しかし、冷戦の終結により、こうした障害は解消されることになった。次節においては、「並行展開」が、どのような条件の下で、そしてどのような意図に基づいて成立したのかにつき、リベリアとグルジアの事例[22]を主たる対象として検討する。

二　「並行展開」の成立

1　停戦(和平)協定

リベリアとグルジアにおける停戦(和平)協定を比べてみれば、以下のような共通点と相違点を見出すことができる。

まず、共通点としては、協定の履行確保について、地域的機関の軍隊が主要な役割を果たすよう求められているということと、地域的機関の軍隊に対し、非強制的性格や中立的性格という面において、従来型の国連平和維持活動の性格にできるだけ近いものが求められているということがあげられる。[23]

前者の点につき、リベリアの事例においては、一九九三年のコトヌー合意により、ＥＣＯＭＯＧには、武器禁輸確保などのために、国境に沿って緩衝地帯を設けること、武装解除を実施すること、戦違反委員会に参加することなどの任務が与えられている。グルジアの事例においては、九四年の停戦協定により、ＣＩＳＰＫＦが、安全地域や武器制限地域における停戦監視の主役を演じることとなっている。

この二事例に対し、タジキスタンの事例においては、停戦協定の履行状況の監視は、紛争当事者が国連の軍事監視要員の参加を得て構成する合同委員会が行うこととなっている。[24] つまり、ＣＩＳＰＫＦは、停戦協定の履行確保において中心的な位置づけを与えられておらず、そのため、ＵＮＭＯＴによるＣＩＳＰＫＦの監視の必要性は、あまり感じられなかったのであろう。

後者の点につき、まずリベリアの事例に関しては、コトヌー合意をうけて構想された「並行展開」とは、ＥＣＯＭＯＧの軍事力による問題の解決というアプローチが行き詰まりを迎えたのをうけ、和平プロセスを中立化することによって局面の打開を図ろうとする試みであったことに注意が向けられなければならない。

コトヌー合意においては、紛争当事者がＥＣＯＭＯＧの中立的性格を承認する旨が規定されている。もっとも、他方で、同合意では、「ＥＣＯＭＯＧが最終的には平和執行の措置をとる権限をもつ」とされているが、停戦協定履行のためのメカニズムの運用にあたって力点がおかれたのは、この点にではなく、「ＵＮＯＭＩＬの判断を通さなければ、ＥＣＯＭＯＧは平和執行の権限を行使しえない」という点にであった。実際、ＥＣＯＭＯＧがそうした権限を行使することはなかったのである。

グルジアの事例においては、停戦協定で、ＣＩＳＰＫＦに対する攻撃や直接の軍事的脅威が生じた際には、同軍が自衛のための適当な措置をとりうる旨が明記されている。これは、ＣＩＳＰＫＦに認められる武力行使の最大限を明らかにしたものと言えよう。

この二事例に対し、ボスニアの事例においては、デイトン協定のなかで、協定の軍事的側面の履行を確保する手段として、ＩＦＯＲによる強制行動(enforcement action)が予定されている。[25]また、シエラレオネの事例に関しては、安保理が、叛徒の武装解除を行うＥＣＯＭＯＧに対する監視などを任務とするＵＮＯＭＳＩＬの設立を決議した時点では、紛争当事者間の停戦合意は存在せず、実際、ＥＣＯＭＯＧによる強制的武装解除も試みられたのであった。[26]

リベリアとグルジアの事例の相違点としては、二つをあげることができる。

一つは、コトヌー合意が、国連、ＥＣＯＷＡＳ、ＯＡＵの仲介によって成立したものであるのに対し、グルジアの停戦協定は、ロシア一国の仲介により成立したもので、国連がその成立に関わっていないことである。もう一つは、コトヌー合意が、ＥＣＯＭＯＧの活動に対するＵＮＯＭＩＬの監視を予定していたのに対し、グルジアの停戦協定は、国連軍事監視団とＣＩＳＰＫＦの役割分担を想定するものではあったが、前者による後者の活動に対する監視を含んでいなかったことである。

つまり、リベリアの事例においては、和平プロセスの中立化を図るために、国連軍事監視団による監視を通して透明性を強化するのが有益であるという点につき、国連とＥＣＯＷＡＳの間で了解があったのに対し、グルジアの事例においては、当初はそうした了解がなかったのである。

2　国際連合の対応

それでは、以上のような特徴をもって成立した停戦(和平)協定に対して、国連はどのような対応を示したのであろうか。主として、リベリアとグルジアの事例への対応において、どのような共通点が見られるのかという観点から、安保理決議の内容[27]を中心として、検討してみたい。

第一の共通点としてあげられるのは、安保理が、そうした協定の成立を歓迎していることである。つまり、安保理は、地域的機関の軍隊が演ずるよう予定されている役割を含め、協定の成立を和平の達成にとって有益なものであると認め、国連監視団の活動などを通して、協定の履行に貢献しようとする姿勢を明らかにしたのである。

もっとも、リベリアの事例においては、コトヌー合意に沿った形でＵＮＯＭＩＬの任務が設定されたが、グルジアの事例では、安保理決議で、「停戦協定の枠組み内でのＣＩＳＰＫＦの活動に対するＵＮＯＭＩＧによる監視」という要素が新たに付け加えられている。

後者の事例において、このような要素が付け加えられたのは、ＣＩＳＰＫＦが利害関係国であるロシアの部隊を中心として構成されることへの、西側諸国などの根強い警戒感を反映したものである。そして、ロシアは、旧ソ連地域での「平和維持活動」やそうした活動における自国の「特別な役割」につき国際的な認知を求めていたことなどから、こうした警戒感に一定の配慮を示すことが得策であると判断したのであろう。

第二の共通点として、安保理が、ＥＣＯＭＯＧやＣＩＳＰＫＦの任務や権限に対して、許可を与えたものではないことがあげられる。

安保理の許可には、安保理が地域的機関の軍隊や多国籍軍に対して、「お墨付き」を与える(合法性の付与や確認、あるいは政治的正当性の付与や確認）という側面と、安保理がそうした軍隊の構成、任務、権限、駐留期限を設定することにより、その活動を統制するために用いるという側面がある。

しかし、許可＝「お墨付き」の付与と理解できるのに対し、許可された行動への必要な統制を実現するためにどのような手段を講ずるのかは、許可の可否に加えて、さらなる安保理の裁量の余地が認められる。[28] とくに、事後的に許可ないし追認が与えられる場合には、少なくとも許可以前の活動については、「お墨付き」を与える機能のみが見られるのである。[29] つまり、安保理の許可が有する二側面のうち、基本となるのは前者の側面である。

なお、安保理の許可は、通常は、憲章第七章の下で与えられることが想定されていると言えようが、[30] 許可の対象となる活動が、強制措置（あるいは従来型の平和維持活動における自衛を超えた武力行使を含む措置）に限定されなければならないことはない。

こうした理解を背景として、まずグルジアの事例を見てみよう。グルジアについては、ロシアの仲介により停戦協定が成立する以前に、国連事務総長は、平和維持軍の派遣方式の一つとして、安保理の許可の下で、ロシアなどの諸国が国連の指揮下にない平和維持軍を派遣し、ＵＮＯＭＩＧが同軍の活動を監視する方式を提案していた。そして、この提案によると、同軍は、九三年に欧州安全保障協力会議の理事会が、平和維持活動につき採択した諸原則を反映すべきものとされ、その原則のなかには、平和維持活動の多国籍的性格が含まれていた。

しかし、グルジアに派遣されるＣＩＳＰＫＦが、多国籍的性格を有する見通しは立っていなかった。また、停戦協定についても、ロシアが国連の関与をすり抜けて成立させたものであるという側面を否定することはできない。

こうした事情に照らして考えれば、停戦協定の成立に歓迎の意を表明しつつも、ＣＩＳＰＫＦに対して許可を与えなかったのは、安保理の立場から見て、同軍の構成や任務や権限などにつき、国連とＣＩＳ（あるいはロシア）との間で、満足のいく了解が形成されなかったことを表していると言えよう。

これに対し、リベリアの事例で、安保理がなぜ許可を与えなかったのかは、UNOMIL派遣前後の国連文書を見ても明らかではない。コトヌー合意の成立には国連が関与しており、ナイジェリア軍を主力とするECOMOGの多国籍的性格も同合意によってさらに強化されることになっていた。安保理の審議においても、ECOMOGに対する警戒感をあらわにする国は見られなかった。

そこで、ECOWASの実態からこうした理由を探るならば、ナイジェリアとコートジボワールやブルキナファソとの対立(あるいは、英語圏諸国とフランス語圏諸国の対立)などにより、ECOWASがECOMOGの行動を統制する能力につき、十分な信頼が寄せられなかったことをあげることができよう。[31] つまり、コトヌー合意でECOMOGの中立的性格が打ち出されても、現実に派遣されている部隊(とくにナイジェリアの部隊)がそれをどの程度尊重するかについては、大きな不確定要素が残っていたのである。

第三の共通点としては、安保理決議において、憲章第五四条の「通報義務」への言及が見られないことがあげられる。ただし、この点については、「通報義務」を軽視したことの表れと言うよりは、UNOMILやUNOMIGの監視任務を通じて、「通報義務」では得られない透明性の確保が期待されていることの表れであると思われる。

第四の共通点は、決議において、国連監視団と地域的機関の軍隊との間の協力と調整の重要性が確認されていることである。

たしかに、両者が、それぞれの任務を互いに矛盾や重複なく遂行することや、役割分担や協同作業を効果的に行うためには、両者間での協力と調整が不可欠であろう。そして、こうしたことのために、両事例においては、指揮命令系統の各レベルにおいて調整や協議のためのチャネルが設定されている。[32]

もっとも、グルジアでは、調整や協議の最下位のレベルが、ＵＮＯＭＩＧのパトロール班とＥＣＯＭＯＧのパトロール班や検問所とされていたのに対し、リベリアでは、ＵＮＯＭＩＬの現場チームとＥＣＯＭＯＧの部隊(troops)とされており、リベリアの最下位のレベルは、ほぼグルジアの下から二番目のレベルに相当する。つまり、リベリアでは、グルジアと比べて、指揮命令系統の下位のレベルにおけるきめ細かい調整や協議のチャネルが用意されていなかったのである。

第五の共通点は、国連要員の安全確保については、当然、紛争当事者が第一義的責任を負うとされながらも、地域的機関の軍隊による安全確保が想定されていることである。

リベリアについては、安保理決議において、国連要員の安全確保についてのＥＣＯＭＯＧのコミットメントに対して歓迎の意が表されている。[33] グルジアについては、安保理でそのような旨は明らかにされるまでには至っていないが、決議の前提となった国連事務総長報告書では、ＵＮＯＭＩＧとＣＩＳＰＫＦの合同パトロールなどにより、事実上後者が前者の安全を確保することも視野に入れられていた。

以上にあげた共通点をまとめると、つぎのように言えよう。

安保理は、停戦(和平)協定の締結に結実した和平プロセスの中立化を歓迎し、紛争が、協定の枠組みにしたがって、非軍事的手段で解決されることへの支持を明らかにした。しかしながら、安保理が、地域的機関の軍隊の任務や権限に対し許可を与えなかったことに表れているように、諸国は、地域的機関の軍隊によって協定の枠組みが覆されかねないとの根本的な懸念を抱いていた。[34]

そうした事情の下で、安保理は、地域的機関の軍隊の中立性を確保するために、「並行展開」を成立させたのだった。つまり、リベリアとグルジアの事例における「並行展開」の基調をなしたのは、国連監視団による地域的機関の軍隊に対する監視という要素だったのである。[35] そして、両者間に予定されている協力と調整も、前者による監視を通じて、後者の活動が安保理の立場と合致していると検証されていることを前提として、はじめて行われうるものと言えよう。

このような視点に立って、一般論の形で「並行展開」が成功するための課題(あるいは破綻をきたさないための課題)をあげるならば、三つを指摘することができる。

第一は、国連要員の安全確保につき、地域的機関の軍隊への依存度をできるだけ少なくすることである。言うまでもなく、依存度が大きいことは、先に述べた監視機能に対する信頼性を低下させることにつながる。もっとも、依存の程度がどれほどになるかは、紛争当事者の意思と能力に大きく関係するものであるし、また、紛争当事者の意思は、介入している地域的機関の軍隊の派遣国が紛争に対してとる、公式、非公式の立場にも左右されるものでもある。

ただし、少なくとも、依存の度合いの大きいことが、監視機能の信頼性の低下を招き、それによって紛争当事者の和平プロセスへのコミットメントが縮小し、依存の度合いがさらに大きくなるという悪循環に陥ることは避けなければならないであろう。

第二は、地域的機関の軍隊が、予定された任務にふさわしい能力を有することである。もともと、地域的機関の軍隊が紛争に介入したのは、主導的な立場にある国の利益を擁護ないしは促進するためであるという側面があることは否定できない。そうした諸国が、和平プロセスの国連監視の下での中立化が図られた後も、それまでと同様の熱意をもって、軍隊を駐留させ続けることは期待しにくい。

また、地域的機関の軍隊は、戦闘行為用に準備されたものであって、中立的な立場で停戦監視を行うための装備や訓練が整っていないことも十分に考えられるのである。

こうした課題を克服するために後方支援や資金援助などが必要となる場合、はたして、域外諸国はどのような対応を示すであろうか。

第三は、国連監視団の監視を通した検証ということを踏まえつつ、国連監視団と地域的機関の軍隊との間で、停戦（和平）協定の履行に向けた有効な協力と調整を行うことである。

もちろん、これら三つの課題はあくまで一般論としてのものであり、個々の事例の具体的検討においては、「並行展開」に対してどの程度の機能が期待されているのかを、考慮に入れなければならない。

第一の課題については、安保理が、どの程度の監視機能を期待しているかによって、その達成の度合いが測られるべきであろう。

この点については、ＵＮＯＭＩＬとＵＮＯＭＩＧを比べれば、要員の安全確保につき、前者は後者より地域的機関の軍隊へのより大きな依存度を想定されていると考えられることから、安保理は、監視機能につき、前者が後者より大きな制約を受けることを想定していたとは言えよう。しかし、さらに踏み込んで、各々の事例において、具体的にどの程度の監視機能が期待されていたのかまでは明らかでない。

第二、第三の課題についても、安保理が、地域的機関の軍隊の「暴走」に歯止めをかけることに力点をおくのか、あるいは、さらに進んで有効な任務遂行を真に期待しているのかによって、達成度の評価は異なるであろう。

この点については、ロシアに対する諸国の警戒感や、ナイジェリアの動向に関する不確定要素[36]に目を向けるならば、安保理は、主として、地域的機関の軍隊の行為により中立化された和平プロセスが侵害されるのを防ぐことに関心を有していたと思われ、二つの課題に関する成果への期待は、さほど大きくなかったとも考えられる。

このように理解したうえで、次節では、実施に移された「並行展開」の実態を見ながら、安保理が「並行展開」にどの程度の機能を期待していたのか、また、そうした期待に照らして目的がどの程度達成されたのかを検討する。

三　「並行展開」の実態

地域的機関の軍隊の活動に対する国連監視団の監視機能という観点から、リベリアとグルジアの両事例を比べたときにまず注目されるのは、当初の想定どおり(あるいはそれ以上に)、要員の安全確保について、UNOMILの方が、UNOMIGよりも地域的機関の軍隊への依存度が大きく、それだけ監視機能も大きく制約されていたということである。

グルジアでは、「並行展開」の開始以来、紛争当事者間の戦闘行為の再発は報告されていないが、リベリアでは、紛争当事者間や紛争当事者とECOMOGの間での戦闘行為が、繰り返し生じている。こうしたリベリアの状況の下においては、要員の安全確保につきUNOMILの自立性を高め、先に述べた監視機能を向上させるのは不可能であろう。また、ECOMOGによる夜間外出禁止令の発出によって、UNOMILの移動の自由が制限されるという事態も生じているが[37]、こうした事態も、ECOMOGの行為の合法性や適否はともかく、要員の安全確保に関する同軍への依存性の高さを反映したものであろう。

たしかに、グルジアにおいても、治安状況の悪化にともない、当初の想定を超えて、CISPKFがUNOMIG要員の武装警護を行うという局面も見られる。しかし、治安状況の悪化は、あくまで紛争当事者の指揮下にない武装集団の行為によるものであって、そうした事態に対し、UNOMIGは、CISPKFに頼るのみではなく、自前の安全策の強化や紛争当事者との取極の強化による対応を図ることも可能だったのである。

このように、ＵＮＯＭＩＬのＥＣＯＭＯＧに対する監視機能は大きな制約を受けていたが、安保理の審議では、それをとくに問題視した国はなく、その程度の制約は計算ずみであったと考えられる。

例えば、国連事務総長報告書では、紛争当事者間の戦闘行為にＥＣＯＭＯＧが関与しているという中立の存在や、ＥＣＯＭＯＧと紛争当事者の間において戦闘行為が発生したことが報告されているが、前者については、事実関係が全く確認されておらず、後者についても、法的な評価はもちろんのこと、詳細な事実経過の説明もない。[38]

しかしながら、安保理は、この程度の監視機能であっても、ＥＣＯＭＯＧがコトヌー合意の枠組みを公然と逸脱するのを防止することに役立つと考えていたのであろう。そして、一九九七年における一応の和平の達成[39]が、紛争に対するＥＣＯＭＯＧ（とくにナイジェリア）の態度変化に大きく由来する[40]との見方に立てば、安保理が期待していた監視機能は果たされたと評価されよう。

なお、グルジアに関しても、ＵＮＯＭＩＧのＣＩＳＰＫＦに対する監視機能の制約につき、安保理で問題視した国は見当たらない。

グルジアでの「並行展開」の初期における一連の国連事務総長報告書においては、「ＣＩＳＰＫＦは停戦協定の枠内で活動している」ということが繰り返し確認されており、同軍の動向に対して警戒感を示していた諸国も、ＵＮＯＭＩＧから得られる情報により、次第に警戒感を弱めていったということができよう。その意味では、ＵＮＯＭＩＧは、監視機能の限界にもかかわらず、有用な情報源としての役割を果たしたと言えよう。[41]

地域的機関の軍隊の能力という点で注目されるのは、ＥＣＯＭＯＧに対する資金面などでの援助の必要性が繰り返し強調されているのに対し、ＣＩＳＰＫＦについては、そうした必要性が強調されていないことである。

リベリアについてもグルジアについても、協定の履行を支援するための基金が国連事務総長により設けられている[42]。そして、前者については、基金への拠出状況が、一連の国連事務総長報告書で逐次報告されており、一連の安保理決議においても、基金への拠出などの援助の呼びかけが行われている[43]。これに対し、後者については、国連事務総長報告書で基金への拠出が言及されたのは二回のみであり[44]、安保理決議による呼びかけも、一九九八年一月の決議一一五〇を最後に行われなくなっているのである。

こうした相違が生じたのは、ＥＣＯＷＡＳが援助の供与を強く要請した[45]のに対し、ＣＩＳは、そのような姿勢を示さなかったことによるものであると考えられる。九七年に出された欧州安全保障協力機構(ＯＳＣＥ)の報告書では、資金や装備の不足によるＣＩＳＰＫＦの弱体性が指摘されているが、ＣＩＳからの強い要請がない以上、諸国も援助の必要性をほとんど感じなかったのであろう。また、ＣＩＳＰＫＦの弱体制と言っても、あくまでＯＳＣＥの評価であり、評価の基準が高いのかも知れない。

さて、援助の必要性が強調されたＥＣＯＭＯＧであったが、基金の設立から九七年の和平達成に至るまでの間の拠出は、総額二五六〇万ドルにとどまったのである[46]。

この数字は、ＵＮＯＭＩＬの総予算である一億一五〇〇万ドル[47]と比べて決して多いとは言えないばかりか、その大半は、ＥＣＯＭＯＧに新たに参加するタンザニアとウガンダの部隊を派遣することに向けられたものであった[48]。つまり、すでに部隊を派遣していた国に対しては、少なくともこの基金を通しては、ほとんど資金援助が行われなかったのである。

国連事務総長報告書においては、こうした援助の不足が、ＥＣＯＭＯＧの展開や有効な任務遂行を妨げる大きな要因であるとの認識が示されている[49]。このように、事務総長の立場は、いわば「和平を達成するには、ＥＣＯＭＯＧへの援助が必要である」というものであった。しかし、建前はともかく、諸国が現実にとった立場とは、「和平への見込みが確固としたものにならなければ、積極的な援助を行わない」というものだったのである。[50]

もう少し具体的に言えば、諸国は、コトヌー合意に基づく和平プロセスの進展に向けたＥＣＯＷＡＳや紛争当事者の政治的意思が十分でないと判断し、そうした意思が明確にならないかぎり、ＥＣＯＭＯＧへの積極的な援助は行いえないという立場をとったのである。つまり、諸国が「並行展開」に与えた位置づけとは、ＵＮＯＭＩＬの監視を導入することにより、ＥＣＯＭＯＧ（とくにナイジェリア軍部隊）と紛争当事者（とくにリベリア国民愛国戦線）の関係改善の実現に貢献するという面に力点をおいたものだったと言えよう。

国連監視団と地域的機関の軍隊との協力や調整について注目されるのは、グルジアに関しては、国連事務総長報告書や安保理決議などのなかに、全てのレベルにおける両者の関係に対する肯定的な評価がたびたび出てくるのに対し、リベリアに関しては、そのような評価がほとんど見られないことである。[51]

一九九五年六月の国連事務総長報告書では、ＵＮＯＭＩＬとＥＣＯＭＯＧの協力関係につき、上層部の間では緊密な関係にあるとされているが、現場レベルでの関係に問題があるとされている。[52] これは、ＥＣＯＭＯＧの現場レベルにおいて、ＵＮＯＭＩＬに対する感情がよくなかったことに由来するものと思われる。[53] 両者間の調整を促進するために、ＵＮＯＭＩＬとＥＣＯＭＯＧの間では、情報の流通促進にむけた連絡将校の交換の可能性などが検討されているが、[54] それが実現したのか、実現したとしてもどの程度の効果があったのかは報告されていない。

もっとも、「並行展開」の機能につき諸国が抱いていた意図からすれば、ＵＮＯＭＩＬとＥＣＯＭＯＧの協力関係の進展には、あまり期待が寄せられていなかったと考えられる。

リベリアにおいては、グルジアの場合と比べて、もともと、指揮命令系統の下位のレベルでの調整や協議のチャネルが用意されていなかったことも、こうした期待の薄さの反映であるのかも知れない。

逆に、グルジアにおいては、CISPKFに対して抱かれていた警戒感を前提とすれば、当初の期待を超えて、UNOMIGと同軍の協力関係の進展が見られたのだと言えよう。[55]

おわりに

これまで見てきたように、リベリアとグルジアにおける「並行展開」は、安保理が停戦(和平)協定の成立を歓迎しつつも、その履行確保において重要な役割を演ずる地域的機関の軍隊に対して、十分な信頼感を抱いていない、あるいは警戒感をもっていたことを出発点とするものであった。

つまり、両事例における「並行展開」は、国連が地域的機関の活動を統制するための手段としての性格を基調としていたのである。そして、これらの「並行展開」は、中立化された和平プロセスが地域的機関の軍隊によって覆されるのを防いだという点においては、成果をあげたと言えるだろう。[56]

もっとも、「並行展開」について、こうした統制の側面、あるいは国連と地域的機関の緊張関係という側面のみを強調するのは、バランスを欠くことになる。

そもそも、地域的機関が、国連監視団の監視を通した統制をうけることに同意したこと自体、国連と地域的機関の関係が、冷戦期と比べて好転したことの表れである。さらに、国連監視団からの情報を通じて、地域的機関の軍隊への信頼感が醸成されてくれば、現地における監視団と地域的機関の軍隊の協力から始まって、必要な資金や装備面での援助を含む国連と地域的機関の連携関係が進展することも、視野に入れられているのである。

ここで何よりも重要となってくるのは、地域的機関の平和維持軍の信頼性につき、国連と地域的機関（とくに、実際に軍隊を派遣している地域大国）の間における認識のギャップを、できるだけ少なくすることである。もちろん、多くの場合、派遣された地域的機関の平和維持軍に対する資金面などの援助も必要となってくるであろうが、こうしたギャップが大きければ、それも実現しないであろう。

こうしたギャップを解消するということは、言い換えれば、地域的機関の平和維持活動を、できるだけ国連の平和維持活動の水準に近づけるということである。そのためには、第一に、和平プロセスの中立化に対する地域的機関やその加盟国のコミットメントが確固としたものでなければならず、第二に、地域的機関ごとの差は大きいであろうが、平和維持活動の諸原則に対する理解の深化や、訓練や装備の充実ということに向けて、平素から、国連が地域的機関に対してさまざまな協力を行うことも求められよう[57]。

右の二つの条件が満たされれば、安保理の許可に基づく形で「並行展開」を成立させることも可能となり、国連と地域的機関が各々の長所を生かすような連携関係を、スムーズに形成することができるであろう。そして、第一の条件は、地域的機関とその加盟国の態度に関するものであるが、第二の条件を満たす努力が進むにつれて、第一の条件が満たされやすくなるということも期待できるのである。

1　憲章制定過程における地域主義と普遍主義の対立と妥協については、Lenand M. Goodrich et. al. 'Charter of the United Nations (3rd and

Revised edition)', 1969, pp.354-355、Bruno Simma(ed.) 'The Charter of the United Nations', 1994, pp.684-687 をはじめ、多数の論考において記述されている。

2　集団的自衛権も、憲章制定過程においては、地域的機関の自律性という文脈で把握されていたことについては、Simma, op.cit., p.688

3　*Ibid.*, p.686

4　この点に関しては、主として米州機構について論じられてきた。Michael Akehurst "Enforcement Action by Regional Agencies, with Special Reference to the Organization of American States" in 'British Year Book of International Law' Vol.42, 1967, pp.175-227、中村道「地域的強制行動に対する国際連合の統制」田畑茂二郎先生還暦記念『変動期の国際法』一九七三年、四〇三―四三〇頁、等を参照。

5　このような問題意識に基づく主な国連文書としては、"An Agenda for Peace"(A/47/277- S/24111)paras.60-65, "Enhancement of African Peacekeeping Capacity"(A/54/63), "Cooperation Between the United Nations And Regional Organizations/Arrangements In a Peacekeeping Environment"(http://www.un.org/Depts/dpko/lessons/regcoop.htm)March 1999 等がある。

　もっとも、国連と地域的機関の連携や役割分担についての議論が活発となった背景には、内戦や地域紛争への国連の対応能力に資金面や要員面などでの限界が見え始めたという、消極的な事情があることも否定しがたい事実である。こうした点に着目しつつ、国連と地域的機関の関係を、"burden-sharing"と"burden-shifting"という観点から論じたものとして、David O'brien "The Search for Subsidiarity: The UN, African Regional Organizations and Humanitarian Action" in 'International Peacekeeping' Vol.7 No.3, 2000, pp.57-83。

6　"Supplement to An Agenda for Peace"(A/50-/60-S/1995/1)para.86

7　*Ibid.*

8　"Cooperation Between the United Nations And Regional Organizations/Arrangements In a Peacekeeping Environment"　op.cit., para.16

9　拙稿「シエラレオネ内戦に対する西アフリカ諸国経済共同体と国際連合による介入」『愛媛法学会雑誌』第二七巻第四号　二〇〇一年(以下、拙稿「シエラレオネ」)、一三二―一三七頁。

10　ＵＮＭＯＴを設立したS/RES/968(1994)の para.2

11　九五年一二月に締結された同協定については、'International Legal Materials'(以下、ILM)Vol.35 No.1, 1996, pp.75-169。同協定の付属書一―ＡがＩＦＯＲに関する合意で、付属書一一が国際警察タスクフォースに関する合意である。ＵＮＭＩＢＨを設立した安保理決議は、S/RES/1035(1995)。

12 リベリアの事例については、拙稿「リベリア内戦に対する西アフリカ諸国経済共同体と国際連合による介入」『愛媛法学会雑誌』第二二巻第二号 一九九五年、九九―一三七頁(以下、拙稿「リベリア」)。グルジアの事例に関しては、拙稿「グルジア／アブハジア紛争における国連グルジア監視団と独立国家共同体平和維持軍の『並行展開(Co-deployment)』」『愛媛法学会雑誌』第二六巻第三・四号 二〇〇〇年、一五七―一八八頁(以下、拙稿「グルジア」)。

13 S. Neil Macfarlane and Thomas G. Weiss "Regional Organizations and Regional Security" in 'Security Studies' Vol.2 No.1, 1992, p.8

14 本稿で取り扱う範囲での事実経過については、A/6002 pp.92-126を参照。

15 国連事務総長は、一九六五年に出された年次報告書のイントロダクションにおいて、国連の平和使節が、地域的機関と同じ地域において同じ事項に取り組んだのは初めてであったこと、そして、国連と米州機構の間の関係や連絡に問題が生じたが、問題は徐々に克服されてきたと評価している(A/6001/Add.1 p.7)。

16 Ved P. Nanda The United States Action in the 1965 Dominican Crisis: Impact on World Order (Part II) in 'Denver Law Journal' Vol.44, 1967, p.257

17 安保理第一二二二会合での決定。Karel C. Wellens (ed.) 'Resolutions and Statements of the United Nations Security Council (1946-1992)', 1993, p.587

18 Nanda op.cit., pp.259-262

19 Jean Pierre Issele "The Arab Deterrent Force in Lebanon, 1976-1983" in A. Cassese (ed.) 'The Current Legal Regulation of the Use of Force', 1986, pp.179-221

20 Jean-Pierre Cot "The Role of the Inter-African Peace-keeping Force in Chad,1981-1982" in *ibid.* pp.167-178

21 修正された点としては、①原案ではインターアフリカ軍の創設を「歓迎」するとなっていたのに対し、採択された決議では「留意」の表明にとどまっていること、②憲章第五二条や第五四条への言及が削除されたこと、②事務総長特別代表の派遣への言及が削除されたこと、④自発的拠出基金の創設についても、安保理自体が行うのではなく、創設を事務総長に要請するという形になったことがあげられている(*ibid.* p.175)。

もっとも、後に検討するリベリアやグルジアの事例に関して採択された安保理決議の内容も、②と④の点については、チャドの場合と同様のものになっている。

22　両事例についての記述に関しては、とくに断らないかぎり、拙稿「リベリア」と同「グルジア」、および、各々で引用した文献に基づくこととし、本稿での注釈は最小限にとどめたい。

23　これに対して、多国籍的性格については、少なくとも、「どの一国の部隊も、総兵力の三分の一程度を超える割合を占めるべきではない」という国連の基準(S/1994/80 para.20)を遵守することまでもは求められていなかった。

24　停戦協定に関しては、S/1994/1102 Annex I を参照。合同委員会については、協定の第五項に規定されている。

25　同協定付属書一—Aの第1条第3項(ILM Vol.35 No.1 1996, p.92)。

26　拙稿「シエラレオネ」一三七頁。

27　リベリアについては、S/RES/856(1993)とS/RES/866(1993)、グルジアについては、S/RES/937(1994)。

28　もっとも、この点についての安保理の裁量は、国連と地域的機関の力関係を映し出したものにならざるをえないであろう。例えば、ボスニアの事例において、国連とNATOの力関係から見て、国連がIFORの行動を統制するのには、事実上大きな限界があると思われる。

また、ハイチの事例に関し、多国籍軍に武力行使を許可した安保理決議九四〇によると、多国籍軍の展開と同時に国連ハイチ派遣団(UNMIH)の先遣隊が派遣され、任務引継の準備とともに多国籍軍の活動の監視を行うとされている。そして、ロシアのように、国連監視員による監視の重要性を指摘する国もあった。しかし、多国籍軍から任務を引き継ぐというUNMIHの性格は、監視機関としての適切性に疑問を生じさせるものであるし、また、国連事務総長報告書に表れた監視の実態を見るかぎり、監視機能の実効性にも疑問符が付けられよう。松田竹男「正統政府回復のための強制措置の発動—ハイチの場合—」『法経研究(静岡大学)』第四四巻第三号　一九九五年、二一、二三、三四頁を参照。

29　事後的許可に対して、鋭い批判が向けられている(Akehurst, op.cit., p.214 等)ことは周知のとおりである。しかし、安保理の許可とは、対象となる活動に合法性を付与する場合だけでなく、その合法性を確認する場合にも与えられうるものであり、少なくとも後者の場合であるならば、事後的許可ないし追認ということも法的には可能であろう。

もっとも、実際に事後的許可ないし追認が与えられる際に、合法性の付与が意図されているのか、合法性の確認が意図されているのかは、明らかでないことがほとんどであろう。中央アフリカの事例における追認については、酒井啓亘「中央アフリカ共和国問題と国際連合―ＭＩＳＡＢからＭＩＮＵＲＣＡへ―」『国際協力論集』第七巻第二号　一九九九年、一〇二―一〇三頁。

なお、事前に許可が与えられる場合でも、許可の対象となった活動が、はたして本来は違法であるのか否かにつき、諸国の立場が不明なことも少なくない。例えば、ハイチの事例に関し、米国は、が安保理に多国籍軍の武力行使に対する許可を求めているが、それが、安保理の許可による合法性の獲得が法的に必要だとの考えによるものか否かは、明らかにされてない(Sean D. Murphy , Humanitarian Intervention' ,1996, p.270)。

30　安保理が地域的機関に対して強制措置を許可する場合、形式的には、第五三条一項に基づく許可であるが、実質的には、第七章の下での権限の行使が許可されているだと言えよう(Danesh Sarooshi 'The United Nations and the Development of Collective Security', 1999, p.248)。なお、実際に採択された安保理決議においては、地域的機関への許可の場合には、第七章と第八章への言及がともに見られるようである。最も明確な例として、シエラレオネに対する禁輸履行確保措置をＥＣＯＷＡＳに許可したS/RES/1132(1997)。

31　内戦の主要な当事者であるリベリア国民愛国戦線(ＮＰＦＬ)に対し、ナイジェリアが敵対してきたこと、および、コートジボワールとブルキナファソが支持してきたことについては、Abiodun Alao et.al. 'Peacekeepers, Politicians and Warlords: The Liberian Peace Process', 1999, pp.34-35, 103を参照。

ＥＣＯＷＡＳの政治的統制がＥＣＯＭＯＧに及んでいないことについては、'Funmi Olonisakin "UN Co-operation with Regional Organizations in Peacekeeping: The Experience of ECOMOG and UNOMIL in Liberia" in 'International Peacekeeping' Vol.3 No.3, 1996, p.42を参照。なお、ＥＣＯＷＡＳ議長や国連事務総長特別使節も、後に、ＥＣＯＷＡＳ加盟国の足並みの乱れによって、紛争終結に向けた一致した努力が浸食を受けているという認識を示している(S/1995/473 paras.9,11)。

32　両事例における調整や協議の関係に関し、リベリアについてはS/26422 para.15、グルジアについてはS/1994/818 para.16を参照。

33　S/RES/866(1993)para.11。国連事務総長は、後の報告書において、ＵＮＯＭＩＬはＥＣＯＭＯＧとともに展開し、後者が前者の安全を提供することになっている旨を述べている(S/1994/1167 para.28 等)。

34　つまり、単に「地域的機関の軍隊の散発的な逸脱行為によって、和平プロセスに悪影響が出るおそれがある」という程度には、収まらない懸念である。

35　地域的機関の軍隊の任務や権限に安保理の許可が与えられている場合であっても、監視という要素は残るであろうが、そうした許可がない場合には、よりいっそう、監視という要素が重視されると言えよう。

36　リベリアに介入したナイジェリアの動機や目的については、W. Ofuatey-Kodjoe "Regional Organizations and the Resolution of Internal Conflict: The ECOWAS Intervention in Liberia" in 'International Peacekeeping' Vol.1 No.3, 1994, pp.272-273等、グルジアの事例に関するロシアの動きについては'Pavel K. Baev "Russia's Experiments and Experience in Conflict Management and Peacemaking" in *ibid.*, pp.252-253 等を参照。

37　S/1995/473 para.21

38　S/1994/1167 para.25, S/1995/9 para.22

39　九七年七月、国際社会からのさまざまな支援の下で、大統領選挙と総選挙が行われ、大統領には、国民愛国党（ＮＰＦＬが政党化したもの）の指導者であるチャールズ・テイラーが選ばれ、総選挙でも同党が大勝した(S/1997/643 paras.3-13)。

40　ナイジェリアの態度の変化とその理由については、Alao et. al., op cit., pp.103-104、Clement E. Adibe "The Liberian conflict and the ECOWAS-UN partnership" in 'Third World Quarterly' Vol.18 No.3, 1997, pp.480-481を参照。

41　Christian Walter "Security Council Control over Regional Action" in 'Max Planck Yearbook of United Nations Law' Vol.1, 1997, p.189

42　リベリアについては、S/26422 para.24とS/RES/866(1993)para.6を、グルジアについては、S/RES/937(1994)para.10を参照。

43　国連事務総長報告書での報告の例としては、S/1994/463 para.45、S/1995/473 para.39 S/1996/684 para.44、安保理決議での要請の例としては、S/RES/911(1994)para.9、S/RES/1001(1995)para.8、S/RES/1071(1996)para.13、等々があげられる。

44　九五年一月の安保理会合では、基金への拠出がないことにロシアが言及しており(S/PV.3488　p.7)、その後については、韓国とドイツが拠出を行ったことが報告されている(S/1996/284 para.49、S/1997/47 para.48)。

45　S/26422 para.24、S/1994/1006 para.33等。

46　S/1997/712 para.17

47　*Ibid.*, para.16

48　S/1995/473 para.39。なお、タンザニアの部隊は、九五年五月に撤退している(*ibid*.,para.25)。

49　S/1994/1006 para.33、S1996/232 paras.53-54等。

50　ＥＣＯＭＯＧが任務を遂行するために十分な資金を受け取ったのは、九六年六月以降、和平への見通しが固まってからのことであった(S/1997/712 para.26)。

51　比較的初期のものだけをあげれば、S/1995/10 para.35、S/1995/181 para.33、S/1995/342 para.38、S/1995/657 para.46、S/RES/971(1995) preamble para.9、S/RES/993 preamble para.13、S/PRST/1995/39 等。

52　S/1995/473 para.20

53　Oloniskin, op.cit., p.41

54　S/1995/881 para.30

55　協力関係の実態については、拙稿「グルジア」一八二頁等を参照。

56　このような点に着目すれば、例えば、リベリアにおける国連の介入につき、無関心を示す無益なものと評価する(Adibe op.cit., p.485)のは、酷に失するものであろう。もちろん、評価の相違は、評価の視点や基準によって大きく左右されるものであるし、リベリアの事例からくみとるべき教訓が多いことはたしかである。しかし、評価に際しては、まず、国連(あるいは加盟諸国)が、所与の条件のなかで、何を達成しようとし、その目的がどの程度実現されたを踏まえることが必要であると思われる。

57　このような観点からは、とくに、平和維持活動に関する国連と地域的機関の合同訓練の積極的な推進が期待される("Cooperation Between the United Nations And Regional Organizations/Arrangements In a Peacekeeping Environment" op.cit., para.36 VIII)。

58　なお、地域的機関の平和維持活動能力を育成するために、西側先進諸国が十分な貢献を行うよう期待されていることは言うまでもないが、その際でも二国間アプローチが好ましくないことについては、O'brien, op cit., p.75を参照。

（二〇〇一年九月脱稿）

国連の軍事的活動に対する武力紛争法の適用
——武力紛争の事実主義的認識とその限界——

真山　全

はじめに

1　武力紛争の事実主義的認識

武力紛争法は、武力紛争（armed conflicts）の事態が生じれば適用されるといわれる。実質的意味における軍隊を使用して国家が他の国家に対し暴力行為(acts of violence)[1]を行えば武力紛争を生じ、武力紛争法の適用があると考えられているのである。例えば、一九四九年のジュネーヴ諸条約共通第二条は、戦争状態の承認の有無を問わず同諸条約が「武力紛争」の場合に適用されるとし、一九七七年の第一追加議定書第一条三項は、同議定書がジュネーヴ諸条約共通第二条規定の事態に適用される旨定める。但し、国家間武力紛争が存在するといいうるためには、一定以上の烈度の暴力行為が必要であるのか、必要であるとすればどのような烈度であるのかを巡って見解の対立がある。烈度基準が存在するとする立場からは、暴力行為の組織性、継続性あるいは規模が武力紛争であるための具体的な指標として提示されることもある。

一国内の政府と反徒間の闘争のような非国際的武力紛争においても、武力紛争法の適用のためには武力紛争の存在という事実的な要素のみが要求される。もっとも、非国際的武力紛争では烈度基準が国家間の場合より強調され、ジュネーヴ諸条約共通第三条は、単発又は散発の暴力行為や暴動、騒乱といった事態には適用がないと解される。第二追加議定書も、その適用のため反徒の行動の組織性や継続性等の要件を定めている。なお、国際法は非国際的武力紛争の開始自体を禁止しないが、同時に、国際法は、反徒のあらゆる暴力行為を国内刑法によって処罰することを政府に認めている。つまり、反徒側には合法的戦闘員はなく、合法的な敵対行為(hostilities)[2]もない一方、政府側の制圧行動は法の執行として捉えられるのである。この故に、合法的な戦闘員や敵対行為の存在を前提とする規則の適用はじまず、非国際的武力紛争に適用される武力紛争法規則は、国際的武力紛争と比し限定的となっている。[3]

2　事実主義的認識の問題点

このように武力紛争法適用は、国際的と非国際的の武力紛争のいずれであっても事実主義的な考え方に基づき処理されてきたというのが一般的な理解である。それでは、暴力行為の主体や対象が国連である場合や国連決議に基づき行動する国家の部隊である場合も全く同様に考えてよいのであろうか。

国連は、国連憲章上の軍事的強制措置、安保理事会決議によるいわゆる多国籍軍の行動、あるいは平和維持活動といった様々な形で軍事的活動に係わる。これらの国連決議に基づく多様な形態の活動を説明の便宜上国連の軍事的活動と称することにするが、そこでは、戦闘その他の暴力行為が生じることがしばしばある。本論では、こうした暴力行為に対する武力紛争法適用の有無を国家の軍隊同士又は政府と反徒の間の暴力行為の場合と同じく事実主義的な基準のみから考えることができるのかを検討したい。

この問題を見るにあたっては、まず、様々の軍事的活動が国連という国際機構の活動と認識されるか、あるいは部隊派遣国の行動とみなされるかを検討しなければならない。国連決議により活動が認められた場合であっても、部隊派遣国の活動と考えられるならば、それは、原則的には国家の行う国際的又は非国際的の武力紛争その他の行為として扱えばよい。部隊派遣国ではなく国連自身の活動と法的にみなされる場合には、暴力行為の主体や客体が国連であることで武力紛争法の適用に何らかの相違が生じるかを問う必要が出てくる。

さらに、国連の軍事的活動に伴う暴力行為がそもそも武力紛争として認識されるかを検討しなければならない。国家間についていえば、*jus ad bellum* からする規制は別にして、国家の軍隊が相互に暴力行為を実施することは国際法上禁止されていない。それらは、互いに暴力を用いて自己の意思を他に強要することができるという意味で武力紛争の当事者となるのである。そして、事実において暴力行為が生じれば武力紛争法が適用される。また、一国内の闘争でも、政府と反徒が相互に積極的ないし攻勢的(offensive)な暴力行為をなすが故に、そのような行為が一定の水準に達すれば武力紛争というのである。但し、一国内の闘争の場合には、前述の通り、政府の行為が法執行活動であるという位置付けを維持したまま武力紛争という性格が与えられることになる。

しかし、国連の軍事的活動に従事する部隊が暴力行為をなした場合、国家間や政府と反徒間で生じる暴力行為と同様に武力紛争の当事者としてなされたと当然にみなされるのであろうか。従来の議論は、こうした武力紛争当事者か否かというよりは、事実において一定烈度の暴力行為が存在しているかという点を強調してきたようにも思われる。[4]国連の軍事的活動への武力紛争法適用問題をこのような事実主義的認識に基づき完全に処理することができるかが改めて検討されなければならない。[5]

一　国家性基準

1　作戦指揮統制権の所在

国連決議に基づく軍事的活動には、国連自身の活動と法的に認識されるものと、部隊派遣国のそれとみなされるものの二つが存在する。ここでは、前者を国家性を欠く活動、後者を国家性を有する活動と称することにしたい。国家性ないし国家軍的性格という用語を部隊が国家のものであるか国連固有のそれであるかという組織的観点から捉える場合もあるが、[6]本論では組織上の所属元ではなく、活動の法的主体ないし名義人の観点から解する。国家性の有無による区分は、軍事的活動の文脈において換言すれば、いずれに直接責任を負う活動であるかによる分類であって、多くの論者がいうように、作戦指揮統制権を国連と部隊派遣国のどちらが有するかにより決定されると考えるのが妥当である。[7]

指揮(全面指揮)(overall command)は、指揮官が法令その他によって恒常的にか又は一時的にその下に置かれた部隊を任務達成のため活動せしめる部分、すなわち作戦指揮(operational command)(統制のレベルをも含めて使用することが国連等では多く、このため以下では作戦指揮統制(operational command and control)という)と、人事、懲戒や経理その他の分野で部隊を維持管理する部分(人的管理面を強調してdisciplinary commandともいう)の二側面を有する。[8] 作戦指揮統制権が取極等によって国連に委譲されていれば、部隊派遣国は、自国部隊の作戦指揮統制をとることができず、部隊は、その活動について国連に責任を負うことになる。また、活動の対象となるものから見れば、部隊の活動は、国連のそれと認識されよう。このように、派遣国から作戦指揮統制の側面で切断されている活動では、国家の部隊としての性格が埋没するのである。

2　国家性の有無と武力紛争法の適用

国連の軍事的活動に武力紛争法の適用があるためには、次章で見るように武力紛争当事者性がなければならないと考えられるが、その要件が満たされたと仮定すれば、国家性の有無によって武力紛争法適用に以下のような相違が生じるであろう。

国家性がある活動においては、武力紛争法の適用は、個別国家を当事者とする国際的又は非国際的の武力紛争の場合と原則として異ならず、当該の国家を拘束する全ての武力紛争法規則の適用がある。軍事的活動の目的や限界が国連決議で示され、それが *jus ad bellum* 上国家が単独でなしうる限度をこえるものであっても、この場合の武力紛争法の適用は、個別国家による外国に対する敵対行為又は非国際的武力紛争の一方の当事者による他方の当事者に対する暴力行為の場合と基本的に変わらない。[9] また、既に存在する非国際的武力紛争が国連の軍事的活動の関与によって国際化するかどうかも原則として国家の軍隊の介入の場合と同様に考えればよいであろう。

国家性に欠け、国連の活動とされる場合には、国連自身が武力紛争法関連条約の当事者ではないことから、こうした条約の直接的な適用はない。条約規定を適用するためには、相手方当事者との別段の合意によらなければならないことになる。他方、国連は国際機構として国際法主体性を有するので、武力紛争に関する慣習法規則の拘束は受けると考えられる。[10]

ところで、国連固有の部隊が理論上の存在でしかないのであるから、国家性のない国連の軍事的活動とはいえ、部隊はいずれかの国家に属している。また、ジュネーヴ諸条約共通第一条と第一追加議定書第一条一項には、締約国は「すべての場合において(in all circumstances)」これらの条約を尊重し、且つ、尊重を確保することを約束するとある。このため、条約締約国たる部隊派遣国は、国家性のない活動でも自国部隊にこれらの条約を遵守せしめるよう求められるという見解が生まれる。[11]

確かに、国家性を欠く活動においても、部隊派遣国はそれがなお維持するdisciplinary commandの範囲で履行確保を求められることがあるかもしれない。[12] しかし、元々ジュネーヴ諸条約共通第一条と第一追加議定書第一条一項は、主に相互主義的適用や*jus ad bellum*上の武力行使の評価等との関係で議論されてきたものである。[13] 作戦指揮統制を国連がとるような場面でも、つまり部隊派遣国が部隊にeffective controlを及ぼせない場合でも当該国に遵守確保義務を負わせる効果をこれら規定が当然に有するかについてはなお検討を要する。

勿論、国連と部隊派遣国の間でこれら条約の適用を義務的とする内部的な取極を結ぶことはありえる。このときにも、武力紛争の相手方との関係で適用が義務的となる効果を直ちには生じず、義務的とするためには国連と当該の相手方との間で別段の取極を必要とすることになる。

3　指揮の分裂

国連固有の部隊が存在しないため、国連の全ての軍事的活動は加盟国提供の兵力に依存する。従って、国連の軍事的活動の内国家性を欠く活動では、作戦指揮統制権を有するものとその他の指揮権を有するものが一致しないという指揮の分裂ともいうべき現象が生じる。例えば、作戦指揮統制権が国連にある平和維持活動に参加する将兵は、国際公務員に「類する」地位にあるといわれることがある。[14] 国連機関勤務の一般的な国際公務員に対する指揮は、全面的に国連が掌握する一方、平和維持軍将兵については作戦指揮統制権を国連が保持し、指揮の他の側面を派遣国が有する。国際公務員に「類する」地位という表現がなされるのは、指揮の二側面がそれぞれ国連と派遣国という異なる主体に属することの故である。

なお、国家性のない国連の軍事的活動の場合、部隊派遣国は、作戦指揮統制に介入できないことから自国将兵の安全確保に懸念を抱くこともある。従来型の静的な平和維持活動にあっては、さほどこの問題は顕在化しなかった。しかし、それでも自国部隊の安全確保の方策を巡り国連との間で議論が生じていた。[15] 平和執行その他のより積極的な活動が生じた後は、作戦指揮統制権を一時的に喪失する部隊派遣国が自国部隊の安全を如何に確保するかという問題が顕著に現れることとなる。

国連が作戦指揮統制権を有することの一効果として、部隊が武力紛争法違反を行った場合、相手方紛争当事者との関係ではまず国連が国際責任を負うことになろう。[16] しかし、当該の違反が戦争犯罪をも構成するのであれば、処罰のための管轄権は国連にはないから、管轄権ある他の国家や国際的な刑事裁判所以外では、部隊派遣国が処罰するのが普通である。[17] このように指揮の分裂の結果、作戦指揮統制権及び国際責任の帰属先と処罰主体が一致しなくなる。

このとき、国連が武力紛争法違反の存在とそれが戦争犯罪を構成することを認識しているとしても、部隊派遣国が必ずしも同じ認識を有するとは限らない。部隊派遣国は、武力紛争の存在すらも否定するかもしれない。[18] また、国連が相手方紛争当事者との関係で拘束的であると考える規則に部隊派遣国が国としては拘束されていない場合もある。この規則の違反が戦争犯罪となるとしても、部隊派遣国が当該規則に拘束されていなければ、既存国内刑法上の犯罪と重なる行為でなければ処罰は困難である。

さらに、部隊派遣国がそのような規則に拘束されていても、国内刑法上の構成要件に合致しなかったり、国外犯規定の欠如で適切に処罰できない場合もあろう。勿論、この状況の発生は、国家性を有する軍事的活動の場合にも同様にありうる。しかし、国家性のない軍事的活動においては、同一国連部隊にありながら部隊派遣国国内法の相違から処罰される将兵とされない将兵が生じることになる。

このように、国家性のない国連の軍事的活動においては、国連と部隊派遣国の間の取極によって履行確保措置を講じておかなければ、戦争犯罪が不処罰のまま放置される可能性がある。

二　武力紛争当事者性（文民性）基準

1　武力紛争当事者性の意味

国連の軍事的活動への武力紛争法適用問題で検討すべきもう一つの要素は、そのような活動やそこにおける暴力行為が武力紛争の当事者としてなされるか否か、つまり、武力紛争当事者性の有無である。[19] 武力紛争当事者性の有無は、部隊が自己防護の場合を除き暴力行為の実施を許容されず、他の集団の暴力行為からも保護される地位にあるか否かにより決まるであろう。つまり、保護対象か否かによる区分である。

一定の目的を達成するために、換言すれば、自己の意思を相手に強要するために暴力行為の実施を許容されるのであれば、武力紛争の当事者となり、保護対象にはなりえない。このような暴力行為の対象が国家であるならば、かかる行為は敵対行為と認識され、武力紛争法の全面的適用がある。暴力行為の対象が反徒である場合には、そして、国連の軍事的活動の関与によっても紛争が国際化しないとすれば、部隊が暴力行為の実施を許容され、それがジュネーヴ諸条約共通第三条や第二追加議定書第一条が要求する烈度に達したときには非国際的武力紛争に適用される武力紛争法規則の適用が始まることになる。

一方、国連の軍事的活動に従事する部隊は武装していることが多いとはいえ、暴力行為の実施を法上許容されず、また、他集団の暴力行為から法的保護を享有するのであれば、そうした部隊と国家の軍隊その他の武装集団との間の暴力行為を武力紛争というには問題がある。何故ならば、保護対象に対しては暴力行為を指向できず、他集団からの暴力行為に保護対象が防護のため抵抗して事実上暴力行為の応酬が生じたとしても、国家間武力紛争での軍隊のように一定の暴力行為を相互に実施することが法的に許容されているもの同士の闘争とは考えられないからである。

このような状況で国連の軍事的活動に従事する部隊と武装集団の間に事実において戦闘その他の暴力行為が生じても前者が保護対象であれば、武力紛争法中の戦闘(害敵)の方法及び手段(methods and means of warfare)に関する規則、すなわちハーグ法の当該戦闘への適用に理論上の困難が生じると思われる。[20] 戦闘の方法及び手段に関する規則は、戦闘員及び兵器プラットフォームの外見、攻撃目標選定並びにそれらを破壊する手段についての規則により構成される。これらは、相互に暴力行為を行いうる者同士で暴力行為のやり方を定めるものと理解される。[21] 従って、戦闘の方法及び手段に関する規則が暴力行為の指向を禁じているものに対する暴力行為の仕方も同様にこれら規則の規律対象であるとすると矛盾を生じることになるのである。また、保護対象側の抵抗も緊急状態における行為であって、合法的戦闘員としてのそれではない。[22] 他方、戦闘外に置かれたものの保護に関するジュネーヴ法と総称される諸規則の適用は、当該部隊が保護対象であるため排除されないことになる。[23]

この状況は、丁度、軍隊構成員の違法な攻撃に対して文民が抵抗している場合の両者の関係と類似しているといえるかもしれない。文民は、保護と尊重の対象であって、これに対する暴力行為は違法である。違法な暴力行為が文民に直接的に向けられる場合、例えば、軍隊構成員が故意に文民を直接的な殺傷の対象とするようなときには、文民はやむにやまれず抵抗することがあるかもしれない。こうしたいわば正当防衛的な文民の抵抗を国際法が完全に禁止しているとは思えない。第一追加議定書第五一条三項は、文民が敵対行為に直接的に参加した場合には保護されない旨規定するが、かかる正当防衛的な抵抗は、同条がいう敵対行為とはいえないであろう。[24]

こうして軍隊構成員と文民の間に暴力行為が生じた場合、その暴力行為を武力紛争といい、戦闘の方法及び手段に関する規則が規律するといえるであろうか。文民への暴力行為自体が違法である以上、文民に対する暴力行為の仕方を規律する規則はありえない。つまり、戦闘の方法及び手段に関する規則を上述のように解すれば、その適用はないことになるはずである。文民側の抵抗も正当防衛的なもので、これら規則の外にあると思われる。[25] 他方、文民は保護対象であるから、戦闘外に置かれたものの保護に関する規則の適用はありうることになる。但し、文民が群民蜂起のかたちで積極的に暴力行為をなす場合は別で、この際には、文民は戦闘員としての地位を獲得し、保護対象ではなくなる。また、その他の形態で文民が敵対行為に直接参加する場合には、そのような文民は保護される地位を自ら放棄したものとされ、人的な攻撃目標となる。

国連の軍事的活動に従事する部隊が文民と同様の保護対象であるときには、それと軍隊ないし他の武装集団との間で暴力行為がなされても、これを武力紛争といい、従って武力紛争法の全ての適用があるとは直ちにはいえないことになろう。[26] 文民のような保護対象か否かという視点からは、武力紛争当事者性の有無は、文民性(civilian character)の有無という表現と言い換えることもできる。但し、群民蜂起に参加したり敵対行為に直接参加する文民と同様に、保護対象とされた国連の部隊が自己防護の範囲をこえ積極的ないし攻勢的な暴力行為を実施する場合には、保護対象たる地位を自ら放棄したと解される。

このように、武力紛争当事者性がなく、文民性を有する国連の軍事的活動に従事する部隊への暴力行為及びこれに対する当該部隊の反撃への戦闘の方法及び手段に関する規則の適用には疑問がある。にもかかわらず、武力紛争の事実主義的認識を徹底する立場は、一定の暴力行為が生起すれば、自動的にそうした規則を含む武力紛争法の適用があるとする。[27] この見解に従えば、国連の軍事的活動に従事する部隊への暴力行為は単発又は散発であれば犯罪であるが、大規模になされれば合法的敵対行為に転化するという結果を生じる。つまり、犯罪規模が拡大すれば、犯罪者の集団が合法的戦闘員の集団となるという不合理が発生することになるのである。

事実主義的に武力紛争を認識するいずれの論者も、軍隊による違法な暴力行為及びそれに対する文民の純粋な自己防護措置の烈度が高くなればなるほど文民に対する暴力行為が合法的敵対行為に近づくとはしない。では何故に、武装した軍隊とはいえ文民と同じ保護対象であるような部隊の場合には、事実的な要素のみに依拠して保護対象たる地位を奪えるかの説明は十分なされていないように思われるのである。

2　国連要員等保護条約、国際刑事裁判所規程及び国連事務総長告示

国連の軍事的活動に従事する部隊の武力紛争当事者性の有無、つまり保護対象であるか否かが武力紛争法適用問題において重要な要素となることは、国連要員等保護条約や国際刑事裁判所（ＩＣＣ）規程でも示されているように考えられる。

一九九四年の国連要員等保護条約は、第一条規定の国連要員等が国連活動に参加している場合に、これら要員とその施設に対する第九条列挙の侵害行為を締約国が国内法で犯罪とし、裁判権を設定すること等を求めている。[28] 本条約は、国連要員等に対する一定の行為を国内法で処罰するよう要求しているから、第一条で定義される国連要員等は、その範囲で暴力行為から免れる保護対象とされることになる。

但し、第二条二項は、「この条約は、国際連合憲章第七章の規定に基づく強制行動として安全保障理事会が認めた国際連合活動であって、その要員のいずれかが組織された軍隊（organized armed forces）との交戦に戦闘員（combatants）として従事し、かつ、国際武力紛争に係る法規（law of international armed conflict）が適用されるものについては適用しない」と規定する。本項は、国際的武力紛争に関する規則が適用される場合には国連要員等は保護されないとしているが、そのような規則の適用があるためには、戦闘その他の暴力行為が事実として生じることだけでは足りずに、憲章第七章の強制行動において戦闘員として活動する場合という条件を付している。すなわち、相互に暴力行為の実施を許容されているか、換言すれば、国連要員側が保護対象であるか否かをその適用の基準と考えているのである。このように、本条約は、国家間であれば武力紛争とみなされるような烈度の暴力行為の応酬が国連要員と他の武装集団の間になされても、そのような事実だけで武力紛争法が適用されるという構成をとっていないのである。

なお、本条約の第二条一項及び二項との関係で、国連要員等保護条約と武力紛争法の適用が互いに排他的であるかということが議論されることがある。[29] 確かに、上述のように、保護対象に対する暴力行為の禁止規則と戦闘の方法及び手段に関する規則は、同時に適用されることは困難であるから、これらの適用は理論上相互に排他的である。しかし、武力紛争が国連以外の主体間で存在するような状況では、そこにある本条約適用対象の国連要員等は、戦闘外に置かれたものとされるから、本条約とジュネーヴ法のようなある種の武力紛争法が同時に適用されることはありえる。[30]

一九九八年のICC規程第八条二項(b)(iii)及び(e)(iii)は、武力紛争当事者性ないし文民性の基準をより直接的に示している。[31] これら規定は、それぞれ国際的と非国際的の武力紛争で人道的支援又は平和維持に従事する要員や施設が「武力紛争に係る国際法(international law of armed conflict)」のもとで「文民又は民用物に与えられる保護(protection given to civilians or civilian objects)」を享有する資格がある場合には、これらに対する故意の攻撃をICC規程上の戦争犯罪とした。[32] 保護対象に対する攻撃がICC規程対象犯罪となるということは、当該犯罪行為を行う者とその被害者間に生じた暴力行為が戦闘の方法及び手段に関する規則の規律対象ではないことを意味する。

このように、戦闘その他の暴力行為という事実の発生が武力紛争法の全面的適用を常にもたらすわけでないことを示す条約規定があったところ、一九九九年に国連事務総長は、「国連部隊による国際人道法の遵守」と題する告示を発出した。[33] 本告示は、国連部隊が従うべき諸規則を具体的に示したもので、慣習法とされている規則を含め、武力紛争法関連条約の諸規定を取り込んでいる。

本告示第一節「適用分野」第一項1は、「本告示に規定された国際人道法の基本的原則及び規則」は、武力紛争の事態で国連部隊が「戦闘員(combatants)」としてそれに参加している場合に適用されるとする。さらに、同項は、これらの原則及び規則は、「従って、強制行動(enforcement actions)又は自衛として武力行使が許容される平和維持活動(peacekeeping operations when the use of force is permitted in self-defence)」に適用されると述べる。続いて、同項2では、「武力紛争に係る国際法の下において文民に与えられる保護(protection given to civilians under the international law of armed conflict)」を受ける資格がある場合には、本告示は、国連要員等保護条約の保護対象たるような国連要員等の地位には影響を与えないとされる。

本告示は、国連要員等保護条約やICC規程と同様、戦闘員と保護対象のいずれの地位にあるかという基準に依拠しているように見える。もっとも、戦闘員として参加する状況として、強制行動及び自衛として武力行使が許容される平和維持活動が並列的に置かれている。強制行動の場合にそれに参加する国連要員に戦闘員が含まれることは当然である。他方、平和維持活動は、特にいわゆる従来型の活動であれば、その要員等は保護対象であって国連要員等保護条約の適用がある。このような活動で要員が自衛戦闘を実施しても通常理解される意味での戦闘員ではない。

このように、告示第一項1と2を整合的に解することには困難もある。しかし、告示でいう自衛の範囲が自己や活動の防護以外で自己の意思を他に強要する行為を含む広範なものであるか[34]、あるいは、強制行動と異なり平和維持活動の場合には武力紛争法全部の適用が義務的ではないが、事実において戦闘が生じた場合に自発的にそれに従うとしているにすぎず[35]、告示はこのことを述べるにとどまると解すれば一応の説明はつくかもしれない。

3　武力紛争当事者性の認定

jus in bello 適用の場面においての武力紛争当事者性は、保護対象か否か、つまり文民性を有するかどうかで決まる。同意原則に基づき展開する従来型平和維持軍の場合、派遣先国等の関係当事者の同意は、武力紛争当事者性の否認と

文民性の承認として扱われよう。他方、憲章第七章の措置として派遣先国等の同意なく展開する際には、正に同意なく部隊が侵入するという点から武力紛争当事者性付与が可能な場合が多いであろう。

しかし、例え派遣先国その他の同意により展開した部隊であっても、その任務の範囲につき国連と派遣先国等の間に見解の相違が発生するときもある。相違の生じた分野で部隊が任務を実施する際に派遣先国軍隊等との間で暴力行為が生じれば、国連の軍事的活動に従事する部隊は、自己の行為を派遣先国の同意を得た任務の達成のための行為及びそれに付随する純粋な自己防護措置として説明することになろう。他方、派遣先国の側からすれば、部隊の行為は、保護対象たる地位を自ら放棄するような攻勢的活動と見える。このような場合にも活動が武力紛争当事者性を欠き、文民性を有すると国連側で一方的に自己規定してしまえば、相手方の行為は合法的敵対行為ではなく犯罪となる。

このように、軍隊間の暴力行為の応酬によって直ちに武力紛争となり、武力紛争法の適用が開始されるというような単純な事実主義的立場は首肯できないとはいえ、武力紛争当事者性を基準とする場合でも、部隊が保護対象たる地位を放棄するような攻勢的活動に転じたか否かの判断に実際上の困難が伴う場合があることは確かに否定できない。[36]

4　武力紛争法の差別適用

国連の軍事的活動についてかつて盛んに議論されたのが武力紛争法の差別適用である。差別適用とは、武力紛争の*jus ad bellum*上の評価を*jus in bello*の適用に結びつけ、*jus ad bellum*からして違法な行為をなす交戦者の*jus in bello*上の権利を否定若しくは制限するか、又は、*jus ad bellum*上合法とされる交戦者の行動への*jus in bello*からする制約を解除することをいう。差別適用が問題となりうるのは、いうまでもなく、武力紛争当事者性がある活動のみである。

差別適用は、実際上の不都合が大であるために、武力紛争当事者性あるいずれの軍事的活動でも武力紛争法の平等適用が原則とされてきた。しかし、最近、ユーゴスラヴィアやルワンダにおける経験を契機とし、国連の軍事的活動の目的から従来の武力紛争法をそのまま適用することが果たして妥当であるかの問題が改めて提起されている。

国連の軍事的活動が武力紛争法が認める行動よりも制限的であるなら、特段の問題を生じない。しかし、逆に既存武力紛争法規則の制約をこえる措置をとったとき、国連の軍事的活動の目的次第でこれを正当化できるかが争われる。これは、人道的目的でなされる軍事的活動で特に問題となりうる。

例えば、非人道的行為の阻止という理由から武力紛争当事者性ある活動を国家に対し行う際に、当該国家領域に安全人道地帯のような地域を設定し、非人道的行為の対象となった集団を収容し防護することがある。武力紛争時の軍隊による他国領域支配には占領法規の適用がある。しかし、占領法規が占領軍と被占領地住民の間の対立的な関係を前提にする一方、安全人道地帯では設定部隊と被収容者はそのような関係になく、占領法規をそのまま適用することには不都合もある。[37]

また、人道的介入では、非人道的行為を煽る政府民政部門や放送局等の破壊が求められることがある。[38] かかる機関の破壊が非人道的行為を行う集団や政策決定者の士気喪失という心理的効果を狙ったものであるならば、従来の規則からしてこれらが軍事目標であると直ちにはいえないであろうが、人道的理由による軍事的活動の場合には破壊が許容されるとの主張がある。[39]

こうした主張の内には既存規則にある軍事的必要性ないし軍事的利益の概念を操作することで一定の説明を与えることができるものもある。[40] しかし、人道的惨劇の防止という *jus ad bellum* 上の正当性からする *jus in bello* の差別適用の要素が含まれているものもあるように思われる。国連側が限定的とはいえこうしたいわば選択的適用の主張をなし、それが人道的理由と普遍的国際機構の意思に基づくが故に広く承認されるようになるならば、武力紛争法の基本原則、すなわち交戦者平等原則との間で改めて調整を要するであろう。[41]

三　国連の軍事的活動の分類と武力紛争法の適用

1　国家性及び武力紛争当事者性をともに有する活動

国家性と武力紛争当事者性の二基準から国連の軍事的活動は、国家性と武力紛争当事者性をともに有する活動、国家性を欠くが武力紛争当事者性を有する活動、国家性を有するが武力紛争当事者性を欠く活動、及び国家性と武力紛争当事者性をともに有さない活動の四つに分類される。

国家性と武力紛争当事者性双方を有する活動は、安保理事会決議によって行動に制約を課せられることがあるとしても、部隊派遣国の活動と見なされ、武力紛争当事者性の故に条約と慣習法を含む武力紛争法規則の適用がある。つまり、武力紛争法の適用については、個別国家が行う国際的又は非国際的の武力紛争の場合と基本的に変わりはない。

この第一のカテゴリーに属する例は、作戦指揮統制権が国連ではなく個別の部隊派遣国に残されたか又は特定の部隊派遣国に束ねられ、憲章第七章の決議に基づき、そこに示された意思を強要するために編成された朝鮮戦争における国連軍や湾岸戦争時のいわゆる多国籍軍である。朝鮮戦争では国連軍が武力紛争法の適用から部分的にも免れることを示す国家実行はなかったし、[42]湾岸戦争でも多国籍軍の行動が武力紛争法全てに拘束されるという点で諸国の一致があった。[43]

この他にも、憲章第七章に基づく決議で認められた活動で、作戦指揮統制権が部隊派遣国、派遣国中の特定国又は国連以外の機構に委ねられた一連の活動がある。[44] 国連保護軍（UNPROFOR）支援NATO軍、[45] ソマリア派遣の統合任務部隊（UNITAF）、ルワンダにおける多国籍軍がその主要な事例である。[46] この内、大規模な積極的且つ攻勢的作戦をユーゴスラヴィアで行ったNATO軍の武力紛争当事者性は、明らかであろう。しかし、第七章の決議に基づくとはいえ、その性格につき争いがあるものもある。例えば、UNITAFは、「必要なあらゆる措置」を認めた安保理事会決議七九四を根拠とするから、この第一の範疇に属するとも思えるが、部隊派遣国米国は、武力紛争当事者であるとの性格付与に反対の姿勢を示した。[47] 同種の問題は、ルワンダに展開した多国籍軍でも生じた。[48]

これらは、武力紛争当事者性認定の実際上の困難さを示すものであるが、部隊や人道援助活動の防護をこえて自己の意思を他の集団に強要したとすれば、加えて、一国内の闘争の場合には、武装集団との暴力行為の応酬がジュネーヴ諸条約共通第三条が含意する烈度基準をこえたとすれば、[49] 武力紛争法適用上はやはり武力紛争の当事者となるというべきである。

2　国家性を欠くが武力紛争当事者性を有する活動

国家性を欠くが武力紛争当事者性を有する国連の軍事的活動の典型例は、国連の作戦指揮統制下にある場合の憲章上の国連軍である。憲章上の国連軍が実際に編成され、国連の作戦指揮統制の下で行動したことはないが、これにも武力紛争当事者性の故に武力紛争法の適用がある。しかし、国連は、武力紛争法関係条約の当事者ではないから、慣習法化していない条約規則の適用は、武力紛争の相手方との間の別段の取極によらない限り義務的ではない。国連事務総長告示のような文書で武力紛争法の適用が謳われても、慣習法化していない部分の適用は、国連側の自発的、一方的な適用にすぎない。なお、武力紛争法の差別適用が問題となりうるのは、既に触れた如く、この憲章上の国連軍型と前項の多国籍軍型のように武力紛争当事者性がある場合のみである。

国家性のない国連の平和執行活動がこの第二の範疇に入ることも考えられるが、その武力紛争当事者性について議論があり、後述の平和維持活動の項で併せて触れたい。

3　国家性を有するが武力紛争当事者性を欠く活動

国家性を有する一方、武力紛争当事者性を持たない多国籍平和維持軍型とも称すべき活動の純粋な例はあまりない。第一カテゴリーで挙げたＵＮＩＴＡＦやルワンダにおける多国籍軍のような武力紛争当事者性につき議論が残るものを除けば、本論でいう国連の軍事的活動ではないが、僅かにシナイ半島多国籍軍（ＭＦＯ）が複数国家の統合部隊で武力紛争当事者性がないものとしてこの範疇に属する可能性がある程度であろう。[50] もっとも、ＭＦＯは、部隊派遣国からは切り離された文民の総監と軍人たる部隊指揮官の下に置かれたから、[51] 厳密にいえば国家性を欠くというべきかもしれない。多国籍平和維持軍型で武力紛争当事者性を有さない活動の場合、理論上は、特に戦闘の方法及び手段に関する規則の適用は困難と考えられる。

4　国家性及び武力紛争当事者性をともに欠く活動

従来型の国連平和維持活動は、国家性及び武力紛争当事者性をともに有さない活動の代表的なものである。国連の作戦指揮統制下にある平和維持活動は、部隊展開が同意原則に基づくこともあって、「敵対的性格が欠如」しており、「武力に訴えるあらゆるイニシアチブ」が禁止される活動としばしばいわれてきた。[52] こうした表現は、この種の活動が武力紛争当事者性を欠くことを端的に表している。

国連平和維持軍型の活動は、武力紛争当事者性を有さないために、第三カテゴリーの多国籍平和維持軍型と同様、特に武力紛争が武装集団間で既に存在している地域に投入された場合には戦闘外に置かれたものの保護に関する規則の適用が排除されない一方、戦闘の方法及び手段に関する規則の適用は考え難い。このため、国連平和維持軍が自己防護のため発砲を余儀なくされる状況においては、武力紛争法の「原則と精神」を尊重するというのが国連側にとって精一杯の表現であったと思われる。[53] また、武力紛争当事者性の欠如を前提とした条文が武力紛争法関連条約で設けられることもあった。[54]

しかし、平和執行その他のより積極的な活動の発生もあって、武力紛争当事者性の認定問題が顕著なかたちで現れるに至る。この問題は、既にコンゴ国連軍(ONUC)においてみられたが、UNPROFORや国連ソマリア活動(UNOSOM)を巡ってとりわけ議論を呼んだ。また、国連ルワンダ支援団(UNAMIR)のように、憲章第七章の活動ではないにもかかわらず、地位協定自体で武力紛争法の「原則と精神」に言及するものすらが生じたが、[55] このようなことは一九八〇年代末までにはあまり存在しなかったのである。さらに、国連の軍事的活動に従事する部隊が武力紛争当事者性を有さなくとも、これを支援する他の国家の又は国際機構の部隊が武力紛争当事者性を有する場合、国連部隊の性格に影響するかの問題もユーゴスラヴィアで生じた。

このように、新たな積極的活動に従事する部隊の武力紛争当事者性につき争いがある。しかし、武力紛争当事者性の判断は、暴力行為の有無という次元における事実認定によるものではなく、逆に、国連あるいは部隊派遣国の一方的自己規定に委ねられるものでもない。この判断は、部隊が純粋の自己防護をこえ、既に述べてきたような意味における攻勢的活動にいつ転じたかによるとするのが妥当である。Greenwoodは、国連の軍事的活動に武力紛争法が適用されるためには、国家間でその適用開始のために必要な暴力行為の烈度よりも高い烈度を実際上要するとするが、[56]

これは、部隊の攻勢的活動によりトリガーを引かれた高烈度の暴力行為の応酬が生じる場合と結果的に同じになるであろう。

おわりに

国連の軍事的活動への武力紛争法適用問題が改めて議論となった背景には、冷戦終結後の活動の多様化がある。一九九九年には国連事務総長告示が発出されるまでに至り、確かに国連の軍事的活動への武力紛争法ないし国際人道法の浸透ともいうべき現象が見られる。しかしながら、それは国家間や政府と反徒間の武力紛争の場合と全く同様の武力紛争の事実主義的認識に依拠したものではないであろう。

国連の軍事的活動においては、国家性の有無が特に条約規定の適用に影響する。また、武力紛争当事者性の有無によって、武力紛争法の全面的適用が生じない場合がある。つまり、国連の軍事的活動の場合には、武力紛争法が適用される事態は、暴力行為が存在する事態とは必ずしも一致しないのであって、武力紛争の事実主義的認識には限界が存在することになる。

このように国連の軍事的活動では、単純な事実主義的基準が直ちには妥当せず、とりわけ戦闘の方法及び手段に関する規則の適用が困難となることがある。それでは、武力紛争当事者性のない部隊への暴力行為及びそれに対する反撃としての暴力行為の方法と手段を何が規律するかという問題が残ると考えられるかもしれない。しかし、これは、暴力行為の指向を禁じられる保護対象への暴力行為に戦闘の方法及び手段に関する規則の適用がないのなら、何によってかかる「禁止される」暴力行為の「やり方」を規律するかと問うているに等しく、意味のある問ではないであろう。
もっとも、武力紛争当事者性がないとされた部隊であっても、それが攻勢的活動を行えば当事者性を獲得し、武力紛争法の全面的適用が開始される。この点に関してあり得る批判は、攻勢的活動への転換の有無に依拠する武力紛争当事者性基準が主観的で不明確であるというものである。しかし、武力紛争当事者性基準ではなく、暴力行為の発生時点で武力紛争法の適用が開始されるとする従来の事実主義的認識をとる場合でもその基準は同様に明確ではない。とりわけ、武力紛争概念に烈度基準が内包されているとする場合には、そのような烈度をこえたかの判断は不可避的に主観的となる。判断基準の不明確さは、武力紛争当事者性基準に固有の欠陥ではない。

国連の軍事的活動は、単純な事実主義的な基準が直ちには妥当しない状況の一例にすぎないといえるかもしれない。武力紛争の事実主義的認識は、武装集団間の暴力行為の内、国家の実質的意味における軍隊同士の暴力行為というかなり限定的な局面を前提としたものであった。武力紛争の事実主義的な理解は、一国内の闘争の場合にも拡大されるが、それはジュネーヴ諸条約共通第三条を待たねばならなかった。そのようになってもなお第二追加議定書は、反徒同士の暴力行為への適用を否定している。また、国家機関の行為であっても、実質的意味での軍隊ではないような海上警察部隊や国境警備隊が外国国民に対し法執行のため高烈度の暴力行為を行った場合や、テロリスト集団の国家に対する同様の暴力行為については[57]、事実主義的に理解しないのが従来むしろ普通であった。事実主義的認識は、多様な集団間の暴力行為の内、そもそも限定された局面のみで妥当してきたというのが多分正しい捉え方であろう。

1　本論では、暴力行為を物理的その他の力によって人又は物を殺傷、破壊又は捕える行為とする。

2　敵対行為とは、武力紛争において相手方紛争当事者の人又は物を殺傷、破壊若しくは捕獲するか又はその直接的支援を行うことをいう。合法的敵対行為は、国際的武力紛争にのみ存在する。

3　もっとも、旧ユーゴスラヴィア国際刑事裁判所（ＩＣＴＹ）判決等で戦闘の方法及び手段に関する規則の非国際的武力紛争への適用が示唆されるに至っている。

4　*E.g.*, H. McCoubery and N.D. White, *The Blue Helmets: Legal Regulation of United Nations Military Operations*, 1996, pp.156-161; Y. Sandoz, “The Application of Humanitarian Law by the Armed Forces of the United Nations Organization,” *International Review of the Red Cross* (hereinafter *IRRC*), No.206, 1978, p.282; D. Shraga, “The United Nations as an Actor Bound by International Humanitarian Law,” *International Peacekeeping*, Vol.5, No.2, 1998, p.76. 例えば、国連軍への人道的規則の適用に関する国際法学会ザグレブ決議(*Annuaire de l'institut de droit international*, Tome 54-II, 1971, pp.280-288)は、敵対行為に従事する国連軍は、全ての場合で武力紛争法の人道的規則を遵守しなければならない旨第二条で規定するが、正にそこでいう「敵対行為」とは何かが検討されなければならない。なお、ヴィースバーデン決議(*Ibid.*, Tome 56, 1975, pp.540-544.)も参照のこと。国際法学会、国際法協会、赤十字国際委員会、国連等による議論については、金子大、「国連軍への武力紛争法の適用に関する一考察—平和維持活動の場合—」、『中央大学大学院研究年報』、第一七号Ⅰ・一、一九八八年、一三—二六頁、岩本誠吾、「国連平和維持軍による国際人道法の適用問題」、『新防衛論集』、第二二巻一号、一九九四年、六五—八四頁を参照せよ。

5　国連の軍事的活動への武力紛争法適用問題の分析のための国家性と武力紛争当事者性の二基準は、既に別稿で試論的に提示した。真山全、「ジュネーヴ諸条約と追加議定書」、国際法学会編、『安全保障』(『日本と国際法の一〇〇年』第一〇巻)、二〇〇一年、一八二—一八六頁。

6　香西茂、『国連の平和維持活動』、一九九一年、一八頁。

7　同、一九頁、藤田久一、『国際人道法』(新版増補)、二〇〇〇年、五四—五五頁、C. Greenwood, “International Humanitarian Law and United Nations Military Operations,” *Yearbook of International Humanitarian Law* (hereinafter *YIHL*), Vol.1, 1998, pp.12-13.

8　国連平和維持活動協力法の国会審議でも「指図（コマンド）」と「指揮」の別が議論された。政府の一連の国会答弁については、さしあたり、朝雲新聞社編集部編『平成一四年版 防衛ハンドブック』、二〇〇二年、六一二―六一八頁を参照せよ。

9 Greenwood, *supra* note 7, p.17, n.47. 差別適用に関しては、後述する。

10 Advisory Opinion on Reparation, *ICJ Report*, 1949, p.179.

11 D.W. Bowett, *United Nations Forces: A Legal Study*, 1964, pp.504-511; Greenwood, *supra* note 7, p.18, n.48.

12 L. Boisson de Chazournes and L. Condorelli, "Common Article 1 of the Geneva Conventions Revisited: Protecting Collective Interests," *IRRC*, No.837, 2000, pp.73-74.

13 J.S. Pictet ed., *Commentary I, Geneva Convention for the Amelioration of the Condition of the Wounded and Sick in Armed Forces in the Field*, 1952, pp.24-27; Y. Sandoz et al eds., *Commentary on the Additional Protocols of 8 June 1977 to the Geneva Conventions of 12 August 1949*, 1987, pp.37-38.

14 香西、前掲注6、三八一頁。disciplinary command の所在は通常の国際公務員と異なるものの、その強い国際的性格から国際公務員とする見解もある。藤田、前掲注7、五五頁。

15 R.C.R. Siekmann, *National Contingents in United Nations Peace-Keeping Forces*, 1991, pp.104-107.

16 Boisson de Chazournes et al., *supra* note 12, p.73.

17 このことは、平和維持軍に関し派遣先国と国連との間で締結される地位協定でも前提とされている。なお、国際刑事裁判所（ＩＣＣ）が管轄権を行使する場合に、平和維持軍将兵の特権免除を国連が放棄することを義務的とすべきかについて国連・ＩＣＣ関係協定起草時に議論が生じた。国連による放棄は、ＩＣＣ規程非締約国が部隊を派遣している場合に特に問題となる。Draft Relationship Agreement between the United Nations and the International Criminal Court, Draft Art.8, PCNICC/2000/WGICC-UN/L.1, 9 Aug. 2000; Draft Art. 19, PCNICC/2001/WGICC-UN/L.1, 4 Oct. 2001.

18 戦争犯罪とは、武力紛争法の違反であって個人の刑事責任が追及されるものをいうから、武力紛争の存在は行為が戦争犯罪となるための必要条件である。国連の軍事的活動で戦争犯罪が生じうる状況としては次の二つが考えられ、従って、そのような活動に従事する部隊が暴力行為をなす全ての場合において戦争犯罪が発生しうるわけではない。第一は、次章で述べるような意味での武力紛争当事者性を部隊が有する場合である。第二は、武力紛争当事者性を持たない部隊が第三者間に既に存在する武力紛争の事態に投入される場合である。この第二の状況においても部隊による戦争犯罪がありうるのは、同様に武力紛争当事者性のない文民でも戦争犯罪をなしうるのに同じである。もっとも、自国将兵が戦争犯罪人として処罰される可能性を低減させるという要請は、第一の場合でも武力紛争の存在を否定しようとする部隊派遣国側の傾向を促進するであろう。犯罪行為の発生を認めても武力紛争の存在を否定するなら、戦争犯罪としてではなく、普通犯罪として処罰することになる。このとき部隊派遣国は、戦時軍刑法の適用を排除して平時軍刑法その他を適用するから、量刑等に相違が生じよう。

19　Greenwood, *supra* note 7, p.20.

20　暴力行為自体が国内法上違法で、国際法も国内法によるそれらの処罰を許容するが故に戦闘の方法及び手段に関する規則の適用について同種の問題が生じるのが非国際的武力紛争における反徒の行為である。

21　戦闘の方法及び手段に関する規則と戦闘外に置かれたものの保護に関する規則の区分に関する詳細な議論は別稿にゆずりたい。両者の原理的部分における相違については、田中忠、「戦闘手段制限の外観と内実」、『国際法外交雑誌』、第七八巻三号、一九七九年、四二―四四頁を参照せよ。

22　ところで、第一追加議定書第四九条一項は、攻撃とは「攻勢としてであるか防御としてであるかを問わず、敵に対する暴力行為をいう」とし、防御的行動を含んでいる。しかし、これは元々相互に暴力行為の実施を許容されるというコンテキストにおいて攻勢か防御を問わないとするものである。従って、同議定書第四九条の防御と本論でいう保護対象が正当防衛的にとる自己防護措置は異なる概念である。

23　特に、武装集団間で武力紛争が既に存在している場合には、そこにある保護対象には戦闘外に置かれたものの保護に関する規則の適用がある。

24　*Prosecutor v. Tadic*, ICTY Case No.IT-94-I-T, Judgement, 7 May 1997, para.640; *Prosecutor v. Blaskic*, ICTY Case No.IT-95-14-T, Judgement, 3 March 2000, paras.402-410; K.W. Watkin, "Combatants, Unprivileged Belligerents and Conflicts in the 21st Century," background paper prepared for the Informal High-Level Expert Meeting on the Reaffirmation and Development of International Humanitarian Law (Boston, 27-29 Jan. 2003) (on file with author), pp.18-19.

25　敵対行為に直接参加していない文民が外国軍隊の戦闘員に小銃によって殺傷されんとしたとき、当該文民がこの急迫の侵害に対処するためやむなく手元にあった猟銃で戦闘員に発砲したとする。戦闘の方法及び手段に関する規則は、この銃撃戦を規律するだろうか。この際、猟銃に装填されていた弾丸がダムダム弾的効果を有する狩猟用弾丸であることを当該文民が了知しつつ発砲し、戦闘員を負傷させたら戦争犯罪となるであろうか。

26　武装した軍隊構成員であっても保護対象、すなわちmilitary non-combatantであるため、それとの間に生じる暴力行為への戦闘の方法及び手段に関する規則の適用に疑問が生じる状況は他にもある。例えば、戦闘員ではないが個人携行用軽火器による武装を禁止されない軍衛生要員が攻撃対象となった場合である。また、第一追加議定書がいう民間防衛活動に編入された軍隊構成員の場合も同様である。ここで中立義務履行のための中立国軍隊による交戦国軍隊に対する措置への武力紛争法適用問題にも付言しておきたい。第一追加議定書第三七条一項(d)が示すように中立国軍隊も保護対象とされるが、これも中立国軍隊が積極的又は攻勢的な活動をしない限りでである。中立国軍隊が防止義務履行のため積極的又は攻勢的に暴力行為を行う際には、陸戦中立条約第一〇条にもかかわらず、ジュネーヴ諸条約のいう武力紛争がその限度で存在するというべきである。この意味で同じ軍隊構成員とはいえ、*jus in bello* 上の保護対象たる衛生要員等の場合とは状況が異なる。

27　Greenwood, *supra* note 7, pp. 24-25, 34; McCoubery et al., *supra* note 4, pp.156-161; Sandoz, *supra* note 4, p.282; Shraga, *supra* note 4, p.76.

28　Convention on the Safety of United Nations and Associated Personnel, *International Legal Materials* (hereinafter *ILM*), Vol.34, 1995, p.482.

29　新井京、「『国際連合要員及び関連要員の安全に関する条約』の適用範囲—戦争法との関係を中心として—」、『同志社法学』、第四九巻三号、一九九八年、二五〇頁。

30　但し、同条二項は、「武力紛争に係る国際法」ではなく、「国際武力紛争に係る法規」としている。

31　Rome Statute of the International Criminal Court, PCNICC/1999/INF3, 17 Aug. 1999.

32　武力紛争当事者性の有無を判断基準とすると考えられる同二項(b)(iii)及び(e)(iii)も、いかなる場合に武力紛争当事者性を欠く軍事的活動が生じるかについては曖昧な書き振りで、「国連憲章に従った人道援助又は平和維持の任務」とするのみである。

33　Secretary-General's Bulletin, Observance by United Nations Forces of International Humanitarian Law, ST/SGB/1999/13, 6 Aug. 1999. 新井京、「『国連軍による国際人道法の遵守』に関する事務総長告示」、『京都学園法学』、二〇〇〇年第一号、二〇〇〇年、一—四九頁。

34　最近の平和維持活動における自衛の意味については、酒井啓亘、「国連平和維持活動における自衛原則の再検討—国連保護軍（UN

ＰＲＯＦＯＲ）への武力行使容認決議を手がかりとして―」、『国際協力論集』、第三巻二号、一九九五年、六一―八五頁を参照せよ。

35　武力紛争法の自発的適用は、暴力行為抑制の効果を生じる場合があるので、それ自体否定的にとらえる必要はないであろう。しかし、暴力行為の犠牲者保護については、これを自発的に適用しない方が犠牲者にとって有利になることもある。国際的武力紛争の存在を否定し、武力紛争法を適用しなければ、捕らえられた軍隊構成員たる要員は、捕虜よりも良い待遇を要求できるかもしれない。なお、捕らえられた者の保護について第一追加議定書第七五条に言及されることがあるが、これは武力紛争の存在を前提とする。

36　また、攻勢的活動を行った後にそれを中断した場合、再び保護対象に戻るのかという武力紛争当事者性認定におけるいわゆる「回転ドア」問題がある。

37　Shraga, *supra* note 4, p.70.

38　国連の活動ではないが、一九九九年の北大西洋条約機構（ＮＡＴＯ）軍による対ユーゴスラヴィア航空攻撃の際に放送局破壊の問題が議論された。ICTY, *Final Report to the Prosecutor by the Committee Established to Review the NATO Bombing Campaign Against the Federal Republic of Yugoslavia*, PR/P.I.S./510-E, 2000, paras.28-47, *ILM,* Vol.39, 2000, pp.1257ff.; Amnesty International, *'Collateral Damage' or Unlawful Killings? Violations of the Laws of War by NATO during Operation Allied Force*, EUR70/018/2000, 2000, Sec.5.3, pp.46-53; W.J. Fenrick, "Targeting and Proportionality during the NATO Bombing Campaign against Yugoslavia," *European Journal of International Law*, Vol. 21, No.3, 2000, pp.493-498.

39　ICTY, *supra* note 38, para.76; Fenrick, *supra* note 38, p.496.

40　M. Bothe, "Legal Restraints on Targeting: Protection of Civilian Population and the Changing Faces of Modern Conflicts," *Israel Yearbook on Human Rights*, Vol.31, 2001, pp.38-43, 48; ICTY, *supra* note 38, paras.71-73.

41　人道上の惨劇阻止という*jus ad bellum*における正当性が認められるとして、それが*jus in bello*諸規則にある人道的考慮より大であるという説明をするのであろうが、そのようなことが可能かは疑わしい。

42　Bowett, *supra* note 11, p.56; Greenwood, *supra* note 7, p.19, n.55.

43　Hansard, House of Commons Debates, Vol.531, WA43-4 (22 July 1991), reproduced in *British Year Book of International Law*, Vol.62, 1991, p.676; U.S. Department of Defense, *Conduct of the Persian Gulf War: Final Report to Congress*, 1992, pp.605ff.; ICRC, "Outline of the Legal

"Aspects of the Conflict in the Middle East," reproduced in M. Weller ed., *Iraq and Kuwait: Hostilities and their Aftermath*, 1993, pp.332-333. 安保理事会決議に基づき行われた海上阻止活動(maritime interception/interdiction operations, MIO)も第一の範疇に属すると考えられる。ＭＩＯは、制裁対象国向船舶に停船を強制し、禁輸対象物資通過を阻止するもので、捕獲や封鎖と実際上類似の効果を持つ。海上警察活動のような法執行としてはこうした強制を外国船舶に加ええず、伝統的な海戦法規では法上の戦争状態がなければなしえないとされてきたものである。真山全、「日米防衛協力のための指針と船舶の検査」、『防衛法研究』、第二二号、一九九八年、一〇九―一一三七頁。

44　この内、国連以外の国際機構に作戦指揮統制権があるものは、厳密にいえば国家性はない。

45　対ユーゴスラヴィア航空攻撃中に生起したＮＡＴＯ軍所属米軍機による中国大使館誤爆では米国が謝罪と賠償を行ったように、ＮＡＴＯ軍部隊の国家性の有無は実は必ずしも明確ではない。E. David, "Respect for the Principle of Distinction in the Kosovo War," *YIHL*, Vol.3, 2000, pp.83-85.

46　根拠となった安保理事会決議は次の通り。ＵＮＰＲＯＦＯＲ支援ＮＡＴＯ軍、決議八三六、同八四四、同九五八、ＵＮＩＴＡＦ、同七九四、ルワンダ多国籍軍、同九二九。

47　Greenwood, *supra* note 7, p.24. ソマリアに展開した加部隊と伊部隊による非人道的行為に対するジュネーヴ第四条約の適用が争われたことがある。R. M. Young and M. Molina, "IHL and Peace Operations: Sharing Canada's Lessons Learned from Somalia," *YIHL*, Vol.1, 1998, pp.362-370; K. Boustany, "Brocklebank: A Questionable Decision of the Court Martial Appeal Court of Canada," *ibid.*, pp.371-374; N. Lupi, "Report by the Enquiry Commission on the Behaviour of Italian Peace-Keeping Troops in Somalia," *ibid.*, pp.375-379.

48　B.D. Jones, "'Intervention without Borders': Humanitarian Intervention in Rwanda, 1990-94," *Millennium Journal of International Studies*, Vol. 24, No.2, 1995, p.231.

49　Greenwood, *supra* note 7, pp.31-32. このことは、国連の軍事的活動に従事する部隊の展開でも紛争が国際化しないことを前提とした議論である。これを前提とすれば、一国内の闘争の事態に投入された部隊は、その活動がジュネーヴ諸条約共通第三条のいう烈度以下であるなら、ソマリアで見られたような特定の者の身柄拘束その他の積極的活動を実施しても武力紛争の不存在からその当事者にならないことになる。

50　やはり国連の軍事的活動ではないが、一九八二年からレバノンに展開していた第一次と第二次の多国籍軍（ＭＮＦ）は自らを「多国籍平和維持軍」と称した。香西、前掲注6、三一七―三一八頁。しかし、特に第二次の活動では大規模攻勢作戦を展開したから、ＭＮＦは武力紛争当事者性を有したといわなければならない。

51　香西、前掲注6、二八六―二八七頁。

52　H. Meyrowitz, *Le principe du l'égalité des belligérants devant le droit de la guerre*, 1970, p.229. 藤田、前掲注7、五五頁。

53　Model Agreement between the United Nations and Member States Contributing Personnel and Equipment to the United Nations Peace-Keeping Operations, A/46/185, 23 May 1991, Art.28.

54　第一追加議定書第三七条一項(d)、同第三八条二項、ＩＣＣ規程第八条二項(b)(vii)。

55　Agreement between the United Nations and the Government of the Republic of Rwanda on the United Nations Assistance Mission for Rwanda, 5 Nov. 1993, Art.17, reproduced in Greenwood, *supra* note 7, pp.21-22.

56　*Ibid*., p.34.

57　暴力行為の存在のみに依拠する事実主義的考えを過度に拡張すれば、合法的戦闘員の範囲の不当な拡大の契機となろう。このことは、二〇〇一年の対米大規模テロ事件後に改めて議論されるようになった。

冷戦後世界におけるＩＣＪのスタンスと役割

牧田　幸人

はじめに

冷戦後世界は今、どのような状況にあり、何を求め、何を具現せんとしているか。

第二次大戦後の国際社会における歴史展開と構造変化の文脈のなかで注目すべき事象の一つは、八〇年代末から九〇年代初期にきわめて重要な歴史的意義をもって現実化した、戦後世界の基軸であった冷戦構造(冷戦体制)の崩壊である。二〇世紀の終わり近くなって惹起したこの歴史的な出来事は、将来の国際平和と安全の維持ばかりでなく、国際社会全体の一般的利益を具現し、あるいはまた新たな国際秩序(世界秩序)の樹立を指向し、これらに積極的にアプローチせんとするプロセスにも多大な影響を与えるものであった。さらに、冷戦後世界の新たな歴史展開において看過できない一齣は、国連創設五〇周年(一九九五年)であり、これに関してもまた、国連の再生・活性化あるいは国連機能強化に向けた積極的なアプローチが多々示され試みられてきた。国連創設五〇年をいかに回顧し、国連の将来をどのように展望するかは、戦後世界の半世紀をどのように総括するか、とくにそれを二〇世紀全体の歴史展開のなかで(あるいは一九世紀から二〇世紀への近・現代史のトータルな史的展開過程のなかで)どのように回顧・省察し総括するか、それにもとづく将来展望をいかに切り開き構築するか、といった課題に連結する重要かつ不可欠な作業でもある。

冷戦後世界や国連創設五〇年にかかわる今日的な重要課題と将来について考察する観点から、国際機構研究の権威である香西茂(京都大学名誉教授)は、一九九五年の時点で、「国連と世界平和の維持―五〇年の変遷と課題」と題して、次のような傾聴すべき論を提示する。

冷戦の終結とともに、世界平和機構としての国際連合の存在がにわかに脚光を浴びるようになった。米ソ(九一年以降は米ロというべきか、筆者)を中心とする大国の協調体制が整った安全保障理事会は、もはや「拒否権」に悩まされることなく、平和維持の要としての本来の機能を回復した。湾岸危機に際して、イラクに対する一連の制裁決議がほとんど全会一致の形で採択されたのは、国連の平和維持の将来を占う象徴的な出来事であった。その後も、国連は多発する地域紛争に意欲的な介入を続け、世界の各地に「ブルー・ヘルメット」が展開するようになった。

しかし、こうした国連への期待の高揚は束の間に終わり、ソマリアや旧ユーゴでの国連活動がつまずくと、米国を始め、国際世論は一転して「国連離れ」の様相を帯び始めた。この態度の急変ぶりは何を物語るのであろうか。国連は、目下平和維持のあり方をめぐって、試行錯誤の段階にある。(中略)二一世紀を間近に控えて、国連は今なお世界平和実現への針路を求めあぐねている状況にある。過去半世紀に国連が平和維持の分野でたどった歴史を振り返り、今後の課題を検討することにする。

(中略)

冷戦の解消は、国連が平和維持の分野で陥った機能障害の真の理由を浮き彫りにした。機能不全の原因は、これまで広く語られてきたような「東西対立」だけに帰せられるものではなく、より根本的な原因の存在を知らしめたのである。

世界平和実現のために国連のもつ諸手段は、いずれも「万能薬」ではなく、それぞれに制度としての限界をもつ。問題は、これらの制度をいかに有効に働かせるかであり、それは関係国がこれらをいかに活用するかにかかっていると言わねばならない。

しかし、国際社会の現実を直視すると、その現実を阻む壁が至る所に存在する。それは諸国家の「主権」への執拗なこだわりであり、国際社会全体の利益(国際公益)よりは自国の国益を優先する立場である。国益優先主義は、例えば、国際裁判の義務的管轄を拒む態度、国連の集団安全保障制度の活用とそれへの参加を、もっぱら自国の利益とからめて判断する態度、自国の軍隊を国連の統制下におくことの拒否、国連軍組織化のための「特別協定」締結への拒否反応、さらに、国連経費の分担を渋る態度となって現れる。

この態度が改まらない限り、いくら制度の改善強化を図っても、根本的解決にはつながらない。この壁をいかにして超克するか。これが二一世紀における人類最大の課題であろう。[1]

右の論述部分は当該論文の「はじめに」と「おわりに」の部分にすぎないが、全体の内容は、冷戦後世界における平和の実現あるいは平和維持の分野において、国連はそのための基本的な指針をいかに探求し確定すべきか、国連の目的や存在理由にもとづく活動や役割をいかに積極的にはたすべきかなどの点について考察し、これらに関連した将来の展望と課題について論じたものであり、その核心は「平和へのアプローチ」にあった。それはまた、そうした観点から、国連システムのもとで、紛争の平和的解決制度、紛争の強制的解決機能、平和維持活動（ＰＫＯ）がいかに機能し展開してきたか、それらの問題状況と限界は奈辺にあるかを分析検討するものであった。とくに、紛争の平和的解決に関連して、平和実現のための国連機能のうち、「予防外交と平和創出」(preventive diplomacy and peacemaking)、「紛争後の平和構築」(post-conflict peace-building)は、いずれも国際紛争を平和的手段によって解決する機能のカテゴリーに属する、[2]と指摘する。さらに、司法的解決機能については、「国連の紛争解決機関であるＩＣＪは、その判決が当事者を拘束する効果をもつため、紛争に直接的な解決をもたらす役割をもつ。しかし、実はここにも抜け道が用意されている。つまり、国内の裁判と異なり、紛争当事者が一方的に紛争を裁判所にかけて解決することはできない。紛争を裁判にかけるかどうかは、当事者双方の合意にかかっている。この意味で、ＩＣＪが国家間の紛争を解決する役割は限られたものにならざるをえない」、と指摘する。これにかかわって、ＩＣＪ強制管轄権受諾状況、とくに大国の消極的態度に論及し、「大国を含め今日多くの国が、法律的性格の紛争を裁判にかけて解決することを欲しないのは、自国が訴えられ、かつ裁判に敗れることへの警戒心からである」とその理由を端的に指摘し、さらに、裁判付託における任意的性格に触れて、「国連による解決への努力が功を奏するかどうかは、結局、当事者の意思にかかっていることになる。この点にこの制度の基本的限界があると言えよう」[3]、と論じた。

ここでも指摘されているように、国際紛争平和的処理システムにおけるＩＣＪの役割や機能展開は、国際法の妥当基盤である国際社会の特殊な権力構造（分権的な社会構造、多元的権力システム）のもとで、基本的な限界性をもつ。それは、国際裁判システム、ＩＣＪ体系における管轄権基礎をなすところの同意原則、その基盤をなす国際社会の基本性格に起因し、それから派生する。かかる管轄権上の同意原則は国際裁判の本質をなす。

国際法の歴史的発展にともなって、国際裁判システムも、一八・一九世紀の近代国際裁判の時代から、二〇世紀に入ってからの現代国際裁判の体系化と機能展開へと進展し、現在にいたっている。第二次大戦後の国際社会あるいは国際関係の動態と変革のなかで、半世紀余りを経過した現在においてもＩＣＪ体系の基本は設立当初のままであり、それは第一次大戦後のＰＣＩＪ体系を踏襲し、ある意味ではそのレプリカのままである。[4]しかし、現実には、これまで、ＩＣＪ体系の外在的・内在的な根源的要因にかかわって、ＩＣＪ体系をめぐる批判と変革・改革の論議が多々提示され展開されてきた。とくにそれは、六〇年代から七〇年代にかけて、厳しい冷戦対立状況や国際社会の構造変化の進展とＩＣＪ凋落化との相関における文脈のなかで展開されてきた。[5]それはまた、究極的には、国際法の存在性格や国際社会における「法の支配」原則の妥当性を問うものであり、[6]あるいは「国際法学は、戦争との対決から出発した」[7]という国際法史の文脈における国際法規範の内的・質的発展への問いかけと関連することでもあった。

冷戦後世界において、国連の主要な司法機関としてのＩＣＪの役割はどのようなものとしてとらえ、意義づけることができるか。この小稿では、以下、冷戦後世界における国際紛争の平和的解決の分野におけるＩＣＪのスタンスと役割について、ＩＣＪ体系とその基本枠組みを再確認する観点からアプローチし、若干の検討を試みてみたい。

一　冷戦後世界とＩＣＪの再生

昨今、ＩＣＪはきわめて多忙である。それは、かつて深刻なＩＣＪ凋落化が進行し、ＩＣＪ活動は低調で閑古鳥が鳴いていた状況（それはとくに六〇年代から七〇年代半ばにかけて顕著であった）を想起しそれと比べれば、国際社会にとって、国際法にとって、そしてまたＩＣＪ自身にとっても、まことに喜ばしいことである。だが、それを何のくったくもなく、手放しで喜んでばかりいてよいのかどうか。

二〇世紀の半ば、第二次大戦後にＩＣＪが設立されて以来、ＩＣＪはすでに半世紀余りの歴史をもつ（ＩＣＪの前身である第一次大戦後のＰＣＩＪ設立からみれば、すでに八三年余りの歴史をもつことになる）。近年、ＩＣＪには多様な紛争や問題が付託され、それらの多くは国際社会全体の利益や新たな国際法秩序形成にもかかわる重大な性質・内容をもつものでもあり、ＩＣＪの総件名簿にはここ数年来平均して一〇数件の事件が係属し、ＩＣＪ活動はかなり活況を呈している。新しい世紀、二一世紀の幕開けの二〇〇一年七月に、ＩＣＪには二二件の争訟事件が係属中であった。[8]それは、まさに、「言語に絶する悲哀を人類に与えた」第二次大戦の余りにも残酷で多大な惨害にもかかわらず、不死鳥の如く蘇生した国際司法制度（international judicial institution）、ＰＣＩＪからＩＣＪへの継承発展を象徴する現実の姿であり、ＩＣＪ再生そのものを歴史的な事実として如実に物語ることがらでもあった。[9]

ところで、ＩＣＪ再生とは、一体どのようなことを意味し、どのような文脈のなかでどのようにとらえ論じることができるか。ここでは、ごく一般的な意味あいにおいて、それは、現象的には、ＩＣＪの役割や機能の活性化ないし活発化を意味するものととらえておく。つまり、それは、かつてＩＣＪ活動がアクティブであった状況から、その活動がしだいに低調になり、その深刻な衰退ないし凋落化の時期を経て、再びＩＣＪ活動がアクティブなものとなり、さらには、これまで以上にＩＣＪ活動が活発化し、それにともなってＩＣＪの役割や機能展開がより活性化し、その将来展望の文脈においても、一般的な国際紛争平和的処理システム上のＩＣＪの地位と役割について、より積極的にアプローチし、その新たな機能展開が予期されうる状況にある、といったとらえ方である。こうした意味あいでのＩＣＪ再生についての理解は、これまでのＩＣＪの歴史状況を直視し、ＩＣＪ活動やその特性にかかわる問題状況の分析検討を通して再吟味することによって、深められなければならない。その検討過程において看過すべきでない、むしろ重視すべき視点と作業は、ＩＣＪ体系（国際法体系あるいは国際法秩序におけるＩＣＪ体系の存在理由・存在意義）の再吟味あるいは再確認の作業である。

ＩＣＪ設立以来、これまでのＩＣＪの活動状況を通観すれば、それは、ＩＣＪ活動がスタートした四〇年代後半から五〇年代の時期にかけては毎年三件から六件程の事件がＩＣＪに付託され、諸国による争訟事件付託、国連諸機関による勧告的意見要請もかなり積極的になされた。しかし、六〇年代から七〇年代にかけて、その傾向は凋落し、諸国や国連諸機関によるＩＣＪへの積極的なアクセスは影を薄め、ＩＣＪ不活用が一般的な状況としてあらわれ、懸念されるようになった。それは「ＩＣＪの凋落」あるいは「瀕死のＩＣＪ」として観念され、まさにＩＣＪ体系そのものが根源的に問われる危機的な状況をもたらした[10]。

八〇年代に入り、ＩＣＪ活動は活発化のきざしをみせてきた。それは、現象的には、ＩＣＪへの付託事件数（係属事件数）がしだいに増加し、またこれまでＩＣＪ不信等を理由に否定的・消極的な態度をとってきた社会主義諸国や第三世界諸国、とくにアフリカ諸国によるＩＣＪへの紛争付託もしだいに顕著になり、さらには、八〇年代半ば以降にかけて、旧ソ連はじめ中東欧諸国によるＩＣＪへの否定的な対応もやや緩和され、積極的に対応せんとする姿勢へと徐々に変化してきた。[11] さらに、八〇年代末から九〇年代初頭の時期に、世界は歴史的な出来事に遭遇した。それは「ベルリンの壁」開放に象徴される冷戦体制（冷戦秩序）の崩壊と、その後の新たな世界秩序の構築に向けた歴史展開への幕開けであった。それは「力の体系」におけるダイナミズムに重大な変化をもたらす要因の現出であり[12]、それはまたＩＣＪ体系やＩＣＪの機能展開にも少なからぬ影響をもたらす要因でもあった。

激動の二〇世紀から新たな二一世紀への転換期におけるＩＣＪの活動状況について、ＩＣＪ所長ギョーム（Gilbert Guillaume）は、第五五回国連総会におけるＩＣＪ活動に関する年次報告（一九九九年八月から二〇〇〇年七月末まで）において次のように言及した。ここでは、そのいくつかを抜粋して簡単に紹介しておく。すなわち、ＩＣＪは国連の主要司法機関であるが、ＩＣＪはまた「一般的な管轄権をもつ普遍的性格の唯一の国際裁判所」（the only international court of a universal character with general jurisdiction）である。ＩＣＪの管轄権（権限）については、ＩＣＪはまず、諸国が主権の行使によって自由にＩＣＪに付託する紛争を裁判し、二〇〇〇年七月末で、一八九カ国がＩＣＪ規程当事国であり、このうち六二カ国が規程三六条二項に従って強制管轄権を承認している。さらに、約二六〇の二国間・多国間条約はそれらの解釈・適用から生じる紛争の解決にＩＣＪが管轄権を有することを定めている。また、ＩＣＪは総会や安全保障理事会、あるいは総会の許可をえた国連のその他の機関や専門機関によって諮問された法律問題について勧告的意見を与えることができる。近年、ＩＣＪへの付託事件数は増加の一途をたどっており、七〇年代にはＩＣＪには一、二件しか係属していなかったが、九〇年から九七年の間にその数は九件から一三件へと変化し、二〇〇〇年七月末では二三件である。これらの事件は世界のすべてから付託されており、主題もきわめて多様である。ＩＣＪは過去一年間（一九九九年から二〇〇〇年）に司法的任務を慎重に遂行し裁判してきた。諸国がＩＣＪの紛争解決能力をますます信頼することは大いに歓迎すべきであるが、その信頼に応えるにはそれなりの物的・人的資源を要し、近年それはきわめて欠如しており、その充足が強く求められる、と論じた[13]。

彼はまた、国連総会における恒例のＩＣＪ所長演説(二〇〇〇年一〇月二六日)のなかで、次のように論を展開した。すなわち、まず、近年のＩＣＪの活動状況、とくに付託事件数の増大に関して、ＩＣＪ総件名簿には一九九四年一〇件、九八年一二件がリストされていたが、九九年末には二五件と増加し、これはこれまでの新記録であり、現在は二四件が係属中であると指摘し、このようにＩＣＪが活況を呈し、世界のあらゆる地域から紛争が付託され、とくにこの点についてはアフリカ諸国によるＩＣＪへの積極的対応に注目すべきである、と強調した。そして、かかるＩＣＪ活性化の理由については、裁判部設置、手続き上の改善、国連事務総長によるＩＣＪ基金創設などの技術的要因も一定の役割をはたしたといえるが、本質的な理由は、国際舞台における緊張緩和にある、と指摘した[14]。

このように、近年のＩＣＪの役割や機能の現状に関する指摘や論述は、冷戦後世界における新たな動態と変容の文脈におけるＩＣＪの位相やＩＣＪの機能展開について考察するうえで、いくつかの重要な示唆を提供する。それは、先にも触れたように、ＩＣＪ体系の再吟味にかかわるいくつかの論点を提起するものである。すなわち、それは、八〇年代以降から徐々に活性化してきたＩＣＪ活動の展開過程の延長線上にあって、あるいは実際には必ずしもそれと同一の延長線上にはない、ある重大な転換・変革要因をともない、それを介在した新たな文脈のもとで、とくに八〇年代末から九〇年代初頭の冷戦体制の終焉を告げた歴史的事実を契機にして、ＩＣＪ活動とその再生は量的・質的にもより顕著な形で拡大展開することになったことを指摘し提示する。そうしたＩＣＪ体系の根源にも深くかかわるいくつかの要因分析をも射程にいれて、冷戦後世界におけるＩＣＪ体系の事実的存在と変革可能性(変革妥当性)についてアプローチすることを、次章以下において試みてみたい。

二　冷戦後世界におけるＩＣＪのスタンス
——ＩＣＪ体系の再確認に依拠して

冷戦後世界のこれまでにない新たな動態と変容のなかにあって、ＩＣＪのスタンスはいかなるものとして設定され、それにもとづくＩＣＪ活動はどのように展開されてきたか。

この問いかけに関連しては、次のようなことがらに留意すべきであろう。すなわち、ＩＣＪの役割や機能の実際の展開場裏において、ＩＣＪがどのようなスタンスのもとで、あるいはどのようなスタンスをとって、ＩＣＪ本来の司法的任務にもとづくその司法活動をいかに具体的に展開するか、それはＩＣＪの存在意義ないし存在理由そのものにも根源的にかかわる重要なことがらである。それはまた、これまでのＩＣＪの歴史状況を省察し、それを踏まえてＩＣＪ活動の現状をしっかりと認識し、そのうえでＩＣＪの当面の、あるいはある程度の中長期的な機能展開のあり方を射程にいれた、新たな司法政策などにもとづく将来展望をどのように構想し描くかについて積極的にアプローチするうえでも重要なかかわりをもち、かなりの影響を与えることがらでもある。

そうしたＩＣＪのスタンスについて検討するうえで、その基本的な前提として、あるいは基本要件として、ＩＣＪ体系そのものの再確認の作業が不可欠である。ＩＣＪ体系(ＩＣＪシステム)をどのようにとらえるかについては、多様な視点からアプローチし、いく通りものとらえ方が提示されえようが、ここではまず、ＩＣＪ体系の根幹をなす基本枠組みとして、国連憲章、ＩＣＪ規程およびＩＣＪ規則に設定された、ＩＣＪの地位、組織、機能、審理手続の基本枠組みに留意する。この観点からは、最小限、ＩＣＪは国連の主要な司法機関(the principal judicial organ of the United Nations)であり、「世界の主要文明形態・主要法系」が裁判所(裁判官一五名)全体に代表され、国家によって付託された国家間紛争について裁判する争訟機能と、国連諸機関などによって諮問された法律問題について勧告的意見を与える機能とを有する、ととらえておくだけで十分である。だが、それをもう少し広範な観点から、国際法体系におけるＩＣＪ体系の本質的な制度上の位置づけや予期された機能との関連においてとらえようとするならば、それはＩＣＪの存在意義ないし存在理由にかかわるものとしてより重要性をもつことがらであって、国際平和と安全の維持、そしてまた国際紛争平和的処理システムとの関連において、ＩＣＪ体系そのものを再確認し再吟味することを必要とし、むしろそうした観点からのアプローチやとらえ方がＩＣＪ体系の再確認と、それにもとづくＩＣＪのスタンスについての理解にとって、より重要な意味をもつといえるであろう。

ところで、第二次大戦後の国際舞台において、東西両陣営の敵対対立関係にもとづく冷戦体制（冷戦秩序）のもとで、国連の無力化が顕在化した。それは主に、国際平和と安全維持の分野において第一次的責任を担い、その枢要な役割をはたすべき安全保障理事会の機能麻痺に起因するものであった。そうした現象なり事態は、国連創設直後からとくに五〇年代、六〇年代にかけて顕著であったが、その後もそのような事態の根源的な要因は容易に解消されえず、八〇年代末から九〇年代初頭にかけての冷戦体制の終焉にいたるまで、国際関係の基底に存在し続けてきた。他方、第二次大戦後の国際社会の構造変化にともなういくつかの要因が、東西対立に基礎をおく冷戦体制と相関しながらも、戦後世界の新たな国際法展開の能動的要因として作用してきた。こうした冷戦体制下での国連の無力化・不活動の様相と、国際社会の構造変化にともなう新たな挑戦的・変革要因の国際秩序にたいする能動的作用とは、相互に関連しながら、ＩＣＪ体系の基盤そのものにも大きく影響を与えるものであった。それは、ＩＣＪの凋落化を招来し、その後のＩＣＪ役割再検討の重要な契機をなす関連要因であった。その帰結は、さらに現象的には、伝統的な国際法・近代国際法体系へのチャレンジと変革、それによる新たな国際法体系の再構築や国際秩序形成を背景にした、ＩＣＪ不信・批判と相関したＩＣＪ改革・変革への積極的対応、そしてこれらを基礎にしてその相互作用によってもたらされたＩＣＪ活性化、ＩＣＪ再生への新たな展開へと連続し、ＩＣＪをめぐる今日の状況をもたらすにいたったのであった。

とくに、冷戦後世界において、国際平和と安全維持にかかわる国連の実践過程、平和実現のための国連機能との関連において提示され強調された「平和へのアプローチ」にかかわるキーワードは、「平和の創出」(peacemaking)、「平和の維持」(peace-keeping)、「平和の強制」(peace-enforcement)の三つである。これらの概念は「予防外交」(preventive diplomacy)と関連し、あるいは「予防外交と平和創出」、ＰＫＯ、「紛争後の平和構築」などとも関連する。これらの概念について、とくに、平和実現のための国連機能のうち、「予防外交と平和創出」、「紛争後の平和構築」は、いずれも国際紛争を平和的手段によって解決する機能のカテゴリーに属する、と説明される。[15] ＩＣＪ体系あるいはＩＣＪの役割や機能は、まさにこれらの概念に関係し、とくに冷戦後世界におけるＩＣＪのスタンスや役割、あるいはこれらの位置づけや存在意義については、これらにかかわって多々論議されるのである。

第二次大戦後、ＩＣＪ体系は、戦後世界の一般国際平和機構として創設された国連機構(国連体制)の目的達成との関連において、その重要な一翼をなす機関としてどのような役割を担い、いかに機能すべきかという視点から設定された。[16] ＩＣＪの司法裁判所としての本来的な役割と機能は、国際法の適用による国際紛争(国家間紛争)の解決にある。こうした国際裁判所による紛争解決機能は紛争当事国の同意を基礎とするものであり、国際裁判の本質的特性をなす同意原則は、国際裁判の基本要件でもあり歴史的な発展過程における不可欠な要素でもあった。かかる同意原則は、国際裁判の制度化とその発展過程におけるプラス・マイナス両面の要因として作用してきた。それはまた、巨視的にあるいはやや逆説的に考えるならば、近代国際法から現代国際法への発展過程、とくに第二次大戦後の国際社会の構造変化を背景にした国際法の新展開過程における能動的な作用要因でもあった。それはより現実的で理念的な意味あいをともなって能動的に作用するＩＣＪ体系の現代的特性を形成し具現する要因でもあった。

ＩＣＪ体系はまた、別の観点から、国際平和と安全維持の文脈において、重要な歴史的意義をもって設定された。それは、第二次大戦後の国際社会あるいは国際関係の動態と変革の過程における、国際平和秩序（平和的な国際法秩序）の樹立にかかわる基本システムとして設定され存続してきた。国際裁判の歴史展開においても、それは国際裁判所の存在理由と地位にかかわる基本要因であり、その役割展開にとって看過されえない本質的要因でもあった。第一次大戦後の国際連盟時代においても、ＰＣＩＪは、法的な組織上の結合関係の点では連盟の機関ではなかったが、連盟による平和実現に一体的にかかわり、積極的な司法機能展開によって第一次大戦後（両大戦間期）の平和的な国際秩序の形成と維持に少なからぬ寄与をした。第二次大戦後、ＩＣＪは国連の主要機関の一つ、国連の主要な司法機関たる地位にあって、国連による平和実現、平和的な国際秩序の樹立に向けた国連活動に深くかかわって、その司法機能を積極的に展開する立場にある。ＩＣＪ設立以来これまで半世紀余りの期間にわたるＩＣＪ活動あるいはＩＣＪの司法機能展開は、国際社会におけるそうした平和実現の文脈においても看過しえない、過小評価されえない寄与をなすものであった。しかし、第二次大戦後の国際社会の政治的現実のもとで、ニューヨークの国連本部（総会、安全保障理事会）とハーグのＩＣＪとの間の距離は決して緊密で近接したものではなかった。むしろ、その距離はかなり遠くかけ離れたものでさえあった。だが、冷戦後世界における新たな国際平和と安全維持の分野における積極的アプローチの文脈のなかで、それに関連したＩＣＪのスタンスとそのあり方にかかわって、ＩＣＪが国連の主要司法機関たる地位にもとづく機能を、国連の総会や安全保障理事会などの政治的機関との相互協力関係において今まで以上により強力かつ積極的に展開することが期待されている。これに関連して近年、ＩＣＪ自身も、そうしたスタンスにもとづく司法機能の展開を司法政策上の一つの基本方針として提示していることに注目すべきである。[17]

さらに、ＩＣＪの役割や機能展開とＩＣＪのスタンスにかかわって留意すべきは、国際社会あるいは国際関係におけるＩＣＪの地位あるいは位相についてである。ＩＣＪは国連の主要な司法機関たる地位にあり、これにもとづく役割や機能を展開する国際裁判所であって、国際紛争平和的処理システムのもとで一般的な管轄権をもつ国際裁判所でもある。ＩＣＪはＩＣＪ規程当事国はじめ多くの諸国に開かれており、今日ではほとんどの国家がＩＣＪを利用することができ、ＩＣＪによる紛争解決にアプローチすることができる。そうした意味において、ＩＣＪは事実上（実質的に）「世界法廷あるいは世界裁判所」(world court)と称される。この呼称はＩＣＪの前身であるＰＣＩＪ以来の呼称でもある。あるいはまた、同様な文脈のもとで、ＩＣＪは国際社会における「最高の裁判所」(supreme court)とか「普遍的な裁判所」(universal tribunal)と称される。[18] こうした呼称の含意や予期は必ずしも明確でなく多義的でもあるが、冷戦後世界におけるＩＣＪの新たな役割や機能展開に向けての積極的なアプローチとその文脈のなかで、そうした呼称の含意や予期はこれまでとは多少異なるトーンと意味合いをもって強調されている。それはＩＣＪ（ＩＣＪ体系）の普遍性の強調である。しかし、これに関連して留意すべきは、近年の国際裁判所の増殖化(proliferation of international tribunals)傾向、つまり国際海洋法裁判所、国際刑事裁判所はじめ、いくつかの戦争犯罪処罰のための国際法廷設置などの特定の機能目的をもつ専門的な国際裁判所が次々に設立され、あるいは設立予定であり、こうした国際裁判所の多様化・多元化が進展している状況下での、それらとＩＣＪ体系、ＩＣＪスタンスとの相互関係をどのようにとらえ位置づけるかといった問題についてである。[19] これらのことも、ＩＣＪの「世界法廷」などの呼称とかかわる、冷戦後世界における、あるいは中長期的な将来展望の文脈のもとでの、ＩＣＪの位相と機能展開に関連して検討されるべきことがらの一つである。

三　冷戦後世界におけるＩＣＪの役割
――ＩＣＪ体系と機能枠組みの再確認に依拠して

第二次大戦後の戦後世界における基本枠組みとして設定され維持されてきた冷戦体制が大きく転換し変容した八〇年代末から九〇年代初頭の時期に、ＩＣＪ体系とこれにもとづくＩＣＪ機能枠組みについても、新たな観点から種々に論議され、アプローチすることが試みられるようになってきた。その背景には、二〇世紀最後の一〇年間を次の新たな世紀への歴史的に有意義な架け橋としていかに実質化するか、この問題についての深い省察が伏在していた。換言すれば、それは、二〇世紀におけるプラス・マイナスの歴史的経験（事実）とその反省にもとづく遺産を、次の新世紀への価値ある遺産（資産）としていかに伝授し継承すべきか、そのために、二〇世紀最後の一〇年間に、これまでの様々な出来事や歴史的事実を真摯に考察し、継承するに値する歴史的遺産としていかに総括し吟味すべきか、という深い思慮にもとづくものであった。その根底に存在したのは、平和な国際秩序（世界秩序）構築のための哲学であり、「平和へのアプローチ」であった。

そうした文脈のもとで、ＩＣＪ体系と機能枠組みに関する論議やアプローチも、戦後世界の国際関係史とＩＣＪの歴史展開にかかわる歴史的検証を基本的な視座にして、種々に試みられた。それは、第二次大戦後のＩＣＪ設立以来のＩＣＪの実際の活動状況やＩＣＪの役割や機能展開にかかわる多様な関連要因（ＩＣＪ体系の存立に深くかかわる種々な内在的・外在的要因）についての検証と再検討でもあり、またより広範には、ＩＣＪ設立以来の国際舞台の変動的な様相、とくに戦後世界における国際関係の基軸をなしてきた冷戦構造（冷戦秩序）のほか、国際社会の構造変化の進展にともなう国際秩序の変容と国際法の新展開（近代国際法から現代国際法への展開過程とその実質的所産たる国際法秩序の再構築)に留意し、これらとの相関のもとで、設定されたＩＣＪ体系と機能枠組みを再確認するとともに、これらへの変革をも敢えて挑戦的に試みようとするものであった。それは、冷戦後世界におけるＩＣＪの役割や機能展開について、あるいはＩＣＪの新たな司法政策にもとづくＩＣＪ活動の新展開に向けて、積極的にアプローチせんとするものでもあった。

第二次大戦後の国際法の新展開過程において、ＩＣＪは評価すべき役割をはたしてきた。その過程は、戦後世界の動態的な変容状況とくに国際社会の構造変化を背景に、これと密接にかかわる文脈のなかで、近代国際法から現代国際法への規範内容の質的転換過程であり、国際社会あるいは国際関係の過去の長年にわたる旧体制下の古い体質に依拠して設定された国際法の旧体制(旧枠組み)から新体制(新枠組み)構築に向けた挑戦的なアプローチとそれを具現するための脱皮のプロセスであった。とりわけ、そうしたことの重要性は、冷戦後の国際関係におけるグローバル化のより急速な進展と、新たな国際秩序(世界秩序)の樹立をより強く志向し、そのための具体的方策をより積極的に探求せんとする文脈のもとで、これまで以上に強調され重要視されてきた。それは、いわば、冷戦後世界における国際法のパラダイムであり、ＩＣＪのパラダイムというべきことがらでもあった。国際法の新展開におけるＩＣＪの役割は、ＩＣＪの争訟機能と勧告的意見機能によるものであり、それはＩＣＪによる実際上の紛争解決方法、その紛争解決におけるＩＣＪ判決あるいは国際問題(法律問題)に関するＩＣＪ勧告的意見などに依拠するものであった。ＩＣＪのこうした機能にもとづく役割が実際にいかに有用視され活用されるか、これがＩＣＪの存立(そのための根源的で実際上の理由)と将来の命運にもかかわる重要な要件である。

冷戦後の幕開け、その前夜において、国連においても、国際関係における「国際法の優位」(primacy of international law)を重視し、これにもとづく国際秩序の構築に向け、これにかかわる国際関係における法の支配の樹立を志向して、九〇年代を「国際法の一〇年」とすることを決議した（国連総会決議四〇／二三、一九八九年一二月一七日採択）。[20] この決議は、国際法の受諾・尊重の促進、国際法の漸進的発達・法典化の助長、国際法のより広範な認識等の助長のほか、国際紛争（国家間紛争）を平和的な手段・方法によって解決すること、とりわけＩＣＪの尊重やＩＣＪにたいする信頼にもとづく、ＩＣＪへの紛争付託・提訴などによるＩＣＪの活用をもっと積極的に推進することを強調した。この決議は、一面、当時の国連事務総長デクエヤル（Dr. J. Perez de Cuellar）が提示したように、新たな国際秩序を樹立するために、これまでの国際法の役割や寄与のしかたを批判的に再吟味し、国際社会における将来の国際法の役割を真剣に探求し、それに向けたチャレンジの機会を提供するものであった。[21] それはまさに、ＩＣＪ設立以来これまでの戦後世界におけるＩＣＪの位相と役割を、実際の利用状況・活動状況についての検討作業を踏まえて再検討し、ＩＣＪの将来を展望する機会とそのための意義を提起するものでもあった。

ＩＣＪ設立以来のＩＣＪ機能展開の全容は、争訟機能と勧告的意見機能の総体である。それは、戦後世界におけるそれぞれの時期の特徴的な歴史的変容状況を背景にして、それと直接・間接にかかわって、それぞれの時期におけるＩＣＪ機能上の特質を表示するものであった。換言すれば、それはＩＣＪ機能の歴史性と社会性を体現するものであった。

ＩＣＪ体系とＩＣＪ機能枠組みの基本構造についてみれば、それらは現代国際法体系における平和システムと法規範秩序の相関的な体系化と位置づけに関連することがらであり、一般的な観点からは、国際紛争平和的処理システムにおける国際裁判（とくに国際司法制度）の位置づけと具体的制度がどのように設定されているか、ということに関係する。ＩＣＪ機能の基本枠組みは、紛争解決プロセスの一局面における司法的関与、その司法手続上の主要な機能である争訟機能と、裁判外の司法的性格にもとづくユニークな機能である勧告的意見機能とから構成される。こうした基本枠組みは、ＩＣＪ設立以来五八年余（その前身であるＰＣＩＪ創設以来八三年余り）全く変更されないままに今日まで維持されてきた。争訟機能面においては、裁判当事者資格（出訴権）を国家のみに認め、国家間紛争について裁判による解決をはかり、勧告的意見機能面においては、国際機構が、実際には主に国連の諸機関による一般的あるいは実際の活動にかかわる「法律問題」について裁判所の判断を求めて勧告的意見を要請し、それにより問題の解決をはかることを制度上の目的とする。こうしたＩＣＪ機能に関する基本的な制度枠組みは、その理念や目的にてらして、これまでの実際のＩＣＪ活動を通してさまざまに論議され、時には批判的に、修正・変革を提起する観点から激しく論議されたりもしたが、その基本構造を変革するほどの大幅な修正などは全くなされないままに維持されてきたのであった。

ところで、このようなＩＣＪ体系と機能枠組みの基本構造のもとで、かつての厳しい冷戦体制下にあってはＩＣＪ活動はきわめて低調で、その不活発さの故にＩＣＪの存在意義さえ問われた時期もあったが、冷戦後の新たな国際舞台のもとでＩＣＪ活動は活発化し、近年では多忙なＩＣＪが常態となっている。こうした近年のいわばＩＣＪの再生、ＩＣＪの活性化状況、それがもたらされるにいたった背景要因などに注目すれば、そのことの前兆として、すでに八〇年代に入ってからの国際舞台におけるＩＣＪをとりまく国際関係の萌芽的な変容状況と、それを背景にした漸進的なＩＣＪ活動の活性化に向けた動きを看取することができる。それは、一面では、ＩＣＪ設立以来の幾たびかの積極的なＩＣＪ活用等によるＩＣＪ機能強化（活性化）策の提示、とくに七〇年代初頭の国連総会における、ＩＣＪ役割・機能の重要性を再確認し、これにもとづく機能強化策を探求した「ＩＣＪ役割再検討」問題に関する論議とその結論、これらにもとづく若干の制度改善などによる成果といえなくもない。[22] しかし、主要には、国際関係の新たな歴史動向への変容と転換、そこにおける、あるいはそれをもたらす能動的要因として作用した諸国の法的・政治的対応変化によるものであった。それは、新たな国際秩序における国際法の規範性の強化と確立、国際関係における国際法の優位や法の支配の樹立といった、国際社会における国際法の存在理由や国際法体系の根幹にかかわることがらへの諸国の積極的な対応のあらわれの一部でもあった。

八〇年代に入ってから、そしてより顕著には冷戦後時代の幕開けとともに、ＩＣＪ活動は次第に活発化の様相を呈し、ＩＣＪビジネスは多忙をきわめ、活況を呈してきた。それは、ＩＣＪに付託された紛争や問題の多様化と、いくつかの紛争や問題の内実面での重要性など、それまでとは異なる新たな傾向を示すものでもあった。また、ＩＣＪにたいする諸国の対応、とくにＩＣＪへの紛争付託国（裁判当事国）の地理的（地域的）拡大の傾向が進展し、非西欧諸国（とくにこれまでＩＣＪ対応面においてＩＣＪ不信を理由に消極的・否定的であったアジア、アフリカ、ラテンアメリカ、中東欧の諸国）によるＩＣＪへの積極的なアクセスが特徴的な変化・進展の状況をもたらす要因となった。[23]これらの時期にＩＣＪに付託された紛争や問題は、その性質・内容面において多岐にわたり多様であるが、争訟事件としては、メイン湾境界画定事件（八一年付託）にはじまるいくつかの海洋境界画定紛争（大陸棚・排他的経済水域境界画定などを含む）、国境・領土紛争はじめ、ニカラグアに対する軍事活動・準軍事活動事件、ロッカビー航空機事件、ジェノサイド条約適用事件、コソボ空爆武力行使合法性事件などの重要事件も付託された。また、勧告的意見の要請においても、西サハラ事件（七四年付託）以降、八〇年代に入ってから、ＷＨＯとエジプト間協定解釈、国連行政裁判所判決再審、国連とアメリカ間本部協定解釈、国連特権免除条約適用可能性などの問題をめぐって、とくにＩＣＪ勧告的意見の歴史のなかでも最大級の重要性をもつ核兵器使用合法性問題（ＷＨＯ、国連総会諮問）についてもＩＣＪの司法判断が求められたりもしてきた。[24]これらの紛争や問題についてのＩＣＪへの付託、これにたいするＩＣＪ判決・勧告的意見、これらにもとづく紛争当事国間の紛争解決、勧告的意見要請機関（諮問機関）による問題の解決は、より広範な国際紛争平和的処理システムにおける一連の手続きとして、積極的に評価すべき価値をもつ。これについては、もちろん、現代国際法体系におけるＩＣＪ体系と機能枠組みの位置づけとその制度・機能上の意義について再検討し、さらに、新たな司法政策等にもとづく積極的なアプローチの再吟味などを通して、慎重に考察すべき課題である。それはとくに、冷戦後世界におけるＩＣＪの役割やスタンスについて考察するうえでの重要な課題である。

四　冷戦後世界におけるＩＣＪの役割と将来の課題

激動の二〇世紀の終盤、八〇年代末から九〇年代初頭の時期に、世界は歴史的な出来事に遭遇した。それは、先述したように、戦後世界の支配的構造であった冷戦体制（冷戦秩序）と別れを告げ、新たな国際秩序（世界秩序）の構築に向けた、大きな歴史転換の幕開けを予告するものであった。そうした「力の体系」を基礎とする冷戦体制（冷戦秩序）の崩壊と、その後の新たな国際秩序（世界秩序）の構築に向けた歴史展開のスタートにあたって、その展開過程において探求され具現されるべき課題をいかに設定するかという作業は、当初から困難をきわめるものであった。そこには、理想と現実の間のギャップと交錯、「力の体系」（力の論理）と「法の体系」（法の論理）との間の抵触と矛盾などの難題があまりにも大きな位置を占めて伏在していた。

こうした冷戦後世界における国際舞台の新たな状況と強い未来志向の文脈のもとで、ＩＣＪの将来はいかに予期され構想されたか。とくにそうした文脈のなかで強調され、格別に思慮され模索された基本テーマは、これまでの国際社会の政治的現実のもとでは実現困難であった、平和な国際秩序（世界秩序）の構築であり、また国際関係における力の支配にかわる法の支配の樹立、あるいは国際法の優位の実現であった。それは、ＩＣＪにかかわっては、これまでのＩＣＪ体系と機能枠組みにもとづくＩＣＪ役割や活動実績の全般的な状況や様相を基礎にして、新たな状況下でのさらなるＩＣＪの役割や機能展開をどのように探求し、そのための具体的方策についていかにアプローチするかという課題を提起するものであった。それらは、個別具体的には、ＩＣＪの構成、管轄権、裁判基準、審理手続面にかかわる論点(これらに関する問題状況と一定の改革要素)としてあらわれ、また現代国際法体系におけるＩＣＪ体系の位置づけなどとの関連では、いわゆる予防外交や「司法審査」(judicial review)問題などともかかわって、より新たな視点からこれらの問題にアプローチし再吟味すべきいくつかの課題を提起するものでもあった。

冷戦終結後の国際社会の変容状況のもとで、ＩＣＪの将来の役割や機能展開にかかわる問題状況や課題をどのようにとらえ、それに向けてどのようにアプローチすべきか。こうした問題あるいは論点については、これまで、種々な場において多くの論者によって、多様な角度から論議されアプローチされたりしてきた。この小稿では、冷戦後世界におけるＩＣＪの役割、あるいはＩＣＪの将来の機能展開にかかわるそうした問題や論点に関する論議のなかで、多少なりとも具体的な形で提示されたいくつかの点に論及し、それらを明確化する観点から、さしあたり、主に、冷戦終結後の九〇年代に開催された国連総会の場でのＩＣＪ所長による演説(所見)等に注目し、問題状況の概要をまず把握することを試みたい。もちろん、これらは冷戦後世界におけるＩＣＪの役割や機能展開にかかわる問題状況や論点の一端を知ることに限定され、また、それらについては、ＩＣＪの将来構想や展望にかかわっては、ＩＣＪ自身の司法政策そのものを直接体現するものとうけとめることはできない一定の限界性をもつ。しかしながら、それらは、そうした限定付きであっても、そうしたことがらに関する問題状況や論点の所在とその概要を知るうえで有益な素材の一つである。[25]

まず、ＩＣＪ所長ルダ(J. M. Ruda)は、国連事務総長宛書簡(九〇年八月二七日付け)において「国際法の一〇年」行動計画に関するＩＣＪの基本的な考え方や対応を提示した。それは、ＩＣＪの現状と将来にかかわるいくつかの論点について分析検討し、国際平和と正義の理念を基調とし、その実現に向けた国際社会のあり方と、ＩＣＪの新たな役割や機能について展望し、ＩＣＪの将来像を描写する未来志向のメッセージであった。その基本内容は、具体的には、国家と国際組織間の紛争、国際組織相互間の紛争にたいする管轄権のあり方、争訟管轄権の本質でもある国家の同意（国家意思）と強制管轄権のあり方（裁判の義務化）、勧告的意見管轄権と事態・紛争の拡大防止や紛争解決との関連、ＩＣＪ判例の国際法発展への寄与などについて、国際社会のグローバル化、国際法秩序の発展に関連する観点からもアプローチし、ＩＣＪの直面する現状の分析と将来への展望を提示するものであった。[26]

九一年、九二年、九三年の国連総会においてＩＣＪ所長ジェニングス（Sir Robert Jennings）により提起されたＩＣＪの役割と機能に関する所見は、冷戦後の国際社会におけるＩＣＪの現状を直視し、いくつかの問題について歴史的な継続性の文脈のもとで動態的にアプローチし把握せんとするものであった。それらはとくに、冷戦後世界における国際関係の変容状況を背景にしたＩＣＪの機能展開にかかわって、ＩＣＪの国連の主要司法機関としての地位にもとづく国連活動、国連の他の諸機関（とくに総会、安全保障理事会などの政治的機関）との協力関係のもとでの予防外交や司法審査に関連した司法機能展開、全般的な国際紛争処理過程における外交交渉による紛争解決を促進するＩＣＪでの司法手続きの活用、現代国際法の深化・発展へのＩＣＪの寄与、ＩＣＪと特定の任務・機能目的をもつ多様な国際裁判所設置とその増加（そうした裁判所の増殖傾向）にともなう管轄権上の競合・抵触や判例統合問題にかかわる相関やＩＣＪの地位・役割との有機的関連などについて、これらをＩＣＪの新たな役割ととらえ、それらに積極的にアプローチせんとするものであった。[27]

九四年、九五年、九六年の国連総会、また九六年四月のＩＣＪ創設五〇周年記念式典（ハーグ、ピースパレス）において、ＩＣＪ所長ベジャウィ（Mohammed Bedjaoui）は、冷戦後の国際社会の変動状況と新たな世界秩序の構築に向けた歴史動向に注目し、これらにかかわるＩＣＪの役割と機能、とくに第二次大戦後の国連創設、ＩＣＪ創設の原点である国際平和の確保、とりわけ国際社会における平和の構築と維持という文脈において、ＩＣＪはどのような地位にあって、どのような役割をはたすべきかという問題について、斬新で変革的な視点から積極的にアプローチし、多くのことを提起した。それは、ＩＣＪの新たな司法政策とそれにもとづく中長期的なあり方にも言及し、ＩＣＪの将来像を積極的に描き展望するものでもあった。それらは、具体的には、ＩＣＪは国連の主要司法機関であり、紛争解決マシーナリだけでなく、国際の平和と安全を維持するための一般的システムの重要なパートであって、ＩＣＪはかかる一般的平和維持システムにおいて、安全保障理事会その他の主要機関相互間の協調行動を基礎にしてより積極的に役割をはたすべきこと、また予防外交やＩＣＪの将来に関連しては、平和維持にたいする勧告的意見の直接・間接のインパクトを認識し、予防外交の実効的手段あるいは実質的紛争解決への寄与として評価し、より積極的に勧告的意見機能を活用すべきこと、さらに争訟管轄権および勧告的意見管轄権の人的管轄のより大なるアクセス拡大などを強調し提起するものであった。[28]

九七年、九八年、九九年の国連総会において、ＩＣＪ所長シュウェーベル（Stephen M. Schwebel）は、有史以来の激動の世紀であった二〇世紀の最終場面にさしかかった九〇年代後半の時期におけるＩＣＪの役割と機能について、これまでのＩＣＪの史的展開を回顧し、将来のＩＣＪのあり方を展望する文脈のなかで、注目すべき論を多々展開した。それは、新たなＩＣＪの司法機能にかかわる予防外交や司法審査問題、あるいはＩＣＪ以外の特定の専門的な機能目的をもって設立されたいくつかの国際裁判所の出現（増殖現象）などに関連して、国連の主要司法機関であり、また「世界法廷」あるいは「世界の最高裁判所」と称されるＩＣＪの地位や役割をどのように再確認し再設定するか、という重要な問題についても考察せんとするものであった。こうした視点や文脈のもとで、ＩＣＪは司法上の「最後の手段」としてだけでなく、紛争解決過程において国家によって展開されるマシーナリ、司法上の事実認定や法的判断が建設的な交渉範囲を確定しうるマシーナリの重要な部分である「予防外交のパートナー」と考えられる傾向を表示し、ＩＣＪは国連の平和促進マシーナリにおける重要な要素である、と指摘した。また、ＩＣＪは一般的管轄権をもつ唯一の真に普遍的な司法機関であり、ＩＣＪはまさに世界法廷であり、それはＩＣＪの起源や構成においてだけでなく、事件当事者や付託される問題の多様性においてもそのように考えることができると論じた。[29]

さらに、激動の二〇世紀にいよいよ幕を閉じることになった二〇〇〇年の第五五回国連総会の場で、ＩＣＪ所長ギヨームは、前にも触れたように、まず近年のＩＣＪ活動状況とくに付託件数増大に関して、九九年末には二五件と増加し、これはこれまでの新記録で、現在は二四件が係属中の事件としてリストされていると指摘し、このようにＩＣＪが活況を呈し、世界のあらゆる地域から紛争が付託され、とくにこの点についてはアフリカ諸国による積極的対応に注目すべきであるが、かかるＩＣＪ活性化の理由については、裁判部設置、手続き上の改善、国連事務総長によるＩＣＪ基金創設などの技術的要因も一定の役割をはたしたといえるが、本質的な理由は国際舞台における緊張緩和にある、と強調した。また、ＩＣＪの存立と機能展開にかかわる近年の問題状況として、ＩＣＪが直面している財政問題のほか、とくに近年の多様な国際裁判所設置とその増加による国際法や国際社会への影響、それにともなういくつかの懸念事項に言及し、このような現象は国際関係が変化したことの表れでもあり、より大なる裁判への信頼、多様な分野の国際法の発展を反映するものでもあって歓迎すべきことであるが、他方では、裁判管轄権競合、判例抵触リスク、法の断片化の危険性、国際法統合上のリスクなどが懸念され、かくして、種々な国際裁判所間の良好な相互関係の構築が肝要である、と指摘した。この点に関しては、さらに、国際社会は異なる機能をもって活動する種々な裁判所を必要とするが、ＩＣＪはそうした近年のニーズにも配慮しつつ、託された本来の任務を継続して遂行する、ことを強調した。[30]

こうした九〇年代に入ってからの歴代ＩＣＪ所長の国連総会の場での所見等は、ＩＣＪ活動に関する各年次報告と併せて表明された。それらは、ＩＣＪ活動の舞台となったそれぞれの年次や時期における国際状況と、そうした状況下でのＩＣＪの現状や直面する問題を直視し、ＩＣＪ活動の実態を基礎とするものであり、単なる一般的・抽象的レベルの皮相的な見解とは異なる性格のものであって、冷戦後世界の変容と動態のなかでのＩＣＪの位相と将来について多くを物語り提示するものであった。それは、とくに、一九世紀末から二〇世紀初頭の世紀の転換期における歴史的重要性をもって開催された国際会議、第一回ハーグ平和会議（一八九九年）および第二回ハーグ平和会議（一九〇七年）の経験と成果（それらはその後の理想主義と悲観主義・現実主義との交錯、次第に後者へと傾斜していった歩みの始まりでもあった）を踏まえ、それ以後、第一次大戦そしてさらに第二次大戦の多大な悲哀と惨害を経験するにいたった歴史的教訓をいかに将来に向けて生かすべきか、そのための近年までの余りにも長い模索の道程を深く思慮し、ＩＣＪの将来像をいかに描き展望するか、これらの課題に積極的にアプローチせんとするものであった。

冷戦後世界におけるＩＣＪの役割やスタンスについて考えるさいに留意すべきは、ＩＣＪ体系や機能枠組みの基本構造はそれまでと基本的には同様であって大きな修正等はなされていないが、ＩＣＪをとりまき、ＩＣＪの実際の活動が展開される国際舞台の状況は冷戦期のそれとはかなり異なる様相を呈するものであり、またＩＣＪにたいする諸国の対応も、とくに非ヨーロッパ諸国の積極的な対応の変化にみられるように、それまでとは量的にも質的にもかなり異なるものであった、ということである。それらは、ＩＣＪの再生、ＩＣＪの活性化をもたらし現出させる要因であった。そうした要因の根源には、冷戦体制（冷戦秩序）の崩壊・終焉による新たな平和的な国際秩序（世界秩序）の樹立への強い志向とその具現への積極的・能動的なアプローチが存在し、またその背景には現代国際法の深化・発展過程における国際法の新展開が密接にかかわる要因として大きく作用した。それは、国際社会における法の支配を樹立し、国際法優位の体制を構築することに向けた新たな能動的展開、その文脈のもとでのＩＣＪ役割の重視と再評価に密接にかかわることがらでもあった。これらのことに留意し、冷戦後世界におけるＩＣＪの役割とスタンスについて考えるとき、その基本的アプローチの根底には、究極的には、国際の平和と正義の理念、その具現に向けた哲学的思考の緊要性と再評価が不可欠である、ということを強調せざるをえない。

結びにかえて

第二次大戦後、ＩＣＪは国連の主要な司法機関として設立され、その地位にあって、これまで国際紛争平和的処理の分野において多大な役割をはたしてきた。他方、実際にはしばしば、ＩＣＪは「世界法廷」とか「国際社会における最高の裁判所」とも称される。そのように呼称することの背景や意図は何か。「世界法廷」の呼称は第一次大戦後のＰＣＩＪ（ＩＣＪの前身）以来のことであるが、それは、幾世紀にもわたって戦争が際限なく繰り返される国際社会の歴史のなかで、幾多の人の血が大地を染め、幾多の屍が海の藻屑と化し海底に沈んでいった現実を直視し、かかる現実主義の観点からも戦争を強く否定し、平和を強く希求し、平和な国際秩序（世界秩序）を樹立せんとする理想主義的な思考と不可分なものであった。それはまさに「平和へのアプローチ」であり、その実現にむけたたゆみない省察と哲学の道程でもあった。

冷戦後の国際社会において、ＩＣＪはいかにあるか、あるべきか。二〇世紀から二一世紀への新しい世紀の幕開けの時期に、ＩＣＪの存在意義（存在理由）について今一度考えてみることの意義は決して無駄なことではない。この小稿において紹介し言及してきたＩＣＪをめぐるあれこれの論点に関する多様な視点からの論議や考え方は、過去・現在・未来の時系列のなかで、ＩＣＪの存在意義についてアプローチし考察せんとするものであった。とくにそれらは、ＩＣＪの歴史性と普遍性について多くを語り、ＩＣＪの将来像を描き展望せんとするものであった。ＩＣＪはすぐれて第二次大戦後の国際社会における歴史的産物である。それはまた、国際法体系のなかでの数世紀にわたる国際裁判史の文脈のなかでの歴史的産物であり、とりわけ二〇世紀におけるすぐれた歴史的産物であって、そこにＩＣＪの歴史性の基盤と特質を見いだすことができる。ＩＣＪの普遍性、それはＩＣＪの現在（現状）にみることができるともいえるが、より多くは将来のＩＣＪにみることができるであろう。それはまさに、国際法を共通の法言語（common legal language）とするＩＣＪ[31]、世界法廷（あるいは国際社会における最高裁判所、普遍的な裁判所）たる実質を具備し、そうした普遍性を体現しうる基本性格をもつ国際裁判所としてのＩＣＪにみることができることがらであろう。その実質的な具現は、冷戦後世界のＩＣＪ、新しい国際秩序（世界秩序）のもとでのＩＣＪの役割とスタンスが、これまで以上に、国際の平和と正義の理念の具現にかかわって、その存在意義をより大にし強化されることによって、その可能性を増大することになるであろう。それは、新しい世紀、二一世紀の幕開けにあたり、実際のレベルにおいて十分に達成されたとはいえない冷戦時代の「平和共存」（peaceful coexistence）原則[32]を、冷戦後世界のより新たな文脈のなかで再確認し、その実質的な形での新しい国際平和秩序における樹立をこれまで以上により強く志向し、その実現のために最大限の注意を傾注して思惟し実践することに基礎をおき、それを強調することである。それはまた、国際社会における法と正義の理念にもとづき、究極的には、人間理性あるいは「理性による勝利」[33]を確信して、主権の併存(a juxtaposition of sovereignties)からなる国際社会の現状(多元的権力システム)のもとで、国際平和秩序の樹立に向けた積極的・能動的な国家意思をいかにして具体的に発現させるかという課題でもある。国際法は、現在においてもなお、そうした国際社会の特殊な構造のもとで、それを妥当基盤として存立する法規範たる特性を強く示す。かくして、「平和へのアプローチ」とそれを具体的にどのようにして実現していくべきかという課題は、現在の国際法体系から、より民主的で発展的な国際法体系への質的転換、あるいは未来への国際法の新展開が具体的にどのように展開されるかということと深くかかわることがらである、といえよう。

1　香西茂「国連と世界平和の維持―五〇年の変遷と課題」『国際問題』第四二八号(一九九五年一一月)、一五、三〇頁。
2　香西、前掲論文、一九頁。
3　香西、前掲論文、二一―二二頁。
4　ＩＣＪ所長ベジャウィは、ＩＣＪの将来を展望する文脈のなかで、ＩＣＪはＰＣＩＪを承継して設立され実際上ＰＣＩＪのレプリカのままであるが、しかし、今日の国際社会の新たな事態は新たなニーズを創造し、これらに対処するためにも、ＩＣＪの将来は、単にＰＣＩＪのレプリカのままでなく、それとは異なる地位を確保することによって測定されなければならない、と指摘する。ICJ Yearbook 1995-1996, p.267.
5　拙著『国際司法裁判所の組織原理』(有信堂高文社、一九八六年)、二一―四八、二二五―二六二頁。
6　田畑茂二郎「紛争防止と法」武者小路公秀・蝋山道雄編『国際学　理論と展望』(東京大学出版会、一九七六年)、二二一、二二九頁。

7 太寿堂鼎「現代国際法と義務的裁判」『思想』四九六号(一九六五年)、二七頁。

8 ICJ Press Releases of Pending Cases, http://www.icj-cij.org/icjwww/Ipresscom/iprpend.html.

9 Address by H. E. Judge Mohammed Bedjaoui, President of the International Court of Justice, "The International Court of Justice in Its Heyday," ICJ Yearbook 1995-1996, p.248.

10 太寿堂鼎「国際裁判の凋落とアジア・アフリカ諸国」法学論叢八九巻六号、一―二頁。拙著、前掲書、二―三頁。

11 小田滋「国際司法裁判所の現況」国際法外交雑誌八六巻六号、一八―一九頁、同「新時代を迎えた国際司法裁判所」ジュリスト九五二号(一九九〇・三・一五)、一三二―一四三頁。なお、こうしたＩＣＪ活性化状況に関連して、九五年の時点で、小田裁判官は、ＩＣＪは六〇年代、七〇年代には不活発であって「多くの国際紛争を見ながら、国際司法裁判所は為すところがない、むしろ為すべきがない、というべきであった」、「しかし、国際司法裁判所は、その後著しい変化を遂げた。第三世界、とりわけアフリカ新興国の不信を買った裁判所は、一九八〇年代になると、アフリカの国からの積極的な利用を受ける」、「現在裁判所に係属されている事件は十を越える。こうした数字は恐らくは日本の司法の感覚では余りにも少ないと目にうつるかも知れない。しかしこの国連の主要司法機関としての国際司法裁判所ではまさに瞠目すべきことである」、「これまで国際司法裁判所利用の不活発さ、無視された裁判所ということを遺憾として、裁判所の有効な利用を訴えてきた国連あるいは国際社会にとって、現在裁判所が十件余りをかかえるようになっていることの意味は重大である」と論じた。小田滋「国際司法裁判所―回顧と展望―(前編)」日本学士院紀要五〇巻二号、六六―六八頁。

12 鴨武彦「アジアに冷戦後の秩序を」朝日新聞〈論壇〉、一九九〇年一月三日。

13 Report of the International Court of Justice, 1 August 1999-31 July 2000, http://www.icj-cij.org/icjwww/igeneralinformation/.../IICJ-Annual-Report -1999-2000.ht.

14 ICJ Yearbook 2000-2001, pp.319-326.

15 香西、前掲論文、一六―一九頁。

16 第二次大戦末期の一九四五年四月から六月にかけて開催されたサンフランシスコ会議において、国連憲章やＩＣＪ規程が最終的に確定され採択されたが、この場において、将来の国際関係におけるＩＣＪの役割の重要性が予見され、「司法手続きは平和的手段による国際紛争処理に関する国連プランのなかで中心的地位を占める」こと、またＩＣＪは戦争の惨害を経験した世界における「正義と法の指標」として、戦争や野蛮な力の行使にとってかわる機能をもつことが、理念的に強調され確認されたのであった。UNCIO, Vol.13, 1945, p.393. なお、サンフランシスコ会議におけるＩＣＪ基本枠組みの確定過程については、拙著、前掲書、一八八—二〇〇頁参照。

17　こうした点に関連して、たとえば、ＩＣＪ所長ベジャウィは、とくに平和維持システムにおけるＩＣＪの地位と役割について、ＩＣＪは国連の主要司法機関であり、紛争平和的解決マシーナリだけでなく、国際の平和と安全を維持するための一般的システムの重要なパートでもあることを強調し、さらにＩＣＪによる平和維持へのユニークな使命遂行について、過去半世紀の実績と近年の新たなインタレストに留意し、ＩＣＪは国連憲章に設定された紛争平和的解決マシーナリと国際平和・安全維持一般システムの構成要素であり、とくに平和的解決については主要な責務(**principal responsibility**)を担い、それは卓越した平和創造手段(**pre-eminent peacemaking instrument**)である争訟手続きと、実効的な予防外交手段であり紛争解決の実質的寄与手段でもある勧告的意見手続きによって発揮される、と論じる。ICJ Yearbook 1994-1995, pp.209-210, ICJ Yearbook 1996-1997, p.208.

18　拙稿「ＩＣＪの役割と司法政策(一)」島大法学四四巻一号、九二、九六—九七頁。

19　これらの論点については、たとえば、ＩＣＪ所長ギョームが端的に指摘している。ICJ Yearbook 2000-2001, pp.324-326.

20　「国連国際法の10年」決議の採択経緯、国際紛争平和的処理システムにおけるＩＣＪ体系の位置づけ、ＩＣＪの役割や機能などに関連しては、M. Brus, S.Muller, S. Wiemers ed., *The United Nations Decade of International Law*, 1991, pp.viii+160 参照。なお、この文献紹介として、拙稿、島大法学三五巻四号、三二五—三五四頁参照。

21　*Ibid.*, p.vii.

22　拙著、前掲書、二一一—四八頁、拙稿「ＩＣＪの役割と司法政策(一)」島大法学四四巻一号、一〇八—一二六、一二八頁。

23　非西欧諸国によるＩＣＪにたいする積極的な対応変化は、八〇年代以降に次第にそうした傾向を強くしたが、とくに九〇年代以降において現象的にはより顕著な様相を呈するようになった。これらのことについては多々語られるが、たとえば、ＩＣＪ所長シュウエーベルは、ＩＣＪへの紛争付託や提訴が著しく増大し、ＩＣＪへの事件付託国も多様化してきたが、これは、かつてＰＣＩＪ時代にはヨーロッパ中心であったが、今日ではＩＣＪは普遍的で、とくにアフリカ諸国による提訴が顕著であることに注目され、これらのことはＩＣＪが裁判所構成面において普遍的であることにもよる、と論じた。ICJ Yearbook 1999-2000, pp.282-288.

なお、ＩＣＪ所長ベジャウィは、アジア・アフリカ法律家諮問委員会(九五年一〇月一九日)において「ＩＣＪにたいするアフリカ・アジアの対応」と題して演説し、アジア・アフリカ新興諸国のＩＣＪにたいする対応の変容状況をフォローし、その特徴的な様相と背景要因、今後の関連する課題などについて考察した。ICJ Yearbook 1995-1996, pp.282-286.

24　ICJ Yearbook 1996-1997, p.215.

25　これらの一般的な状況については、拙稿「ＩＣＪの役割と司法政策(二)」島大法学四五巻一号、二一八―二五七頁参照。

26　ICJ Yearbook 1990-1991, pp.184-189.

27　ICJ Yearbook 1991-1992, pp.205-212, ICJ Yearbook 1992-1993, pp.249-253, ICJ Yearbook 1993-1994, pp.219-223.

28　ICJ Yearbook 1994-1995, pp.207-215, ICJ Yearbook 1995-1996, pp.248-255, pp.262-270, ICJ Yearbook 1996-1997, pp.206-215.

29　ICJ Yearbook 1997-1998, pp.288-295, ICJ Yearbook 1998-1999, pp.316-323, ICJ Yearbook 1999-2000, pp.282-288.

30　ICJ Yearbook 2000-2001, pp.319-326.

31　この点に関連して、ＩＣＪ所長ジェニングスは、大要、「ＩＣＪ裁判官は、異なる文明形態、文化、法体系など世界のさまざまな国々、地域の出身であるが、一つの共通の法言語である国際法によって議論し審議している。それは、実際、異なる言語、文化、人種、宗教を超えた共通の法言語、普遍的システムであり、それによって、ＩＣＪは、多様な要素からなる規模や構成にもかかわらず、必要な職務を遅滞なく迅速に遂行しうるのである」と論じた。ICJ Yearbook 1992-1993, pp.252-253.

32　この原則について、これは国際平和や異なる社会制度をもつ諸国の平和協力の確保を目的とし、この原則の登場は国際法の発達に新しいページをきりひらき、普遍性という性格をもつことが強調された。トゥンキン(安井郁監修・岩淵節雄訳)『国際法理論』(法政大学出版局、一九七三年)、一四、六八、七一頁。このほか、内田久司「ソヴィエト国際法」国際法学会編『国際関係法辞典』(三省堂、一九九五年)、五〇三―五〇四頁参照。

33　芹田健太郎『普遍的国際社会の成立と国際法』(有斐閣、一九九六年)、二三九頁。

国際司法裁判所における反訴の受理可能性

山形　英郎

はじめに

最近、国際司法裁判所は、多数の訴訟事件を抱え多忙であることから、訴訟の遅延という問題を抱えている。一九九七年、当時の裁判所長であるシュウェーベル判事は、国連総会第六委員会での挨拶の中でこの問題について触れている。

「国際司法裁判所の訴訟当事者は、周到で詳細な訴答書面を作成してくる。……たとえば、一方的提訴の場合、申述書及び答弁書の提出期間は、平均で一年半である。ロッカビー事件のような例外的な場合、三年であった。しかし、これは当事者の求めによるものである。管轄権に対する先決的抗弁が提出された場合には、訴訟は長引くことになる。本案とは別に、本案に先立って、書面手続及び口頭手続を行い、そして管轄権判決を下すことが必要になってくるからだ。書面提出期限の延長が要請される場合もよくあることだ」[1]。

このように、シュウェーベル裁判所長の話によれば、訴訟の遅延は、もっぱら裁判所に責任があるわけではなく、むしろ当事者の側に問題があるようである。

確かに、当事者としては、訴訟の迅速な処理も重要な問題であるに違いないが、しかし訴訟に勝つことの方が、最重要課題である。そのためであれば、訴訟の遅延は大した問題ではない。当事者としては、さまざまな戦術を使用しながら、裁判戦略を展開する。第一に、原告であれば、訴訟提起とほぼ同時に仮保全措置を要請する。それにより、先決的段階や本案段階での訴訟の行方を占うことができる。第二に、被告であれば、原告の申述書が提出され、それを検討した後で、管轄権及び受理可能性に関する先決的抗弁を提出する。先決的抗弁が認められれば、訴訟は却下されることになるため、事実上、被告が勝訴とみなされる。第三に、シュウェーベル裁判所長が述べているように、原告であれ被告であれ、代理人や補佐人、弁護人がチームを組み、綿密な検討を行った上で、訴答書面を作成する。提出期限の延長要請もよく行われる。そうすることにより、相手当事者の主張の一つ一つに反駁し、さらに自己の主張を展開していくことができる。

しかし、一九九七年には、これら三つの戦術に加え、新たな戦術が採られるようになった。反訴である。[2] ジェノサイド条約適用事件[3]において被告ユーゴスラビアが反訴を提出し、油井やぐら事件[4]においては被告アメリカ合衆国が反訴を提出した。[5] 反訴は、被告が先決的抗弁段階で敗れてから、つまり、裁判所の管轄権が確定した段階で提出される。したがって、先決的抗弁に関し長期の審理を行い、やっと本案段階に入ることができる直前で、さらに訴訟の遅延を見ることになる。被告は、本来ならば、本案段階において、主として防御を行うことになる。しかし、反訴を提出することにより、受理されれば、本案段階で、攻撃を行うことも可能になる。つまり、本訴の被告は、反訴に関しては原告の地位に立ち、本訴の原告は、反訴に関しては被告の地位に立たされることになる。「攻撃は最大の防御」という戦術を裁判において実践するのである。

裁判所にとっては、訴訟の長期化という問題にぶつかることになる。それだけではなく、さらに訴訟手続上のさまざまな新たな問題に直面することになった。しかし、反訴に関する規定は国際司法裁判所規程に見いだすことはできない。一九七八年国際司法裁判所規則第八〇条が、反訴を規定しているだけである。

一九七八年裁判所規則第八〇条

1　反訴は、他方の当事者の請求の主題と直接関係があり、かつ、裁判所の管轄権に属することを条件として提出することができる。

2　反訴は、これを提出する当事者の答弁書において行われるものとし、当該当事者の申立ての一部として提出されるものとする。

3　裁判所は、反訴として提出された問題と他方の当事者の請求の対象との間の関連について疑義が生じた場合には、両当事者の意見を聴取した後、そのように提出された問題を原手続きに併合するかしないかを決定する。[6]

第八〇条によれば、反訴を提出する要件として、第一に、反訴と本訴との間に直接関係があること、そして第二に、反訴が裁判管轄権に属することが必要である。反訴は、答弁書の中で提出される。そして反訴が受理される場合、その効果として、反訴が本訴に併合されることになるのである。

反訴制度は、本訴と直接に関係する訴えを同じ裁判手続において解決することにより、同一当事者間での紛争解決を迅速に処理することを目指す制度である。反訴の制度がなければ、本訴と反訴が別個の訴訟として提起された場合、当事者の主張に重複するところがあっても、裁判所はまったく別の事件として処理することになる。その煩雑さを避けるのが、反訴制度である。このように、反訴制度は、訴訟経済の観点から導入されている制度である。裁判所自身、反訴という制度は、「本質的に訴訟経済を達成するためのもの」であると述べている。[7] また、二つの訴訟手続で処理する場合、判決の不統一が生じる場合も考えられる。したがって、反訴制度により、裁判所は、「両当事者それぞれの訴えの全体像を得ることができ、かつ両方の訴えを統一的に決定することができる」[8] ようになる。このように、反訴制度は、裁判所にとって有益な制度なのである。

裁判所規則第八〇条は、反訴を受理するための要件として、本訴と直接関係があることをあげている。このことは、反訴制度の趣旨を考えると当然なことである。もしも当事者が同じと言うだけを理由に、本訴とは関係のないまったく異なる訴えを反訴として認め、本訴と同じ訴訟手続で処理するとすれば、裁判所は、二つの別個の訴訟手続で取り扱うのと同じ作業、あるいはそれ以上の作業が必要とされるだけではなく、煩雑さと混乱が裁判手続に入り込む余地が生じるからである。このような理由から、本訴と反訴との間に直接の関係が必要とされることになる。そこで、反訴と本訴との直接の関係とは、どのような関係が必要とされるのかという問題が生じる。直接関係性がどのような意味を持っているのか、裁判所規則で明らかにされていない[9]だけでなく、直接関係性は、反訴の受理可能性を決定する重要な要件であるだけに、反訴をめぐる中心的な問題である。

この問題に対する解答を探るためには、まず、反訴とはどのような性質のものであるかを探求する必要がある。なぜなら、反訴が、併合の一種であると理解されるならば、強度の直接関係性は必要とされないかもしれないからである。一方、反訴は、被告による防御の一種であると理解されるならば、強度の直接関係性が必要とされることになるかもしれないからである。そこで、国際司法裁判所がどのように反訴を理解したかを見ると、反訴とは、「二重の性質」[10]を有するものであるとされた。つまり、第一に、「反訴とは、本訴と異なる別個の訴えであり、その限りで、本訴とは独立した『訴え』であり、かつ「自立した法律行為」である[11]という性質を有している。その一方、第二に、「反訴は、『反』訴と言われているように、本訴に対してなされるものであり、その限りで、本訴と関係している」[12]という性質を有している。つまり、反訴とは、本訴とは異なる「新たな訴え」[13]である一方、本訴と関連しているものであるとされているのである。このように、反訴は、本訴とつかず離れずの微妙な関係に立っていることがわかる。こうした関係は、反訴が仮保全措置と同様に付随手続とされている[14]ことからも理解できる。裁判所規則によれば、第三章（訴訟手続）の第四節（付随手続）の中に、仮保全措置、先決的抗弁、参加とならんで反訴が挙げられているのである。

反訴とは、訴訟経済及び判決の統一性を確保するという目的を持った制度であり、本訴とは別個の独立した訴えを本訴と併せて同時に処理する制度であるということができるが、その要件として、反訴が本訴との関係を有することが必要とされていることがわかる。しかし、反訴の制度目的及び反訴の性質を見ただけでは、反訴と本訴との関係性がどのようなものであるかを見極めることはできない。直接関係性は、反訴の性質の一つであり、そして反訴を受理するための要件としても存在しているとされているからである。

一　「防御プラス・アルファ」としての直接関係性

1　常設国際司法裁判所規則における反訴の直接関係性

反訴と本訴の関係を理解するために、反訴に関する規定がどのような経緯で作られてきたのかを概観する。反訴に関する規定は、常設国際司法裁判所規程にも国際司法裁判所規程にも存在していない。裁判所規則にあるだけである。

一九二二年裁判所規則第四〇条二項

答弁書には以下のものを含む。

……

(4) 記載した事実に基づく申立て。申立てには、反訴を含むことができる。ただし、反訴が、裁判管轄権に属する場合に限る。[15]

このように、当初の規則の中には、反訴に関する独立した条文がないだけではない。反訴と本訴との関係を必要とするという条件は示されていなかった。しかし、その起草に当たって、反訴と本訴との関係が問題とならなかったわけではなかった。たとえば、ヴァイス判事が、「反訴が本訴の防御とみなされる場合はないのか」と質したのに対し、アンチロッチ判事が、「そのような反訴こそ、われわれの言う反訴」であると述べていた。[16] つまり、本訴に対する防御という性質こそが、反訴の本質だと理解されていたのである。また、フィンレー判事が、「反訴とは……本訴に対する防御という性質を有するものだ」と述べた上で、「反訴は本訴と密接な関係を有している場合があり、そのため反訴について判断することなく本訴について判断することが不可能になる」と述べていた。[17] このように、一九二二年起草当時において、かなりの裁判官の間で、反訴が本訴と密接な関係を有することは認識されていた。しかも、その関係とは、本訴に対する防御という性質を有することであると考えられていたのである。

ホルジョウ工場事件において、裁判所は、反訴が本訴と「法的に関係している」ことを確認した上で、反訴を検討している。[18] 裁判所規則では、直接関係性が明記されていないにもかかわらず、何らかの関係性を要件としていたのである。したがって、裁判所実行の上でも、反訴は本訴と関係していることが条件とされているのであった。

一九三六年に、裁判所規則が改正される際、反訴についても大幅な改正が行われた。

一九三六年裁判所規則第六三条

請求により訴訟手続が開始した場合には、答弁書の申立ての中で反訴を提出することができる。ただし、反訴が、請求の主題と直接関係し、裁判管轄権に属するものであることが必要である。本訴の主題と直接関係しない訴えの場合には、別個に請求を付託することにより提出しなければならない。その場合、異なる訴訟手続となるか、あるいは、裁判所により本訴に併合される。[19]

この一九三六年規則の特徴として、第一に、反訴が独立した条文の中に収められるようになった。第二に、受理可能な反訴の要件として、管轄権に属するだけではなく、本訴との直接の関係を有することが明記された。そして第三に、反訴とならない訴えについては、別個の訴訟を提起することとされ、その場合でも、裁判所は、司法裁量により本訴との併合が可能とされた。

一九三六年における主たる争点は、反訴という特別な制度を維持するかどうかであった。[20] 一方では、ネグレスコ判事のように、反訴であっても、「本訴と同じように、請求という形式で提出されるべきである」[21]という考え方があった。この考え方によれば、「必要な場合には、そして本訴と関係がある場合には、裁判所は本訴との併合を命じる」[22]ことになる。つまり、反訴は、特別の制度を要するものでなく、すべて併合という制度に収斂されることになるのである。他方、アールティア判事のように、「反訴が請求と同じ性質を有する場合もあるが、防御という性質を有している場合もある」[23]ことからして、反訴制度を維持する必要性を主張する考え方があった。アンチロッチ判事も、一九二二年の審議を思い起こす形で、「反訴は、防御方法の一つであり、この防御に関し判断することなしに本訴について裁判することは正義にもとるものである」と述べた。[24] その上で、反訴制度の「実際上の有益性」を示唆していた。つまり、「すでに係属中の紛争と関連する原因で被告が原告に対して有している権利を、被告は同一の訴訟手続の中で請求することができる」という「実際上の有益性」を有していると主張したのである。[25] そして、反訴が有する直接関係性は、実は、防御との直接関係性であることを明言していた。アンチロッチ判事に言わせれば、「反訴が、防御と密接に関係している」からこそ、反訴制度は必要なのであった。[26]

こうした対立があり、「妥協」[27]の産物として、規則第六三条が制定されたのである。それは、フロマージョ判事がまとめたように、「反訴が、申述書の申立てを否定する防御的な主張となる場合と、まったく新たな訴えの提出となる場合があり、両者を区別する」[28]ことで、妥協ができたのである。すなわち、前者の場合には反訴制度を活用し、後者の場合には請求の提出を行わせるのである。こうしたことから、反訴制度が維持された理由は、反訴が本訴と直接の関係を有しており、しかも本訴を否定する防御的な性質を有している点で直接関係をしているからであった。もしも、反訴が本訴と何らかの関係性を有しているが、防御的性質という意味で直接関係性を有していない場合には、別の新たな請求を行うことになる。この場合、防御的ではないが、本訴と何らかの関係性を有することから、新たな請求は併合されることになるのであった。つまり、防御的か否かによって、反訴制度と併合制度が区別されていたのである。

しかし、その一方で、反訴が防御でしかない場合についてはどうか。この点について、裁判所規則改正時にほとんど議論されることはなかった。ネグレスコ判事の反訴制度否定説をうち消すために、多くの判事は、防御との関係性を強調した。したがって、防御でしかない反訴については、ほとんど議論されなかったのである。ここで注目すべきは、ネグレスコ判事の主張である。ネグレスコ判事は、併合制度への収斂を主張したが、それは、「反訴が、単に防御とみなされるのなら、裁判所は反訴について判決の主文の中で判示することはできず、理由付けの中でのみ判示することになる」[29]と考えたからであった。つまり、反訴も一つの訴えである以上、判決主文の中で本訴と同様に判示されるべきであると考えていたのである。したがって、反訴という特別な制度が認められるのならば、それは、単に防御だけではだめだということになる。ネグレスコ判事は、「防御プラス・アルファ」を反訴と考え、この「プラス・アルファ」部分を反訴ではなく新たな請求として提出させることを考えていたのである。

この主張は、アンチロッチ判事の主張と驚くほど類似している。アンチロッチ判事は、反訴が防御と密接な関連を有するゆえに、反訴制度の維持を主張していたが、アンチロッチ判事も、単なる防御は反訴でないと理解していた。アンチロッチ判事によれば、「反訴とは新たな訴訟ではなく、すでに継続している訴えに追加されるもの」[30]であると述べていた。つまり、反訴とは、「防御プラス・アルファ」のものなのである。アンチロッチ判事は、一九二二年規則当時、反訴に関する論文を著し、国内法制度から、反訴は「防御プラス・アルファ」の性質を持っているという。

「さまざまな国内法制度が反訴という考え方を受け入れているが、そこにみられる共通の要素は、原告により始められた訴訟と同一の訴訟手続において、被告が反訴請求を行うことにより、自らに有利なように原告の申立てを否定することだけではない。またその否定の根拠となるものを司法的に確認してもらうことだけでもない。本訴の否定以上のものを得ようとすることである。」[31]

ペグナが言うように、「反訴とは、単なる防御以外のものといったものではなく、単なる防御以上のもの」[32]であるのだ。ネグレスコ判事は言う。反訴とは、「本訴をしのぎ、意味のないものにする」[33]ものなのだ。直接関係がないものは反訴でない。防御的でなければならない。しかし、単なる防御も反訴ではない。「防御プラス・アルファ」が反訴なのである。国際司法裁判所が、反訴は二重の性質を有すると述べた。常設国際司法裁判所でも、裁判所規則改正における議論では、反訴が本訴に対する「防御」であり、かつ独立した訴え、つまり「プラス・アルファ」の部分があるという意味で、二重の性質を有するものと理解されていた。こうした「防御」という直接関係性を有し、かつ「プラス・アルファ」という新たな訴えの部分を有するのが反訴なのである。[34]

裁判所規則の起草過程からすれば、本訴とまったく関係のない訴えは反訴ではない。そうした観点から、直接関係を有することが要件とされた。そして、直接関係性とは、本訴に対する防御という性質を有するものであった。しかし、新たな問題が登場する。本訴に対する防御として反訴が理解されていたにもかかわらず、裁判所規則では、防御については要件とされず、直接関係性のみが要件とされたために、両者の間に狭間が生じた点である。言い換えると、訴えが、防御としての性質を有していないにもかかわらず、何らかの関係性を有する場合、反訴として認められる可能性が生じる点である。この狭間は、明瞭に認識されることはなかった。直接関係のある訴えは、あたかも当然、防御的な性質を有するもの理解されていたからである。しかし、「直接」関係性が「防御」的関係性であるという共通理解があいまいになるにつれ、「直接」という言葉の中に、「防御」以外の意味を読み込むことが可能になる。国際司法裁判所では、この狭間の問題がまさに顕在化することになった。

2　国際司法裁判所規則における反訴の直接関係性

国際司法裁判所は、常設国際司法裁判所の規則をほぼ受け継ぐ形で、裁判所規則を定めた。

一九四六年裁判所規則第六三条

請求により訴訟手続が開始した場合には、答弁書の申立ての中で反訴を提出することができる。ただし、反訴が、請求の主題と直接関係し、裁判所の管轄権に属するものであることが必要である。裁判所は、反訴として提出された問題と請求の主題との間の関係について疑義が生じた場合には、しかるべき審査の後、そのように提出された問題を原手続に併合するかしないかを決定する。[35]

常設国際司法裁判所の一九三六年規則と新規則との違いは、新規則が「疑義が生じた場合」の規定をおいたことである。前者は、反訴と本訴との関係について疑義が生じることがないかのように、「本訴の主題と直接関係しない訴えの場合には、別個に請求を付託することにより提出しなければならない」と規定していたのであった。しかし、新規則では、当事者から反訴に対する抗弁が提出されることを想定したのである。ただし、なぜか、反訴が管轄権に属するものであるかどうかの疑義については、規定しなかった。また、常設国際司法裁判所一九三六年規則では、反訴が本訴と直接関係しない場合でも、裁判所は併合を認めることができることとされていた。つまり、反訴が受理可能である場合には、当然併合されるものと解釈することができた。しかし、新規則の場合には、反訴が本訴と直接関係を有することを審査した後、つまり、直接関係性が確認された後でも、依然、裁判所は併合するかどうかを決定する裁量を有していると読むこともできる。あるいは直接関係性の確認をもって当然併合することになるとも読むことができる。いずれにせよ、あいまい性を有するものになった。また、新規則では、反訴が本訴と直接関係しない場合、その後の手続きについては規定していない。したがって、別訴として新たな訴訟を提起するしかなく、その場合でも、併合される可能性があるのかどうかは、分からないことになった。

一九七二年規則では、反訴に関する規定は第六八条となったが、条文の内容は、一九四六年規則とまったく同一であった。一九七八年規則では、第八〇条に規定された。同条において、三つの項に分けて規定されたが、実質上、一九七二年規則を継承するものであった。異なる点は、「請求により訴訟手続が開始した場合」が脱落した点のみである。つまり、合意付託の場合でも、反訴を提出できることとされたのである。合意付託の例である庇護事件において、反訴が提出され受理されたことが、この変更に影響を与えていると思われる。[36] いずれにせよ、反訴と本訴との関係を知る上では、本質的な変更はなかったことになる。

国際司法裁判所が、一九九〇年代より前において、反訴を取り扱った事例は、庇護事件とモロッコにおけるアメリカ合衆国国民の権利事件の二例であった。庇護事件では、コロンビアがペルーに対しアヤ・デ・ラ・トーレの出国を認めるように求めていた一方で、ペルーが反訴として、コロンビアの庇護は国際法違反であるとの確認を求めていた。[37] ペルーが反訴として提出していたのは、まさに、コロンビアの請求の否定であった。言い換えるとペルーの防御であった。したがって、裁判所が、コロンビアの要求する「安全な出国を認めるかどうかは、反訴によって問題とされた事実に依存」しており、反訴と本訴の「関係は直接的」であると述べたのは、[38] 至極当然と言ってよい。もう一つの事例であるモロッコにおけるアメリカ合衆国国民の権利事件では、アメリカ合衆国に対する最恵国待遇は認められないことをフランスが求める一方で、アメリカ合衆国は、反訴として、アメリカ合衆国国民に対する課税の免除を求めていた。[39] 裁判所は、判決の中で、アメリカ合衆国の反訴について、本訴との直接関係性についてふれることなく、判断している。[40] このように、以前の判例は、反訴の受理可能性についてふれるところが少なく、反訴に関する先例としての価値は乏しいものである。[41] しかしながら、すべての場合、反訴は被告による攻撃だけでなく、防御としての意味も有していたことは事実である。

二　「防御プラス・アルファ」アプローチの否定

1　外見的「防御プラス・アルファ」アプローチ

一九三六年に常設国際司法裁判所規則が改正された際の起草過程からすれば、裁判所は、反訴が本訴の管轄権に属するだけではなく、反訴が本訴と直接関係を持つこと、しかも反訴が本訴の打ち消しを目的とする被告の防御の手段として提出され、「防御プラス・アルファ」アプローチを採用していたと思われる。次に、裁判所の最近の事例を分析しながら、このアプローチの実際の適用を見ていく。

ジェノサイド条約適用事件では、被告であるユーゴスラビアが答弁書の中で反訴を提出した。答弁書の中では、原告であるボスニア・ヘルツェゴビナの主張、すなわちユーゴスラビアがムスリム人をはじめとする人々に集団殺害を行っているという主張を棄却するように求めるだけでなく、原告の側がセルビア人に対して集団殺害を行っており、原告に責任者の処罰等を求めたのである。[42] これに対して、原告は、反訴を、「防御プラス・アルファ」と理解し、その上で、被告の反訴は受理不可能であると主張した。つまり、「反訴は、一方では、本訴に『反』するものでなければならず、つまり、本訴を阻止するか、あるいは本訴の効果を減じるために本訴と対抗するものでなければならず、他方では、それ以上のもの、つまり、原訴訟手続における原告に不利な判決を求めるものでなければならない」と主張した。[43] これは、一九三六年裁判所規則改正時に、アンチロッチ判事が主張した「防御プラス・アルファ」アプローチの採用である。そして、なぜ本件の反訴では、「防御プラス・アルファ」の要件を満たしていないと、原告が主張したのかについては、次のように説明した。「一国が[ジェノサイド]条約違反を行ったとの司法認定は、第二番目の違反が生起したという事実によって、つまり第一番目の犯罪の犯罪国が第二番目の犯罪の被害国となったという事実によって、何らかの影響を受けることになるとは思えない」のであると説明したのである。[44]

これに対し、裁判所は、反訴を受理した。「反訴の目的は、……主たる訴訟手続の原告の訴えを単に否定するだけではなく、それ以外の目的を達成しようとして、紛争の元の主題を広げることにある」と述べ、「この点で、反訴は、本案の防御とは異なるものである」と述べたのである。[45] 裁判所が、反訴とは本訴を「単に否定するだけではな」いと述べているのは、一見、原告の主張と同じように思える。裁判所は、「防御プラス・アルファ」アプローチを採用しているかのように見える。また、裁判所判決に反対する意見を述べたウィーラマントリー判事も、常設国際司法裁判所規則の起草過程を分析し、「反訴とは、……とりわけ少なくとも本訴の防御として作用するものであった」[46]と理解した。そして、「反訴の目的とは、本訴の単なる否定を越えて、それ以上のものを得ようとすること」であると述べている。[47] 反訴自体の理解は、原告も、裁判所も、そして反対意見の判事も何ら異ならないように思えるのである。では、裁判所命令と反対意見を分かつものは何であったのだろうか。

2　国際犯罪または対世的義務に関わる反訴

反訴を受理すべきでないと考えたウィーラマントリー判事は、「[反訴の]訴えは、民事訴訟においてのみ認められるもの」であり、「犯罪は、その性質上、この[反訴の]定義にうまく入らない」と言う。[48] 彼によれば、本件が、ジェノサイドという国際犯罪にかかわるものであり、反訴とはなじまないものである。なぜなら、「犯罪行為の本質からして、一つの犯罪ともう一つの犯罪を相殺することができない」のであって、「殺人行為を他の殺人行為で相殺することはできず、強姦を他の強姦で相殺することもできない」[49]からである。そして、国際犯罪は、特定の国家に対する犯罪ではなく、国際社会全体に対する犯罪とされることから、違反国と被害国との衡量の問題はないとされるからである。こうしたウィーラマントリー判事の理解は、まさに、「防御プラス・アルファ」アプローチを採用するものである。[50]

ウィーラマントリー判事の考え方は、あきらかに、国内法の類推に基づくものであり、[51] こうした考え方が国際裁判でそのまま採用できるかは、吟味する必要がある。まず第一に、本件を、国際裁判における刑事事件と位置づけることができるかどうかが問題とされよう。国際司法裁判所は、そもそも、刑事裁判を処理する権限を有しているのか、あるいは、国際司法裁判所は、刑事裁判を処理するのにふさわしい場であるのかという点が問われることになる。二国間の対審構造を有する裁判である以上、自ずと限界を認めなければならない。そうした点からすれば、本件も、民事訴訟類似の訴訟と位置づけることが可能であると思われる。原告が求めているのは、国家機関によるジェノサイド違反に基づく損害賠償請求であり、[52] 国際犯罪の処罰としては位置づけられていない。したがって、本件のような場合、刑事事件を処理する訴訟ではなく、刑事事件に起因する民事訴訟として理解するほうが、ふさわしいのではないだろうか。刑事事件の被害者が、犯罪者に対し損害賠償を求める民事訴訟を提起した場合のように、国際司法裁判所は、国家の刑事責任を前提に、国際犯罪に起因している訴えを処理することが求められているにすぎない。国内法の類推が許されるとすれば、刑事事件に起因した民事訴訟であり、その限りでは、賠償額の相殺を行うために、二国間における衡量もあり得ることになる。そして、反訴も許されるという理論構成をとることは可能のように思われる。[53]

第二に、国際裁判の手続きにおいて、法の一般原則という媒介を通して、国内法の手続が援用されることがあるが、しかしそうであるとしても、つまり国内法の類推が許されるとしても、国内法で防御は反訴の要件として必須であるかどうかが問題となる。常設国際司法裁判所規則の起草過程からは、裁判所が、「防御プラス・アルファ」アプローチを採用したことが確認できたが、しかし、こうしたアプローチは必ずしも国内民事訴訟の反訴制度と同一ではない。例えば、日本民事訴訟法（一九九六年）第一四六条は、以下のように規定している。

民事訴訟法第一四六条

1　被告は、本訴の目的である請求又は防御の方法と関連する請求を目的とする場合に限り、口頭弁論の終結に至るまで、本訴の係属する裁判所に反訴を提起することができる。……

つまり、日本民事訴訟法では、「本訴の目的である請求……と関連する」時と「防御の方法と関連する」時に、反訴を提起することができるのであり、防御は必ずしも反訴の要件とはなっていない。ドイツ民事訴訟法も同趣旨であるとされる。[54] さらに、まったく本訴との関連を要求しない反訴制度も存在している。[55] 日本の旧民事訴訟法（一八九〇年）第二〇一条がそのような規定を有していた。

民事訴訟法第二〇一条

1　反訴ハ答弁書若クハ特別ノ書面ヲ以テ又ハ口頭弁論中相手方ノ面前ニ於テ口頭ヲ以テ之ヲ為スコトヲ得

2　然レトモ答弁書差出ノ期間内ニ差出シタル書面ヲ起コササル反訴ハ被告ノ請求ノ全部又ハ一部ト相殺ヲ為ス可キ場合ニ於テ同時ニ被告カ自己ノ過失ニ因ラスシテ其以前反訴ヲ起スヲ得サリシコトヲ疎明スルトキニ限リ之ヲ為スコトヲ許ス

このように、防御という要素だけでなく、本訴との関連がまったくない反訴も許容される制度が存在している。ただ、答弁書または特別の書面で提起すればよいだけである。また、相殺を求める場合には、一定の条件を満たせば、答弁書の中で提起しなくても良いことになっている。したがって、国内法の類推による場合であっても、反訴に防御という要素を持ち込む必然性はないことになる。

第三に、本件をウィーラマントリー判事のように、国内の刑事事件に類似すると理解したとしても、問題は残る。裁判所は、刑事事件と明言していないが、ジェノサイド条約上の権利義務が、対世的な権利義務であることを明らかにしている。[56] そして、そのような義務は、「他国に対する自国の利益や不利益を論じることができるものではない」のであり、「契約上存在する権利義務の完全なバランスを維持すること」はできないと、ジェノサイド条約留保事件の勧告的意見では述べていた。[57] ジェノサイド条約適用事件においても、原告が、ジェノサイド条約において対世的な性質を指摘し、「相互主義は働かない」[58]と述べていただけでなく、被告も「ジェノサイド条約違反があったとしても、それを根拠に別のジェノサイド条約違反を正当化することができるものでない」[59]と述べ、両当事者ともに、相互主義が働かないことを認めていたのである。そのように理解する以上、ウィーラマントリー判事の主張は正しいように思われる。[60] 裁判所も、「[ジェノサイド]条約の違反は、また別の[ジェノサイド]条約違反の正当化根拠となることはないことを両当事者は認識しており、この認識はまったく正しい」[61]と述べていた。したがって、国際犯罪に関し、一つの国際犯罪は、他の国際犯罪の正当化にならない点では、一致があった。しかし、問題は、相互主義の欠如を理由に、反訴が許されないのかどうかである。

個人がジェノサイド犯罪を犯した場合、ウィーラマントリー判事や裁判所の論理はまったく正しいであろう。個人がジェノサイド犯罪を犯し、国際刑事裁判所で裁判される場合、紛争の他方当事国の国民が同様な犯罪を犯したからと言って、免責されるものではないだろう。しかし、国家が国際犯罪を犯したという場合、同じことがはたして言えるであろうか。というのは、たとえ、本件が、まさに国際犯罪を処理する事件として取り扱われ得るとしても、違法性阻却事由との関係で、本訴と反訴を同時に処理する現実的意義があると見ることができるからである。たとえば、ガブチコボ・ナジマロシュ事件では、一方では条約違反が問題とされ、もう一方では条約違反に対する対抗措置の合法性が問題とされた[62]。この事件は、国際犯罪に関係する事件ではない上に、合意付託の事例であるため、反訴を議論する際には妥当でない。しかし、もし、ハンガリーがスロバキアの転流に対し一方的付託をした場合を想定すれば[63]、スロバキアの方が対抗措置という論理構成に基づき、ハンガリーの違法確認を求める反対請求があり得たであろう。事実、イラン人質事件において、被告であるイランは出廷しなかったが、裁判所は、「もしイラン政府が、アメリカ合衆国の「イランへの介入といった」活動が、法的に、アメリカ合衆国の請求の主題と密接な関係を有していると考えるのであれば、……反訴によって自国の見解を表明することはできた」[64]と述べ、出廷し反訴を提出する可能性に言及していたのである。この事件では、アメリカ合衆国がイランへの介入をした時期と、イランが人質を取った時期はまったく異なっており、行為もまた別であるにもかかわらず、正当化のために反訴の提出を裁判所が自らすすんでほのめかしたのであった。

また、国家の国際犯罪の端的な例とされる侵略の場合でも、原告が被告の武力行使禁止原則違反を主張した場合に、被告は原告の武力攻撃に対する自衛権の行使で正当化した場合には、反訴があり得る。事実、油井やぐら事件[65]やコンゴ領域における軍事活動事件[66]では、自衛権に基づく正当化を行う目的をもって反訴が提出された。[67]そして、理由はどうあれ、反訴が受理されたのである。このように、違法性阻却を主張する場合、刑事事件に類似の場合でも、原告の主張を否定するという意味で、防御的な反訴はあり得ることになる。

さらに、ジェノサイドに特有の事情も考慮することができる。被告ユーゴスラビアが述べていたように、ジェノサイドは、「集団を全部または一部破壊する意図を持って行われ」るものであるために、この意図を否定するために、原告ボスニア・ヘルツェゴビナのジェノサイド行為を立証する必要があるというのである。[68]被告に言わせれば、セルビア人は、原告によるジェノサイド行為から「身を守るため自発的に」[69]、ムスリム人等の殺害を行ったのである。この主張に基づく限り、反訴は、防御の側面を持つことができる。

第四に、もしも、本件が、刑事事件に起因した民事訴訟であると見ることができず、かつまさに刑事事件と見ることができないとすれば、両者の性質を併せ持つ訴訟と言うことになろう。つまり、刑事か民事か、一義的に性質付けることができないとしても、刑事事件と民事事件の両者の性質を有するものと位置づけることは可能である。たとえば、民事訴訟の形態をとりつつ、懲罰的損害賠償を求める場合がこれにあたる。しかし、この場合も、最終的には、損害賠償の問題に帰着することになり、相殺を反訴として認めるならば、その限りで、第一の場合と同様、反訴の可能性があり得るのである。

裁判所は、「[ジェノサイド]条約の違反は、また別の[ジェノサイド]条約違反の正当化根拠になることはないことを両当事者は認識しており、この認識はまったく正しい」[70]と述べ、反訴の防御的な性質を否定したのである。したがって、被告が原告の違反行為を反訴で提出したとしても、原告が本訴で提出した被告の違反行為をうち消す効果はない[71]。この点で、裁判所は、「防御プラス・アルファ」アプローチを採用していないと考えられるのである[72]。コンゴ軍事活動事件では、原告であるコンゴが、「反訴を行う当事者の主張は、反訴を援護するものでなければならないか、あるいは本訴を反駁するために行うものでなければならない」と述べていたが、裁判所は、はっきりと、そのような「条件に服するものではない」と述べたのである[73]。要するに、ウィーラマントリー判事は、「防御プラス・アルファ」アプローチに固執し、反訴を受理不可能と論じ、裁判所は、「防御プラス・アルファ」アプローチを採用せず、反訴を受理したことになる。

三　反訴の受理可能性要件

1　事実における直接関係性

裁判所は、反訴の受理可能性に関し、「防御プラス・アルファ」アプローチをとらなかった。反訴に防御する部分があれば、本訴との直接関係性は当然存在するものと考えられていた。しかし、「防御プラス・アルファ」アプローチをとらなかった以上、どのような根拠で、直接関係性の存在を確認したのかという問題が生じることになる。裁判所によれば、「相互主義の欠如は、本訴と反訴の法的関係性の存否に関し決定的なものではない」[74]。したがって、何が決定的であるかが問題とならざるを得ない。

直接関係性を議論するためには、まずこの直接関係性が、事実において直接関係しておればよいのか。あるいは、法において直接関係しておればよいのか。あるいは、事実及び法の両者において直接関係していなければならないのか。一九三六年裁判所規則改正時、フロマージョ判事は、「反訴に必要とされる関係性とは、事実の連関性であり、事実の同一性が、本訴と反訴の二つの訴えの基盤となる」と述べ、法における関係性は不要であるとの見解を示した。[75]しかし多くの裁判官は、事実だけではなく法においても直接関係性を有することが必要であると述べていた。[76]国際司法裁判所も、「一般的に言って、反訴と本訴の関係性の程度は、事実の面から、そして法の面から評価しなければならない」と述べた。[77]両方の関係性が必要であるとは述べず、単に両方の関係性を検討することが必要であると述べているにすぎない。しかし、いずれにせよ、反訴の直接関係性を研究する際に、両方の面から検討することが必要である。まず、事実に関する直接関係性から考察する。

国内法においては、同一の事実から生起する訴えは、反訴が可能であるとするものがある。日本民事訴訟法第一四六条では、反訴が、「本訴の目的である請求……と関連する請求を目的とする場合に限り」提起することができることになっているが、それは、「発生原因事実において共通するところがあることをいう」とされている。[78]同様に、アメリカ合衆国では、「同一事実(same occurrence)」[79]が、反訴の要件とされている。したがって、直接関係性の意味として、同一の事実から反訴が提起できることが、国内法上規定されている。

ジェノサイド条約適用事件において、本訴と反訴は、極めて高い類似性を持っていた。クレサ判事が述べるように、「申述書と答弁書の形式及び内容は、実質的な類似性を有している」[80]のであった。また別の表現をすれば、「鏡に映し出される像」[81]のような、事実におけるうり二つの類似性が存在している。原告と被告双方が、他方当事者のジェノサイド行為を非難した。原告と被告という表現を換えさえすれば、まったく同一となり得る訴えなのである。しかし、その一方で、ウィーラマントリー判事が指摘するように、「申し立てられている犯罪者は異なり、被害者は異なり、動機は異なり、そして時間及び場所も同一ではない」[82]のが事実である。この事件においては、同一の場所、同一の行為、同一の行為者は存在していないのである。

裁判所は、この点に関して、「それぞれの訴えは、同種の事実(facts of the same nature)に基づく」ものであるとか、「同じ複合的事実群(same factual complex)の一部」である[83]という表現を使用し、反訴が、事実上直接関係性を有することを確認したのである。しかし、うり二つであっても、ウィーラマントリー判事が言うように、まったく異なる事実であることに注意しなければならない。コロマ判事は、個別意見の中で、「それぞれの訴えは、同じ事実(same facts)から生じているのではない」ことを認め、ただ「裁判所の目からすれば、同じ複合的事実群の一部」であると述べている。[84]つまり、同じ複合的事実群とは、同じ事実ではないことを正直に示しているのである。ローターパクト判事はもっとはっきりと、「同一紛争の過程で生じたために、本訴と直接関係している」と述べている。[85]この言葉からすれば、同じ複合的事実群とは、同じ事実ではなく、単に同じユーゴ紛争で生じた事実でしかないことが分かるのである。したがって、裁判所は、直接関係性をかなり広く理解し、反訴を許容する傾向にあることが分かる。それは、裁判所の言葉によれば、「反訴が本訴と十分関係を有しているかどうかについて評価するのは裁判所であり、裁判所だけが裁量権を有している」[86]のであり、「よりよき司法運営」や「訴訟経済」[87]の観点から評価されるのである。[88]

この点は、油井やぐら事件でも確認できる。油井やぐら事件では、原告であるイランが、アメリカ合衆国による油井やぐら破壊行為を、両国の友好、経済関係及び領事の権利に関する条約を根拠に訴えた事件である。裁判所は、同条約第一〇条が規定する通商航海の自由には、単なる購入・販売だけでなく、取引全体が含まれると理解し、輸出予定の商品の破壊を及ぼす行為並びに取引及び貯蔵に影響を与え得る行為は、第一〇条の適用があると判示した。[89]そこで、被告アメリカ合衆国が、イランによる船舶への攻撃、アラビア湾における機雷敷設及び一九八七年から一九八八年の間に行われた軍事活動に対して反訴を提出したのである。

この事件でも、事実の同一性は存在していない。またそれだけではなく、本件では、事実の類似性も存在していない。一方は、やぐらに対する攻撃を非難し、他方は船舶への攻撃を非難しているからである。アメリカ合衆国によれば、「反訴は、本訴と直接関係している必要はなく、本訴の主題と直接関係していればよい」のであり、「反訴と呼び得るものは、鏡に映し出される像のような同一性は必要ない」[90]のである。その上で、「訴え、つまり請求の主題を生起させた事実または状況と十分関係している」[91]ことでよいと主張されたのである。ここでは、事実という言葉に、さらに「状況」という言葉を付け加えることにより、いっそう、関係性をあいまいなものにしている。裁判所は、単に、「[当事者の]依拠する事実が、油井やぐらの破壊を含むものであるか、あるいは船舶の破壊を含むものであるかにより異なるが、いずれにせよ、ペルシャ湾において同時期に生じたと主張されている」[92]ことから、直接関係性があると判示した。

この事件において、反訴と本訴において、同一の時期における同一の場所での同一の事実が問題となっているわけではない。一九八七年から八八年という同一の期間において、ペルシャ湾という同一の地域が問題となっているにすぎない。同種の事実としては、武力行使が挙げられるのみである。しかし、それすらも、武力行使の態様は異なっている。リゴー判事が述べるように、「時間と場所は同じかもしれないが、行為は同じではない」のであって、「ペルシャ湾で動かない油井やぐらを意図的に破壊することと、ペルシャ湾の他の所を航海している船舶を攻撃したり機雷を敷設したりすることとは、まったく別のこと」[93]なのである。アメリカ合衆国は、自衛権を根拠に主張を行っているため、ここでは、一方が違法な武力行使であり、他方は自衛権に基づく合法的な武力行使とされる可能性もある。もしこの議論が正しいとすれば、事実の同一性は傍らに置かれることになる。したがって、問題は、法における直接関係性が存在するかどうかということになる。

コンゴ軍事活動事件では、被告ウガンダの反訴が、原告コンゴの本訴よりも、期間において長い射程を持つものであった。原告であるコンゴが問題にしていたのは、一九九八年八月以降、被告であるウガンダが、コンゴ領の一部を軍事的に占領している行為であった。しかし、被告であるウガンダが提出した反訴は、それ以前の時期における、コンゴによるウガンダに対する軍事活動が含まれていた。ウガンダは、自衛権により、自国の軍事活動を正当化する考えであったからである。またそれだけでなく、「ウガンダに対する継続的で断続的な武力行使」が行われていると考えたからであった[94]。つまり、個々の戦闘行為を問題にするのではなく、一つの武力紛争として、本件請求を位置づけたのである。裁判所は、「ウガンダの反訴は、コンゴの本訴よりも長い期間に関わるものであるが、しかし、反訴も本訴も、一九九四年以降、時には激しく、様々な形態をとって隣国間で生じた一つの紛争に関するものである」[95]と述べ、ウガンダの反訴を、一九九四年以降全期間にわたって、本訴と直接関係を有することを認めたのである。このように、同一の期間すらも問題とならないのである。裁判所によって提示された「同じ複合的事実群」という基準は、まさに、ジェノサイド条約適用事件で、ローターパクト判事が述べたように、同一の紛争であればよいのである。そして、同一時期に起きたわけではない原告による武力行使も、自衛という法的な正当化根拠によって、本訴で判断が求められている被告の武力行使と結びつけられ、反訴として許容されるのである。したがって、問題は、武力行使を規律する法における直接関係性に限定されることになる。

2　法における直接関係性

ジェノサイド条約適用事件では、同種の事実は存在していたが、同一の事実と言うことはできなかった。裁判所は、同一の事実という直接関係性は問題としなかった。そこで、裁判所が直接関係性について述べた定式は、「両当事者が、それぞれの権利に基づいて、同じ法目的、つまり、ジェノサイド条約違反の法的責任を立証するという法目的を追求している」[96]ことであった。つまり、直接関係性の基準として定式化されたものは、事実における直接関係性ではなく、法における直接関係性であったと見ることができる。しかも、反訴が、広い意味で同一紛争内にあり、本訴と同じ条約違反を問題とすれば受理可能性の要件を満たすことになる。つまり、反訴と本訴の直接関係性は、最終的には、反訴が本訴の管轄権に属すればよいことになる。その結果、規則第八〇条の要件としてあげられている直接関係性は、もう一つの要件である「裁判所の管轄に属すること」に収斂してしまうことになる。

しかし、もしも反訴が、本訴の否定を意味する防御的なものでしかない場合であれば、反訴が裁判所の管轄権に属することは問題ない。「防御プラス・アルファ」アプローチの場合であれば、「プラス・アルファ」の部分が管轄権に属するかどうかという問題は残ることになるが、大きな問題ではない。なぜなら、反訴の主たる目的は本訴の否定にあり、通常同一条文で争われることになるからだ。[97] しかし、裁判所は、「防御プラス・アルファ」アプローチを否定した。したがって、残る問題は、「裁判所の管轄権に属する」とはどのような意味であるか。そして、この問題に、反訴の問題が収斂してしまうのである。この管轄権の問題が、油井やぐら事件で主として議論された。

油井やぐら事件では、アメリカ合衆国は、本訴に対して、自衛権を根拠に正当化を図ろうとしていた。しかし、この事件における管轄権の基礎は、友好条約第二一条のみであり、反訴請求の実体法上の根拠としては、イランが依拠した条文と同じ第一〇条であった。しかし、正確には異なっていた。イランが依拠した条文は、管轄権の基礎としては、裁判付託条項である第二一条であり、実体法的基礎としては、「両国間の通商及び航海の自由」を規定していた第一〇条一項であった。そして、裁判所も、第一〇条一項を基礎とした請求につき、裁判管轄権を確認した。[98] しかし、アメリカ合衆国の反訴における訴えは、同条文を越える問題が含まれていた。イランの主張によれば、アメリカが船舶を攻撃したケースの中で、六隻は、「両国間の通商のみならず航海すらも」行っておらず、一隻は、アメリカ合衆国を旗国としていなかったのだ。[99] そして、アメリカ合衆国は、管轄権の根拠として友好条約第二一条を挙げつつ、反訴の実体法的基礎として、同条約第一〇条一項だけでなく、同条二項から五項までを挙げていたのである。友好条約の裁判付託条項が管轄権の基礎となっているため、友好条約の条文であれば、裁判所は管轄権を有していると一応言えなくはない。しかし、厳密に言えば、第一〇条二項から五項までは、裁判所の管轄権確認が済んでいないのである。裁判所が確認したのは、第一〇条一項に基づく請求について管轄権を有することであった。

イランに言わせれば、「アメリカ合衆国は、友好条約の第一〇条二項から五項といった条文を含めるように本件紛争の拡大を行っているが、こうした条文は今まで訴訟で問題とされたことのない条文であり、かつアメリカ合衆国が今まで言及したこともない条文である」[100] のだ。したがって、この事件で問題となったのは、係属している紛争を反訴により拡大することができるかどうかであった。言い換えると、「裁判所の管轄権に属する」ことという要件が、「裁判所によって確認された管轄権」のことなのか、あるいは「確認されていなくとも裁判所が有する管轄権」のことなのかという点である。

裁判所は、反訴命令の中で管轄権判決を挙げ、第一〇条一項の「通商の自由」は、「厳密に言って、通商を保護するものではなく、『通商の自由』を保護するもの」であり、「この『自由』を害する行為であればどのような行為であっても、禁止されている」と述べた。[101] そして、「アメリカ合衆国が申し立てている反訴では、船舶に対する攻撃、機雷の敷設及びその他の軍事活動が『海上通商に危険を与えかつ海上通商を阻害するものである』と述べられている」ことから、反訴は第一〇条一項の規定でカバーされていると述べたのである[102]。したがって、裁判所の説明では、アメリカ合衆国の反訴は「裁判所によって確認されている管轄権」に属するものであるということが含意されている。そして、紛争の拡大を認めず、本訴と同一の実体法的基礎に限定しようという意図が見える。本訴と同一の実体法的基礎であれば、「裁判所によって確認された管轄権」に属することは問題がないからである。

しかし、この点に関し、ヒギンズ判事は、「本訴の管轄権の基礎と反訴の管轄権の基礎がまったく同一であることは必要でない」[103]という考え方を示している。つまり、友好条約第一〇条二項から五項の規定に基づくアメリカ合衆国の反訴も受理可能であると述べているのである。確かに、裁判所規則第八〇条は、単に「裁判所の管轄権に属する」ことを要件としているだけで、どのような管轄権であるかは明記していない。しかも本件では、裁判付託条項に基づく訴えであるため、同一条約内であれば、一応、管轄権に属する反訴であると言えなくはない。しかし、もしもヒギンズ判事の理解が正しいとすれば、反訴の管轄権確認を、本訴の管轄権確認とは別に行わなければならなくなる。その結果、反訴手続は、付随手続ではないことになってしまう。しかも、極論をすれば、原告が提出していないまったく新たな管轄権を基礎に、反訴を提出することも可能となる。たとえば、原告は認めているが被告は認めていない管轄権の根拠がある場合、被告が応訴管轄の法理を悪用し、新奇な反訴を提出することも可能となる。ヒギンズ判事に言わせると、反訴が「本訴の主題と直接関係を有していなければならないという要件があるために、反訴を提起する当事者は、［本訴と］同一の一般管轄権領域に入ることになり」やすく、「同一の条約が反訴を提起する管轄権の基礎となることが多いだろう」と言うことができるが、「そこまでしか言えない」のである[104]。ヒギンズ判事は、他の管轄権の根拠によって反訴が提起されることを否定していないのである。しかも、ヒギンズ判事は、「直接関係性」という要件を、限定要因としているが、裁判所の実行からすれば、この要件は限定的な機能を果たしていない。ただ、反訴が同一の複合的事実群に属せばよいだけだからである。

しかも、問題がある。小田判事が述べるように、原告は、訴えを変更することはできないが、被告は新たな訴えを導入することができることになってしまうのである。[105] 裁判所がジェノサイド条約適用事件で述べた「二重の性質」が改めて問題となる。反訴は、本訴と直接関係を有するものであるが、新たな訴えであることを裁判所は強調した。しかし、反訴が「新たな訴え」であることは、常設国際司法裁判所規則改正時に、はっきりと否定されていた。アンチロッチは、「反訴は新たな訴訟ではない」と述べ、[106]「防御プラス・アルファ」アプローチを採用したのである。しかし、原則は逆転した。反訴とは、本訴と同一の複合的事実群に属するという意味で直接関係性を有している限り許容される「新たな訴え」なのである。ただ、裁判所がすでに確認した管轄権に属し、本訴請求の実体法的基礎と同一であることだけが条件となるのである。[107]

要するに、裁判所の考えによれば、管轄権段階で管轄権の存在が確認された実体法的基礎と同一であれば、反訴は受理されるのである。コンゴ軍事活動事件でもこの点は確認できる。この事件では、ウガンダが反訴においてルサカ合意違反という新たな訴えを提出していたが、裁判所は、反訴として認めなかった。その理由は、その反訴で問題とされているのは「紛争解決方法に関わるもの」であって、「異なる性質の事実」に関するものであるからであった。[108] コンゴは、ルサカ合意の問題を提出してはいなかった。このように、ウガンダの反訴の範囲を確定したのは、原告であるコンゴの法的主張であった。したがって、事実における直接関係性は、まさに、法における直接関係性に依存しているのである。そして、反訴が受理されるためには、少なくとも、本訴請求と同一の実体法的基礎があればよいことになる。言い換えると、管轄権段階で管轄権の存在が確認された実体法的基礎を根拠とする限り、本訴の防御という性質があろうがなかろうが、どちらでもよいのである。

おわりに

二〇〇〇年一二月、裁判所規則第八〇条の改正が行われた。[109] しかし、反訴が、本訴と直接関係性を有するものでなければならないこと、そして裁判所の管轄権に属するものでなければならないことは変わっていない。したがって、反訴と本訴との直接関係性は、今後も同じように問題となる。しかし、裁判所の見解によれば、反訴が本訴と同一の複合的事実群の中の事実に関係するものであればよく、反訴は、本訴と区別される新たな訴えなのである。唯一、反訴を限定する機能を果たし得るのは、法における直接関係性、換言すれば、確認済みの管轄権に属することという要件だけと言ってもよいのである。しかし、反訴によって、新たな訴えが提出されるのであるならば、原告の請求、そして被告の反訴に続いて、原告が、被告の反訴に対する「反」反訴の提出を認めないと、原告が不利になりはしないだろうか。「反反訴は許さず (*reconventio reconvintionis non admittitur*)」の法格言が存在する一方で、国内法上、反反訴を認める国も存在している。[110] こうした反反訴については、裁判所規則に規定はない。油井やぐら事件で、管轄権を限定することにより、裁判所は反訴を限定した。原告に対しては、被告の反訴に対する意見表明の機会を与えただけである。[111] したがって、反反訴については、認めない趣旨であろう。裁判所によって「防御プラス・アルファ」アプローチが廃棄された以上、反訴を限定するものは、本訴が基礎とする法における直接関係性、そして管轄権の結びつき以外に存在していないのである。

国際司法裁判所は、国家間紛争を解決するために作られた裁判所である。しかしながら、二国間紛争には適しているが、多数国間紛争を処理するには、さまざまな障害を有している。この点は、訴訟参加という制度の中で問題が顕在化した。一方、国際法は、対世的権利・義務という概念を有するようになった。しかもこの概念は、裁判所自身が、国際法の中に導入した考え方であった。[112] 対世的な義務は、相互主義が働かないだけでなく、国際社会全体が利益を有する義務として考えられているために、多数国間紛争、あるいは国際社会対一国という構造をとることになる。二国間で処理できない問題なのである。さらに、国際犯罪の概念も成熟し、処罰が実施段階にまで進んでいる。国内の民事訴訟をモデルに作られている国際司法裁判所が、刑事訴訟に類する訴訟をも処理することが期待され始めている。しかし、国際司法裁判所の手続は、常設国際司法裁判所と大枠で変更がない。国際司法裁判所の手続問題を見ることにより、現在、国際法が直面している問題を見ることになり、国際法自身の苦悩を垣間見ることができるのである。

1 Statement by Judge Stephan M. Schwebel, President of the International Court of Justice, to the Sixth Committee of the United Nations General Assembly, 1997-1998 ICJ YB. 295, 298（30 October 1997）. This statement is briefly reported in UN Doc. A/C.6/52/SR.17, at 3, para.7（1997）.

2 反訴を裁判戦略の一つとして論じた先駆的なものとして、Terry D. Gill, LITIGATION STRATEGY AT THE INTERNATIONAL COURT 81-84（1989）.

3 Application of the Convention on the Prevention and Punishment of the Crime of Genocide（Bosnia and Herzegovina v. Yugoslavia）, Counter-Claims, 1997 ICJ REP. 243（Order of 17 December 1997）,（hereinafter cited as Genocide, Counter-Claims）.

4 Oil Platforms（Iran v. United States of America）, Counter-Claims, 1998 ICJ REP. 190（Order of 10 March 1998）,（hereinafter cited as Oil Platforms, Counter-Claims）.

5 さらに、カメルーンとナイジェリアの領土及び海洋境界に関する事件及びコンゴ領域における軍事活動事件においても、それぞれ被告が反訴を提出した。The Land and Maritime Boundary Between Cameroon and Nigeria（Cameroon v. Nigeria）, 1999 ICJ REP.（Order of 30

June 1999), (hereinafter cited as Cameroon v. Nigeria); Armed Activities on the Territory of the Congo, (Democratic Repubulic of the Congo v. Uganda), Counter-Claims, 2001 ICJ REP. (Order of 29 November 2001), (hereinafter cited as Congo, Counter-Claims).

6 ICJ ACTS & DOCUMENTS No.5, at 142-45(1989); Shabtai Rosenne, DOCUMENTS ON THE INTERNATIONAL COURT OF JUSTICE 255(2nd ed., 1979).

7 Genocide, Counter-Claims, 1997 ICJ REP. at 257, para.30.

8 *Id.*

9 この点は、裁判所自身が認めている。Congo, Counter-Claims, 2001 ICJ REP. at para.36.

10 Genocide, Counter-Claims, 1997 ICJ REP. at 256, para.27.

11 *Id.*

12 *Id.*

13 *Id.*

14 裁判所自身、命令の中でこの点は確認している。*Id.*, at 257, para.30.

15 PCIJ Ser. D, No.2, at 570(1922); PCIJ Ser D, No.1, at 52(1926).

16 Statements of Weiss and Anzilotti, PCIJ Ser. D, No.2, 3rd Add., at 107 (1936). 一九三六年議事録に一九二二年の討論の模様が記されているのは奇異である。一九二二年当時の議事録には、「討論の中では、防御のための反訴と本訴とは独立した反訴との違いに力点が置かれた」との記載があるだけであった。PCIJ Ser. D, No.2, at 140 (1922). 一九三六年の規則改正の際に、一九二二年の討論を想起するために、書記局がさらに詳細な議事録を提出したのである。

17 Statement of Finlay, PCIJ Ser. D, No.2, 3rd Add., at 108 (1936); PCIJ, Ser. D, No.2, 4th Add., at 262 (1943).

18 The Factory at Chorzów (Germany v. Poland), Claim for Indemnity, Meirts, PCIJ Ser. A, No.17, at 38 (Judgment of 13 September 1928).

19 PCIJ Ser. D, No.1, at 49(3rd ed., 1922).

20 ワン判事によれば、反訴に関し、混合仲裁裁判には二種類の定式化がある。一つは、反訴を認める制度であり、もう一つは反訴を認めず、訴訟開始の請求という方法のみを認める制度である。前者の例として、ギリシャ・ドイツ混合仲裁裁判所があり、後者の例として、ドイツ・ポーランド混合仲裁裁判所の例があるという。Statement of Wang, PCIJ Ser. D, No.2, 4th Add., at 265 (1943).

21 Statement of Negulesco, PCIJ, Ser. D, No.2, 3rd Add., at 105 (1936); PCIJ Ser. D, No.2, 4th Add., at 261 (1943).

22 *Id.*

23 Statement of Urrutia, PCIJ Ser. D, No.2, 3rd Add., at 109 (1936); PCIJ Ser. D, No.2, 4th Add., at 262 (1943).

24 Statement of Anzilotti, PCIJ Ser. D, No.2, 3rd Add., at 105 (1936); PCIJ Ser. D, No.2, 4th Add., at 261 (1943).

25 Statement of Anzilotti, PCIJ Ser. D, No.2, 3rd Add., at 106 (1936); PCIJ Ser. D, No.2, 4th Add., at 261 (1943).

26 *Id.*

27 反訴という特別な制度を設けないとの主張を行っていたネグレスコ判事が、他の三人の判事とともに改定案を提出し、「さまざまな見解を妥協させる定式」を新規則案として盛り込んだ。Statement of Negulesco, PCIJ Ser. D, No.2, 3rd Add., at 111 (1936); PCIJ Ser. D, No.2, 4th Add., at 263 (1943).

28 Statement of Fromageot, PCIJ Ser. D, No.2, 3rd Add., at 109 (1936); PCIJ Ser. D, No.2, 4th Add., at 263 (1943).

29 Statement of Negulesco, PCIJ Ser. D, No.2, 3rd Add., at 105 (1936); PCIJ Ser. D, No.2, 4th Add., at 261 (1943).

30 Statement of Anzilotti, PCIJ Ser. D, No.2, 4th Add., at 264 (1943).

31 Anzilotti, *La demande reconventionnelle en procédure internationale*, 57 JOURNAL DU DROIT INTERNATIONAL (Clunet) 857, 867 (1930).

32 Olivia Lopes Pegna, *Counter-claims and Obligations* Erga Omnes *before the International Court of Justice*, 9 EUR. J. INT'L L. 724, 729 (1998).

33 Statement of Negulesco, PCIJ Ser. D, No.2, 3rd Add., at 105 (1936); PCIJ Ser. D, No.2, 4th Add., at 261.

34 ヌーベルによれば、反訴は「うち消す主張と一つの訴えを対にして連動させる」ことが必要だ。Yves Nouvel, *La recevabilité des demandes reconventionnelles devant la Cour intrnational de Justice à la lumière de deux ordonnqces récentes*, 44 ANNUAIRE FRANÇAIS DE DROIT INTERNATIONAL 325, 328 (1988).

35 Rosenne, *supra* note 6, at 177.

36 Shabtai Rosenne, *Counter-Claims in the International Court of Justice Revisited*, in LIBER AMICORUM 'IN MEMORIAM' OF JUDGE JOSÉ MARIA RUDA 457, 467 (C. A. Arms Barea et al. ed., 2000).

37 Asylum (Colombia / Peru), 1950 ICJ REP. 266, 270 (Judgment of 20 November 1950).

38 *Id.*, at 280-81.

39 Rights of Nationals of the United States of America in Morocco (France v. United States of America), 1952 ICJ REP. 176, 179-181 (Judgment of 27 August 1952).

40 国際司法裁判所の判例については、see, Shabtai Rosenne, THE LAW AND PRACTICE OF THE INTERNAITONAL COURT OF JUSTICE, 1920-1996, at 1274-77 (1997); Geneviéve Guyomar, COMMENTAIRE DU RÉGLEMENT DE LA COUR INTERNATIONAL DE JUSTICE 521-24 (1983).

41 一九九〇年代の判例において、裁判所は、イラン人質事件以外で反訴についてふれることがない。

42 Genocide, Counter-Claims, 1997 ICJ REP. 249-251, para.5.

43 *Id.*, at 253, para.13.コンゴ軍事活動事件においても、原告コンゴが、「本訴の全部あるいは一部に対し反駁する」ことができるものでなければならないと述べ、同趣旨の主張を展開した。Congo, Counter-Claims, 2001 ICJ REP. at para.10.

44 Genocide, 1997 ICJ REP. at 253, para.12(挿入筆者).

45 *Id.*, at 256, para.27.

46 *Id.*, at 290 (Weeramantry J., dissenting).

47 *Id.*

48 *Id.*, at 289(挿入筆者).

49 *Id.*, at 292.

50 サールウェーは、ウィーラマントリー判事の見解が、常設国際司法裁判所の見解と実際上似かよっていると述べるのは、同旨であろう。Hugh Thirlway, *Counterclaims before the International Court of Justice*, 12 LEIDEN J. INT'L L. 197, 219 (1999).

51 ウィーラマントリー判事が、反訴の定義に利用しているのは、ブラック法律学辞典である。Genocide, Counter-Claims, 1997 ICJ REP. at 289 (Weeramantry J., dissenting).

52 *Id.*, at 247 para.1.

53 サールウェーは言う。「侵略行為に対し国家が補償を求める訴え、具体的には賠償を求める訴えは、原告の侵略行為に対する補償を求める反訴を受けることになるというのも、理論的には可能である」と。Thirlway, *supra* note 50, at 220. ただし、相殺を反訴として認めれば、金銭で換算できるあらゆる訴えが、本訴と直接関係を持つことになり、一概に認められるわけではない。

54 西澤宗英「第二三九条」『注釈民事訴訟法』第五巻(訴え・弁論の準備)三八三頁(新堂幸司、福永有利編、一九九八年)。

55 同上、三八三—三八四頁。

56 Application of the Convention on the Prevention and Punishment of the Crime of Genocide (Bosnia and Herzegovina v. Yugoslavia), Jurisdiction, 1996 ICJ REP. at 616, para.31 (Judgment of 11 July 1996).

57 Reservations to the Convention on the Prevention and Punishment of the Crime of Genocide, 1951 ICJ REP. at 15, 23 (Advisory Opinion of 28 May 1951).

58 Genocide, Counter-Claims, 1997 ICJ REP. at 253, para.12.

59 *Id.*, at 255, para.21.

60 ペグナは、ウィーラマントリー判事の見解を支持する。Peguna, *supra* note 32, at 735.

61 Genocide, Counter-Claims, 1997 ICJ REP. at 258, para.35(挿入筆者).

62 The Gabcikovo-Nagymaros Project (Hungary/Slovakia), 1997 ICJ REP. 7 (Judgment of 25 September 1997).

63 この事件は、合意付託の事件であるが、当初は、ハンガリーが管轄権の不存在を承知しつつ、一方的に付託した事件である。

64 United States Diplomatic and Consular Staff in Tehran (United States of America v. Iran), 1980 ICJ REP. 3, 20-21, para.36 (Judgment of 24 May 1980).

65 Oil Platforms, Counter-Claims, 1998 ICJ REP. at 201, para.25.

66 Congo, Counter-Claims, 2001 ICJ REP. at para.9.

67 カメルーンとナイジェリアの領土及び海洋境界事件では、自衛権に基づく主張であるかどうかははっきりしていないが、この事件も、国境での武力行使に関する事件であり、反訴が求められた。裁判所は、「申し立てによれば、すべての事実は、両国の国境上で生じたもの」であり、「当事者双方の訴えは、法的責任の立証及び損害賠償の認定という、同じ法目的を追求するもの」であることから、反訴は受理可能であると判示した。Cameroon v. Nigeria, 1999 ICJ REP.

68 Genocide, Counter-Claims, 1997 ICJ REP. at 255, para.21.

69　*Id.*, at 255, para.20.

70　*Id.*, at 258, para.35.

71　反訴は、本訴を否定する効果がなくとも認められるというのが裁判所の理解である。　See, Sean D. Murphy, *A Festshrift Honoring Professor Louis B. Sohn (April 8, 2000): Article Amplyfying the World Court's Jurisdiction Through Counter-Claims and Third-Party Intervention*, 33 G.W. J. INT'L L. & ECON. 5, 18 (2000).

72　Pegna, *supra* note 32, at 734.

73　Congo, Counter-Claims, 2001 ICJ REP. at para.38.

74　Genocide, Counter-Claims, 1997 ICJ REP. at 258, para.35.

75　Statement of Fromageot, PCIJ Ser. D, No.2, 4th Add., at 264 (1943).

76　Statement of Schucking, PCIJ Ser. D, No.2, 4th Add., at 264 (1943).アンチロッチ判事も、事実における関係性と法における関係性の区別が困難であることを指摘している。Statement of Anzilotti, PCIJ Ser. D, No.2, 4th Add., at 264 (1943).

77　Genocide, Counter-Claims, 1997 ICJ REP. at 258, para.33; Congo, Counter-Claims, 2001 ICJ REP. at para.36.

78　新堂幸司『民事訴訟法』四六五頁(第二版補正版、一九九〇年)。この記述は、旧民事訴訟法(一九二六年)第二三九条に関するものであるが、現行民事訴訟法第一四六条でも同様である。例えば、伊藤眞『民事訴訟法』五四七頁(補訂第二版、二〇〇二年)を参照せよ。

79　アメリカ合衆国では、義務的反訴と許容的反訴がある。アメリカ合衆国連邦民事訴訟規則第一三条(a)では、前者が「規定され、他方当事者の請求の主題をなす取引又は事実から生じた」訴えは、反訴として提出しない限り、既判力により、後になって訴えを提起することはできなくなる。また同第一三条(b)では、後者が規定され、「他方当事者の請求の主題をなす取引または事実から生じていない」訴えも、反訴として提出することができるとされている。また、外国主権免除法第一六〇七条が、外国国家の提起した訴えにおいて、当該外国国家は反訴に関しては、主権免除を主張できないとの規定をおいている。同条(b)において、反訴とは、「当該外国国家が提出した請求の主題をなす同一の取引又は同一の事実から生じた訴えである場合」と規定している。この規定は、外国国家に対しては主権免除を与えるのが原則であることを考慮に入れて、主権免除原則を解除するために、反訴を限定しているのである。この点で、紛争当事国の同意がない限り裁判管轄権を行使できない国際裁判の場合と、類似していると言うことができる。See, Arwed

Blomeyer, INTERNATIONAL ENCYCLOPEDIA OF COMPARATIVE LAW, Vol. 16 (Civil Procedure), Ch.4, Types of Relief Available (Judicial Remedies), 61-62, 67-68 (1982); Alison Dundes Renteln, *Encountering Counterclaims*, 15 DEN. J. INT'L L. & POL'Y 379, 380-81 (1987). イラン・アメリカ合衆国請求裁判所でも、反訴は、アメリカ合衆国民事訴訟規則第一三条と類似の定式をおいている。アメリカ合衆国政府による請求及びイラン政府による請求の解決に関するアルジェリア政府の宣言第二条一項では、「同一の契約、同一の取引及び同一の事実から生起する反訴」は、裁判所の管轄権に属するとしている。1 IRAN-U.S. CLAIMS TRIBUNAL REP. 9(1983). 国際裁判における反訴について、see, Bradley Larschan & Guive Mirfendereski, *The Status of Counterclaims in International Law, with Particular Reference to International Arbitration Involving a Private Party and a Foreign State*, 15 DEN. J. INT'L L. & POL'Y 11 (1986).

80　Genocide, Counter-Claims, 1997 ICJ REP. at 271 (Kreća, declaration).

81　アメリカ合衆国が、油井やぐら事件で述べた表現。Oil Platforms, Counter-Claims, 1998 ICJ REP. at 200, para.23.

82　Genocide, Counter-Claims, 1997 ICJ REP. at 293(Weeramantry J., dissenting).

83　*Id.*, at 258, para.34(Order); see also, Oil Platforms, Counter-Claims, 1998 ICJ REP. at 205, para.38; Congo, Counter-Claims, 2001 ICJ REP. at para.38. ジェノサイド条約適用事件では、さらに、「うり二つの事実(identical facts)」という表現も見られる。Genocide, Counter-Claims, 1997 ICJ REP. at 258, para.34.

84　Genocide, Counter-Claims, 1997 ICJ REP. at 276 (Koroma J., separate).

85　*Id.*, at 282, para.14(Lauterpacht J., separate).

86　*Id.*, at 258, para.33(Order).

87　*Id.*, at 257, para.30.

88　ただし、裁判所は、どのような論理を使うにしろ、反訴を認めなければならなかった事情が存在する。つまり、本件では、ユーゴスラビアに対するジェノサイド行為の中止及び損害賠償が請求の主題であったにもかかわらず、裁判所は、仮保全段階において、原告の請求の主題とは関係なく、被告の主張をある程度受け入れ、原告の側にもジェノサイド禁止の命令を指示したのである。このことから、原告に対するジェノサイド禁止という被告ユーゴスラビアの訴えも、反訴段階以前において、すでに訴訟の主題と関係するものであることを暗黙に認めていたのである。See, Thirlway, *supra* note 47, at 218.

89 Oil Platforms (Iran v. United States of America), Jurisdiction, 1996 ICJ REP. 803, 819, para.50 (Judgment of 12 December 1996).

90 Oil Platforms, Counter-Claims, 1998 ICJ REP. at 200, para.23.

91 *Id.*, at 201, para.23.

92 *Id.*, at 205, para.38(挿入筆者).

93 *Id.*, at 235 (Rigaux J., dissenting).

94 Congo, Counter-Claims, 2001 ICJ REP. at para.20.

95 *Id.*, at para.38.

96 Genocide, Counter-Claims, 1997 ICJ REP. at 258, para.35.

97 ハドソンは、「裁判所の管轄権が確認されたなら、請求の主題と直接関係がある訴えにも、その管轄権は拡大されると思われる」と述べている。Manley O. Hudson, THE PERMANENT COURT OF INTERNATIONAL JUSTICE, 1920-1942, at 292-93 (1972, reprint of 1943). しかし、これは、あらゆる反訴が管轄権にはいると言うことではなく、本文のように、反訴は、防御が主体であるので、その限りで、このようなハドソンの理解が可能になると、限定して理解すべきであろう。

98 一九九六年の管轄権判決主文には、「一九五五年[アメリカ合衆国とイランとの間の友好、経済関係、領事の権利]条約第一〇条一項に基づきイランが提起した訴えを取り扱う管轄権を、同条約第二一条二項を根拠に、裁判所は有する」と述べていた。Oil Platforms, Jurisdiction, 1996 ICJ REP. at 821, para.55.

99 Oil Platformas, Counter-Claimas, 1998 ICJ REP. at 198, para.18.

100 *Id.*, at 196, para.12.

101 *Id.*, at 204, para.34, citing Oil Platforms, Jurisdiction, 1996 ICJ REP. at 819, para.50.

102 Oil Platforms, Counter-Claims, 1998 ICJ REP.at 204, para.35. しかし、裁判所は、本案段階において、イランの軍事活動の対象となった船舶は、「『両締約国領域間の』通商又は航海に従事していなかった」ため、友好条約第一〇条一項違反はないと結論している。Oil Platforms(Iran v. United States of America), Merits, 2003 ICJ REP. at para.121(Judgement of 6 November 2003). したがって、最終的には、反訴は友好条約第一〇条一項でカバーされていなかったことになる。

103 Oil Platforms, Counter-Claims, 1998 ICJ REP. at 218 (Higgins J., separate). 皆川洸も同意見である。皆川洸『国際訴訟序説』一六五―一六六頁(一九六三年)。

104 Oil Platforms, Counter-Claims, 1998 ICJ REP. at 219 (Higgins J., separate)(挿入筆者).

105 *Id.*, at 215 (Oda J., separate).

106 Statement of Anzilotti, PCIJ Ser. D. No.2, 4th Add., at 264 (1943).

107 ただし、裁判所が管轄権をまだ確認していない場合は、同じことが言えないことになる。被告が先決的抗弁を提出することなく、反訴を提出した場合、応訴管轄により裁判管轄権が確立したものとみなすことになろう。

108 Congo, Counter-Claims, 2001 ICJ REP. at para.42.

109 2000-2001 ICJ YB. at 3-4; ICJ PRESS RELEASE 2001/1. See, Shabtai Rosenne, *The International Court of Justice: Revision of Articles 79 and 80 of the Rules of Court*, 14 LEIDEN J. INT'L L. 77 (2001).

110 Arwed Blomeyer, *supra* note 74, at 69. 日本民事訴訟法については、見解が分かれている。参照、西澤、前掲論文注(54)、三八四―三八五頁。

111 「当事者間の平等を厳格に保障するために、訴答書面を追加し、その書面により、アメリカ合衆国の反訴に関し見解を表明する権利を留保する」と述べた。Oil Platforms, Counter-Claims, 1998 ICJ REP. at 206, para.45. ジェノサイド条約適用事件も同種の措置をとっている。Genocide, Counter-Claims, 1997 ICJ REP. at 260, para.42. 油井やぐら事件では、二〇〇一年八月二一日の命令により、アメリカ合衆国の反訴に限定して、意見表明の機会が与えられた。Oil Platforms (Iran v. United States of America), 2001 ICJ REP. (Order of 21 August 2001).

112 Barcelona Traction, Light and Power Co. (Belgium v. Spain), 1970 ICJ REP. 3, 32, para. 33 (Judgment of 5 February 1970).

[付記]　本稿は、二〇〇二年五月に脱稿し、編者に提出した論文である。二〇〇四年三月一四日の校正において、若干補訂を行っている。校正の最終段階で、李禎之「国際司法裁判所における反訴」『神戸大学年報』第一九号(二〇〇三年)に接した。残念ながら、本稿に反映することはできなかった。同一テーマを扱うものであり、参照されたい。

第Ⅲ部　国際社会の協調と安定

アフリカ統一機構／アフリカ連合と人権
——その展開過程を中心に——

家　正治

はじめに

第二次世界大戦後高揚した民族解放運動は、まずアジアの各地で起こり、ついで中近東に波及し、さらに一九五七年のガーナの独立を皮切りにサハラ以南のブラック・アフリカに及んだ。一九六〇年には一七のアフリカ諸国が独立し、「アフリカの年」と呼ばれた。戦前、アフリカには独立国は、エチオピア、リベリア、南アフリカおよびエジプトしかなく、「暗黒大陸」と呼ばれたが、六〇年代は「輝ける大陸」となった。

しかし、植民地支配から脱して法的に独立しても、経済的な面をはじめとして政治的、軍事的、文化的諸側面では従属し独立しているわけではない。ガーナのクワメ・エンクルマは、このような新植民地主義の支配を打倒する第一の要件は「統一」であるとして、ばらばらに分割されたアフリカ大陸に一つの連邦政府を創設する必要性を説いた。当初、アフリカ諸国は、政治的関係の確立が統一の獲得に欠かせないとして政治的機構の創設を主張するカサブランカ・グループと、経済的・社会的および技術的分野での協力を通じて徐々に政治的統一をなすことを主張するブラザビル・グループが対立した（ブラザビル・グループは中間派のアフリカ諸国をも結集して、モンロビア・グループとも呼ばれた）。しかし、このような対立を乗り越えて、エチオピアの首都アジスアベバで三〇カ国の参加を得て開催されたアフリカ諸国首脳会議は、一九六三年五月二五日、アフリカ統一機構（ＯＡＵ憲章）を採択した。

ＯＡＵ憲章は、人権に係る規定として、前文で、「自由、平等、正義及び尊厳は、アフリカ人民の正当な願望の達成のために欠くことのできない目的である」と定め、また国連憲章と世界人権宣言の原則について触れ、それは「諸国間の平和的・積極的協力のための強固な基礎を提供する」と規定し、さらに「アフリカ人民の厚生と福祉が保証されうるために今後すべての諸国は統一すべきである」と述べている。また、ＯＡＵの目的の一つとして、「アフリカ諸国民のより良き生活を達成するため、協力及び努力を調整しかつ強化すること」（第二条b）を掲げるとともに「国際連合憲章及び世界人権宣言を十分に尊重（due regard）して、国際協力を促進すること」（第二条e）を掲げている。

以上のように、ＯＡＵ憲章は人権に言及するものの一般的な規定にとどまり、憲章第二〇条が定める五つの特別委員会にも直接人権を扱うような三委員会は存在していない。ＯＡＵの成立から一九八一年のバンジュール憲章の採択までのＯＡＵの活動も、アフリカから植民地主義を根絶すること、非植民地化との関連でアフリカ人民の自決権を承認せしめることおよび南アフリカからアパルトヘイトを排除すること、に集中した。[2]

本稿では、ＯＡＵが採択したバンジュール憲章を中心に、ＯＡＵが人権問題に関して果たした到達点を考察する中で、ＯＡＵの役割・機能を分析し、さらにアフリカ連合との係わりを考察することを目的としている。

一　アフリカ難民条約

一九八一年のバンジュール憲章の採択まで、アフリカ統一機構は非植民地化問題や反アパルトヘイト問題にのみ係わり、人権問題についてまったく係わりをもたなかったわけではなかった。ＯＡＵは、環境に係わる人権文書として、一九六八年九月一五日、「自然及び天然資源の保存に関するアフリカ条約」を採択している。[3] 同条約は主として野生生物に関するものであるが、土地や水のような種々の資源利用の側面にも及んでいる。

また、一九六九年九月一〇日、ＯＡＵ元首首長会議は、「アフリカにおける難民問題の特定の側面を規律するアフリカ統一機構条約」[4]（アフリカ難民条約）を採択した。アフリカの難民問題は、アルジェリア独立戦争から、南アフリカ政権から、またポルトガル植民地施政からのアフリカ人の避難が始まった一九五〇年代に問題となりはじめた。そして、植民地国家から独立を達成しようとする諸国からまた多くの難民が発生し始めた一九六〇年初めに難民問題は国際的な関心事となった。多くの国が独立を達成するにつれて、アフリカの難民人口は増大し、ＯＡＵがこの問題をはじめて扱った一九六四年には推定七〇万人、また一九六九年には九〇万人と増加した。[5] 一九六四年にＯＡＵの閣僚理事会は、アフリカの難民問題を調査し理事会に勧告を行うための特別委員会を設置した。一九六七年には、ＯＡＵ、ＵＮＨＣＲ、アフリカ経済委員会（ＥＣＡ）およびダック・ハマーショルド財団の共同主催で、アジスアベバでアフリカ難民問題の法的・経済的・社会的側面に関する国際会議が開催された。そして、一九六九年にアジスアベバで開催された元首首長会議は、アフリカ難民条約を採択した。

一九五一年の難民条約と比較してもっとも注目される点として、アフリカ難民条約は難民の概念に関する定義を拡大していることと庇護権に関する規定である。[6] アフリカ難民条約第一条一項は難民議定書によって修正された難民条約第一条Ａ⑵前段と同じ規定を置くとともに、同条二項で以下のように定めている。

「難民」という文言は、また、外部からの侵略、占領、外国の支配、又はその出身国若しくは国籍国の一部若しくは全部における公の秩序を著しく乱す出来事のために、出身国又は国籍国の外の場所に避難所を求めて、その常居所地を去ることを余儀なくされたすべての者にも適用される。

ＯＡＵは、内戦や飢饉のようなアフリカが当面する困難に対処するためには難民条約が要件とする迫害以外にも拡大し、公の秩序の混乱（public disorder）に基づく場合も包摂した。

また、難民条約は、難民を迫害を受けるおそれのある領域の国境への追放・送還してはならないとする非送還（non-refoulement）の原則を規定している（第三三条）が、アフリカ難民条約は同原則とともにさらに「難民の定住を確保するために、各自の法律に従って最善の努力を行う」（第二条一項）と規定し、庇護に関する概念を強化するとともに「難民への庇護の付与は、平和的かつ人道的行為であって、いかなる加盟国も、これを非友好的行為とみなしてはならない」

（第二条二項）と定めている。

以上のように、アフリカ難民条約は注目すべき規範的枠組みを生み出したが、ナイジェリアはチャドからの難民を追放し、ケニヤおよびジンバヴェは難民保護の義務を怠ったり、またセネガルはモリタニアから追われた人々を難民として認めることを拒否するという重大な同条約違反が発生している。[7]

二　バンジュール憲章採択とその背景

アフリカ大陸では、一九七〇年代中頃から、とりわけ一九八〇年代に入って、独立の熱気が冷めるとともにアフリカ諸国において、政治的・社会的危機が深化した。農業は停滞し、食糧生産は人口増加に追いつけず、飢餓は常態となった。アフリカ経済は、一九八〇年代に「失われた一〇年」を経験することとなった。[8] しかし、このような困難な状況の中で、ＯＡＵが人権一般に関して特筆すべき役割を果たした出来事があった。それは、ＯＡＵ元首首長会議が「人及び人民の権利に関するアフリカ憲章」（バンジュール憲章）を採択したことである。

同憲章は一九七九年から一九八一年にかけて起草され、一九八一年六月の第一八回元首首長会議によって採択され、アフリカはヨーロッパ（ヨーロッパ人権条約）および米州（米州人権条約）に次いで一般的地域的人権条約を有することとなった。[9] 一九七九年までのＯＡＵの主要な関心は、難民問題は別にして、植民地主義とアパルトヘイトの問題に向けられていた。また、新植民地主義支配に対する警戒から、ＯＡＵ憲章第三条二項の「国家の国内問題に対する不干渉」原則に依拠するのが通例であった。[10]

しかし、このような状況を打開しバンジュール憲章を採択せしめた背景には、一九七〇年代末の国際的な要因と内在的な要因とが存在した。前者には、一九七五年にヘルシンキで採択された「ヨーロッパの安全保障及び協力に関する会議(CSCE)最終決定書」(ヘルシンキ宣言)の人権規定、ベトナム難民の流出、カンボジアのポル・ポト政権の残虐行為、チリーやアルゼンチンにおける厳しい政治抑圧、ジミー・カーター米国元大統領の「人権外交」やアムネスティ・インターナショナル、国際法律家委員会、国際人権連盟等の国際人権団体の諸活動に関する報道などがあり、それらは大きな影響を与えた。[11]

また、ウガンダのアミン(Amin)政権(一九七一～七九)、中央アフリカ共和国のボカサ(Bokasa)政権(一九六六～七九)および赤道ギニアのヌグェマ(Nguema)政権(一九六九～七九)の残虐行為に対して、アフリカの政治指導者に対し人権問題に対処するよう強いることとなった。なお、アフリカでの人権侵害は三政権だけによるものではなく、程度の差にすぎなかった。これらの政権の行為に沈黙し、一方アパルトヘイトについて非難することは「二重基準」を持ち込むこととなる。また、これらの政権による人権の無視がアフリカ諸国間の紛争を発生させたことから、人権問題に対する対応をせまられることとなった。[12]

三　バンジュール憲章とその特徴

バンジュール憲章は前文と六八カ条からなっており、その六八カ条のうち最初の二九カ条が「人及び人民の権利及び義務」に関する規定である。第一条は締約国の遵守義務につき、また第二条は無差別原則を規定している。第三条から第一四条まで市民的・政治的権利を定め、第一五条から第一八条まで経済的・社会的・文化的権利を規定し、第一九条から第二四条まで人民の権利を定めるとともに第二五条から第二九条において義務を規定している。

これらの規定は、他の人権文書と比較してどのような特徴を有するのであろうか。まず第一に注目されることは、植民地主義や外国の支配からの解放の意欲である。前文で、「あらゆる形態の植民地主義をアフリカから一掃」することや「人民がいまなおその尊厳と真の独立を求めて闘い、また、植民地主義、新植民地主義、アパルトヘイト、シオニズムを撤廃し、かつ侵略的な外国の軍事基地……を除去しようと企てつつあるアフリカの完全な解放を達成すべき諸国の義務」が宣明されており、また本文で人民の自決の原則(第二〇条)や富および天然資源に対する権利(第二一条)が定められているのはそのことを示している。

次に注目されることは、アフリカ的伝統や価値などのアフリカ的性格の点である。前文では、「人及び人民の権利の観念に関する諸国の考え方に影響を与え、それを特徴づける諸国の歴史的伝統の美点並びにアフリカ文明の価値を考慮に入れ」、また「アフリカにおいて人及び人民の権利並びに自由に対して伝統的に与えられてきた重要性を考慮に入れ」ることが強調されている。また、本文でも、「社会によって認められた道徳及び伝統的価値を伸長しかつ保護することは、国の義務である」(第一七条三項)とされ、また、「国は、社会によって認められた道徳及び伝統的価値の擁護者である家族を援助する義務を有する」(第一八条二項)とし、さらに個人は「寛容、対話及び協議の精神をもって、社会の他の成員との関係において積極的なアフリカ文化の価値を保持しかつ強化すること、並びに、一般的に社会の道徳的福祉の促進に貢献すること」(第二九条七項)の義務を負うとされている。[13]

ところで、憲章は、「人の権利」(人権)に関して、第三条から第一四条において市民的および政治的権利を保障し、第一五条から第一八条で経済的、社会的および文化的権利も保護の対象としている。これら両者の権利の関係について憲章前文は以下のように規定している。

今後発展の権利に特別な考慮を払うことが肝要であり、市民的及び政治的権利は、その観念においてもまた普遍性においても経済的、社会的及び文化的権利と切り離しえないものであり、経済的、社会的及び文化的権利の充足が市民的及び政治的権利を享受するための保障となるものである。

バンジュール憲章の諸規定は、国連の人権関係諸文書とアフリカの伝統との双方の影響を反映している。同憲章はヨーロッパ人権条約や米州人権条約よりも国際人権規約により強い類似性を示しているといわれるが[14]、とりわけこの点は市民的・政治的権利について妥当している。また、前文において、経済的、社会的および文化的権利が重視され強調されており、この強調は憲章の一つの特徴といえるであろう。しかし、本文では、労働の権利(第一五条)、健康に対する権利(第一六条)、教育と文化についての権利(第一七条)、家族および児童の保護についての権利と老齢者および障害者の特別保護についての権利(第一八条)にとどまっており、国際人権規約の社会権規約と比較して欠落しているものが多い。しかし、このことはアフリカが置かれている状況からしてやむをえないともいえるのであり、むしろ厳しい状況の中でこのような権利が規定されたことを評価すべきであるとの指摘もなされている[15]。

次に、バンジュール憲章は、「人の権利」(個人の権利：人権)だけではなく、集団の権利としての「人民の権利」を規定しており、これは同憲章のもつ大きな特徴となっている[16]。憲章は「人民の権利」(peoples' rights, rights of peoples)として、人民の平等に対する権利(第一九条)、自決に対する人民の権利(第二〇条)、人民の富および天然資源に対する権利(第二一条)、発展の権利(第二二条)、人民の平和と安全に対する権利(第二三条)および人民の環境に対する権利(第二四条)を掲げている。

バンジュール憲章は、「人民の権利」を権利の一つの範疇として掲げた最初の国際文書である。「人民の権利」の内容をなす個々の権利についてなお解釈上の問題を残しているものの条約中に「人民の権利」の一つとしてそれらが挿入された意義は大きいといえるであろう。しかし他方で、「人民」を権利主体にすることの意味は何か、「人民」とは具体的に誰でありまたどのようにして行使されるのか[17]、という自決権の法的性質とかかわって提起された問題と同様な点が論議を呼んでいる。

「人民」を定義することは困難な作業であるが、国際法律家委員会が人民の概念を確定する際の基準として提示した七つの基準はかなりの価値を有するものとされている[18]。すなわち、(1)共通の歴史、(2)人種的および民族的絆、(3)文化的および言語的絆、(4)宗教的およびイデオロギー的絆、(5)共通の地理的位置、(6)共通の経済的基礎、および(7)合理的規模の住民、である。しかし、これらの基準は「人民」を定義する際の大きな要因となりえても、その概念や実体を完全に把握しうるものではない。「人民の権利」が一種の抗議的・抵抗的な概念であることから、侵害された実態とそれに対する抵抗という具体的な現象と運動の中でしかその概念や実体を把握しえないのではないかと考えられる。

また、バンジュール憲章の特徴として、国際人権規約の自由権規約(第四条)、ヨーロッパ人権条約(第一五条)や米州人権条約(第二七条)に見られる「免脱条項(derogation clauses)」が挿入されていないことである。すなわち、逸脱条項とは、締約国は国家の緊急事態の場合に条約が定める権利の一定の享有を停止しうる措置を取ることができるとする条項である。例えば、自由権規約の第四条一項は、「国民の生存を脅かす公の緊急事態の場合においてその緊急事態の存在が公式に宣言されているときは、この規約の締約国は、事態の緊急性が真に必要とする限度において、この規約に基づく義務に違反する措置をとることができる」と規定する。バンジュール憲章には、緊急事態において締約国が権利を制約することを認めるこのような逸脱条項は存在しないが、しかし法律の制定によって一般的に制限を認める「法律の留保付条項（clawback clauses）」が多くの規定に付されている。例えば、身体の自由と安全を定めた第六条には「予め法律によって定められた理由及び条件によらない限り」という制限が付されている。また、良心、宗教の告白および実行の自由を規定した第八条には「法及び秩序に従うことを条件として」との制限を設けており、情報を受ける権利、表現の権利を保障した第九条では「法律の範囲内において」との規制を設け、また結社の自由を規定した第一〇条では「法律に従うことを条件として」との制限を付している。このような法律の留保付条項が多用されていることによって、国家の緊急事態において権利の保障を制限したいと望む国家にとって、一般的な逸脱条項を不用にしているともいわれている。[19] もっとも、無差別原則を定めた第二条、法の前の平等を規定した第三条、生命の尊重と身体の保全に対する権利についての第四条、奴隷制度、拷問、残虐行為などを禁止している第五条、および公正な裁判、事後法による処罰の禁止を規定する第七条には法律の留保付条項は入れられてはいない。これらの規定は個人の身体の安全や適正手続きに係わる根源的な人権規定であることに注目すべきであろう。[20]

なお、この法律の留保付条項は、経済的・社会的・文化的権利について規定したバンジュール憲章第一五条から第一八条には入れられてはいない。経済的・社会的・文化的権利を規定した国際人権規約の社会権規約は、「立法措置その他のすべての適当な方法によりこの規約において認められる権利の完全な実現を漸進的に達成する」（第二条一項）と権利の「漸進的実現」が規定されており、自由権規約のように「即時の実現」とはなってはいない。社会権規約には免脱条項が入っていないのはこの相異に基づくものと考えられる。バンジュール憲章が規定する経済的・社会的・文化的権利に法律の留保付条項が付されていないのは、同憲章には明文による規定はないものの、経済的・社会的・文化的権利の諸規定が社会権規約と同様に漸進的性格を有すると解釈されることに起因すると考えられる。

さらに、バンジュール憲章で注目されるユニークな特徴点は、権利と義務との関連について強調していることである。前文では、「権利及び自由の享有は、またすべての者による義務の履行を含んでいる」と宣明し、また本文の第二七条一項では、「すべての個人は、自己の家族及び社会、国並びにその他の法的に認められた共同体及び国際社会に対する義務を有する」と規定し、また同条二項では「各個人の権利及び義務は、他の者の権利、集団の安全、道徳及び共通の利益を十分尊重して行使される」としている。また、第二八条では「すべての個人は、差別なくその同胞を尊敬しかつ思いやり、並びに相互の尊敬及び寛容を促進し、擁護しかつ強化することをめざした関係を維持する義務を有する」と規定している。以上のようにこれらの規定は非常に一般的な表現になっており、他の権利規定との関連においてどのようなインパクトを与えるかは今後の運用や実践活動に注目されるところである。さらに、同憲章の第二九条は、その他の義務として八項目を列挙しているが、その七項では「寛容、対話及び協議の精神をもって、社会の他の成員との関係において積極的なアフリカ文化の価値を保持しかつ強化すること、並びに、一般的に社会の道徳的福祉の促進に貢献すること」と定め、アフリカ的価値に係わる義務を課している。バーゲンソル教授は、これらの義務およびこの憲章の第二章が列挙する義務を盛り込んだことが、この憲章の保障する他の権利の享有に、マイナスの影響を与えるかどうかは、今後とも注目すべき事柄であるとし、しかしひとつ確実なことは、この憲章の宣言する義務のカタログが、政府による濫用の深刻な危険をともなっていることであり、この危険の深刻さは、少なくとも部分的には、アフリカにおける民主化過程のあゆみとその成否にかかっているといえよう[21]、と述べていることは留意されるべき重要な指摘である。

ところで、「同胞愛」ともいうべきバンジュール憲章における義務に関する以上の諸規定は、「利他性(献身性)」との関係で注目すべき側面を有している。フランス革命で掲げられたスローガン「自由・平等・友愛」の内、自由は自由権として、また平等は機会の均等、形式的平等としてまたその後実質的平等としての社会権として、人権の中に組み込まれた。しかし、友愛はとり残されることとなり、封建的な絆からの解放として確立されてきた人権が、正の価値としての個人主義を育むのではなく負の価値としての自己中心的な諸現象をもたらしてきた。[22] 友愛の一つの属性は、愛する者に尽くしたいという献身性であり利他性である。バンジュール憲章が友愛の一側面としての利他性をとり入れていることは一つの大きな特徴といえるであろう。ただ、この献身性の側面が権利としてではなくて義務として規定されていることに関して、バンジュール憲章の起草にあたり重要な役割を果たした国際司法裁判所の裁判官でもあるムバイエ氏が、「アフリカでは、法律も義務も同じ現実の両面、すなわち二つの切り離し得ない現実として考えられている」として驚くに当たらないとしている。[23]

四　バンジュール憲章の実施措置

バンジュール憲章の実施措置については、憲章第二部「保障措置」で規定される。同保障措置と関連して、憲章第一条は、締約国の基本的な遵守義務として、締約国は本憲章の権利、義務および自由を認め、「これを実現するために立法その他の措置をとることを約束する」と規定する。また、第二五条では、教化、教育および刊行物を通じて本憲章の権利と自由の尊重を伸長・確保し、また自由と権利はまたそれに対応する義務が理解されるように注意する広報の義務を締約国に課している。さらに、第二六条では、裁判所の独立を保障する義務と権利・自由の伸張と保護を委ねられた国家的施設の設立・改善を許可する義務を締約国に負わせている。

以上は実体的な権利および義務を定めた第一部「権利及び義務」で規定されている締約国の基本的・一般的な義務であるが、具体的な実施措置の制度として、憲章第二部の第六二条は締約国に対して、「権利及び自由を実現するためにとった立法その他の措置に関する報告」を二年ごとに提出する報告義務を定めている。しかし、国際人権規約の自由権規約が定めているような提出された報告書のその後の処置について憲章は直接規定を設けてはいないが、下記のアフリカ人権委員会の任務と権限からして同委員会が審査するものと判断される。

憲章は実施措置のための機関として、「人及び人民の権利に関する委員会」(以下、アフリカ人権委員会)を設置するとしている(第三〇条)。委員会は、「高い徳性、誠実、公平並びに人及び人民の権利の分野における能力で知られた人望の高いアフリカ人の中から選ばれた一一人の委員で構成」し、その際に「法律経験を有する者に特に特別な考慮を払う」ことになっている(第三三条)。また、委員会の任務は、(1)人および人民の権利を伸長すること、(2)この憲章によって定められた条件の下で人および人民の権利の保護を確保すること、(3)締約国、OAUの機関またはOAUによって認められたアフリカの機構の要請により、「この憲章のすべての規定を解釈すること」、および(4)元首首長会議によって委ねられたその他の職務を遂行すること、となっている(第四五条)。ここで注目されることは、委員会の権限が極めて広範であることである。一つは、推進機関としての役割である。[24] すなわち、以上の(1)の具体的な内容の一つとして、資料の収集、研究・調査の実施、セミナー・シンポジウム・会議の準備、人および人民の権利と関係のある国や地方の施設への援助等が規定されている(第四五条(1)(a))。また、以上の(3)に示されるように、委員会は非常に広い範囲にわたる解釈権限を有していることである。[25] さらに、以上の(1)の具体的な内容の一つとして、「アフリカの政府が立法の基礎にしうるように、人及び人民の権利並びに基本的自由に関する法律問題を解決することを目的とした原則及び規則を定めかつ規定すること」(第四五条(1)(6))というような準立法的権限も与えられている。

ところで、アフリカ人権委員会は「人及び人民の権利に関する国際法」から「示唆（inspiration）」を受けることとなっているが、とくに以下のものが列挙されている。人および人民の権利に関する種々のアフリカの文書、国連憲章、OAU憲章、世界人権宣言、人および人民の権利の分野において国連およびアフリカ諸国によって採択された他の文書の規定、ならびにこの憲章の締約国が加盟国である国連の専門機関によって採択された種々な文書の規定（第六〇条）。また、委員会は、法原則を決定する補助手段として、以下のものも考慮に入れるものとしている。OAUの加盟国によって明示的に認められた規則を定めるその他の一般的または特別の国際条約、人および人民の権利に関する国際規範と両立するアフリカの慣行、法として一般的に認められた慣習、アフリカ諸国によって認められた法の一般原則、法的先例と学説（第六一条）。第六〇条および第六一条が規定する規則等が、優先順位に従って列挙されているのかどうか問題となるが、ここでは問題の指摘のみにとどめておこう。なお、バーゲンソル教授は、委員会がバンジュール憲章を解釈し適用するにあたり、以上の両規定が同憲章に取り込んだ巨大な法規群に依拠することができ、また両規定は委員会に対して、憲章の解釈が、人および人民の権利に関する一般国際法の発展に決して遅れないことを可能とする、実に貴重な手段を与えている、と評価している。[26]

また、次の実施措置として、締約国には他の締約国が憲章の規定に違反したと信ずる十分な理由がある場合、憲章は二つの処理方法を設けている。一つは、書面により、その事態について当該国の注意を喚起する方法である（第四七条）。この場合、通告が送付された国は、通告を受理した後三カ月以内に問い合わせをした国に対し書面により当該事態を説明または陳述を行うことになっている。なお、その三カ月の猶予期間内に当該事案が満足するように解決されない場合、いずれの国も委員会に付託することができるとされている（第四八条）。

もう一つは、締約国が委員会に直接通報する方法である（第四九条）。もっとも、委員会が付託された事案を取り扱うことができるのは国内的救済措置が尽くされた場合である（第五〇条）。委員会は事案の検討に際して、関係国に情報の提供を要請することができ、また関係国は委員会に代表を出席させ、かつ、書面又は口頭による意見を提出することが認められている（第五一条）。委員会は関係国その他から必要と認める情報を収集し、かつ友好的解決に達するための手続きを試みた後、合理的な期間内に、事実とその判断を記した報告を作成し、関係国と元首首長会議に送付される（第五二条）。委員会はその際に有用と認める勧告を元首首長会議に対して行うことができる（第五三条）。

憲章はまた、「締約国による通報以外の通報」、例えば個人や民間団体などが通報し、それを委員会が審議することを認めている。しかし、この場合、いくつものハードルが設けられている。まず、その通報は、委員会の多数決によって決定された場合にその検討が行われる（第五五条二項）。また、委員会が受理した通報も第五六条に規定される七つの要件に合致しなければならないことになっている。とりわけ、その中でも「アフリカ統一機構憲章又はこの憲章と両立しうるもの」の要件はあまりにも一般的であり、両立しないという理由が安易にもちだされ、審議が拒否される可能性がないとはいえないことが指摘されている。[27] なお、委員会が通報につき実質的な審議に入る前に委員長により関係国に通知されておくことになっている（第五七条）。

また、次の関門として、憲章は、委員会が「人及び人民の権利の一連の重大又は大量の侵害の存在を示す特別の事態」についてのみ係わることを認めているにすぎない、ことがあげられる（第五八条一項）。すなわち、一またはそれ以上の通報が、以上のような事態に明らかに関係する場合には、委員会はこの特別の事態に対し元首首長会議の注意を喚起することになっている。この場合、元首首長会議は、委員会に対し、事態の詳細な研究を行い、委員会の判断と勧告を付した事実報告を作成することを要請することができる、こととなっている（第五八条二項）。しかし、これは要請することができるという元首首長会議の権限であって、実際に要請が行われるという保証はない。以上のように、締約国以外の報には種々の条件が付されているが、委員会の報告は元首首長の決定に基づいて委員長によって公表されることになっている(第五九条二項)。また、委員会の活動に関する報告は、元首首長会議によって検討された後、委員長によって公表されることになっている(第五九条三項)。これらの点においても、元首首長会議の決定および検討という関与・介入が入っている。

このように、バンジュール憲章の実施措置がどのように機能するかについては、今後どのように運用されるかという実践活動に依拠する側面が大きいといえるであろう。なお、バンジュール憲章自体には、ヨーロッパ人権条約や米州人権条約が実施機関として設けている人権裁判所を設置していないが、後述のように一九八八年に元首首長会議はその設置のための議定書を採択した。

五　アフリカ人権委員会の設置とその活動

一九八七年七月の第二三回元首首長会議は、アフリカ人権委員会の一一人の委員を選出した。バンジュール憲章は、委員会の任務・活動について、またその遂行方法について一般的にしか規定していない。一九八八年二月にダカールで開催された委員会の第二会議は、前者について「行動計画」(Program of Action)を、後者について「手続規則」(Rules of Procedure)を採択してその解決をはかった。[28]

まず行動計画は委員会が遂行すべき活動形態をA～Cの三つに分けて列挙した。

A　研究および情報活動

(1)アフリカ図書館と人権文書センターの設立、(2)バンジュール憲章と手続規則の印刷と流布、(3)『人及び人民の権利に関するアフリカ誌』の刊行、(4)アフリカの人権に関する定期的ラジオ放送とテレビジョン・プログラムの製作、(5)中等教育のシラバスへの人権教育の挿入、(6)人権デーの宣明、(7)一七八九年のフランス人権宣言二〇〇年祭への参加、(8)人権賞と人権競技の設定、(9)国内人権委員会の設立の勧告、(10)人権研究所の設立の勧告、(11)アパルトヘイトに関するシンポジウムとセミナーの開催。

B　準立法活動

(1)未批准の国内での憲章批准運動、(2)国際組織(国連、ＩＬＯ等)が作成した人権条約の批准、(3)国内憲法への憲章規定の導入。

C　協力活動

(1)ヨーロッパ人権委員会、米州人権委員会、国連人権委員会、国際法律家委員会、国際人権アカデミー、アムネスティ・インターナショナル、のような国際政府間機構や民間団体との協力、(2)汎アフリカ弁護士連合、アフリカ法律家協会、アフリカ国際法協会、を含むアフリカの諸組織との協力、(3)国家の定期的報告の処理方法の確立。

次に手続規則であるが、バンジュール憲章は、「委員会は、その手続規則を制定する」(第四二条二号)と定めている。一九八八年二月に委員会が採択した手続規則は、一二〇の規則(rule)からなっている。[29] 規則二によれば、一年に二回の、各二週間の通常会期を開催することになっている。この手続規則に関してもっとも議論のありまた基本的な問題は、秘密原則(confidentiality principle)についてである。[30] この原則はバンジュール憲章五九条一項の「元首首長会議が別段の決定をする時まで、この憲章の規定の下でとられたすべての措置は秘密とする」との規定に基づいている。そこでは、「すべての措置」(all measures)となっており徹底した秘密主義が貫かれている。手続規則ではこれが反映して、例えば「委員会およびその補助機関の会議は秘密としまた『非公開』で開かれる」(規則三二)となっている。人権に関する法的保護のための国際センターの法務官、Odinkaluは、憲章に基づく通報の審議を除いて委員会の会議は公開にするよう手続規則の改正を提案している。[31] 秘密原則のかたくなな維持は、バンジュール憲章の採択の意義とその目的、またそのための国際協力を大きく殺ぐこととなる。一九九五年一〇月、この手続規則は改正されることとなった。新しい手続規則[32]は、「委員会およびその補助機関の会議は、委員会が別段の決定を行わずまたは憲章の関連規定から会合が秘密に開催されるものでない場合、公開で開かれる」(規則三二)と規定され、原則は公開とされたことは大きな発展と評価されうるであろう。

また、一九八八年一〇月、アフリカ人権委員会は、カイロで開催された第四会期において、「定期的国家報告のためのガイドライン」(Guidelines for National Periodic Reports)を採択した。[33] これは、憲章第六二条が規定する締約国の報告義務に関する締約国への指針である。同ガイドラインは非常に詳細かつ複雑で、繰り返しも多く非常に大部なものであった。そのため、締約国およびNGOの要請によって、一九九八年に以下のような短なものに改正された。[34]

1　冒頭報告(最初の報告)は、国家の簡略な歴史、統治形態、法制度および統治権力間の関係を含めるべきである。
2　冒頭報告は、また、憲法、刑法典ならびに人権に関する手続きおよび重要な決定を含めるべきである。
3　当事国となっている主要な人権文書およびその国内化のためにとられた手段が述べられるべきである。
4　当事国は憲章が保護する以下の権利、(a)市民的および政治的権利、(b)経済的、社会的および文化的権利、ならびに(c)集団の権利、をどのように履行しているか。

5　国家は憲章が言及する以下の集団、(a)女性、(b)子ども、および障害者、の条件を改善するためになにを行っているか。

6　家族を保護しまたその結合を奨励するためにどのような手段がとられているか。

7　個人の義務が遵守されるよう確保するためになにが行われているか。

8　国家の政治的、経済的または社会的環境を配慮する憲章を履行するにおいて遭遇する問題はなにか。

9　国家は人権教育に関する憲章第二五条の下の義務をどのように遂行しているか。

10　国家は、関係当事者として、国際関係において、とくに憲章の尊重を確保することにおいて、憲章をどのように使用しているか。

11　憲章の履行と促進に関する他の関連情報。

ところで、アフリカ人権委員会の実際の活動状況であるが、委員会の発足当初から順調に出発したものではなかった。委員会の最初の五年間の活動を評価して、Welch教授は、委員会の活動の不十分さに係わって以下の四点を指摘している[35]。第一に、大抵の国は報告義務を重大なものと受け取っておらず、また政府は委員会の任務遂行に必要な報告を行うことを嫌っているように思われることである。一九九一年四月のラゴスでの第九回会期では、リビア、ルワンダおよびチュニジアの報告が審議されたが、その報告自体が短いもので、また憲法や法律に言及するだけのものであった。報告のコピーも事前に入手しえなかったし、翻訳もなされなかった。平均九〇分がそれぞれの審議に費やされただけであった。第二に、委員会は委員会を活動的なものにするための十分な施設、財源および支援を欠いている。ＯＡＵの財政状況が委員会に被害を与えている。ＥＣと国連ボランタリー基金からの特別な援助だけが委員会の事務局を機能させており、その各々は約二〇万ドルを提供した。本部はバンジュールに置かれたが、そこにはガンビア政府が四階建てのビルの三つの階を提供した。しかし、同本部に情報・文書センターの設立が予定されているがまだ設けられていない。基本的な設備、例えば過去五年間コピー機やファクシミリ機がなく、コンピューター施設もほとんどなく、さらに職員の不足でその活動は大きく損なわれている。会議の録音もされておらず、会議の最終要約議事録も出されていない。第三に、会議が秘密であることが問題となっており、ＮＧＯの圧力で一九九一年三月のラゴスでの第九会期はオブザーバーに公開を行った。第四は、委員会の外の問題であるが、アフリカではまだ人権ＮＧＯが根を張っていないことである。そのような組織のための「政治的空間」が欠如しており、またそのような組織はしばしば「破壊的」なものと考えられている。ＮＧＯが未成熟であることは人権侵害についての独立した情報源を有していないことである、と指摘している。

それでは、委員会に対する通報に関する状況は如何であろうか。Welch教授によれば[36]、委員会は一九九〇年末には一〇〇以上の請願を受理した。それらについてはいかなるステップがとられたか公表されてはいない。請願の多くは明らかにアフリカにおける重大な人権侵害のものである。その少なさは、請願についての手続きが知られていないこと、委員会の実効性についての不信、請願者の名が秘密にされるかどうかの問題等に基づいている。委員会の第三回および第四回活動報告において、請願の処置について何も記録はない。しかし、一九八九年八月二四日〜二六日の報告書には、委員会は三八の通報を受け、そのあるものは受理の決定を受けた。三件は不受理、六件は通報として受け入れ、五件は今後の会議で審議することとした。一九九一年六月二五日の会議で、委員会議長は国家に対する一六の苦情が処理され、そして広範に人権が侵害されている国に書簡が送られた。そして、委員会の調査の結果、二人の被拘留者が釈放されたことが述べられている。

このように、委員会の発足の当初、その活動は十分なものとはいえなかった。しかし、アフリカの政治的な現実をはじめとする種々の状況を考える場合、とにかく委員会が組織され、不十分とはいえその機能が始められたところに意義を見出すべきであり、その後の展開に期待を寄せるべきであろう。

しかし、締約国の報告の提出については、その後も芳しいものではない。バンジュール憲章が発効後一一年以上も経過している委員会の第二二会期（一九九七年）までに、五一締約国の内一七カ国の最初の報告書が審査されたにすぎない。合計で二〇二報告が一九九八年一月一日に提出されるべきであったが、その内実際には二四のみが提出・審議されたにすぎなかった。第二報告は三六国が審査され、第二二会期の時点で、四五の第二報告が未提出で、第三、第四または第五報告はいずれの国も提出していない。[37] また、二〇〇一年四月現在、二三カ国はいかなる報告もまったく提出しておらず、一八カ国が冒頭（第一）報告のみを提出し、一一カ国がそれ以降の報告を提出している。[38]

次に、通報に関してであるが、バンジュール憲章は個人の通報と国家間の通報の双方について規定しているが、これまで委員会は前者について扱ってきた。バンジュール憲章の発効の一九八六年から一九九七年末までの一一年間に、委員会は七九件の個人の通報に対処した。その内、五二件は不受理、五件は友好的解決、五件は撤回、そして一七件が受理され、それらに関して委員会は最終的な決定を与えた。それらの内、一五件は当該政府は憲章を侵犯しているとの明白な認定を行った。重大もしくは大量の人権侵害の存在の認定は四件で行われた。侵犯していると認定された国家は、ナイジェリア（四件）、カメルーンおよびザイール（各二件）、ならびにアンゴラ、チャド、ガーナ、マラウイ、ルワンダ、トーゴおよびザンビア（各一件）であった。なお、二件について、委員会は、当該国家はバンジュール憲章を侵犯していないと認定した。[39] なお、自由権規約第一選択議定書の下では、八四四通報の内、二四八件が一九九九年一月までに不受理とされた(二九・三%)。他方、アフリカ人権委員会はその当初から一九九九年五月の第二五会期まで、八五件の内、五四件が不受理と宣言された(六四%)。[40] 通報が受理されるか否かの認定は、人権条約制度の運用の実効性を考える場合に大きな意味を有するものである。アフリカ人権委員会における不受理の高さは大きな問題といえるであろう。

六　アフリカ人権裁判所

バンジュール憲章は、ヨーロッパ人権条約や米州人権条約が実施機関として設けているような人権裁判所についての規定は存在しない。このことは、同憲章の実効的な適用を損ねるものとしてもっとも強く批判を受けていたところであった。しかし、この欠落は、アフリカ諸国の法的認識が対決的な第三者による裁定を避け、伝統的にコンセンサスによる和解に基づく解決を指向するという理由で正当化されていた。しかし、その後のアフリカの事態は以上の批判が正しいことを立証した。[41]

一九九四年六月、チュニスで開催された第三〇回元首首長会議は、アフリカ人権委員会の能率を高める手段について、委員会と協力して協議し、またとくにアフリカ人権裁判所の設立を審議するために政府専門家会議を開催することを事務総長に要請した。一九九五年九月、同政府専門家グループは、ケープ・タウンでの会議で、「人及び人民の権利についてのアフリカ裁判所の設立に係わる人及び人民の権利に関するアフリカ憲章の議定書」(以下、アフリカ人権裁判所議定書)草案を採択した。同草案についての意見がアフリカ統一機構の加盟国に求められ、ついで同政府専門家グループの第二回会議が一九九七年四月に開催された。ケープ・タウン草案は若干の修正で採択され、ノウアクコット（Nouakchott）議定書と名付けられた。一九七七年六月のハラレにおける元首首長会議で、ノウアクコット議定書を採択することができなかったことから、同草案を修正するための第三回政府専門家会議が一九九七年一二月にアジスアベバで開催された。ノウアクコット草案を修正したアジスアベバ草案は、一九九八年六月にブルキナファッソのオウアガドゥーゴー（Ouagadougou）で開催された第三四回元首首長会議で採択されることとなった。[42] 同議定書の採択は、アフリカ大陸における人権の保護にとって重要なステップとなる可能性を有するものといえるであろう。[43]

アフリカ人権裁判所議定書[44]によれば、アフリカ統一機構に設立される（第一条）。アフリカ人権裁判所は、「高い道徳的性格並びに人及び人民の権利の分野に認められた実務上、司法上又は学術上の能力及び経験をもつ法律家の中から個人的資格で選出される、アフリカ統一機構の加盟国の国民である、一一人の裁判官で構成される」（第一一条一項）となっている。裁判所とアフリカ人権委員会との関係について、議定書は、裁判所は委員会の保護のための権限を補完する（第二条）ものとしている。また、裁判所の管轄権については、憲章、本議定書および関係国が批准した他のすべての関連する人権文書の解釈と適用に関して付託された事件と紛争に及ぶとされている（第三条）。また、裁判所に事件を付託する権利を有するのは、ａ 委員会、ｂ 委員会に苦情を申し立てている締約国、ｃ 苦情が委員会に申し立てられている締約国、ｄ その市民が人権侵害の犠牲者である締約国、である（第五条一項）が、第五条三項は、「裁判所は、本議定書の第三四条六項の規定を条件として、委員会にオブザーバー資格を有する関連のＮＧＯ及び個人に裁判所に直接訴訟を行う権利を与えることができる」と規定する。なお、第三四条六項の規定とは、「本議定書の批准の時に又はその後のいずれかの時に、国家は、本議定書第五条三項の下の申立てを受理する裁判所の権限を受諾する宣言を行う。裁判所は、かかる宣言を行っていない締約国に係わる第五条三項の下のいかなる申立ても受理してはならない」という規定である。

アフリカ人権裁判所議定書には、種々のあいまいな点や不明な点がある。[45] しかし、同議定書には、例えば国家の受諾宣言を条件にしてではあるが、NGOや個人に訴訟資格を認めているように積極的な規定を置いている。もっとも、アフリカ人権委員会と同様に、その運用や活動・実践が今後問題となるが、とりわけポスト・冷戦期におけるアフリカ諸国の国際司法裁判所の活用・利用を併せ見れば、アフリカ人権裁判所の位置と役割は大きなものになると考えられる。

七　アフリカ子ども憲章と女性の権利に関する議定書草案

アフリカ統一機構は、他にも人権に関する条約を採択している。それは、一九九〇年七月に採択された「子どもの権利と福祉に関するアフリカ憲章」(以下、アフリカ子ども憲章)であり、子どもの権利に関する最初の地域的条約である。同条約は、前年の一一月に国連総会が採択した「子どもの権利条約」を補完するものといわれている。[46] OAUの一五加盟国の批准もしくは加入が同条約の発効に必要であるが、同条約は一九九九年一一月効力を発し、二〇〇〇年一二月現在二一カ国が批准している。[47] 同条約は前文と四八カ条からなっている。[48] 前文では、「子どもの権利及び福祉の観念に関する諸国の考え方に影響を与え、それを特徴づける諸国の文化的遺産の美点、歴史的背景並びにアフリカ文明の価値を考慮に入れて」と規定し、バンジュール憲章と同様にアフリカ的性格を強調するとともに、文化的遺産が追加されていることに注目される。

多くの重要な点で、同条約は子どもの権利条約よりも高い水準の保護を規定する。[49] ワイカト大学のPaul Hunt講師は、本憲章の特徴の一つとして、「本憲章の締約国は、子どもの福祉、尊厳、通常の成長と発展に影響を与える有害な社会的及び文化的慣行を除去するための適当なすべての措置をとる」(第二一条一項)と規定しているように、文化的慣行に対する保護が規定されていることを指摘する。そして、他のユニークな特徴として、「本憲章の締約国は、……(b)あらゆる形態の物乞い(begging)で子どもの使用を防止するために適当な措置をとる」(第二九条)と物乞い防止の規定が入れられていることをあげている。[50] なお、本条約は、アフリカ人権委員会と同様に、「子どもの権利および福祉に関するアフリカ専門家委員会」が設けられることになっている。同専門家委員会は個人的資格で任務を行う一一人の委員で構成される点もアフリカ人権委員会と同じである。さらに、アフリカ人権委員会と同様に、個人からの通報の受理を含めて、人権の促進的(promotional)な機能と保護的(protective)な機能を遂行することになっている。[51]

また、アフリカ人権委員会は、二〇〇〇年九月、アフリカにおける女性の権利に関する議定書草案を採択し、アフリカ統一機構に提出した。[52] バンジュール憲章第一八条三項は、女子に対するすべての差別の撤廃と女子の権利の保護の確保を規定しているが、この点について不十分な発展しかなされていないことから、女性ＮＧＯが運動を行っていた背景があった。[53] 同議定書草案は、「積極的行動」(positive action)の規定、妊娠中の女性の死刑執行の禁止、女性の商業的搾取の禁止、女性と少女に有害な伝統的・文化的慣行の禁止、強姦や性的暴力からの女性と少女の保護、同意に基づく婚姻の原則、有効な結婚一八歳最低年齢、一夫多妻の禁止、婚姻における平等なパートナーとして見なされる権利、自己の結婚前の姓を保有し使用する既婚女性の権利、財産を取得し管理する権利、離婚の権利、離婚または別居の際の子どもと結婚時の財産に関する平等の権利、子どもに対する権利と居住と財産相続の権利、政治過程の平等参加の権利、教育・訓練への権利、職業への権利、再生殖(reproductive)への権利、を含めていることが目立った特徴となっている。これらは、堅持されている伝統的、社会的、宗教的な視角と価値に対する挑戦という意味で革命的な内容として考えることができるであろう。[54][55]

おわりに

一九八〇年代末から、とりわけ一九九〇年代の最初の数年間は、一九六〇年の「アフリカの年」に匹敵するような大きな事態を迎えた。一九九〇年のアフリカ大陸最後の植民地であるナミビアの独立、アパルトヘイトの廃止と一九九四年の四月のＡＮＣの勝利、さらにまた一党制を敷いてきた国々が冷戦終結後次々と多党制を導入し、まさしくアフリカ大陸は「第二の解放」を迎えた。[56]しかし、その後、内乱、国際紛争、独裁的支配、市民社会の崩壊、経済的危機、自然災害、疾病等によってアフリカの多くが苦しむこととなった。アフリカ統一機構は、人権侵害の根源について検討され人権の促進と保護のための戦略を改善するために、一九九九年四月にアフリカにおける人権についてこの第一回アフリカ統一機構閣僚会議を開催した。同会議は、「グランド・ベイ(Grand Bay, Mauritius)宣言」および「行動計画」を採択したが、同宣言は多くの点で重要な内容を有している。[57]それは、ＯＡＵの活動の全体に人権政策を結びつけることを求め、またアフリカ人権委員会の強化を求めている。また、宣言は、ＯＡＵと国連の主要なすべての人権条約を批准し履行するようＯＡＵ加盟国に奨励するとともに人権に関する今日的解釈について再確認している。例えば、「人権は、普遍的・非分割的・相互依存的かつ相互関連的である」(第一項)と宣言するとともに「よき統治(good governance)、法の支配、民主主義および発展の相互依存性」(第三項)を確認している。

ＯＡＵが人権諸条約の作成とその運用・実践活動の展開で示されることは、アフリカ的特徴・性格を保持しながらも次第に一九九三年の世界人権会議で採択されたウィーン宣言および行動計画で述べられているような国際社会での人権認識と実践へのますますの接近であり、その到達点が「グランド・ベイ(Grand Bay, Mauritius)宣言」と「行動計画」の採択といえるであろう。そのような一般的な展開とともに、アフリカ子ども条約やアフリカにおける女性の権利に関する議定書草案に示されるアフリカ独自の具体的・積極的な内容の存在も留意しておく必要があろう。

バンジュール憲章は、アフリカにおける経済的・社会的危機と混迷の中で作成された。その実施措置に係わる機能はこれから整備されるべき点は少なくないが、困難性を抱えながらも制度的な枠組みを作り、またアフリカ人権裁判所の設置に見られるようにその制度の完備に努めてきた。種が蒔かれた時期と出芽の時期は終わり、次の段階、すなわちこれを大きく開花させ維持して段階への作業が残っているのである。

以上

1 クワメ・エンクルマ著、家正治・松井芳郎訳『新植民地主義―帝国主義の最終段階』理論社、一九七一年参照。

2 Christof Heyns(ED), *Human Rights Law in Africa*, Kluwer International, 2001, pp.129-130.

3 効力発生、一九六九年六月一六日。

4 効力発生、一九七四年六月二〇日。

5 Christopher J. Bakwesegha, 'The OAU and African Refugees', edited by Yassin El-Ayouty, *The Organization of African Unity after Thirty Years*, Praeger, 1944, p.6.

6 Gino J. Naldi, *The Organization of African Unity: An Analysis of its Role*, Mansell, 1989, pp.88-95.

7　*op.cit.*, Christof Heyne(ED), p.130.

8　川端正久、「「アフリカの年」からの三〇年―バラ色の独立、絶望、そして再生へ」『国際協力』一九九一年九月号、八～九頁。また、飢餓をもたらしているアフリカの危機の要因について、川端正久著『アフリカ危機の構造』世界思想社、一九八七年、七～一三頁参照。

9　同憲章の成立過程について、松本祥志、「「アフリカ人権憲章」の成立背景と法的意義―二つの絶対的基準」『札幌学院法学』第三巻第二号（一九八六年一二月）、一三七～一四四頁。

10　Claude E.Welch, JR., 'The OAU and Human Rights: Regional Promotion of Human Rights', *The Organization of African Unity after Thirty Years*, Praeger, 1994, pp.54-57.

11　Edward Kannyo, 'The OAU and Human Rights', Edited by Yassin El-Ayouty and I.William, *The OAU After Twenty Years*, Praeger, 1984, p.165.

12　*Ibid.*, pp.165-166.　例えば、タンザニア軍は、亡命ウガンダ人を伴ってウガンダに進攻し、アミン政権を崩壊させた。スーダンやナイジェリアはウガンダの領土保全と国内問題に対する干渉と非難した。

13　松本祥志は、「これらの諸規定は、アフリカの伝統的価値の根源とも言われうる拡大家族を主要な法主体とする伝統的慣習法の存在をバンジュール憲章が基本的に認めたと解す根拠のひとつになっている」とする。松本祥志「バンジュール憲章と現在の課題」『部落解放研究』第七七巻（一九九〇年一二月）七四頁。

14　Claude E Welch, JR. *op.cit.*, pp.55-56.

15　田畑茂二郎著『国際化時代の人権問題』岩波書店、一九八八年、二〇三～二〇四頁。

16　アフリカの思考では、西側の順序と逆となり、重要性において集団的権利が第一であり、第二が経済的・社会的権利であり、そして第三が市民的・政治的権利となることについて、Richard Amoaka Baah, *Human Rights in Africa, The Conflict of Implementation*, University Press of America, 2000, pp.39-40.

17　桐山孝信「エドモン＝ジューブ『人民の権利』について」『神戸外大論叢』第四〇巻第六号（一九八九年一一月）六九～七〇頁、Theo van Boren, 'Human Rights and Rights of peoples', *European Journal of International Law*, Vol.6 No.3 (1995) pp.470-472.

18　Gino J. Nanda, *op.cit.*, pp.124-125.

19　T・バーゲンソル著、小寺初世子訳『国際人権法入門』東信堂、一九九五年、一四三～一四四頁。もっとも、バンジュール憲章第五八条三項は、「委員会が正式に認知した緊急事態は、委員会によって元首首長会議議長に付託される」とある。

20 黒木三郎編著『国際化時代の法学』敬文堂、一九八八年、二三六～二三七頁。なお、松本祥志は、クローバック条項が付されていない諸条項を絶対的基準であるとし、第二条と第三条を差別禁止規範とし、また第四条から第七条までを国家テロ禁止規範と分類している。松本祥志「「アフリカ」人権憲章」の成立背景と法的意義」前掲論文、一七一～一七七頁参照。

21 T・バーゲンソル著、前掲書、一五〇頁。

22 拙稿「人権に占めるべき「友愛」の位置について」片岡幸彦編『地球村の思想』新評論、二〇〇一年、八二～八三頁。

23 T・バーゲンソル著、前掲書、一四九頁。

24 アフリカ人権委員会の推進的役割について、Victor Dankwa, 'The Promotional Role of the African Commission on Human and Peoples' Rights', *The African Charter on Human and Peoples' Rights: The System in Practice*, 1986-2000, Edited by Malcolm Evans and Rachel Murray, 2002, pp.335-352 参照。

25 バーゲンソルは、委員会のこの解釈権限と人権侵害の申立てを含む紛争の裁定に適用される権限について、委員会の準司法的権限と呼んでいる。T・バーゲンソル著、前掲書、一四九頁。

26 T・バーゲンソル著、前掲書、一四九～一五〇頁。

27 田畑茂二郎著、前掲書、二一三頁。

28 Claude E. Welch, JR., 'The OAU and Human Rights: Regional Promotion of Human Rights', *The Organization of African after Thirty Years*, Praeger, 1994, p.61.

29 Edited by Gino J.Naldi, *Documents of the Organization of African Unity*, Mansell, 1992, pp.124-154.

30 Anselm Chidi Odinkalu, 'Proposals for the Review of the Rules of Procedure of the African Commission of Human and Peoples Rights', *Human Rights Quarterly*, Vol.15 No.3, p.544. また、松本祥志、「アフリカ人権委員会の活動と課題」『立命館国際研究』六—四（一九九四年）、（六四七）三五頁。

31 *Ibid*., pp.547-548.

32 Vincent O. Orlu Nmehielle, *The African Human Rights System: Its Laws, Practice, and Institutions*, Martinus Nijhoff Publishers, 2001, pp.397

-426.

33 Edited by Gino J. Naldi, *op.cit.*, pp.155-182.

34 Malcom Evans, Tokunbo Ige and Rachel Murray, 'The reporting mechanism of the African Charter on Human and Peoples' Rights, Edited by Malcolm Evans and Rachel Murray, *op.cit.*, pp.48-49.

35 Claude E. Welch, 'The African Commission on Human and Peoples' Rights: A Fire-Year Report and Assessment', *Human Rights Quarterly*, Vol. 14 No.1 (February 1992), pp.53-56.

36 *Ibid.*, pp.56-57.

37 *Human Rights Law in Africa* 1998, Kluwer Law International, 2001, pp.56-57.

38 Malcolm Evans, Tokunbo Ige and Rachel Murray, *op.cit.*, p.41.

39 Human Rights Law in Africa, *op.cit.*, pp.158-162. & pp.170-174.

40 Frans Viljoen, 'Admissibility under the African Charter', Edited by Malcolm Evans and Rachael Murray, *op.cit.*, p.63.

41 Gino J. Naldi and Konstantinos Magliveras, 'Reinforcing the African System of Human Rights: The Protocol on the Establishment of a Regional Court of Human and People's Rights', *Netherland Quarterly of Human Rights*, Vol.16 No.4 (1998), pp.431-432.　なお、近年、アフリカ諸国による国際司法裁判所の利用は注目されるところである。

42 *Ibid.*, pp.432-433.

43 Makau Mutua, 'The Africa Human Right: A Two-Legged Stool?', *Human Rights Quarterly*, Vol.21 No.2 (1999), p.342.

44 同条文は、*African Journal and Comparative Law*, Vol.9 Pt.4 (1997), pp.953-970に英文および仏文の両方が掲載されている。

45 Gino J. Naldi, *The Organization of African Unity: An Analysis of its Role*, Mansell, 1999, pp.147-157; Hamid Boukrif, 'La Cour africaine des droit de l'homme et des peules: un organe judiciaire au service des drois des l'homme et des peuples en Afruque', *African Journal of International and Comparative Law*, Vol.10 Pt.1 (1998), pp.60-87.

46 Gino J. Naldi, 'Future Trends in Human Rights in Africa: The Increased Role of the OAU', Edited by Malcolm Evans and Rachel Murray, *op.cit.*, p.14.

47 Ahmed Motala, 'Non-Governmental Organizations in the African System', *ibid.*, p.278. なお、同論文は、NGOが国家に同条約の批准を働きかけた成果を指摘している。

48 本憲章のテキストについては、Edited by Gino J. Naldi, *op.cit.*, pp.183-199. 参照。

49 Human Rights Law in Africa, *op.cit.*, p198.

50 Paul Hunt, 'Children's Rights in West Africa: The Case of the Gambia's Almudos', *Human Rights Quarterly*, Vol.15 No 3, pp.519-521.

51 *Ibid.*, pp.518-519.

52 Gino J. Naldi, *op.cit.*, p.31.

53 Human Rights Law in Africa, *op.cit.*, p.199.

54 Gino J. Naldi, 'Future Trends in Human Rights in Africa: The Increased Role of the OAU', *op.cit.*, pp.32-34.

55 アフリカにおける人権諸条約には、広義的には以上で論述したもの以外に、「自然及び天然資源の保存に関するアフリカ条約」および「危険な廃棄物のアフリカへの輸入ならびに国境を超える移動および処理の管理に関するバマコ条約」(バマコ条約)がある。

56 川端正久、「「アフリカの年」からの三〇年―バラ色の独立、絶望、そして再生へ」『国際協力』一九九一年九月号、八～九頁。

57 Grand Bay (Mauritius)宣言および行動計画については、Edited by Malcolm Evans and Rachel Murray, *op.cit.*, pp.376-382.参照。

国家報告書審査制度における自由権規約委員会の複合的機能

——起草過程を手がかりとして——

小畑　郁

はしがき

市民的及び政治的権利に関する国際規約（本稿では、自由権規約ないし規約という）の国家報告審査制度は、かつての一般的な予想[1]に反して、規約の実施においてめざましい役割を果たしつつある、といってよいであろう。この制度の法的根拠となっているのは、後述するようにむしろ偶然的事情により成立した次の規約四〇条の規定である。

1　この規約の締約国は、(a)当該締約国についてこの規約が効力を生ずる時から一年以内に、(b)その後は委員会が要請するときに、この規約において認められる権利の実現のためにとった措置[権利に効力を与えるためにとった措置] the measure they have adopted which give effect to the rights 及びこれらの権利の享受についてもたらされた進歩 progress made in the enjoyment of those rights に関する報告を提出することを約束する。

2　すべての報告は、国際連合事務総長に提出するものとし、同事務総長は、検討 consideration のため、これらの報告を委員会に送付する。報告には、この規約の実施に影響を及ぼす要因及び障害 factors and difficulties affecting the implementation of the present Covenant が存在する場合には、これらの要因及び障害を記載する。

3　国際連合事務総長は、委員会との協議の後、報告に含まれるいずれかの専門機関の権限の範囲内にある事項に関する部分の写しを当該専門機関に送付することができる。

4　委員会は、この規約の締約国の提出する報告を検討 study する。委員会は、委員会の報告及び適当と認める一般的性格を有する意見 general comments を締約国に送付しなければならず、また、この規約の締約国から受領した報告の写しとともに当該一般的性格を有する意見を経済社会理事会に送付することができる。

5　この規約の締約国は、4の規定により送付される一般的な性格を有する意見に関する見解を委員会に提示することができる。

すでに四半世紀を経過したこの制度の運用において、特筆すべき発展は、自由権規約委員会(Human Rights Committee)[2]

が一九九二年以降、各国の報告書ごとに委員会としての見解（当初「意見Comments」、最近では「総括所見Concluding Observations」とよばれる。以下ではすべて総括所見ということにする）を報告書審査後、示すようになったことである。[3]

さらに、最近では、この「総括所見」において、締約国の国内法や実務が規約の規定に反することが明確に述べられる例が目立つ。たとえば、日本の第四回報告書審査についての委員会の総括所見（一九九八年一一月）には、次のような一節がある。

> 出入国管理及び難民認定法二六条は、再入国許可を受けて日本を離れた外国人だけが、居住者としての地位を失うことなく同国に戻ることができ、再入国許可の付与は完全に法務大臣の裁量による、と規定している。[4] 同法の下で、第二、第三世代の日本永住者であり、その生活活動が日本を本拠としている者が、国を離れまた国に戻る権利を奪われている。本委員会の意見では、この規定は規約一二条二項および四項と両立しない。本委員会は、この締約国に次のことを想起するよう求める。すなわち、「自国 one's own country」という語は、「国籍国 country of one's nationality」という語の同意語ではないことである。それゆえ本委員会は、この締約国に対し、上記の法から、日本において生まれた韓国・朝鮮人のような永住者に関し出発前に再入国許可を得るという要件を取り除くよう強く促すものである。[5]

いうまでもなくこの問題は、一九九八年四月に原告敗訴に終わったいわゆる崔善愛事件[6]において争われた論点であり、しかも引用部分はこの事件の事実関係を下敷きにしているようにもみえる。[7] いったい、自由権規約委員会は、個人通報手続を定める選択議定書の非当事国に対して、具体的事件についての所見を、国家報告手続において述べることができるのであろうか。

他方、総括所見においては、規約の違反の有無とは切り離された当事国に対する勧告suggestionsもしばしば行われる。同じく日本に対する「総括所見」には、次のような一節がある。

> 委員会は、規約に基づく人権について、裁判官、検察官および行政職員を訓練するための規定が存在しないことに懸念を有する。本委員会は、このような訓練が利用できるようになることを強く勧告する。裁判官が規約の規定をよく知るようになるように、司法上の問題に関するコロキアムやセミナーが、開かれるべきである。本委員会の一般的性格を有する意見および選択議定書に基づく通報に関する見解Viewsが、裁判官に提示されるべきである。[8]

裁判官等の訓練をしないこと自体が規約違反になるとは考えにくい。[9] はたしてこのように規約違反になりうるとは考えられない事項について、自由権規約委員会はどこまで勧告することができるのであろうか。

最後に、みぎにみた規約違反の「認定」と規約違反の有無とは直接には関係のない「勧告」とは、同じ一つの報告書審査手続において、どのように整合的に理解できるのであろうか。

本稿は、このような疑問に対して回答の手がかりを探るため、規約起草過程[10]における議論[11]を振り返って検討しようとするものである。

一　初期の起草作業における議論

一九四七年六月に開かれた国連人権委員会起草委員会では、国際人権規約作成作業の基礎となったイギリス提案[12]が審議された。国連総会決議案の形式をとっているこの提案に附属書一として添付された「国際権利章典 International Bill of Rights」には、三条として次のような規定が含まれていた。

国際連合総会決議の授権の下になされた国際連合事務総長の要請を受領したときには、この章典のいずれの当事国政府も、この権利章典のいずれの規定についてもそれを当該国家の法がどう実施しているかについての、当該国の最高の司法機関の証明書が付けられた説明書を提出しなければならない。[13]

この規定[14]に定められた説明制度は、関連条文および提案された決議案本体により、最終的に国連からの除名という制裁手続に連結するものであった。[15] ともあれ、この説明制度は、法による実施の様態を対象としていることで、次のような同提案の二条(a)号と結びついていた。

すべての国家は、国際法により、次のようなことを確保する義務を負う。

(a)　その法が、市民であれ外国人であれ無国籍者であれその管轄下にあるすべての者に対して、これらの人権及び基本的自由を保障すること。

一九四七年の国連人権委員会第二会期の会期中に設けられた「条約に関する作業部会」においては、上にみたイギリス提案三条のテキストに、章典又は条約の「実施 implementation」に関する報告書提出義務の規定を加える提案が、合衆国とイギリスによりなされた。[16] しかし、この追加規定は採択されず、この部会で採択された「国際人権規約草案」[17]三条は、右のイギリス提案三条と、「当該国の最高の司法機関の証明書が付けられた」という部分が削除されたことを除き、ほとんど同じものであった。[18]

このように、オーストラリアが提案した国際人権裁判所の設立[19]というような規約の司法的実施の可能性がまだ排除されていなかった初期の作業においても、国家報告制度は排除されておらず、むしろ英米といった西側先進国によっても提案されていた。しかし、一九四七年草案三条は、一九四八年の国連人権委員会第三会期で否決され、[20] これ以降、国家報告制度は一旦草案のテキストから姿を消すことになった。実施手続としてむしろ国家通報制度が有力となった段階で、国家報告制度は占める位置を失ったといえるかもしれない。

もっとも、国家報告制度を含む初期の諸提案にみられた考えは、その後の議論において、とくに西側先進国の意識においては、強く念頭に措かれていたということができる。この制度は、国内法による実施義務が履行されているかどうかを確認する機能をもつべきであるという考え、つまり、国家報告書の審査は、国家が、規約上の権利を(規約に定められた基準通り)国内の法秩序において確保しているかどうかを確かめるものである、という考えである。この考えは、当時支配的であった規約上の権利に関する静態的な観念、すなわち、規約上の権利(および規約において認められている制限)は時代とともに変化するものではないという観念を前提とすれば、定期的な報告書の提出・審査にはむしろ結びつかない。規約発効後比較短時間の間になされれば、その後は政治状況が大きく変化したときになされれば十分ということになる。

あとで述べるように、一九五四年に国家報告書審査手続の規定が復活して以降の議論は、いくつかの事情から、このような考えに対して、それを完全に否定はしないものの、大きく修正を迫るものであった。

二　国家報告手続規定の復活と成立

1　国連人権委員会における議論

ところで、国連人権委員会の作成した国際人権規約草案においては、社会権は含まれていなかった。一九五〇年、国連総会は、経済的、社会的および文化的権利も権利のカタログに加えるように求めた(決議四二一(Ⅴ))。これをうけて、一九五一年の国連人権委員会第七会期において、経済的、社会的および文化的権利も含めた草案[21]が作成され[22]、こうした権利については、国家報告書審査制度が規定されることになった(第五部、六〇条〜六九条)。市民的および政治的権利については、この会期においては、これらの規定を適用するかどうかは未決定のままにおかれた[23]。ともあれ、こうして一九五〇年代に入ると、国家報告書審査制度を取り入れるかどうか、さらにはどのように具体的手続を定めるかをめぐる議論には、経済的、社会的及び文化的権利の実施手続としてのそれとの関係という新たな論点も加わることになった。もともと一つの規約を支持していた国連総会が、一九五二年、二つの規約にできる限り同様の実施措置規定を入れるよう指示した(決議五四三(Ⅵ))ことは、自由権規約にもこの制度を入れる方向での圧力となっていた。

この問題が決着をつけられたのは、国連人権委員会での起草作業の大詰め、一九五四年の第一〇会期においてであった。そこで採択された自由権規約最終草案[24]四九条は次のように規定した。

1　この規約の締約国は、(a)当該国に関して規約が効力を生ずる時から一年以内に、(b)その後は、締約国との協議ののちに、国連人権委員会の勧告に基づき経済社会理事会が要請するときに、この規約で認められた権利に効力を与えるためにとった立法措置その他の措置(司法的救済を含む)に関する報告書を提出することを約束する。

2　報告には、この規約二二条四項の実施に影響を及ぼす要因及び障害が存在する場合には、これらの要因及び障害を記載する。

3　すべての報告は、経済社会理事会に送付するため、国際連合事務総長に提出するものとし、経済社会理事会は、情報として並びに研究及び必要な場合一般的勧告のため、これらの報告を国連人権委員会に送付する。

4　専門機関は、その活動分野に属する報告の部分を受け取るものとする。

5　直接関係締約国及び上記専門機関は、本条三項にしたがってなされることのあるいかなる一般的勧告についても、所見を経済社会理事会に提出することができる。

このように国連人権委員会は、結局自由権規約草案についても国家報告書審査制度を採用することになったが、その中身については、その直前に採択されていた経済的、社会的及び文化的権利に関する国際規約(以下、社会権規約草案[25]のそれとはっきり区別した。[26]その主な相違点は次の通りである。

第一に、国家の報告書の対象は、社会権規約草案の場合は、「この規約において認められた権利の遵守を達成する上でなされた進歩the progress made in achieving the observance of the rights recognized herein」(一七条、現行一六条もこの点では同一)であるのに対し、自由権規約草案においては、「この規約で認められた権利に効果を与えるためにとった立法的その他の措置(司法的救済を含む)」である。

第二に、加えて記載すべき「要因及び困難」は、前者では「規約に基づく義務の履行の程度に影響を及ぼす」ものとされ(一八条二項、現行一七条二項もごく微細な表現を除き同一)、規約全体にかかるものとされているのに対し、後者では、配偶者間の権利と責任の平等を目指す立法義務を課す二三条四項(現行二四条四項と同旨)にのみかかるものとされている。

第三に、報告書の提出時期については、前者では最初の提出の年限が定められていない(一八条一項)[27]のに対し、後者では効力発生後一年後とされている。

第四に、二回目以降の報告書については、前者では経済社会理事会が計画を立てることとされている(一八条一項、現行一七条一項も同一)のに対し、後者では経済社会理事会が締約国との協議後に要請するときに提出するものとされており、報告の定期性という考えはほとんど認められていない[28]ばかりか、提出義務はそれほど簡単に生じない。

国連人権委員会における議論においては、まず、次の現行規約二条二項とごく微細な表現を除き同一の、規約草案二条二項との関係が問題となった。

> この規約の各締約国は、立法措置その他の措置がまだとられていない場合には、この規約において認められる権利を実現する[権利に効力を与える]give effect to the rightsために必要な立法措置その他の措置をとるため、自国の憲法上の手続及びこの規約の規定に従って必要な行動をとることを約束する。

この規定から「合理的期間内に」という文言が削除された経緯がとくに援用され、規約の実施義務についてほぼ確定した即時実施という考えと、報告書審査手続との抵触が問題になったのである。[29] つまり、報告書審査手続は、本来的には促進的条約promotional conventionsになじむものと考えられていたので、人権の保護を目的とする条約に適合させることは難しいように思われたのである。このような議論ののち、提出されたテキストからは、報告対象として規約実施に関連する「進歩」が脱落させられ、「要因及び困難」は、例外的に漸進的実現義務であると考えられた特定の規定に限定して報告するよう求められることになったのである。

このような考え方に照らしてみると、最終草案四九条一項の「この規約で認められた権利に効力を与えるためにとった立法措置その他の措置」という文言は、二条二項からとられたことは明白である。つまり、最終草案においては、報告書審査手続は、もっぱら、二条二項が履行されているかどうかを確認することを目的とするものであったのである。もっとも、「司法的救済を含む」という文言は、規約批准時点で国内において権利実施体制が整っていることを確保するという目的からははみ出るものである。西側先進国は、この部分は必ずしも整合的なものとみていなかったようであり、受け入れられなかったが、フランスはこの部分を削除する修正案を提案していた。[30]

要するに、国連人権委員会ではこの時点においても、初期の作業でみられた考えが結局維持されたのである。ただ、この段階では、自由権規約における国家報告手続は、総会の指示に形式的に応えたという意味以外には必ずしも積極的な位置づけを与えられていたわけではないと思われる。それは、最終草案四九条が実施のための規定の大部分を収めた第四部から切り離されて、国連機関や専門機関の権限を害しない旨定めた五〇条(ごく微細な表現上の相違を除き現行四六条と同一)とともに、二か条からなる第五部に入れられたこと、および、報告書の審査を自由権規約委員会の任務に含めることは避けられ、経済社会理事会の任務とされたことに現われている。

2　国連総会における議論

国連総会において自由権規約草案における報告書審査手続が議論となった時点で、次のような新たな事情が生じていた。つまり、一方で自由権規約の主な実施手続と考えられていた国家通報制度がそれを受諾する締約国に対してのみ利用されうる選択的なものとされ、他方でその制度の主体となるべき自由権規約委員会の設立は確定していた。[31] つまり、自由権規約委員会に、恒常的職務の素材がほとんど供給されないということになりかねないということになっていたのである。この状況で、国家報告制度、またそれを自由権規約委員会の任務とすることの重要性が劇的に上昇したのである。

このような要請に応える提案として出されたのは、インド、イラン、リビア、ナイジェリア、パキスタン、セネガル、スーダン、アラブ連合共和国およびオート・ヴォルタによる、国家通報制度の規定の前に次のような新条文を挿入する修正案(以下、九か国修正案)であった。

1　この規約の締約国は、(a)当該締約国についてこの規約が効力を生ずる時から一年以内に、(b)その後は委員会[自由権規約委員会]が要請するときに、この規約において認められる権利に効力を与えるうえでもたらされた進歩、及び、そのためにとった措置 the measure they have adopted and the progress made in giving effect to the rights に関する報告を提出することを約束する。

2　[前引の現行四〇条二項とごく微細な表現上の相違を除き同一]

3、4　[省略][32]

この修正案を、提案者が下敷きにしたという[33]最終草案四九条と比較すると、審査主体が自由権規約委員会に置き換わっていることは別として次のような相違がある。

第一に、報告の対象に、「措置」だけでなく「進歩」が加わっていること、第二に、「措置」から、立法措置や司法的救済といった例示が消えていること、および第三に、報告に記載すべき「要因及び困難」は、規約全体についての実施についてのものとされていること、である。この相違の第一点および第三点は、九か国修正案には、国連人権委員会が意識した、規約の義務を漸進的な性質のものに後退させかねないという懸念に対する配慮が欠けていたことを示している。

これらの相違のうち、第一点と第二点を念頭に措いて、最終草案のラインに戻そうとするのが、九か国修正案一項に対する次の合衆国の副修正案であった。

この規約の締約国は、この規約において認められる権利に効力を与えるためにとった立法的又は司法的その他の行動 **the legislative, judicial or other action taken** に関する報告を提出することを約束する。[34]

この副修正案は、次の二つの理由により主として西側先進国により支持された。①立法的・司法的行動といった具体的内容を明示することにより、報告に盛り込むべき内容を特定したこと[35]、および、②九か国修正案に含まれている規約上の義務の漸進性を暗示する「進歩」という文言が取り除かれていること[36]、である。

①のような考えを支えていた人権観をよく示すのが、次のイギリス代表の発言である。

規約草案起草者たちは、〔四九条において〕「立法措置その他の措置（司法的救済を含む）」という語句を意図的に用いた。この定式は、……二条二項を参照させるよう考案された。国連人権委員会は、このように、法的措置と司法的救済が市民的および政治的権利の保護においては至高の重要性をもつことを暗黙裡に認めていたのである。〔中略〕〔九か国修正案の〕新しい定式は、経済的、社会的および文化的権利草案一七条のために本〔総会第三〕委員会によって採択されたものと同一であり、この草案においては適当なものである。本委員会が一七条を審議していたとき、本代表団は「その他の措置」という文言の前に「立法措置及び行政措置」という文言を挿入する提案[37]に反対した。それは、立法措置や行政措置は、経済的、社会的および文化的権利の漸進的促進にとっては、経済的・社会的開発計画に基づきなされる諸活動よりも重要度が低いと、本代表団は信じるからである。[38]

このような、社会権と異なり自由権にとっては立法と司法的保護だけが重要であるという立場に対しては、当然のことながら多くの代表が反発した。モーリタニア代表は次のように述べた。

私は、報告の主題を構成すべき行動のタイプを特定することは、かかる報告の範囲を限定しかねないと考える。規約は、諸国のさまざまな政府の形態に応じて、さまざまな国でさまざまに実施されることになる。諸国家は、実施することができないような、大胆な立法をすることもあるのである。[39]

あと知恵になるが、今日の報告制度の経験などを踏まえると、イギリス代表のような観念は、控えめに言っても欧米の社会にのみ当てはまることである。世界の多くの国々においては、自由権の実施のためにはむしろ社会的インフ

このような立体内部における深度の進展こそが、報告に記載すべき権利の享受についての「進歩」である。だとすれば、報告審査においては、この深度の変化を測定し、深化しているか否か、また、その程度を評価することも期待されているということができよう。

こうして、一でみた自由権規約委員会の最近の総括所見における二つの要素は、基本的には、国家報告制度においてともに正当に期待されている機能の行使ということができるであろう。これまで伝統的に用いられてきた用語で言い換えれば、国家報告審査手続とは、人権の保護のための手続であると同時に人権の促進promotionのための手続なのであり、両者が組み合わされたものなのである。[46]

自由権規約委員会が国家報告手続をどのように運用していくべきかについては、実施過程[47]を分析しなかった本稿においては、ほとんど述べることができない。ごく一般的にいえば、この両機能を適切に組み合わせて用いることが求められているといえよう。ただ、その前提としても、この両機能を概念的にはっきりと区別しておくことが重要であると思われる。

1　たとえば、金東勲「国連における人権保護と国内管轄事項」（初出一九七二年）金『人権・自決権と現代国際法』（新有堂、一九七九年）一七二頁。なお、Schwelb, E., "Civil and Political Rights: The International Measures of Implementation", *American Journal of International Law*, Vol.62 (1968), p.844 も参照。比較的早い段階で、国家報告書制度に対する高い評価を与えているものとして、田畑茂二郎「平和と人権」［講演録］有信会誌二五号（一九八三年）三三―三五頁、および、佐藤文夫「国際人権規約（A、B）と人権専門委員会」高野雄一ほか

編『国際人権法入門』(三省堂、一九八三年)七〇頁、参照。

2　自由権規約二八条によって設置されたこの委員会の公定訳は「人権委員会」であるが、この訳には、伝統的に国連の機関であるCommission on Human Rightsにあてられていたものと同一であるという問題がある(このことを考慮して、本稿では、この後者の機関を、近年の例に倣って「国連人権委員会」とよぶことにする)。関連して付言すれば、経済的、社会的及び文化的権利に関する国際規約(以下、社会権規約)一九条以下で、このCommissionの訳として「人権委員会」の語が用いられていることは、深刻な混乱の要因である。このようなことから、Committeeについては、「人権専門委員会」や「規約人権委員会」という訳が用いられてきた。しかし、前者については、もともと「専門」という語はないという難点があり、また、一九八五年に社会権規約の実施機関として、「経済的、社会的及び文化的権利に関する委員会Committee on Economic, Social and Cultural Rights」が設置されたことに伴い、この委員会との区別を明確にする意味でも、今日では「自由権規約委員会」という用語が徐々に一般化してきている。本稿もそれにしたがった。

3　これについては、さしあたり、安藤仁介「政府報告書は規約人権委員会でどのように審査されるのか」法学セミナー四五七号(一九九三年)四二頁[ここでは本稿でいう「総括所見」が「一般的性格を有する意見」といわれている]、および、Novak, M., "The Activities of the UN-Human Rights Committee: Developments from 1 August 1989 through 31 July 1992", *Human Rights Law Journal*, Vol.14 (1993), p.11参照。

4　自由権規約委員会はこのように述べているが、同条は、法務大臣が再入国許可を与えることができると規定しているだけであって、これが「完全に法務大臣の裁量による」かどうかは、解釈上問題である。

5　Concluding observations of the Human Rights Committee: Japan. 19/11/98. CCPR/C/79/Add.102, para.18, reproduced in: Report of the Human Rights Committee, *Official Records of the General Assembly* [*GAOR*], 44th Session. Supplement No.40 [A/44/40]. Vol.I, para.160 at p.38.

6　最判平成一〇[一九九八]・四・一〇、判例タイムス九七三号一二一頁。もっとも、一九九九年、崔善愛さんの救済のために、「日本国との平和条約に基づき日本の国籍を離脱した者等の出入国管理に関する特例法」附則に六条の二が設けられ、これに基づき、翌年、入管法上の永住者の資格を取得することで特別永住者とみなす措置がとられた。この改正の過程でこの総括所見が果たした役割は特筆すべきである。さしあたり、第一四五回国会参議院法務委員会会議録一〇号(一九九九年五月一三日)一〇頁(大森礼子発言)参照。当事者の回顧として、崔善愛『「自分の国」を問いつづけて』(岩波書店、二〇〇〇年)参照。

7　この事件の原告は、父方から数えれば在日二世、母方から数えれば在日三世にあたり、永住資格を有していた。このことは、そっくりそのまま「総括所見」に取り込まれている。

8　CCPR/C/79/Add.102, *op.cit.*, para.32, reproduced in: A/44/40, *op.cit.*, para.174 at p.41.

9　たとえば、拷問等禁止条約(正式には、拷問及びその他の残虐な、非人道的な若しくは品位を傷つける取扱又は刑罰を禁止する条約)は、逮捕・拘禁等に関与する法執行官などの訓練において、拷問禁止の教育がなされることを義務づけている(一〇条)。自由権規約には、このような規定がないのであって、明文の規定がある条約との均衡上も、訓練科目中に規約に規定する人権という項目がないこと自体が、規約違反になるということは考えにくい。

10　両人権規約全体の起草過程の概略については、Annotation on the text of the draft International Covenants on Human Rights (prepared by the Secretary General), 1 July 1955, *GAOR*, 10th Session, Annexes Agenda Item 28 (Part II), [A/2929], pp.2-7(芹田健太郎編訳『国際人権規約草案註解』(有信堂高文社、一九八一年)四—二〇頁)、および、宮崎繁樹「国際人権規約成立の経緯」法学セミナー臨時増刊『国際人権規約』(一九七九年)二—三頁参照。

11　自由権規約の国家報告手続規定の起草過程については、薬師寺公夫「報告制度は何のためにあるのか」法学セミナー四五七号(一九九三年)二八—二九頁、および、小坂田裕子「自由権規約に基づく報告制度の発展とその今日的意義」人間・環境学九巻(二〇〇〇年)三〇—三三頁参照。国連人権委員会草案段階までの主な論点と議論については、A/2929, *op.cit.*, pp.160-162(芹田編訳、二一三—二一八頁)参照。

12　Text of Letter from Lord Dukeston, the United Kingdom Representative on the Human Rights Commission, to the Secretary-General of the United Nations, Report of the Drafting Committee to the Commission on Human Rights[CHR], First Session,[E/CN.4/21], Annex B, reproduced in: *Yearbook on Human Rights*, 1947, p.487ff.

13　*Ibid.*, p.489.

14　ヨーロッパ人権条約[人権と基本的自由の保護のための条約]五二条は、この規定を受け継いだものである。

15　すなわち、イギリス提案では次のような手続が予定されていた。いずれの締約国も他の締約国の章典違反について国連総会の注意を喚起することができる(六条)。さらに、総会の三分の二の多数で章典違反を認定された締約国は、国連憲章の諸原則に違反した国とみなされ、憲章六条に基づき除名される（七条）。他方、三条にいう国連総会決議による授権は、「章典」に付された註によれば、提案された決議案本体により与えられることが意図されており、この決議案の附属書二によると、事務総長の要請は、経済社会理事会の承認を条件として国連人権委員会の決定によりなされ、さらに提出された説明書は自動的に公表される。除名につながる総会での手続は、このように公表された説明書を一つの討議の資料としてすすめられることになる。

16　E/CN.4/37(U.S.A); E/CN.4/AC.3/SR.8(U.K.).

17　テキストは、CHR, Report to the Economic and Social Council[ESC]on the 2nd Session of the Commission,[E/600]*ESC Official Records*[*ESCOR*], 18th Session, Supplement No.7), 17 Dec. 1947, Annex B, p.24ff.

18　なお、この会期以降採用された用語法にしたがって、「章典」が「規約」と改められている。

19　これについては、さしあたり、Memorandum of Implementation prepared by the Division of Human Rights of the Secretariat at the Request of the Drafting Committee, E/CN.4/21, *op.cit.*, Annex H, para.6 at p.506f.参照。

20　E/CN.4/SR.195, para.33.

21　CHR, Report of the 7th Session,[E/1992]*ESCOR*, 13th Session Supplement No.9, Annex I, p.20ff.

22　国際人権規約の対象に社会権を入れるかどうかについての議論については、A/2929, *op.cit.*, p.7f.（芹田編訳、一二一二四頁）参照。

23　E/1992, *op.cit.*, para.66.

24　CHR, Report of the 10th Session,[E/2573]*ESCOR*, 18th Session, Supplement No.7, Annex I B, p.65ff.

25　*Ibid.*, Annex I A, p.62ff.

26　「[自由権規約草案における]報告手続を支持する委員の多数も[社会権規約の実施のために規定された]定期的報告書制度を市民的及び政治的権利に関する規約草案にそのまま移し替えることは望ましくないと考えた。」*Ibid.*, para.176 at p.18.

27　この点については、総会における審議過程で、最初の提出を規約発効後1年以内とすることとされ（現行一七条一項）、自由権規約（草案）と歩調を合わせることになった。

28　自由権規約委員会の実行において、報告の定期性はごく初期（一九八一年）に確立したので見落とされがちであるが、この点は、現行規定のテキスト（前引四〇条一項（b））も同じである。同委員会における報告の定期性をめぐる議論については、さしあたり、

Boerefijn, I., *The Reporting Procedure under the Covenant on Civil and Political Rights*(Intersentia, 1999), p.184f.参照。

29　E/2573, *op.cit.*, para.175 at p.17f.参照。

30　*Ibid.*, para.180 at p.18. この修正案は、八対三棄権七で否決された。*Ibid.*, para.186 at p.19.

31　この過程については、さしあたり、外務省国際連合局社会課『国際人権規約成立の経緯』(一九六八年)二二四—二二七、二四七—二五五、二五八—二五九頁参照。

32　A/C.3/L.1379/Rev.1, para.1(同右・二四一頁から引用). この文書は本来ならばReport of Third Committee,[A/6546]*GAOR*, 21st Session, Annexes, Agenda Item 62, p.7ff., para.372 at p.37から引用すべきであるが、この総会公式記録版には、この箇所の一項が、討議の過程で提案者により口頭で修正されたヴァージョン(*ibid.*, para.375 at p.38)と同一であることに明らかなように、討議の内容と整合せず誤りがあるため、外務省の報告書から引用した。

33　*GAOR*, 21st Session, Third Committee, 1426th Meeting,[A/C.3/SR.1426]para.15 at p.280(Pakistan).

34　A/C.3/L.1391, para.1, in: A/6546, *op.cit.*, para.377 at p.38.

35　A/C.3/SR.1426, *op.cit.*, para.18 at p.280(U.S.A); para.21 at p.281(Canada); *GAOR*, 21st Session, Third Committee, 1427th Meeting,[A/C.3/SR.1427]para.1 at p.285(Italy); para.7 at p.287(Uruguay); para.18 at p.288(Norway); para.28 at p.289(Madagascar); para.32 at p.289(Belgium)参照。

36　A/C.3/SR.1426, *op.cit.*, paras.32-34 at p.282(New Zealand); A/C.3/SR.1427, *op.cit.*, para.2 at p.285f.(Ireland); paras.28-30 at p.289(Madagascar)参照。

37　この提案およびそれが撤回された経緯については、さしあたり、外務省国際連合局社会課・前掲書、二〇一、二〇三—二〇四頁参照。

38　A/C.3/SR.1427, *op.cit.*, para.21 at p.288.

39　*Ibid.*, para.19 at p.288. また、*ibid.*, para.23 at p.288(Lebanon)もみよ。

40　*Ibid.*, para.36 at p.289(Nigeria).

41　*Ibid.*, para.37(New Zealand); para.38(Ireland); para.39(U.S.A.) at p.289.

42　*Ibid.*, p.290f. 以上のような経緯を簡潔かつ的確に紹介するものとして、北村泰三「B規約の実施措置」前掲・法学セミナー臨時増刊『国際人権規約』二三〇—二三一頁参照。また、規約上の義務の即時性との関係で起草経緯を紹介するものとして、Schwelb, *op.cit.*, pp.839-842参照。

43　もっともこの点については、四〇条四項によりなすことが認められている「一般的性格を有する意見general comments」において、自由権規約委員会が個別締約国について規約違反を認定することができるかどうか、という問題がある。この問題について確定的な結論を下す準備はないが、さしあたり次のようにいうことができるであろう。九か国修正案では、もともと、「意見comments」を付すことができることになっていたが、第三委員会における審議の直前に「意見」の前に「一般的性格を有するgeneral」という口頭修正が提案者により加えられた。A/C.3/SR.1426, *op.cit.*, para.14 at p.280 (Pakistan). この修正は、以前に社会権規約草案で加えられた修正と同種のものであり、個別の特定の国家に対する勧告を排除する趣旨であるという、その際なされた説明を念頭に措いたものであることは間違いない。このことについて、さしあたり、小坂田・前掲論文、三一―三三頁参照。しかし、九か国修正案自体の審議の記録には、個別国家への言及を排除するとの発言は全くみられない。また、文理上も「一般的性格を有する意見」は個別報告に関するものと解す方が自然である。たとえば四項二文で、かかる意見を「締約国」に送付すると定めているが、この「締約国」を締約国集団全体と解するのは、締約国集団は自由権規約委員会の委員選挙の際の締約国会合という形でしか具体的存在を持たないのである(三〇条四項)から、極めて不自然である。また、四項三文で、経済社会理事会に、国家の報告の写しとともに一般的性格を有する意見を送付することができると定めており、もし締約国の報告一般に対するものと解すると、活動に関する年次報告を自由権規約委員会が送付することになっていること(四五条)と重複してしまう。少なくとも、自由権規約委員会が個別国家の報告について意見を付すことを禁ずる趣旨を、「一般的性格を有する」という文言だけから導き出すのは困難であろう。おそらくは同旨: Schwelb, *op.cit.*, p.843. 反対：佐藤文夫「市民的及び政治的権利に関する国際規約により設立された人権委員会の活動に関する研究」成城法学五号(一九七九年)一〇九—一一二頁(ただし、同項にいう「委員会の報告」を根拠に特定国に向けられた見解を示しうるとする)。

44　さしあたり、E/2573, *op.cit.*, para.178 at p.18参照。

45　これについては、さしあたり、Sudre, F., *La Convention européenne des droits de l'homme*, 4ème éd. (PUF, 1997), p.35f. [第三版の日本語訳：建石真公子訳『ヨーロッパ人権条約』(有信堂高文社、一九九七年)四六—四八頁]参照。この問題についてのリーディング・ケースであるベルギー言語事件については、野村敬造『基本的人権の地域的集団的保障』（有信堂高文社、一九七五年）四六〇頁以下、高野雄一『国際社会における人権』（岩波書店、一九七七年）二〇九頁以下、および、拙稿「ヨーロッパ人権条約における教育権と差別禁止原則の一断面」院生論集一五号（一九八六年）三三頁以下、参照。

46　これまで、報告書審査制度の性格について論及している文献は、ほとんど見あたらないが、微妙な表現ながら人権の促進のための手続とみる説をとると解されるものとして、芹田健太郎「人権尊重義務とその保障制度」（初出一九八四年）芹田『永住者の権利』（信山社、一九九一年）五五頁。筆者もこれに一部依拠しながら、人権促進のための手続と断じたことがある。拙稿「ヨーロッパ人権条約における国家の義務の性質変化（一）」法学論叢一一九巻二号（一九八六年）二七頁参照。ここに見解を改めたい。

47　実施過程の分析は多いが、佐藤文夫「自由権規約の実施措置」宮崎繁樹編著『解説国際人権規約』（日本評論社、一九九六年）二八一―二八七頁のみ挙げておく。

［付記］本稿は、平成九～一一年度科学研究費補助金・基盤研究（B）（1）「国際的人権保障体制の研究――実施措置を中心として――」（研究代表者：田畑茂二郎・世界人権問題研究センター所長・当時）に基づく研究成果の一部である。二〇〇一年一〇月に脱稿した。

イラン・アメリカ請求権裁判所
――個人請求の国籍と受理可能性――

川岸　繁雄

はじめに

一九七九年二月五日、イラン革命を指導したイスラム教シーア派の最高指導者アヤトラ・ホメイニ(Ayatollah Khomeini)師は革命暫定政府の樹立を発表し、モハンデス・メイデイ・バザルガン(Mehdi Bazargan)を首相に指名した。

この革命暫定政府の樹立はイランに二つの政府が存在するという異常事態をもたらす結果となった。同月一一日、パーレビ国王(Shah Mohammad Zeza Pahlavi)が事後を託した保守派の民族主義者シャプール・バクチャル(Shahpour Bakhtiar)首相が辞任し、革命暫定政府首相バザルガンがイランの政権を引き継いだ。アメリカ政府は同月一六日、イランのバザルガン新政権を支持し、イランとの外交関係を維持する決定をイラン新政府に伝えた。四月一日、国民投票に基づいて、ホメイニ師は正式にイラン・イスラム共和国の成立を宣言した。[1]

一九七九年一一月四日、アメリカが医学的治療のためパーレビ元国王を受け入れたことに抗議して、急進的なイスラム教系学生らがテヘランのアメリカ大使館を占拠し、大使館員らを人質にしてアメリカ政府に対して、元国王をイスラム革命法廷で訴追・処罰するために身柄を引き渡すよう要求した。[2] これに対して、アメリカ政府はイランからの石油の輸入を停止した。同月一四日、イラン政府はアメリカに対する新たな経済対抗措置として、アメリカの対イラン投資資産を国有化し、イランがアメリカの銀行に預金していた約一二〇億ドルの外貨預金を引き揚げることを宣言した。アメリカ政府は直ちに「一九七七年非常時経済権限法」に基づいて、アメリカにおけるイラン政府、イラン中央銀行、その他の政府機関の公的資産をすべて凍結することを決定した。[3]

一九七九年一一月二九日、アメリカ政府は在イラン米国大使館占拠事件を国際司法裁判所に付託し、イラン政府が外交関係条約、領事関係条約、国家代表等に対する犯罪防止条約などの国際法義務に違反しているため、イラン政府にはアメリカ人人質全員を即時解放する義務があり、そのような国際法の義務違反の結果としてアメリカ政府に損害賠償を支払わなければならない、と宣言するよう申請した。一二月一五日、裁判所は、イラン政府に対して、アメリカ大使館および公文書保管所ならびに領事館を即時にアメリカの管轄下に返還し、人質全員を即時解放することを命令する仮保全措置を指示した(全員一致)。[4] 翌年五月二四日、裁判所は本案判決において、イラン政府が両国間に有効な諸条約と一般国際法上の義務に違反しているため、人質全員の即時解放と、テヘランのアメリカ大使館ならびにタブリスおよびシラズのアメリカ領事館の即時返還を含め、一九七九年一一月四日の事件から生じた状態を原状回復し、当該事件とそれに付随する事件から生じた損害についてアメリカに賠償する義務がある、と判示した（一一対三）。[5]

一九八〇年一一月二日、イラン国民議会がホメイニ師の人質解放四条件を承認したため、翌日、イラン政府は利益保護国のアルジェリアに対して、人質事件から生じた両国間の危機打開のために対米交渉の仲介を要請した。アルジェリア政府は、双方の受諾可能な解決策を求めて両国政府と積極的に協議し、一九八一年一月一九日、アルジェリア政府の宣言として両国が最終的に合意したアルジェ宣言（Algiers Declarations）を発表した。この合意文書は、総則とアメリカのイラン内政への不干渉、イランの在米凍結資産の返還、アメリカ請求権の解決、パーレビ元国王とその一族の資産凍結を盛り込んだ一般宣言（General Declaration）と、イランに対するアメリカ国民とアメリカに対するイラン国民双方の請求を終局的仲裁判断によって解決するための国際仲裁裁判所として、イラン・アメリカ請求権裁判所（Iran-United States Claims Tribunal）を設立することを規定した請求権解決宣言（Claims Settlement Declaration）から成っている。[6]翌二〇日、アメリカ政府がイランの在米凍結資産のうち約八〇億ドルをイギリス中央銀行（イングランド銀行）のアルジェリア中央銀行口座（供託口座）に預託し、[7]イラン政府はアメリカ臨時代理大使を含む五二人のアメリカ人人質全員を解放した。

一九八一年七月、イラン・アメリカ請求権裁判所が、請求権解決宣言第二条一項に基づいてオランダのヘーグに設立された。[8]裁判所は、九人の裁判官によって構成される。各国政府が三人の裁判官を任命し、残りの三分の一の裁判官は両国政府によって任命された六人の裁判官の合意によって選任される（第三条一項）。裁判所の決定（decision）と裁定（award）は、終局的で、かつ拘束力を有する（第四条一項）。裁判所は、法の尊重を基礎とし、貿易の関連慣行、契約条項、変更された事情を考慮に入れて、裁判所が適用可能と決定する準拠法選択の諸規則、商事法、および国際法の諸原則を適用してあらゆる事案を決定しなければならない(第五条一項)。一九八一年一〇月一九日、裁判所長は命令により、三人の裁判官で構成される裁判部(Chember)を設置し、(1)請求権解決宣言の解釈・適用に関する請求(以下A事件または「解釈紛争」と略す)、(2)役務と物品の購買および販売に関して一方の当事国によって他方の当事国に対して提起される事件(以下B事件と略す)、(3)多数意見が形成されないため、または裁判部の間に政策の整合性を確保するため裁判部が全員裁判所(Full Tribunal)に移管する事件を除き、請求がすべて裁判部によって審理されることを決定した。その結果、これら三つのカテゴリーの請求のみが全員裁判所によって審理されることとされた。[9] 解釈紛争を除き、請求は一九八二年一月一九日が提出期限とされた(第三条四項)。二〇〇一年六月三〇日現在、提出された請求件数は三、八四五件で、その内訳はA事件二九件、B事件六九件、二五万ドル以上の請求九六五件、二五万ドル未満の少額請求二、七八二件である。[10]

本稿の目的は、個人の請求権を中心にイラン・アメリカ請求権裁判所の判例を分析・検討し、国際請求に関する伝統的な国籍要件の解釈・適用をめぐる国際法上の諸問題を考察することにある。このような観点からの考察は、一般国際法における国際請求の受理可能性に対する裁判所の決定と裁定の影響と効果を明らかにするという意味からも重要であると思われる。[11]

一　個人の請求

国際法上、自国民が他の国家の違法行為によって権利を侵害され、通常の手段によって救済を得ることができない場合、国家は外交的保護を行使し、当該自国民を保護する権利を付与されている。このような外交的保護は国家の権利の防御手段である。国家は自国民の事件を取り上げ、自国民のために外交手続または国際裁判手続に訴えることによって、実は国家の固有の権利、すなわち自国民にかわって国際法規の尊重を確保する国家自体の権利を主張しているのである。[12] したがって、国家は、一般原則として、自国民に対してのみ外交的保護を発動することが認められる。

このように、国家が自国民のために外交的保護を行使する権利は、唯一当該国家と自国民である個人との間の国籍(nationality)の関係を基礎としている。[13] 国籍は、通常、国民が他の国家によって権利侵害や損害を受けたときに国民が所属する国家の法的利益を立証する機能を有している。請求の主題(subject-matter)は個人とその財産であるが、請求は国家の請求である。国家が裁判において請求権の国籍を立証できない場合、請求は当該国家の法的利益の欠如を理由として受理されない(inadmissible)こととなる。[14]

さらに、外交的保護の原則が個人の国籍を基礎としているため、当然のコロラリーとして、請求は権利侵害の時点から最終的解決の時点まで、請求を提出する国家の国籍を有する個人に継続的かつ間断なく(continuously and without interruption)帰属していることが必要になる。この原則は、関係国の合意により例外が認められたり、適用が緩和されたりするが、国際法上国籍継続(continuous nationality)の原則として主張され、慣習国際法の一部となっている。この原則の最初の要件(始期)は多くの困難を惹起しないが、第二の要件(終期)については、請求の提出や裁判条約の締結、判決の提示など、各種の期日が適用されている。この点、国家の実行上、請求の提出が決定的期日(critical date)として一般的に支持されている。[15]

したがって、国際裁判において、国家が外交的保護権に基づき自国民のために国際請求を提出した場合、請求国は当該個人が自国の国籍を有し、とりわけその国籍が被請求国にたいして対抗力(opposabilité)を有することを訴訟の入口または訴訟が始まる前に(in limine litis)立証することが必要不可欠となる。換言すれば、個人の名において提出される請求の受理可能性(recevabilité)は、一般原則として、個人の国籍によって左右されることになる。[16]

1　請求の国籍

イラン・アメリカ請求権裁判所は、国際仲裁裁判所として、第一次的にイランに対するアメリカ国民とアメリカに対するイラン国民の双方の請求を受理し審理する管轄権を付与されている(請求権解決宣言第二条一項)。さらに、イランまたはアメリカの「国民」は、(a)イランまたはアメリカの市民である自然人と、(b)イラン法またはアメリカ法に基づいて組織された会社またはその他の法的主体(ただし、その自然人が全体としてその会社または法的主体の資本金(capital stock)の五〇%以上の利益を保有していなければならない)を意味する(第七条一項)。したがって、自然人と法人の双方が裁判所に請求を提出することができる。しかし、会社が請求を提出する事案についても、会社がその五〇%以上を関係国の国籍を有する自然人によって所有される場合にのみ(only)請求を提出する資格を付与されるため、その所有者の国籍が直接関係することになる。このように、原告の国籍は裁判所が決定しなければならない管轄権上の主要な争点となる。[17]

たとえば、**Lianosoff v. Iran** 事件において、原告はカスピ海における漁業権(license)の不法な破棄(cancellation)に対して総額一五一四万一七八五・七五ドルの損害賠償請求を提出した。被告は答弁書を提出し、とりわけ請求が裁判所の管轄権の範囲を超えていると抗弁した。原告によれば、ロシア人の祖父が一八七六年にイラン政府と協定を結び、カスピ海における沿岸漁業権を取得した。祖父の死後、協定は複数の子供によって相続されたが、一九五三年、イラン政府がカスピ海漁業を国有化した。一九七七年の父の死亡により、原告はアメリカ国民として請求の父の持分を相続した。これに対して、被告は、原告の父が死亡するまでイラン人であったことと、原告自身が少なくとも一九六四年までイラン市民権を保有していたことを理由として、請求が請求権解決宣言第七条二項で規定されたアメリカ国民による継続的所有(continuous ownership)の要件を充足していないと推論されなければならない、と主張した。[18]

裁判所は、管轄権の基礎と範囲を規定する請求権解決宣言第二条一項、第七条一項と二項を検討し、国民の請求の継続性(continuity)の意味、ならびに仲裁裁判所の管轄権の範囲に関する規定の制限的解釈を根拠として、請求はそれが発生した期日にアメリカ国民に帰属していないため、継続的所有の最初の要件(first requirement)を充足していない、と結論した。したがって、裁判所は、請求が請求権解決宣言第七条二項に具体的に明記された継続的所有の要件を充足していないとし、管轄権の欠如のために請求を却下した。[19]

また、Hakim v. Iran 事件において、原告は、イランの二つの会社(Pars Manufacturing Company とPars Machine Company)の株式と不動産の収用に対して総額一七〇六万六六六六・〇八ドルの補償請求を提出した。請求の申述書によれば、請求権は一九七九年四月一日頃(on or about)に発生した。裁判所は原告に対して、原告がアメリカの国民またはイランの国民であるか、あるいは両国の国民であるかを決定するための証拠(documentary evidence)と、原告が両国の国民である場合には、請求権が発生した日から請求権解決宣言の発効日(一九八一年一月一九日)までの関連期間の原告の支配的実効的国籍に関する証拠を提出するように命令した。裁判所にとって、管轄権を決定する期日(dates)は請求権が発生した日と一九八一年一月一九日の二つである。請求権解決宣言第七条二項は、イランまたはアメリカの国民の請求とは請求権が発生した期日から宣言が発効する期日までに関係国民によって継続的に所有された請求を意味すると規定している。原告の提出した証拠によれば、原告は一九八〇年四月九日にアメリカの帰化市民となっている。請求の申述書において、原告は請求権が一九七九年四月一日頃に発生したと陳述していた。したがって、請求権がこの期日以後に発生した場合、請求は裁判所の管轄権の範囲を越えることになる。裁判所は、原告が請求権解決宣言第七条二項の要件を充足していないことを理由として、管轄権の欠如のため請求を却下する、と決定した。[20]

さらに、Khosrowshahi v. Iran事件において、原告はイランにおける投資と財産の収用に対して総額三九三万二一三一・二二ドルの補償請求を提出した。イランは原告がイラン国民であると主張し、裁判所に管轄権の欠如を理由として請求を却下するよう主張した。裁判所は先決的争点として原告の国籍に関する管轄権上の争点を検討し、原告が一九八一年三月四日にアメリカの帰化市民となったため、一九八一年一月一九日にアメリカの国籍を保有していなかったことを理由として、原告の請求が請求権解決宣言第七条二項において要請されるアメリカ国民の請求に該当しない、と認定した。その結果、裁判所は本請求に対する管轄権を否定し、管轄権の欠如のために請求を却下する、と裁定した。[21]

同じく、Harooniann v. Iran事件において、原告は、テヘランにある不動産の収用に対して総額五〇万ドルの補償請求を提出した。これに対して、被告は答弁書において、原告がイラン国民であり、アルジェ宣言後もアメリカの国籍を取得していないため、裁判所が当該請求に対する管轄権を欠如している、と抗弁した。原告は一九八一年一月一九日(アルジェ宣言の発効日)以後、帰化によってアメリカ市民になったことを認めた。請求権解決宣言第七条二項によれば、イランまたはアメリカの国民の請求は、請求権が発生した日から同宣言が発効する日まで関係国の国民によって継続的に所有されていることが必要である。裁判所は、請求が請求権の発生日から同一の国民によって継続的に所有されているが、決定的期間(critical time)を通して、すなわち請求権が発生した日(申述書では特定されていない)からアルジェ宣言が発効した日(一九八一年一月一九日)まで、原告がイラン国民であり、もっぱらイラン国民であった、と認定した。したがって、裁判所は、請求が請求権解決宣言に従ってアメリカ国民の請求としての要件を充足していないことを理由として、同請求に対して管轄権を有しないと判示し、管轄権欠如のために請求を却下する、と裁定した。[22]

2　国籍の継続性

請求権解決宣言第七条二項によれば、イランまたはアメリカの「国民の請求」は、請求権が発生した期日から請求権解決宣言が発効する期日まで関係国の国民が継続的に(continuously)所有する請求を意味し、法人の株式その他の財産的利益の所有を通じて関係国民が間接的に所有する請求を含む、と定義されている。ただし、請求権が発生した時点において、関係国民の所有権的利益が全体として会社またはその他の法的主体を支配し、会社またはその他の法的主体自体が請求権解決宣言に基づいて請求を提出する資格を付与されていないことが条件とされている。

このように、国籍継続の要件によれば、個人は損害を被ったときから請求を提出するときまで関係国の国籍を継続的に保有していなければならない。しかし、この要件は、請求が関連期間を通して同一の個人によって保有されることまでも要請していない。したがって、請求権の相続や譲渡の場合、国籍継続の要件を充足するかぎり、相続人または譲受人は請求を提出する資格を付与される。換言すれば、相続の場合、国籍継続の要件が財産の受益的利益に適用されるため、相続人の国籍は請求が提出される被相続人の国籍でなければならない。また、請求権の譲渡の場合、請求権が関連期間内に請求国以外の国民によって、または請求国以外の国民に譲渡された場合、その請求は却下されなければならない。[23]

たとえば、Protiva v. Iran 事件において、原告(Edgar ProtivaとEric Protiva)は、父の死亡により相続した不動産と銀行預金の収用に対して総額一五二万五〇〇〇ドルの補償請求を提出した。これに対して、被告はなかんずく、原告がもっぱらイラン国民であると主張し、管轄権上の理由に基づいて、同請求に異議を申し立てた。裁判所は、その中間裁定において、請求権が発生した日から請求権解決宣言の発効日、すなわち一九八一年一月一九日までの関連期間を通して、原告がアメリカの国民であったか、またはイランの国民であったか、あるいは両国の国民であったかを検討し、その結果、関連期間を通して原告がアメリカとイラン双方の国民であり、その支配的実効的国籍がアメリカの国籍であると認定し、原告の請求が請求権解決宣言第七条一項の管轄権に関する要件を充足している、と結論した。したがって、裁判所は(a)関連期間における原告の支配的実効的国籍がアメリカの国籍であり、(b)管轄権に関するその他の争点を本案に併合する、と判示した。[24]

その本案に関する裁定において、裁判所は、関連期間中原告が収用されたと主張する不動産の所有権、すなわち裁判所に請求を提出する資格を付与する権利を保有していたか否か、換言すれば、原告が裁判所に補償を請求する訴えの利益あるいは当事者適格(standing)を有するか否かを検討し、原告が父から相続した財産権が請求権解決宣言第二条一項の意味における「財産権」(“property rights”)であると認定した。したがって、裁判所は関連期間を通して原告が相続した不動産の所有権を保有しており、原告が同財産の剥奪に対して請求を提出する訴えの利益または当事者適格を有する、と結論した。このようにして、裁判所は、請求権解決宣言第七条二項によって要請されているように、請求がアメリカの国民によって継続的に(continuously)所有されていたと判断し、裁判所が同財産の請求に対して管轄権を有する、と裁定した。[25]

他方、**Harza v. Iran** 事件において、原告は、リベリアの閉鎖会社**Harza International** のアメリカ人株主の受託者としてイランに対して総額一二〇八万七四〇六ドルの損害賠償請求を提出した。これに対して、被告は総額二億九四三八万二六〇八ドルの反訴を提出した。裁判所は、(1)一九八〇年六月三〇日(請求権の発生日)から一九八一年一月一九日(請求権解決宣言の発効日)までの期間を通して、原告がアメリカの国民であった、(2)**Harza International** がその期間リベリア法上の会社であった、(3)**Harza International** は、一九八〇年六月三〇日に同社の九七・四四%、一九八一年一月一九日に同社の九七・三四%がアメリカ国民によって所有されていた、(4)当該期間の一部または全部において**Harza International** の所有者であった全アメリカ国民の請求が受託者である原告に譲渡された、と認定し、関連期間を通して**Harza International** を所有したアメリカ国民は裁判所に対して間接的に所有する請求を提出する訴えの利益または当事者適格(standing)を有する、と結論した。その上で、裁判所は、請求権解決宣言第七条二項が要請しているのは請求権が発生した日から請求権解決宣言が発効する日までの原告の国籍の継続性(continuity)であり、原告の同一性(identity)ではないとし、アメリカ人株主による他のアメリカ人株主への請求の譲渡(assignment)を拒否する根拠を請求権解決宣言に見出すことはできない、と判示した。[26]

さらに、裁判所は、宣言第七条二項に基づいて法的資格要件を欠く会社の株主によって間接請求として提出される請求が、会社に支払われる金銭の全額の給付を正当化するのか、あるいは株主の所有権的利益の割合に相当する金銭の割合のみの給付を正当化するのか、または正当化すべきであるのかを検討し、原告が損害賠償額を会社に手渡す(pay over)法的義務を立証していないことを理由として、原告の損害賠償額は請求権が発生した日から一九八一年一月一九日までの期間を通してアメリカ国民が所有し、本訴訟手続のために原告が所有し、または原告に譲渡された**Harza International** の割合、すなわち九七・三四%に限定されなければならない、と決定した。[27]

このように、多くの譲渡事件において、裁判所は、請求の譲渡可能性(assignability)を検討し、譲渡人と譲受人(原告)の双方がアメリカ国民である場合、請求の国籍の継続性を根拠として、原告が請求を提出する訴えの利益または当事者適格を有する、と判示している。[28]

二　重国籍者の請求

すでに述べた如く、外交的保護の原則は、申し立てられている義務違反が行われた時点と請求が提出される時点の双方において、関係個人が所属する請求国の国籍を根拠にしている。しかし、国家は自国民をひとしく国民とみなす他の国家に対して当該自国民を保護する権利を有するか否かが問題となる。この問題の議論は、矛盾すると思われる二つの命題に利用可能な証拠を挙げることによって一般に展開されている。[29]第一の規則は、国家の主権平等の原則を基礎とする国籍法抵触条約第四条に見られる。すなわち、国家は自国民がひとしく国民として所属する他の国家に対抗して当該自国民のために外交的保護を行使することはできない。国際法学会は、一九六五年のワルシャワ会期で採択した決議「個人が被った損害に関して国家が提出する国際請求の国家的性格」第四条a項において同一の結論に到達している。[30]また、国際司法裁判所は、「国連の職務中に被った損害に対する賠償」に関する勧告的意見において、国家は通常自国民をひとしく国民とみなす他の国家に対して保護を行使していない、と述べている。[31]第二の規則は、実効的国籍によって問題を解決する規則であり、国際仲裁裁判所によって適用されてきている。この点、異なる文脈においてではあるが、国籍法抵触条約第五条は個人が常住的で主要な居所を有する国家の国籍、または個人が事実上最も関係が深いと認められる国籍を支配的国籍として規定している。国際司法裁判所はノッテボーム事件において、国際仲裁裁判所が重国籍者の外交的保護が問題となった多くの事案において現実的実効的国籍(real and effective nationality)、すなわち事実と一致し、かつ個人と関係する一方の国家とのより強固な事実上の結合関係を基礎とする国籍を採用している、と述べている。[32]

イラン・アメリカ請求権裁判所に請求を提出する資格(capacity)との関連において、重国籍者(dual national)とは二個の国籍を有し、その一個の国籍がイランまたはアメリカの国籍である者を意味する。そのような場合、原告の他方の国籍が請求の終局的仲裁判断による解決に関係するか否か、より具体的には、裁判所が請求権の発生日から一九八一年一月一九日までイラン法上イラン国民であり、またアメリカ法上アメリカ国民である個人がイランに対抗して提出する請求に対して管轄権を行使しうるか否かが問題となる。請求権解決宣言によれば、裁判所は一方の当事国の国民が自国政府に対抗して提出する請求に対して管轄権を行使することはできない。事実上、裁判所は、被告国の国籍を採用すれば請求が受理できなくなる(inadmissible)ため、二個の国籍のいずれの国籍が支配的であるかを精査し、原告の支配的実効的国籍(dominant and effective nationality)がアメリカの国籍である場合には、イランに対抗してイランとアメリカの重国籍者によって提出される請求に対して管轄権を有すると判示している。[33]

1　支配的実効的国籍

Esphahanian v. Bank Tejarat 事件において、原告は、ニューヨークのシティバンクで支払いを拒否されたイラニアンズ銀行(一九七九年六月国有化)振り出しの小切手の額面七〇万四六九一・八五ドルの支払いを求める請求を提出した。被告は、原告がイラン法に基づいてイラン国籍を離脱しなかったことを理由として、裁判所が当該請求に対して管轄権を有しない、と主張した。原告は、裁判所の管轄権を立証するために、アメリカの国籍を基礎として、同国籍が原告の支配的実効的国籍（dominant and effective nationality）であると主張した。しかし、イラン政府は裁判所の管轄権に対する抗弁として、重国籍者の請求に関する国家の責任阻却（non-responsibility）の法理を援用し、重国籍者はそのいずれの国家に対しても国際請求を提出することができない、と反論した[34]。

原告は、両国の国内法に基づいてイランとアメリカの国民である。裁判所は、当事国の間の関係に適用される国際法の関連規則を考慮するため、法と先例と学説を分析し、適用される国際法規則が支配的実効的国籍（dominant and effective nationality）の規則である、と結論した。さらに、この支配的実効的国籍原則の適用を確認するため、裁判所は、アルジェ宣言の一般的構造と締結状況を分析し、⑴裁判所を設立するための両国政府の合意が自国民のために国際的救済を求める外交的保護の典型的な行使ではない、⑵被告国は裁判所において主権国家としての地位（capacity）にはない、⑶裁判所が両国の国内裁判所を代替している、と認定した。したがって、裁判所は、⒜原告のアメリカ国籍が支配的実効的である場合、イランとアメリカの重国籍者によるイラン政府に対する請求について、また、⒝原告のイラン国籍が支配的実効的である場合、イランとアメリカの重国籍者によるアメリカ政府に対する請求について、管轄権を有すると結論した[35]。その上で、裁判所は、ノッテボーム事件を引用し、アメリカ市民としての帰化「以前、当時、以後の期間（period proceeding,contemporaneous with and following）」における原告とアメリカとの事実上の結合関係が同じ期間におけるイランとの事実上の結合関係よりも実効的であったか否かを検討するため、アメリカにおける原告の居住期間、兵役、帰化、結婚、子供の国籍と使用言語と教育、投資、納税、選挙の諸要素を考慮して、原告とアメリカとの関係が長期、かつ不変であると認定した。裁判所は、関連期間における原告の支配的実効的国籍がアメリカの国籍であったと結論し、原告が請求権解決宣言の意味におけるアメリカ国民であり、裁判所が原告の請求を決定する管轄権を有すると判示した。[36]

しかし、イラン側の裁判官は反対意見を提出し、責任阻却の原則と実効的国籍の原則のいずれを根拠にするにせよ、国際的実行は重国籍者による自国政府に対する請求の不受理性(inadmissibility)を宣言しているため、イランに対する重国籍者の請求を受理する多数意見の決定が確立した国際的実行に反する、と結論している。[37]

一九八三年二月二五日、A18事件として、イランは請求権解決宣言第六条四項に従って、イラン国民がイラン政府に対して提出した請求の受理可能性(admissibility)について裁判所の見解(view)を求める請求を提出した。[38]

イランは、イラン法上イラン市民である原告がひとしくアメリカ市民であるか否かを問わず、イランに対して請求を提出することは認められない、と主張した。イラン政府によれば、裁判所の管轄権は請求権解決宣言、特に宣言第七条一項(a)に従って決定されなければならない。同宣言の趣旨と目的は、外交的保護の行使を基礎として国際請求を終局的な仲裁判断によって解決する裁判所の機能(function)にある。したがって、第七条一項(a)は国際法の諸原則に従い、かつ外交的保護の行使に関する慣習国際法と両立するように解釈されなければならない。重国籍者の請求に管轄権を付与する解釈はアルジェ宣言の相互性(reciprocal nature)と確立した外交的保護の行使に反するのみならず、責任阻却原則の主要な根拠である国家平等の原則にも違反するであろう。したがって、国際法は請求国と被請求国双方の国籍を保有する重国籍者の請求を禁止している。[39]

これに対して、アメリカは、請求権解決宣言に基づいて、アメリカ市民がひとしくイラン市民であるか否かを問わず、裁判所はイランに対してアメリカ市民が提出する請求に対して管轄権を有する、と主張した。アメリカ政府によれば、そのことは国内法上の市民権による「国民」の定義からも明らかである。この点、宣言が曖昧であるならば、裁判所は宣言を解釈するために国際法を適用しなければならない。現代国際法は管轄権の決定が重国籍者の支配的実効的国籍を基礎にして行われなければならないとする見解を支持している。そのことは慣習国際法についても妥当する。事実、支配的実効的国籍の原則は国籍の抵触を解決するために国際仲裁裁判所において適用されている。このようにして、請求国と被請求国双方の国民に対して絶対的に責任を負わないとする絶対的責任阻却(absolute non-responsibility)の法理は、戦後、先例と学説によって批判され否認されている。[40]

裁判所は、アルジェ宣言が国際法上の条約であるためウィーン条約法条約第三一条三項(c)に従ってアルジェ宣言の関連規定を解釈しなければならない。裁判所は、当事国間に適用される国際法の関連規則を検討するため、国籍法抵触条約と先例と学説を分析し、適用される国際法規則とは支配的実効的国籍の原則である、と結論した。裁判所によれば、戦後、外交的保護の概念は大きく変化している。また、国籍法抵触条約第四条の交渉史は、重国籍者が国際裁判所に自分で一方の国籍国に対して請求を提出する事件への第四条の適用可能性が疑わしいことを示唆している。さらに、第四条はその用語上もっぱら(solely)国家による「外交的保護」に適用される。裁判所は条約によって設立された国際裁判所である。したがって、事件は両国政府間の紛争に関係し、国際法の解釈と適用に関係する。しかし大多数の紛争は私人と政府を当事者とし、第一義的に国内法と法の一般原則の争点に関係している。そのような場合、裁判所が決定するのは個人の権利であり、国家の権利ではない。その上、国籍法抵触条約第五条は重国籍者の事件に関係する第三国の裁判の目的上、より強固な結合関係の原則を承認している。裁判所は第三国の機関ではないが、請求が国家によって取り上げられ(espouse)、もっぱら国際法によって決定される裁判所でもない。裁判所は、先例と学説を検討し、裁判所が考慮しなければならない国際法の関連規則はノッテボーム事件判決の付随的意見で述べられた規則、すなわち現実的実効的国籍(real and effective nationality)と、関係個人と国籍国の一方との間のより強固な事実上の結合関係(stronger factual ties)の精査である、と結論した。[41]

こうして、裁判所は、(1)請求権の発生日から一九八一年一月一九日までの関連期間における原告の支配的実効的国籍がアメリカ国籍である場合、イランに対してイランとアメリカの重国籍者が提出する請求に対して管轄権を有する、(2)裁判所は支配的実効的国籍を決定するため、常居所、利害関係の中心地、家族関係、公的生活への参加、その他の所属の証拠(other evidence of attachment)を含む、すべての関連要素を考慮する、と判示した。[42]

しかしその後、裁判所はA18事件の決定において言及した「その他の所属の証拠(other evidence of attachment)」を基礎として審理の範囲を拡大し、原告のイランまたはアメリカ社会への文化的統合(cultural integration)の概念を導入した。[43] **Malek v. Iran** 事件において、原告はイランにある不動産と銀行株式の収用に対して三五七万六六七〇ドルの補償請求を提出した。申述書において、原告はアメリカ国民であると主張したが、被告は原告がイラン人を父としてイランで出生したことによってイラン国民であり、イランに対抗して請求を提出することはできない、と主張した。[44] 裁判所は、A18事件の決定を引用し、関連期間が裁判所の管轄権の決定にとって重要(crucial)であるが、原告のアメリカまたはイランの国籍が関連期間の原告の「支配的実効的国籍(“dominant and effective nationality”)」であったか否かを決定するために考慮すべき唯一の期間ではなく、請求権が発生した期日の支配的実効的国籍を立証するためには、この期日に先行する(proceeding)原告の生涯における出来事(events)を精査することが必要である、と結論した。したがって、出生からの原告の全生涯(entire life)と、この期間における国家に対する忠誠(national allegiance)の選択の真実性と誠実性を証明する、あらゆる要素が関係しなければならない。裁判所によれば、これらの要素は、A18事件の決定において、常居所、利害関係の中心地、家族関係、公的生活への参加、その他の所属の証拠(other evidence of attachment)を含むすべての関連要素としてすでに言及されていることになる。[45]

本件において、原告はその生地と父親のイラン国籍によりイラン国民である。原告は、一九八〇年一一月五日アメリカ市民として帰化したため、イランとアメリカの重国籍者でもある。この期日以前に発生した請求と一九八一年一月一九日以後に発生した請求は裁判所の管轄権の範囲を超えることとなる。これらの二つの期日は、本件において請求が受理されるための期間としてきわめて短い期間(span of time)を設定している。裁判所は、原告がイランの文化的感情的な結合関係を断絶していないが、アメリカに居住した一九六六年以降の原告の行為は原告が完全にアメリカ社会に統合していることを証明していると判断し、原告のアメリカ国籍が取得と同時(as soon as)に支配的実効的になったと見做されなければならない、と認定した。したがって、裁判所は、裁判所の管轄権の目的上、一九八〇年一一月五日から一九八一年一月一九日までの原告の支配的実効的国籍がアメリカ国籍であった、と裁定した。[46]

A18事件の決定とMalek事件の裁定は、裁判所の実行において、重国籍者の支配的実効的国籍を決定するための指導的判例として踏襲され、その後の同種の事件の判断に対して重要な役割を果たしている。[47] したがって、裁判所は、原告の支配的実効的国籍の決定において、原告の居所、家族の居所、原告の出身大学または大学院の所在地、銀行口座、子供の生地と学校の所在地、投資、不動産、選挙、兵役、納税、帰化と請求権の発生日の間の期間、市民権の申請の理由、アメリカまたはイラン社会への統合と公的生活への参加の度合、アメリカとイランにおける生活期間の比較、アメリカ市民との結婚、家庭における原告と配偶者と子供の使用言語、原告と配偶者と子供の宗教、社会的市民的職業的団体への参加、国家に対する忠誠を証明する文書、重国籍の原因、アメリカへの帰国理由など、各種の要素を考慮している。[48]

しかし、国籍が支配的、かつ実効的であるか否かの決定は困難である。二個の国籍のいずれがより支配的、かつ実効的であるかを決定することはそれ以上に困難である。したがって、支配的実効的国籍の法理は、一方の国籍が法的に疑わしいか、あるいは社会的な所属の関係が完全に欠如している場合には有益となりうるであろう。[49]

2　ケイヴィアット

すでに述べたように、A18事件において、全員裁判所は、請求権の発生から一九八一年一月一九日までの関連期間を通して原告の支配的実効的国籍がアメリカ国籍であった場合、イランに対するイランとアメリカの重国籍者の請求に対して管轄権を有すると決定したが、この結論に対する重要なケイヴィアット(注意または警告)として、裁判所が原告の支配的実効的国籍に基づいて管轄権を行使する場合にも他方の国籍が請求の本案に適用されることがありうる、と付言した。[50]

一九九三年一月二二日、**Saghi v. Iran** 事件において、裁判所ははじめて請求の本案に対するケイヴィアットの意味と効果を検討し、原告がイランにおいて受益的に所有していた会社の株式の収用に対する補償請求を阻止するためにケイヴィアットを適用した。本案審理において、被告は原告の**Allan Saghi** の請求がA18事件のケイヴィアットによって阻止されると主張した。この主張は、外国人によるセルロース産業の所有を二五%に制限した法律(Law for Expansion)を基礎としている。**Nozohour Paper Industries**(N.P.I.)社の経営者は会社の組織変更を図るため、株式の保有(shareholdings)を変更した。株式の譲渡または名義書換(share transfers)によって、外国人の株式の保有が全体の二五%となり、**Allan Saghi**の株式保有は全体の四八・二四%に達した。これは、被告によれば、A18事件のケイヴィアットの意味において詐欺的(fraudualant)であるため、**Allan Saghi**の請求は却下されなければならない。裁判所によれば、原告は、一九七七年一月六日ニューヨークのイラン総領事館にイラン国籍の復帰(reversion)を申請した。この申請が受理され、イランの身分証明書が発給された。したがって、**Allan Saghi**が同法の施行に備えて、株式の名義書換の数カ月前にイラン国籍の復帰を申請したことは明らかである。また、原告は同時にN.P.I.社の一九人の従業員に株式の名目上の所有権を移転した。[51]

明らかに、Allan Saghi は、同法の不利益効果を最小限に抑えるため、もっぱらN．P．I．社の株式の名義書換を目的として、意識的(consciously)にイラン国籍を申請し、取得した。裁判所は、これらの例外的状況(exceptional circumstances)において、衡平の基本的考慮を基礎として、関連利益、すなわちイラン国籍の使用によって取得したN．P．I．社の株式がイラン法によってイラン人に限定されていなくても、Allan Saghi がイランに対して損害賠償を請求することは認められるべきではない、と判示した。そして、裁判所は、別段の裁定をすることが権利の濫用(abuse of right)を認めることになると結論した。しかし、ケイヴィアットは原告としてのAllan Saghi を排除するものではない。それはケイヴィアットの適用を惹起する衡平の考慮が存在する、原告の請求部分にのみ適用される。そのような要素が存在しなければ原告の請求は影響を受けない。したがって、裁判所は、ケイヴィアットが別会社におけるAllan Saghiの所有権的利益(ownership interests)に影響を及ぼすものではない、と結論した。[52]

Karubian v. Iran事件において、原告がイランにおける財産の収用に対して総額四〇九万一五八二ドルの補償請求を提出した。これに対して、被告は原告がもっぱら(solely)イラン国民であるため、その資格において裁判所に請求を提出することはできない、と主張した。また、被告は代替的に、(1)原告の支配的実効的国籍がイラン国籍であるため、あるいは少なくともアメリカ国籍ではないため、裁判所が本事案を審理する管轄権を欠如している、(2)原告の支配的実効的国籍がアメリカ国籍であると認定された場合、原告の財産回復(recovery)がA18事件のケイヴィアットによって阻止されなければならない、と主張した。[53] 裁判所は、請求権解決宣言第七条二項に準拠して、原告の請求が関連期間を通してアメリカ国民によって継続的に所有されていたと認定し、裁判所が原告の請求に対して管轄権を有する、と結論した。[54]

その上で、裁判所は、契約によってイランで不動産を取得する権利がイラン法によってイラン国籍を有する者に限定された利益であるか否かを検討し、契約によってイランで不動産を取得する権利がイラン法によってイラン国民に保留されていることを根拠として、原告がイラン国民として同財産を取得できたに過ぎない、と認定した。裁判所によれば、原告(支配的実効的なアメリカ国籍を有する重国籍者)はアメリカ国民として裁判所に請求を提出している。原告による他方の国籍の使用、すなわちイラン国民としての不動産の購買がA18事件のケイヴィアットによって請求の本案に関係することとなる。契約によってイランで不動産を取得する権利は、イラン法上、イラン国民に保留されている。原告はアメリカ国籍の取得後、イラン国民の資格において同財産を購買したと推定される。原告はアメリカ国民として同財産に関する請求を提出している。このような状況において、裁判所が被告に対抗して原告に財産回復を認めることは、権利の濫用(abuse of right)を許すことになる。したがって、原告の補償請求はA18事件のケイヴィアットによって阻止されなければならない。こうして、裁判所は、原告がアメリカ国民として請求を提出しているため、イラン法上イラン国民としてのみ取得し得た財産権への介入(interference)に関して財産回復を請求することはケイヴィアットによって阻止される、と認定した[55]。

同じく、Aryeh(M.)v. Iran 事件において、原告はイランによる不動産の収用に対して総額一〇九万五〇〇〇ドルの補償請求を提出した。これに対して、被告は責任を否定した。被告は、特に原告が支配的なアメリカ国籍を有していないため、裁判所が同請求に対して管轄権を行使できないと主張した。さらに、被告によれば、原告が購買の時点においてアメリカ国民であったため、財産を適法に所有していない。また、被告は、原告の請求がA18事件のケイヴィアットによって阻止される、と主張した。裁判所は、アメリカにおける原告の居住期間、職業、市民権、婚姻、子供の出生、住宅の所有などの諸要素を考慮し、請求権が発生したと申し立てられた期日(一九七九年四月)から一九八一年一月一九日までの原告の支配的実効的国籍がアメリカ国籍であったと認定し、請求権解決宣言第二条一項と第七条一項に従って、原告の請求に対して管轄権を有すると、判示した。[56]

本案審理において、裁判所は、Saghi事件とKarubian事件を引用し、イランにおいて不動産を購買し所有する権利がイラン法によってもっぱらイラン国民に限定された利益であるか否かを検討した。本件において、請求がアメリカ国民の資格(capacity)において提出されている。したがって、裁判所は、A18事件で検討されたように、原告の他の国籍が事件の本案に適用されなければならないと結論した。イラン法上、イランにおいて不動産を購買する権利は非イラン国民(non-Iranian nationals)に厳しく制限されている。第二国籍の取得後、イランにおいて不動産を所有するイラン国民の権利はイラン民法第六八九条によって禁止されている。本件において、原告はアメリカ国籍を取得した後にイラン国民の資格において請求の主題である不動産を取得した。原告自身がイランの身分証明書(identity card)を使用して財産を購買したことを認めている。原告の行為が国籍の濫用であるとは言えないが、重国籍者の土地所有に対する制限と条件の複雑な制度を考慮して、本件はA18事件のケイヴィアットが適用されなければならない事案である、と結論した。[57]

このように、裁判所は、原告の支配的実効的国籍の管轄権上の決定がA18事件のケイヴィアットを条件としていることを理由として、請求のあらゆる事情をケイヴィアットに照らして検討し、原告がイラン法上もっぱらイラン国民に利用可能な利益を保全するためにイラン国籍を使用したか否か、または原告の行為が裁判所に提出された請求に有利な裁定を拒否することを正当化するものであったか否かを決定している。その結果、ケイヴィアットが適用された場合、重国籍者が請求を提出する資格を有する場合にも本案について請求を主張する、原告の訴えの利益または当事者適格(standing)は認められないことになる。[58]

おわりに

イラン・アメリカ請求権裁判所は、設立当初より両国間の公然たる敵意(open hostilities)のもとに職務または任務の遂行を余儀なくされたが[59]、国際仲裁裁判所としてイランとアメリカ両国とその国民の間の債務、契約、収用、国有化に関する数多くの請求を解決し、両国間における国際紛争の平和的解決に著しく貢献している。二〇〇一年六月三〇日現在、裁判所は裁定ならびに決定および命令によって、A事件一九件、B事件七二件、二五万ドル以上の請求九五七件、二五万ドル未満の少額請求二、八八四件、合計三、九三二件の訴訟手続を完結している。現在、裁判所に係属している請求件数は、A事件一三件、B事件三件、二五万ドル以上の請求四件、合計二〇件である。現在までアメリカの当事者に裁定された金額の総計は利息を除き、二一億六五二五万五三六四・四三ドル、他方、イランの当事者に裁定された金額の総計は利息を除き、五億三九四万三八二〇・五七ドルである[60]。

このような仲裁裁判は、現在までで最も大規模で、かつ最も重要な国際仲裁裁判である。それは裁判所に提出された請求の件数においてのみならず、裁定された金額の総計と訴訟上の争点の複雑さにおいても、過去における各種の仲裁裁判をはるかに凌駕している。その意味において、裁判所の裁定や決定は、請求権の終局的仲裁判断による解決と国際仲裁裁判一般のあらゆる面において重要な影響力を有するため、二一世紀の国際法の発達に実質的な影響を与えることが期待されている[61]。

国際法上、裁判所の判例は特別法である。Esphahanian事件において、裁判所自身が支配的実効的国籍原則の適用を確認するためアルジェ合意の一般的構造と締結状況を分析しているように、裁判所の判例はアルジェ合意、特に請求権解決宣言の解釈に限定されているといわなければならない。[62] 確かに、裁判所の裁定が両国間の特別条約を基礎としている場合、それが特別法であるという主張をにわかに否定することはできない。しかし、ある裁定が特別法であるということは、裁判所が一般国際法の諸原則の適用に依拠している場合の裁定の価値を減ずることを正当化するものではない。重要なことは、裁判所が準則としていかなる法を適用することを義務づけられているか、そして事実いかなる法が適用されたかを決定するために、各事案を注意深く検討することである。請求権解決宣言第五条により、裁判所は法の尊重を基礎としてあらゆる事案を決定することを義務づけられており、アルジェ合意、慣習国際法、法の一般原則を請求解決の基礎としている。したがって、特定の裁定や決定を注意深く検討し、適用された法が慣習国際法であるか法の一般原則である場合には、裁判所の特定の裁定や意見が他の状況において説得力を有することを拒む理由は存在しない。[63] 裁判所の裁定は、国際法上一般に先例的価値を認められていない。しかし、それが説得的法源として裁判で参照され、事実上裁判所の判断の基礎となるのは裁定理由の重要性である。イラン・アメリカ請求権裁判所の裁定が説得的であるか否かはそれに対して他の国際裁判所が信頼性を置くか否かによって決定されることになる。その意味において、裁判所の裁定の先例的価値は、今後の国際的実行に照らして評価されることになるであろう。[64]

1　Japan Times (February 7,1979), p.1.

2　Japan Times (November 6,1979), P.1.

3 Executive Order No.12170(14 November 1979), Fed. Reg., Vol.44(1979), p.65729.

4 United States Diplomatic and Consular Staff in Tehran, Provisional Mesures, I.C.J. Reports 1979, p.21.

5 United States Diplomatic and Consular Staff in Tehran, Judgement, I.C.J. Reports 1980, pp.44-45.

6 20 I. L. M.(1981), pp.223-224. イランがアメリカ政府に対して要求した「ホメイニ四条件」とは、(1)アメリカがイランの政治・軍事に介入しないこと、(2)アメリカの内外にある全財産の凍結を解除し、イランに返還すること、(3)イランに対する経済制裁を解除すること、(4)故パーレビ元イラン国王とその一族の資産に対するイラン政府の権利を承認すること、を意味する。Cf., Jonathan Greenberg, "Algerian Intervention in the Iranian Hostage Crisis," 20 Stanford J. I. L.(1984), p.276.

7 Cf., Executive Order No.12276(19 January 1981), Fed. Reg., Vol.46(1981), p.7913. 一九八一年四月六日、アメリカ政府は国際司法裁判所規則第八八条一項に基づいて、裁判所に対してイランに対するアメリカの損害賠償請求の訴えを取り下げることを通報した。裁判所は、五月一二日、当事国の合意により訴訟の取下げを記録し、当該事件を総件名簿から削除する命令を下した。Cf., United States Diplomatic and Consular Staff in Tehran, Order, I.C.J. Reports 1981, p.47.

8 イラン・アメリカ請求権裁判所に関する主要な文献としては、Charles N. Brower and Jason D. Brueschke, The Iran-United States Claims Tribunal(1998); George H. Aldrich, The Jurisprudence of the Iran-United States Claims Tribunal(1996); Aida Avanessian, Iran-United States Claims Tribunal in Action(1993); Wayne Mapp, The Iran-United States Claims Tribunal: The first ten years 1981-1991(1993); Rahmatullah Khan, The Iran-United States Claims Tribunal: Controversies, Cases and Contibution(1990); Richard B. Lillich, The Iran-United States Claims Tribunal 1981-1984(1984)などがある。わが国における文献としては、中谷和弘「イラン・米国請求権裁判所—革命および人質事件に基づく経済的紛争の事後処理機関—」『紛争解決の国際法』(一九九七年)、長谷川正国「イラン・米国請求裁判所の多重的機能に関する一考察」『変動する国際社会と法』(一九九六年)を参照することができる。

9 Presidential Order No.1(19 October 1981), 1 IRAN-U.S.C.T.R.(1983), p.95.

10 Maurizio Brunetti, "The Iran-United States Claims Tribunal," 14 Hague Y.I.L.(2001), p.249.その後、裁判所が提出された請求を再分類した結果、二〇〇一年六月三〇日現在、請求件数は、A事件三二件、B事件七五件、二五万ドル以上の請求九六一件、二五万ドル未満の少額請求二、八八四件の合計三、九五二件となった。

11　受理可能性(admissibility)とは、請求の国籍または国内的救済の完了のように、一般国際法によるか条約によるかを問わず、国際裁判において裁判所が本案について審理しうるために、原告国が充足しなければならない要件(requirement)に関係する用語である。受理可能性に対する抗弁(objection)は、先決的(preliminary character)であり、抗弁が認容された場合、裁判所は事案の本案について審理することを差し控えなければならない。しかし、受理可能性の決定は、事案の特殊性に照らして本案審理に併合されることがある。また、「受理可能性」の概念は、個人が人権条約に基づいて通報を提出するために充足しなければならない基準(criteria)の意味においても使用されている(Parry and Grant, Encyclopaedic Dictionary of International Law(1986), p.8)。
　たとえば、自由権規約第一選択議定書は、第三条において、匿名であるか、または通報を提出する権利を濫用しているか、もしくは規約の規定に両立しないと認める個人の通報は受理することができない(inadmissible)、と規定している。Cf., P.R. Ghandhi, The Human Rights Committee and the Rights of Individual Communication(1998), pp.84 et seq. また、ヨーロッパ人権条約第三五条は、個人の申立の受理可能性の条件として類似の基準を規定している。しかし、それは、裁判所がすべての国内的救済が尽くされた後で、かつ、最終的決定がなされた日から六カ月の期間内にのみ事案を取り扱うことができると規定し、時間的な制限を設定している。Cf., Torkel Opsakl, "The Human Rights Committee," in: Philip Alston(ed.), The United Nations and Human Rights: A Critical Appreisal(1992), pp. 423 et seq.

12　Cf., Nottebohm Case(second phase), I.C.J. Reports 1995, p.24; Barcelona Traction Co. Case(second phase), I.C.J. Reports 1970, p.33.

13　Ian Brownlie, Principles of Public International Law(1973),p.401; Cf., Cuthbert Josef, Nationality and Diplomatic Protection: The Commonwealth of Nations(1969), p.7.

14　Brownlie, *op.cit.*, p.468. たとえば、ノッテボーム事件において、リヒテンシュタインがノッテボームの国籍を根拠としてノッテボームのために裁判所に請求を提出する権利を有すると主張し、グアテマラは裁判所に対してノッテボームのためのリヒテンシュタインの請求が受理できないと宣言することを要請した。国際司法裁判所は、請求の受理可能性(admissibility)を決定するため、リヒテンシュタインが帰化によってノッテボウムに付与した国籍をグアテマラに対抗して有効に援用しうるか否か、あるいはリヒテンシュタインがその国籍を根拠としてノッテボームのために保護を行使する十分な権原(sufficient title)を有し、裁判所にノッテボームのための請求を提出する資格を有するか否かを検討し、ノッテボームとリヒテンシュタインの間の所属の絆(bond of attachment)の欠如とノッテボームとグアテマラの間の長期の、かつ、密接な結合関係(connection)の存在を理由として、リヒテンシュタインの請求は受理できない(inadmissible)」と判示した(一一対三)。Cf., Nottebohm Case, *op.cit.*, p.26.

15　Wilhelm Karl Geck, Diplomatic Protection, in:Encyclopedia of International Law, Vol.1(1992), p.1055.

16　Lucius Caflisch, La protection des sociétés commerciales et des intérêts indirects en droit international public(1969), pp.13-14. 一般に、先決的抗弁(preliminary objection)は、管轄権に対する抗弁と請求の受理可能性に対する抗弁に分類される。管轄権に対する抗弁は裁判所の管轄権の存否を争う抗弁であり、請求の受理可能性や本案について判断を下す裁判所の権限を否定することを目的としている。抗弁が認容された場合、請求は却下され、事件におけるすべての訴訟手続が停止する。他方、請求の受理可能性に対す抗弁は、裁判所に対して請求の内容に関する実体的当否の判断を差し控えることを求める抗弁である。通常、受理可能性の問題は裁判管轄権が確定した場合にのみ取り上げられる。国際司法裁判所規則第七九条一項は、被告が請求の内容自体を争う本案審理に入ることを阻止するために提出する抗弁として、裁判所の管轄権に対する抗弁、請求の受理可能性に対する抗弁、本案手続に進む前に決定を求められるその他の抗弁に分類している。また、国際刑事裁判所規程第一九条は、裁判所の管轄権と事件の受理可能性に対する異議申立について規定している。

17　Avanessian, *op.cit.*, p.140. Cf., P. Weis, Nationality and Statelessness in International Law(1979), pp.4-6; American Law Institute, Restatement of the Law: Foreign Relations Law of the United States, Vol.1(1986), pp.119 et seq. 一般に、国籍と市民権は、同一の概念の二つの異なる面を表している。国籍は国家の構成員の国際的な面を強調し、市民権はその国内的な面を強調している。国内法上、国民または市民がどのように定義されようとも、国際法上、個人の国籍は当該個人が特定の国家の構成員であり、その市民であることの資格を意味する。

18　Lianosoff v. Iran, Award No.104-183-1(17 January 1984), 5 IRAN-U.S.C.T.R.(1985), pp.90-91.

19　*Ibid.*, pp.92-93.

20　Hakim v. Iran, Award No.478-952-2(16 May 1990), 24 IRAN-U.S.C.T.R.(1991), pp.269-271.

21　Khosrowshahi v. Iran, Award No.341-371-3(18 December 1987), 17 IRAN-U.S.C.T.R.(1988), pp.267-268.

22　Haroonian v. Iran, Award No.33-418-2(29 March 1983), 2 IRAN-U.S.C.T.R.(1984), pp.226-227.

23　Brownlie, *op.cit.*, p.470.

24　Protiva v. Iran, Award No.ITL 73-316-2(12 October 1989), 23 IRAN-U.S.C.T.R.(1991), p.264.

25　Protiva v. Iran, Award No.566-316-2(14 July 1995), 31 IRAN-U.S.C.T.R.(1995), p.106.

26　Harza v. Iran, Award No.232-97-2(2 May 1986), 11 IRAN-U.S.C.T.R.(1983), p.84.

27　*Ibid.*, p.89.

28　Aldrich, *op.cit.*, p.124. Cf., Francisco Orrego Vicuna, Interim Report on "The Changing Law of Nationality of Claims," International Law Association: Report of the 69th Conference(2000), p.640。国籍の継続性(continuance)は一般に請求権の移転可能性(transferability)または譲渡可能性(assignability)との関連において必要とされる。このため、移転や譲渡は請求を取り上げる国家(espousing State)の同一の国籍(same nationality)を有する人の間でのみ(only)行われる。

29　Brownlie, *op.cit.*, pp.385-386. Cf., Geck, *op.cit.*, p.1050.

30　Annuaire de l'Institut de Droit International, Vol.51, Part II, 1963, pp.270-271. 第四条a項によれば、請求国と被請求国双方の国籍を有する個人が被った損害について国家が提出する国際請求は他方の国家によって拒否され、同請求が提出される裁判所において受理することはできない(inadmissible)。

31　Reparation for Injuries Case, I.C.J. Reports 1945, p.186. 国際司法裁判所は、職員が職務遂行中に被った損害についてある国家の責任が問われる場合、それが国連加盟国であると否とにかかわらず、国連が国際機構として、損害賠償を得るために国際請求を提起する資格を付与される、と勧告した(全員一致)。

32　Nottebohm Case, *op.cit.*, p.22.

33　Avanessian, *op.cit.*, p.144.

34　Esphahanian v. Bank Tejarat, Award No.31-157-2(29 March 1983), 2 IRAN-U.S.C.T.R.(1984), pp.157-158. Cf., Peter E. Mahoney, "The Standing of Dual Nationals Before the Iran-United States Claims Tribunal," 24 Va.J.I.L.(1984), p.695; American Law Institute, Restatement of the Law: Foreign Relations Law of the United States, Vol.2, 1986, p.222; Vicuna, *op.cit.*, p.642.　大森正仁「個人被害者の請求権処理方式―エスファハニアン事件―」、国際法判例百選(別冊ジュリスト No.156), 2001, pp.172-173.

35　*Ibid.*, pp.165-166.

36　*Ibid.*, p.168.

37　Dissenting Opinion of Dr. Shafie Shafeifei on the Issue of Dual Nationality (Cases Nos.157 and 211), 2 IRAN-U.S.C.T.R. (1984), pp.214-215. Cf., Vicuna, *op.cit.*, p.642.

38　Iran-United States, Case No.A/18, Decision (6 April 1984), 5 IRAN-U.S.C.T.R. (1985), pp.252-253.

39　*Ibid.*, p.254.

40　*Ibid.*, p.256.

41　*Ibid.*, pp.261-262.Cf., "Note: Claims of Dual Nationals in Modern Era: The Iran-United States Claims Tribunal," 83 Mich. L.R., (1984-1985), p. 598; Michael Scott Feeley, "Dual Nationality-Decision Concerning the Question of Jurisdiction over Claims of Persons with Dual Nationality , Iran -United States Claims Tribunal, Case No.A/18, 26 Harv.I.L.J. (1985), p.208; Bruno Leurent," Problêmes soulevés par les demandes de double nationaux devant le tribunal des différends irans-américains, 74 Rev. critique de droit international privé (1985), p.273; Diplomatic Protection (A/CN.4/483.sect.E,A/CN.4/484,A/CN.4/4/L.553),Y.I.L.C., Vol.I,1998, p.5. 特別報告者(Mr. Bennouna)は、A18事件におけるイラン・アメリカ請求権裁判所の決定を援用し、国家が自国民の取扱(treatment)について国際的に責任を負うという事実は一般に承認されており、そのことは実効的国籍の基準を充足するかぎり重国籍者についても当てはまる、と述べている。

42　Iran-United States, Case No.A/18, Decision, *op.cit.*, p.265.

43　David J. Bederman, "Nationality of Individual Claimants Before the Iran-United States Claims Tribunal," 42 Int'l Comp. L.Q. (1993), p.131. 原告の生涯における「あらゆる関連要素」のこの解釈は、コモン・ローの同類解釈原則(ejusdem generis principle)上、「他の所属の証拠」の正しい解釈とは言えないとの批判がある(Ruth Donner, The Regulation of Nationality in International Law (1994), p.100.)。

44　Malek v. Iran, Award No.ITL 68-193-3 (23 June 1988),19 IRAN-U.S.C.T.R. (1989), p.48.

45　*Ibid.*, p.51.

46　*Ibid.*, p.55.

47　この点、イラン政府とアメリカ政府は二五万ドル未満の少額請求の一括払解決(lump-sum settlement)に合意したが、その解決協定

(Settlement Agreement)第三条四項は、当該請求を終局的司法判断によって解決するアメリカの対外請求解決委員会が管轄権と本案についてイラン・アメリカ請求権裁判所の判例(Tribunal precedent)を適用しなければならない、と規定している(United States v. Iran, Claims of less than $250,000, Award No.483-Claims of less than US $250,000/86/B38/B76/B77-FT(22 June 1990), 25 IRAN-U.S.C.T.R.(1992), p.334)。事実、対外請求解決委員会はA18事件とMalek事件を引用し、常居所、利害関係の中心地、家族関係、公的生活への参加、その他の所属の証拠を含むあらゆる関連要素を考慮し、原告の支配的実効的国籍を決定している。Cf., Elghnayan v. Iran, Decision No.IR-1083(May 25,1993), FCSC Ann. Rep.1993, pp.14-15; Aryeh v. Iran, Decision No.IR-2365(August 24,1994), FCSC Ann. Rep. 1994, p.23.

48　Brower & Brueschke, *op.cit.*, pp.34-35.

49　Geck, *op.cit.*, p.1051.

50　Iran-United States, Case No. Deciaion, A/18, *op.cit.*, pp.265-266. この点、Esphahanian事件において、裁判所は原告の支配的実効的国籍の管轄権上の決定に関連して原告による他方の国籍の使用を検討したが、全員裁判所はケイヴィアットが管轄権の争点としてではなく、請求の実体的当否ないしは本案にのみ関係する、と述べている(Brower & Brueschke, *op.cit.*, p.300).

51　Saghi v. Iran, Award No.544-298-2(22 January 1993), 29 IRAN-U.S.C.T.R.(1993), pp.38-39. Saghi v. Iran事件において、原告(James W. Saghi(父)ならびにMichael R. Saghi(子)およびAllan Saghi(子))は、九三・五%の株式(equity interest)を所有する二つのイラン会社(Novzohour Paper Industries("N.P.I.")とNovin Trading & Distributing Paper Products("Novin"))の収用に対して一七三九万一〇〇〇ドル(その後一九二七万二六二七ドルに増額)の補償請求を提出した。原告は、全員アメリカ国民であり、もっぱらアメリカ国民であると主張した。被告は原告が全員イラン国民であるため、裁判所においてイランに対して請求を提出することはできないと主張した。裁判所は、中間裁定において、James Saghi とMichael Saghi がアメリカ国民であり、イラン国民ではないと認定した。しかし、裁判所は、Allan Saghiがアメリカとイラン双方の国民であり、関連期間における彼の支配的実効的国籍がアメリカ国籍であった、と判示した。したがって、裁判所は、(a)原告全員が請求権解決宣言第七条一項の意味におけるアメリカ国民である、(b)その他の管轄権上の争点は本案に併合する、と決定した(Saghi v. Iran, Award No.ITL 66-298-2(12 January 1987), 14 IRAN-U.S.C.T.R.(1988),pp.5-8.)。

52　*Ibid.*, pp.40-41.

53　Karubian v. Iran, Award No.569-419-2(6 March 1996), 32 IRAN-U.S.C.T.R.(1996), p.5.

54　*Ibid.*, p.27.

55　*Ibid.*, p.40.

56　Aryeh(M.) v. Iran, Award No.583-266-3(25 September 1997), 33 IRAN-U.S.C.T.R.(1997), pp.371-373.

57　*Ibid.*, pp.386-387, 393, 395.

58　Bderman, *op.cit.*, p.134.

59　Avanessian, *op.cit.*, p.312.　この点、イラン政府とイラン側の裁判官はイランに対する裁判所の偏見(bias)を非難し、特にMangard 裁判官(スウェーデン)とRiphagen裁判官(オランダ)の独立性(independence)に異議を申し立てた。一九八四年九月三日、イラン側の二名の裁判官がMangard 裁判官に暴行を加え、裁判官の辞任を迫った。アメリカ政府の代理人は裁判所手続一〇条に基づいて、二名の裁判官の忌避申立(disqualification)を行い、一九八四年一一月二九日、イラン政府はその二名を辞任させ、新しく二名の裁判官を任命した。Documents Arising from the Episode of 3 September 1984, 7 IRAN-U.S.C.T.R.(1986), p.281.

60　Brunetti, *op.cit.*, pp.250-251.

61　Remarks by Richard B. Lillich, "Iran-United States Claims Tribunal," Proceedings of the 76th Annual Meeting of ASIL(1982), pp.5-6.

62　Remarks by Daniel Magraw, The Iran-United States Claims Tribunal: Its Contributions to International Law and Practice, in: Contemporary In-ternational Issues: Opportunities at a Time of Momentous Change, 1993, p.2.

63　Brower & Brueschke, *op.cit.*, p.655.

64　Remarks by Matti Pellonnpaa, The Iran-United States Claims Tribunal, Its Contributions to International Law and Practice, in: Contemporary International Issues: Opportunities at a Time of Momentous Change, 1993, p.13.

国際裁判所の実行を通じた海洋生物資源保存のための環境基準設定
――仲裁裁判 v. 司法的解決及び合意付託 v. 一方的付託の観点からの検討――

繁田　泰宏

はじめに

国際裁判所(国際司法裁判所、国際海洋法裁判所及び仲裁裁判所)の海洋生物資源[1]の保存[2]に関連する実行を追ってみると、その保存のための様々な種類の環境基準の設定に、国際裁判所は少なくとも次の三つの方法で貢献していることが判明した。すなわち、(1)国際裁判所自身による基準設定、(2)当事国による基準設定に対する援助、(3)有効な国内的基準設定のための要件の明確化、である。[3] 本稿は、国際裁判所の種類及び付託方法の相違が、このような国際裁判所の実行を通じた環境基準設定にどのような異なる影響をもたらしているかを探ることを目的とする。その際の分析視角は、第一に仲裁裁判と司法的解決、第二に合意付託と一方的付託、[4] の二つである。実際の分析に入る前に、まず、国際裁判所の実行を通じた環境基準設定の意義を明らかにしておこう。

一　国際裁判所の実行を通じた環境基準設定の意義

環境基準に関する定義の中で、環境法の専門家を含む様々な専門家によって最も広範に受け入れられているように思われるものは、環境汚染に関する王立委員会（英国）[5] が一九九八年に行ったものであろう。同委員会は、環境基準という用語を、次の二つの条件を満たす「人間活動から生じる環境改変の受容可能性に関するいかなる判断」をも指すものと理解している。その二つの条件とは、第一に、ある考慮の後に正式に述べられており、かつ一定部類の事例に一般的に適用されることが意図されていること。第二に、ある制裁、報償及び価値との関連性の故に、環境に影響を与える活動に直接的又は間接的に影響力を行使することが期待され得ること、である。[6]

環境基準は、国内的にも国際的（二国間、地域的、世界的）にも設定され得るが、それは、多様な形態を取る。すなわち、一般的又は個別的、[7] 統一的又は差異的、[8] 精密又は曖昧、[9] 特定的又は不特定的、[10] 拘束的又は非拘束的[11] であり得るのである。環境基準は汚染との関連で主として論じられてきたが、[12] それは海洋生物資源の保存の問題をも扱い得るものである。[13] この点に関して、最も関連性を有するように思われるものは、「資源基準」と「捕獲基準」である。資源基準――それは環境質基準（environmental quality standard）[14]に類似する――の方は、どれだけの資源が保存されねばならないかを示す。他方、捕獲基準の方は、どれだけのそしてどの種の海洋生物が、どの期間にどの区域で捕獲され得るかを示す（すなわち「捕獲制限」――それは排出基準（emission standards）[15]に類似する――であり、その中には「割当」、「種別制限」、「体長制限」、「期間制限」及び「区域制限」が含まれる。）とともに、どのような捕獲手法が用いられねばならないか（すなわち「手法基準」であり、それは生産工程基準〈process standards〉[16]に類似する。）をも示す。[17]

環境基準の持つ利点には目を見張るものがある。[18] 基準は、情報を入手したりビジネスを行ったりする費用をしばしば低減させる。なぜなら、環境問題に関する決定によって影響を受けるおそれのある者は、どのような判断基準が適用されるであろうかを前もって知る権利を持つからである。基準は、環境を毀損する者に対して制裁が適用され得る点を決定することができる。基準は、履行のための参照点をも提供する。基準は、政策及び規制システムの適切性を評価する基礎をも提供し得る。そしてまた、基準が特定の将来の時点に関連する場合には、それは投資計画のための重要な指針として役立つ。[19] 簡単に言えば、環境基準は、行為主体を正しい道に効率的に導くことにより、環境法を実際に働くようにすることができるのである。[20] 環境基準設定――それは直接規制の典型である――の意義は、経済的手段や自主規制といった他の新たな非規制的アプローチの出現によっても減じられることはない。[21]

環境基準設定には、多くの科学的知識と政策的考慮とが必要である。[22] 従って、環境基準設定は法定立の一部ではあるが、その任務は、その高度に技術的な性格の故に、英国やドイツのようないくつかの国では、しばしば立法府によって行政府に委任されている。これらの国では、司法府は、行政裁量の尊重を理由に、基準設定又は基準適用に関する行政決定に介入しない傾向を有してきた。[23] しかしながら、英国においてさえ、行政決定を審査し決定者のために基準を設定した事例が、特に人権に関連していくつか見られる。[24] さらに、英国においては、生活妨害(nuisance)、不法侵害(trespass)、過失(negligence)といった私法原則に由来するある種の環境基準は、司法決定を通じて設定されてきた。[25] 従って、国際社会においては、国際裁判所による環境基準設定の余地が大きいということが容易に想像され得る。というのも、国際社会においては――特に環境分野においては[26]――中央集権化された立法機関も十分な行政組織も存在せず、平等な主権国家が並存しそれ故私法の類推が大いに妥当する余地があるからである。[27] 実際、一九四一年のトレイル溶鉱所仲裁判決(米／カナダ)は、精密な排出基準と精密な生産工程基準を設定するとともに、一方では「甚大な」(serious)損害を禁止する曖昧な環境質基準を設定し、他方では「相当の注意」(due diligence)を要求する曖昧な生産工程基準を設定した例と見ることができる。[28]

そうは言うものの、国際裁判所による法定立は、国際社会においてさえ、規則ではなく例外とみなされている。裁判所の存在理由は、現行法の適用にあるのであり、法創造にあるのではない。[29] さらに、国際裁判所の管轄権とその判決の執行は、国家の意思にかかっているが、国家は自らの関与なしに作られた法に従うことを望まない。[30] 従って、国際裁判所――特に法の厳格な適用が規程上要求されている司法的解決の場合[31]――は、そのような法定立に対する限界を内在的に有しているのである。その上、国際裁判所による環境基準設定の実行可能性は、はなはだ疑問視されてきた。というのも、環境基準は、しばしば非常に技術的で、かつ頻繁に定期的な改定を必要とするからである。[32]

このような困難が、国際裁判所の実行を通じた環境基準設定には伴うにも拘らず、国際裁判所は、⑴国際裁判所自身による基準設定、⑵当事国による基準設定に対する援助、⑶有効な国内的基準設定のための要件の明確化、という少なくとも三つの方法でその設定に貢献してきたのである。以下において、それらの方法を概観するとともに、第一に仲裁裁判と司法的解決、第二に合意付託と一方的付託、という相違が、環境基準設定にどのような影響を及ぼしているかを見てみることにする。

二　国際裁判所の実行を通じた環境基準設定の実際

1　国際裁判所の実行を通じた環境基準設定の概観[33]

第一に、⑴国際裁判所自身による基準設定について。一八九三年オットセイ仲裁判決[34]において、裁判所は、拘束的決定及び非拘束的勧告の形態で、個別的かつ精密な捕獲基準を設定した[35]。また、一九七四年国際司法裁判所漁業管轄権事件[36]と一九九九年国際海洋法裁判所南マグロ事件[37]の際には、国際司法裁判所は一九七二年の仮保全措置[38]——その拘束力ははなはだ疑問視されてきた[39]——の中で、そして国際海洋法裁判所はその拘束的[40]暫定措置[41]の中で、拘束的決定という形態で、個別的かつ精密な捕獲基準を設定した。

第二に、⑵当事国による基準設定に対する援助について。一八九三年オットセイ仲裁判決において、裁判所は、裁判所が定めた規則を継続的に改定することを当事国に可能にするメカニズムを設立した[42]。また、一九一〇年北大西洋岸漁業仲裁判決[43]において、裁判所は、英国によって設定された捕獲基準を審査する任務を専門家委員会に委任する[44]とともに、英国がその捕獲基準を設定することを可能とする枠組規則を勧告した[45]。一九七四年漁業管轄権事件において、国際司法裁判所は、一般的基準に合致した個別的基準を当事国が設定することを助ける交渉指針を拘束的決定という形態で示した[46]。同様の指針——最適利用という曖昧な資源基準を含む——が、一九九九年南マグロ事件暫定措置の中で、非拘束的勧告という形態で国際海洋法裁判所によって示された[47]。国連海洋法条約の下での仲裁裁判所による二〇〇〇年南マグロ事件管轄権判決[48]において、裁判所は、自らの管轄権を否定したが、それは、日本が当該紛争を解決するに際して世界的枠組みよりも地域的枠組みを選好しているという点を考慮してのことであった。このようにして、同裁判所は、地域によって異なる基準を設定する余地を当事国に認めたのであるが、同時に同裁判所は、環境基準の設定に貢献し得るであろう様々な平和的手段によって紛争を解決すべき義務を当事国は負っていることをも指摘した。さらに同裁判所は、一九九五年公海漁業実施協定[49]——それは、世界的な規模であり、国連海洋法条約や一九九三年条約[50]よりも詳細かつ遠大な環境基準を具備している——の中に反映されているような統一的基準の有用性をも当事国に想起せしめた[51]。現在係属中のカジキ事件[52]において、国際海洋法裁判所は、環境基準の設定に導き得るであろう暫定合意[53]に当事国が到達することを、何らかの援助を与えることにより助けたように思われる[54]。

第三に、(3)有効な国内的基準設定のための要件の明確化について。一九一〇年北大西洋岸漁業仲裁判決において、裁判所は、英国により設定された捕獲基準の適切さを判断するために合理性テストを提示した[55]。一九八六年フィレッティング仲裁判決[56]において、裁判所は、捕獲後の捕獲(手法)基準を設定するカナダの権利を否定する一方で、合理性によるその正当化の可能性を認めた[57]。一九九八年漁業管轄権事件[58]において、国際司法裁判所は、環境基準を設定するカナダの法令は、それが技術的性格を有し海洋生物資源を保存する目的である限り、たとえ一般国際法に違反するとしても一般国際法上の「保存及び管理措置」に含まれると判示した[59]。

2　仲裁裁判と司法的解決及び合意付託と一方的付託の差異の影響

以上三つの方法のうち、(2)当事国による基準設定に対する援助[60]と(3)有効な国内的基準設定のための要件の明確化[61]については、仲裁裁判と司法的解決、及び合意付託と一方的付託、との間には、それほど顕著な差は見られない。それに対して、(1)国際裁判所自身による基準設定については、その差が明確に表れているように思われる。というのは、確かにこの(1)に関して上で示した事例においては、仲裁裁判(全て合意付託)と司法的解決(全て一方的付託)とも拘束的又は非拘束的形態で個別的かつ精密な捕獲基準を設定することに成功してはいるが、一方的付託による司法的解決の場合には、現状を反映する暫定的割当——それは、過去の年平均捕獲量に基づきかなり容易に計算され得る——の設定しかしていないからである。このことは、一方では一方的付託の、他方では司法的解決の、問題点を示しているように思われる。

まず前者について見てみると、一方的付託よりも合意付託の方が環境基準設定の観点からは好ましいということが、少なくとも次の三点から示される。第一に、合意付託の場合には、当事国は、国際裁判所に対して、その決定又は勧告の中で環境基準を設定することを国際裁判所に共同で要請する用意ができやすいが、一方的付託の場合にはそのようなことはほとんど考え難い。第二に、付託合意によって、当事国は、決定されるべき争点を明確化し限定することができる。第三に、同じく付託合意によって、当事国は、科学者や漁業専門家の見解を反映させるシステムを訴訟手続に導入することができる。[62]

次に後者について見てみると、司法的解決の場合には、司法機関の環境基準設定能力は必ずしも保証され得ない。実際、一九七四年の漁業管轄権事件においては、国際司法裁判所は、「漁場に関する詳細な科学的知識」の欠如を自ら認め、「裁判所は(中略)、関連する諸権利の衡平な調整のための精密な計画を定めようと自ら試みるならば、困難に遭遇するであろう」と告白した。[63]それに対して、仲裁裁判は、より有望なように思われる。というのは、仲裁裁判の場合には、当事国は、当該問題に関して十分な科学的、事実的及び法的知識を備えた有能な仲裁人を選任することができるからである。その上、仲裁裁判所は、十分な時間と専門家による徹底的な科学的調査とを用いつつ、[64]特定の事件にのみ没頭することができる。さらにまた、仲裁裁判が付託合意に基づく場合には、当事国間での合意により、法の厳格な適用に基づかない拘束的決定——それは、司法的解決の場合には極めて例外的とみなされる[65]——を行ったり、非拘束的勧告——それは、もしかすると司法機能と両立しないとみなされるかもしれない[66]——を行ったりすることが裁判所に可能となり得る。

三　国際裁判所の実行を通じた環境基準設定に対する障害の克服への道

本稿第一節で触れたように、国際裁判所の実行を通じた環境基準設定に対する障害として、少なくとも次の五点が挙げられる。第一に、環境基準設定には、多くの科学的知識を必要とすること。第二に、環境基準は、しばしば非常に技術的であること。第三に、環境基準は頻繁に定期的な改定を必要とすること。第四に、環境基準を設定する際には政策的考慮が必要となること。第五に、国際裁判所——特に法の厳格な適用が規程上要求されている司法的解決の場合——による法定立の可能範囲が本質的に限られていること、である。これらの障害は、国際裁判所の実行を通じた環境基準設定の三方法、すなわち、(1)国際裁判所自身による基準設定、(2)当事国による基準設定に対する援助、(3)有効な国内的基準設定のための要件の明確化、にどのような影響を与えているのであろうか。

まず、第一及び第二の障害について見てみると、これらは(2)及び(3)の方法に対しては、本質的なものとはなり得ない。なぜなら、環境基準を設定するのは、国際裁判所ではなく、具体的な科学的及び技術的知識を有する当事国自身であるからである。しかしながら、(1)の方法に対しては、これらの障害が大きく立ちはだかる。この状況に対処するために、次の三点が検討されるべきである。第一に、仲裁裁判の活用である。仲裁裁判の場合には、上述のように、当事国は、当該問題に関して十分な科学的、事実的及び法的知識を備えた有能な仲裁人を選任する可能性を有し、また仲裁裁判所は、十分な時間と専門家による徹底的な科学的調査とを用いつつ、特定の事件にのみ没頭することができるからである。第二に、合意付託の推進である。合意付託の場合は、前述のように、当事国は、裁判所に対して、その決定又は勧告の中で環境基準を設定することを共同で要請する用意ができやすく、決定されるべき争点を明確化し限定することができ、科学者や漁業専門家の見解を反映させるシステムを訴訟手続に導入し得るからである。第三に、司法的解決制度の改善である。司法的解決の場合にも、今述べたような仲裁裁判のメリットを取り入れるとともに合意付託のメリットを最大限生かせるようにできれば、環境基準設定能力の向上をはかることができる。

次に第三の障害、すなわち定期的な環境基準改定の必要性に関して見てみると、本質的にアド・ホックな紛争解決制度である国際裁判には、定期的な環境基準の改定という任務はなじまない。従って、(1)の国際裁判所自身による基準設定という方法に関して、この障害を取り除くのには無理があるであろう。しかしながら、(2)の当事国による基準設定に対する援助という方法に関しては、前述のように、一八九三年オットセイ仲裁判決において、裁判所が定めた規則を継続的に改定することを当事国に可能にするメカニズムを裁判所が設立したことや、一九一〇年北大西洋岸漁業仲裁判決において、英国によって設定された捕獲基準を審査する任務を裁判所が専門家委員会に委任したことが、想起されるべきである。このように、環境基準の妥当性の審査、継続的監視及び改定を可能にする枠組みを裁判所が当事国に提示することが方策として考えられ得る。(3)の有効な国内的基準設定のための要件の明確化という方法も、このために有効であるし、この方法自体は、定期的な環境基準改定の必要性という障害の影響はそれほど被らないであろう。

さらに第四の障害、すなわち政策的考慮の必要性に関して見てみると、これは、上記環境基準設定の三方法全てに対する障害となり得る。この点に関して、妥当な政策的考慮を具体的に示すことは困難であるが、一九七四年漁業管轄権事件で国際司法裁判所が指摘した、紛争当事国の利益、第三国の利益、及び漁業資源の保存及び開発の必要性、の間のバランスという視点[67]が、妥当な政策的考慮の基盤を提供し得るであろう。これらの諸利益のうちで、紛争当事国の利益が、仲裁裁判の場合には突出して優先されるのではないかとの懸念もあり得ようが、一八九三年オットセイ仲裁判決、一九一〇年北大西洋岸漁業事件仲裁判決、一九八六年フィレッティング仲裁判決、及び二〇〇〇年南マグロ事件仲裁判決からは、当事国及び裁判所の健全なバランス感覚が窺い知れるように思われる。他方、司法的解決の場合には、第三国の利益と漁業資源の保存及び開発の必要性とに配慮しつつも、紛争当事国間の衡平な利益調整を目指すという視点を一層大胆に取り入れる姿勢が必要ではないかと考えられる。

最後に第五の障害、すなわち国際裁判所による法定立の限界について見てみると、これも上記環境基準設定の三方法全てに対する障害となり得る。これら三方法の内実を検討すると、国際裁判所の実行を通じた環境基準設定は、少なくとも次の五つの場面において見られ得ることが分かる。

(A)　現行国際法の規律対象外の問題につき、当事国からの授権に基づき拘束的決定(一八九三年オットセイ仲裁判決[方法1と2])又は非拘束的勧告(一八九三年オットセイ仲裁判決[方法1])という形態で環境基準設定がなされる場合。

(B)　現行国際法の規律対象内の問題につき、当事国からの授権に基づき拘束的決定(一九一〇年北大西洋岸漁業仲裁判決[方法2])又は非拘束的勧告(一九一〇年北大西洋岸漁業仲裁判決[方法2])という形態で環境基準設定がなされる場合。

(C)　現行国際法の規律対象内の問題につき、現行国際法の解釈適用に基づき拘束的決定(一九一〇年北大西洋岸漁業仲裁判決[方法3]、一九七四年国際司法裁判所漁業管轄権事件判決[方法2]、一九八六年フィレッティング仲裁判決[方法3]、一九九八年国際司法裁判所漁業管轄権事件判決[方法3]、及び二〇〇〇年南マグロ事件管轄権仲裁判決[方法2])又は非拘束的勧告という形態で環境基準設定がなされる場合。

(D)　緊急的かつ暫定的に、紛争当事国の権利保全や海洋環境保護の観点から、拘束的決定(一九七四年国際司法裁判所漁業管轄権事件に関する一九七二年仮保全措置命令[方法1]及び一九九九年国際海洋法裁判所南マグロ事件暫定措置命令[方法1])又は非拘束的勧告(一九九九年国際海洋法裁判所南マグロ事件暫定措置命令[方法2])という形態で環境基準設定がなされる場合。

(E)　判決や命令以外の形での何らかの援助により環境基準設定がなされる場合(現在係属中の国際海洋法裁判所カジキ事件[方法2])。

これら五つの場合のうち、国際裁判所による法定立の限界が影響してくるのは、前三者である。そのうち、(A)や(B)のように当事国からの授権に基づき環境基準設定がなされる場合は、その授権の有無が鍵となる。一八九三年オットセイ仲裁判決や一九一〇年北大西洋岸漁業仲裁判決といった仲裁裁判の場合にはその授権が見られたが、司法的解決(この場合は「衡平と善による裁判」についての合意に相当する)ではその例がない。さらに、司法的解決の場合に非拘束的勧告が許容されるかは、前述のように議論のある所である。これらのことを考えれば、(A)や(B)の場合には、付託合意による授権の下、司法的解決ではなく仲裁裁判で問題を解決する方が効果的なように思われる。

他方、(C)のように現行国際法の解釈適用に基づき環境基準設定がなされる場合に、仲裁裁判でも司法的解決でも方法1(国際裁判所自身による環境基準設定)を実行した例がないことは、そのような解釈適用作業から十分に法的根拠を有する環境基準を一義的に導出することの困難さを物語っている。[68] さらにこの(C)の場合でも、司法的解決の場合に非拘束的勧告が許容されるかには疑問が付きまとう。しかしながら、衡平の考慮を要求する国際法規則の解釈適用を行うことによって、裁判所が最も衡平と考える環境基準を拘束的決定という形態で設定することが、仲裁裁判や司法的解決にできないわけではなかろう。実際、海洋境界画定の分野においては、仲裁裁判所[69]や国際司法裁判所[70]が、衡平原則に基づき、拘束的決定という形態で精密な境界線を自ら決定した例がある。さらに、「勧告に満たない司法的意見の表明」は、常設国際司法裁判所や国際司法裁判所がしばしば用いてきた技法である。[71] これらの技法を用いれば、(C)の場合であっても、方法1(国際裁判所自身による環境基準設定)を実行することはあながち不可能というわけではないように思われる。

おわりに

以上の検討から理解されるように、国際裁判所の実行を通じた環境基準設定の三方法のうち、方法1(国際裁判所自身による環境基準設定)については、仲裁裁判と司法的解決、及び合意付託と一方的付託、の差異が顕著に表れるが、その背景には、国際裁判所の実行を通じた環境基準設定に対する障害の影響が色濃く影を落としている。このような障害を乗り越え、国際裁判所自身による環境基準設定を今後進めていくためには、仲裁裁判の活用、合意付託の推進、司法的解決制度の改善、及び裁判技術上の工夫等が必要であろう。このために、例えば、合意付託を行った仲裁裁判当事国に対して財政援助を行うことや、司法的解決を含む紛争の法的解決を助けるための環境専門家委員会を国連又は国連環境計画（UNEP）内に設置することなどが検討されても良いように思われる。また、方法２（当事国による基準設定に対する援助）及び方法３（有効な国内的基準設定のための要件の明確化）を実行することによって、国際裁判所自身による環境基準設定の不備を補う努力も必要であろう。

確かに、一九七四年漁業管轄権事件の中で国際司法裁判所が述べるように、海洋生物資源の保存をめぐる「紛争の解決にとって最も適切な方法は明らかに交渉という方法である」。[72] しかしながら、国際裁判所は、交渉指針を提示したり交渉のための援助を供与したりすることにより、当事国が環境基準設定に関する合意に達することを助けることができる。さらに、万一交渉が失敗した場合、国際裁判所に環境基準設定の任務を委ねることは、特に上述の諸提案が真剣に検討されるならば、魅力的な選択肢の一つとなり得るであろう。

1 「海洋生物資源」は、海洋に存在する全ての生物有機体を包含し得るが、本稿においては、魚類及び海産哺乳動物に焦点が置かれる。

2 本稿において、「保存」は、「その量が当該資源の安定した加入を確保する水準を下回ることとなることを防ぐこと」と理解される。See art. 2 para. 3(a) of the Convention on the Conservation of Antarctic Marine Living Resources (Canberra, 20 May 1980). 19 *ILM* (1980) 841.

3 See this author, 'Setting Environmental Standards for the Conservation of Marine Living Resources: Through the Practice of the ICJ, the ITLOS and Arbitral Tribunals', *International Studies* (Osaka Gakuin University), Vol.13, No.1 (June 2002) pp.39-64.

4 仲裁裁判及び司法的解決の管轄権の基礎は当事国間の合意であるが、合意付託は、特定の紛争を特定の紛争解決機関で解決するという当事国の協同意思を示すのに対し、一方的付託は、そのような意思の欠如を示す。一方的付託は、合意(例えば、紛争解決条約又は条項)、一方的宣言(例えば、国際司法裁判所規程第三六条二項、すなわち「選択条項」)、国内立法(例えば、投資紛争解決国際センター条約第二五条一項参照)に基づきなされ得る。応訴管轄(*forum prorogutum*)もまた一方的付託に分類される。というのは、この場合には、管轄権への被告の同意は、一方的付託がなされた後で与えられるのであり、そのことは上述のような協同意思の欠如を示しているからである。実際、合意付託は、一九四九年国際司法裁判所コルフ海峡事件において見られたように、どちらかの当事国が一方的付託をなした後でも可能である。同事件においては、アルバニアの先決的抗弁を斥ける判決が一九四八年に出された後、一方的付託をなした英国とアルバニアとの間に付託合意が締結されたのである。See *ICJ Reports* 1949, pp.6-7.

5　環境汚染に関する王立委員会は、環境問題に関して、女王、政府、議会及び公衆に助言するために一九七〇年に設立された独立の常設機関である。委員会の構成員の選出は、学界、産業界及び官界における多様な経歴にわたっている。科学、医学、工学、法学、経済学及びビジネスにおける広範な専門知識と経験とを寄与せしめつつ、彼らは、非常勤で、かつ組織や職業の代表者としてではなく個人として、活動している。See http://www.rcep.org.uk.

6　The Royal Commission on Environmental Pollution, *21st Report: Setting Environmental Standards* (Cm4053, 1998), p.3. 同様の見解は、他の論者によっても表明されている。「基準とは、特定の時期に特定の状況において受容可能であると考えられている、曝露目標の又は汚染物質濃度のレベルに関する声明である。」、「基準とは、許容され得る行為又は許容され得る曝露に関する法典化された声明である。」Martin W. Holdgate, *A Perspective of Environmental Pollution* (Cambridge: Cambridge UP, 1979), pp.143, 162.

7　例えば、全ての汚染者に向けられた一般的排出基準v.特定の汚染者に向けられた個別的排出基準。See Gerd Winter, 'Standard-setting in Environmental Law', in Gerd Winter (ed.), *European Environmental Law: A Comparative Perspective* (Hants: Dartmouth Pub., 1996), p.109, at p.110.

8　例えば、中央で設定された統一的排出基準v.地方で設定された差異的排出基準。See Stuart Bell & Donald McGillivray, *Environmental Law* (5th ed.) (London: Blackstone Pr., 2000), p.189.

9　例えば、数値を参照して設定された精密な環境質基準v.「最良の実際的手段」(Best Practical Means: BPM)及び「最良の利用可能な技術」(Best Available Techniques: BAT)のような曖昧な生産工程基準やコモンロー上の生活妨害(*nuisance*)テストのような曖昧な環境質基準。See *id.*, p.187. 曖昧な基準に関する肯定的及び否定的見解については、André Tunc, 'Standards juridiques et unification du droit', *Revue Internationale de Droit Comparé*, 93éme anée, pp.247-261を見よ。

10　例えば、特定化基準(specification standards) *v.* 履行基準(performance standards)。特定化基準は、どの目標が達成されねばならないかではなく、その目標がいかにして達成されねばならないかを定める。それに対して、履行基準の方は、汚染者の排出が特定の汚染物質に対する特定化された限界を超えない限り、自分達の望む通りに行動することを彼らに認める。James K. Krier, 'The Pollution Problem and Legal Institutions: A Conceptual Overview', *UCLA Law Review*, Vol.18(1971), p.429, at pp.463-464.

11　環境汚染に関する王立委員会は、義務的ではないが、指針、行動綱領、個別事例を判断するための判断基準群に含まれている基準、ならびに、政府によって設定されたものではないが、特に設定者の科学的卓越性又は市場での力といった他の理由により権威を帯びる基準をも包含するものとして、「基準」という用語を用いている。*Supra* n.6, p.3. 非拘束的基準は、時には「目標」(goal; objective)と呼ばれる。See Holdgagte, *supra* n.6, p.144.

12　環境汚染に関する王立委員会は、汚染に関連する環境基準を二つのカテゴリーに分類している。すなわち、経路(pathway)上の地点に直接適用される基準(生物学基準(biological standards)、曝露基準(exposure standards)、質基準(quality standards)、排出基準及び製品基準(product standards))と、他の形態の環境基準(生産工程基準、ライフサイクル準拠基準(life-cycle based standards)、使用基準(use standards)及び管理基準(management standards))である。*Supra* n.6, p.4. 他の分類方法としては、目標関連基準(すなわち、環境質基準)と発生源関連基準(すなわち、排出基準、生産工程基準及び製品基準)とがあり得る。See Bell & McGillivray, *supra* n.8, pp.184-186. See also OECD, *Environmental Standards: Definitions and the Need for International Harmonization*(Paris: OECD, 1974).

13　See the Royal Commission on Environmental Pollution, *supra* n.6, p.3.

14　環境質基準は、適合性が、受容環境に対する汚染物質の影響を参照して測定される基準である。Bell & McGillivray, *supra* n.8, p.184.

15　排出基準は、適合性が、受容環境に対する影響よりはむしろ排出物を参照して測定される基準である。*Id.*, p.185.

16　生産工程基準は、営まれなければならない生産工程を精密に規定するか、又は生産工程が達成せねばならない履行要件を設定することにより、生産工程に課される基準である。*Loc. cit.*

17　See the ICJ 1998 *Fisheries Jurisdiction* case(Spain *v.* Canada [Jurisdiction], 4 December 1998), Judgment, para. 70; Separate Opinion of Judge

Oda, para.13, http://www.icj-cij.org.

18 しかしながら、環境基準は、次のようないくつかの欠点もまた有している。すなわち、数量的基準が設定される場合には、単一の数字は実情の複雑さを適切には反映し得ない。汚染物質の濃度を特定化する基準の存在は、その特定化されたレベル以下のいかなる濃度も「安全」であることを含意しているともしかすると理解されるかもしれない。その上、状況は場合ごとに異なるため、一般的基準に従うことは、個別の場合に最適な解決であろうものを達成しないかもしれない。The Royal Commission on Environmental Pollution, *supra* n.6, p.5.

19 *Loc. cit.*

20 See Winter, *supra* n.7, p.109.

21 環境汚染に関する王立委員会は、次のように述べる。「より新しいアプローチと並んで、環境基準は、……より持続可能な未来へ向けて行動を導くための本質的な枠組みを提供し続けるであろうと我々は信じている。達成目標(target)としての環境基準は、環境改善への非規制的アプローチがその中で適用され得る構造を提供し得る。国際場裡においては、環境基準は、個別国家に対する目標(goal)を設定するが、実施の詳細は、各締約国の社会的及び法的枠組みの中での発展に委ねられ得る。法的強制機構によって支えられた基準は、最もひどい形態及び発生源の汚染のいくつかを扱うのに適した方法である。そのような基準は、道徳的懸念を体現している。また、非制定法的措置がもしかすると別途選好されるかもしれない場合であっても、基準は、合意がすぐには見込めない場合に備えてとって置かれ得る。」*Supra* n.6, p.126.

22 See *id.*, pp.28, 122-123.　See generally Vic Barnett & Tony O'Hagan, *Setting Environmental Standards: The Statistical Approach to Handling Uncertainty and Variation*(London: Chapman & Hall, 1997).

23 For the UK, see Bell & McGillivray, *supra* n.8, pp.194-195; for Germany, see Winter, *supra* n.7, p.127.

24 See John F. McEldowney & Sharron McEldowney, *Environmental Law & Regulation*(London: Blackstone Pr., 2001), pp.103-110. マレーシアにおけるダム及び水力発電所建設のための援助供与及び貿易供用を認可する外務大臣決定の合法性に関する事件において、英国高等法院は次のように述べている「外務大臣は、…地域的安定、良き政府、人権及び英国の商業的利益の促進といった、政治的及び経済的考慮を配慮する権限を、決定を行うにあたって十分有している。(中略)しかし、…一九九一年七月には、同節[一九八〇年海外開発協力法第一節」に言う所のそのような目的［開発促進目的］はなかったと…私は考える。その結果、一九九一年七月の決定は、私の判断では違法であったということになる。」*R. v. State for Foreign Affairs, ex parte World Development Movement Ltd* (Queen's Bench Division, 10 November 1994) *The All England Law Reports 1995*, Vol.1, p.611, at p.627. ヒースロー空港での夜間飛行に関する行政決定の手続的要件の司法審査に関しては、以下を見よ。*R. v. Secretary of State for Transport, ex parte Richmond-upon-Thames London Borough Council and Others* (Queen's Bench Division, 29 September 1993) *The Weekly Law Reports 1994*, Vol.1, p.74, at pp.83-91; (Queen's Bench Division, 20 December 1994) *Environmental Law Reports 1995*, Vol.3, p.390, at pp.405-406; (Court of Appeal, 26 July 1996) *The Weekly Law Reports 1996*, Vol.1, p.1460, at pp.1478-1481. See also *Hatton and Others v. UK*, (European Court of Human Rights, 2 October 2001), paras.94-107, 113-116, http://hudoc.echr.coe.int/hudoc.

25　See Bell & McGillivray, *supra* n.8, pp.257-289. 危険な活動に対して、相当の注意基準の代わりに厳格責任基準を用いた古典的例として、以下を見よ。*Rylands v. Fletcher* (House of Lords, 17 July 1868) *The Law Reports (the House of Lords) 1868*, Vol.3, p.330.

26　国際機構による環境基準設定の重要性は、既に何人かの論者によって強調されてきた。See Paolo Contini and Peter H. Sand, 'Methods to Expedite Environment Protection: International Ecostandars', *AJIL*, Vol.66 (1972), p.37; Peter H. Sand, *Transnational Environmental Law: Lessons in Global Change* (The Hague: Kluwer Law International, 1999), pp.255-260.

27　See generally Hersch Lauterpacht, *Private Law Sources and Analogies of International Law* (London: Longman, 1927).

28　See *Reports of International Arbitral Awards* [hereinafter, *RIAA*], Vol.3, p.1907, at pp.1965-1966.

29　Hersch Lauterpacht, *The Development of International Law by the International Court* (London: Stevens & Sons Limited, 1958), p.75. 国際司法裁判所は、一九六六年の南西アフリカ事件において次のように述べる。「国際司法裁判所は立法機関ではない。その責務は、自らが認定した通りに法を適用することにあるのであり、法を作ることにあるのではない。」*ICJ Reports* 1966, p.48, para. 89.

30　Lauterpacht, *supra* n.29, p.75.

31　国際司法裁判所規程第三八条一項は、「裁判所は、付託される紛争を国際法に従って裁判することを任務とし」と規定する。また、国際海洋法裁判所規程第二三条によって言及されている国連海洋法条約第二九三条一項は、「この節の規定に基づいて管轄権を有する裁判所は、この条約及びこの条約に反しない国際法の他の規則を適用する。」と規定する。

32　次のように述べる論者もある。「技術基準は、詳細な規則及び行動綱領を提供するが、それは、外交官や法律家というよりはむしろ技術者や科学者によって起草され、指定された国際機関により定期的に改定される。」Contini & Sand, *supra* n.26, p.41.

33　For the details of this part, see this author, *supra* n.3.

34　*Bering Sea Fur-Seals* case（Arbitration, UK/USA, 15 August 1893, composed of seven members: *President* Alphonse de Courcel［France］; *Arbitrators* John M. Harlan［USA］, John T. Morgan［USA］, Lord Hannen［UK］, John Thompson［UK］, Emilio Visconti Venosta［Italy］, Gregers Gram［Sweden and Norway］）.　See John Bassett Moore, *History and Digest of the International Arbitration to Which the United States Has Been a Party*, Vol.1（Washington: Government Printing Office, 1898）, p.755.

35　See *id.*, pp.931, 949-950, 956-957.

36　*Fisheries Jurisdiction* cases（25 July 1974［Merits］）, UK *v.* Iceland, *ICJ Reports 1974*, p.3, FRG *v.* Iceland, *id.*, p.175.

37　*Southern Bluefin Tuna* case（New Zealand *v.* Japan; Australia *v.* Japan, 27 August 1999［Provisional Measures］）, http://www.un.org/Depts/los/itlos_new/itlosindex.

38　*ICJ Reports 1972*, p.17, paras.25-26, pp.34-35, paras.26-27.

39　国際司法裁判所ラ・グランド（LaGrand）事件（独*v.*米、二〇〇一年六月二七日）における肯定論（para. 4.122 of Germany's Memorial）及び否定論（para. 139 of the US Counter Memorial）を見よ。http://www.icj-cij.org. 本件において、同裁判所は、仮保全措置の拘束力を認めている。See Judgment, para. 109. もっとも、裁判所の認定方法に関する深刻な疑念が、小田判事から提起されている。See Dissenting Opinion of Judge Oda, para. 30.

40　国際海洋法裁判所規程第二五条一項によって言及されている国連海洋法条約第二九〇条六項は、「紛争当事者は、この条の規定に基づいて定められた暫定措置に速やかに従う。」と規定している。

41　The 1999 Judgment, para. 90［1（c）and（d）］.

42　裁判所は、それらの規則の変更が可能となるように、それらの規則が五年毎に両当事国の新たな審査に付されるべきことを決定した。Art. 9 of the Regulations.　See Moore, *supra* n.34, p.951.

43　*North Atlantic Coast Fisheries* case（Permanent Court of Arbitration, UK/USA, 7 September 1910, composed of five members: H.Lammasch

[Austria], Jonkheer A.F. De Savornin Lohman [Netherlands], George Grey [USA], Charles Fitzpatrick [UK], Luis Maria Drago [Argentine]), *RIAA*, Vol.11, pp.167, 179.

44　裁判所は、そのようなことを行う権限を与えられていた。See art. 3 of the *compromis, id.*, pp.176, 190.

45　裁判所は、そのようなことを行うことを要請されていた。See art. 4 of the *compromis, id.*, p.176, pp.190-192.

46　*ICJ Reports* 1974, pp.34-35, para. 79, pp.205-206, para. 77.

47　See the 1999 Judgment, para. 90 [1(e) and (f)].

48　UNCLOS Arbitration, 4 August 2000 [Jurisdiction], composed of 5 members: *President* Schwebel [USA]; *Arbitrators* Feliciano [Philippines], Keith [UK], Tresselt [Norway], Yamada [Japan]), http://www.pict-pcti.org/news/archvie.

49　Agreement for the Implementation of the Provisions of the UNCLOS of 10 December 1982 Relating to the Conservation and Management of Straddling Fish Stocks and Highly Migratory Fish Stocks (New York, 4 December 1995).

50　Convention for the Conservation of Southern Bluefin Tuna (Canberra, 10 May 1993, by Australia, New Zealand and Japan).

51　See the 2000 Judgment, paras.28, 57, 70-71, 72(1); Japan's Response to Request for Provisional Measures, para. 55; 兼原信克「みなみまぐろ事件について――事実と経緯――」『国際法外交雑誌』第一〇〇巻三号(二〇〇一年)二三一頁、二三四、二四六、二七二頁。

52　*Case Concerning the Conservation and Sustainable Exploitation of Swordfish Stocks in the South-Eastern Pacific Ocean* (ITLOS Special Chamber, Chile/EC, to be composed of 5 members: President Chandrasekhara Rao; *Judges* Caminos, Yankov, Wolfrum [FRG], *Judge ad hoc Oreggo* Vicuña [Chile]). See Order of 20 December 2000 concerning constitution of chamber, http://www.un.org/Depts/los/itlos_new/itlosindex. For the current situation of this case, see ITLOS Press Release, No.87 (7 January 2004).

53　暫定合意において、両当事者は、ＥＣ／チリ双務的科学技術委員会(Bilateral Scientific and Technical Commission: BSTC)が、特に「混獲(by-catch)規則を含む可能な保存措置に関して助言すること」を目指して二〇〇一年四月にチリでその作業を再開するであろうことに合意した。さらに、彼らはカジキに関する合同調査漁獲計画に合意したが、同計画は、「捕獲物の体長、体重及び性的特徴、ならびに漁場及び漁獲努力の位置、に関するデータ収集」も含んでいる。See WTO Doc., WT/DS193/3.

54　See ITLOS Press Release, No. 45 (21 March 2001).

55　See *RIAA*, Vol.11, pp.188-189.

56　*Case Concerning Filleting Within the Gulf of St Lawrence* (Arbitration, Canada/France, 17 July 1986, composed of three members: President Paul De Visscher [Belgium]; *Arbitrators* Donat Pharand [Canada], Jean-Pierre Queneudec [France]), *RIAA*, Vol.19, p.225. English translation in *International Law Reports* [hereinafter, *ILR*], Vol.82 (1990), p.591. 一九八五年一〇月二三日の付託合意第二条によれば、裁判所は国際法に従ってその事件を裁くことになっている。*ILR*, Vol.82, p.597, para. 2.

57　*ILR*, Vol.82, pp.630-631, paras.52-54.

58　*Fisheries Jurisdiction* case (Spain *v.* Canada, [Jurisdiction] Judgment of 4 December 1998), http://www.icj-cij.org.

59　See the 1998 Judgment, para. 70.

60　しかしながら、司法的解決の場合には、法の厳格な適用に基づかずに決定を行うことだけでなく、勧告を行うこともまた、仮保全措置又は暫定措置の中でなされる場合を除いて、もしかすると困難かもしれない。

61　確かに、司法的解決は、仲裁裁判よりも法的権威が高く判例的にも一貫しているとみなされている。実際、フィレッティング仲裁判決(前掲注56)でなされた規則の合理性に関する認定は、ファランド(Pharand)仲裁人によって、北大西洋岸漁業仲裁判決(前掲注43)と一致しないと批判された。しかしながら、フィレッティング仲裁判決の場合でさえ、裁判所は、「当事国間関係に適用可能な国際法のいかなる関連規則」をも検討し、北大西洋岸漁業仲裁判決において、ならびに一九七〇年国際司法裁判所バルセロナトラクション事件において、言及された合理性テストを援用した。そのようにして、裁判所は、仲裁裁判及び司法的解決の諸先例との判例的一貫性に十分注意を払ったのである。さらに、環境基準設定には直接関連していないが、国連海洋法条約の下での仲裁裁判所が、当該紛争が一九九三年条約と国連海洋法条約の両方の下で生じていると認定することにより、二〇〇〇年南マグロ事件(前掲注48)と一九九九年国際海洋法裁判所での同事件判決(前掲注37)とを調和させる努力をしていることもまた留意されるべきである。See the 2000 Judgment, para. 52. 従って、ローターパクト判事がなしたような(前掲注29の六頁を見よ。)、仲裁裁判の側における「継続性の必要的伝統」の不存在に対する批判は、特に司法的解決機関が目下その数を増していることに鑑みれば、今日では幾分不公平なように思われる。

62　南マグロ紛争に関して、ある日本の外交官は、もし決定されるべき争点が科学的見解の相違に限定され、かつ科学者及び漁業専門家の見解が訴訟手続の中に適正に反映され得るならば、日本は一九九三年条約の下での仲裁裁判を受け入れる用意があったと述懐している。兼原（前掲注51）二七〇頁、注78.

63 *ICJ reports* 1974, p.32, para.73, p.201, para.65.

64 国際司法裁判所及び国際海洋法裁判所がそのようなことを行うことは、法的には可能である。専門家の利用に関しては、国際司法裁判所規程第五〇条及び国連海洋法条約第二八九条を見よ。しかしながら、実際にそれが国際司法裁判所にとって実行可能であるかどうかは、今日の過重な事件負担に鑑みると甚だ疑問であるし、国際海洋法裁判所については未知である。

65 国際司法裁判所規程第三八条二項及び国連海洋法条約第二九三条二項は、国際司法裁判所及び国連海洋法裁判所に、両当事国がそう要求した場合には「衡平と善」により事件を裁くことをそれぞれ認めている。しかし、これまでの所、そのような要求が正式になされた事件は存在しない。See J.G.Merrils, *International Dispute Settlement* (3rd ed.) (Cambridge, Cambridge UP, 1998), p.151. もっとも小田判事は、一九八五年国際司法裁判所リビア／マルタ大陸棚事件を「衡平と善」に基づき下されたものと見ている。See Dissenting Opinion of Judge Oda in the 1993 ICJ *Jan Mayen* case (Denmark *v.* Norway), *ICJ Reports 1993*, p.113, para. 86.

66 ローターパクト判事は、両当事国が国際司法裁判所にそうすることを要求した場合には、同裁判所は勧告を行う余地があることをほのめかしている。See *Supra* n.29, pp.217-220. 小田判事もまた、「本裁判所の任務は、合理的に提案され得る数多くの線から一つの線を示すことである。」と述べている。Separate Opinion of Judge Oda in the 2001 ICJ *Maritime Delimitation* case (Qatar *v.* Bahrain), para.41. しかしながら、一九五一年アヤ・デ・ラ・トーレ事件において国際司法裁判所は次のように述べている。「庇護を終了させるために従われ得る様々な方法に関するいかなる実際的助言も与えることは出来ない。なぜなら、そうすることにより、本裁判所はその司法機能から逸脱してしまうであろうからである。」*ICJ Reports 1951*, p.83.

67 See *ICJ Reports 1974*, pp.34-35, para.79, pp.205-206, para.77.

68 一九八四年国際司法裁判所メイン湾事件において、グロ判事は次のように述べる。「漁獲割当の配分に取り組むことを一九七四年に本裁判所が拒否したことは、この役割を法律裁判所が引き受けることは容易なことではないということを既に示していた。」Dissenting Opinion of Judge Gros, *ICJ Reports 1984*, p.385, para.40.

69 See *Anglo-French Continental Shelf* arbitration (30 June 1977), *RIAA*, Vol.18, p.3, at p.119; *Eritrea-Yeman* arbitration (Second Stage: Maritime

Delimitation, 17 December 1999), 40 *ILM* 983(2001), at p.985, para.6, p.1003, para.116, pp.1011-1012, para.169.

70 See *Gulf of Maine* case(Canada/USA, 12 October 1984), *ICJ Reports 1984*, p.246, at p.345, para.243; *Maritime Delimitation* case(Qatar *v.* Bahrain, 16 March 2001), the Judgment, para. 252, http://www.icj-cij.org.

71 See Lauterpacht, *supra* n.29, pp.220-223. 例えば、常設国際司法裁判所は、一九三二年自由地帯事件において次のように述べている。「本裁判所は、次のような自らの意見を表明することを躊躇しない。すなわち、古い条約の効力を維持することにより、スイスが自由地帯に由来する経済上の有利な立場を得るならば、スイスはそのお返しに同地帯の人々に対して補償的な経済上の有利な立場を与えるべきである。」*PCIJ Series A/B, No. 46(1932)*, p.169. 同様に、一九六九年北海大陸棚事件において、国際司法裁判所は、「共同開発についての合意」は「鉱床の一体性を保存するということが問題となる場合にはとりわけ適切である」ように思われると述べている。*ICJ Reports 1969*, p.52, para. 99. この技法は、二〇〇〇年南マグロ事件仲裁判決においてもまた次のように用いられた。「…本裁判所は、次のことを強調する。すなわち、自分達の紛争を成功裏に解決する見込みは、その解決が達成されていない間、当該紛争を悪化させるおそれのあるいかなる一方的行為をも両当事国が差し控えることにより促進されるであろうということを。」The 2000 Judgment, para.70.

72 *ICJ Reports 1974*, p.31, para.73, p.201, para.65.

領海における海洋汚染防止法令の執行と無害通航権
――国際法法典化の一つの軌跡――

薬師寺　公夫

一　問題の所在――国連海洋法条約の関連規定の問題点

本稿では外国船舶による領海内での海洋汚染に関連して、海洋環境保護に関する国内法令の執行措置と船舶の無害通航権の関係、特に国連海洋法条約の下で国内法令違反と有害通航との関係がどのように整理されたのか、また沿岸国は未だ有害通航とはいえない国内法令違反の外国船舶に対してどのような措置をとることができるようになったのかを、簡単に再整理しておきたいと思う。というのは、海洋法条約の規定をみても、故意で重大な海洋汚染行為を行った有害通航船舶に対して沿岸国が執りうる措置と、例えば故意性がなく未だ有害通航とはいえない国内法令違反船舶に対して沿岸国が条約二二〇条二項に基づきとりうる手続(船舶の抑留を含む)との間に果たしてどのような違いがあるのか必ずしも判然としないところがあるように思えるからである。

周知のように、船舶の領海内通航の有害性と国内法令違反との関係をめぐって、歴史的には、両者を一体のものと考える接合説と国内法違反と有害性とは別個のものだとする分離説の対立があり、現在では一般に分離説が確立していると考えられている。例えば、海洋法条約一九条二項は、確かにⓖのように、通関上、財政上、出入国管理上又は衛生上の法令に違反する物品、通貨又は人の積み込み又は積み卸しという国内法令違反の行為をもって有害通航とみなすものもごく一部あるが、その殆どは有害性の認定に国内法令違反があることを要件としていない。他方、条約二一条に列挙された国内法令は、沿岸国が領海内を無害通航する船舶に対して適用できるものであって、その違反が直ちに無害通航権の喪失をもたらすわけではない。[1] 海洋汚染についていえば、条約一九条二項ⓗにより「この条約に違反する故意のかつ重大な汚染行為」のみが有害通航となり、外国船舶に二一条一項ⓕに定める「沿岸国の環境の保全並びにその汚染の防止、軽減及び規制」に係る法令の違反があっても、なおその船舶は、一九条二項ⓗに該当しない限り、無害通航権を保持することになる。

ところで海洋法条約第二部(領海及び接続水域)二五条は、一九条二項ⓗに該当する有害通航船舶に対しては、沿岸国は「無害でない通航を防止するために」「必要な措置」をとることができると定めるが、二一条一項ⓕ違反であるが未だ無害通航権を保持する船舶に対して沿岸国がとりうる措置については特に規定を置いていない。条約第二部には領海通航中の外国船舶内で行われた犯罪に関して船内の人を逮捕し又は捜査を行うために沿岸国が行使しうる刑事管轄権に関する二七条の規定があるが、この規定は船内殺人事件のような沿岸国刑法上の犯罪に対処する規定で、二一条に定める法令違反に適用可能だとしても、沿岸国が国内法令違反の外国船舶に対してとりうるすべての措置（船舶の抑留など）を規定しているわけではない。このように条約第二部は、無害通航に関わって沿岸国が制定できる法令の内容について定めを置くが、その違反がある場合に沿岸国が執りうる執行措置については明確な規定を欠く。反対に、条約二四条一項は、「領海における外国船舶の無害通航を妨害（hamper）してはならない」義務について定め（傍点筆者。領海条約一五条一項は「領海の無害通航を妨害してはならない」と定めていた。）、「特に法令の適用に当たり」「(a)外国船舶に対し無害通航権を否定し又は害する（impairing）実際上の効果を有する要件を課」してはならないという規定を設けている。国内法令違反に対する執行措置は、特に船舶の抑留ともなると、無害通航権を実際上否定し又は害することになるから、一見したところ、これらの規定は沿岸国の執行措置を極端に制約するかのように見える。

ところが、海洋汚染に係る沿岸国法令の違反に関する限り、海洋法条約は、第二部ではなく第一二部の二二〇条二項で、沿岸国の法令執行権の問題に決着をつけている。すなわち、国内法令違反については、沿岸国は、領海内外国船舶が自国の法令に「違反したと信ずるに足りる明白な理由がある場合」、「当該船舶の物理的な検査を実施することができ」、「証拠により正当化されるときは」、「自国の法律に従って手続（船舶の抑留を含む）を開始することができる」。この権限が領海に対する沿岸国の主権に基づく当然の権利であって、条約第二部二一条一項の他の法令違反の場合にも沿岸国はこうした権利をもっているといえるのか、それとも無害通航権を妨害しない義務の例外として特に海洋汚染防止法令違反についてのみこの権利が認められたといえるのかについては、議論の分かれるところかもしれない。

また、この沿岸国の執行権は、領海内では制約が少ないとはいえ、なお第一二部第七節（保障措置）の規定に従うことが条件づけられている。しかし、ともかくも、海洋法条約は、領海内外国船舶に、「故意のかつ重大な汚染行為」のある場合だけでなく、沿岸国が「船舶からの汚染の防止、軽減及び規制のため」「この条約に従って制定する自国の法令」に違反した場合（排出があった場合とは書かれていない）にも、船舶の抑留措置を含む強い法令執行権限を認めたのである。そうすると、海洋汚染に関する限り、有害通航船に対する「必要な措置」との違いは、有害通航船舶を領海外に退去させること、あるいは、有害通航船の場合条約第一二部第七節の保障措置を剥奪することくらいしか、残っていないようにも見える。

ところが、二二〇条二項は、なお「第二部第三節（無害通航）の関連する規定の適用を妨げることなく」（括弧内は筆者追加）という規定を挿入して、沿岸国の執行措置が、外国船舶の無害通航権を妨害しない義務に服すことを求めている。条約第二部と条約第一二部は、第三次海洋法会議ではそれぞれ別個の委員会で検討されたため、双方の委員会間の調整により第二部と第一二部には相互にリファーする規定が設けられた。しかし、双方の規定は、なお十分には調整し切れていないように思われる。これは、例えば沿岸国の法令制定権についてもいえることで、条約第二部二一条では、沿岸国の法令制定権は「この条約及び国際法の他の規則に従（う）」ことが条件とされ、「外国船舶の設計、構造、乗組員の配乗又は設備については」「一般的に受け入れられている国際的な規則又は基準を実施する」法令以外は法令を制定できない旨を一般的に定めているが、他方、第一二部二一一条では、海洋汚染防止に関しては、沿岸国は「領海における主権の行使として」自国の「法令を制定できる」（排他的経済水域（ＥＺ）の「権限のある国際機関又は一般的な外交会議を通じて定められる一般的に受け入れられている国際的な規則及び基準に適合し、これを実施するための」法令のみを制定できるのとは異なる。）ことが強調されており、第二部二一条との関係は「この法令は、第二部第三節の定めるところにより、外国船舶の無害通航を妨害するものであってはならない」という一般的規定によって一応の「調整」がなされているに過ぎない。したがって、法令制定の面でもその執行の面でも第二部の規定と第一二部の規定の関係をどう解釈するかにつき解釈の食い違いが生じる可能性がなお残されている。

本稿では、以上のような問題意識の下に、海洋汚染に関連して、無害又は有害通航と国内法令違反の関係並びに有害又は無害通航の場合に沿岸国がとりうる執行措置について、ハーグ法典編纂会議以降の議論の推移を検討し、海洋法条約の規定にみられる議論の到達点を確認しておきたいと思う。

二　ハーグ法典編纂会議の草案における沿岸国法令の執行と無害通航権

1　ハーグ法典編纂会議以前の状況

チャーチルとロウは、一九世紀から二〇世紀初頭にかけ、英米の実行と若干の学者は、無害性の問題と国内法令の遵守の問題を区別し、国内法令の違反がなくても安全保障など沿岸国の死活的利益が害されれば船舶は無害性を喪失し、逆に有害な効果がなければ国内法令違反のすべてが無害性の喪失をもたらすとはいえないという見解をとったが、他方他の諸国や多くの学者は国内法遵守の義務と船舶が無害であることとは本質的に同一だと考えるか、この問題に明確な立場をとっていなかった、と指摘している。[2]　一九二六年―一九二八年にかけて国際法の諸学会が作成した法典化案[3]を見ても、有害通航と国内法令違反の関係について踏み込んだ規定は見あたらない。一九二九年ハーヴァード草案は、一四条で「国は、周辺海域で外国船舶に無害通航を許可しなければならないが無害通航のための合理的な規則を制定できる」と定め、一七条で「国は、周辺海域を無害通航する以外の目的で領水内にいる外国船舶に対して港内にいる船舶と同一の管轄権を行使できる」と定めたが、その註解は、無害通航の定義を不要だとしていた。[4] もっとも同草案の注解が、無害通航中の船舶内でなされた行為により沿岸国の平和、秩序、平穏が害された場合に沿岸国が刑事管轄権を行使しても無害通航への不当な干渉とはいえないと解説しているところからみれば、[5] 沿岸国の平和、秩序、平穏を害する船内犯罪（沿岸国刑法の違反）があってもなおそれだけでは有害通航とはならず、反対に沿岸国は無害通航権を行使する船でも以上のような犯罪があれば当然に刑事管轄権を行使できるという立場に立っていたと考えられる。しかし、沿岸国が船舶の通航に関して制定する規則に違反した場合に、当該通航が無害通航でなくなるか否かについては何もふれていない。また、ハーヴァード草案をはじめ当時の諸草案で、沿岸国が制定できる法令に、海洋汚染防止法令を挙げるものはまだなかった。

2　ハーグ草案における沿岸国の法令執行権と無害通航権

(1)　シュッキング案と討議の基礎一九のアプローチの違い

i　シュッキング案　ハーグ草案の出発点となった専門家委員会シュッキング案の七条は、「平和的通航権」の概念を使用し、かつ船舶だけでなく船舶内の人と商品も領海内で平和的通航権を有するという前提に立って、平和的通航権は自己保存のため以外の国家の恣意的制限には服しないという規定を置いていた。[6] 他方同案一〇条第一文で、「沿岸国は、領海内で、航行の規則、海上信号及び灯台の保全、海難防止、水先案内の規則、海底ケーブルの保護、輸出入禁止品目の検査を含む税関検査の規則、漁業の監督、衛生管理、海上救助及び衝突に関する立法権限及び行政権限を有する」と定め、同条第三文では、「沿岸国は、その立法権と行政権の範囲内で違反に対処することができるようにするために、自国の管轄権の執行に必要な強制手段を使用する権利を付与される」と定めた。[7] シュッキング案にも「平和的通航権」の定義はなかったが、同案は、「平和的通航権」でなくなる事由として沿岸国の自己保存を脅かす場合のみを掲げ、沿岸国法令の違反に対しては「平和的通航権」の喪失ではなく、沿岸国の強制手段を使用した執行措置で対処している点で分離説に与するものといえるだろう。[8] しかも同案の特色の一つは、外国船舶の法令違反行為に対する沿岸国の制裁権限を一〇条で規定し、刑事管轄権に関する九条は、領海に固有の法令違反ではなく普通刑法上の犯罪（水先案内人の殺害等）に関するものだと断っていた点である。[9] つまり、船内刑事犯罪につき容疑者を逮捕、捜査するための沿岸国の刑事管轄権の行使と、領海通航に係る沿岸国の法令違反に対する制裁措置とは区別されていたのである。

なお、専門家委員会の最終案は、デ・マガラエスの意見を容れて、「沿岸国は、領海内で、この条約が定める制限に従うことを条件として、公的活動のあらゆる分野において完全な立法及び行政権限を有し、かつ違反に対処できるようにその管轄権の尊重を確保するために必要なあらゆる強制措置をとることができる」と修正された。[10] 法令違反が直ちに「平和的通航権」を失わせるものではないとしても、沿岸国は領海内では完全な主権を有し、あらゆる分野で国内法令を制定しその遵守を強制する権利を有するという考え方が、専門家委員会内では強かったことを窺わせる。

ii　討議の基礎一九　ところが、ハーグ法典編纂会議の準備委員会が作成した「討議の基礎一九」の第一文では、沿岸国の強力な法令制定・執行権に代えて、「沿岸国は、外国商船に対して領海での無害通航権を認めなければならず、船舶が従わなければならない警察規則又は航行規則は通航権を尊重するようにかつ差別なく適用されなければならない」という規定が置かれた。[11] この案は、沿岸国の法令執行権に関する規定を落とし、逆に法令適用に当たり無害通航権の尊重を強調した点で専門家委員会案とは好対照をなす。もっとも「討議の基礎一九」の基礎となった政府回答を見ても、この転換がなぜ行われたのかは定かではない。政府回答で目立つのは、英連邦諸国が、沿岸国の安全、秩序、歳入に危険な人や商品は無害通航権の範疇から除外されると主張して、輸出入管理に関する沿岸国法令の違反を有害通航とみなす姿勢を示したこと、並びに、日本、フランス、オランダを含め多数の国が、沿岸国は主権の行使として航行の安全の保護、公衆衛生、禁制品等の税関検査、漁業等に関して通航を規制する法令を制定できると考えていたことである。[12]

(2) ハーグ法典編纂会議の草案における沿岸国の法令執行権と無害通航権

i 法令違反行為と通航の有害性

ハーグ法典編纂会議で作成さた草案(以下「ハーグ草案」という。)は、無害通航の概念を定義した。商船に関して無害性の定義が必要になった一つの契機は、準備委員会案では船内の「人と商品」にも無害通航権が認められていたことによる。ハーグ会議で米国は、特に領海を航行して港に向かう船舶の無害通航から「人と商品」を除外するよう求め、これを支持した英国が「無害通航権の定義」と題する提案を行い、「通航は、沿岸国の安全(safety)、公の秩序(public order)又は歳入(revenue)に害を与える行為を行う目的で沿岸国の領海を利用するときは無害ではない」という条文を提示した。[13]

英国案につき、船舶の意図を問題にすべきではないという意見もあったが、ハーグ草案三条は、英国案の「安全、公の秩序又は歳入」を「安全(security)、公の政策(public policy)又は財政的利益(fiscal interests)」と変更しただけの規定を作成し、「害を与える行為を行う目的で」という基準は残した。[14] ただし、第二委員会の「所見」が、船舶が領海内に立ち入るときに当該行為を行う意図があったかどうかは行為が実際に行われた以上は関係なく、船舶が無害通航権を濫用した段階で無害ではなくなり沿岸国が行動の自由を回復する、と解説していることから、[15] 上記の有害行為の有無が決定的で主観的意図は問題とされない。「所見」は、「財政的利益」という文言が、「広義に解釈され、関税に関するすべての事項を含（み）」、輸出入の禁止及び通過の禁止は公衆衛生のために定められている場合も「財政的利益」に含まれると説明している。[16] つまり、当時、商船の領海通航が有害となるのは、人や商品の輸出入や領海内通過が関税、出入国管理、衛生規則に違反する場合が想定されており、「公の政策」や「財政的利益」に害を与えるという概念は、これらの国内法令違反と相当重なりあっていたといえよう。ハーグ草案は接合説を採ったものではないが、接合説と分離説の中間ないし接合説に接近した定式となっているといわれるのは、[17] ハーグ草案三条が無害でない通航を沿岸国や船舶の主観的意図ではなく当該船舶の特定の行為に結びつけたこと、また「安全」「公の政策」「財政的利益」を害する行為が、沿岸国の上記のような国内法令違反と相当重なり合っていたことによるものであろう。

なお港へ出入りする通航も無害通航に含ませるかについては、ドイツや日本などがこれを求め、ハーグ草案は、通航は領海を横切る通航と内水に出入りする通航の双方を含むと定義し、後の法典化作業を決定づけた。[18]

ii　沿岸国の法令執行権と無害通航権

ハーグ会議では沿岸国の主権と無害通航権のいずれを優位させるかについて相当議論になったが、[19] 英国は、①無害通航権を行使している船舶に対し、沿岸国は、(a)航行の安全、(b)油と船舶のごみからの水の保護、(c)排他的漁業権、及び(d)国際慣行と実行に従った他の事項について国内法規則に従うよう要求できること、②国内法令の適用において自国船と外国船を差別しない（漁船を除く）こと、③外国船は妨害なしに無害通航権を行使する権利を有することを、提案した。[20] 英国案は、初めて自覚的に海洋汚染防止法令の制定権にふれたが、同国案をめぐる議論は、沿岸国が制定できる法令の範囲とその規定の仕方に集中した。基本的には、無害通航権を重視し沿岸国の法令制定権の範囲を限定すべきだとする主張（ノルウェー、ギリシャ）と、沿岸国の権限を比較的広く見て将来の規則制定の余地を一般的表現で残しておくべきだとする主張（イタリア、英国、フランス）が対抗関係にあったが、沿岸国が制定できる法令に関税法を明示すべきとする意見（ドイツ）や、国内法令は国際法と合致するものに限られるとする主張(イタリア)も見られた。[21] 結局会議は法令制定権の範囲を特定することができず、ハーグ草案六条は、「通航権を行使する外国船舶は、沿岸国が国際慣行に従って制定した法令、特に次のものに従わなければならない」として、航行の安全と水路・標識の保護など四つを例示するに止めたが、その(b)には「船舶により引き起こされるあらゆる種類の汚染に対する沿岸国の水の保護」に関する法令が含められた。[22] 「所見」も、沿岸国の法令制定権につき、当初、沿岸国は「無制限の立法権限を有するわけではなく国際慣行に従わなければならない」という説明を用意していたが、最終的には、「国際法は、航行の一般利益のために、沿岸国が、領海内で無害通航権を行使する船舶に適用される特別の規則を制定する権利を有することを認めている。このため、これまで国際法が沿岸国に属すと認めてきた主要な権限がこの条で定義された」という説明に落ち着いた。[23] つまり、無害通航権を行使する外国船舶が遵守しなければならない法令の範囲は領海に対する主権に基づいており、例示された四つの法令はその代表的なものに過ぎず、それに限定されるものではないと、されたのである。ただし、沿岸国の法令制定権という規定形式ではなく、外国船舶が遵守義務を負うという規定形式が採用された。

もっともハーグ草案四条第一文は、「沿岸国は領海における外国船舶の無害通航を妨害できない」と定めるから、外国船舶が六条に定める法令に違反した場合、沿岸国がとりうる措置との関係が問題になるが、六条に関する「所見」は、「適正に制定された法令に違反した船舶は、明らかに沿岸国の裁判所に服す」と述べる。[24] したがって、法令違反船舶は、直ちにそれが有害通航とならないとしても、四条違反を生じさせることなく、沿岸国の裁判所で裁判されることが示されており、そのための執行措置も当然認められるということが黙示されているものと考えられる。

他方ハーグ草案五条は、「通航権は、沿岸国が国の安全、公の政策又は財政的利益に害を与える行為に対して領海で自らを保護するために必要なすべての措置を執ることを妨げない」と定めるが、「所見」も、この「必要なすべての措置」には「無害性を確認する権利」及び「必要なすべての措置をとる権利」が含まれると解説するだけで、具体的な措置の内容についてはふれていない。[25]

以上のように、ハーグ草案は、無害通航の無害性について航行の目的ではなく実際の行為を問題にすることを明確にしたが、公の政策や財政的利益を害する行為と関税、衛生等に関して沿岸国が制定する法令に違反する行為との関連が必ずしも明確に分離されていなかった。またハーグ草案は、汚染防止を含め国内法令違反には沿岸国の裁判権が及ぶことを認め、したがって沿岸国は執行措置も当然とりうることを示唆するが、執行措置の性格及び範囲を無害通航権との関係で明確に確定することはしなかった。この背景には無害通航権の尊重と沿岸国の法令制定・執行権のいずれに優位性を認めるかをめぐる諸国の攻防があり、ハーグ草案の曖昧さは両者の妥協を反映したものと考えられる。ところで連盟法典編纂会議第二委員会の特別報告者を務めたフランソア（オランダ）は、戦後国際法委員会（ＩＬＣ）で海洋法に関する条約草案の特別報告者を再び務めることになり、ハーグ草案を彼の提案のモデルとした。このため、ハーグ法典編纂会議における主要論点が再びＩＬＣで議論されることとなるのである。

三　領海条約における沿岸国法令の執行と無害通航権

1　国内法令違反と通航の有害性

(1)　国際法委員会草案一五条三項における国内法令違反と有害性の接合

ＩＬＣは、無害通航概念に関してハーグ草案三条を基礎に検討を開始したが、ＩＬＣ最終草案一五条三項は、外国船舶が「沿岸国の安全を害するか又はこの草案に定める規則又は国際法の他の規則に違反する行為を行う」場合には無害通航にあたらないとした。この規定は、沿岸国の安全の場合を除き、草案で認めた国内法令違反又は国際法の他の規則違反をもって有害通航とみなすとする点で、接合説の立場に大きく傾斜していた。それは以下のような議論の結果である。

ハーグ草案三条の有害性の定義を最も強く批判したのは英国のロータ－パクトであるが、彼は特に英語の「公の政策(public policy)」概念(仏語はordre public)では無限定過ぎるとして、客観的な国内法令違反(ただし無害通航権を否定するような法令を除く)を有害性の判断基準とすることを主張し、[26] 国では特に英国とオランダが同様の見解をとった。特にオランダは、通航は「この草案の規定及び他の国際法規則に従って沿岸国が制定した法令に違反する行為を行うことなく」領海を使用する限りにおいて「無害である」とする修正案を提案した。[27] この案は、国内法令違反がそのまま無害性を喪失させる点で、完全に接合説に立脚するものだといえる。フランソワは一九五五年のＩＬＣでハーグ草案三条に代えてオランダ修正案を討議の基礎とし、フィッツモ－リスの支持を得たが、国内法違反がなくても沿岸国の安全を害する通航は有害だとするツ－レックの反対もあって、ＩＬＣは、両者を妥協させ安全を害する行為と国内法令違反の行為をともに有害とする案を暫定的に採択した。[28]

しかし、同案に対する回答において英国が密輸船に対処するため、有害性の判断基準に「沿岸国の輸出入管理又は関税義務を回避する」という文言の追加を提案したことから、一九五六年のＩＬＣでは、再び議論が紛糾した。[29] 船舶による国内法令遵守義務を定めた一九五五年暫定草案には、遵守すべき沿岸国の法令の中に関税法が含められていなかったため、関税法違反の行為は有害通航に該当し、無害通航権の定義条項でこのことを明示すべきだとする主張と、国内法令遵守義務を定めた条項で掲げられた国内法令は例示に過ぎず関税法違反も遵守すべき国内法令に当然含まれているから無害通航の定義条項に国内法令違反と区別して「沿岸国の輸出入管理又は関税義務を回避する」といった文言を入れる必要はないとする主張が対立したのである。[30] 双方とも関税法違反行為が有害通航に当たるとする点では共通していたから、この論争自体は、条文草案の注釈の中に徘徊船は無害通航とはみなさないという一文を入れることで収拾された。しかし、無害通航権の定義条項に英国提案の文言を追加するよう求めたフィッツモーリスやサンドストレームは、無害通航権の定義条項で指定された有害行為を行えば通航権自体を失うが、沿岸国法令遵守義務を定めた条項の違反それ自体では無害通航権は喪失せず、ただ沿岸国法令の違反に制裁が科されるに過ぎないという見解を表明しており、[31] 一九五五年暫定草案が採用した接合説の立場自体に対する批判が出されていたのである。もっともフィッツモーリスやサンドストレームは、無害通航の定義に関する一九五五年暫定草案の規定から、国内法令の違反をもって無害通航とはみなさないとする規定部分を削除することまでは求めなかったので、ＩＬＣ草案は前述のように、沿岸国の安全を害するという基準と「この草案に定める規則又は国際法の他の規則に違反する行為を行う」という基準を折衷した規定となった。ＩＬＣの註解も、ＩＬＣ草案一五条三項のこの文言はハーグ草案三条にあった「財政的利益」が意味したものを包含し、それには沿岸国法令の遵守義務を定めた条項で列挙された関税、出入国管理、衛生をはじめ同条項の註解が列挙する諸利益を含んでいると述べることで、[32] ＩＬＣ草案一五条三項が国内法令違反をもって無害性を喪失させるという接合説に傾斜していたことを確認するのである。

以上のようにＩＬＣ草案では接合説にたった規定が採択されたが、ＩＬＣの議論を通じて問題となっていた国内法令違反は、関税法をはじめ財政、出入国管理、衛生に関する法令違反であって、海洋汚染防止法令など環境保護に関する法令についていえば、その違反が直ちに無害性を喪失させるか否かといった議論はまだこの時期には全く見られなかったのである。

(2) 領海条約一四条四項における国内法令違反と有害性の分離

領海条約一四条四項は、無害性の概念を「沿岸国の平和、秩序又は安全を害しない」通航と定義する。この規定は、有害通航を沿岸国の法令違反から完全に断ち切っている。ＩＬＣ草案一五条三項の規定から領海条約一四条四項への劇的転換をもたらしたのは一九五八年の海洋法会議の第一委員会に提出された米国修正案である。同案はＩＬＣ案一五条三項を二つの部分に分離して、「通航は、沿岸国の安全を害しない限り無害である。この通航は、この条文草案の規定に従って行われなければならない」という規定に置き換えるものであった[33]。米国代表によれば、この修正案は、第一に、有害通航を沿岸国の安全を害する場合に限定することにより最大限度通航の自由を認めようとするもので、「安全」の意味は厳密ではないが「沿岸国の主権に対し軍事的その他の脅威がない」ことを意味し、経済的又はイデオロギー的安全は含まないこと、また第二に、無害通航船は沿岸国の法令に従わなければならないが、沿岸国の法令は無害通航を禁止できないこと、をねらいとする[34]。

米国案は、通航の態様(manner)ではなく通航そのものが沿岸国の安全を害するとみなされる余地を残しており、通航の仕方のみを問題にすべきだという意見がいくつかの国から表明されたが[35]、沿岸国法令の違反と有害性を完全に分離した点につき英国、イスラエル、ノルウェーが支持表明をし、特に英国代表は、通航中の行為が国内法だけでなく国際法規則に違反する場合であっても船舶の通航はなお無害であり、例えば、船舶は煙の出る燃料を燃やし国際法の規則に違反することがあるが、その通航が沿岸国の平和、主権、秩序又は安全に対する脅威となるとはいえないと主張した[36]。

もっとも、通航の有害性を沿岸国の安全を害する場合に局限することについては異論が出され、「平和(peace)、秩序(good order)又は安全を害する」という文言に改めるよう求めたインド修正案[37]が、賛成三八、反対一九、棄権一二で可決された結果、領海条約一四条四項の規定となった。[38]沿岸国の「平和」と「秩序」というのは領海通航中の船舶内で行われた犯罪に対する沿岸国の刑事管轄権を定めた条項に定める「沿岸国の平和又は領海の秩序」という文言にヒントを得たもので、インド代表は無害通航の文脈では安全だけでなく「公の秩序」を害する場合も有害通航に含めるべきだとしたのである。[39]もっとも、領海通航中の船舶内で沿岸国の平和又は領海の秩序を乱す性質の犯罪が行われたからといって当該船舶の通航自体が直ちに有害となるわけではないことからすれば、その条項からヒントを得た「平和」や「秩序」を害するという概念によって安全とは異なるどのような場合が想定されていたのか議論を見る限りでは明確ではない。メキシコ等中南米八カ国も、安全に加えて沿岸国の「諸利益」を害する場合を追加することで、関税規則や漁業規則に違反する通航を有害とすることを求めたが、「諸利益」という概念は沿岸国に無害性に関する完全な裁量を与えてしまうという米国、英国の批判があり、賛成三二、反対三二、棄権五で否決されている。[40]僅差が示すように、輸出入規則や関税規則違反行為を有害通航と見ることには相当の支持があったと思われるが、インド案にいう「秩序」を害するという概念でこうしたケースに対応できるかについては曖昧さを残したままであった。

領海条約一四条四項について、チャーチルとロウは、特定の行為を行ったこと又は法の違反があることを無害性喪失の要件としておらず、沿岸国の利益を実際に侵害しない限り沿岸国法令の違反をもって直ちに無害性を奪ってもいない点で、概ね実際の国家実行及び慣習法と一致する規定と評価する。[41]しかしオコンネルは、この規定はＩＬＣ草案とは反対の極端さを示すもので、無害性を沿岸国の法規の遵守に依存させはしないが、無害の定義を船舶が領海内で行った行為に関係づけていないために、領海内で沿岸国に害を与える行為をしなくても、他の何らかの事由により有害だとして通航が無害でなくなることがありうると批判する。[42]ガンチャも、船舶は、法令に違反した場合には罰金又は他の制裁に服するが、航行自体は許されなければならないとして、この規定が無害性を法令違反とは区別したことは評価したが、無害性に関する客観的基準の設定という点では、船舶の有害行為を基準としなかったために、沿岸国が航行の目的又は航行の潜在的効果を理由に航行を有害とみなしたり、平和又は秩序を害する場合にあたるとして通航を禁止することを容認してしまう弱点をもっていると指摘する。[43] 三者とも沿岸国法令の違反と通航の有害性を分離したことを評価する。この分離によって、無害通航権は今や沿岸国の国内法令に依存することなく、またたとえその違反があってもなお通航自体は尊重される権利として確立した。汚染に即していえば、英国が例として述べたように、沿岸国の汚染規制法令に違反する煙の排出があっても、法令違反の制裁を受けるだけで、船舶の航行権を喪失することはない。しかし他方で、領海条約一四条四項は、有害性の判断基準を沿岸国の安全、平和及び秩序という不確定な概念に依存させた点、また、通航の仕方を基準とせず通航を基準として有害性を判断しうる余地を残した点で、解釈の対立を生じさせる原因となった。実際の海洋汚染行為がなくても、高度に危険な積載物を運搬する船舶の場合、それだけで有害通航とみなされる余地が残されており、その評価をめぐっても意見は分かれている。

2　沿岸国の国内法令執行と無害通航権

(1)　国際法委員会草案における国内法令違反と沿岸国の保護権——接合説と保護権

ＩＬＣ最終草案一八条は、外国船舶の沿岸国法令遵守義務につき、「通航権を行使する外国船舶は、沿岸国がこの条約草案の規定及び国際法の他の規則に従って制定した法令、特に運送及び航行に関する法令に従わなければならない」という条文を採択した。[44] しかし、ハーグ草案と同様に、ＩＬＣ条文草案にも、沿岸国による法令の執行について定めた規定は設けられなかった。しかし前述したように、ＩＬＣ草案一五条三項は、沿岸国の安全を害する行為を除き、有害通航の意味を沿岸国の国内法令違反と同一視する接合説を採用していた。この接合説の下では、外国船舶の国内法令違反の行為に対する沿岸国の執行措置と無害でない航行に対する沿岸国の保護措置との間の区別は殆どなくなることに注意する必要があろう。実際ＩＬＣは、沿岸国保護権に関する規定を接合説に基づく無害通航権の定義条項と一致させるために、最終草案一七条一項では、「国の安全又はこの条文草案の規定及び国際法の他の規則の基づき沿岸国が保護する権限を有する他の利益を害する行為」に対して自らを保護するために必要な措置をとることができる、という規定形式を採用した[45]。「この条文草案の規定及び国際法の他の規則の基づき沿岸国が保護する権限を有する他の利益」という文言は、無害通航の定義に関する最終草案一五条三項では有害行為が「この草案に定める規則又は国際法の他の規則に違反する行為」と定義されていたことに対応させるための文言である。要するに、沿岸国の保護権は、自国の安全を保護する措置を除けば、国内法令に基づいて沿岸国が保護する権限を有する利益を害する行為に対して、自らを保護するために必要な措置をとる権利を意味していた。したがって、ＩＬＣ内の議論において、無害通航権は独立した権利であって有害でない通航に干渉する権利を沿岸国はもたないと考える委員(ヒル、サマランカ、フィッツモーリスなど)に対して、沿岸国は自国の公の秩序のために必要な場合にはたとえ無害通航であっても通航を止める(領海内での無害通航自体の一時停止を含めて)ことができるという意見(ツーレックなど)が出て保護権の範囲につき混乱が生じるのも[46]、国内法違反が有害通航となるという接合説の下では無理からぬことであったと思われる。

同様の混乱は、無害通航を妨害しない義務についても生じていたように思われる。ＩＬＣ最終草案一六条一項の第一文は「沿岸国は、領海の無害通航を妨害してはならない」という規定を採択したが[47]、この規定は元々はハーグ草案四条の「沿岸国は領海内の外国船舶の無害通航を妨害してはならない」という規定に起源をもつものであった。しかし、ハーグ草案四条は、一九五四年のＩＬＣ会期で一時姿を消すことになる。それは、無害通航であっても沿岸国の安全や秩序のためには一時的に停止されることがあるのでハーグ草案四条の義務には「原則として」という文言が付されるべきだとする意見(コルドバ。これは後に沿岸国の保護権として認められる。)のほかに、無害通航を妨害しない義務は沿岸国の保護権や沿岸国法令の遵守に関する条文草案の規定に従うことを条件とするという主張(ツーレック)が出されたために、ローターパクトが無害通航を妨害しない義務に換えて、「この条文草案の規定に従うことを条件として、すべての国の船舶は、領海における無害通航権を有する」という規定を提案し、これが一時的に採用されたからである。[48]無害通航を妨害しない義務が復活するのは、一九五四年草案に対するオランダ修正案を契機とするが、先に述べたようにこのオランダ修正案は、有害通航の概念を国内法令違反と同視する提案とセットになっていたのである。つまり、無害通航を妨害しない義務は、船舶が沿岸国の国内法令に違反しない限りその通航を妨害してはならないという意味に解釈される余地が十分あったと考えられる。

さて以上のような事情の下で、外国船舶の法令遵守義務を定めた前述のILC草案一八条については、二つの問題が生じた。第一は、外国船舶が従うべき国内法令の範囲である。ハーグ草案五条は四種の法令を例示列挙していたが、ILCの議論を通じて追加的に明示することを求められた法令としては、沿岸国の保護権に基づき制定される安全と公の秩序の保護に関する法令(一九五四年、ローターパクト提案)、水路調査に関する法令(一九五五年、フランソワ提案)、武器、弾薬及び戦争の手段の取引等に関する法令(一九五五年案に対するインド案)、領海の鉱物その他の資源の保護に関する法令(同インド案)、国旗の掲揚、国際航行路の遵守、公序及び安全に関する規則並びに関税及び衛生に関する法令(同ユーゴスラビア)などであった。[49]ここでも、有害通航から沿岸国を保護する保護権の問題と無害通航船舶に対して沿岸国が遵守を要求できる国内法令の範囲の問題が、接合説の下で、十分に区別されることなく議論されていることが窺われるのである。結局ILCでは、国家は主権に基づき国際法に反しない限り領海内ではあらゆる法令を制定する権限をもつ(クリロフ、ツーレック、スピロプーロス)から例示は誤解を生じさせる、あるいは、「特に」と断って条文で法令を例示列挙すれば、特別重要な法令と受け止められるおそれがある（フィッツモーリス）といった懸念から、法令のリストを削除する方向に向かった。[50] しかし他方で、領海通航中の船舶に沿岸国法令のすべてが適用されるわけではなく、また、リストが削除されると船内事項につき沿岸国の民法まで適用される懸念がある（フランソワ）、無害通航船舶が特に通航の過程で従うべき法令を明示すべきだ（サンドストレーム）という主張があり、ＩＬＣは「特に運送及び航行に関する法令に従わなければならない」という文言を入れることで問題を処理した。[51] ＩＬＣの註解は、「リストは網羅的であり得ず、幾分恣意的でもあるので条文自体には含めず、註解でふれることにした」と述べ、註解では説明抜きに安全や関税に関する規則にも言及していることから、ここでも接合説の影響が出ていると思われる。海洋汚染に関しては、註解は「船舶により引き起こされるあらゆる種類の汚染に対する沿岸国の海水の保護」を例示したが、接合説の下で、仮にこのような広い範囲の法令違反のすべてが無害通航でなくなるとすれば船舶の航行については極めて広範な制限が及ぶことになるのであるが、一九五〇年代半ば頃までの時期は、海洋汚染防止法令違反と有害通航の関係について踏み込んだ議論がなされるような時代ではまだなかった。もう一つＩＬＣで議論になったのは、沿岸国法令に対する制限の問題である。ハーグ草案五条は、沿岸国の法令が国際慣行に従うべきことを定めていたが、ＩＬＣ草案一八条は、沿岸国の法令が「この条約草案の規定及び国際法の他の規則」に従うという規定に変更した。ＩＬＣでは、沿岸国法令が何に準拠すべきかをめぐって、海事法の重要な実行と慣習から成っている国際慣行こそ重視すべきだとする意見（アマド、セル、フランソワ）、領海に関する既存の国際法規はこの条約草案で明確に法典化すべきだとして「この条約草案の規定」のみに従うことを求める意見（ツーレック）、国内法令が従うべき規則は他の条約にもあり他方慣行というのは厳密さに欠けるし海員の単なる実行で国を拘束することもできないとして、この条約草案の規定のほか「国際法の他の規則」にも従うべきことを求める意見（ローターパクト、コルドバ、ガルシア・アマドール）の三つに見解が分かれたが、第三の見解が採用された。[52] 一方で、沿岸国の国内法令制定権は沿岸国の主権事項だとする考え方が強かった中で、国内法令がこの条約及び他の国際法規則に従うという点が意外と簡単に合意されているのはやや不思議であるが、当時は海上航行規則も含めて船舶の航行に関連した国際法規則が未だ現在ほどの発達を見ていなかったことも一つの要因かと思われる。

(2) 領海条約における沿岸国の法令執行権と無害通航権

前述のように、一九五八年の海洋法会議で、無害通航権の定義は国内法令の違反とは完全に分離される根本的転換がはかられた。これに伴って、沿岸国の保護権の意味も無害通航権を妨害しない沿岸国の義務の意味も、根本的な意味の変更を受けることになるはずである。また国内法令違反が直ちに有害通航とならないということであれば、沿岸国法令の違反に対する独自の執行措置に関する条文が必要になるはずである。しかし、海洋法会議ではこれらの諸点について、十分議論が尽くされたとはいえない。

まず沿岸国の保護権に関するＩＬＣ草案一七条一項については四つの修正案が出されたが、ここでは接合説と分離説の保護権に対するアプローチの違いを端的に示す二つの修正案を対比するだけで十分であろう。一つは未だ接合説に基づくオランダ修正案で、「沿岸国は、（ＩＬＣ草案）一八条に定める法令の領海内での違反を防止し、かつ、この法令の執行を確保するために必要な措置を領海内で執る権利を有する」と定める。[53] 沿岸国の保護権は、沿岸国法令の違反を防止し法令の執行を確保するための措置に純化されている。他方は分離説に立つ米国修正案で、「沿岸国は、無害でない通航を防止するために領海内で必要な措置をとることができる」と定める。[54] ここでは、沿岸国の保護権は無害でない通航すなわち沿岸国の安全を害する通航を防止する措置に純化されている。第一委員会議長が修正案を提出した諸国に単一の修正案に一本化するよう要請し、その結果、米国修正案と同一内容の米・英・蘭等六カ国修正案がまとめられ、これが賛成三六、反対二一、棄権一〇で採択された[55]。領海条約一六条一項に定める沿岸国の保護権は、分離説に基づいて有害通航を防止するための措置に限定されたのである(ただし、沿岸国の保護権は船舶が内水に向かう場合に必要な措置をとる権利と沿岸国が自国の安全のため不可欠の場合に特定区域で無害通航そのものを一時的に停止する権利を併せて保護権に含める)。

他方、無害通航を妨害しない沿岸国の義務については分離説の採用にも拘わらず、殆ど議論になることもなく採択されている。

以上のような処理がなされたとすれば、無害通航権を行使する船舶が遵守すべき沿岸国法令に関わって、沿岸国がどのような法令を制定でき、それを無害通航船舶にどのように執行できるかという問題が改めて提起されて当然であろう。ＩＬＣ草案一八条についてもいくつかの修正案が提出されたが、ここでも修正案の一本化がはかられた結果、六カ国は次のような修正案を提示した。すなわち、修正案一項は「通航権を行使する外国船舶は、この条約草案の規定及び国際法の他の規則に従って沿岸国が作成し公表した法令に従わなければならない」と定め、二項は「沿岸国は、一に定める法令の違反を防止し、並びに、この法令の執行を確保するために必要な措置を領海内で執る権利を有する」と定めた[56]。沿岸国の法令違反の防止と法令執行の権限を明示したのである。この二項は、沿岸国の保護権に関するオランダ提案の中にあった規定であるが、保護権が有害通航に対処する権利となったことから、改めて沿岸国の法令の違反を防止し執行を確保するための沿岸国の権利として再構成されたものということができる。分離説が採用された以上、保護権規定についても、無害通航船舶に関する法令の執行権についても、六カ国修正案のような規定を整備することが規定に首尾一貫性を与えることになると思われるが、外国船舶の国内法令遵守の義務については第一委員会で六カ国修正案ではなく、その前に採決したメキシコ修正案が賛成多数で採択されてしまうという事態が生じた。メキシコ案は、ＩＬＣ草案一八条の「沿岸国が制定する法令に従わなければならない」という文言を修飾していた「この条約草案の規定及び国際法の他の規則に基づいて」という文言を、領海内を通航する外国船舶を修飾するように変更する修正案で、これは再び接合説に回帰することを意味する提案であった。[57] 無害通航権の定義及び沿岸国保護権に関して分離説を採用した委員会で、これと矛盾する内容の提案がなぜ採択されたのかは議事録からは不明である。ユーゴスラビアは、国内法の執行のために、せめて六カ国修正案の二項だけでも投票に付すことを求めたが、英国は、メキシコ修正案は六カ国修正案とは全く趣旨を異にするものであるから、二項の意味が失われてしまうとして、採択されたメキシコ修正と二項を組み合わせることを拒否した。[58] ところが、メキシコ修正（これ以外にギリシャ修正も採用されたが本稿には関係ないので省略）を受けたＩＬＣ草案一八条を最終表決にかけたところ、この修正一八条案が否決されるという珍しい事態が起こったため、極めて異例ではあるが、再び元のＩＬＣ草案一八条が採択に付され、これが可決され、領海条約一七条の規定となった。[59]

要するに、一九五八年海洋法会議では、無害通航権の概念について接合説から分離説への決定的な転換がはかられ、これに伴い保護権規定もこれに適合するように修正がなされた。さらに沿岸国の法令遵守義務に関連して、分離説の立場から、国内法令違反ではあるが未だ無害通航権を喪失していない外国船舶に関して沿岸国の法令執行権を明示に認める規定が用意された。しかし上記のような事情により、国内法令の執行に関する規定が完備することなく海洋法会議は幕を閉じたのである。これによって、沿岸国の法令執行権が無害通航を妨害しない義務との関連でしばしば問題となるのであるが、ただ以上の経緯を見るならば、たとえ領海内で無害通航権を行使している外国船舶であっても、沿岸国は法令違反を防止し、法令の執行を確保するために必要な措置をとることができるということは、米、英、オランダをはじめ多くの国によって自明のことだと考えられていたように思われる。ただし、領海条約一七条は、その条件として沿岸国法令が無害通航権に関する領海条約の諸規定と他の関連する国際法規則に則ったものであることを求めていたのである。

チャーチル及びロウは、領海条約一七条は同条に黙示される沿岸国の立法管轄権に事項的制限があるのかどうかを明確にしていないため、無害通航でない船舶は沿岸国のあらゆる法令に従わなければならないが、他方無害通航中の船舶については、沿岸国は理論上主権の行使として航行等以外の法令も適用できるが、礼譲の問題として適用を控えることを期待される、という。[60] また、法令執行権については、無害でない船舶は、領海から排除されるとともに沿岸国の完全な管轄権下に置かれ、国内法令違反により拿捕されるが、他方、領海条約一七条に基づく立法管轄権の結果として、沿岸国は領海に特別関係する法令の違反については執行権を有し、その行使に当たっては逮捕・捜査のための刑事管轄権の行使の場合と同様に航行の利益に妥当な考慮を払うことを条件に、領海条約一九条と慣習国際法は沿岸国に被疑船の拿捕と法的手続の開始による汚染防止法令の執行を許している、とする。[61] 領海内を無害通航中の外国船舶に対して沿岸国の法令一般がどこまで及ぶかは領海条約起草過程を見ても十分には議論されていない。領海条約は沿岸国の立法管轄権の範囲そのものは検討の対象としていない。これは各沿岸国の立法裁量事項であろう。しかし、法令の適用に伴う逮捕・捜査などの執行管轄権に関係する限りでは無害通航権との衝突を避けるために、沿岸国の権限行使を制限する規定を置いた。もっとも、例えば刑事管轄権に関する領海条約一九条の規定は、領海内航行中の船舶内で生じた犯罪に対処するもので、領海航行中に船舶の通航に関して定められた沿岸国法令の違反防止又は執行措置については、領海条約起草過程でも、別個の条文で対応しようとしていたことがわかる。ハーグ法典編纂会議での議論や領海条約起草過程での議論を見れば、チャーチルとロウが指摘するように、海洋汚染防止法令違反の船船については、たとえそれが無害通航中であったとしても、沿岸国は、違反に対する執行措置をとることができるというのが諸国の一般的態度であった。チャーチル及びロウは、その際には領海条約一九条と同じく船舶航行の利益に妥当な考慮を払うという制約が係るとするが、領海条約は不幸にも前述のような事情によって、沿岸国法令を執行する際に沿岸国が遵守すべき諸条件を議論することなく幕を閉じた。しかも、領海条約起草時には、海洋汚染防止に関する沿岸国法令の執行の問題は、未だ大きな関心を集める問題ではなかった。

四　国連海洋法条約における沿岸国の海洋汚染防止法令の制定・執行権と無害通航権

領海条約は無害でない通航の概念を国内法令違反から分離し、沿岸国の保護権を有害通航に対処する権利とした。しかし、沿岸国の平和、秩序又は安全を害するという概念を具体化しなかったので、この概念の判断については沿岸国になお広範な裁量権が与えられていた。[62] これに対して海洋法条約は、何が沿岸国の平和、秩序又は安全を害するかを船舶の活動に着目して具体的に規定する(通関上、財政上等の行為は国内法令違反行為が有害通航となるが他は法令違反そのものとは区別している)とともに、無害通航中の船舶に対して沿岸国が適用できる法令の内容も具体的に列挙した。海洋環境の保護についても有害となる汚染行為とそうでない行為が区別され、無害通航中の船舶に適用できる海洋環境保護法令の内容と許される法令執行措置が従来になく明確に規定されることとなった。もっとも、海洋環境保護法令の違反と有害通航の関係、あるいは沿岸国の保護権と法令執行権との関係が具体的にどうなっているのかについては、なお解釈が分かれる可能性を残している。以下では、わかる限りで海洋法条約の起草過程にもふれながら、海洋環境保護と海洋汚染防止に関連して、領海内無害通航権と沿岸国の法令執行権とがどのように調整されたのかを整理しておきたい。

1　有害通航の定義と沿岸国の保護権

(1)　有害通航となる海洋汚染行為

海洋法条約一九条一項は、領海条約一四条四項の無害通航の定義をそのまま踏襲したが、一九条二項は、有害通航とみなされる船舶の活動を列挙し、海洋汚染については、(h)で「この条約に違反する故意のかつ重大な汚染行為」を有害通航とみなした。もっとも、何が「故意のかつ重大な汚染行為」に該当するのかについては必ずしも明確ではなく、条約起草過程から窺えるのは僅かに次の事実である。

有害通航となる活動を具体的に列挙することは、既に一九七三年の国連海底平和利用委員会に提案されたフィジー案[63]にも見られるが、一九七四年の諸提案やメイントレンドを見ても、当時はまだ有害通航として列挙された活動の殆どが沿岸国の安全に関わる活動であり、汚染行為はリストの中に含まれていなかった。[64]汚染行為がリストに掲げられたのは、一九七五年五月七日付の非公式協議部会のブルー・ペーパー一四が最初であり、その二七条二項(h)は「この条約の規定に違反するあらゆる意図的な(intentional)汚染行為」と書かれていた。[65]同年の非公式単一交渉草案一六条二項(h)で、「意図的な」という文言は「故意の(wilful)」という文言に修正されたが、[66]さらに一九七六年三月にカナダはこの条項を「この条約の規定に従って沿岸国が制定した海洋環境の保存のための法令のあらゆる違反。ただし、この違反が沿岸国に重要な有害的結果を生じさせると合理的に予想される場合に限る」又は「沿岸国に重要な有害的結果を生じさせると合理的に予想される重大で急迫した汚染の危険を含む又はその危険に導くあらゆる作為又は不作為」に改めるよう提案している。[67] 汚染行為の故意性よりも、沿岸国に与える有害的結果の重大性を有害性の判断基準とする提案であるが、前者は法令違反を有害通航の構成要件とし、他方後者は汚染の危険を含む行為又は汚染行為という行為自体に着目するものであった。しかもカナダ提案は重大な結果が予測される場合にも有害通航とみなしうる規定ぶりであった。これに対し、国際海運協会(International Chamber of Shipping)は、「あらゆる故意の汚染行為」では広きに失するとして(h)自体の削除を求め、環境問題は第二委員会ではなく第三委員会で検討するよう求めた。[68] これらの非公式提案はいずれもそのままでは受け入れられなかったが、一九七六年の改訂単一草案一八条二項(h)の段階では、「重大な(serious)」な汚染という基準が加わり、既に「この条約に違反する、故意のかつ重大な汚染行為」という規定が固まっていた。[69] 以上から理解されるのは、沿岸国の利益と海運の利益が対抗する中で、特定の汚染行為を有害通航とみなすという点では沿岸国の主張が通ったが、故意かつ重大なという二重の要件が設定されたことにより有害性の基準は高くなり、単に有害な結果が予想される又はその危険があるというだけでは、なお有害通航とはみなせないということであろう。実際、一九七四年段階の諸提案の中には、原子力船や超大型タンカーなど特殊船舶の領海通航については沿岸国が事前通報や事前許可を要求できるとする案もあったが、[70] 海洋法条約二二条二項と二三条は、これら特殊船舶には航路帯の通航を要求でき、かつ、当該船舶が国際協定が定める文書を携行しかつ国際協定が定める特別の予防措置をとる義務を負うことを規定するに止めた。

以上を見るだけでは、一九条二項(h)の「この条約に違反する故意のかつ重大な汚染行為」にどのような場合が含まれるかなお解釈の相違が生じうる。この点は、国際法協会(ＩＬＡ)でも議論となり、二〇〇〇年の決議は、汚染行為に関わって外国船舶の行為が有害となる場合を四つあげる。すなわち、①海洋法条約一八条の「通航」基準を満たさない場合、②海洋法条約に反する故意のかつ重大な汚染行為を行う場合、③一般国際法上介入権を沿岸国に与える海難事故が生じた場合、④船舶の状態が極めて劣悪で重大な有害的結果をもたらす重大な事故を引き起こす危険が極めて高い場合、である。[71]ＩＬＡ決議は、海洋法条約一九条二項(h)の「故意のかつ重大な汚染行為」それ自体の範囲を確定するよりは、むしろこの基準以外になお有害とみなされる場合が三つあることを指摘するもので、有害通航を一九条二項(h)の場合に絞り込んだ会議の意図からすれば一見したところ議論を生じさせる提案といえる。もっとも、決議がこのような提案をしたのは、「故意のかつ重大な」という基準が沿岸国に裁量権を与えるものではあるが、重層的な二重基準の敷居が相当高いため、例えば合衆国対ロイヤル・カリビアン・クルーズ事件で三〇万ガロンの油漏れを環境に対する急迫した脅威ではないとして金銭罰のみを科し重大なものとは扱わなかった米国プエルトリコ地区裁判所の判決のように、意図的排出も一般的には「重大な」レベルに達しないし、他方事故による排出はしばしば重大なものとなるが意図的という基準を満たさない、という認識があったからである。[72]さらに、この基準では、有害となるのは、実際に損害が生じた場合に限られ、有害物質を運んでいても損害の危険があるだけでは有害という性格づけはできないと考えられている。[73]しかし決議は、海洋法条約一九条二項から領海内の船舶の活動の性質だけが無害性を喪失させるという結論を導くのはあまりにも硬直的で、例えば領海又はその外の海域で海難事故が生じ領海に対する汚染の脅威がある場合は例外だという。[74]その根拠は、沿岸国は原則として一般国際法により与えられかつ領海に対する主権に基づく権利を保持していること、又は、海難はもはや一八条の「通航」とみなされないか若しくは一九条二項(l)の「通航に直接の関係を有しない」とみなされることに、求められている。[75]確かに、領海内での海難のように、船舶の無害「通航」要件に該当しないものは、それで処理することが可能であろう。しかし一応通航要件に該当し、「故意のかつ重大な汚染行為」を現に生じさせていない船舶を有害とみなすのは、海洋法条約の解釈からは相当無理が出るように思われる。実際ＩＬＡの決議の注釈は、重大な事故を生じさせる危険のある極端に劣悪な状態の船舶も無害通航権を行使できないであろうと述べるが、その根拠は提示していない。[76] ガンチャも、外国船が領海外の接続水域又は排他的経済水域(EZ)で沿岸国法令に違反した後領海に立ち入る場合は無害ではないとするが、その根拠は示していない。[77] ＩＬＡの注釈は、究極的には領海に対する主権を根拠とするが、無害通航権が定義されている以上有害か無害かを判断する国の裁量権にも制約が加わらざるを得ないだろう。ただし、有害通航かどうかを判断する場合一九条二項がすべてではなく、なお一九条一項の規定に基づき判断がなされる余地がある。汚染そのものではないが、アッティカン・ユニティ号(オランダ対バーギングス)事件では火災を起こした船舶を浜へ乗り上げさせて消火活動を行うため領海に進入させることが無害通航に該当するかどうかが争われたが、オランダの控訴裁判所は同号が火災と爆発による損傷のため無害通航権を主張する権利を有しないと判断し、船会社が争った。[78] 最高裁は、無害性ではなく浜に乗り上げるための領海通航は領海条約一四条二項にいう通航ではないとして事件を処理したが、[79] 仮に危険な爆発物を積載した船舶が事故で火災を起こした場合、海洋法条約一九条二項(h)には該当しなくても、なお一九条一項の沿岸国の平和、秩序又は安全を害するという概念には該当する場合があるのではないかと考えられる。

(2) 有害通航に対する保護権

沿岸国の保護権に関する海洋法条約二五条一項は、「沿岸国は、無害でない通航を防止するために、自国の領海内において必要な措置をとることができる」と定めるが、この条項は領海条約一六条一項と全く同一規定であり、第三次海洋法会議の起草作業で特記すべき事項はない。もっとも、この沿岸国の保護権が、汚染行為に関する限り、後に述べる沿岸国の法令執行権とどの点でどのように異なるのかという点について、ＩＬＡの決議は、沿岸国の船舶起因汚染に対する沿岸国の執行権限の程度はまず第一に無害通航か有害通航かの区別にかかるとし、有害通航の場合には、沿岸国は、原則として、領海からの退去を含む全面的な執行権の行使が許される、と指摘する。[80] 無害通航との最大の違いは、領海外への退去の強制に求められているのである。

2　沿岸国の国内法令制定・執行権と無害通航権

(1)　無害通航船舶に対する沿岸国の法令制定権

海洋法条約は、領海条約と異なり、二一条一項で沿岸国が無害通航に関して八つの項目につき法令制定権を有することを明記した後、四項で無害通航権を行使する船舶にこれらの法令の遵守を義務づける。その中には「沿岸国の環境の保全並びにその汚染の防止、軽減及び規制」(一項ⓕ)に関する法令が含まれる。しかし、沿岸国の法令は、「この条約及び国際法の他の規則」(一項)に従ったものでなければならず、「外国船舶の設計、構造、乗組員の配乗又は設備(DCME)については「一般的に受け入れられている国際的な規則又は基準を実施する」もの以外は認められない(二項)。他方、二一一条四項は、沿岸国は有害通航か無害通航かを問わず「自国の領海における主権の行使として」外国船舶からの「海洋汚染を防止し、軽減し及び規制するための法令」を制定できるが、外国船舶の無害通航権を妨害するものであってはならない、と定める。この二つの条文は、相補完する規定であるが、第三次海洋法会議で第二委員会と第三委員会で別個に起草されたため、相互の調整がなされたとはいえ、なお齟齬をきたす可能性を完全には払拭していない。二一条では国際法による規制が強調されているのに対して、二一一条では主権の行使が前面に出ているのもその典型的表れであろう。

i　海洋法条約二一一条の法令制定権　汚染防止のための国内法令は、ハーグ草案以来一貫して沿岸国の制定できる法令の中に含まれてきたから、海底平和利用委員会の八カ国案をはじめ初期の提案は沿岸国の法令制定権の中に海洋環境保護に関する法令を含めていた。[81]「沿岸国の環境の保全」に加えて「汚染の防止、軽減及び規制」が加えられたのは、一九七六年に第三委員会の規定と調整されたためである。二一条の起草過程で注目されるのは、法令制定権自体よりもむしろその限界付けである。例えば、二一条の起草に多大な影響を与えた一九七四年の英国案は、沿岸国が制定できる法令の範囲は列挙した項目に限定されると明示したほか、外国船舶の設計、構造、配乗若しくは設備又は一般に受け入れられた国際法の規則によって規律されている事項（規則が国内法令を許容している場合を除く）には国内法を適用してはならないこと、外国船舶に対し無害通航権を否定し又は侵害する実際上の効果を有する要件を課してはならないことを、定めていた。[82] この案は、ＤＣＭＥだけでなく国際法が規律している他の事項についても国内法の制定・適用を禁止する点に特色がある。他方、例えば一九七七年の米国提案は、船舶の設計に関しては権限のある国際機関又は一般的外交会議が採択した規則、基準又は勧告を実施する国内法令を、また船員の資格・訓練及び船舶の設備に関しては同様の要件を満たすか又は入手しうる最善の科学・技術情報に基づく特別規則の設定が必要な場合には国内法令を制定・適用できると、定めていた。[83] 準拠すべき基準が、厳密な意味での国際規則かそれとも権限のある国際機関が採択した基準や勧告でもよいか、あるいは最善の科学技術情報に基づき必要な場合には上乗せ基準が許されるのかなどの点につき英国案とは微妙に異なる考え方が提示されている。

しかし、後述するように、一九七六年の改訂単一交渉草案（当時二〇条二項）段階までは英国案の規定がそのまま条文案として掲げられており、第三委員会との調整と一九七七年の非公式協議の結果を待って、ＤＣＭＥに対象を限定した上で、これらについては「一般的に受け入れられている国際的な規則又は基準を実施する」国内法のみが許されることで決着がはかられた。

ii　海洋法条約二一一条の法令制定権　他方、海洋汚染防止に関する沿岸国の法令制定権については、一九七三年の海洋汚染防止条約に一言ふれておく必要がある。同条約の九条には、「この条約のいずれの規定も、この条約に定める事項について、締約国がより厳格な措置を自国の管轄権内でとる権限を損なうものと解釈してはならないし、また締約国の管轄権を拡張するものでもない」と定める一項と「(締約国は)この条約の『規則』に定める条項に基づかない船舶の設計［及び配乗］に関係した汚染規制に関する規則を適用してはならない」と定める二項を置くことが予定されていたが、諸国の意見が対立したため、九条の規定を設けることはできなかった。[84] その対立点の一つが、条約規則よりも厳格な国内法令を管轄権下の海域(当時は主として領海)で制定・適用できるかという問題であった。会議最終盤には、排出基準については条約規則より厳しい措置をとることを認めるが、船舶の設計と設備については、環境が特に脆弱な特別海域を除いて沿岸国の独自の法令を認めないとする妥協案が出されたが、三分の二の多数を得ることはできなかったのである。[85]

こうした対立を反映して、一九七三年海底平和利用委員会第三作業部会が作成した条文選択肢案の第四節(基準を設定する個々の国の権限)には、海洋汚染に関して国際基準より高い基準を採用し実施できるのはあくまで自国を旗国とする船舶と、港及び沖合施設に停泊する船舶に限られるという立場を採るB案と、少なくとも領海においては沿岸国が一定の条件の下に必要な措置ないし特別の措置を執ることができるとするA案及びC案が並置されていた。[86] 一九七四年から七五年にかけては、領海における沿岸国の法令制定権に明示的にふれた提案も若干あったが、主要な関心はEEZに対する汚染防止管轄権の拡張問題であった。一九七五年の第三委員会に提案された欧州九カ国案は、伝統的旗国主義を修正し寄港国に管轄権を分担させることを提案するものであったが、国は国際規則を実施する規則を制定できるとのみ規定していたために、領海に対する沿岸国の汚染規制権が書かれていないとか、領海については国際機関が基準設定権を独占できないといった意見が相継いだ。[87] こうした批判を受けて一九七五年の非公式単一交渉草

こうしてＤＣＭＥ以外については沿岸国は海洋汚染防止・規制等に主権を行使して国際規則・基準以上に厳しい基準を設定できることが確認された。もっとも二一条二項自体を大きく修正したということは、海洋汚染に限らず、領海において沿岸国は一般的にＤＣＭＥ以外の事項であれば国際規則及び基準よりも厳格な法令を制定できるという効果をもつことになろう。しかし他方、海洋汚染に関しては二一一条四項が条約の「第二部第三節」全体にリファレンスを広げるという妥協をはかったため、沿岸国の法令制定権は、第二部の二一条二項だけでなく、沿岸国の無害通航権尊重義務、沿岸国の刑事管轄権行使の制約など領海の無害通航に関する第三節のすべての規定に従う恰好となった。そこで例えば、法令の適用にあたっては「外国船舶に対し無害通航権を否定し又は害する効果を有する要件」を課してはならないと定める海洋法条約二四条一項ⓐの規定が、沿岸国の法令の内容や適用に制約をもたらすという解釈の余地を残すことになったといえる。

なお、二一一条四項の「無害通航権を行使している船舶を含む」という文言は、アモコ・カジス号事件後の一九七八年に、米国代表が国際基準より厳しい排出基準を設定できる沿岸国の権利は排出が故意で重大な場合に限られないという理由から追加を求めたもので、これを採用した非公式会合議長は、この追加は沿岸国の主権は無害通航権を行使しているかどうかに関係なくすべての船舶に適用されることを明確にする必要により挿入されたことを説明している。[96] 他方、カナダ、トリニダード・トバゴ等は沿岸国はＤＣＭＥにつき国際基準が存在しない又は不十分な場合あるいは国際条約が効力を発生していない場合には沿岸国は、船舶の設計・構造等についても国内法令を制定する権利を否定されないと主張して、なお第Ⅱ部二一条二項の削除又は修正を求めたが、妥協のバランスを損なうということでコンセンサスを得ることはできなかった。[97]

このように海洋汚染防止に関しては、沿岸国は主権の行使として国際規則及び基準以上の法令を制定できることが確認されたが、これは各国がバラバラに汚染法令を制定するということではなく、権限のあるIMO等の国際機関又は一般的外交会議を通じて統一的な国際規則及び基準を設定することを求める二一一条一項の規定を前提としているということを確認しておく必要がある。その上でDCMEについてはこの国際規則及び基準を実施する国内法令のみが認められ、その他の事項についてはより厳格な法令を制定することが承認されたのである。チャーチル及びロウ、オコンネルは、領海における海洋汚染防止に関する限り、沿岸国の立法権限は、慣習法に比べて制限を受けた、又は、領海条約では曖昧に残されていた点が明確に制約されたと評価する。国際規則・基準を実施するのではない船舶の設計・構造等に対する法令制定が禁止されたほか、法令の適正な公表、無害通航を妨害しない義務等の制限が設けられたことが、その主要な理由である。[98]ボダンスキーも、海洋法条約の領海に関する規定が、無害通航を全面的に否定する法令（例えば有害廃棄物を運搬する船舶の通航禁止）と無害通航を単に害する又は妨害する法令（船舶の設計・構造等につきより厳しい基準を設定する法令）とを区別せず、両者をともに禁止した点で海洋国側に有利な規定となっており、海洋環境に関する沿岸国の懸念が高まるにつれ海洋法条約の安定性を脅かす動きが出てくるとして、バーゼル条約起草過程での有害廃棄物積載船の領海通航をめぐる議論と海洋保護区設定に関する沿岸国の主張をあげている。[99]確かに、海洋法条約二一一条二項及び二一一条四項は統一的ルールにより航行の利益を守ろうとする海運国と汚染に対する管轄権を強化しようとする沿岸国との利害の調整の産物であり、沿岸国も多くの点で譲歩をしている。その点では両者の関係が曖昧なままであった領海条約に比べて、沿岸国の立法権が明確に限界づけられた点はいくつかある。しかし、DCMEを除けば、汚染防止につき沿岸国は主権を行使してより厳格な法令を制定できることが確認されたことも、この妥協の一つの中身なのである。問題は、無害通航権との関係でどの程度法令を執行できるかにある。

(2) 沿岸国法令の執行権と無害通航権

海洋法条約第二部は、海洋汚染行為に係わって有害通航となる行為を一応定義し、保護権を有害通航に対処する権利と性格付けた領海条約を踏襲し、新たに沿岸国の法令制定権に関する規定を設けた。それにも拘わらず、法令違反に対する沿岸国の執行措置に関する一般規定は整備しなかった。刑事管轄権に関する二七条五項に新たに「第一二部に定めるところによる場合及び第五部に定めるところにより制定する法令の違反に関する場合を除くほか」という規定を設け、例えばEZで重大な汚染行為を行った後領海を航行する外国船舶に対し物理的検査と手続を開始する権限を定めた二二〇条二項の規定に伴って行われる逮捕又は捜査が妨げられないことを明記したことから、領海内での汚染防止法令の違反については二七条一項で執行措置がとれるという解釈がなされるかもしれない。実際、海洋汚染防止法令違反が国内法上犯罪を構成し、その犯罪が領海の秩序を乱したり、結果が沿岸国に及ぶ場合、二七条一項が無害通航中の外国船舶に逮捕又は捜査のための刑事管轄権を行使する根拠規定となることは当然あり得る。しかし、ハーグ草案でも領海条約でも無害通航に係る法令違反については別個の執行条項が考案されていたのであり、船舶の物理的検査や船舶の抑留は二七条一項の規定だけではカバーしきれない。しかし、海洋法条約第二部はまたもや法令執行権については一般規定を設けなかった。

しかし、海洋汚染防止法令の違反については、二二〇条二項が「違反したと信ずるに足りる明白な理由がある場合には、第一二部第三節の関連する規定の適用を妨げることなく、その違反について当該船舶の物理的な検査を実施することができ、また、証拠により正当化されるときは、第七節の規定に従うことを条件として、自国の法律に従って手続(船舶の抑留を含む。)を開始することができる」という執行権限を沿岸国に明示的に認めた。

この条項も簡単に合意があったわけではない。海底平和利用委員会は可能な条文案をまとめるには至らず、一九七五年頃までの各国提案を見ても、領海での法令違反に直接対処する規定を置くものはそれほど多くなかった。旗国と寄港国に執行管轄権を分担させた前述の欧州九カ国案は、沿岸国の領海に関する法令制定権さえ定めていなかったから執行権は当然規定していない。[100] これには意識的な面もあった。例えば、英国代表は、沿岸国に検査と拿捕の権限を与えれば、同じような証拠を次の寄港地で入手できるのに、交通の頻繁な航路で大きな船舶を停船させそれに乗船するという実際上の難点があると指摘して欧州案を擁護したし、ベルギーも、寄港国と旗国の権限が結び合わされば船舶の通常の運航は維持されるとし、沿岸国の権限には実際上の理由から支持しないと主張した。[101] 沿岸国の通航中の介入を避け停泊した寄港国で執行権を行使した方が船舶航行への損害は遙かに少ないと考えられたのである。しかし、EZにおける沿岸国の執行管轄権を強調していたタンザニアやインド等がこれを批判し、カナダも、一九七三年海洋汚染防止条約で既に管轄水域内での沿岸国の執行権を認めているのに提案では領海内での執行さえ認めていないと批判した。[102] 他方、ギリシャやドイツは、領海内での排出違反の場合に限って、検査や訴追を認める提案をしており、ギリシャ案は、DCME違反等排出以外の違反については旗国による手続を定めていた。[103] 現行二二〇条二項に最も近い提案は非公式法律専門家部会の一九七五年四月案で、領海通航中の船舶が国際規則及び基準又はこの条約に従って制定した海洋環境保全規則に違反したと信ずる明白な理由がある場合には、沿岸国は当該船舶から情報を求めることができ、必要があれば当該船舶を停船させて検査し、証拠があれば船舶の進路を変更させ又は退去を命じ又は自国の法に従って手続を開始することができると定めていた。[104] この案は法令違反を排出の場合に限定していない。しかし同年五月の単一交渉草案二八条一項は、このような違反のある場合に、沿岸国は二七条（寄港国）に定める措置をとることができると定めて、なお領海航行中の外国船舶に直接執行権を行使することには否定的な規定となっていた。[105] 一九七六年四月、非公式法律専門家部会は、セーフガードが適用されることを条件として拿捕を含む手続を開始する沿岸国の執行権を提案し、これを受けた同年五月の改訂単一交渉草案三〇条二項が、排出だけでなく船舶からの汚染を防止、軽減、規制する国内法のすべての違反を対象とし、領海航行中の船舶が領海航行中に国内法令に違反したと信ずる明白な理由がある場合には当該船舶を物理検査し、証拠があれば拿捕を含む手続をとる権限を認めたのである。[106] 他方、執行措置は無害通航権を害しないことが条件とされ、そのために執行手続に対するセーフガードについても国連海洋法条約第一二部第七節の規定にほぼ近似した規定が整備されるに至り、同草案三九条一項では外国船舶が領海内で汚染防止法令に違反した場合にも沿岸国は金銭罰のみを科すことができるという規定を採用していた。[107] この後も、沿岸国の執行権を強化又は制約するさまざまの提案がなされた。強化を求める案としては、例えば、「信ずる明白な理由のある」という文言の削除（米国）、「無害通航権を害することなく」という文言の削除（カナダ）、「明白な（理由のある）」を「十分根拠のある（well-founded）」という文言への置き換え（スペイン）などがあり、制約する案としては、汚染法令違反一般の「排出」違反への限定（ソ連）、三〇条二項全体の削除又は国内法に違反する故意で重大な汚染行為のみに対する執行権限の限定（キューバ、ギリシャ）、「船舶の拿捕を含めて」という文言の削除（アルゼンチン）などである。[108] しかし、改訂単一交渉草案三〇条二項の基本線は、以下の点を除き維持された。一つは、「無害通航権を害することなく」という文言が「第二部第三節の関連する規定の適用を妨げることなく」という文言に置き換えられ、犯罪行為を想起させるとされる「拿捕」（arrest）は「抑留」（detention）に置き換えられた。[109]

ところで、海洋法条約二二〇条二項には、二一一条四項に類似した「第二部第三節の関連する規定の適用を妨げることなく」という条件が付されている。この点で沿岸国の義務を定めた二四条の規定との関係が問題となるが、二四条については次の点に留意する必要がある。一九七五年の非公式単一交渉草案二一条一項では「沿岸国は、領海における無害通航を中断し又は妨害してはならず（shall not interrupt or hamper）、特にこの条文草案又はこの条文草案に基づいて制定された法令の適用に当たり、次のことを行ってはならない」と規定され、一項ⓐも「外国船舶に対し無害通航権を否定し(denying)又は侵害する(prejudicing)実際上の効果をもつものであってはならない」という規定ぶりとなっていた。[110] しかし、一九七六年にオーストラリアが、二一条一項頭文の「中断する」という文言を削除するよう求め、さらに沿岸国の法令制定権に関する条項が外国船舶の無害通航を「中断し、害し又は侵害する」効果をもつ法令制定権を沿岸国に付与するから、「この条約に定めるところによる場合を除くほか」という文言を追加し、一項ⓐから「侵害する」という文言を削除するように求めた。[111] この提案の大部分が採用された結果、一九七六年の改訂単一交渉草案二三条一項ⓐは、海洋法条約二四条一項ⓐと内容上殆ど同一の条文となった。[112] つまり、無害通航権を妨害しない義務は、二二〇条二項に基づく沿岸国法令の執行措置を無害通航権を妨害しない義務から、外しているのである。「中断する(interrupt)」と「侵害する(prejudice)」という表現が避けられたのも、法令の執行に当たって船舶の停船や抑留が生じることを考慮したものと思われる。

確かに二一条の沿岸国の法令違反に対する執行権限については諸説がある。例えば、ガンチャは、二一条違反は当然適当な制裁を要請するし、また沿岸国の「妥当な」法令の不遵守は無害通航権の真正な行使ではなくなるとするが、[113] 接合説を想起させるこの種の主張は今や少数であろう。他方、チャーチルとロウは、沿岸国は領海条約一七条(海洋法条約では二一条)により付与された立法管轄権の結果として領海に特別関係する法を執行する権利があるし、他の法についても、沿岸国は犯罪が同国の平和又は秩序等を害しない限り刑事管轄権を「行使できない」と定めていたＩＬＣ草案の規定が、領海条約一九条で「行使すべきでない」という文言に代えられたことに鑑みれば、領海における沿岸国の執行管轄権は原則として完全であって、ただ一九条五項に定めるように領海に入る前に犯された犯罪については管轄権を「行使でき(ない)」だけであるが、もっとも領海条約一九条一項や海洋法条約二七条一項に定める要件を犯罪が満たさない場合には礼譲により通航中の船舶に管轄権を行使しないよう求められる、という見解をとる。[114] 彼らにとっては、後述の海洋法条約二二〇条（沿岸国の執行）は、領海条約や慣習法に基づき沿岸国に認められる執行管轄権に制限を課すものかもしれない。他方、デュプイとヴィニュは、海洋法条約は商船と商業目的の政府船舶に関して沿岸国法令の違反の効果につき何も指示しておらず、これは国内法が定めるあらゆる措置をとることができることを意味するが、この権限には同条約二四条一項による重大な制約があり、法令の適用は無害通航権の行使を否定し又は害する結果となってはならず、したがって通航権を行使している船舶に対する実質的な干渉となる殆どの措置は許されない、と説明する。[115] それぞれの主張は重点の置き所が異なるために単純に比較できないし、沿岸国の執りうる措置と無害通航権を妨害しない義務との調整をどう図るかについて、法令の執行権と無害通航権との関係一般についてはなおこのように見解が異なるのであるが、こと領海内の海洋汚染の防止、軽減及び規制のための国内法令の執行については、海洋法条約二二〇条二項の規定の成立によって沿岸国に第一二部第七節に定めるセーフガードを条件として、船舶の物理的検査から抑留、裁判手続に至る一連の沿岸国の執行権限が明示的に認められ、問題に決着をつけたのである。

結びにかえて

以上に検討してきたように、領海内無害通航権と沿岸国の法令執行権との関係は、外国船舶による国内法令違反をもって有害通航とみなす接合説と国内法令違反と有害通航を区別する分離説では理論的に全く異なる関係として捉えられる。一九五六年のＩＬＣ草案は主要には接合説の立場を採用し、接合説の下では国内法令違反は有害通航となり、沿岸国の保護権の対象となる。ここでは、ＩＬＣ草案がそうであったように、沿岸国の法令執行権は国内法令に違反する通航を防止するために必要な措置をとる沿岸国の保護権に吸収され得た。特に商船の場合は、通関、財政、出入国管理又は衛生に関係する問題が多いため法令違反と有害性を同視する接合説が有力であり得た。しかし、領海条約は国内法令違反と有害通航とを意識的に分離し、単なる沿岸国の法令違反のみでは外国商船は無害通航権自体を失うことはないとした。この分離説の下では、沿岸国の保護権は有害通航を防止するための措置である。とすれば分離説の下では、本来ならば、沿岸国の法令違反についてはそれに対処する沿岸国の法令執行権に関する別個の規定が必要であった。実際、領海条約起草過程では法令執行権に関する規定が準備もされていた。しかし、Ⅱで見た事情により、これは実現しなかった。

国連海洋法条約は、領海条約では極めて一般的・抽象的にしか定義されていなかった無害でない通航の概念を、船舶の行為態様を基準として具体的に列挙した。その中には通関上、財政上等の法令に違反する物品、通貨又は人の積み込み又は積み卸しのように国内法令違反をもって有害通航とみなされるものも含まれたが、多くは国内法令違反と有害通航は区別され、別個の有害基準が設定された。海洋法条約は、海洋汚染行為を初めて自覚的に有害通航となる項目に掲げ、その基準を「この条約に違反する故意のかつ重大な汚染行為」とした。海洋法条約二一条一項(f)に定める沿岸国の海洋汚染防止法令違反とは区別されたのである。何が有害な汚染行為に当たるかについて論争があることは三の1で見たとおりである。このように有害通航と国内法令違反が船舶の各具体的行為態様ごとに区別されたのであれば、有害通航に対応する沿岸国の保護権とは別個の沿岸国の法令執行権に関する規定を整備してもよかったのではないかと思われるが、海洋法条約第二部ではこの作業は行われなかった。船舶の行為態様ごとに有害通航概念を分類

決を要するいくつかの問題が伏在しているように思われるゆえんである。

1　この点については、日本海洋協会『船舶の通航権をめぐる海事紛争と新海洋法秩序』一九八二年の「Ⅶ共同討議」一五〇―一五三頁参照。

2　R. R. Churchill and A.V.Lowe, *The Law of the Sea*, 1999, p.82. 同じく山本草二『海洋法』(一九九二年)、一二八―一二九頁。

3　See for example, Art. 6 of the Drafts prepared by the Kokusaiho-Gakkwai in 1926, Art.10 of the ILA's Draft Convention on Law of Maritime Jurisdiction in Times of Peace adopted in 1926, Art.9 of the Project No.12 on "Jurisdiction" and Art.2 of the Project No.18 on "Freedom of Transit" submitted to the International Commission of Jurist at Rio de Janeiro, April 1927, by the American Institute of International Law and , article 6 of the 1928 Projet de règlement relatif à la Mer Territoriale en Temps de Paix par l'Insttitut de Droit International, reprinted in *AJ*, vol.23, Supplement, 1929, pp.366-378.

4　The Law of Territorial Warters, *AJ*, vol.23, Supplement, 1929, pp.295 and 299.

5　*Ibid*., p.297.

6　S. Rosenne ed., *League of Nations Committee of Experts for the Progressive Codification of International Law* [*1925-1928*], vol.2, pp.70-71.

7　*Ibid*., p.78.

8　Churchill and Lowe, *supra* note 2, p.83, 山本草二、前掲書(注2)一二九頁。

9　*Supra* note 6, pp.75-76.

10　*Ibid*., p.93 and p.99. 専門家委員会の議論は、S. Rosenne, *League of Nations Committee of Experts for the Progressive Codification of International Law* [*1925-1928*], vol.1, p.175.

11　See, League of Nations Doc. C.74, M.39. 1929. V, p.71, reprinted in S. Rosenne ed., *League of Nations Conference for the Codification of*

International Law [*1930*], VOL.2, p.289.

12 *Ibid.* pp.65-70 (Rosenne, pp.283-288).

13 League of Nations Doc. C.351 (b), M.145 (b). 1929. V, pp.58 and 62, reprinted in S. Rosenne ed., *League of Nations Conference for the Codification of International Law* [*1930*], vol.4, pp.1260 and 1264.

14 *Ibid.*, pp. 71, 202 (article 3, para.2 adopted by the First Sub-Committee) and 213 (article 3, para.2 adopted by the Second Committee) (Rosenne, pp.1273, 1404 and 1415).

15 *Ibid.*, p.213 (Rosenne, p.1415).

16 *Ibid.*

17 Churchill and Lowe, *supra* note 2 , p.83, 山本草二、前掲書（注２）二二九頁。

18 *Supra* note 13, pp.71, 73, 74-75, 75, 202 (article 3 para.1 adopted by the First Sub-Committee) and 213 (article 3, para.1 adopted by the Second Committee) (Rosenne, pp.1273, 1275, 1276-77, 1277, 1404 and 1415).

19 *Ibid.*, pp.58, 64 and 68 (Rosenne, pp.1260, 1266 and 1270).

20 *Ibid.*, p.63 (Rosenne, p.1265).

21 *Ibid.*, pp.67, 70-71, 72, 73 and 74 (Rosenne, pp.1269, 1272-1273, 1274, 1275 and 1276).

22 *Ibid.*, p.214 (Rosenne, p.1416).

23 *Ibid.*, pp.203 and 214 (Rosenne, pp.1405 and 1416).

24 *Ibid.*, p.214 (Rosenne, p.1416).

25 *Ibid.*

26 *Yb.ILC*, 1954, vol.1, p.104, para.41 and p.105, paras.44 and 51.

27 *Yb.ILC*, 1955, vol.1, p.94, para.25. See, A/2934, Annex 10.

28 See, *Yb.ILC*, 1955, pp.94-95, paras.26-32, and pp.253-254, paras.92-102.

29 英国案については、*Yb.ILC*, 1956, vol.2, p.28参照。

30 See, *Yb.ILC*, 1956, vol.1, p.200, paras.59-70.
31 *Ibid*., p.201, paras.71-84.
32 *Yb.ILC*, 1956, vol.2, p.273, 横田喜三郎、『海の国際法　上巻』（一九七七年）、一七六頁、山本草二、前掲書（注2）、一三一頁参照。
33 A/CONF.13/C.1/L.28/Rev.1, UNCLOS, *Official Records*, vol.3, First Committee, p.216.
34 *Ibid*., pp.82-83, paras.22-23.
35 *Ibid*., p.83 , para.25, paras.27-28 and p.84, paras.38 and 42.
36 *Ibid*., p.83, para.35, p.84, para.43 and p.85, para.12.
37 *Ibid*., p.98, para.38.
38 *Ibid*., p.98, para.39.
39 *Ibid*., p.85, para.3.
40 *Ibid*., p.84, paras.37and 48, p.85, paras.4.and 7 and p.98, paras.32, 33 and 38.
41 Churchill and Lowe, *supra* note 2, p.84. See also, G. Fitzmaurice, Some Results of the Geneva Conference on the Law of the Sea, *ICLQ*, vol.8, 1959, pp.94-98.
42 D. P. O'Connell, *The International Law of the Sea*, vol.1, 1982, p.273.
43 F. Ngantcha, *The Right of Innocent Passage and the Evolution of the International Law of the Sea*, 1990, pp.46-47.
44 *Yb.ILC*, 1952, vol.2, pp.39-40 and *Yb.ILC*, 1956, vol.2, pp.273-274.
45 *Yb.ILC*, 1956, vol.2, p.273. この規定をめぐる一九五五年会期での議論については、*Yb. ILC*, 1955, vol.1, pp.96-98, paras.46-83, pp.254-255, paras.1055-108 参照。
46 *Ibid*., pp.96-97, paras.51, 53, 55-56, 60-62, 69 and 71.
47 *Yb.ILC*, 1956, vol.2, p.273.
48 この経緯については、*Yb.ILC*, 1954, vol.1, pp.109-111, paras. 23, 25-26, 27, 28-29, 31, 34 and 36-39参照。
49 *Yb.ILC*, 1954, p.121, paras.39 and 40and p.121, paras. 41, 42 and 45; *Yb.ILC*, 1955, vol.1, p.98, para.84 and p.255, paras.108-109.

50 *Yb.ILC*, 1956, vol.1, p.205, paras.16-20, 22 and 24-26.

51 *Ibid.*, p.205, paras. 21, 23, and 27 and p.206, paras.32, 37 and 41.

52 この点についての主要な議論は、*Yb.ILC*, 1954, pp.120-121, paras.15-35参照。

53 A/CONF.13/C.1/L.51, UNCLOS, *Official Records*, vol.3, First Committee, p.225.

54 A/CONF.13/C.1/L.39, *ibid.*, p.220.

55 A/CONF.13/C.1/L.72, *ibid.*, p.231; 34th meeting, *ibid.*, p.100, para.16.

56 A/CONF.13/C.1/L.72 and 33rd meeting, *ibid.*, p.231 and p.96, para.13.

57 A/CONF.13/C.1/L45, *ibid.*, p.222. See also, 27th meeting, *ibid.*, p.80, para.28.

58 35th meeting, *ibid.*, p.101, paras.27-31.

59 A/CONF.13/C.1/L36, *ibid.*, p.218 and .A/CONF.13/C.1/L47, *ibid.*, p.223.para.57.

60 Churchill and Lowe, *supra* note 2, pp.94-95, see also R-J Dupuy & D. Vignes, *A Handbook on the New Law of the Sea*, 1991, p.917. cf. F. Ngantcha, *supra* note 43, p.167.

61 Churchill and Lowe, *supra* note 2, pp.87, 97 and 345.

62 S. Nandan, S. Rosenne & N. Grandy eds. *United Nations Convention on the Law of the Sea 1982: A Commentary*, vol.2, 1993, p.167.

63 A/AC.138/SCII/L.42 and Corr.1, article 3, *SBC Reports*, GAOR(1973), Supplement No.21(A/9021), vol.3, pp.91-92.

64 See, A/Conf.62/C.2/L.3(UK), art.16, A/Conf.62/C.2/L.16(Malaysia, Moroccco, Oman and Yemen), art.3, A/Conf.62/C.2/L.19(Fiji), art.3, A/Conf.62/C.2/L.26(Bulgaria, German Democratic Repblic, Poland, USSR), art.16, *Third United Nations Conference on the Law of the Sea: Official Records*(hereinafter called as *UNCLOS III Off.Rec.*), vol.3, p.184, 192, 196 and 203. See also, A/Conf.62/C.2/L.8/Rev.1(1974, Main Trends), Annex II, Appendix I(A/Conf.62/C.2/L.8/WP.1), Provision 27, Formulas A-C, *UNCLOS III Off.Rec.*, vol.3, p.112. なお一九条の起草経緯につき、小田滋『注解国連海洋法条約 上巻』(一九八五年)、一〇六—一一一、一一一—一一五頁参照。

65 C.2/Blue Paper No.14(1975, mimeo.), R. Platzöder, *Third United Nations Conference on the Law of the Sea: Documents*, vol.4, p.154.

66 A/CONF.62/WP.8/PartII(ISNT 1975), *UNCLOS III Off.Rec.*, vol.4, p.155.

67 Canada (1976, mimeo.), R. Platzöder, *supra* note 65, vol.4, p.267.

68 R. Platzoder, *supra* note 65, vol.4, p.242. なお同協会は、(1)の、「その他通航に直接関係しない活動」の削除又は「その他」を「同様の」へ修正することを求めている。

69 A/CONF.62/WP.8/Rev.1/PartII (RSNT 1976), *UNCLOS III Off.Rec*, vol.5, p.156. 現行条文との違いは、Any act of wilful and serious pollution の後にコンマが付されていた点のみである。

70 例えばマレーシア等海峡四カ国案は原子力船と核兵器搭載船には事前通告又は事前許可を求める沿岸国の権利を認め、フィジー案はタンカーと核物質その他の危険又は有毒物質を運搬する船舶に事前許可を求める沿岸国の権利を認めていた。A/Conf.62/C.2/L.16 (Malaysia, Morocco, Oman and Yemen), art.8, A/Conf.62/C.2/L.19 (Fiji), art.6, A/Conf.62/C.2/L.26 (Bulgaria, German Democratic Repblic, Poland, USSR), art.17, *UNCLOS III Off.Rec.*, vol.3, pp.193, 197, and 203. ただし実際の国家実行では、危険物質や有毒物質を積載した船舶の領海通航が拒否された例がある。See, Churchill and Lowe, *supra* note 2, pp.91-92.

71 ILA, *Report of the Sixty-ninth Conference Held in London 25-29th July 2000* (hereinafter refered to as *ILA Report 2000*), p.493.

72 *Ibid.*, pp.494-495 and p.494, note 272.

73 *Ibid.*, p.495.

74 *Ibid.*

75 *Ibid.*

76 *Ibid.*

77 F. Ngantcha, *supra* note 43, p.51.

78 Netherlands v. Bergings, *ILR*, vol.101, pp.436-437.

79 *Ibid.*, p.438.

80 *ILA Report 2000*, *supra* note 71, p.497.

81 See, A/AC.138/SCII/L.18 (Cyprus, Indonesia, Malaysia, Morocco, Philippines, Spain and Yemen), art.6, *SBC Reports*, GAOR (1973), Supplement No.21 (A/9021), vol.3, p.5. See also, A/Conf.62/C.2/L.3 (UK), art.18, A/Conf.62/C.2/L.16 (Malaysia, Morocco, Oman and Yemen),

art.6, A/Conf.62/C.2/L.19(Fiji), art.5, A/Conf.62/C.2/L.26(Bulgaria, German Democratic Repblic, Poland and USSR), art.20, *UNCLOS III Off. Rec.,* vol.3, pp.184, 193, 197, and 204. なお、小田滋、前掲書(注64)一一三―一一七頁参照。

82　A/Conf.62/C.2/L.3(UK), art.18, paras.2 and 5, *UNCLOS III Off.Rec.,* vol.3, pp.184. このほか、国内法令の適用がこの条約の規定に従うことを定めたものにマレーシア等四カ国提案があり、船舶の設計等を沿岸国の法令制定権から外す規定はフィジー案にもあった。See also, A/Conf.62/C.2/L.26, art.20, para.2, *UNCLOS III Off.Rec.,* vol.3, p.204, A/Conf.62/C.2/L.19(Fiji), art.5, para.2, *UNCLOS III Off.Rec.,* vol.3, p.197 and Australia(1976, mimeo.), art.18, R. Platzöder, *supra* note 65, vol.4, p.270.

83　United States(1977, mimeo.), art.20(RSNT II), R. Platzöder, *supra* note 65, vol.4, p.392.

84　GR. Timagenis, *International Control of Marine Pollution,* 1980, vol.2, pp.491-492.

85　*Ibid.,* pp.492-507.

86　See, A/AC.138/SCIII/L.52/Add.1, Annex 1(WG.2/Paper No.15, Section IV, Alternative B), *SBC Reports,* GAOR(1973), Supplement No.21 (A/9021), vol.1, pp.98-100. なお、二一一条の起草経緯については、栗林忠男『注解国連海洋法条約 下巻』(一九九四年)、七三―九〇頁参照。

87　A/Conf.62/C.3/L.24, art.3, paras.1, 3 and 4 and A/Conf.62/C.3/L.25, art.2, paras.1 and 2, *UNCLOS III Off.Rec.,* vol.4, pp.210-213. See also, 19th meeting(26 March 1975), para.25(Finland), para.29(United Republic of Tanzania), para. 35(India), para.50(Senegal), para.58(Canada), para.73 (USSR), 20th meeting(10 April 1975), para.7(New Zealand), para.14(Iran), *UNCLOS III Off.Rec.,* vol.4, pp.84. 88 and 90-91.

88　A/Conf.62/WP.8/Part III(ISNT, 1975), art.20, paras.1 and 3, *UNCLOS III Off.Rec.,* vol.4, p.174.

89　Chaiman's proposal: Outline of issues concerning vessel source pollution(mimeo.), R. Platzöder, *supra* note 65, vol.10, p.443, Outline of issues concerning vessel source pollution and suggestions of the chairman of the informal meetings of Committee III on marine pollution(mimeo.), *ibid.,* p.449.

90　A/CONF.62/WP.8/Rev.1/PartIII(RSNT, 1976), art. 21, para.3, *UNCLOS III Off.Rec.,* vol.5, p.176.

91　See, United States: Suggestions to the vessel source pollution articles of part III(23 June 1976, mimeo.); Third Committee:Porposals received during the informal meeting on marine pollution(10 August 1976, mimeo., 10 August 1976, mimeo., 11 August 1976, mimeo., 12 August 1976,

香西茂先生略歴・著作目録

【略　歴】

一九二九(昭和　四)年　五月一三日　東京市に生まれる
一九四六(昭和二一)年　三月　大阪府立浪速高等学校(旧制)尋常科修了
一九四九(昭和二四)年　三月　同高等科(文科甲類)卒業
一九四九(昭和二四)年　四月　京都大学(旧制)法学部入学
一九五三(昭和二八)年　三月　同学卒業
一九五三(昭和二八)年　四月　京都大学助手、法学部勤務
一九五五(昭和三〇)年　六月　京都大学助教授に昇任
一九五七(昭和三二)年　六月　外務省調査員として国際連合国際法委員会に出張(同年七月まで)
一九五七(昭和三二)年　九月　ロックフェラー財団研究員として米国コロンビア大学に出張(一九五九年九月帰国)
一九六六(昭和四一)年　二月　京都大学教授に昇任
一九七三(昭和四八)年　九月　ハーバード法科大学院・客員研究員として米国に出張(一九七四年九月帰国)

一九七六（昭和五一）年　五月　世界法学会理事（二〇〇二年五月まで）
一九七六（昭和五一）年一〇月　（財）国際法学会理事（一九九一年一〇月まで）
一九七六（昭和五一）年一一月　日本平和学会理事（一九八二年一一月まで）
一九七七（昭和五二）年　四月　京都大学評議員（一九七九年四月まで）
一九七七（昭和五二）年　七月　外務省の委託により国連の平和維持活動調査のため、中東、北欧諸国に出張（同年八月帰国）
一九八二（昭和五七）年一〇月　（財）国際法学会研究連絡主任（一九八五年一〇月まで）
一九八三（昭和五八）年　一月　司法試験第二次試験考査委員（一九八八年一二月まで）
一九八三（昭和五八）年一一月　日本ＥＣ学会理事（二〇〇二年一一月まで）
一九八五（昭和六〇）年一〇月　（財）国際法学会庶務主任（一九八八年一〇月まで）
一九八八（昭和六三）年　一月　外務公務員採用Ｉ種試験委員（一九九六年八月まで）
一九八八（昭和六三）年一〇月　日本国際法協会理事（現在に至る）
一九九〇（平成　二）年　五月　世界法学会理事長（一九九二年五月まで）
一九九一（平成　三）年　三月　内閣総理大臣諮問機関「国際協力に関する懇談会」委員（同年一二月まで）
一九九一（平成　三）年　七月　日本学術会議会員（一九九七年七月まで）
一九九一（平成　三）年一〇月　（財）国際法学会理事長（一九九四年一〇月まで）
一九九一（平成　三）年一一月　International Law Association（London）文化遺産法委員会委員（現在に至る）
一九九二（平成　四）年　一月　京都大学博士（法学）
一九九二（平成　四）年　四月　京都大学大学院法学研究科教授に配置換え、法学部兼担
一九九三（平成　五）年　三月　京都大学を定年退職、京都大学名誉教授（現在に至る）
一九九三（平成　五）年　四月　大阪学院大学国際学部教授（現在に至る）

一九九四(平成　六)年一〇月　(財)国際法学会名誉理事(現在に至る)
一九九四(平成　六)年一〇月　大阪学院大学大学院部長(一九九六年九月まで)
一九九七(平成　九)年一〇月　同大学院国際学研究科長(二〇〇二年九月まで)
一九九八(平成一〇)年一〇月　日本国際連合学会理事(現在に至る)
二〇〇三(平成一五)年　二月　(財)日本国際連合協会理事(現在に至る)
二〇〇三(平成一五)年　七月　(財)日本国際連合協会京都本部副本部長(現在に至る)

なお、この間、東京大学教養学部国際関係学科、九州大学法学部、岡山大学法文学部、神戸市外国語大学、立命館大学法学部・同国際関係学部、同志社大学大学院総合政策研究科、京都外国語大学、京都産業大学法学部、大阪学院大学法学部等において非常勤講師を務めた。

【著作目録】

Ⅰ 編著書

一九六八（昭和四三）年 『国際法概説』〔共著〕 有斐閣
一九八二（昭和五七）年 『国際法概説』〔新版〕〔共著〕 有斐閣
一九八三（昭和五八）年 『法学―法のしくみと機能―』〔共著〕 有信堂高文社
一九八六（昭和六一）年 『国際法２』〔共著〕 蒼林社
一九八六（昭和六一）年 『国際機構条約・資料集』〔編集代表〕 東信堂
一九八六（昭和六一）年 『基本条約・資料集』〔共編〕 東信堂
一九八八（昭和六三）年 『国際法概説』〔第三版〕〔共著〕 有斐閣
一九八九（平成　元）年 『国際法の新展開』〔太寿堂鼎先生還暦記念〕〔編集代表〕 東信堂
一九九一（平成　三）年 『国連の平和維持活動』〔単著〕 有斐閣
一九九一（平成　三）年 『基本条約・資料集』〔新版〕〔共編〕 東信堂
一九九二（平成　四）年 『セミナー国際法』〔共編〕 東信堂
一九九五（平成　七）年 『基本条約・資料集』〔第三版〕〔共編〕 東信堂
一九九七（平成　九）年 『共生の国際関係―国際学の試み―』〔共編著〕 世界思想社
一九九八（平成一〇）年 『プラクティス国際法』〔共編著〕 東信堂
二〇〇〇（平成一二）年 『判例国際法』〔共編著〕 東信堂
二〇〇一（平成一三）年 『国際法概説』〔第四版〕〔共著〕 有斐閣
二〇〇二（平成一四）年 『国際機構条約・資料集』〔第二版〕〔編集代表〕 東信堂

二〇〇三(平成一五)年　『ベーシック条約集』(第四版)〔編集代表〕　東信堂

二〇〇三(平成一五)年　『21世紀国際社会における人権と平和：国際法の新しい発展をめざして』
〔上巻〕『国際社会の法構造：その歴史と現状』〔編集代表〕　東信堂
〔下巻〕『現代国際社会における人権と平和の保障』〔編集代表〕　東信堂

二〇〇四(平成一六)年　『ベーシック条約集』(第五版)〔編集代表〕　東信堂

II　論　説

一九五五(昭和三〇)年　「外人財産の収用と国際法」　京都大学『法学論叢』六一巻三号

一九六〇(昭和三五)年　「休戦の法的性質―パレスチナ・朝鮮・インドシナの休戦協定を中心として―」　『法学論叢』六七巻二号

一九六一(昭和三六)年　「国連軍をめぐる「関係国の同意」の問題―スエズとコンゴの場合―」　『法学論叢』六八巻五・六号

一九六二(昭和三七)年　「国連軍」　田岡良一先生還暦記念『国際連合の研究』一巻　有斐閣

一九六四(昭和三九)年　「国連の平和維持活動と経費の分担義務―国際司法裁判所の勧告的意見―」　『法学論叢』七六巻一・二号

一九六五(昭和四〇)年　「国際社会と日本」　岩波講座『現代法』一二巻　岩波書店

一九六五(昭和四〇)年　'Japanese Participation in United Nations Forces: Possibilities and Limitations'　*The Japanese Annual of International Law*, No.9 (1965)

一九六五(昭和四〇)年　「国際連合の変容」㈠・㈡　日本国際問題研究所『国際問題』六六号、六八号

一九八八(昭和六三)年 「国際法協会六三回(一九八八年)ワルシャワ大会参加報告」(資料) 『国際法外交雑誌』八七巻五号
一九九一(平成 三)年 「国際法協会六四回(一九九〇年)クイーンズランド大会参加報告」(資料) 『国際法外交雑誌』八九巻六号
一九九二(平成 四)年 「平和維持活動(PKO)」など二項目 『セミナー国際法』 東信堂
一九九二(平成 四)年 「国際法協会六五回(一九九二年)カイロ大会参加報告」(資料) 『国際法外交雑誌』九一巻四号
一九九三(平成 五)年 "The UN: A New Path" *LOOK JAPAN*, February, 1993
一九九五(平成 七)年 「国際法協会六六回(一九九四年)ブエノスアイレス大会報告」(資料) 『国際法外交推誌』九三巻六号
一九九五(平成 七)年 「安全保障」など七項目 国際法学会編『国際関係法辞典』 三省堂
一九九七(平成 九)年 「国際法協会六七回(一九九六年)ヘルシンキ大会報告」(資料) 『国際法外交雑誌』九六巻一号
一九九八(平成一〇)年 「国際法学会名誉理事 太寿堂鼎教授を偲ぶ」 『国際法外交雑誌』九七巻二号
一九九八(平成一〇)年 「内田久司先生古希記念『国際社会の組織化と法』信山社、平成八年」(紹介) 『国際法外交雑誌』九七巻四号
二〇〇〇(平成一二)年 「国際法協会六九回(二〇〇〇年)ロンドン大会報告」(資料) 『国際法外交雑誌』九九巻五号
二〇〇一(平成一三)年 「国連事務総長の裁定―レインボー・ウォーリア号事件―」 『国際法判例百選』(別冊ジュリスト一五六号)
二〇〇一(平成一三)年 「酒と煙草と―竹本正幸君の追憶―」 故竹本正幸名誉教授追悼文集『偲びぐさ』
二〇〇二(平成一四)年 「故田畑茂二郎先生を偲んで」 京都大学法学部有信会『有信会誌』四四号
二〇〇二(平成一四)年 「国際法協会七〇回(二〇〇二年)ニューデリー大会報告」(資料) 『国際法外交雑誌』一〇一巻二号
二〇〇二(平成一四)年 「横田洋三著『国際機構の法構造』国際書院、二〇〇一年」(書評) 国際連合学会編『グローバル・アクターとしての国連事務局』国際書院

執筆者紹介（執筆順）

藤田　久一（ふじた　ひさかず）

1937年京都市生まれ、1961年京都大学法学部卒業、現在関西大学教授

中村　　道*（なかむら　おさむ）

1941年東京都生まれ、1964年京都大学法学部卒業、現在神戸大学教授

浅田　正彦（あさだ　まさひこ）

1958年山口県生まれ、1981年京都大学法学部卒業、現在京都大学教授

位田　隆一*（いだ　りゅういち）

1948年兵庫県生まれ、1972年京都大学法学部卒業、現在京都大学教授

安藤　仁介*（あんどう　にすけ）

1935年京都府生まれ、1959年京都大学法学部卒業、現在同志社大学教授、京都大学名誉教授

酒井　啓亘（さかい　ひろのぶ）

1963年北海道生まれ、1987年京都大学法学部卒業、現在神戸大学教授

楢林　建司（ならばやし　たけし）

1962年大阪府生まれ、1986年京都大学法学部卒業、現在愛媛大学助教授

真山　　全（まやま　あきら）

1957年東京都生まれ、1982年京都大学法学部卒業、現在防衛大学校教授

牧田　幸人（まきた　ゆきと）

1942年鳥取県生まれ、1967年日本大学法学部卒業、現在島根大学教授

山形　英郎（やまがた　ひでお）

1959年京都府生まれ、1982年静岡大学人文学部法学科卒業、現在立命館大学教授

家　　正治（いえ　まさじ）

1937年京都府生まれ、1962年同志社大学法学部卒業、姫路獨協大学教授

小畑　　郁（おばた　かおる）

1959年大阪府生まれ、1982年京都大学法学部卒業、現在名古屋大学教授

川岸　繁雄（かわぎし　しげお）

1935年富山県生まれ、1962年同志社大学法学部卒業、現在神戸学院大学教授

繁田　泰宏（しげた　やすひろ）

1965年福井県生まれ、1989年京都大学法学部卒業、現在大阪学院大学助教授

薬師寺公夫（やくしじ　きみお）

1950年岡山県生まれ、1974年京都大学法学部卒業、現在立命館アジア太平洋大学教授

（* 編者）

21世紀の国際機構：課題と展望　〔検印省略〕

2004年 5月20日　初　版第 1刷発行　＊定価はカバーに表示してあります

編者 © 安藤仁介・中村道・位田隆一／発行者 下田勝司　印刷・製本　中央精版印刷

東京都文京区向丘 1-20-6　郵便振替 00110-6-37828

〒113-0023　TEL (03) 3818-5521(代)　FAX (03) 3818-5514

発行所 株式会社 東信堂

Published by **TOSHINDO PUBLISHING CO., LTD.**

1-20-6, Mukougaoka, Bunkyo-ku, Tokyo, 113-0023, Japan

ISBN4-88713-556-4 C3032

東信堂

国際法新講〔上〕　田畑茂二郎　二九〇〇円
国際法新講〔下〕　田畑茂二郎　二七〇〇円
ベーシック条約集〔第5版〕　編集代表 山手治之・香西茂・松井芳郎　二五〇〇円
国際経済条約・法令集〔第2版〕　小原喜雄・小室程夫・山手治之 編集　三九〇〇円
国際機構条約・資料集〔第2版〕　編集代表 香西茂・安藤仁介　三二〇〇円
資料で読み解く国際法〔第2版〕〔上〕　大沼保昭編著　二八〇〇円
資料で読み解く国際法〔第2版〕〔下〕　大沼保昭編著　二〇〇〇円
国際立法―国際法の法源論　村瀬信也　六八〇〇円
判例国際法　編集代表 田畑茂二郎・竹本正幸・松井芳郎　三五〇〇円
プラクティス国際法　香西茂・竹本正幸・坂元茂樹 編　一九〇〇円
国際法から世界を見る―市民のための国際法入門〔第2版〕　松井芳郎　二八〇〇円
テロ、戦争、自衛―米国等のアフガニスタン攻撃を考える　松井芳郎　八〇〇円
〔21世紀国際社会における人権と平和〕〔上・下巻〕
国際社会の法構造―その歴史と現状　編集代表 山手治之・香西茂　五七〇〇円
現代国際法における人権と平和の保障　編集代表 山手治之・香西茂　六三〇〇円
人権法と人道法の新世紀　藤田久一・松井芳郎・坂元茂樹 編　六二〇〇円
国際人道法の再確認と発展　竹本正幸　四八〇〇円
海上武力紛争法サンレモ・マニュアル解説書　人道法国際研究所 竹本正幸監訳　二五〇〇円
〔現代国際法叢書〕
領土帰属の国際法　太壽堂鼎　四五〇〇円
国際法における承認―その法的機能及び効果の再検討　王志安　五二〇〇円
国際社会と法　高野雄一　四三〇〇円
集団安保と自衛権　高野雄一　四八〇〇円
国際「合意」論序説―法的拘束力を有しない国際「合意」について　中村耕一郎　三〇〇〇円
国際人権法とマイノリティの地位　金東勲　三八〇〇円

〒113-0023　東京都文京区向丘1－20－6　☎03-3818)5521　FAX 03(3818)5514　振替　00110-6-37828
E-mail: tk203444@fsinet.or.jp

※定価：表示価格(本体)＋税